Rechnungswesen für Dummies
Schummelseite

Hilfreiche Internetseiten für das Rechnungswesen

Rechnungswesen-Portal

www.rechnungswesen-portal.de

Sind Sie auf der Suche nach einem gut frequentierten Forum zum Thema Rechnungswesen? Dann sind Sie hier genau richtig. Zudem erwarten Sie auf dieser Website unter anderem noch ein Stellenmarkt sowie viele praktische Excel-Vorlagen.

ControllerSpielwiese

www.controllerspielwiese.de

Hier handelt es sich eindeutig um die Website mit dem schönsten Namen. Die Startseite ist übersichtlich in verschiedene Themengebiete gegliedert. In der Toolbox finden Sie Kennzahlen, Reports, diverse Berechnungen und Excel-Tools. Unter den Links NEWS, WÖRTERBUCH und THEMENSPEICHER gibt es kurze Erläuterungen zu den wichtigsten Themen.

Wirtschaftslexikon

www.wirtschaftslexikon24.net

Auf Wirtschaftslexikon24 finden Sie ein recht umfassendes Online-Wirtschaftslexikon. Hier erhalten Sie sehr schnell erste Informationen zu Ihrem Suchwort. Betrieben wird diese Seite von einem Team von Freiwilligen. Spenden sind jederzeit herzlich willkommen, damit die Informationen weiterhin kostenlos zur Verfügung gestellt werden können.

Wichtige Begriffe

Ertrag und Aufwand

Willkommen im externen Rechnungswesen. Erträge sind alle Wertzuwächse eines Abrechnungszeitraums, erbracht etwa mithilfe von produzierten Gütern und Dienstleistungen oder auch Wertsteigerungen. Aufwendungen sind alle in einer Periode, meist ein Geschäftsjahr, verbrauchten Güter und Dienstleistungen sowie Abnutzung von Anlagen und Wertminderungen. Natürlich alles immer in harten Euros oder Schweizer Franken bewertet, nicht in gefühlten Einheiten oder Muscheln.

Kosten und Leistungen

Vorhang auf für die Kosten- und Leistungsrechnung. Leistungen beziehungsweise Erlöse sind die in Geld bewerteten, sachbezogenen Güter- und Leistungsentstehungen einer Abrechnungsperiode. Erlöse entstehen, wenn Produkte oder Dienstleistungen

Rechnungswesen für Dummies
Schummelseite

erstellt werden. Kosten sind der in Geld bewertete, sachbezogene Güter- und Leistungsverbrauch einer Abrechnungsperiode. Sie entstehen also, wenn Produkte oder Dienstleistungen verbraucht werden.

Finanz- und Betriebsbuchhaltung

Die Finanzbuchhaltung, also das externe Rechnungswesen, ermittelt das Unternehmensergebnis, indem sie sämtliche Geschäftsfälle einer Periode erfasst, also auch alle Geschäftsfälle mit externen Partnern. Die Betriebsbuchhaltung – auch als internes Rechnungswesen bekannt – erfasst dagegen nur innerbetriebliche Vorgänge, die mit dem eigentlichen Leistungsprozess des Unternehmens zusammenhängen.

Drei wichtige Kennzahlen aus Bilanz und GuV

Eigenkapitalquote

Die Eigenkapitalquote sagt Ihnen, wie hoch der Anteil des Eigenkapitals am Gesamtkapital ist. Dazu dividieren Sie einfach das Eigenkapital durch das Gesamtkapital:

$$\text{Eigenkapitalquote} = \frac{\text{Eigenkapital}}{\text{Gesamtkapital}}$$

Die Eigenkapitalquote sollte idealerweise über 50 Prozent liegen. Je höher die Eigenkapitalquote ist, desto geringer das Risiko, dass das Unternehmen zahlungsunfähig wird.

Return on Investment

Der ROI (Return on Investment) zeigt, wie lohnenswert es ist, Geld in das Unternehmen zu investieren. Je höher der ROI, desto schneller findet ein Unternehmer im Bedarfsfall neue Kapitalgeber. Sie ermitteln ihn, indem Sie den Gewinn durch das Gesamtkapital dividieren:

$$\text{ROI} = \frac{\text{Gewinn}}{\text{Gesamtkapital}}$$

Liquidität 1. Grades

Die Liquidität 1. Grades (Barliquidität) setzt die flüssigen Mittel des Unternehmens mit dem kurzfristigen Fremdkapital in Relation. Sie besagt, wie hoch der Anteil des kurzfristigen Fremdkapitals ist, der mit den flüssigen Mitteln des Unternehmens theoretisch sofort bezahlt werden könnte:

$$\text{Liquidität 1. Grades} = \frac{\text{flüssige Mittel}}{\text{kurzfristiges Fremdkapital}}$$

Rechnungswesen für Dummies

Michael Griga und Raymund Krauleidis

Rechnungswesen für dummies®

WILEY

WILEY-VCH Verlag GmbH & Co. KGaA

Rechnungswesen für Dummies

Bibliografische Information der Deutschen Nationalbibliothek

Die Deutsche Nationalbibliothek verzeichnet diese Publikation in der Deutschen Nationalbibliografie; detaillierte bibliografische Daten sind im Internet über http://dnb.d-nb.de abrufbar.

1. Auflage 2017

© 2017 WILEY-VCH Verlag GmbH & Co. KGaA, Weinheim

All rights reserved including the right of reproduction in whole or in part in any form.

Alle Rechte vorbehalten inklusive des Rechtes auf Reproduktion im Ganzen oder in Teilen und in jeglicher Form. publiziert.

Wiley, the Wiley logo, Für Dummies, the Dummies Man logo, and related trademarks and trade dress are trademarks or registered trademarks of John Wiley & Sons, Inc. and/or its affiliates, in the United States and other countries. Used by permission.

Wiley, die Bezeichnung »Für Dummies«, das Dummies-Mann-Logo und darauf bezogene Gestaltungen sind Marken oder eingetragene Marken von John Wiley & Sons, Inc., USA, Deutschland und in anderen Ländern.

Das vorliegende Werk wurde sorgfältig erarbeitet. Dennoch übernehmen Autoren und Verlag für die Richtigkeit von Angaben, Hinweisen und Ratschlägen sowie eventuelle Druckfehler keine Haftung.

Coverfoto: © iStock.com/stuartbur
Abdruck des IKR-Kontenplans im Anhang des Buches mit freundlicher Genehmigung des Bundesverbands Deutsche Industrie e.V.
Korrektur: Frauke Wilkens, München
Satz: SPi, Chennai
Druck und Bindung: M.P. Media-Print Informationstechnologie GmbH, 33100 Paderborn

Print ISBN: 978-3-527-71324-0
ePub ISBN: 978-3-527-81095-6
mobi ISBN: 978-3-527-81094-9

10 9 8 7 6 5 4 3 2 1

Über die Autoren

Michael Griga, Diplom-Volkswirt, studierte Volkswirtschaftslehre in Tübingen. Er ist heute Controller in einem Technologiekonzern.

Raymund Krauleidis, Diplom-Kaufmann, studierte Betriebswirtschaftslehre in Tübingen. Heute ist er Analyst in einem Energieunternehmen.

Die Autoren haben sich während ihrer gemeinsamen Zeit bei einem Telekommunikationsunternehmen kennengelernt und dort Pläne für gemeinsame Projekte ausgeheckt. Nach ihrem erfolgreichen Erstlingswerk *Controlling für Dummies* folgten unter anderem *Buchführung und Bilanzierung für Dummies*, *Bilanzen erstellen und lesen für Dummies*, *Balanced Scorecard für Dummies, das Pocketbuch* sowie *GuV für Dummies, das Pocketbuch*.

Auf einen Blick

Über die Autoren 7
Einführung 23

Teil I: Willkommen im externen Rechnungswesen 27
Kapitel 1: Die wunderbare Welt des Rechnungswesens 29
Kapitel 2: Von Erbsenzählern und Buchhaltern 39
Kapitel 3: Spielregeln der Buchführung 43

Teil II: Jetzt wird gebucht 65
Kapitel 4: Alles über Kontenrahmen 67
Kapitel 5: Buchungen im Anlagevermögen 73
Kapitel 6: Jetzt wird geleast 95
Kapitel 7: Buchungen im Umlaufvermögen 101
Kapitel 8: Ganz persönlich: Die Privatkonten 117
Kapitel 9: Personalbuchungen 129
Kapitel 10: Buchungen im Finanzbereich 143

Teil III: Der Jahresabschluss: Bilanzieren und bewerten 157
Kapitel 11: Alles meins: Das Inventar 159
Kapitel 12: Das Ende naht: Vorbereitende Buchungen zum Jahresabschluss 165
Kapitel 13: Gewinnermittlungsarten 185
Kapitel 14: Rahmen und Bedingungen: Aufbau der Bilanz 191
Kapitel 15: MfG, HGB, EStG und IFRS: Unterschiedliche Bewertungsvorschriften ... 205
Kapitel 16: Aktiv bilanzieren 219
Kapitel 17: Passiv bilanzieren 229
Kapitel 18: Erfolg gehabt: Die Gewinn-und-Verlust-Rechnung 243
Kapitel 19: Last, but not least: Anhang und Lagebericht 265

Teil IV: Mit kritischem Blick: Die Bilanzanalyse 271
Kapitel 20: Ziele und Arten der Bilanzanalyse 273
Kapitel 21: Aufbereitung der Gewinn-und-Verlust-Rechnung 281
Kapitel 22: Woher und wohin? Finanzierungs- und Investitionsanalyse 289
Kapitel 23: Immer flüssig: Die Liquiditätsanalyse 301
Kapitel 24: Gut gelaufen oder Pech gehabt: Die Erfolgsanalyse 315

Teil V: Die Basics der Kosten- und Leistungsrechnung 333
Kapitel 25: Eingeordnet – die Kosten- und Leistungsrechnung 335
Kapitel 26: Acht Schlüsselbegriffe 343
Kapitel 27: Charakterfrage – die unterschiedlichen Kostenbegriffe und Kostenrechnungssysteme 361
Kapitel 28: Basis schaffen – Konten-, Kostenstellen- und Kostenträgerpläne erstellen 375

Teil VI: Im Ist ganz traditionell: Die Kosten- und Leistungsrechnung **381**

- **Kapitel 29:** Woher kommt's? Die Kosten- und Leistungsartenrechnung 383
- **Kapitel 30:** Verteilen – die Kostenstellenrechnung 407
- **Kapitel 31:** Interne Hochspannung – die Verrechnungspreise 429
- **Kapitel 32:** Knallhart kalkuliert – die Kostenträgerstückrechnung 437
- **Kapitel 33:** Die Kostenträgerzeitrechnung oder Betriebsergebnisrechnung 455

Teil VII: Glaskugel: Plankosten- und Planleistungsrechnung **467**

- **Kapitel 34:** Warum überhaupt geplant wird...................................... 469
- **Kapitel 35:** Starr oder flexibel? Die Plankostenrechnung......................... 477
- **Kapitel 36:** Teilsicht – Direct Costing oder die Grenzplankostenrechnung 495
- **Kapitel 37:** Mehrstufig – die Fixkostendeckungsrechnung 513
- **Kapitel 38:** ABC ganz anders – die Prozesskostenrechnung 521

Teil VIII: Der Top-Ten-Teil **529**

- **Kapitel 39:** Zehn praktische Internetsites...................................... 531
- **Kapitel 40:** Zehn Begriffe, die Sie zumindest einmal gehört haben sollten.......... 535

Anhang: Lösungen zu den Aufgaben **541**

Stichwortverzeichnis **549**

Inhaltsverzeichnis

Über die Autoren... 7
Einführung... 23
    Über dieses Buch.. 23
    Konventionen in diesem Buch... 23
    Törichte Annahmen über den Leser...................................... 24
    Was Sie nicht lesen müssen.. 24
    Wie dieses Buch aufgebaut ist... 24
        Teil I: Willkommen im externen Rechnungswesen.................... 24
        Teil II: Jetzt wird gebucht...................................... 24
        Teil III: Der Jahresabschluss: Bilanzieren und bewerten.......... 25
        Teil IV: Mit kritischem Blick: Die Bilanzanalyse................. 25
        Teil V: Die Basics der Kosten- und Leistungsrechnung............. 25
        Teil VI: Im Ist ganz traditionell: Die Kosten- und Leistungsrechnung 25
        Teil VII: Glaskugel: Plankosten- und Planleistungsrechnungen..... 25
        Teil VIII: Der Top-Ten-Teil..................................... 25
    Symbole, die in diesem Buch verwendet werden.......................... 26
    Wie es weitergeht... 26

TEIL I
WILLKOMMEN IM EXTERNEN RECHNUNGSWESEN   27

Kapitel 1
Die wunderbare Welt des Rechnungswesens.................. 29
    Die Unterarten des Rechnungswesens................................... 29
    Warum es zwei Rechenwelten gibt...................................... 31
    Von Aufwendungen, Erträgen, Kosten und Leistungen.................... 32
    Nicht aus-, sondern abgegrenzt....................................... 34
        Die Welt der Finanzbuchhaltung................................... 35
        Die Welt der Kostenrechnung..................................... 36

Kapitel 2
Von Erbsenzählern und Buchhaltern........................ 39
        Die Aufgaben der Buchführung.................................... 40
        Werkzeuge der Buchführung....................................... 40

Kapitel 3
Spielregeln der Buchführung.............................. 43
    Gesetzliche Grundlagen der Buchführung............................... 43
        Die deutschen Gesetze... 44
        Nicht freiwillig und nicht für alle: Buchführungspflicht......... 44
        Ordnen und aufheben: Aufbewahrungsfristen....................... 45

Die österreichischen Gesetze................................... 46
Die gesetzlichen Regelungen der Schweiz 48
Ordnung muss sein: Die ordnungsgemäße Buchführung............ 49
Das Prinzip der doppelten Buchführung 51
Die einfache Buchführung 51
Die doppelte Buchführung..................................... 51
Über Belege, Bücher und Buchungen 57
Der große Unterschied: Belegarten............................. 57
Die Aufwärmphase: Buchungsvorbereitung 58
Nach der Verbuchung 58
Auf und zu: Bestandskonten eröffnen und abschließen............... 59
Das Eröffnungsbilanzkonto 60
Das Schlussbilanzkonto.. 62

TEIL II
JETZT WIRD GEBUCHT 65

Kapitel 4
Alles über Kontenrahmen 67
Der Rahmen macht das Bild 67
Aufbau eines Kontenrahmens...................................... 68
Kontenklassen 68
Kontengruppen 68
Konten 69
Die wichtigsten Kontenrahmen.................................... 70
Der GKR.. 70
Der IKR... 71
Standardkontenrahmen 71

Kapitel 5
Buchungen im Anlagevermögen 73
Großeinkauf: Kauf von Anlagegütern.............................. 74
Selbst ist der Mann oder die Frau................................ 77
Ermittlung der Herstellungskosten 77
Unterschiedliche Anlagegüter 78
Linear, sofort und degressiv: Abschreibungen 82
Nicht alles ist endlich: Nicht abnutzbares Anlagevermögen 82
Weder zum Lesen noch zum Spiegeln: Der Anlagespiegel 84
Schlussverkauf: Das Anlagevermögen muss raus 92

Kapitel 6
Jetzt wird geleast 95
Lease das 95
Aktivierung beim Leasingnehmer 97
Aktivierung beim Leasinggeber 100

Kapitel 7
Buchungen im Umlaufvermögen... **101**
Indirekt bezahlt: Vorsteuer, Umsatzsteuer und Mehrwertsteuer......... 101
Unterschiedliche Umsatzsteuersätze 103
Verbuchung der Umsatzsteuer 105
Umsatzsteuervorauszahlungen....................................... 106
Umsatz im EU-Binnenmarkt und mit Drittländern 107
Ein Kommen und Gehen: Wareneinkäufe und -verkäufe verbuchen 109
Einkäufe verbuchen.. 110
Verkäufe verbuchen.. 113
Verbraucht: Roh-, Hilfs- und Betriebsstoffe............................ 115

Kapitel 8
Ganz persönlich: Die Privatkonten **117**
Qual der Wahl: Die Rechtsform des Unternehmens 117
Allein gegen den Rest der Welt: Einzelunternehmen 118
Alle für einen, einer für alle: Personengesellschaften 118
Nicht natürlich: Kapitalgesellschaften............................ 119
Privates verbuchen 120
Selbstbedienung: Privatentnahmen verbuchen 121
Arbeitet auch mit: Die Privateinlage 126

Kapitel 9
Personalbuchungen **129**
Vielfältig: Entgeltarten.. 129
Brutto und Netto: Wie gewonnen so zerronnen......................... 130
Einer muss ja zahlen: Die Lohnsteuer............................ 131
Fast pari: Die Sozialversicherungsbeiträge....................... 132
Verbuchen der Entgeltabrechnung..................................... 134
Sondervergütungen und vermögenswirksame Leistungen 135
Verbuchen von lohnsteuerfreien Sondervergütungen............... 136
Verbuchen von lohnsteuerpflichtigen Sondervergütungen 136
Vermögenswirksame Leistungen................................ 138
Verbuchung von Vorschüssen.. 138
Verbuchung von Sachleistungen...................................... 139
Ordnung muss sein!.. 140
Billig einkaufen... 140

Kapitel 10
Buchungen im Finanzbereich................................. **143**
Risiko: Verbuchung von Wertpapieren................................. 143
Langfristige Wertpapiere... 144
Kurzfristige Wertpapiere... 146
Erträge aus Finanzanlagen... 148
Verbuchung von Dividenden 148
Verbuchung von Zinserträgen................................... 149

Sind Sie flüssig? Liquide Mittel.	150
Verbuchung von inländischen liquiden Mitteln.	150
Verbuchung von Devisen	150
Anzahlungen.	151
Verbuchung von Anzahlungen beim Kunden	152
Verbuchung von Anzahlungen beim Lieferanten	152
Steuern	153
Abzugsfähige Betriebssteuern	153

TEIL III
DER JAHRESABSCHLUSS: BILANZIEREN UND BEWERTEN   157

Kapitel 11
Alles meins: Das Inventar.   **159**

Jahresabschluss und Inventur	159
Jetzt wird gezählt: Die Inventurverfahren	160
Wegen Inventur geschlossen: Die Stichtagsinventur	160
Besser spät als nie: Die zeitversetzte Inventur	161
Alles im Griff: Die permanente Inventur.	162
Hochgerechnet: Die Stichprobeninventur	162
Aufgelistet: Das Inventar	162
Mal mehr, mal weniger: Das Vermögen	162
Hoffentlich nicht bis über beide Ohren: Die Schulden	162
Das bleibt übrig: Das Eigenkapital beziehungsweise das Reinvermögen	163
Erfolgsermittlung per Eigenkapitalvergleich	163

Kapitel 12
Das Ende naht:
Vorbereitende Buchungen zum Jahresabschluss   **165**

Mehr oder weniger: Bestandsveränderungen	165
Ein guter Jahrgang: Bestandsminderungen	166
Ein schlechter Jahrgang: Bestandserhöhung	167
Forderungen bewerten und abschreiben	169
Uneinbringliche Forderungen verbuchen	169
Zweifelhafte Forderungen direkt abschreiben und buchen	170
Zweifelhafte Forderungen indirekt abschreiben und buchen.	173
Ganz pauschal: Pauschalwertberichtigungen	175
Über Zeit und Geld: Zeitliche Abgrenzungen.	176
Antizipative Abgrenzung	178
Transitorische Abgrenzung.	179
Rückstellungen.	181
Rückstellungen für ungewisse Verpflichtungen verbuchen.	182
Rückstellungen für drohende Verluste verbuchen	183

Kapitel 13
Gewinnermittlungsarten 185
Gewinnermittlung per Bestandsvergleich 185
    Basisarbeit: Betriebsvermögen ermitteln........................... 185
    Betriebsvermögen vergleichen 186
Gewinnermittlung per Überschussrechnung 187
Durch die Hintertür: Aufzeichnungspflichten 189
Wechsel der Gewinnermittlungsart 190

Kapitel 14
Rahmen und Bedingungen: Aufbau der Bilanz 191
Vielfältig: Bilanzarten.. 191
Sinn und Zweck der Bilanz 192
    Befriedigung der Neugierde: Informationsfunktion 192
    Dokumentations- und Rechenschaftsfunktion 193
    Her mit dem Geld: Zahlungsbemessungsfunktion 194
Die rechtlichen Grundlagen der Bilanz.................................. 194
Der Aufbau der Bilanz.. 195
    Die Aktivseite 195
    Die Passivseite 199
Und nun: Vorhang auf für die Bilanz 203

Kapitel 15
MfG, HGB, EStG und IFRS: Unterschiedliche Bewertungsvorschriften................................... 205
Maßgeblich: Handels- und Steuerbilanz 205
    Von der Überschussrechnung zur abgeleiteten Steuerbilanz........... 206
    Der kleine Unterschied und das Maßgeblichkeitsprinzip............... 207
Internationale Rechnungslegungsvorschriften: IFRS und US-GAAP........ 209
    Warum es internationale Standards gibt 209
    Die IFRS-Vorschriften... 212
    Das Haus von GAAP 216

Kapitel 16
Aktiv bilanzieren 219
Ende, Aus: Bestandskonten abschließen 219
Bilanzierung des Anlagevermögens 220
    Dauerhafte Wertminderung oder nicht 221
Bilanzierung des Umlaufvermögens................................... 223
    Bewertung von Vorräten.. 223
    Sammelbewertung von Vorräten................................. 225

Kapitel 17
Passiv bilanzieren 229
Alles meins: Das Eigenkapital... 229
    Eigenkapital bei Einzelunternehmen............................... 230
    Eigenkapital bei Personengesellschaften 231
    Eigenkapital bei Kapitalgesellschaften 234

Die hohe Kante: Rückstellungen 237
Haste mal 'nen Euro: Verbindlichkeiten 239
    Artenvielfalt: Verschiedene Verbindlichkeiten 239

Kapitel 18
Erfolg gehabt: Die Gewinn-und-Verlust-Rechnung 243

Die Vorschriften für die Erfolgsrechnung 244
    Die Vorschriften des HGB 244
    Die Vorschriften in Österreich und in der Schweiz 245
    Die Regeln nach IFRS 246
Qual der Wahl: Gesamtkostenverfahren oder Umsatzkostenverfahren 246
    Die Gliederung des Gesamtkostenverfahrens nach § 275 HGB 247
    Die Gliederung des Umsatzkostenverfahrens nach § 275 HGB 248
Jetzt geht's los: Erfolgsrechnung nach dem Umsatzkostenverfahren 249
Zum Vergleich: Das Gesamtkostenverfahren 258
Umstellung vom Gesamt- auf das Umsatzkostenverfahren 261

Kapitel 19
Last, but not least: Anhang und Lagebericht 265

Jetzt wird es interessant: Der Anhang 265
    Allgemeine Angaben zum Jahresabschluss 266
    Einzelangaben zum Jahresabschluss 267
    Ergänzende Angaben 268
Der Lagebericht 269

TEIL IV
MIT KRITISCHEM BLICK: DIE BILANZANALYSE   271

Kapitel 20
Ziele und Arten der Bilanzanalyse 273

Ziele der Bilanzanalyse 273
    Interne Bilanzanalyse 274
    Externe Bilanzanalyse 275
    Formelle Bilanzanalyse 275
    Materielle Bilanzanalyse 275
Disziplinen der Bilanzanalyse 276
    Erfolgswirtschaftliche Bilanzanalyse 276
    Finanzwirtschaftliche Bilanzanalyse 277
    Strategische Bilanzanalyse 278

Kapitel 21
Aufbereitung der Gewinn-und-Verlust-Rechnung 281

Aufbereitung der GuV-Positionen 281
Axt anlegen: Die Erfolgsspaltung 282

Gesucht: Das ordentliche Betriebsergebnis	282
Auch noch gesucht: Das ordentliche Finanzergebnis	284
Schwankend: Das neutrale Ergebnis	285
Eine Struktur-GuV erstellen	286

Kapitel 22
Woher und wohin?
Finanzierungs- und Investitionsanalyse — **289**

Wohin? Die Investitionsanalyse	290
Die Vermögensstruktur analysieren	290
Die Investitionstätigkeit analysieren	292
Das Vermögen ins Verhältnis zum Umsatz setzen	295
Woher? Die Finanzierungsanalyse	298
Kennzahlen zur Finanzierungsanalyse	298
Die horizontale Finanzierungsanalyse	299

Kapitel 23
Immer flüssig: Die Liquiditätsanalyse — **301**

Unterschiedliche Liquiditätsgrade	301
Liquidität 1. Grades (Barliquidität)	302
Liquidität 2. Grades	302
Liquidität 3. Grades	303
Die Cashflow-Analyse	303
Ermittlung des Cashflows	304
Die Finanzkraft mit dem Cashflow beurteilen	306
Kapitalflussrechnung analysieren	307
Cashflow aus betrieblicher Tätigkeit	308
Cashflow aus Investitionstätigkeit	310
Cashflow aus Finanzierungstätigkeit	311
Zahlungsmittel und Zahlungsmitteläquivalente am Ende der Berichtsperiode	312

Kapitel 24
Gut gelaufen oder Pech gehabt: Die Erfolgsanalyse — **315**

Ergebnisanalyse: Was hinter den Zahlen steckt	315
Datenbasis aufbereiten: Struktur-GuV erstellen	317
Das Ergebnis filetieren	318
Das kommt raus bei der Ergebnisanalyse	321
Die Ergebnisstruktur in Kennzahlen	321
Vergleichbar: Die Ergebnisbestandteile in Kennzahlen	321
Die Aufwandsstruktur in Kennzahlen	323
Renditedruck: Die Rentabilitätsanalyse	327
Eigenkapitalrentabilität	327
Gesamtkapitalrentabilität oder ROI	329
Umsatzrentabilität	330

TEIL V
DIE BASICS DER KOSTEN- UND LEISTUNGSRECHNUNG — 333

Kapitel 25
Eingeordnet – die Kosten- und Leistungsrechnung — 335
- Intern und extern — 335
  - Es wächst zusammen, was zusammengehört: Konvergenz von externem und internem Rechnungswesen — 336
- Die Kosten- und Leistungsrechnung — 337
  - Ziele der Kosten- und Leistungsrechnung — 338
  - Protokoll führen – Dokumentations- und Publikationsaufgabe — 338
  - Planung und Steuerung — 339
  - Manipulation – Verhaltenssteuerung — 340
  - Wirtschaftlichkeitskontrolle — 341

Kapitel 26
Acht Schlüsselbegriffe — 343
- Nur Bares ist Wahres: Ein- und Auszahlungen — 344
  - Ab damit in den Geldspeicher: Einzahlungen — 344
  - Tränenreich verabschieden: Auszahlungen — 344
- Geldvermögen: Einnahmen und Ausgaben — 345
  - Fast immer gut: Einnahmen — 345
  - Muss auch manchmal sein: Ausgaben — 347
- Ertrag und Aufwand: Willkommen in der Buchhaltung — 348
  - Nichts als Aufwand — 348
  - Gut für das persönliche Befinden: Erträge — 351
- Jetzt geht die Party richtig los: Kosten und Leistungen — 352
  - Kosten, nicht überall beliebt — 352
  - Wie jetzt? Erlöse oder Leistungen — 356

Kapitel 27
Charakterfrage – die unterschiedlichen Kostenbegriffe und Kostenrechnungssysteme — 361
- Die unterschiedlichen Kostenbegriffe — 361
  - Beschäftigungsabhängige Kosten — 362
  - Verrechnungsabhängige Kosten — 370
  - Kosten mit unterschiedlicher Herkunft — 371
  - O Zeiten, o Kosten — 372
- Überblick über die Systeme der Kosten- und Leistungsrechnung — 372
  - Gliederung nach dem Zeitbezug — 373
  - Gliederung nach dem Verrechnungsumfang — 373

Kapitel 28
Basis schaffen – Konten-, Kostenstellen- und Kostenträgerpläne erstellen — 375
- Der Kontenplan, Heimat der Kostenarten — 375
- Ortsbezeichnungen – der Kostenstellenplan — 376

Gliederungsmöglichkeiten für die Kostenstellenbildung 376
Das erspart bei Beachtung Ärger: Tipps für die Kostenstellenbildung . . . 377
Kostenträger definieren 378
Kostenträger sauber abgrenzen 378
Einen Kostenträgerplan erstellen 379

TEIL VI
IM IST GANZ TRADITIONELL: DIE KOSTEN- UND LEISTUNGSRECHNUNG 381

Kapitel 29
Woher kommt's? Die Kosten- und Leistungsartenrechnung 383

Aufgaben und Grundsätze der Kosten- und Leistungsartenrechnung 383
Kosten und Leistungen detailliert oder nur wertmäßig erfassen. 384
Mammutaufgabe – Kosten richtig erfassen. 384
Die Materialkosten erfassen. 385
Die Personalkosten erfassen 392
Die Fremdleistungskosten erfassen 394
Abgaben und Steuern erfassen 394
Abschreibungen erfassen. 395
Die kalkulatorischen Zinsen ermitteln und erfassen 402
Die kalkulatorischen Wagnisse. 403
Die kalkulatorische Miete 404
Der kalkulatorische Unternehmerlohn. 404
Auch das noch: Leistungen erfassen 404

Kapitel 30
Verteilen – die Kostenstellenrechnung 407

Aufgaben der Kostenstellenrechnung 407
Ordnung muss sein – Kostenstellenpläne 408
Kostenstellen klassifizieren leicht gemacht 409
BAB-Routenplaner – der Aufbau des Betriebsabrechnungsbogens 411
Verwirrende Vielfalt – Verfahren zur Verrechnung innerbetrieblicher
Leistungen 414
Grob und schnell – Kosten mit dem Anbauverfahren verteilen 414
Einbahnstraße – das Stufenleiterverfahren 417
Ganz genau und komplexer – das Gleichungsverfahren 419
Wiederholung ist angesagt – das iterative Verfahren. 422
Mit festen Verrechnungspreisen – das Gutschrift-Lastschrift-
Verfahren. 424
Knallhart wie auf dem Markt – das Kostenträgerverfahren. 427
Die Gemeinkostenzuschlagssätze ermitteln 428

Kapitel 31
Interne Hochspannung – die Verrechnungspreise 429

Die Aufgaben der Verrechnungspreise 429
Koordinations- und Steuerungsaufgabe. 430

Ergebnisermittlung mithilfe von Verrechnungspreisen 430
Steuerminimierung – Vermeidung unnötiger Steuerbelastungen 430
Kalkulationsbasis für Produkte und Dienstleistungen 431
Immer wieder auftretende Zielkonflikte. 431
Die verschiedenen Arten von Verrechnungspreisen 432
Nicht immer möglich – marktorientierte Verrechnungspreise 432
Auf dem Basar – verhandlungsorientierte Verrechnungspreise. 433
Beliebt – kostenorientierte Verrechnungspreise. 434

Kapitel 32
Knallhart kalkuliert – die Kostenträgerstückrechnung 437

Prinzipien der Kostenverteilung 438
Ganz einfach – die Divisionskalkulation 439
Einfach aufteilen – die einstufige Divisionskalkulation. 439
Next Step – die zweistufige Divisionskalkulation. 440
Schon komplexer – die mehrstufige Divisionskalkulation 440
Bei Mehrproduktfertigung geeignet – die
Äquivalenzziffernkalkulation 441
In Serie gehen mit der Zuschlagskalkulation. 443
Auf einen Schlag Kosten zuordnen mit der summarischen
Zuschlagskalkulation 444
Genauer rechnen mit der differenzierenden Zuschlagskalkulation. 445
Bei Automatisierung gefragt – die Maschinensatzkalkulation 448
Die Kalkulation von Kuppelprodukten 451
Kalkulation mit der Restwertmethode 451
Kalkulation mit der Verteilmethode 452

Kapitel 33
Die Kostenträgerzeitrechnung oder
Betriebsergebnisrechnung 455

Abgrenzung – der erste Schritt vom Unternehmens- zum
Betriebsergebnis 456
Erfolgsrechnung mit dem Gesamtkostenverfahren. 463
Erfolgsrechnung mit dem Umsatzkostenverfahren 464

TEIL VII
GLASKUGEL: PLANKOSTEN- UND
PLANLEISTUNGSRECHNUNG   467

Kapitel 34
Warum überhaupt geplant wird 469

Ohne Ziel nix los 469
Unterschiedliche Planungshorizonte 470
Unterjährige Planung – die Isterwartung. 471
Wo überall im Unternehmen geplant wird. 471
Wie die Kosten- und Leistungsrechnung die Planung unterstützt. 471
Planen mit Prognose- und Standardkosten 473

Kapitel 35
Starr oder flexibel? Die Plankostenrechnung **477**

    So funktioniert die starre Plankostenrechnung 477
        Kostenplanung: Planmenge mal Planpreis. 478
        Planung mit der starren Plankostenrechnung. 479
        Verrechnung und Abweichungsanalyse bei der starren
        Plankostenrechnung 479
    Die flexible Plankostenrechnung auf Vollkostenbasis 481
        Planen mit der flexiblen Plankostenrechnung. 482
        Die Kostenkontrolle bei der flexiblen Plankostenrechnung 488
        Das Problem mit den Vollkostenrechnungen 493

Kapitel 36
Teilsicht – Direct Costing oder die Grenzplankostenrechnung **495**

    Garantiert proportional – die Grenzplankostenrechnung. 496
    Die Kostenplanung in der Grenzplankostenrechnung. 497
        Die Kostenauflösung in der Grenzplankostenrechnung 497
        Die Kosten- und Erlösplanung 498
    Die Kostenträgerrechnung mit Teilkosten. 500
        Stückdeckungsbeiträge kalkulieren – die Kostenträgerstückrechnung... 500
        Erfolg gehabt – die Kostenträgerzeitrechnung 501
    Kosten- und Erlöskontrolle und Abweichungsanalyse. 504
        Diplomatie und Bestimmtheit – die Kostenkontrolle 504
        Vielfältige Erklärungen – die Verbrauchsabweichung. 505
        Nicht immer einfach – die Erlöskontrolle 506
    Break-even-Analysen, Preispolitik und Portfolioentscheidungen 506
        Das optimale Produktportfolio suchen und finden 506
        Preispolitik – Preisuntergrenzen ermitteln. 508
        Break-even-Analyse durchführen 509
        Break-even-Analyse mit mehreren Produkten 511

Kapitel 37
Mehrstufig – die Fixkostendeckungsrechnung **513**

    Aufteilung der Fixkosten nach der Zurechenbarkeit 513
    Erfolgsrechnung in der mehrstufigen Deckungsbeitragsrechnung........... 514
    Retrograd und progressiv kalkulieren 515
        Nachkalkulation – die retrograde Kalkulation 516
        Stückkosten ermitteln mit der progressiven Kalkulation 517

Kapitel 38
ABC ganz anders – die Prozesskostenrechnung **521**

    Der Zeitpuls fliegt, die Kostenrechnung rennt hinterher. 521
    Kurzer Prozess. 522
    Die Kostenprozessrechnung 523
        Prozesse suchen und bilden. 523
        Auf der Suche nach den Kostentreibern. 525
    Auswirkungen auf die Kostenträgerrechnung 526

TEIL VIII
DER TOP-TEN-TEIL 529

Kapitel 39
Zehn praktische Internetsites 531
- Controlling & Management 531
- ControllerSpielwiese 531
- Controller Verein 532
- Competence Site 532
- Business-Wissen 532
- Rechnungswesen-Portal 532
- Handelsblatt 533
- Wikipedia 533
- Gruenderlexikon 533
- Wirtschaftslexikon24 533

Kapitel 40
Zehn Begriffe, die Sie zumindest einmal gehört haben sollten 535
- Sale-and-Lease-Back 535
- Factoring 536
- Segmentberichterstattung 536
- Working Capital Management 536
- Buchhalternase 537
- Windowdressing 538
- Fast Close 538
- Leverage-Effekt 538
- Business Case 539
- Opportunitätskosten 539

Anhang: Lösungen zu den Aufgaben 541
Stichwortverzeichnis 549

Einführung

Viele Menschen halten das Rechnungswesen für neumodisches Teufelszeug. Doch das ist weit gefehlt. Zum einen fand man Soll und Haben bereits auf Papyrusrollen der alten Ägypter, die aus dem Jahr 3.000 v. Chr. datiert sind, zum anderen waren es insbesondere Kirchen und Klöster, die ab dem 7. Jahrhundert die Ursprünge des heutigen Rechnungswesens begründeten.

Seither hat sich auf diesem Gebiet natürlich einiges getan. Beispielsweise werden Geschäftsvorfälle heute in Geldeinheiten erfasst und nicht wie bei den alten Ägyptern in Gemüse oder Fächer. Auch ist die Darstellung der Zahlen in römischen Ziffern nicht mehr ganz so hip wie vor 1.400 Jahren. Wäre bei der Bilanzsumme von Apple (rund 300 Milliarden US-Dollar) auch eine ganz schöne Papierverschwendung.

Aber nun genug der Vergangenheit. Ab geht's in die Gegenwart. Und da Sie dieses Buch just in diesem Moment in Ihren Händen halten, gehen wir davon aus, dass Sie schon riesig gespannt sind, was Sie auf den kommenden Seiten erwartet. Eines sei schon einmal verraten: Sie werden sehen, dass das Thema Rechnungswesen gar nicht so schlimm ist wie sein Ruf. Zudem verwenden wir auch bestimmt keine Hieroglyphen. Versprochen!

Über dieses Buch

In diesem Buch finden Sie alle Grundlagen zum internen und externen Rechnungswesen. Langatmige Theorieabhandlungen und unappetitliche Formeln gibt es nicht. Denn was Sie gerade in den Händen halten ist ein praxisorientierter und gut verständlicher Überblick über die wunderbare Welt des Rechnungswesens, gespickt mit Tipps und ein paar Anekdoten.

Erfahren Sie unter anderem,

- ✓ wie sich das Betriebsergebnis vom Unternehmensergebnis unterscheidet.
- ✓ was es mit der doppelten Buchführung auf sich hat.
- ✓ wie Sie eine Bilanz und eine Gewinn-und-Verlust-Rechnung analysieren.
- ✓ wie eine traditionelle Vollkostenrechnung und die Teilkostenrechnung funktionieren.

Konventionen in diesem Buch

Keine Sorge: In diesem Buch verlangt niemand von Ihnen, dass Sie irgendetwas eingeben, mitschreiben oder ausschneiden sollen. Somit gibt es hier nichts weiter zu beachten. Und falls Sie jetzt aus uns unerfindlichen Gründen doch an diesem Buch herumschnippeln sollten, denken Sie vorher bitte an die Kosten …

Törichte Annahmen über den Leser

Wir gehen davon aus, dass Sie keine Vorkenntnisse besitzen, wenn Sie dieses Buch lesen. Ein gewisses Grundinteresse für das Thema Rechnungswesen unterstellen wir Ihnen aber, da Sie sich ansonsten beim Buchhändler Ihres Vertrauens sicherlich für einen Krimi oder für einen netten Roman entschieden hätten. Dieses Grundinteresse, sei es freiwillig oder gezwungenermaßen vorhanden, ist die Mindestanforderung, die wir an Sie haben.

Zudem gehen wir davon aus, dass noch mindestens einer der folgenden Punkte auf Sie zutrifft:

- ✔ Sie müssen sich von Berufs wegen mit dem Rechnungswesen beschäftigen.
- ✔ Sie wollen endlich einmal wissen, wie man einen Jahresabschluss und/oder eine Kosten- und Leistungsrechnung erstellt.
- ✔ Sie müssen sich in der Ausbildung oder im Studium mit der Materie herumschlagen.
- ✔ Sie sind ein vielseitig interessierter Mensch, aber die besagten Themen gehörten zu den wenigen Dingen, bei denen Sie bisher nur Bahnhof verstanden haben.

Sie dürfen das, was auf Sie zutrifft, übrigens auch gerne ankreuzen – es ist ja schließlich Ihr Buch.

Was Sie nicht lesen müssen

Ab und zu werden Sie beim Lesen auf einen Kasten im Text stoßen. Diese Kästen enthalten entweder theoretische Hintergrundinformationen oder banale Anekdoten aus dem Rechnungswesen. Beide haben eines gemeinsam: Sie müssen sie nicht unbedingt lesen, um das Thema zu verstehen. Wenn es also mal schnell gehen muss, können Sie die Kästen ohne schlechtes Gewissen überspringen. Wir sagen es auch niemandem weiter, versprochen!

Wie dieses Buch aufgebaut ist

Das Buch ist in acht Teile gegliedert, die originellerweise fortlaufend nummeriert sind. In den acht Teilen finden Sie folgende Inhalte:

Teil I: Willkommen im externen Rechnungswesen

Hier bekommen Sie zunächst einen ersten Großüberblick über die Aufgaben, die im externen Rechnungswesen anfallen. Außerdem machen wir Sie mit verschiedenen Rechenwelten bekannt und weihen Sie in die Geheimnisse der doppelten Buchführung ein.

Teil II: Jetzt wird gebucht

Nachdem wir Sie hier zunächst mit den unterschiedlichen Kontenrahmen vertraut machen, wird endlich gebucht. Sie buchen munter im Anlage- und Umlaufvermögen herum, leasen nebenher und beglücken schließlich sowohl die Anteilseigner als auch Ihre Kollegen mit Privat- und Personalbuchungen. Das große Finale dieses Teils bilden dann die Buchungen im Finanzbereich. Sie werden sehen: Alles halb so schlimm! Buchen kann sogar Spaß machen.

Teil III: Der Jahresabschluss: Bilanzieren und bewerten

Kinder, wie die Zeit vergeht. Schon wieder ist ein Jahr vorbei und das heißt für den Buchhalter: Jahresabschluss. Bei der Inventur werden wir mit Ihnen gemeinsam zählen, schätzen und wiegen. Und wie alles im Leben will auch ein Jahresabschluss gut vorbereitet sein. Was Sie dabei alles beachten müssen, erfahren Sie ebenfalls in diesem Teil. Neben der Gewinn- und-Verlust-Rechnung stellen wir Ihnen dann noch die Königsdisziplin der Buchhaltung vor: die Bilanz. Und zwar mit allem Drum und Dran.

Teil IV: Mit kritischem Blick: Die Bilanzanalyse

Neben einem bunten Strauß hübscher Analysemöglichkeiten einer Bilanz zeigen wir Ihnen hier, wie Sie sich eine Struktur-GuV basteln können. Werkzeug benötigen Sie dazu übrigens keins (außer Ihrem Kopf). Dann wird kräftig analysiert: die Finanzierungs- und Investitionsanalyse, die Liquiditätsanalyse und die Erfolgsanalyse warten schon auf Sie.

Teil V: Die Basics der Kosten- und Leistungsrechnung

Hier bekommen Sie zunächst einen ersten Einblick in die Welt der Kosten- und Leistungsrechnung. Außerdem lernen Sie alle wichtigen Begriffe rund um die Kosten- und Leistungsrechnung kennen und erfahren, wie Kostenpläne und Kostenrahmen entstehen.

Teil VI: Im Ist ganz traditionell: Die Kosten- und Leistungsrechnung

Jetzt geht es zur Sache. Im Kapitel zur Kostenartenrechnung erfahren Sie, wie die Kostenarten erfasst und kalkulatorische Kosten ermittelt werden. Danach geht es in der Kostenstellenrechnung mithilfe des Betriebsabrechnungsbogens, kurz BAB, an die Verteilung der Kosten und an die Verrechnung innerbetrieblicher Leistungen. Abschließend geht es an die Kostenträgerrechnung, danach folgt die Zeitrechnung, also die Erfolgsrechnung.

Teil VII: Glaskugel: Plankosten- und Planleistungsrechnungen

Werfen Sie einen Blick in die Zukunft. Plankostenrechnungen auf der Grundlage von Vollkosten und auf Basis von Teilkosten buhlen um Ihre Gunst. Die relative Einzelkostenrechnung ist das konsequenteste System, aber zugleich wohl auch das komplexeste. Danach geht es zum ABC, zur Prozesskostenrechnung.

Teil VIII: Der Top-Ten-Teil

Für den versierten *... für Dummies*-Leser ist dieser Teil nichts Neues. Hier lernen Sie zunächst einmal zehn Websites rund um das Thema Rechnungswesen kennen. Dann folgen zehn wichtige Begriffe, die Ihnen hier und da über den Weg laufen können.

Symbole, die in diesem Buch verwendet werden

In diesem Buch werden einige Symbole verwendet, um bestimmte Arten von Informationen zu kennzeichnen:

Dieses Symbol markiert einen praktischen Tipp, der Ihnen einiges erleichtern kann.

Hier handelt es sich um zusätzliche Erklärungen und Hinweise, die etwaige Unklarheiten beseitigen können.

Hinter diesem Symbol versteckt sich die Erklärung oder die Definition von neu eingeführten Fachbegriffen.

Dreimal dürfen Sie raten, was Sie bei diesem Symbol erwartet – richtig, ein Beispiel zum jeweiligen Thema.

Hier gibt es noch theoretisches Hintergrundwissen. Wenn Sie etwas, das mit diesem Symbol versehen ist, nicht lesen, tut das dem Verständnis keinen Abbruch.

Wie es weitergeht

Das Buch ist so aufgebaut, dass Sie es nicht zwingend wie einen Roman von vorn nach hinten durchlesen müssen, um alles zu verstehen. Wollen Sie sich mal eben über Rückstellungen informieren, können Sie ohne Umwege das Kapitel 17 aufschlagen. Sie werden dort grundsätzlich alles verstehen, auch ohne die Kapitel 1 bis 16 gelesen zu haben. Wenn Sie das Buch aber dennoch von vorn bis hinten durchlesen möchten, sind wir Ihnen auch nicht böse. Wie und in welcher Reihenfolge Sie was, warum und weshalb lesen, können Sie somit frei entscheiden.

Und nun wünschen wir Ihnen viel Spaß und Erfolg!

Teil I
Willkommen im externen Rechnungswesen

> **IN DIESEM TEIL ...**
>
> Lernen Sie den Unterschied zwischen externem und dem internem Rechnungswesen kennen.
>
> Schauen Sie hinter die Kulissen des externen Rechnungswesens.
>
> Erfahren Sie alles Wissenswerte über die Spielregeln der Buchführung.

IN DIESEM KAPITEL

Der Unterschied zwischen internem und externem Rechnungswesen

Alles über Erträge, Aufwendungen, Kosten und Leistungen

Was Abgrenzung bedeutet

Kapitel 1
Die wunderbare Welt des Rechnungswesens

Zu Beginn möchten wir gerne ein Gerücht aus dem Weg räumen: Beim Rechnungswesen handelt es sich nicht um ein grausames Fabeltier, das vorwiegend in Schulen und Universitäten sein Unwesen treibt, um dort mit sinnloser Komplexität für Angst und Verwirrung zu sorgen. In Wahrheit ist das Rechnungswesen ein äußerst hilfsbereiter und schlauer Zeitgenosse, der Ihnen selbstlos dabei hilft, die richtigen Entscheidungen zu treffen und damit noch erfolgreicher zu sein. Trotz allem ist das Rechnungswesen aber lange nicht perfekt und hat – wie jeder von uns – seine Ecken und Kanten. Wie Sie mit diesen umgehen, warum manche vermeintlichen Macken bei genauerem Hinsehen gar keine sind, welche Rolle der Gesetzgeber für den Ruf des Rechnungswesens spielt und noch vieles, vieles mehr über diese faszinierende Kreatur erzählen wir Ihnen auf den folgenden Seiten. Und sollte es Sie wider Erwarten trotzdem einmal kurzzeitig verwirren – seien Sie bitte nachsichtig! Schließlich ist das Rechnungswesen irgendwie ja auch nur ein Mensch ...

Die Unterarten des Rechnungswesens

Das Rechnungswesen existiert natürlich nicht zum Spaß – oder um Menschen denselben zu verderben. Vielmehr dient es dazu, alles, was in einem Unternehmen passiert und sich in Geld oder Mengen ausdrücken lässt,

- ✔ zu erfassen,
- ✔ zu überwachen und
- ✔ auszuwerten.

Das ermöglicht zum einen, Außenstehenden – wie beispielsweise den Aktionären – Rechenschaft darüber ablegen zu können, was mit ihrem Geld passiert ist, zum anderen macht es ein Unternehmen überhaupt erst steuerbar und überlebensfähig.

Sie kommen auf die glorreiche Idee, Bleistifte herzustellen und zu verkaufen und setzen pro Stift einen Verkaufspreis von 30 Cent an. Allerdings haben Sie es nicht so mit Zahlen und bemerken deshalb nicht, dass es Sie stattliche 50 Cent kostet, einen einzigen Stift zu produzieren. Zwar verkauft Ihr Unternehmen dann in ziemlich kurzer Zeit wahrscheinlich ziemlich viele Bleistifte, geht aber unter Garantie in einigen Monaten ebenfalls stiften.

Rechnungswesen ist aber leider nicht gleich Rechnungswesen. Wäre ja auch zu einfach! In erster Linie unterscheidet man zwischen

- dem externen Rechnungswesen und
- dem internen Rechnungswesen.

Zunächst konfrontieren wir Sie mit den knallharten Fakten zum externen Rechnungswesen – gerne auch als »Finanzbuchhaltung« oder »Geschäftsbuchhaltung« bezeichnet. Dieses wird von

- Aufwendungen und
- Erträgen

regiert.

Die Finanzbuchhaltung ist die Basis für die *Bilanz* und die *Gewinn-und-Verlust-Rechnung*. Im internen Rechnungswesen, auch »Kostenrechnung« oder »Betriebsbuchhaltung« genannt, geben hingegen

- Kosten und
- Leistungen

den Ton an.

Das interne Rechnungswesen mündet in der *Kostenarten-*, der *Kostenstellen-* und der *Kostenträgerrechnung*.

Wie so oft im Leben liegt der Unterschied zwischen Kosten und Aufwendungen einerseits sowie Leistungen und Erträgen andererseits im Detail. Und dieses Detail nennt sich recht unspektakulär *Betriebszweck*. Der Betriebszweck ist einfach ausgedrückt das eigentliche Kerngeschäft Ihres Unternehmens und alles, was damit im Zusammenhang steht.

> **Echt tierisch ...**
>
> Betreiben Sie beispielsweise eine Zoohandlung, so ist dem Betriebszweck all das dienlich, was mit dem Verkauf von Kaninchen, Kanarienvögeln und Goldfischen zu tun hat. Sei es die Miete für Ihr Geschäft, das Futter für die Tiere, die Ladenausstattung und so weiter. Kaufen Sie nun jedoch im Namen der Zoohandlung am Finanzmarkt Obligationsscheine, hat das nichts mit dem eigentlichen Sinn und Zweck des Unternehmens zu tun. Es sei denn, Sie haben die Optionsscheine erworben, um damit die Goldfische zu füttern.

 Streng genommen gehören auch noch die sogenannte Betriebsstatistik sowie die Planungsrechnung zum weitreichenden Themenfeld Rechnungswesen. Während in der Betriebsstatistik die Ergebnisse der Finanzbuchhaltung sowie der Kostenrechnung verdichtet und detailliert analysiert werden, schaut man in der Planungsrechnung nach vorn und versucht, insbesondere auf Basis der Ergebnisse aus der Betriebsstatistik, die künftige Entwicklung des Unternehmens zu prognostizieren. Mehr zu diesen beiden spannenden Unterdisziplinen des Rechnungswesens finden Sie im Buch *Controlling für Dummies*.

Warum es zwei Rechenwelten gibt

Der Grund für die Existenz der beiden Rechenwelten liegt darin, dass jeweils unterschiedliche Ziele verfolgt werden. Das interne Rechnungswesen, also die Kostenrechnung, dient rein innerbetrieblichen Zielen, während das externe Rechnungswesen, die Finanzbuchhaltung, hauptsächlich Außenstehende informieren und schützen soll.

Aber der Reihe nach:

✔ Das interne Rechnungswesen erfüllt hauptsächlich folgende Zwecke:

- Hilfe bei der Preisbestimmung: Zu welchem Preis bieten Sie ein Produkt am besten an?
- Hilfe bei Entscheidungen: Wann immer mehrere Alternativen zur Auswahl stehen, die denselben Nutzen bringen, entscheiden Sie sich normalerweise für die Variante mit den geringsten Kosten.
- Kontrollfunktion: Sie vergleichen die geplanten Kosten mit den tatsächlichen und freuen sich hoffentlich über geringe Abweichungen und eine gelungene Planung.

✔ Die wichtigsten Aufgaben des externen Rechnungswesens sind hingegen:

- Rechenschaftslegung gegenüber den Anteilseignern des Unternehmens: Wer Geld investiert, will auch wissen, was genau damit passiert.

- Grundlage für die Besteuerung: Aus der Finanzbuchhaltung ergibt sich, was Ihr Unternehmen an den Fiskus abdrücken muss.

- Gläubigerschutz: Wenn ein Unternehmen Geld braucht, ist ziemlich sicher, dass die Bank die Kreditwürdigkeit der Firma anhand von Finanzbuchhaltungskennzahlen beurteilen wird.

Während eine Finanzbuchhaltung gemäß dem Handelsgesetzbuch zwingend vorgeschrieben wird, ist die Kostenrechnung eine rein freiwillige Sache. Man kann sie haben—muss aber nicht.

Von Aufwendungen, Erträgen, Kosten und Leistungen

Nachdem wir Sie eben schon grob mit den vier Begriffen bekannt gemacht haben, stellen wir sie Ihnen nun noch etwas näher vor.

✔ Aufwendungen und Erträge gehören zum externen Rechnungswesen und münden in der Gewinn-und-Verlust-Rechnung. Die beiden Größen umfassen alles, was dem Unternehmen an Werten zu- und abfließt. Sie entscheiden also, wie der Gewinn in einem bestimmten Zeitraum ausfallen wird. Und das muss nicht unbedingt mit den Produkten und dem eigentlichen Zweck des Unternehmens zu tun haben. Aufwand ist beispielsweise auch die Spende an den lokalen Kinderchor, was in der Regel überhaupt nichts mit der eigentlichen Tätigkeit des Unternehmens zu tun haben dürfte.

Wichtig ist hierbei, dass die Aufwendungen und Erträge auch der Abrechnungsperiode zugeschrieben werden, in der sie verursacht wurden. Das nennt man auch *Periodengerechtigkeit*. Wenn die Kunden Ihrer Bäckerei Ende Dezember 2016 anschreiben lassen und Sie das Geld erst im Januar 2017 bekommen, werden die Erträge dennoch dem Jahr 2016 zugeschrieben, denn dort wurden sie ja verursacht. Wann letztendlich die Zahlung erfolgt, spielt bei Aufwendungen und Erträgen zunächst keine Rolle.

✔ Kosten und Leistungen beziehen sich auf den eigentlichen Betriebszweck, das heißt auf die tollen Produkte des Unternehmens im betrachteten Zeitraum, zum Beispiel die Erdbeersahnetorte der Konditorei. Kosten und Leistungen sind somit durch den Betriebszweck verursachte Aufwendungen beziehungsweise Erträge.

Kosten sind nichts anderes als das, was an Geld anfällt, wenn Sie Ihre Produkte oder Dienstleistungen erstellen. Leistungen sind das Gegenteil, nämlich das, was an Geld anfällt, wenn Sie Ihre Produkte und Dienstleistungen verkaufen. Um die Kosten und Leistungen zu bestimmen, braucht man zwei Angaben: die Menge und den dazugehörigen Preis. Die Menge kann bei Rohstoffen beispielsweise in verbrauchten Stückzahlen, Kilogramm oder Liter ausgedrückt werden. Bei Maschinenlaufzeiten rechnet man meist mit Stunden. Multipliziert man diese Mengen mit den dazugehörigen Preisen (oder Stundensätzen), erhält man die jeweiligen Kosten.

Zwischen Kosten und Aufwendungen einerseits sowie Leistungen und Erträgen andererseits bestehen also unmittelbare Verbindungen. Für Kosten und Aufwendungen etwa gilt:

- ✔ Viele Aufwendungen sind zugleich auch Kosten. Und zwar die, die mit dem Betriebszweck zu tun haben. Diese Schnittmenge nennt man auch *Grundkosten*.

- ✔ Aufwendungen, die nichts mit dem Betriebszweck zu tun haben, wie eben die besagte Spende der Bäckerei an den Kinderchor oder deren Kauf von Optionsscheinen, nennt man *neutrale Aufwendungen*.

Neben Aufwendungen, die nichts mit dem Betriebszweck zu tun haben, den sogenannten *betriebsfremden Aufwendungen*, fließen auch Aufwendungen aus anderen Abrechnungszeiträumen in das Töpfchen der neutralen Aufwendungen. Die nennt man *periodenfremde Aufwendungen*. Beispiele hierfür wären etwa Steuernachzahlungen für Vorjahre oder Mietvorauszahlungen für die nächsten fünf Jahre. Außerdem sind auch *außerordentliche Aufwendungen* sowie *sonstige neutrale Aufwendungen* per Definition neutral.

- ✔ Kosten, die keinen Aufwand darstellen, heißen hingegen *Zusatzkosten*. Das sind in der Regel kalkulatorische Größen wie zum Beispiel der kalkulatorische Unternehmerlohn.

- ✔ Aufwendungen, die zwar Kosten sind, jedoch in beiden Rechenwelten mit unterschiedlichen Werten angesetzt werden, sind sogenannte *Anderskosten*. So können Abschreibungen in der Kostenrechnung mit anderen Beträgen angesetzt werden als mit den gesetzlich zulässigen Werten aus der Finanzbuchhaltung.

Um einer etwaigen Verwirrung aufgrund der vielen Begrifflichkeiten entgegenzuwirken, fasst Abbildung 1.1 das Ganze noch mal zusammen.

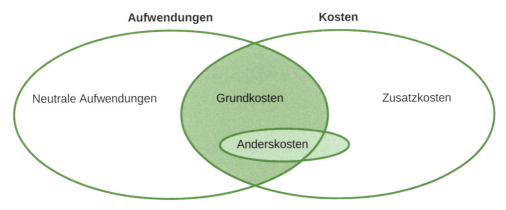

Abbildung 1.1: Aufwendungen und Kosten

Analog gilt die ganze Systematik auch für Leistungen und Erträge:

- Viele Erträge sind zugleich auch Leistungen. Und zwar die, die mit dem Betriebszweck zu tun haben. Diese Schnittmenge nennt man auch *Grundleistungen*.

- Erträge, die nichts mit dem Betriebszweck zu tun haben, wie die Gewinne, die die Bäckerei durch den Verkauf von Optionsscheinen erzielt, nennt man *neutrale Erträge*.

> Neben den *betriebsfremden Erträgen* zählen auch Erträge aus anderen Abrechnungszeiträumen, die *periodenfremden Erträge*, zu den neutralen Erträgen. Ein Beispiel hierfür wären Steuerrückerstattungen aus Vorjahren. Außerdem sind auch sogenannte *außerordentliche Erträge* und *sonstige neutrale Erträge* per Definition neutral.

- Leistungen, die keine Erträge sind, heißen – Sie ahnen es schon – *Zusatzleistungen*. Ein Beispiel hierfür wären die täglichen Gratisbrötchen für die Angestellten Ihrer Bäckerei.

- Leistungen, die Erträge sind, jedoch in anderer Höhe, heißen *Andersleistungen*.

Abbildung 1.2 fasst das alles nochmals zusammen.

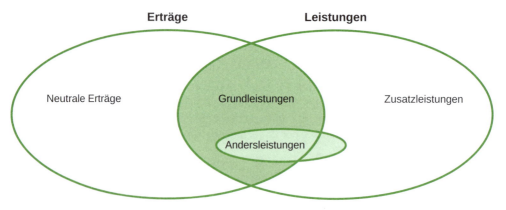

Abbildung 1.2: Erträge und Leistungen

Nicht aus-, sondern abgegrenzt

Das interne und das externe Rechnungswesen bilden zusammen das *betriebliche Rechnungswesen*.

Die meisten der gängigen Kontenrahmen haben deshalb zwei getrennte Rechnungskreise – einen für das externe Rechnungswesen, die Finanzbuchhaltung, und einen für die Kostenrechnung, also das interne Rechnungswesen. Diese beiden Rechnungskreise können allerdings auf magische Weise miteinander verbunden werden. Das Zauberwort hierfür heißt *Abgrenzung*. Aber der Reihe nach ...

Die Welt der Finanzbuchhaltung

Die Finanzbuchhaltung, oftmals auch kurz und liebevoll FiBu genannt, bildet innerhalb der beiden Rechenwelten den sogenannten *Rechnungskreis I*. Im Rechnungskreis I werden alle Geschäftsvorgänge mit den gesetzlich vorgeschriebenen Methoden der Buchführung dokumentiert und auf Bestands- oder Erfolgskonten verbucht. Abbildung 1.3 zeigt Ihnen, was das Zweikreissystem aufgebaut ist.

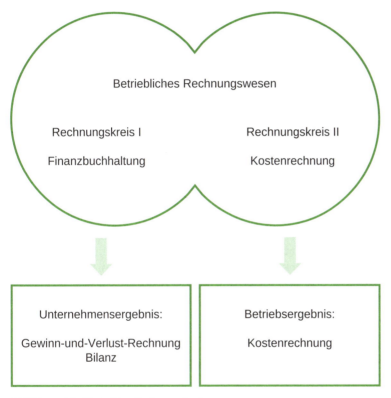

Abbildung 1.3: Die beiden Rechnungskreise

Bei den *Bestandskonten* werden Veränderungen des Vermögens- und des Kapitalbestands erfasst. Der Kauf eines neuen Lieferwagens für eine Bäckerei ist ein Beispiel dafür. Die Bestandskonten bilden die Basis für die Bilanz. *Erfolgskonten* hingegen werden bebucht, sobald das Eigenkapital verändert wird. Sprich, sobald ein Geschäftsvorfall direkt den Gewinn oder einen möglichen Verlust beeinflusst. Hier landen somit die Aufwendungen und die Erträge, aus denen später die Gewinn- und-Verlust-Rechnung gebastelt wird. Sind die Erträge in einer betrachteten Periode höher als die Aufwendungen, gibt es Gewinn, im umgekehrten Fall Verlust.

Am Ende wird hieraus die Bilanz und die Gewinn-und-Verlust-Rechnung erstellt. Das Resultat der Gewinn-und-Verlust-Rechnung, also der Gewinn in guten sowie der Verlust in schlechten Zeiten, heißt auch *Unternehmensergebnis*.

Die gesetzlichen Bestimmungen zur Finanzbuchhaltung finden Sie in Deutschland im HGB und in Österreich im UGB (Unternehmensgesetzbuch). In der Schweiz wird das Ganze innerhalb des Obligationenrechts, kurz OR, geregelt.

Da sich Aufwendungen und Kosten sowie Erträge und Leistungen teilweise überschneiden, wie zum Beispiel bei den Grundkosten und den Grundleistungen, überschneiden sich logischerweise auch die beiden Rechnungskreise.

Die Welt der Kostenrechnung

Das interne Rechnungswesen, also die Kostenrechnung, bildet den *Rechnungskreis II*. Wir entschuldigen uns für die nicht besonders kreative Namensgebung, können aber persönlich auch nichts dafür.

Pedanten bezeichnen die Kostenrechnung auch als Kosten- und Leistungsrechnung. Ist ja auch irgendwie sinnvoll. Die Gewinn-und-Verlust-Rechnung heißt ja auch nicht nur »Verlustrechnung«.

Da sich die Finanzbuchhaltung nun einmal an die gesetzlichen Bestimmungen halten muss, sind die Ergebnisse für innerbetriebliche Entscheidungen oftmals nicht aussagefähig genug. Deshalb werden die Ergebnisse im Rechnungskreis II entsprechend angepasst.

Neutrale Aufwendungen und Erträge aus dem Rechnungskreis I werden dabei herausgerechnet und im Gegenzug Zusatzkosten und Zusatzleistungen berücksichtigt. Anderskosten und Andersleistungen werden außerdem mit von der Finanzbuchhaltung abweichenden Beträgen angesetzt. Durch diese Korrekturen wird aus dem Ergebnis der Finanzbuchhaltung, also dem Rechnungskreis I, die Kostenrechnung hergeleitet. Das Ganze hat auch einen Namen: *Abgrenzung*. Abbildung 1.4 zeigt die Überleitung vom Rechnungskreis I zum Rechnungskreis II.

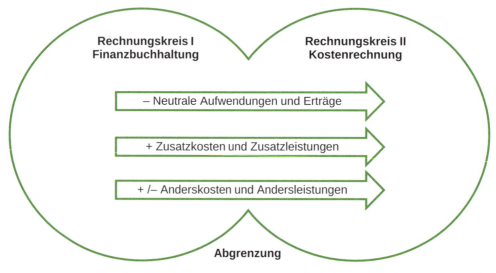

Abbildung 1.4: Von der Finanzbuchhaltung zur Kostenrechnung

Abzugrenzende Kosten, die nicht mit den tatsächlichen Geldströmen übereinstimmen, nennt man auch *kalkulatorische Kosten*

Aufgabe 1

Sie besitzen eine Maschinenbaufirma und verfügen über eine seit Jahren nicht mehr genutzte Lagerhalle, sodass Sie diese Halle verkaufen wollen. Laut Bilanz ist die Halle 750.000 Euro wert. Sie finden einen Interessenten, der Ihnen die Halle für exakt 750.000 Euro abkauft. Um was für Erträge handelt es sich?

> **IN DIESEM KAPITEL**
>
> Wozu es die Buchführung gibt
>
> Die Werkzeuge der Buchführung
>
> Vorurteile und Realität

Kapitel 2
Von Erbsenzählern und Buchhaltern

Nachdem wir Sie mit den ersten Geheimnissen des Rechnungswesens vertraut gemacht haben, beginnt der Ausflug in die Tiefen der Finanzbuchhaltung mit einer geschichtlichen Frage: Was haben die Buchführung, eine Mailänder WG und die Renaissance miteinander zu tun? Nichts, denken Sie? Weit gefehlt.

Im Jahr 1494 verfasste der Mathematiker Luca Pacioli ein Buch mit dem Titel »Summa de arithmetica, geometria, proportioni et proportinalita«. Der Titel lässt erahnen, dass es sich hierbei nicht um einen spannenden Abenteuerroman handelt, sondern um ein nüchternes Sachbuch. In dieses Buch hat Pacioli das gesamte mathematische Wissen seiner Zeit gepackt. Zusätzlich hat er in diesem Buch so nebenbei auch noch eine Abhandlung über die doppelte Buchführung geschrieben.

Luca Pacioli hat die doppelte Buchführung damit zwar nicht erfunden. Er war aber der Erste, der sie schriftlich darstellte. Die zweite Besonderheit: Dieses Buch war nicht in Latein, sondern in Italienisch geschrieben, damit es auch von den Kaufleuten gelesen werden konnte. Schlappe 429 Jahre nach der Erstveröffentlichung übersetzte Dr. Balduin Penndorf den Buchhaltungsteil ins Deutsche.

Ach ja, und was hat die Buchhaltung nun mit einer Mailänder WG zu tun? Luca Pacioli war mit Leonardo da Vinci befreundet und lebte mit ihm in Mailand in einer WG. Luca machte Leonardo während dieser Zeit mit der Mathematik vertraut. Luca Pacioli begründete auch, warum er in seine Abhandlung einen Buchhaltungsteil eingebaut hatte: Wenn die Kaufleute alle Geschäftsfälle erfassen, haben sie jederzeit einen Überblick über ihre Schulden und Guthaben und damit ein sorgenfreieres Leben.

Die doppelte Buchführung gilt als eine Voraussetzung für die Entwicklung des Kapitalismus. Die dadurch ermöglichte Erfolgskontrolle ließ erst die Entwicklung und Führung großer Unternehmen zu.

Die Aufgaben der Buchführung

Die Buchführung wird häufig als lästiges Übel betrachtet, die nur für den Fiskus gemacht werden müsse. Dem ist ganz und gar nicht so. Sie erfüllt für ein Unternehmen ein paar überlebenswichtige Aufgaben:

- ✔ **Informationsinstrument:** Die Buchführung dient der Unternehmensleitung als wichtiges Informationsinstrument. Nur mit ihrer Hilfe kann sie den Überblick über die wirtschaftliche Situation behalten.

- ✔ **Ermittlungsfunktion:** Mit den Daten aus der Buchführung werden die Steuerbemessungsgrundlage und die Gewinnausschüttungen ermittelt.

- ✔ **Planungsfunktion:** Mit den Istzahlen aus der Buchführung können Entwicklungen der vergangenen Jahre erkannt und auch für die Zukunft geplant werden.

- ✔ **Kontrollfunktion:** Wenn Sie eine funktionierende Buchführung besitzen und zusätzlich auch noch eine Planung gemacht haben, können Sie später einmal die Istwerte aus der Buchhaltung mit Ihren Planzahlen vergleichen.

- ✔ **Dokumentationsfunktion:** Die Buchhaltung dokumentiert alle Geschäftsfälle des Unternehmens. So können Sie dort zum Beispiel jederzeit nachschauen, ob Rechnungen bezahlt wurden oder nicht.

Werkzeuge der Buchführung

Um diese ganzen Aufgaben bewältigen zu können, hat man im Laufe der Zeit mehrere Werkzeuge erfunden. So unter anderem:

- ✔ **Die doppelte Buchführung:** Das Originelle der doppelten Buchführung ist, dass immer auf zwei Konten gebucht wird. Einmal auf ein Konto im Soll und einmal auf ein Konto im Haben. Im Soll steht, wofür das Geld verwendet wird beziehungsweise wohin das Geld fließt. Im Haben steht, woher das Geld stammt.

- ✔ **Der Kontenrahmen** ist eine Auflistung aller Konten, die Sie für die Verbuchung Ihrer Geschäftsvorfälle benötigen.

- ✔ **Buchungssätze** legen fest, welche Beträge auf welchen Konten verbucht werden sollen. Sie werden entweder schriftlich oder in digitaler Form festgehalten, damit man auch alles schön nachvollziehen kann.

- ✔ **Inventur und Inventar:** Bei einer Inventur müssen Sie all Ihre Vermögenswerte zu einem bestimmten Stichtag in einer Liste festhalten. Diese Bestandsliste heißt auch Inventar.

- ✔ **Die Bilanz** ist eine Auflistung aller Vermögensgegenstände eines Unternehmens. Diese werden in Anlage- und Umlaufvermögen unterteilt. Zum Anlagevermögen zählt alles, was Ihr Unternehmen dauerhaft benötigt, um seine Aufgaben erledigen zu können. Ins Umlaufvermögen kommen die durchlaufenden Posten, die in der Regel nicht lange im Unternehmen bleiben. Zusätzlich beinhaltet die Bilanz auch noch Informationen darüber, wie diese Vermögensgegenstände finanziert wurden.

- ✔ **Die Gewinn-und-Verlust-Rechnung:** Hier erscheinen alle Erträge und Aufwendungen eines Geschäftsjahres. Das Ergebnis ist dann der Gewinn. In schlechten Zeiten heißt dieser leider auch einmal Verlust. Zusammen mit der Bilanz bildet die Gewinn-und-Verlust-Rechnung das Kernstück des Jahresabschlusses.

Kaum jemand sagt oder schreibt »Gewinn-und-Verlust-Rechnung«. Jeder sagt einfach »G und V« und schreibt »GuV«.

- ✔ **Der Anhang** ist ein weiterer Bestandteil des Jahresabschlusses. Hier werden die Bilanz sowie die Gewinn-und-Verlust-Rechnung verbal erläutert und um qualitative Angaben ergänzt.

- ✔ **Der Lagebericht** gehört ebenfalls zum Jahresabschluss. Hier gehen Sie auf die aktuelle und künftige Situation des Unternehmens ein und stellen Chancen und Risiken für das Unternehmen dar.

- ✔ **Die Kapitalflussrechnung** zeigt zusätzlich zur Bilanz und der Gewinn-und-Verlust-Rechnung noch den Geldfluss des Unternehmens in einer bestimmten Periode auf. Denn nur Bares ist bekanntlich Wahres.

- ✔ **Berichte:** Zusätzlich zum Lagebericht können Sie auf freiwilliger Basis auch noch beliebig viele andere Berichte erstellen, die einen tieferen Einblick in die Situation des Unternehmens geben.

Teilweise gehören diese Werkzeuge zum buchhalterischen Pflichtprogramm, teilweise sind sie freiwillig. Dies hängt hauptsächlich davon ab, welche Rechtsform das Unternehmen hat und gemäß welchen Standards Sie bilanzieren.

In den nationalen Gesetzen und Standards, also dem HGB in Deutschland, dem UGB in Österreich und dem Obligationenrecht und Swiss GAAP FER in der Schweiz, gelten teilweise andere Regeln als im internationalen Rechnungslegungsstandard IFRS oder im US-GAAP.

Das täglich Brot eines Buchhalters ist also sowohl von der Bandbreite der Aufgaben als auch von den Rahmenbedingungen her sehr facettenreich. Doch keine Panik: Alles Wissenswerte hierüber erfahren Sie im weiteren Verlauf dieses Buches.

Klischee und Wahrheit

Der Internetnachrichtendienst »The Inquirer« schrieb: »Softwarefirma sucht aufregende Buchhalter«, und stellte die Frage, ob dies nicht ein Widerspruch an sich sei. Es ging um die Stellenannonce einer englischen Softwarefirma. Gesucht war nicht das Klischee: grau, langweilig und spießig. Nein, es sollte ein aufregender, charismatischer Buchhalter sein. Der Artikel endet mit: »Böse Zungen berichten, dass der momentane Favorit tatsächlich einen lila Taschenrechner besitzt, dicht gefolgt von einer Buchhalterin, die nachweislich schon mal ein gutes Lied gehört haben soll.«

Klar, ein Buchhalter hat mit Sicherheit nicht so kreative Entfaltungsmöglichkeiten wie ein Werbetexter. Aber auch ein Texter ist bestimmten Restriktionen unterworfen. Zum Beispiel den Erwartungen seiner Kunden. Ein Buchhalter muss sich dagegen bei seiner Arbeit an eine Vielzahl von Vorschriften und Rechnungslegungsstandards halten. Und dort gibt es jede Menge Handlungs- und Ermessensspielräume. Innerhalb dieser muss sich der Buchhalter bewegen und deshalb oftmals auch Wünsche des Managements ablehnen. So ist dann und wann auch für ein wenig Adrenalin in diesem Job gesorgt.

Und wenn Ihnen die Zahlenwelt rund um die Buchhaltung dennoch einmal eintönig werden sollte oder Sie gar mit dem Vorurteil des grauen Buchhalters konfrontiert wurden: Denken Sie dann doch daran, dass Leonardo da Vinci seinen WG-Genossen Luca Pacioli wegen seiner mathematischen Künste als Maestro bezeichnete.

Aufgabe 2

Was versteht man unter der Ermittlungsfunktion der Buchhaltung?

> **IN DIESEM KAPITEL**
>
> Ein Überblick über die Handels- und Steuergesetze
>
> Informationen zur Buchführungs- und Aufbewahrungspflicht
>
> Erläuterung der ordnungsgemäßen Buchführung

Kapitel 3
Spielregeln der Buchführung

Im Jahre 795 n. Chr. erließ Karl der Große eine Verordnung über die Krongüter und die Reichshöfe. Darin wurde den Gütern unter anderem auch ein Jahresabschluss vorgeschrieben. Hierzu wurden von der königlichen Kanzlei sogar Musterformulare entwickelt. Die Zeit verging und die Entwicklung schritt voran. Im Jahre 1794 gab es in Preußen dann eine gesetzliche Bilanzierungspflicht.

Heute gibt es viele gesetzliche Bestimmungen und Grundsätze, die in der Buchhaltung zu beachten sind. Da niemand bei der Ausübung seiner alltäglichen Arbeit mit einem Bein im Gefängnis stehen möchte, empfiehlt es sich, sich mit diesen Regeln auseinanderzusetzen.

Der Gesetzgeber ist auf dem Gebiet der Buchführung nicht aus Lust an der Laune so umtriebig gewesen, sondern um bestimmte Interessen zu schützen:

- Gläubigerschutz
- Schutz des Unternehmers vor seiner eigenen Schlamperei
- Schutz der Gesellschafter, die nicht in der Unternehmensführung sitzen Und wie macht er das? Mit Gesetzen natürlich.

Gesetzliche Grundlagen der Buchführung

In diesem Abschnitt finden Sie die Regelungen für Deutschland, Österreich und die Schweiz im Überblick. Vorhang auf für die in Deutschland geltenden Gesetze.

Die deutschen Gesetze

In Deutschland finden Sie die gesetzlichen Regelungen im Handels- und Steuerrecht. Im Handelsgesetzbuch (kurz HGB) stehen in den §§ 238 bis 263 allgemeine Vorschriften, die für alle Kaufleute gelten.

Die §§ 264 bis 289a HGB beinhalten ergänzende Vorschriften für Kapitalgesellschaften und werden für Sie erst dann interessant, wenn Sie zum Beispiel in einer Kapitalgesellschaft arbeiten sollten oder in der glücklichen Lage (oder auch unglücklichen Lage) sein sollten, eine Kapitalgesellschaft im Wesentlichen allein zu besitzen, und die gesetzlichen Regelungen ein wenig kennenlernen wollen.

Das Wichtigste aus den für die Buchführung maßgeblichen §§ 238 und 239 HGB haben wir für Sie hier zusammengefasst; denn Zeit ist ja bekanntlich Geld, wie die reichste Ente der Welt stets behauptet:

§ 238 Buchführungspflicht:

- *Jeder Kaufmann ist verpflichtet, Bücher zu führen.*
- *Darin müssen die Handelsgeschäfte und die Vermögenslage nach den Grundsätzen der ordnungsgemäßen Buchführung dargestellt werden.*
- *Dritte müssen in angemessener Zeit die Bücher verstehen können.*

§ 239 Führung der Handelsbücher:

- *Die Bücher sind in einer lebenden Sprache zu führen. Latein scheidet also aus.*
- *Verwendete Abkürzungen, Symbole, Ziffern und so weiter müssen eindeutig sein.*
- *Die Eintragungen müssen vollständig, richtig, zeitgerecht und geordnet sein.*
- *Finger weg von Radierungen und so weiter! Die ursprüngliche Aufzeichnung darf niemals unkenntlich gemacht werden.*

Nicht freiwillig und nicht für alle: Buchführungspflicht

Der § 238 HGB bestimmt also, dass jeder Kaufmann Bücher führen muss. Sind Sie ein Kaufmann oder nicht, das ist hier die Frage. Der § 1 HGB gibt die Antwort:

»*§ 1 Istkaufmann (1) Kaufmann im Sinne dieses Gesetzbuchs ist, wer ein Handelsgewerbe betreibt.*

(2) Handelsgewerbe ist jeder Gewerbebetrieb, es sei denn, dass das Unternehmen nach Art oder Umfang einen in kaufmännischer Weise eingerichteten Geschäftsbetrieb nicht erfordert.«

Demnach ist jeder Gewerbetreibende ein Kaufmann und damit zur Buchführung verpflichtet. Ausnahme: Das Gewerbe erfordert nach Art und Umfang keinen kaufmännischen Betrieb.

Dann genügt eine einfache Einnahmenüberschussrechnung. Was heißt das konkret? Das Steuerrecht definiert in der Abgabenordnung (kurz AO) in den §§ 140 und 141, ob Sie um eine Buchführung nicht herumkommen. Der deutsche Gesetzgeber verpflichtet in § 141 AO all jene zur Buchführung, die folgende Voraussetzungen erfüllen:

Gewerbliche Unternehmer sowie Land- und Forstwirte, die

- ✓ mehr als 500.000 Euro Umsatz im Jahr machen,
- ✓ selbst bewirtschaftete land- und forstwirtschaftliche Flächen mit einem Wirtschaftswert von mindestens 25.000 Euro haben,
- ✓ mindestens 50.000 Euro Gewinn pro Jahr machen.

Wenn Sie trotzdem weiterhin auf einer einfachen Einnahmenüberschussrechnung beharren sollten, werden Sie sehr wahrscheinlich eine intensivere Begegnung mit Ihrem zuständigen Finanzamt durchleben dürfen.

Freiberufler wie Ärzte, Rechtsanwälte, Architekten, selbstständige Steuerberater oder Künstler sind grundsätzlich von der Buchführungspflicht befreit. Sie betreiben ja auch kein Gewerbe. Wenn es für einen Freiberufler aber von Vorteil ist, kann er natürlich auch auf die doppelte Buchführung und Bilanzierung umsteigen.

Ordnen und aufheben: Aufbewahrungsfristen

Wenn Sie fleißig Buch führen, stellt sich irgendwann die Frage, wie lange Sie den ganzen Papierkram überhaupt aufbewahren müssen. Der § 257 HGB regelt dies:

- ✓ § 257 Aufbewahrung von Unterlagen. Aufbewahrungsfristen: Jeder Kaufmann ist verpflichtet, folgende Unterlagen zehn Jahre lang aufzubewahren:
  - Handelsbücher, Bilanzen, Inventare, interne Arbeitsanweisungen und Organisationsunterlagen
  - empfangene Geschäftsbriefe
  - Kopien versendeter Geschäftsbriefe
  - Buchungsbelege

Der Fiskus geht in der Abgabenordnung (kurz AO) mit viel Liebe zum Detail noch ausführlicher auf die Aufzeichnungs-, Ordnungs- und Aufbewahrungspflichten ein. Die entsprechenden §§ 142 bis 147 AO für Sie hier kurz im Überblick:

- ✓ § 142 Ergänzende Vorschriften für Land- und Forstwirte: Neben der normalen Buchführung muss ein Anbauverzeichnis geführt werden.
- ✓ § 143 Aufzeichnung des Wareneingangs: Pflicht ist die Aufzeichnung des Datums, des Lieferanten, der Warenbezeichnung, des Preises und ein Buchungsbeleg.

- ✓ § 144 Aufzeichnung des Warenausgangs: Die Pflichtangaben entsprechen denen des § 143.
- ✓ § 145 Allgemeine Anforderungen an Buchführung und Aufzeichnung: Ein Dritter muss damit einen Überblick über das Unternehmen erhalten können.
- ✓ § 146 Ordnungsvorschriften für die Buchführung und für Aufzeichnungen: Die Buchungen und Aufzeichnungen sind vollständig, richtig, zeitgerecht und geordnet vorzunehmen. Kassenbewegungen sollen täglich festgehalten werden. Alle Buchungen und Aufzeichnungen dürfen niemals so verändert werden, dass deren ursprünglicher Inhalt unleserlich wird!
- ✓ § 147 Ordnungsvorschriften für die Aufbewahrung von Unterlagen:

  Zehn Jahre aufbewahren müssen Sie folgende Unterlagen:
  - Bücher (Ihre ganzen Kontenaufstellungen)
  - Aufzeichnungen
  - Inventare (Ihre Aufzeichnungen der Inventur)
  - Jahresabschlüsse (die Gewinn-und-Verlust-Rechnung sowie die Bilanz)
  - Lageberichte
  - Eröffnungsbilanz
  - Arbeitsanweisungen
  - Buchungsbelege
  - Unterlagen zur Zollmeldung

  Sechs Jahre sollten Sie Folgendes nicht wegschmeißen:
  - Empfangene Briefe und Kopien versendeter Briefe
  - sonstige Unterlagen, die für die Besteuerung von Bedeutung sind

Die österreichischen Gesetze

In Österreich gibt es seit 2007 kein HGB mehr. Es wurde damals durch das Unternehmensgesetzbuch (kurz UGB) ersetzt. Hinter der Namensänderung steckt ein Philosophiewechsel. Anders als im deutschen Handelsrecht und im ehemaligen österreichischen Handelsrecht ist nun die Rede vom »Unternehmer« und nicht mehr vom in die Jahre gekommenen »Kaufmann«. Damit wurde nicht nur ein veralteter Begriff abgeschafft, sondern zugleich auch die oftmals etwas diffizile Abgrenzungsdiskussion darüber beendet, wer nun ein Kaufmann sei. Jeder, der eine auf Dauer angelegte Organisation selbstständiger wirtschaftlicher Tätigkeit betreibt, ist seitdem ein Unternehmer. Ganz egal, ob er Gewinn erzielen möchte oder nicht. Besonders Letzteres ist sehr oft eine Frage des individuellen Blickwinkels. Einen kleinen Haken hat die damalige Reform jedoch: An Land- und Forstwirte und an die freien Berufe hat man sich dann doch nicht herangetraut. Diese Berufsgruppen gelten nicht als Unternehmer, obwohl sie dies oftmals sind.

Gilt nicht für alle: Buchführungspflicht

Der § 189 des österreichischen UGB legt fest, wer den Vorschriften des UGB zur Rechnungslegung (Drittes Buch des UGB) unterliegt:

1. Die Vorschriften des UGB zur Rechnungslegung gelten für Kapitalgesellschaften und unternehmerisch tätige Personengesellschaften (ohne persönlich haftende natürliche Gesellschafter) ohne Ausnahme.

2. Den Vorschriften unterliegen nicht:
   - Freiberufler
   - Land- und Forstwirte
   - Unternehmer, deren Einkünfte mit der Einnahmenüberschussrechnung nach § 2 Abs. 4 Z 2 EStG ermittelt werden.

3. Für alle anderen Unternehmer gelten diese Vorschriften nur, wenn sie mehr als 700.000 Euro Umsatzerlöse im Geschäftsjahr erzielen.

Nachdem im § 189 UGB geklärt wurde, für wen die Vorschriften überhaupt gelten, wird in § 190 UGB Grundlegendes zur Buchführungspflicht geregelt.

Der § 190 besitzt frappierende Ähnlichkeiten mit den §§ 238 und 239 des deutschen HGB. Der Grund ist in der dunklen Vergangenheit zu finden: Im Zuge des »Anschlusses« Österreichs an Deutschland im Jahre 1938 wurden einige deutsche Gesetze, wie zum Beispiel das HGB, in Österreich eingeführt. Nach 1945 wurden einige, so auch das HGB, in modifizierter Fassung viele Jahre beibehalten. Eben bis ins Jahr 2007, der Geburtsstunde des UGB.

Das Wichtigste aus § 190 UGB haben wir für Sie wieder zusammengefasst:

§ 190 Führung der Bücher:

- *Jeder Unternehmer ist verpflichtet, Bücher zu führen.*
- *Darin müssen die unternehmensbezogenen Geschäfte und die Vermögenslage nach den Grundsätzen der ordnungsgemäßen Buchführung dargestellt werden.*
- *Dritte müssen in angemessener Zeit die Bücher verstehen können.*
- *Die Bücher sind in einer lebenden Sprache zu führen: Altägyptisch geht also gar nicht.*
- *Verwendete Abkürzungen, Symbole, Zahlen und so weiter müssen eindeutig sein.*
- *Die Eintragungen müssen vollständig, richtig, zeitgerecht und geordnet sein.*
- *Finger weg von Radierungen etc.! Die ursprüngliche Aufzeichnung darf niemals unkenntlich gemacht werden.*
- *Zur Aufbewahrung der Unterlagen darf auch zeitgemäße Technik eingesetzt werden: Datenträger dürfen benützt werden, sofern diese innerhalb der gesetzlich vorgeschriebenen Aufbewahrungsfristen noch lesbar sind.*

Altes bewahren: Aufbewahrungsfristen

Die Aufbewahrungsfristen regelt der § 212 UGB. Danach müssen Buchungsbelege sieben Jahre lang geordnet aufbewahrt werden. Die Uhr tickt vom Schluss des jeweiligen Kalenderjahres an. Darüber hinaus müssen die Belege nach § 212 UGB auch so lange aufbewahrt werden, wie sie für ein laufendes gerichtliches oder behördliches Verfahren von Bedeutung sind.

Nun verlassen wir Österreich und wenden uns dem Nachbarn zu, der Schweiz.

Die gesetzlichen Regelungen der Schweiz

In der Schweiz gibt es anders als in Deutschland oder Österreich kein eigenständiges Handelsgesetzbuch. Das Handelsrecht wird hier größtenteils im Obligationenrecht geregelt.

Die Buchführungspflicht in der Schweiz

Nach Artikel 957 Obligationenrecht (kurz OR) sind alle im Handelsregister eingetragenen Firmen zur Buchführung verpflichtet. Der Artikel 934 OR schreibt vor, wer sich alles dort eintragen muss:

> »Wer ein Handels-, Fabrikations- oder ein anderes nach kaufmännischer Art geführtes Gewerbe betreibt, ist verpflichtet, seine Firma am Orte der Hauptniederlassung in das Handelsregister eintragen zu lassen.«

Von dieser Pflicht ausgenommen sind

- ✔ die einfache Personengesellschaft, da diese nicht eintragsberechtigt ist,
- ✔ Vereine, sofern sie einen gemeinnützigen Zweck verfolgen,
- ✔ Stiftungen mit einem der Allgemeinheit dienenden Zweck.

Die grundlegenden Regeln zur Buchführung sind in den Artikeln 957 und 959 geregelt. In der Kürze liegt die Würze und damit in unserer nächsten Zusammenfassung:

OR 957 Buchführungspflicht:

Der Pflicht zur Buchführung und Rechnungslegung unterliegen

- *Einzelunternehmen und Personengesellschaften, die einen Umsatzerlös von mindestens 500.000 Franken im letzten Geschäftsjahr erzielt haben*
- *juristische Personen*

OR 957a Grundsätze:

Namentlich sind zu beachten:

- *die vollständige, wahrheitsgetreue und systematische Erfassung der Geschäftsvorfälle und Sachverhalte*
- *der Belegnachweis für die einzelnen Buchungsvorgänge*
- *die Klarheit, Zweckmäßigkeit und Nachprüfbarkeit*

Was lange währt … : Aufbewahrungsfristen

Die Aufbewahrungsfristen sind im Artikel 962 OR festgehalten. Eine kleine Feinheit: Anders als zum Beispiel in Deutschland und Österreich ist in der Schweiz nicht das Kalenderjahr maßgeblich, sondern das Geschäftsjahr, was natürlich immer dann sinnvoller ist, wenn das Geschäftsjahr vom Kalenderjahr abweichen sollte. Der Artikel 958f OR:

> »(1) Die Geschäftsbücher, die Buchungsbelege und die Geschäftskorrespondenz sind während zehn Jahren aufzubewahren. Die Aufbewahrungsfrist beginnt mit dem Ablauf des Geschäftsjahres.«

Ordnung muss sein: Die ordnungsgemäße Buchführung

In den Gesetzen, so zum Beispiel im § 238 HGB, werden bereits einige Grundsätze der ordnungsgemäßen Buchführung erwähnt. Wenn Sie gedacht hätten, das sei es jetzt gewesen mit all den Vorschriften, dann haben Sie sich leider getäuscht. Über den Gesetzestext hinaus bestehen noch ein paar weitere Grundsätze. Hier sind alle Grundsätze der ordnungsgemäßen Buchführung (kurz GoB) im Überblick.

1. Grundsatz der Unternehmensfortführung (Going concern)

Bei Bewertungen ist immer von der Fortführung der Unternehmenstätigkeit auszugehen. Ausnahme: Wenn das Unternehmen aufgelöst werden soll, müssen Sie natürlich nicht von der Fortführung ausgehen.

2. Der Grundsatz der Vorsicht

Die Vermögens- und Ertragslage soll stets vorsichtig dargestellt werden. Gewinn zum Beispiel darf erst ausgewiesen werden, nachdem er realisiert wurde (*Realisationsprinzip*). Frei nach dem Motto: Was man hat, hat man. Und mit dem, was man noch nicht in der Tasche hat, sollte man eben auch noch nicht fest rechnen. Im umgekehrten Fall müssen absehbare Verluste, obwohl sie noch gar nicht realisiert sind, bereits in den Rückstellungen ausgewiesen werden (*Imparitätsprinzip*). Bei Vermögen ist stets der niedrigere Wert anzusetzen, wenn mehrere Wertansätze möglich sind (*Niederstwertprinzip*).

3. Das Stetigkeitsgebot

Sie ahnten es sicher schon: Die Buchhaltung ist kein Ort, an dem Sie Ihre Kreativität austoben können. Sie sollen Ihre Vermögenswerte und Verbindlichkeiten immer nach denselben Methoden bewerten. Jahr für Jahr. So bleiben die einzelnen Geschäftsjahre miteinander vergleichbar.

4. Das Ordnungsprinzip

Es gilt: Keine Buchung ohne Beleg! Hier gibt es kein Wenn und Aber! Diese Belege sind auch noch gut sortiert aufzubewahren. Es bleibt Ihnen aber auch gar nichts erspart.

5. Der Grundsatz der Vollständigkeit

Sie müssen alle relevanten Geschäftsvorfälle verbuchen. Auslassen gilt nicht! Und fiktive Geschäfte haben hier nichts zu suchen.

6. Der Grundsatz der Richtigkeit

Achten Sie beim Buchen stets darauf, dass Sie die richtigen Konten ansprechen. Und die gebuchten Beträge müssen natürlich auch der Wahrheit entsprechen.

7. Der Grundsatz der Identität

Zu Beginn des neuen Geschäftsjahres müssen die Bestände der Konten mit den Schlussbeständen der letzten Periode übereinstimmen, sprich identisch sein. Die Schlussbilanz muss also mit der Eröffnungsbilanz übereinstimmen.

8. Der Grundsatz der Klarheit

Alle Posten müssen eindeutig »benamst«, also so gekennzeichnet sein, dass jederzeit ein eindeutiger Einblick in die Lage des Unternehmens gewährleistet ist. Dazu gehört auch das Verrechnungsverbot (*Bruttoprinzip*): Sie dürfen niemals Schulden und Forderungen gegenseitig verrechnen und nur den Endbetrag ausweisen.

Der Abschluss entspricht nur dann dem Grundsatz der Klarheit, wenn er eindeutig und sachgerecht gegliedert ist.

9. Grundsatz der zeitnahen Erfassung

Was du heute kannst besorgen ... Alle Geschäftsfälle müssen zeitnah erfasst werden. So haben Sie jederzeit die aktuelle Lage im Blick.

10. Der Grundsatz der Einzelbewertung

Alle Vermögensgegenstände und Verbindlichkeiten müssen immer einzeln bewertet werden. Ausnahmen bestätigen die Regel: In einigen Fällen sind auch Bewertungsvereinfachungsverfahren zulässig, damit Sie nicht jede Reißzwecke einzeln zählen müssen.

Die Nichteinhaltung der Grundsätze der ordnungsgemäßen Buchführung wird mit teilweise empfindlichen Strafen – bis hin zu Freiheitsstrafen – belegt. Darum sollten Sie diese Grundsätze vielleicht doch besser beachten!

Das Prinzip der doppelten Buchführung

Das Inventar und die Bilanz sind Momentaufnahmen der wirtschaftlichen Lage eines Unternehmens. Die Bilanz zeigt die Bestände, nicht aber die Veränderungen im Zeitablauf. Natürlich können Sie die Bilanzen verschiedener Jahre vergleichen und dadurch zum Beispiel die Kapitalentwicklung ablesen. Die Ursachen, die zu den über die Jahre unterschiedlichen Kapitalständen geführt haben, werden Sie aus der Bilanz jedoch nicht herausbekommen. Diese Informationen erhalten Sie nur aus der Buchführung. Sie dokumentiert die Bestandsveränderungen.

Versuchen wir doch mal eine Definition: Die Buchführung ist eine Tätigkeit und umfasst das Aufzeichnen aller quantifizierbaren Geschäftsfälle. Diese Tätigkeit wird in der Buchhaltung von Buchhaltern ausgeführt.

Besteht keine Buchführungspflicht, genügt die einfache Buchführung. Besteht die Pflicht, führt kein Weg an der doppelten Buchführung vorbei.

Die einfache Buchführung

In der einfachen Buchführung genügt eine Buchung je Geschäftsfall.

Angenommen, Sie heben von Ihrem Bankkonto 300 Euro Wechselgeld ab und legen das Geld in die Kasse. In der einfachen Buchführung würde das so aussehen:

- ✔ Kassenzugang (Bankabhebung): 300 Euro

Die einfache Buchführung wird meist in Form eines Kassenbuches geführt. Sie tragen darin einfach untereinander die einzelnen Geschäftsfälle ein.

Die doppelte Buchführung

Jedes bebuchbare Konto hat zwei Seiten: eine rechte und eine linke. Das hat jetzt nichts mit Politik oder Fahrtrichtungen zu tun. Die linke Seite wird *Soll* und die rechte *Haben* genannt. Das ist Konvention und hat ansonsten keinerlei Bedeutung. Basta! Ein Konto wird in T-Form dargestellt. Links das »Soll« und rechts das »Haben«. In Abbildung 3.1 haben wir für Sie ein noch nichtssagendes Konto in T-Form dargestellt. So bekommen Sie eine erste Vorstellung davon.

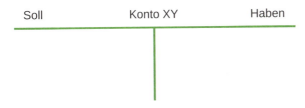

Abbildung 3.1: Die T-Form

In der doppelten Buchführung (Doppik) besteht jeder Buchungssatz aus zwei Teilen. Hier wird immer auf zwei Konten gebucht: einmal auf einem Konto im *Soll* und einmal auf einem anderen Konto im *Haben*. Deshalb spricht man von der doppelten Buchführung. Im Gegensatz zur einfachen Buchführung ist hier somit zugleich ein Kontrollmechanismus eingebaut. Die Summe aller Buchungen im *Soll* muss der im *Haben* entsprechen. Fehler können so leichter entdeckt werden. Die Buchung selbst besteht stets aus einem Buchungssatz, in dem *Soll* an *Haben* gebucht wird. Ein Buchungssatz sieht grundsätzlich so aus:

Soll-Konto		300,00	
an	Haben-Konto		300,00

Abbildung 3.2 zeigt die beiden T-Konten des Buchungssatzes.

Soll	Konto XY	Haben	Soll	Konto AB	Haben
300,–					300,–

Abbildung 3.2: T-Konten des Buchungssatzes

Der Weg zum Buchungssatz

Nachdem der Grundstein mit *Soll* und *Haben* gelegt ist, nun in vier Schritten, wie Sie selbst einen Buchungssatz erstellen können.

> ### Kontoauszüge und die doppelte Buchführung
>
> Die Begriffe *Soll* und *Haben* finden Sie auch auf Ihren Kontoauszügen wieder. Je nachdem, wie es gerade um Ihre finanzielle Situation bestellt ist. Wir wünschen Ihnen an dieser Stelle viel im *Haben* und einen reichen Kindersegen. Die Bedeutung der beiden Begriffe auf den Kontoauszügen dürfen Sie aber nicht auf die doppelte Buchführung übertragen! Dort haben diese beiden Begriffe keinen tieferen Sinn. Merken Sie sich für die Buchführung einfach: *Soll* steht links, *Haben* rechts.

Schritt 1: Die Qual der Wahl: Auswahl der beiden Konten

In jedem Buchungssatz werden mindestens zwei unterschiedliche Konten angesprochen. Sie müssen sich also zuerst überlegen, welche Konten es in Ihrem Geschäftsfall gerade sind. Wenn Sie einen Geschäftsfall den zwei Konten zuordnen, nennt man dies *kontieren*.

Sie heben von Ihrem Bankkonto 300 Euro Wechselgeld ab und legen das Geld in die Kasse. In diesem Beispiel werden die Konten »Bank« und »Kasse« angesprochen.

Schritt 2: Welche Kontenart ist das denn?

Es wird zwischen vier Kontenarten unterschieden:

✔ **Bestandskonten**
- aktives Bestandskonto
- passives Bestandskonto

✔ **Erfolgskonten**
- Aufwandskonto
- Ertragskonto

Bestandskonten

Bestandskonten werden aus der Bilanz hergeleitet. Jeder Bilanzposten besitzt als Gegenpart ein Bestandskonto. Daher kommt auch die Unterscheidung in aktive und passive Bestandskonten. Abbildung 3.3 zeigt den Aufbau einer Bilanz.

Aktivseite (Vermögen)	Passivseite (Kapital)
Alles, was dem Unternehmen gehört, zum Beispiel:	Wie wurde das alles finanziert?
Grund und Boden	
Gebäude	Wie viel mit Eigenkapital?
Geschäftsausstattung	
Vorräte	
Forderungen	Wie viel mit Fremdkapital?
Bankguthaben	
Kasse	

Abbildung 3.3: Der Aufbau einer Bilanz

 So ein Bestandskonto weist zu Jahresbeginn gewöhnlich einen Anfangsbestand aus. Der stammt aus der Eröffnungsbilanz. Am Jahresende wird der Schlussbestand des Bestandskontos dann in die Schlussbilanz übertragen.

✔ **Aktive Bestandskonten** erfassen das Vermögen, wie zum Beispiel Bank, Kasse oder Warenbestände.

✔ **Passive Bestandskonten** erfassen die Kapitalpositionen wie zum Beispiel das Eigenkapital oder Fremdkapital.

 Bei den beiden Konten »Bank« und »Kasse« aus dem Beispiel oben handelt es sich also beides Mal um Bestandskonten. Um genau zu sein: um aktive Bestandskonten. Fangen Sie jetzt bitte nicht an, an sich zu zweifeln, weil Sie das vielleicht nicht vorher schon gewusst haben. Dieses Wissen wird einem normalerweise nicht in die Wiege gelegt. Hier hilft nur lernen.

In Abbildung 3.4 haben wir Ihnen ein paar aktive und passive Bestandskonten aufgelistet.

Aktive Bestandskonten	Passive Bestandskonten
Anlagevermögen: Grundstücke Immobilien Maschinen Fuhrpark Wertpapiere	**Eigenkapital:** Eigenkapital Rücklagen Bilanzgewinn Gewinnvortrag
Umlaufvermögen: Roh-, Hilfs-und Betriebsstoffe (Un)fertige Erzeugnisse Forderungen aus Lieferungen Vorsteuer Schecks Bankguthaben Kasse	**Fremdkapital:** Verbindlichkeiten aus Leistungen Erhaltene Anzahlungen Umsatzsteuer Bankverbindlichkeiten Verbindlichkeiten beim Finanzamt Sonstige Verbindlichkeiten
Rechnungsabgrenzung: Aktiver Rechnungs- abgrenzungsposten	**Rechnungsabgrenzung:** Passiver Rechnungs- abgrenzungsposten

Abbildung 3.4: Aktive und passive Bestandskonten

Erfolgskonten

Es gibt zwei Arten von Erfolgskonten: die Aufwandskonten und die Ertragskonten. Der Saldo aller Aufwendungen und Erträge ergibt den Erfolg. Diesen nennt man dann Gewinn oder auch Verlust; je nachdem ob der Saldo positiv oder negativ ist. Das Aufteilungskriterium:

✔ Alles, was das Eigenkapital erhöht, wird in den Ertragskonten verbucht und steht auf der *Haben-Seite* des Eigenkapitals.

✔ Alles, was das Eigenkapital vermindert, wird in den Aufwandskonten gebucht und steht auf der Soll-Seite des Eigenkapitals.

Einmal angenommen, Sie würden eine Imbissbude betreiben. Am frühen Vormittag haben Sie zwanzig Kilo Kartoffeln gekauft, um diese zu Kartoffelsalat zu verarbeiten. Der Einkauf der Kartoffeln hat Ihr Eigenkapital eindeutig verringert. Der Wareneinkauf ist somit ein Aufwandskonto. Die Erlöse aus dem Verkauf des Kartoffelsalats wiederum haben Ihr Eigenkapital sicherlich erhöht. Die Erlöse aus Warenverkäufen sind also den Ertragskonten zuzuordnen.

In Abbildung 3.5 zeigen wir Ihnen ein paar Erfolgskonten.

Aufwandskonten	Ertragskonten
Wareneinkauf	Erlöse aus Warenverkauf
Entgelte	Erlöse aus Leistungen
Gewährte Skonti	Erhaltene Skonti
Steuern	Sonstige Erlöse
Mietaufwand	Mieterlöse
Abschreibungen	Provisionserlöse
Zinsaufwand	Zinserlöse
Außerordentlicher Aufwand	Außerordentliche Erlöse
Sozialaufwendungen	

Abbildung 3.5: Erfolgskonten

Schritt 3: Nehmen die Konten zu oder ab?

In unserem Beispiel – Sie erinnern sich – wurden 300 Euro von der Bank abgehoben, um das Geld in die Kasse zu legen. Das Bankkonto nimmt dabei ganz eindeutig und zweifelsfrei ab. Die Kasse wurde deshalb auch voller.

Schritt 4: Soll oder Haben?

 Der Schritt 4 ist sehr wichtig für Ihre weitere buchhalterische Karriere. Die hier beschriebenen Regeln sollten Sie auswendig lernen.

Es gibt eine *generelle Faustregel*: Im *Soll* steht, wofür das Geld verwendet wird beziehungsweise wohin das Geld fließt. Im *Haben* steht, woher das Geld stammt. Bei den *Erfolgskonten* ist die richtige Zuordnung davon abgesehen relativ einfach. Erträge werden in der Regel im *Haben* gebucht, Aufwände im *Soll*. Aufwandskonten stehen im Buchungssatz deshalb immer links und Ertragskonten immer rechts. Zur Erinnerung deshalb noch einmal der Buchungssatz:

Soll-Konto		300,00
an	Haben-Konto	300,00

Fertig sind die ersten Buchungssätze: Soll an Haben

Im ersten Beispiel wurden zwei aktive Bestandskonten angesprochen: »Bank« und »Kasse«. Die Kasse wurde voller, das Bankkonto wurde durch die Abhebung dagegen ja etwas leichter. Das Geld stammt von der Bank und wurde für Ein-käufe und Wechselgeld in der Kasse verwendet. Somit sieht der erste Buchungssatz so aus.

Kasse		300,00
an	Bank	300,00

Jetzt müssen Sie den Kauf der Kartoffeln verbuchen. Das Konto »Wareneinkauf« ist ein Aufwandskonto und steht deshalb auch im Soll des Buchungssatzes. Die Kasse ist ein aktives Bestandskonto. Hier werden Abgänge stets im Haben verbucht. Mit der generellen Faustregel kommt übrigens dasselbe Ergebnis heraus.

Wareneinkauf		10,00
an	Kasse	10,00

Am Nachmittag verkaufen Sie den Kartoffelsalat. Die Erlöse fließen in Ihre Kasse. Das Konto »Erlöse aus Warenverkäufen« ist ein Ertragskonto und wird im Haben bebucht. Und Zugänge in Ihrem aktiven Bestandskonto »Kasse« werden im Soll verbucht. Der Buchungssatz sieht damit so aus:

Kasse		50,00
an	Erlöse aus Warenverkäufen	50,00

Sollten Sie am nächsten Tag das Geld wieder aus der Kasse nehmen und auf Ihr Bankkonto einzahlen, würde der Buchungssatz einfach umgedreht:

Bank		50,00
an	Kasse	50,00

Und schon sind die ersten Geschäftsfälle verbucht.

Bestandskonten werden oft auch als zweiseitige Konten bezeichnet, da sie aus einer Soll- und einer Haben-Seite bestehen. So ein Bestandskonto ist ziemlich flexibel – wie es heute eben erforderlich ist – und kann sowohl im *Soll* als auch im *Haben* bebucht werden. Bei *aktiven Bestandskonten* werden Zugänge stets auf der Soll-Seite verbucht, Abgänge dagegen auf der Haben-Seite. Bei *passiven Bestandskonten* werden die Zugänge auf der *Haben*-Seite verbucht, Abgänge auf der *Soll*-Seite.

Über Belege, Bücher und Buchungen

Jedem verbuchten Geschäftsfall muss ein Beleg zugrunde liegen. Jedes Stück Papier wird hier zu einem Beleg, soweit es dem Nachweis einer Buchung dient.

Keine Buchung ohne Beleg!

Aus so einem Beleg muss ersichtlich sein:

- ✔ um welchen Geschäftsfall es geht
- ✔ welcher Betrag zu verbuchen ist
- ✔ auf welche Konten gebucht werden soll
- ✔ wer den Beleg ausgestellt hat
- ✔ das Ausstellungsdatum

Der große Unterschied: Belegarten

Es gibt zwei Arten von Buchungsbelegen: Fremd- oder Eigenbelege. Fremdbelege wurden von Dritten erstellt und gelangen zum Beispiel als Eingangsrechnung in Ihre Buchhaltung. Eigenbelege wurden dagegen in Ihrem Unternehmen selbst erstellt wie zum Beispiel Ausgangsrechnungen. Abbildung 3.6 zeigt ein paar weitere Beispiele für Fremd- und Eigenbelege.

Ab und zu soll es ja vorkommen, dass ein Beleg nicht mehr auffindbar ist. Keine Panik, der Geschäftsvorfall kann trotzdem als Betriebsausgabe berücksichtigt werden, indem Sie einen Eigenbeleg ausstellen. Sie müssen auf dem Eigenbeleg folgende Angaben machen: der Zahlungsempfänger mit vollständiger Anschrift, das Datum, die Art der Aufwendung und der Betrag mit und ohne Steuer. Abschließend tragen Sie noch den Grund für den Eigenbeleg ein, das Ausstellungsdatum und unterschreiben den Beleg.

Fremdbelege	Eigenbelege
Eingangsrechnungen	Ausgangsrechnungen
Lieferantengutschriften	Lohnlisten
Quittungen	Gehaltslisten
Kontoauszüge	Quittungskopien
Postbelege	Kopien versendeter Handelsbriefe
Erhaltene Handelsbriefe	Spesenabrechnungen
Steuerbescheide	Entnahmebelege
Bankbelege	Umbuchungsbelege

Abbildung 3.6: Belegarten

Die Aufwärmphase: Buchungsvorbereitung

Bevor es an das Verbuchen eines Geschäftsfalls geht, müssen Sie noch ein paar vorbereitende Arbeiten erledigen:

1. Prüfen Sie den Beleg bitte auf sachliche und rechnerische Richtigkeit.
2. Die Qual der Wahl: Sollte es zu Ihrem Geschäftsfall mehrere Belege geben, müssen Sie nun bestimmen, welcher davon als Buchungsbeleg verwendet werden soll.
3. Ordnen Sie die Belege nach ihrer Art, zum Beispiel Rechnungsbelege oder Bankbelege.
4. Nummerieren Sie die einzelnen Belegarten fortlaufend.
5. Schreiben Sie auf den Beleg auch schon den Buchungssatz drauf. Das ist die sogenannte *Vorkontierung*.

 Während ein *Einzelbeleg* sich auf einen einzigen Geschäftsfall bezieht, umfassen sogenannte *Sammelbelege* mehrere Geschäftsfälle.

Nach der Verbuchung

Gerade haben Sie in den fünf Schritten der Aufwärmphase die Vorkontierung kennengelernt. Buchungsprofis verwenden für die Vorkontierung einen Buchungsstempel, um auf dem Buchungsbeleg die benötigten Konten zu vermerken. So ein Buchungsstempel enthält meist auch mehrere leere Felder, in denen Sie oder der Buchhalter Ihres Vertrauens das

Datum, den Namen des Bearbeiters, den Betrag und den Steuerschlüssel eintragen können, bevor der Beleg abgelegt oder eingescannt wird.

Die Belege werden anschließend nicht in den berühmten Schuhkarton geworfen, sondern geordnet abgelegt; entweder ganz traditionell in Papierform oder als Scan. Dabei werden im Grundbuch alle Geschäftsfälle mittels Buchungssätze chronologisch erfasst. Neben dem Grundbuch gibt es noch weitere Bücher: die Hauptbücher oder beispielsweise die Inventarbücher. Hier werden die Geschäftsfälle zusätzlich auch noch sachlich geordnet erfasst. Das geschieht heute natürlich meist nicht mehr in Papierform, sondern mittels Software wie etwa SAP oder DATEV.

Idealerweise sollten Sie mithilfe Ihrer Software jeden Beleg leicht wiederfinden können. Wenn Sie einen Blick in eine Kostenstelle werfen und dabei die Istkosten genauer unter die Lupe nehmen wollen, schauen Sie sich meist die dort verbuchten Istkosten einer Kostenart an. Diese Istkosten bestehen meist aus einer Vielzahl von verbuchten Geschäftsfällen. Die verwendete Software sollte es Ihnen nun ermöglichen, bei jedem verbuchten Geschäftsfall den eingescannten Buchungsbeleg am Monitor aufrufen zu können. Vorausgesetzt natürlich, dass jemand vorher den Beleg eingescannt und richtig verlinkt hat. Sollte Ihre Software dies nicht können, sollten Sie sich ernsthafte Gedanken über eine Neuanschaffung machen.

Nachdem Sie den Beleg im Grundbuch verbucht haben, dürfen Sie den großen Datumsstempel nehmen und das Buchungsdatum daraufstempeln. Abschließend wird der Beleg eingescannt und zehn Jahre lang archiviert. Falls Sie Computern generell misstrauen, können Sie natürlich auch eine Lagerhalle für Ihre Buchungsbelege anmieten und diese dort archivieren.

Auf und zu: Bestandskonten eröffnen und abschließen

Stellen Sie sich vor, es ist Januar. Der erste Arbeitstag des neuen Jahres. Sie sind so ziemlich allein im Büro und tauschen mit den anderen vereinzelten Anwesenden den Kalauer »Irgendetwas machen wir falsch« aus, bevor Sie sich endlich an die Arbeit machen.

Zu Jahresbeginn wird erst einmal eine Eröffnungsbilanz erstellt. Diese Eröffnungsbilanz stimmt mit der Schlussbilanz des alten Jahres völlig überein. Alles andere wäre ziemlich peinlich und zudem gesetzeswidrig. Die Ausnahme: Sie haben Ihr Unternehmen gerade eben erst gegründet. Dann kann es keine Schlussbilanz aus dem Vorjahr geben, mit der die Eröffnungsbilanz übereinstimmen kann.

Das »Eröffnungsbilanzkonto« ist das Spiegelbild der Bilanz. Es wird aus der Anfangsbilanz des Unternehmens gebildet, indem die Aktiv- mit der Passivseite vertauscht wird. Der Begriff *Bilanz* stammt im Übrigen aus dem italienischen: *bilancia*. Das bedeutet Waage. In solch einer Bilanz werden das Vermögen auf der Aktivseite und die Verbindlichkeiten auf der Passivseite gegenübergestellt.

Stellen Sie sich vor, Sie hätten eine Autovermietung gegründet. Dazu haben Sie drei Autos zu je 15.000 Euro angeschafft und auf Ihr Bankkonto für die erste Zeit 10.000 Euro überwiesen.

Finanziert haben Sie das alles, indem Sie Ihr Erspartes – das waren immerhin 35.000 Euro – geplündert und zusätzlich einen Bankkredit über 20.000 Euro aufgenommen haben. Ihre noch recht übersichtliche Eröffnungsbilanz könnte dann so wie in Abbildung 3.7 aussehen.

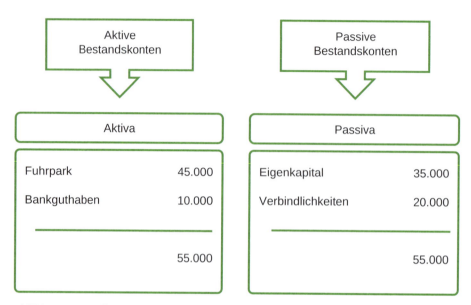

Abbildung 3.7: Eröffnungsbilanz

Das Eröffnungsbilanzkonto

Nachdem Ihre Eröffnungsbilanz erstellt ist, benötigen Sie zum Start noch das sogenannte Eröffnungsbilanzkonto, damit Sie für Ihre ersten Buchungen eine Gegenposition haben. Denn gegen die Eröffnungsbilanz könnten Sie leider nicht buchen. Das Eröffnungsbilanzkonto ist also lediglich eine kleine Hilfe zu Jahresbeginn. Abbildung 3.8 zeigt das zur Eröffnungsbilanz aus Abbildung 3.7 gehörende Eröffnungsbilanzkonto.

Soll		Haben	
Eigenkapital	35.000	Fuhrpark	45.000
Verbindlichkeiten	20.000	Bankguthaben	10.000
	55.000		55.000

Abbildung 3.8: Eröffnungsbilanzkonto

Haben Sie fein aufgepasst? Dann ist Ihnen sicher aufgefallen, dass das Eröffnungsbilanzkonto lediglich ein Spiegelbild der Eröffnungsbilanz ist.

 Bei Konten spricht man von *Soll* und *Haben*. Bei der Bilanz von *Aktiva* und *Passiva*.

Nachdem Sie das Spiegelbild, Entschuldigung, das Eröffnungsbilanzkonto erstellt haben, geht es an die ersten Buchungen zu Beginn des neuen Geschäftsjahres: an die Verbuchung der Anfangsbestände Ihrer Bestandskonten.

Bei der Verbuchung der Anfangsbestände gibt es immer nur zwei Möglichkeiten:

Entweder buchen Sie:

✔ Eröffnungsbilanzkonto an passives Bestandskonto

Oder Sie buchen:

✔ aktives Bestandskonto an Eröffnungsbilanzkonto

Jetzt müssen Sie Ihre Anfangsbestände verbuchen. Und zwar wie folgt:

Erstens:

Fuhrpark		45.000,00	
an	Eröffnungsbilanzkonto		45.000,00

Zweitens:

Bank		10.000,00	
an	Eröffnungsbilanzkonto		10.000,00

Drittens:

Eröffnungsbilanzkonto		35.000,00	
an	Eigenkapital		35.000,00

Viertens:

Eröffnungsbilanzkonto		20.000,00	
an	Verbindlichkeiten		20.000,00

 Das Eröffnungskonto gibt es nur für Bestandskonten. Für Erfolgskonten gibt es das nicht, da der Gewinn oder Verlust bekanntlich jedes Jahr aufs Neue ermittelt wird.

Das Schlussbilanzkonto

Das Jahr neigt sich dem Ende entgegen. Die letzten Buchungen sind getan. Alle? Nein, eine Aufgabe wartet noch auf Sie. Am Jahresende werden die Endbestände der aktiven und passiven Bestandskonten über das Schlussbilanzkonto verbucht. Bei der Verbuchung der Schlussbestände gibt es ebenfalls nur zwei Varianten:

Entweder Sie buchen:

✔ Schlussbilanzkonto an aktives Bestandskonto

oder Sie buchen:

✔ passives Bestandskonto an Schlussbilanzkonto

Die Autovermietung ist ziemlich erfolgreich gewesen. Ihr Bankguthaben hat deutlich zugenommen. Am 31.12. weist Ihr Konto ein Guthaben von 40.000 Euro aus. Der Fuhrpark ist noch 36.000 Euro wert. Der Kredit ist auch schon ein wenig abgestottert: Sie schulden der Bank noch 16.000 Euro.

Ihre Buchungssätze sehen wie folgt aus:

Erstens:

Schlussbilanzkonto	40.000,00	
an	Bank	40.000,00

Zweitens:

Schlussbilanzkonto	36.000,00	
an	Fuhrpark	36.000,00

Drittens:

Eigenkapital	60.000,00	
an	Schlussbilanzkonto	60.000,00

Viertens:

Verbindlichkeiten	16.000,00	
an	Schlussbilanzkonto	16.000,00

Das Schlussbilanzkonto sähe dann so wie in Abbildung 3.9 aus.

Soll		Haben	
Fuhrpark	36.000	Eigenkapital	60.000
Bankguthaben	40.000	Verbindlichkeiten	16.000
	76.000		76.000

Abbildung 3.9: Schlussbilanzkonto

Im letzten Schritt müssen Sie noch die Schlussbilanz erstellen. Anders als bei der Eröffnungsbilanz gibt es hier kein Spiegelbild. Schlussbilanzkonto und Schlussbilanz sind schlicht identisch. Abbildung 3.10 zeigt die Schlussbilanz der Autovermietung.

Aktiva		Passiva	
Fuhrpark	36.000	Eigenkapital	60.000
Bankguthaben	40.000	Verbindlichkeiten	16.000
	76.000		76.000

Abbildung 3.10: Schlussbilanz

Aufgabe 3

Sie dürfen einen Buchungssatz bilden. Sie entnehmen Ihrer Kasse Bargeld in Höhe von 500 Euro und zahlen diesen Betrag auf das Bankkonto ein. Wie lautet der Buchungssatz?

Teil II
Jetzt wird gebucht

> **IN DIESEM TEIL ...**
>
> Erfahren Sie Wissenswertes über Kontenrahmen.
>
> Lernen Sie Buchungen im Anlage- und Umlaufvermögen kennen.
>
> Erklären wir Ihnen, wie Leasing Geschäfte funktionieren und was Sie bei Buchungen auf Privatkonten sowie bei Personalbuchungen beachten müssen.

> **IN DIESEM KAPITEL**
>
> Was Kontenrahmen sind
>
> Wie sie aufgebaut sind
>
> Welche Kontenrahmen es gibt

Kapitel 4
Alles über Kontenrahmen

Sie sitzen gerade vor einem Berg von Belegen, die es zu verbuchen gilt. Alles schön und gut, aber welche Konten brauchen Sie eigentlich? Keine Sorge: Sie müssen nun nicht auch noch als *Kontenerfinder* tätig werden. Das haben nämlich schon andere vor Ihnen gemacht. Was dabei herauskam, nennt sich *Kontenrahmen* und wird Ihnen bei Ihrer Arbeit einiges erleichtern. Alles Wissenswerte hierzu finden Sie auf den nächsten Seiten. Viel Spaß bei der Lektüre – Ihre Belege rennen Ihnen solange sicherlich auch nicht weg …

Der Rahmen macht das Bild

Fast jedes Unternehmen steht bei der Einführung der doppelten Buchführung vor einem mittelgroßen Problem: Welche Konten brauche ich eigentlich, um meine Geschäfte vollständig, ordentlich und fehlerfrei zu verbuchen? Sie können versuchen, das Rad neu zu erfinden, oder – die einfachere Variante – Konfektionsware verwenden. Letzteres sind vorgefertigte Sammlungen von Konten, die in sehr vielen Unternehmen benötigt werden und immer wieder vorkommen – die sogenannten *Kontenrahmen*.

Kontenrahmen gibt es praktischerweise auch auf verschiedene Wirtschaftszweige zugeschnitten. Also quasi von der Stange und dennoch nach Maß. Das Ergebnis eines Kontenrahmens ist eine detaillierte Aufstellung aller gängigen und benötigten Konten – ein sogenannter *Kontenplan*.

Die Verwendung von Kontenrahmen hat folgende Vorteile:

✔ Vereinfachung bei der Einführung einer doppelten Buchführung

✔ Vereinheitlichung bei der Verbuchung

✔ bessere Vergleichbarkeit zwischen Unternehmen, wenn diese nach demselben Prinzip verbuchen

Ein Kontenrahmen bietet sowohl Konten für die Finanzbuchhaltung als auch für die Kostenrechnung an. Also beinahe eine Eier legende Wollmilchsau …

Sie sind nicht dazu verpflichtet, einen bestimmten Kontenrahmen anzuwenden. Sie können Ihre Arbeit jedoch um einiges erleichtern. Auch können Sie bestehende Kontenrahmen beliebig verändern und an Ihre Bedürfnisse anpassen.

Aufbau eines Kontenrahmens

Ein Kontenrahmen besteht aus

- Kontenklassen,
- Kontengruppen und
- Konten.

Kontenklassen

In einer *Kontenklasse* werden sachlich zusammenhängende Konten zusammengefasst. Zum Beispiel alle Konten, die etwas mit Sachanlagen zu tun haben. Diese Kontenklassen werden in einem Kontenrahmen dann mit einer Ziffer versehen, zum Beispiel mit der **0**. Welche Kontenklassen es beispielsweise im sogenannten *Industriekontenrahmen* (IKR) gibt, zeigt Abbildung 4.1.

Kontengruppen

Eine Kontenklasse besteht aus mehreren sogenannten *Kontengruppen*. Hier findet nochmals eine feinere Aufgliederung statt, um das Ganze übersichtlich zu gestalten. Zum Beispiel kann man die Kontenklasse *Sachanlagen* noch weiter in

- Grundstücke und Gebäude,
- technische Anlagen und Maschinen sowie
- Betriebs- und Geschäftsausstattung unterteilen.

Kontengruppen werden dann mit einer zweistelligen Zahl versehen, wobei die erste Ziffer dieser Zahl die jeweilige Kontenklasse beinhaltet. Im Beispiel: Die Kontengruppe »Betriebs- und Geschäftsausstattung« bekommt die Zahl *08* zugewiesen, wobei die führende *0* die Kontenklasse wiedergibt.

Kontenklasse	Art	Verwendung für ...
Kontenklasse 0	Immaterielle Vermögensgegenstände und Sachanlagen	Bilanz
Kontenklasse 1	Finanzanlagen	Bilanz
Kontenklasse 2	Umlaufvermögen und aktive Rechnungsabgrenzung	Bilanz
Kontenklasse 3	Eigenkapital und Rückstellungen	Bilanz
Kontenklasse 4	Verbindlichkeiten und passive Rechnungsabgrenzung	Bilanz
Kontenklasse 5	Erträge	GuV
Kontenklasse 6	Betriebliche Aufwendungen	GuV
Kontenklasse 7	Weitere Aufwendungen	GuV
Kontenklasse 8	Ergebnisrechnungen	Bilanz und GuV
Kontenklasse 9	Kosten-und Leistungsrechnung	Kosten-und Leistungsrechnung

Abbildung 4.1: Kontenklassen im IKR

Konten

Konten sind letztendlich der Teil des Kontenrahmens, auf den auch wirklich gebucht wird. Sie sind somit die kleinste Einheit eines Kontenrahmens. Ein Beispiel: Sie bebuchen das Konto »Fuhrpark«. Es gehört zur Kontenklasse 0 (»Sachanlagen«) und zur Kontengruppe 08 (»Betriebs- und Geschäftsausstattung«). Innerhalb dieser Kontengruppe bekommt das Konto dann auch eine Nummer, die mit den beiden Ziffern der Kontengruppe beginnt – sagen wir mal: 084. Abbildung 4.2 zeigt noch einmal an diesem Beispiel, wie so ein Kontenrahmen aufgebaut ist.

 Es kann in manchen Kontenrahmen auch vorkommen, dass es zwischen den Konten und den Kontengruppen noch eine weitere Feinaufgliederung gibt. Die nennt man dann *Kontenarten*.

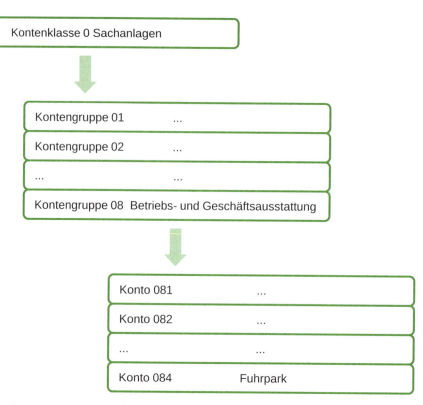

Abbildung 4.2: Schema: Aufbau eines Kontenrahmens

Die wichtigsten Kontenrahmen

In Deutschland haben sich im Laufe der Jahre zwei allgemeingültige sowie eine Vielzahl von Standardkontenrahmen einer Firma namens DATEV durchgesetzt.

Die allgemeingültigen Kontenrahmen heißen:

✔ Gemeinschaftskontenrahmen der Industrie – kurz GKR

✔ Industriekontenrahmen – kurz IKR

Der GKR

Der Gemeinschaftskontenrahmen der Industrie wurde 1951 vom Bundesverband der Deutschen Industrie (BDI) herausgegeben. Er ist in zehn Kontenklassen gegliedert:

✔ Kontenklasse 0 Anlagevermögen und langfristiges Kapital

✔ Kontenklasse 1 Finanzumlaufvermögen und kurzfristige Verbindlichkeiten

✔ Kontenklasse 2 Neutrale Aufwendungen und Erträge

✔ Kontenklasse 3 Stoffe Bestände

- Kontenklasse 4 Kostenarten
- Kontenklasse 5/6 Kostenstellen
- Kontenklasse 7 Kostenträger, Bestände an halbfertigen und fertigen Erzeugnissen
- Kontenklasse 8 Kostenträger, Erträge
- Kontenklasse 9 Abschluss

Lange Zeit war der GKR der meistgebrauchte Kontenrahmen.

Der IKR

Im Jahre 1971 machte sich der Bundesverband der Deutschen Industrie dann daran, einen moderneren, besseren Kontenrahmen als den GKR zu entwickeln. Das Ergebnis der schweißtreibenden Arbeit erblickte dann als *Industriekontenrahmen* das Licht der Welt. 1986 wurde aber auch dieser Kontenplan generalüberholt. Der Industriekontenrahmen gliedert sich ebenfalls in neun Kontenklassen. Diese haben wir Ihnen in Abbildung 4.1 vorgestellt.

Der IKR hat den Vorteil, dass er nach dem sogenannten *Abschlussgliederungsprinzip* aufgebaut ist. Das bedeutet, dass er in der Aufteilung seiner Kontenklassen bereits trennt, welche Konten jeweils für die Bilanz, die GuV (Sie erinnern sich? GuV ist die Kurzform von Gewinn-und-Verlust-Rechnung), den Jahresabschluss und die Kosten- und Leistungsrechnung gebraucht werden. Der GKR hingegen war eher an den Prozessen im Unternehmen orientiert.

Sowohl der GKR als auch der IKR sind stark auf das produzierende Gewerbe ausgerichtet.

Zu den Buchungssätzen der folgenden Kapitel werden wir immer auch die jeweiligen IKR-Konten angeben.

Standardkontenrahmen

Insbesondere Handel, Banken und Versicherungen verwenden oftmals sogenannte Standardkontenrahmen (SKR). Hierbei haben sich die Kontenrahmen der Firma DATEV durchgesetzt.

Als wichtigste Vertreter ihrer Zunft wären die folgenden Standardkontenrahmen (kurz SKR) zu nennen:

- SKR 03: für publizitätspflichtige Unternehmen, die das Prozessgliederungsprinzip toll finden
- SKR 04: für publizitätspflichtige Unternehmen, die das Abschlussprinzip besser finden
- SKR 14: für Land- und Forstwirte
- SKR 30: ein klassischer Einzelhandelskontenrahmen
- SKR 45: für Heime und soziale Einrichtungen
- SKR 49: für Vereine

- ✔ SKR 51: für die Kfz-Branche
- ✔ SKR 70: für Hotels und Gaststätten
- ✔ SKR 80: für Zahnärzte
- ✔ SKR 81: für Arztpraxen
- ✔ SKR 99: für Krankenhäuser

 Mehr Informationen zu den DATEV-Standardkontenrahmen erhalten Sie bei der DATEV selbst. Zum Beispiel unter www.datev.de.

Den auf das Unternehmen individuell angepassten Kontenrahmen nennt man *Kontenplan*. Hier wurden alle nicht benötigten Konten entfernt und bislang nicht vorhandene, aber benötigte Konten hinzugefügt.

Über Geschmack lässt sich (nicht) streiten

Wie so vieles im Leben ist auch die Wahl des richtigen Kontenrahmens Geschmackssache. Wenn Sie beispielsweise eine Arztpraxis betreiben, empfiehlt es sich, den SKR 81 der DATEV zu verwenden. Oder aber Sie passen sich den IKR an Ihre Bedürfnisse an, was allerdings ein klein wenig Zeit und Know-how erfordert. Die Wahl des Kontenrahmens sollte aber eine langfristige Entscheidung sein. Wenn Sie jährlich den Kontenrahmen wechseln, verlieren Sie bestimmt nicht nur den Überblick, sondern irgendwann gar noch die Lust am Buchen. Und das wäre mehr als schade ...

Aufgabe 4

Welche Vorteile bringt die Verwendung eines Kontenrahmens mit sich?

> **IN DIESEM KAPITEL**
>
> Kauf und Herstellung von Anlagevermögen
>
> Was Abschreibungen sind und wie sie verbucht werden
>
> Verbuchung von Verkäufen abgeschriebener Anlagegüter

Kapitel 5
Buchungen im Anlagevermögen

§ 247 (2) HGB schreibt genau vor, was Sie in der Bilanz als Anlagevermögen ausweisen müssen. Zitat: »Beim Anlagevermögen sind nur die Gegenstände auszuweisen, die bestimmt sind, dauernd dem Geschäftsbetrieb zu dienen.« In der Regel sind damit Dinge gemeint, die mindestens ein Jahr dem Betrieb dienen sollen.

Zugegeben: Keine große Poesie. Es schadet aber dennoch nichts, an dieser Gesetzesdefinition ein wenig herumzudeuteln. Bedeutet »dauernd« für immer und ewig? Und was ist hier mit »dienen« gemeint? Dazu zunächst einmal ein paar Beispiele aus der Welt der Anlagegüter:

- ✔ Der Inhaber des Strandhotels Lungomare kauft am 10. April 2016 eine neue Espressomaschine im Wert von 6.000 Euro. Diese Espressomaschine wird dem Hotel die nächsten Jahre treue Dienste leisten und viele leckere Espressi produzieren. Diese Maschine dient dauerhaft. Sie wird, so hofft Herr Pasolini, erst in acht Jahren abgenutzt sein und dann ersetzt werden müssen. Der verbrauchte Kaffee und das Wasser dagegen sind lediglich Verbrauchsstoffe und haben mit dem Anlagegut im buchhalterischen Sinne rein gar nichts zu tun.
- ✔ Die Bäckerei Keim kauft einen neuen Kleintransporter. Damit sollen die umliegenden Schulen mit Backwaren beliefert werden. Der Kleintransporter dient der Bäckerei damit ebenfalls dauerhaft. Zumindest die nächsten zehn Jahre. Die Tankfüllung wird als Verbrauchsstoff gesondert verbucht.
- ✔ Der Autohändler Töff verkauft die neuen Kleintransporter an die örtlichen Gewerbetreibenden. Bei ihm werden die Fahrzeuge nicht als Anlagegüter erfasst, da es sich für ihn um Verkaufsware handelt.

Es kommt auf den Zweck des Gutes an. So kann ein Pkw bei einer Bäckerei als Anlagevermögen und bei einem Autohändler als Ware, also als Umlaufvermögen, ausgewiesen werden.

Großeinkauf: Kauf von Anlagegütern

Der alte Lieferwagen ist schon seit drei Jahren vollständig abgeschrieben und kommt wohl nicht mehr durch den nächsten TÜV. Schweren Herzens kauft sich Bäcker Keim deshalb einen neuen.

Ermittlung der Anschaffungskosten

Die Wahl fiel auf den neuen Global 1.8 D. Der offizielle Kaufpreis des Wagens beträgt ohne Umsatzsteuer 19.950 Euro. Da er ein guter Kunde ist, gab es 10 Prozent Rabatt sowie 3 Prozent Skonto. Die Kennzeichen und Zulassungsgebühren in Höhe von 75 Euro netto kommen noch dazu. Der Tank des neuen Pkw war zwar nicht komplett leer, da er aber nicht gleich in der ersten Woche ans Tanken denken wollte, hat er den Lieferwagen auch gleich volltanken lassen. Macht 80 Euro netto. Eine Woche nach dem Kauf fällt ihm auf, dass der Lieferwagen gar kein Navi hat. Er lässt noch eines nachträglich für 300 Euro netto einbauen. Fassen wir in Tabelle 5.1 zusammen.

offizieller Kaufpreis	19.950,00 €
abzüglich 10% Rabatt	−1.995,00 €
Zwischensumme	17.955,00 €
abzüglich 3% Skonto	−538,65 €
Kaufpreis abzüglich Rabatt und Skonto	17.416,35 €
zuzüglich Einbau Navi und Zulassung	375,00 €

Tabelle 5.1: Anschaffungskosten mit Autoradio

Die Tankrechnung über 80 Euro zählt nicht zu den Anschaffungskosten. Es war ja bereits ein wenig Treibstoff im Tank, um mit dem Wagen vom Hof des Händlers fahren zu können. Der nachgetankte Treibstoff ist ein Verbrauchsstoff und direkt als Aufwand zu verbuchen. Das Navi ist zwar nicht zwingend nötig, da es aber in den Wagen fest eingebaut wird, ist es nachträglich ein Bestandteil des Anlagegutes geworden und zählt zu den Anschaffungskosten.

Die Anschaffungskosten setzen sich aus dem Kaufpreis abzüglich aller Preisnachlässe und zuzüglich der Anschaffungsnebenkosten wie etwa Gebühren, Transportkosten oder Montagekosten zusammen. Nachträgliche Kosten müssen Sie auch hinzuzählen. Also in Summe alles, was zwingend nötig ist, um das erworbene Gut in einen betriebsbereiten Zustand zu versetzen. Finanzierungskosten gehören dagegen nicht zu den Anschaffungsnebenkosten.

Abbildung 5.1 zeigt die Ermittlung der Anschaffungskosten noch einmal im Überblick.

Anlagenkauf verbuchen

Jetzt geht es ans Verbuchen. Sie verwenden ein Anlagenkonto, um das neue Gut zu aktivieren. Hier ist es das Konto »Fuhrpark«. Man spricht hier übrigens deshalb von »aktivieren«, da das neue Anlagegut auf einem Aktivkonto erfasst wird. Die Gegenbuchung im Haben erfolgt dann fallweise auf einem Zahlungskonto wie zum Beispiel »Kasse« oder »Bank« oder gegen »Verbindlichkeiten«.

 Eine eventuell gezahlte Vorsteuer wird im Soll auf einem eigenen Vorsteuerkonto gebucht.

Kaufpreis

− Preisminderungen

+ Anschaffungsnebenkosten

- ✓ für den Kauf (z.B. Gebühren)
- ✓ für den Transport (z.B. Fracht und Verpackung)
- ✓ für die Inbetriebnahme (z.B. Montage)

+ nachträgliche Anschaffungskosten

= Anschaffungskosten

Abbildung 5.1: Ermittlung der Anschaffungskosten

Auf sämtliche Positionen war noch zusätzlich 19 Prozent Umsatzsteuer zu zahlen. Da der Bäckermeister gerade genügend Kleingeld dabeihatte, hat er einfach alles bar bezahlt. Deshalb die Verbuchung gegen Kasse. Das neue Anlagegut wäre damit aktiviert.

0840 Fuhrpark		17.791,35	
6050 Aufwendungen für Energie und Treibstoffe		80,00	
2600 Vorsteuer		3.395,56	
an	2880 Kasse		21.266,91

Hätte der Bäckermeister seinen Geldbeutel vergessen, würde die Buchung im ersten Schritt etwas anders aussehen, da es das Skonto erst beim Begleichen der Schuld gibt. Die Ermittlung der Anschaffungskosten sieht ohne Skonto so aus wie in Tabelle 5.2.

Die erste Buchung des Käufers:

0840 Fuhrpark		18.330,00	
6050 Aufwendungen für Energie und Treibstoffe		80,00	
2600 Vorsteuer		3.497,90	
an	4400 Verbindlichkeiten aus Lieferungen und Leistungen		21.907,90

offizieller Kaufpreis	19.950,00 €
abzüglich 10% Rabatt	−1.995,00 €
Kaufpreis abzüglich Rabatt	17.955,00 €
zuzüglich Einbau Autoradio	300,00 €
zuzüglich Zulassung und Kennzeichen	75,00 €
Summe Anschaffungskosten:	18.330,00 €

Tabelle 5.2: Anschaffungskosten ermitteln

Beim Rechnungsausgleich gibt es die 3 Prozent Skonto (538,65 Euro), da rechtzeitig gezahlt wurde. Das Skonto mindert die Anschaffungskosten und wird deshalb auf der Haben-Seite im Konto »Fuhrpark« gebucht. Die Vorsteuer steht jetzt ebenfalls auf der Haben-Seite, da es sich um eine Steuerberichtigung handelt und die Vorsteuer hierdurch reduziert wird.

4400 Verbindlichkeiten aus Lieferungen und Leistungen		21.907,90
an	2800 Bank	21.266,91
	0840 Fuhrpark	538,65
	2600 Vorsteuer	102,34

Alle zum Vorsteuerabzug berechtigten Unternehmer dürfen wie hier im Beispiel immer nur die Nettobeträge aktivieren. Die Umsatz- beziehungsweise Vorsteuer wird immer in gesonderte Konten gepackt.

Anzahlungen verbuchen

Hätte der Autohändler eine Anzahlung über 5.000 Euro plus Umsatzsteuer verlangt, wäre dies beim Bäckermeister so zu verbuchen:

0900 Geleistete Anzahlungen auf Sachanlagen		5.000,00
2600 Vorsteuer		950,00
an	2800 Bank	5.950,00

Bei Auslieferung des Fahrzeugs bekommt der Bäckermeister die Rechnungen, die in Tabelle 5.3 und Tabelle 5.4 zu sehen sind.

Gesamtpreis Fahrzeug	18.330,00 €
geleistete Anzahlung	5.000,00 €
Restbetrag netto	13.330,00 €
19% Umsatzsteuer	2.532,70 €
noch zu zahlen	15.862,70 €

Tabelle 5.3: Die Rechnung des Bäckermeisters

Treibstoff	80,00 €
19% Umsatzsteuer	15,20 €
Betrag brutto	95,20 €

Tabelle 5.4: Die Rechnung für die Tankfüllung

Die Verbuchung der beiden Rechnungen und die Umbuchung der Anzahlung sehen dann wie folgt aus:

0840 Fuhrpark	18.330,00
6050 Aufwendungen für Energie und Treibstoffe	80,00
2600 Vorsteuer	2.547,90
an 4400 Verbindlichkeiten	15.957,90

Beim Rechnungsausgleich gibt es wieder 3 Prozent Skonto auf den Fahrzeugpreis in Höhe von 17.955 Euro, da rechtzeitig gezahlt wurde:

4400 Verbindlichkeiten aus Lieferungen und Leistungen	15.957,90
an 2800 Bank	15.316,91
0840 Fuhrpark	538,65
2600 Vorsteuer	102,34

Selbst ist der Mann oder die Frau

Anlagegüter können auch selbst erstellt werden. Dann müssen Sie nicht wie bei einem Kauf die Anschaffungskosten, sondern die Herstellungskosten ermitteln.

Ermittlung der Herstellungskosten

Was zählt alles zu den Herstellungskosten? Nur die direkt zurechenbaren Kosten oder etwa alle Kosten, die im Betrieb während der Herstellung des Anlagegutes angefallen sind? Der Gesetzgeber zieht hier enge Grenzen, um Missbrauch zu vermeiden. Nur die direkt zurechenbaren Kosten, die zur Herstellung und Bereitstellung des neuen Anlagegutes aufgewendet wurden, zählen zu den Herstellungskosten. Abbildung 5.2 zeigt, was alles nach § 255 (2) HGB dazugezählt werden muss.

Zusätzlich können Sie

- ✔ Kosten der allgemeinen Verwaltung,
- ✔ Aufwendungen für soziale Leistungen und die betriebliche Altersversorgung,
- ✔ fertigungsbezogene Fremdkapitalzinsen, also Zinsen für Kredite zur Finanzierung der Herstellung, aber nur, soweit sie auf den Zeitraum der Herstellung entfallen,

in die Herstellungskosten einbeziehen. Aber nur, wenn Sie wollen.

> Materialeinzelkosten
>
> + Fertigungseinzelkosten (direkt zurechenbare Entgelte)
>
> + Sondereinzelkosten der Fertigung (spezielle Tools)
>
> + Angemessene Teile der Materialgemeinkosten
>
> + Angemessene Teile der Fertigungsgemeinkosten
>
> + Werteverzehr des eingesetzten Anlagevermögens
>
> = Herstellungskosten

Abbildung 5.2: Ermittlung der Herstellungskosten

Die einzelnen nationalen und internationalen Rechtsnormen regeln die Ansatzmöglichkeit für selbst erstellte Anlagegüter leider nicht einheitlich. Je nach Art des Anlagegutes gibt es unterschiedliche Vorschriften. Deshalb jetzt erst einmal Vorhang auf für die Untergliederung des Anlagevermögens und deren rechtliche Besonderheiten.

Unterschiedliche Anlagegüter

Die Anlagegüter werden im § 266 HGB in drei Arten unterteilt.

- immaterielle Vermögensgegenstände
- Sachanlagen
- Finanzanlagen

Immaterielle Vermögenswerte

»*Sachen im Sinne des Gesetzes sind nur körperliche Gegenstände.*«

Wäre dies hier kein ... *für Dummies*-Buch, sondern eine Quizshow, könnten wir Ihnen jetzt folgende 1.000-Euro-Frage anbieten: Aus welcher Epoche und welchem Werk stammt dieses Zitat? Vier Antworten stehen zur Auswahl:

- A Aus den 1950er-Jahren; aus dem Übereinkommen zum Schutz der Hersteller von Tonträgern
- B Aus dem Zeitalter der Industrialisierung (19. Jahrhundert); aus dem Bürgerlichen Gesetzbuch
- C Aus der römischen Antike; res incorporalis – die unkörperliche Sache – bei Gaius

✓ D Aus dem Zeitalter der Industrialisierung (19. Jahrhundert); aus der Berner Übereinkunft zum Schutz von Werken der Literatur und Kunst

Sie wissen die Antwort auch ohne Joker? Genau, die Antwort B ist richtig. Es ist der § 90 des BGB. Immaterielle Güter waren gegen Ende des 19. Jahrhunderts noch kein so großes Thema und wurden zu dieser Zeit deshalb noch gar nicht erwähnt. Und das, obwohl Patentrechte auch im Zeitalter der Industrialisierung bereits wichtig waren, sie gar die Grundlage der Entwicklung darstellten.

Zu den immateriellen Vermögenswerten nach § 266 HGB zählen

- ✓ **selbst geschaffene gewerbliche Schutzrechte, wie etwa Patente oder Gebrauchsmuster.**
- ✓ **entgeltlich erworbene Konzessionen:** Berechtigung, bestimmte Tätigkeiten ausüben oder benutzen zu können. Beispiele sind Bergbaurechte oder Verkehrskonzessionen.
- ✓ **entgeltlich erworbene gewerbliche Schutzrechte,** zum Beispiel Patente, Gebrauchsmuster, Warenzeichen, Lizenzen, aber auch Rechte entsprechend dem Urheberrechtsgesetz (zum Beispiel Werke der bildenden Künste, Schriftwerke, Musik, Filme oder Software).
- ✓ **Geschäfts- oder Firmenwert.** Das ist die Differenz aus dem für ein Unternehmen bezahlten Preis und dem Wert der Einzelpositionen des Unternehmens (Vermögensgegenstände abzüglich der Verbindlichkeiten).
- ✓ **geleistete Anzahlungen** für den Kauf immaterieller Vermögenswerte. Ist der Kauf abgeschlossen, sind die Anzahlungen auf den frisch angeschafften Vermögenswert umzubuchen.

Der § 248 (2) des deutschen HGB erlaubt den Ansatz entgeltlich erworbener immaterieller Vermögensgegenstände. Sie besitzen daneben ein Wahlrecht für den Ansatz: »Selbst geschaffene immaterielle Vermögensgegenstände des Anlagevermögens können als Aktivposten in die Bilanz aufgenommen werden.« Das österreichische UGB verbietet dies in § 197 (2) dagegen. Im deutschen Handelsrecht dürfen aber weiterhin selbst geschaffene Marken, Drucktitel, Verlagsrechte, Kundenlisten oder ähnliche immaterielle Vermögensgegenstände nicht aktiviert werden.

Selbst erstellte immaterielle Werte

Unter selbst erstellten immateriellen Werten versteht man zum Beispiel selbst entwickelte Software oder eigene Erfindungen. Die zugehörigen Entwicklungsaufwendungen können Sie nach HGB aktivieren. Für die Forschungsaufwendungen besteht jedoch ein Aktivierungsverbot.

Aus dem Aktivierungswahlrecht des HGB und dem gleichzeitigen steuerlichen Aktivierungsverbot für selbst erstellte immaterielle Vermögenswerte folgt, dass eine entstehende Differenz durch Bildung sogenannter passiver latenter Steuern berücksichtigt werden muss.

In der Schweiz ist die Aktivierung selbst erstellter immaterieller Vermögenswerte ebenfalls erlaubt. Das schweizerische Obligationenrecht bleibt mit OR 959a sehr allgemein. Im Swiss

nach IFRS (IAS 38)

Forschungskosten dürfen nicht aktiviert werden

Entwicklungskosten dürfen aktiviert werden, wenn

- ✓ das Projekt umsetzbar ist
- ✓ die Umsetzung gewollt ist
- ✓ die Firma das auch herstellen kann
- ✓ der Nutzen nachgewiesen ist
- ✓ Ressourcen dafür vorhanden sind
- ✓ die zurechenbaren Kosten zuverlässig ermittelt werden können

nach Swiss GAAP FER 10

Selbst erarbeitete immaterielle Werte dürfen nur aktiviert werden, wenn sie über mehrere Jahre einen messbaren Nutzen bringen und

- ✓ der immaterielle Wert identifizierbar ist
- ✓ einen Nutzen bringt
- ✓ alle hierfür nötigen Aufwendungen separat erfasst werden können
- ✓ Ressourcen dafür vorhanden sind

Abbildung 5.3: Aktivierungsvoraussetzungen für selbst erstellte immaterielle Werte

GAAP FER 10 wird es dagegen konkreter. Hier wird genau beschrieben, welche Bedingungen dafür erfüllt sein müssen.

Nach IFRS müssen selbst erstellte immaterielle Vermögenswerte aktiviert werden. Die genauen Voraussetzungen regelt hier IAS 38. In Abbildung 5.3 haben wir für Sie die Aktivierungsvoraussetzungen einmal dargestellt.

 Der selbst geschaffene Geschäfts- und Firmenwert, Markennamen sowie selbst geschaffene Drucktitel oder Verlagsrechte dürfen nach IFRS nicht aktiviert werden. Swiss GAAP FER 10 verbietet ebenfalls die Aktivierung eines selbst erarbeiteten Goodwills, also dem Geschäfts- und Firmenwert.

Um die Aktivierung selbst erstellter Anlagegüter buchen zu können, benötigen Sie als Ausgleichsposten für Aufwendungen wie zum Beispiel Löhne und Material zuerst ein gesondertes Ertragskonto. Nennen wir es »aktivierte Eigenleistungen«. Hierauf verbuchen Sie im ersten Schritt alle Herstellungskosten, die dem selbst erstellten Anlagegut zuzurechnen sind.

Dazu ein kleines Beispiel: Das Hotel Lungomare besitzt bislang keine eigene Website, auf der man auch bloggen kann. Das soll sich so schnell wie möglich ändern und so wenig wie möglich kosten. Also wird der Barkeeper mit der Erweiterung der Internetseite beauftragt, da er nicht nur ein sehr guter Barista ist, sondern auch noch ziemlich gut coden kann. Forschungs- oder Planungsphasen sind nicht nötig, da eine Standardvorlage verwendet wird. Forschungskosten wären sowieso nicht aktivierungsfähig gewesen. Nur die in der Entwicklungsphase anfallenden Kosten dürfen aktiviert werden. Im Beispiel sind dies 500 Euro Lohnkosten. Die Verbuchung der Lohnkosten.

5300 Aktivierte Eigenleistungen		500,00
an	6200 Löhne	
		500,00

Und im nächsten Schritt wird die Eigenleistung mit folgender Buchung aktiviert.

0250 Selbstgeschaffene immaterielle Wirtschaftsgüter		500,00	
an	5300 aktivierte Eigenleistungen		500,00

Entgeltlich erworbene immaterielle Werte

Herr Müller gewinnt im Lotto. Eine Woche später hängt er seinen Job an den Nagel und gründet einen Fußballverein. Das langfristige Ziel heißt Bundesliga. Über einen Spielervermittler hat Herr Müller bereits einen Spieler für seinen Club einkaufen können. Für den Brasilianer Pelinho musste eine Ablösesumme von 20.000 Euro gezahlt werden. Dazu kamen noch die Gebühren des Vermittlers in Höhe von 2.000 Euro. Herr Müller kann diese Investition als immateriellen Vermögensgegenstand aktivieren.

0204 Spielerwert		22.000,00	
2600 Vorsteuer		4.180,00	
an	2800 Bank		26.180,00

Ein Konto namens »Spielerwert« suchen Sie im IKR natürlich vergeblich. Für derartige Spezialfälle können Sie den bestehenden Kontenrahmen aber jederzeit um eigene, für Ihr Unternehmen (beziehungsweise Ihren Fußballverein) benötigte Konten ergänzen. In diesem Fall ist das ein neues Konto der Kontengruppe 02.

Sachanlagen

Hierzu zählen zum Beispiel Grundstücke, Immobilien, Anlagen und Maschinen sowie die Betriebs- und Geschäftsausstattung. Beim Bäckermeister Keim brummt das Geschäft. Nachdem er mit seinem Lieferwagen neue Märkte erschlossen hat, kommt es zu Produktionsengpässen. Eine neue Maschine zur Herstellung von chinesischem Mondkuchen muss her. Doch das meiste Kapital steckt bereits im neuen Auto. Tüftlergeist ist angesagt. Die neue Maschine muss selbst hergestellt werden. Der Herstellung der Maschine können 3.000 Euro Materialkosten sowie 2.500 Euro Löhne zugeordnet werden. Die Verbuchung sieht wie folgt aus:

5300 Aktivierte Eigenleistungen		5.500,00	
an	6000 Aufwendungen für Rohstoffe/Fertigungsmaterial		3.000,00
	6200 Löhne		2.500,00

Im zweiten Schritt wird die Eigenleistung, sprich die Spezialmaschine, aktiviert:

0770 Sonstige Anlagen und Maschinen		5.500,00	
an	5300 Aktivierte Eigenleistungen		5.500,00

Dem sensationellen Erfolg des chinesischen Mondkuchens steht somit nichts mehr im Wege.

Finanzanlagen

Zu den Finanzanlagen zählen Beteiligungen und Anteile an anderen Unternehmen oder auch Wertpapiere des Anlagevermögens. Also alles, was in der Absicht gekauft wird, auf ein anderes Unternehmen Einfluss zu gewinnen (Beteiligungen), oder als langfristige Wertanlage gedacht ist.

Der Autohändler Töff will einen Teil seiner Ersparnisse langfristig anlegen. Seine Wahl fiel auf die Aktien eines Autoherstellers. In dieser Branche kennt er sich ja ein wenig aus. Er kauft 1.000 Aktien zum Stückkurs von 40 Euro. Zuzüglich der Nebenkosten wie zum Beispiel der Courtage ergeben sich Anschaffungskosten in Höhe von 41.000 Euro. .Der Kauf wird gebucht:

1500 Wertpapiere des Anlagevermögens		41.000,00	
an	2800 Bank		41.000,00

Linear, sofort und degressiv: Abschreibungen

Bislang haben wir Ihnen gezeigt, wie gekaufte oder selbst erstellte Anlagegüter aktiviert werden. Aufwand wurde keiner gebucht, da die Aufwendungen für die Anschaffung oder Erstellung von Anlagegütern nicht sofort als Aufwand verbucht werden dürfen. Sie müssen entsprechend der Verminderung der Leistungsfähigkeit auf die voraussichtliche Nutzungsdauer verteilt werden. Mit anderen Worten: Es wird abgeschrieben. Nicht alle Anlagegüter dürfen jedoch abgeschrieben werden! Nicht abnutzbares Anlagevermögen unterliegt keiner Verminderung der nutzbaren Leistung und darf deshalb nicht abgeschrieben werden.

Nicht alles ist endlich: Nicht abnutzbares Anlagevermögen

Grundsätzlich kann man das Anlagevermögen in zwei Arten aufteilen in

- ✔ nicht abnutzbares Anlagevermögen und
- ✔ abnutzbares Anlagevermögen

Ist das Wirtschaftsgut unbegrenzt nutzbar, handelt es sich um ein nicht abnutzbares Gut. Ist die Nutzungsdauer dagegen zeitlich begrenzt, handelt es sich um ein abnutzbares Gut. In Abbildung 5.4 haben wir für Sie ein paar Beispiele aufgelistet.

Wahlfreiheit: Geringwertige Wirtschaftsgüter

Alle selbstständig nutzbaren Anlagegüter, deren Anschaffungs- oder Herstellungskosten mehr als 150 Euro, aber maximal 410 Euro beziehungsweise 1.000 Euro betragen, werden als geringwertige Wirtschaftsgüter (kurz GWG) bezeichnet. Wenn die Anschaffungskosten unterhalb 150 Euro liegen, können Sie direkt über ein Aufwandskonto buchen, das Wirtschaftsgut also sofort als Betriebsausgabe absetzen.

Nicht abnutzbare Güter

- Grundstücke
- Aktien
- Beteiligungen
- Bargeld
- Geldforderungen
- Kunstgegenstände

Abnutzbare Güter

- Immobilien
- Fahrzeuge
- Computer
- Inneneinrichtungen
- Maschinen
- Software

Abbildung 5.4: Abnutzbare und nicht abnutzbare Güter

Seit 2010 haben Sie bei den geringwertigen Wirtschaftsgütern die Qual der Wahl zwischen zwei Möglichkeiten:

✔ Die erste Möglichkeit: Bei Anschaffungskosten von 150,01 Euro bis 410 Euro können Sie sofort im Jahr der Anschaffung abschreiben.

✔ Alternativ dazu können Sie die Wirtschaftsgüter zwischen 150,01 Euro und 1.000 Euro auch jahrgangsbezogen in einem Sammelposten erfassen und über fünf Jahre linear, also mit 20 Prozent pro Jahr abschreiben. Der Anschaffungszeitpunkt innerhalb des Jahres ist dabei egal. Und scheidet ein GWG vorher aus, buchen Sie auch keinen Anlagenabgang. Kaufen Sie 2016 ein Büroregal für 500 Euro, buchen Sie den Zugang auf das aktive Bestandskonto »Sammelposten 2016«.

Innerhalb eines Jahres müssen Sie dann bei der von Ihnen gewählten Variante bleiben; Sie können nicht beliebig hin und her wechseln. Ebenfalls wichtig: Für die geringwertigen Wirtschaftsgüter besteht unabhängig von der gewählten Variante stets eine Aufzeichnungspflicht.

Ein Beispiel: Der Autohändler Töff kauft im April 2016 einen neuen Schreibtisch für 420 Euro netto. Und im November 2016 kauft er sich einen Espressoautomaten für 800 Euro netto. Beide Anschaffungen wandern in den Sammelposten für 2016 und werden jährlich mit 244 Euro abgeschrieben (20 Prozent aus 1.220 Euro). Es ist dabei völlig egal, ob zwischendurch eines der Anlagegüter wieder verkauft wird. Der Autohändler muss den Sammelposten bis zum fünften Jahr unverändert weiter mit 244 Euro jährlich abschreiben.

Unter geringwertigen Wirtschaftsgütern versteht man in Österreich selbstständig nutzbare Anlagegüter mit einem Anschaffungswert bis zu 400 Euro. Das ist übrigens eine steuerrechtliche Grenze. In Österreich ist dies in § 13 EStG geregelt. In Deutschland regelt § 6 Abs. 2 EStG die Wertgrenzen 410 Euro beziehungsweise 1.000 Euro. Das Schweizer Recht kennt keine geringwertigen Wirtschaftsgüter. Hier wird nur zwischen zu aktivierenden und nicht zu aktivierenden Gütern unterschieden. Die Unternehmen können die Aktivierungsuntergrenze individuell selbst festlegen.

Weder nach HGB, UGB, OR noch nach IFRS gibt es übrigens explizite Regelungen zu geringwertigen Wirtschaftsgütern. Bei Letzterem wird unterstellt, dass der Grundsatz der Wesentlichkeit eine sofortige Aufwandsverbuchung zulässt. Somit handelt es sich bei den geringwertigen Wirtschaftsgütern um eine rein steuerrechtliche Angelegenheit.

Ein ganz kleines Beispiel: Anlagegegenstände bis 150 Euro

Gestern ist der Rechenschieber kaputtgegangen, sodass sich der Buchhalter Herr de la Cour gezwungen sah, einen Taschenrechner zu kaufen. Neue Taschenrechner sind ja mittlerweile wesentlich günstiger zu haben als gebrauchte Rechenschieber. Diesen hat er auf dem Nachhauseweg trotz des erheblichen Risikos eines dann unversicherten Wegeunfalls gekauft, sodass keine Anschaffungsnebenkosten anfielen. Bezahlt hat er bar, da er wegen 20 Euro seine Karte nicht abnutzen wollte.

In Deutschland werden geringwertige Wirtschaftsgüter noch einmal untergliedert in:

- ✔ GWG bis einschließlich 150 Euro: ohne steuerliche Aufzeichnungspflicht
- ✔ GWG ab 150 Euro: mit steuerlicher Aufzeichnungspflicht

Der Taschenrechner fällt damit nicht unter die steuerliche Aufzeichnungspflicht und kann deshalb direkt über ein Aufwandskonto, in diesem Beispiel »Büromaterial«, verbucht werden:

6800 Büromaterial		16,81
2600 Vorsteuer		3,19
an	2880 Kasse	20,00

Weder zum Lesen noch zum Spiegeln: Der Anlagespiegel

Kapitalgesellschaften und bestimmte Personengesellschaften müssen per Gesetz die Entwicklung ihres Anlagevermögens in der Bilanz oder im Anhang in einem Anlagespiegel darstellen. Wir sind jedoch der Meinung, dass es auch für alle anderen Rechtsformen bis hin zum Freiberufler mit Sicherheit nicht schaden kann, einen Anlagespiegel zu führen. Ein guter Überblick über die eigenen Vermögensverhältnisse sorgt in der Regel für einen angenehmeren Schlaf.

Im Anlagespiegel muss für jeden Anlagenposten wie zum Beispiel Maschinen, Fuhrpark, Wertpapiere oder Software die Wertentwicklung in folgender Weise dargestellt werden:

- ✔ **Ursprüngliche Anschaffungs- oder Herstellungskosten:** Hier sind die ehemaligen Anschaffungs- oder Herstellungskosten des Bestands zu Beginn des Geschäftsjahres einzutragen.
- ✔ **Zugänge:** Hier tragen Sie die Neuzugänge des laufenden Jahres mit ihren Anschaffungs- oder Herstellungskosten ein.

- ✔ **Abgänge:** Hier tragen Sie die Abgänge des laufenden Jahres mit ihren Anschaffungs- oder Herstellungskosten ein; nicht nur mit ihrem Zeitwert!
- ✔ **Umbuchungen** zu Anschaffungs- oder Herstellungskosten im laufenden Jahr: Hier werden Umgliederungen innerhalb des Anlagespiegels erfasst. Beispiel: Eine im Bau befindliche Maschine, zuerst als »Anlagen im Bau« erfasst, wird nach ihrer Fertigstellung bei den Maschinen erfasst.
- ✔ **Zuschreibungen:** Falls frühere Abschreibungen aus Vorjahren korrigiert werden.
- ✔ **Abschreibungen aus Vorjahren**
- ✔ **Abschreibungen** des laufenden Jahres
- ✔ **Abschreibungen gesamt**
- ✔ **Buchwert** zum Ende des Geschäftsjahres

Der Chef des Hotels Lungomare erstellt jetzt auch einen Anlagespiegel. Damit man weiß, was man hat. Da wären unter anderem die Espressomaschine, die vor zwei Jahren für 5.000 Euro gekauft wurde, und die 20 diese Woche neu gekauften Fernseher (geringwertige Wirtschaftsgüter) zu je 300 Euro. Tabelle 5.5 zeigt, wie diese beiden Positionen im Anlagespiegel abgebildet werden.

Anlagevermögen	Maschinen	Einrichtungsgegenstände
Bestand am 01.01.	5.000,-	0,-
Zugänge	0,-	6.000,-
Abgänge	0,-	0,-
Umbuchungen	0,-	0,-
Zuschreibungen	0,-	0,-
Abschreibungen aus Vorjahren	2.000,-	0,-
Abschreibungen lfd. Jahr	1.000,-	6.000,-
Abschreibungen gesamt	3.000,-	6.000,-
Wert am 31.12.	2.000,-	0,-

Tabelle 5.5: So sieht der Anlagespiegel aus.

Abnutzbare Anlagegüter verlieren durch ihre Nutzung oder einfach nur durch Alterung an Wert. Diesen Wertverlust erfasst man buchhalterisch, indem man das Anlagegut abschreibt. Bei Abschreibungen handelt es sich also um Aufwand. Die wichtigsten Ursachen im Überblick:

- ✔ technische Gründe wie Abnutzung oder Alterung
- ✔ ökonomische Gründe wie etwa eine veränderte Nachfrage
- ✔ juristische Gründe wie zum Beispiel neue gesetzliche Auflagen

Alles nach Plan: Planmäßige Abschreibungen

Ein vorhersehbarer Werteverzehr wird mittels planmäßiger Abschreibungen abgebildet. Grundlage hierfür ist der sogenannte Abschreibungsplan. Im Anschaffungsjahr des Anlagegutes werden darin

- ✔ die Anschaffungs- oder Herstellungskosten – das Abschreibungsvolumen,
- ✔ die geplante Nutzungsdauer,
- ✔ die Abschreibungsmethode

festgehalten. Die Ermittlung der Anschaffungs- oder Herstellungskosten haben wir Ihnen in diesem Kapitel ja bereits gezeigt. Bleiben noch die Ermittlung der Nutzungsdauer und die Qual der Wahl bei der Abschreibungsmethode.

Wie lange etwas währt: Die Nutzungsdauer

Nach Handelsrecht und IFRS müssen Sie die wirtschaftliche Nutzungsdauer abschätzen. Die deutsche Steuergesetzgebung verlangt in § 7 Abs. 1 Satz 2 EStG eine Absetzung – Sie wissen ja, Abschreibung wird hier Absetzung für Abnutzung genannt – gemäß der betriebsgewöhnlichen Nutzungsdauer. Der deutsche Fiskus war dabei so aufmerksam und hat eine umfangreiche amtliche AfA-Tabelle publiziert, in der die betriebsgewöhnliche Nutzungsdauer diverser Wirtschaftsgüter aufgelistet wird. Diese AfA-Tabelle steht auf der Internetseite des Bundesfinanzministeriums (kurz BMF) als Download zur Verfügung. In Abbildung 5.5 haben wir Ihnen ein paar Beispiele aufgelistet.

- ✓ Windkraftanlagen: 16 Jahre
- ✓ Solaranlagen: 10 Jahre
- ✓ Schienenfahrzeuge: 25 Jahre
- ✓ Hubschrauber: 19 Jahre
- ✓ Mobiltelefone: 5 Jahre
- ✓ PC, Notebooks; 3 Jahre
- ✓ Bierzelt: 8 Jahre
- ✓ Straßenbrücken: 33 Jahre
- ✓ Maschendrahtzaun: 17 Jahre

- ✓ Fahrrad: 7 Jahre
- ✓ Squashhalle: 20 Jahre
- ✓ Wäschetrockner: 8 Jahre
- ✓ Segelyacht: 20 Jahre
- ✓ Drehbank: 16 Jahre
- ✓ Kopierer: 7 Jahre
- ✓ Aktenvernichter: 8 Jahre
- ✓ Kühlschrank: 10 Jahre
- ✓ Mikrowelle: 8 Jahre

Abbildung 5.5: Auszug aus der amtlichen AfA-Tabelle (Deutschland)

Rechtliche Grundlagen

Deutschland

Die handelsrechtlichen Grundlagen finden Sie in § 253 HGB. Dort wird zwischen planmäßigen und außerplanmäßigen Abschreibungen unterschieden. Die Anschaffungs- oder Herstellungskosten müssen auf die voraussichtliche Nutzungsdauer verteilt werden (planmäßige Abschreibungen). Bei einer zusätzlichen voraussichtlich andauernden Wertminderung darf zusätzlich auch außerplanmäßig abgeschrieben werden.

Die steuerrechtlichen Grundlagen sind in den §§ 7 bis 7k EStG geregelt. Interessanterweise ist hier nicht von »Abschreibungen« die Rede, sondern von »Absetzung für Abnutzung«, kurz AfA.

Österreich

Das Unternehmensgesetzbuch behandelt die Abschreibungen im § 204 UGB »Abschreibungen im Anlagevermögen«. Hier wird ebenfalls zwischen planmäßigen und außerplanmäßigen Abschreibungen unterschieden.

Die steuerrechtlichen Grundlagen sind in den §§ 7, 7a, 8 und 13 zu finden. Auch hier ist nicht von Abschreibungen die Rede, sondern ebenfalls von »Absetzung für Abnutzung«. § 13 regelt übrigens die Sofortabschreibung von GWG; hier gilt eine Wertgrenze von 400 Euro.

Schweiz

Der Artikel 960a des Obligationenrechts erwähnt die Abschreibungen: »Der nutzungs- und altersbedingte Wertverlust muss durch Abschreibungen, anderwertige Wertverluste müssen durch Wertberichtigungen berücksichtigt werden. Abschreibungen und Wertberichtigungen müssen nach den allgemein anerkannten kaufmännischen Grundsätzen vorgenommen werden.« Swiss GAAP FER präzisiert im Rahmenkonzept: Vermögenswerte vermindern sich gegebenenfalls durch planmäßige beziehungsweise außerplanmäßige Abschreibungen. In Swiss GAAP FER 2 Bewertung wird darauf hingewiesen, dass Abschreibungen nicht nach steuerlichen Gesichtspunkten, sondern auf Basis der Nutzungsdauer ermittelt werden müssen.

Die steuerrechtliche Grundlage finden Sie in der Schweiz im Bundesgesetz über die direkte Bundessteuer (DBG) im Artikel 62. Hier wird übrigens abweichend vom deutschen und österreichischen Steuerrecht nicht von »Absetzungen für Abnutzung«, sondern tatsächlich von Abschreibungen gesprochen.

IFRS

Abschreibungen bei immateriellen Vermögenswerten sind in IAS 38 geregelt. Bei Sachanlagen ist dies IAS 16.

Von den dort vorgegebenen Werten darf nur in begründeten Fällen abgewichen werden. Wenn Sie zum Beispiel glaubhaft darlegen können, dass Ihr Hubschrauber gewöhnlich bereits nach sechs Jahren total abgenutzt ist, geht dies natürlich auch.

Da es in Österreich keine vergleichbare amtliche AfA-Tabelle gibt, darf die deutsche AfA-Tabelle hier ebenfalls zur Ermittlung der Nutzungsdauer herangezogen werden. Man kann sich aber auch an in der Praxis entwickelten Richtwerten orientieren. In der Schweiz hat unter anderem die eidgenössische Steuerverwaltung ein Merkblatt (A 1995 ESTV) mit Abschreibungssätzen für diverse Anlagegüter herausgegeben.

Mit System: Die Abschreibungsmethode

Nachdem das Abschreibungsvolumen und die Nutzungsdauer Ihres Hubschraubers feststehen, müssen Sie sich nun überlegen, mit welcher Methode Sie Ihr Spielzeug abschreiben.

Drei Methoden stellen wir zur Auswahl:

- ✔ leistungsabhängige Abschreibung
- ✔ lineare Abschreibung
- ✔ degressive Abschreibung

Leistungsabhängige Abschreibung

Falls Sie sich für die leistungsabhängige Abschreibungsvariante entscheiden sollten, müssen Sie noch die maßgebliche Einflussgröße des Werteverzehrs ermitteln. Die Anzahl der Flugstunden könnte eine gute Wahl sein. Die Anschaffungskosten betragen 1.999.950 Euro; der Hubschrauber kann circa 15.000 Flugstunden absolvieren. Damit kann der Abschreibungssatz wie folgt ermittelt werden:

$$\text{Abschreibungssatz: } \frac{1.999.950}{15.000} = 133{,}33 \text{ Euro/Flugstunde}$$

Der voraussichtliche Abschreibungsverlauf des Hubschraubers kann nun in einer schlichten Tabelle abgebildet werden. Die Flugstunden per anno haben Sie natürlich fundiert abgeschätzt – am besten basierend auf Vergangenheitswerten oder aufgrund eines künftig geplanten Nutzungsverhaltens (siehe Tabelle 5.6).

Jahr	Buchwert 01.01.	Geplante Flugstunden p.a.	Abschreibung	Buchwert 31.12.
1	1.999.950	2.500	333.325	1.666.625
2	1.666.625	3.000	399.990	1.266.635
3	1.266.635	3.500	466.655	799.980
4	799.980	3.000	399.990	399.990
5	399.990	2.000	266.660	133.330
6	133.330	1.000	133.330	0,-

Tabelle 5.6: Abschätzung der Flugstunden

Nach 15.000 geleisteten Flugstunden ist der Hubschrauber komplett abgeschrieben. Bleibt der Hubschrauber danach weiter im Gebrauch, sollten Sie im letzten Jahr Ihr geliebtes Stück nicht komplett auf 0,00 Euro abschreiben. Behalten Sie es in Ihren Büchern in guter Erinnerung, indem Sie einen Euro stehen lassen. Im sechsten Jahr schreiben Sie nur 133.329 Euro ab.

Das deutsche Steuerrecht erlaubt die leistungsabhängige Abschreibung nur bei beweglichen Vermögensgegenständen.

Lineare Abschreibung

Keep it simple! Das Motto der linearen Abschreibung. Man teile das Abschreibungsvolumen durch die Nutzungsdauer und schon hat man den für alle Jahre geltenden Abschreibungsbetrag. Die Anschaffungskosten des Hubschraubers betragen 1.999.950 Euro. Geteilt durch sechs macht 333.325 Euro. Tabelle 5.7 zeigt, wie das aussieht.

Jahr	Buchwert 01.01.	Abschreibung	Buchwert 31.12.
1	1.999.950	333.325	1.666.625
2	1.666.625	333.325	1.333.300
3	1.333.300	333.325	999.975
4	999.975	333.325	666.650
5	666.650	333.325	333.325
6	333.325	333.325	0,-

Tabelle 5.7: Lineare Abschreibung Ihres Hubschraubers

Degressive Abschreibung

In Österreich ist die degressive Methode nicht erlaubt! In Deutschland dürfen nur noch vor dem 01.01.2011 angeschaffte Wirtschaftsgüter degressiv abgeschrieben werden. Hierbei gelten ganz bestimmte Vorgaben. So wurde der Abschreibungssatz für die Anschaffungsjahre 2010 und 2011 auf 25 Prozent begrenzt. Nach IFRS sollen Unternehmen jene Abschreibungsmethode wählen, die den erwarteten Werteverzehr am genauesten abbildet. Das kann durchaus auch die degressive Abschreibung sein.

Die degressive Abschreibung berücksichtigt den Umstand, dass viele Dinge in den ersten Jahren einen weitaus höheren Wertverlust erleiden als gegen Ende der Nutzungsdauer. Nehmen Sie zum Beispiel Ihren Hubschrauber. Kaum gekauft und heimgeflogen ist sein Wiederverkaufswert schon enorm gesunken.

Mit der degressiven Abschreibung können Sie in den ersten Nutzungsjahren einen höheren Aufwand generieren und damit Ihren Gewinn stärker als mit der linearen Abschreibungsmethode reduzieren.

Lassen Sie sich übrigens nicht verwirren, falls von der »Buchwertmethode« gesprochen wird. Damit ist ebenfalls die geometrisch-degressive Abschreibungsmethode gemeint. Für diese Methode müssen Sie jetzt einen Abschreibungsprozentsatz wählen. Wir übernehmen das für Sie und nehmen verboten hohe 30,0 Prozent.

Jahr	Buchwert 01.01.	Abschreibung 30% vom jeweiligen Buchwert am 01.01.	Buchwert 31.12.
1	1.999.950,00	599.985,00	1.399.965,00
2	1.399.965,00	419.989,50	979.975,50
3	979.975,50	293.992,65	685.982,85
4	685.982,85	205.794,86	480.187,99
5	480.187,99	144.056,40	336.131,59
6	336.131,59	336.131,59	0,–

Tabelle 5.8: Degressive Abschreibung Ihres Hubschraubers

Wenn Sie den Hubschrauber innerhalb von sechs Jahren komplett abschreiben wollen, bleibt Ihnen nichts anderes übrig, als im letzten Jahr den kompletten Restwert abzuschreiben (siehe Tabelle 5.8). Sonst müssten Sie bei der degressiven Methode bis zum Sankt-Nimmerleins-Tag abschreiben.

Verbuchung der planmäßigen Abschreibung

Die Abschreibungen können auf zwei unterschiedliche Arten verbucht werden:

- ✔ **Direkte Abschreibung:** Abschreibung als Aufwand im Soll und Gegenbuchung im Haben auf dem jeweiligen Bestandskonto wie zum Beispiel »Fuhrpark Hubschrauber«

- ✔ **Indirekte Abschreibung:** Abschreibung als Aufwand im Soll und Gegenbuchung auf dem Konto »Wertberichtigungen«

Bei der direkten Abschreibung wird der Buchwert des Anlagegutes bei jeder Buchung vermindert. Sie können deshalb stets nur den aktuellen Buchwert, niemals aber den ursprünglichen Kaufpreis sehen. Aber dafür gibt es ja den Anlagespiegel. Bei der indirekten Abschreibung entspricht der Buchwert des Anlagegutes immer den ursprünglichen Anschaffungs- oder Herstellungskosten. Um den aktuellen Restbuchwert herauszufinden, müssen Sie den Wertberichtigungssaldo von den Anschaffungs- beziehungsweise Herstellungskosten abziehen.

Zurück zu unserem ersten Beispiel in diesem Kapitel. Der Lieferwagen der Bäckerei Keim muss nun abgeschrieben werden. Hier noch einmal die wesentlichen Informationen:

- ✔ Anschaffungskosten: 17.731,50 Euro

- ✔ Aktivierungsdatum (in unserem Fall sofort am Tag des Kaufs): 01.04.2016

- ✔ Nutzungsdauer: sechs Jahre

- ✔ Abschreibungsmethode: lineare Abschreibung

✓ Abschreibung p.a.: 2.955,25 Euro; da monatsgenau abgeschrieben werden muss, wird im ersten Jahr nur 9/12 und im letzten Jahr 3/12 abgeschrieben. In Summe wurden damit am Ende der Nutzungsdauer 6 × 12 Monate abgeschrieben.

Der Abschreibungsplan für diesen Lieferwagen ist wie in Tabelle 5.9 schnell erstellt.

Jahr	Zeitraum	Buchwert 01.01.	Abschreibung	Buchwert 31.12.
1	01.04.16–31.12.16	17.731,50	2.216,43	15.515,07
2	01.01.17–31.12.17	15.515,07	2.955,25	12.559,82
3	01.01.18–31.12.18	12.559,82	2.955,25	9.604,57
4	01.01.19–31.12.19	9.604,57	2.955,25	6.649,32
5	01.01.20–31.12.20	6.649,32	2.955,25	3.694,07
6	01.01.21–31.12.21	3.694,07	2.955,25	738,82
7	01.01.22–31.03.22	738,82	737,82	1,00

Tabelle 5.9: Der Abschreibungsplan für den Lieferwagen

Da der Bäckermeister den abgeschriebenen Wagen auch nach dem sechsten Jahr noch nutzen möchte, lässt er ihn dann in seinen Büchern mit einem Erinnerungswert in Höhe von einem Euro stehen. Der Bäckermeister ist ein Freund des direkten Wortes und will diese Lebenseinstellung auch in seiner Buchführung umgesetzt wissen. Darum wird direkt abgeschrieben.

Die direkte Abschreibung ist in der Praxis am meisten verbreitet. Die indirekte Abschreibung wird hingegen kaum noch angewendet.

Der Buchungssatz für die erste Abschreibung:

6520 Abschreibungen auf Sachanlagen		2.216,43	
an	0840 Fuhrpark		2.216,43

Bei der indirekten Abschreibung hätte dies so ausgesehen:

6520 Abschreibungen auf Sachanlagen		2.216,43	
an	3610 Wertberichtigungen zu Sachanlagen		2.216,43

Die im Zeitablauf auflaufenden Abschreibungen (gerne auch als kumulierte Abschreibungen bezeichnet) sammeln sich auf dem Wertberichtigungskonto an. Sowie der Lieferwagen aus dem Betrieb ausscheidet, müssen die kumulierten Abschreibungen auf das Anlagenkonto umgebucht werden. Damit verschwindet der Wagen aus den Büchern. Der entsprechende Buchungssatz würde dann so aussehen:

3610 Wertberichtigungen zu Sachanlagen		–,–	
an	0840 Fuhrpark		–,–

Mehr Freiheiten beim Thema Abschreibungen haben Sie übrigens im internen Rechnungswesen. Mehr dazu erfahren Sie in Kapitel 29.

Unverhofft kommt oft: Außerplanmäßige Abschreibungen

Am 31.12.2018 passiert es: Der Lieferwagen erleidet bei einem Unfall Totalschaden. Zu diesem Zeitpunkt beträgt der Buchwert 9.604,57 Euro. Eine weitere planmäßige Abschreibung erübrigt sich, da ein sogenannter »unvorhersehbarer Werteverzehr« eingetreten ist. Ist der Wert dauerhaft beeinträchtigt, darf außerplanmäßig abgeschrieben werden:

6550 Außerplanmäßige Abschreibungen auf Sachanlagen	9.604,57	
an	0840 Fuhrpark	9.604,57

Schlussverkauf: Das Anlagevermögen muss raus

Anlagevermögen kann zum Beispiel durch Verkauf oder Verschrottung aus dem Unternehmen ausscheiden. Wie dies buchhalterisch abzubilden ist, zeigen wir Ihnen jetzt.

✔ **Schritt 1: Buchwert ermitteln:** Zuerst wird der Buchwert des verkauften Anlagegutes ermittelt:

Den Bäckermeister Keim langweilt das Design des Lieferwagens. Die Entscheidung ist schnell gefällt: Der Wagen muss weg. Am 15.06.2018 wird das Vorhaben in die Tat umgesetzt und der Wagen verkauft.

Im ersten Schritt muss jetzt der Buchwert zum Zeitpunkt des Verkaufs ermittelt werden. Die dabei zu befolgende Regel lautet: Es muss zeitanteilig bis zum letzten vollen Monat abgeschrieben werden. In unserem Beispiel sind das im Jahr 2018 noch fünf Monate: Januar bis Mai. Die 15 Tage im Juni werden der Einfachheit halber weggelassen. Im Jahr 2018 werden also 2.955,25 / 12 × 5 = 1.231,35 Euro abgeschrieben (siehe Tabelle 5.10).

Jahr	Zeitraum	Buchwert 01.01.	Abschreibung	Buchwert 31.12. bzw. 31.05.
1	01.04.16–31.12.16	17.731,50	2.216,43	15.515,07
2	01.01.17–31.12.17	15.515,07	2.955,25	12.559,82
3	01.01.18–31.05.18	12.559,82	1.231,35	11.328,47

Tabelle 5.10: Verkauf von Anlagevermögen

Damit steht fest: Der Buchwert des ausgeschiedenen Anlagegutes beträgt 11.328,47 Euro.

✓ **Schritt 2: Verbuchung der anteiligen Abschreibung:** Nicht vergessen! Die anteilige Abschreibung muss noch verbucht werden:

6520 Abschreibungen auf Sachanlagen		1.231,35	
an	0840 Fuhrpark		1.231,35

✓ **Schritt 3: Den Verkauf verbuchen:** Sie können Glück haben und gegenüber dem aktuellen Buchwert beim Verkauf einen Gewinn erzielen. Oder Sie haben Pech und erleiden einen Verlust. Da in der Gewinn-und-Verlust-Rechnung Buchgewinne und -verluste aus verschiedenen Anlageverkäufen nicht miteinander verrechnet werden dürfen, müssen Sie die beiden Fälle unterschiedlich verbuchen. Beginnen wir mit der erfreulichen Variante:

Variante 1: Mit Buchgewinn

Die Nachfrage nach Lieferwagen ist so enorm, dass der Wagen für 15.000 Euro netto, also über den aktuellen Buchwert verkauft werden kann. Gegenüber dem Buchwert immerhin ein Gewinn von 3.671,53 Euro. Der Verkaufserlös wird gebucht:

2800 Bank		17.850,00	
an	5410 Sonstige Erlöse		15.000,00
	4800 Umsatzsteuer		2.850,00

Und der Abgang des Buchwerts wird ebenfalls verbucht. Auf ein Konto für Buchgewinne:

5460 Erträge aus dem Abgang von Vermögensgegenständen		11.328,47	
an	0840 Fuhrpark		11.328,47

Variante 2: Mit Buchverlust

Der Geschmack des Bäckermeisters entspricht leider dem der Allgemeinheit. Das Design ist wirklich grauenhaft, der Wagen fast unverkäuflich. Für 8.000 Euro netto erbarmt sich schließlich jemand. Der Bäcker erleidet einen Verlust von 3.328,47 Euro. So wird gebucht:

2800 Bank		9.520,00	
an	5410 Sonstige Erlöse		8.000,00
	4800 Umsatzsteuer		1.520,00

Und der Abgang des Buchwerts wird auf ein Konto für Buchverluste verbucht:

Damit ist der Verkaufsvorgang verbucht.

Aufgabe 5

Wozu gibt es Abschreibungen?

> **IN DIESEM KAPITEL**
>
> Was wirtschaftliches Eigentum ist
>
> Aktivierung des Wirtschaftsgutes beim Leasingnehmer
>
> Ermittlung der Zinsanteile in einer Leasingrate
>
> Aktivierung des Wirtschaftsgutes beim Leasinggeber

Kapitel 6
Jetzt wird geleast

Heutzutage kommt man um den Begriff Leasing kaum mehr herum. So buhlen nicht nur Automobilhersteller mit »attraktiven Leasingangeboten« um Neukunden, auch Leasingverträge für Fahrräder sind schwer im Kommen. Doch was verbirgt sich hinter diesem Begriff und wie wird das Ganze überhaupt verbucht? Diese und noch viele weitere Fragen erklären wir Ihnen auf den kommenden Seiten.

Lease das

Beim *Leasing* wird ein Wirtschaftsgut wie etwa ein Fahrzeug vom Leasinggeber gegen Bezahlung einem Leasingnehmer für einen bestimmten Zeitraum zur Nutzung überlassen.

Je nach Leasingart kann ein Leasinggegenstand dem Leasinggeber oder dem Leasingnehmer wirtschaftlich zugerechnet werden. Es ist also in bestimmten Fällen möglich, dass der Gegenstand dem Leasinggeber zwar gehört, das wirtschaftliche Eigentum aber beim Leasingnehmer liegt und damit dort auch als Anlagevermögen aktiviert werden muss.

Im HGB ist zum Leasing nur wenig zu finden. Auf geht's jetzt in den Steuergesetzesdschungel. Reichen wir zum Aperitif ein Zitat aus der Abgabenordnung, § 39 Abs. 2 Nr.1 AO:

> »Übt ein anderer als der Eigentümer die tatsächliche Herrschaft über ein Wirtschaftsgut in der Weise aus, dass er den Eigentümer im Regelfall für die gewöhnliche Nutzungsdauer von der Einwirkung auf das Wirtschaftsgut wirtschaftlich ausschließen kann, so ist ihm das Wirtschaftsgut zuzurechnen.«

Da man damit im Ernstfall wenig anfangen kann, wurde dies in einer Stellungnahme des Bundesministeriums für Finanzen im sogenannten Mobilien-Leasing-Erlass konkretisiert. Eine kurze Zusammenfassung aus dem III. Abschnitt des Erlasses finden Sie in Abbildung 6.1.

 Beim *Operate-Leasing* wird das Wirtschaftsgut beim Leasinggeber aktiviert. Beim *Finance-Leasing* ist der Leasingnehmer wirtschaftlicher Eigentümer.

Das Geschäft der Bäckerei Keim brummt und brummt. Nun muss auch noch ein zweiter Lieferwagen her. Ausreichend liquide Mittel für einen Barkauf stehen jedoch nicht zur Verfügung. Kein Problem für den Autohändler. Er schlägt dem Bäcker vor, das Fahrzeug zu leasen.

Leasinggeber	Leasingnehmer
✓ Vertrag ohne Kauf-oder Verlängerungsoption: Grundmietzeit zwischen 40% und 90% der Nutzungsdauer	✓ Vertrag ohne Kauf-oder Verlängerungsoption: Grundmietzeit kleiner 40% und größer 90% der Nutzungsdauer
✓ Vertrag mit Kaufoption und Grundmietzeit zwischen 40% und 90% bei Kaufpreis ≥ Buchwert	✓ Vertrag mit Kaufoption und Grundmietzeit < 40% oder > 90% oder zwischen 40% und 90% bei Kaufpreis < Buchwert
✓ Vertrag mit Verlängerungsoption und Grundmietzeit zwischen 40% und 90% bei Anschlussmiete ≥ Buchwert	✓ Vertrag mit Verlängerungsoption und Grundmietzeit < 40% oder > 90% oder zwischen 40% und 90% bei Anschlussmiete < Buchwert
	✓ Spezialleasing

Abbildung 6.1: Meins oder deins

Leasingverhältnisse nach IFRS

Der IFRS-Standard IAS 17 definiert die beiden möglichen Leasingarten Finanzierungsleasing und Operate-Leasing. Ein Leasingverhältnis wird als Finanzierungsleasing klassifiziert, wenn es im Wesentlichen alle Risiken und Chancen, die mit dem Eigentum verbunden sind, überträgt. Ein Leasingverhältnis wird dagegen als Operate-Leasing-Verhältnis klassifiziert, wenn es nicht im Wesentlichen alle Risiken und Chancen, die mit dem Eigentum verbunden sind, überträgt.

Aktivierung beim Leasingnehmer

Die Konditionen des angebotenen Leasingvertrags:

- ✔ Leasingdauer: vier Jahre
- ✔ Betriebsgewöhnliche Nutzungsdauer des Fahrzeugs: acht Jahre
- ✔ Anschaffungskosten: 12.000 Euro
- ✔ Leasingrate: 4.200 Euro pro Jahr
- ✔ inklusive Kaufoption bei einer Zuzahlung von 4.200 Euro

Die Grundmietzeit beträgt exakt 50 Prozent der betriebsgewöhnlichen Nutzungsdauer. Um herauszufinden, wem der Lieferwagen wirtschaftlich gehört, muss die Zuzahlung mit dem Buchwert am Ende der Leasinglaufzeit verglichen werden. Und das geht so:

> Anschaffungskosten: 12.000 Euro
> – Abschreibung für vier Jahre bei acht Jahren Gesamtnutzung: 6.000 Euro
> = Buchwert zu Leasingende: 6.000 Euro

Die Zuzahlung in Höhe von 4.200 Euro ist deutlich geringer als der Buchwert am Leasingende. Das Leasinggut ist deshalb entsprechend Abbildung 6.1 wirtschaftlich dem Leasingnehmer zuzurechnen. Der Bäckermeister wird mit dem Autohändler schnell handelseinig und schließt den Leasingvertrag ab. Nun muss gebucht werden. Der Bäckermeister muss den Lieferwagen mit dem Anschaffungswert aktivieren.

 Der Berechnung der Leasingraten wurden die Anschaffungskosten zugrunde gelegt. Sollten diese unbekannt sein, darf auch der Listenpreis angesetzt werden oder der Barwert der Leasingraten. Sofern Anschaffungsnebenkosten anfielen, sind diese ebenfalls zu berücksichtigen.

Bevor der Lieferwagen aktiviert werden kann, muss noch die Steuer ermittelt werden:

> Berechnungsbasis Umsatzsteuer = Summe Leasingraten + Kaufoption

- 4.200 × 4 = 16.800
- 16.800 + 4.200 = 21.000

Und 19 Prozent aus 21.000 sind 3.990 Euro. Jetzt kann der Leasingnehmer aktivieren:

0840 Fuhrpark		12.000,00	
2600 Vorsteuer		3.990,00	
an	4400 Verbindlichkeiten aus Lieferungen und Leistungen		12.000,00
	2800 Bank		3.990,00

Der Wert des Leasinggegenstands in Höhe von 12.000 Euro wurde damit als Anlagegut aktiviert. Der Leasinggeber bucht zur gleichen Zeit:

2400 Forderungen aus Lieferungen und Leistungen	12.000,00	
2800 Bank	3.990,00	
an	5401 Leasingerträge	12.000,00
	4800 Umsatzsteuer	3.990,00

Die Verbindlichkeit des Leasingnehmers wird nun während der Leasinglaufzeit mit jeder gezahlten Leasingrate Stück für Stück ausgebucht. Diese Position beinhaltet natürlich neben den angesetzten Anschaffungskosten auch noch den Zinsanteil der Leasingraten. Es sind ja vier Jahre mal 4.200 Euro zu zahlen, macht 16.800 Euro.

Leasingraten buchen

Die erste Leasingrate in Höhe von 4.200 Euro muss beim Bäckermeister verbucht werden. Dazu müssen die Zins- und Tilgungsanteile ermittelt werden.

Mit der sogenannten Zinsstaffelmethode können Sie die Zinsanteile am einfachsten ermitteln. Die Formel lautet:

$$\text{Zinsanteil} = \frac{\text{Gesamtzahlungen Leasing}}{\text{Summe Zahlenreihe Raten}} \times \left(\text{Anzahl restliche Raten} + 1\right)$$

Mit der »Summe Zahlenreihe Raten« ist die Anzahl der Raten gemeint. Bei drei Jahresraten wäre dies 1 + 2 + 3. Jetzt füllen wir die Formel mit den Beispielwerten:

$$\text{Zinsanteil} = \frac{(16.800 - 12.000)}{(1+2+3+4) \times (3+1)} = 1.920$$

Damit kann die erste Leasingrate beim Leasingnehmer verbucht werden:

7510 Zinsaufwendungen	1.920,00	
4400 Verbindlichkeiten aus Lieferungen und Leistungen	2.280,00	
an	2800 Bank	4.200,00

Der Leasinggeber bucht dagegen im ersten Jahr:

2800 Bank	4.200,00	
an	5710 Zinserträge	1.920,00
	2400 Forderungen aus Lieferungen und Leistungen	2.280,00

Im zweiten Jahr muss der Zinsanteil wieder neu ermittelt werden. Die daraus resultierende Verbuchung beim Leasingnehmer:

7510 Zinsaufwendungen	1.440,00
4400 Verbindlichkeiten aus Lieferungen und Leistungen	2.760,00
an 2800 Bank	4.200,00

Der Leasinggeber bucht im zweiten Jahr:

2800 Bank	4.200,00
an 5710 Zinserträge	1.440,00
2400 Forderungen aus Lieferungen und Leistungen	2.760,00

Auch im dritten Jahr muss der Taschenrechner bemüht werden, um den Zinsanteil zu ermitteln. Der Leasingnehmer bucht:

7510 Zinsaufwendungen	960,00
4400 Verbindlichkeiten aus Lieferungen und Leistungen	3.240,00
an 2800 Bank	4.200,00

Der Leasinggeber bucht im dritten Jahr:

2800 Bank	4.200,00
an 5710 Zinserträge	960,00
2400 Forderungen aus Lieferungen und Leistungen	3.240,00

Im vierten und letzten Jahr bucht der Leasingnehmer:

7510 Zinsaufwendungen	480,00
4400 Verbindlichkeiten aus Lieferungen und Leistungen	3.720,00
an 2800 Bank	4.200,00

Und beim Leasinggeber sieht die letzte Buchung so aus:

2800 Bank	4.200,00
an 5710 Zinserträge	480,00
2400 Forderungen aus Lieferungen und Leistungen	3.720,00

Insgesamt wurden damit 4.800 Euro Zinsen gezahlt und die Verbindlichkeiten in Höhe von 12.000 Euro beglichen.

Aktivierung beim Leasinggeber

Damit die Sache rund wird, zeigen wir Ihnen jetzt auch noch ein schönes Beispiel, bei dem der Leasinggeber wirtschaftlicher Eigentümer ist. Der Eigner des Hotels Lungomare möchte ein E-Bike anschaffen, damit kleinere Besorgungen künftig umweltschonend erledigt werden können. Das E-Bike soll dabei nicht gekauft, sondern geleast werden. Die monatliche Leasingrate des Fahrrads beträgt 100 Euro.

Der Hotelier als Leasingnehmer verbucht jetzt:

6710 Leasingaufwendungen	100,00	
2600 Vorsteuer	19,00	
an 2800 Bank		119,00

Der Leasinggeber verbucht den Kauf des E-Bike und kurze Zeit später die erste Leasingrate. Hier zuerst die Aktivierung:

0804 Fuhrpark	1.200,00	
2600 Vorsteuer	228,00	
an 2800 Bank		1.428,00

Und jetzt die erste Leasingrate:

2800 Bank	119,00	
an 5401 Leasingerträge		100,00
4800 Umsatzsteuer		19,00

Aufgabe 6

Bitte erläutern Sie, ob und falls ja, nach welchen ersten groben Kriterien bei IFRS zwischen verschiedenen Arten des Leasings unterschieden wird. In welchem IFRS-Standard wird das Thema Leasing behandelt?

IN DIESEM KAPITEL

Funktionsweise und Verbuchung der Umsatzsteuer

Internationalen Handel betreiben

Wareneinkäufe und -verkäufe buchen

Was Roh-, Hilfs- und Betriebsstoffe sind

Kapitel 7
Buchungen im Umlaufvermögen

Bei jedem Ein- oder Verkauf ist sie dabei, die Mehrwertsteuer. Deshalb hier zuerst ein wenig Steuerlehre. Aber keine Sorge, für Verpflegung ist gesorgt. Sie haben die freie Wahl zwischen einer Pizza mit 7 oder mit 19 Prozent Umsatzsteuer.

Indirekt bezahlt: Vorsteuer, Umsatzsteuer und Mehrwertsteuer

Von wegen alles eins: In Deutschland und Österreich wird die in Ausgangsrechnungen erhobene Steuer als *Umsatzsteuer* bezeichnet. Bei Eingangsrechnungen wird die darin enthaltene Umsatzsteuer als *Vorsteuer* bezeichnet. In der Schweiz spricht man dagegen nicht von der Umsatzsteuer, sondern von der *Mehrwertsteuer*.

Bei jedem Einkauf im Supermarkt wird sie fällig: die Umsatzsteuer. Diese Steuer müssen Sie aber nicht selber an den Fiskus abführen. Der Supermarkt übernimmt das für Sie. Obwohl Sie die Steuer bei Ihrem Einkauf bezahlt haben, ist der Supermarkt gegenüber dem Finanzamt der *Steuerschuldner*. Er muss die eingenommene Steuer an das Finanzamt abführen. Sie als Konsument sind in diesem Fall der sogenannte *Steuerträger,* sprich der Zahlende.

Sind der Steuerschuldner und der Steuerträger nicht identisch, spricht man von einer *indirekten Steuer*. Beispiele dafür sind die Umsatzsteuer oder die Mineralölsteuer. Bei *direkten Steuern* sind der Steuerschuldner und der Steuerträger ein und dieselbe Person. Beispiele dafür sind die Einkommensteuer oder die Zinsabschlagsteuer.

Höchste Zeit für ein Beispiel. Sie brauchen neue Schuhe. Also rein ins samstägliche Shoppinggetümmel. Im vierten Schuhladen werden Sie endlich fündig und kaufen ein Paar Schuhe für 107,10 Euro. Der Fiskus erhält hieraus 19 Prozent Umsatzsteuer. Der Schuhhändler ist so freundlich und hat Ihnen die 19 Prozent beim Kauf gleich mitberechnet. Damit endet hier das große Durchreichen. Der private Endverbraucher wurde mit der Umsatzsteuer belastet. Die ganze Kette können Sie in Abbildung 7.1 sehen.

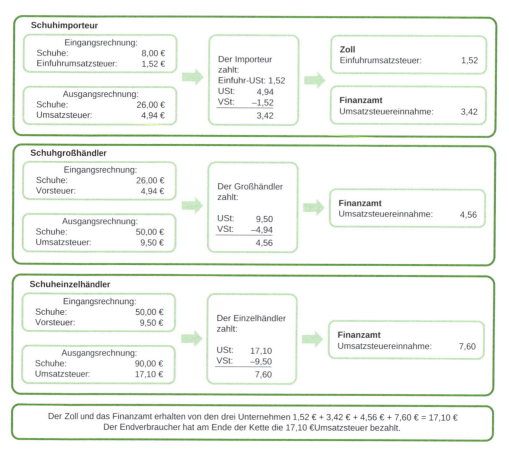

Abbildung 7.1: Der Schuhkauf und die Umsatzsteuer

Wie Sie in Abbildung 7.1 sehen können, führt jeder Unternehmer nur die Differenz aus Vor- und Umsatzsteuer an das Finanzamt ab; die sogenannte *Umsatzsteuerzahllast*:

✔ Der Schuhimporteur importiert die Schuhe für 8 Euro netto aus China und bezahlt dafür 1,52 Euro Einfuhrumsatzsteuer. Diese kann er beim Weiterverkauf der Schuhe gegen die eingenommene Umsatzsteuer verrechnen. Er führt zusätzlich noch die Differenz in Höhe von 3,42 Euro an das Finanzamt ab.

Der Importeur erlöst 26,00 Euro plus 4,94 Euro, insgesamt also 30,94 Euro. Davon gehen für die Schuhe 8,00 Euro und für den Zoll und das Finanzamt 1,52 Euro sowie

3,42 Euro ab, also insgesamt 12,94 Euro. Die Rohmarge beträgt demnach 30,94 Euro minus 12,94 Euro: 18,00 Euro.

✔ Der Schuhgroßhändler und der Schuheinzelhändler verfahren analog und führen jeweils die Differenz aus der Vor- und Umsatzsteuer ab.

Nur Sie als Endverbraucher bleiben am Ende der Kette auf den 17,10 Euro sitzen, sofern Sie die Schuhe nicht als Arbeitsmittel in Ihrem Unternehmen einsetzen. Dann könnten Sie die 17,10 Euro wieder als Vorsteuer in Ihrer nächsten Umsatzsteuererklärung geltend machen.

Kleinunternehmerregelungen

Kleinunternehmer können sich die Arbeit mit der Umsatzsteuer sparen, sofern sie eine bestimmte Umsatzgrenze nicht überschreiten. Auf Antrag können sie sich von der Umsatzsteuerpflicht befreien lassen. In Deutschland geht dies, wenn Sie im Vorjahr nicht mehr als 17.500 Euro Umsatz erzielt haben und im laufenden Jahr voraussichtlich unter 50.000 Euro Umsatz bleiben werden. In Österreich gilt eine Grenze von 30.000 Euro. Aber Achtung: Einmal gewählt, haben Sie sich für die nächsten fünf Jahre festgelegt. In der Schweiz sind Sie bis 100.000 CHF Jahresumsatz nicht mehrwertsteuerpflichtig. Aus der Befreiung folgt, dass Sie auf Ihren Ausgangsrechnungen keine Umsatzsteuer ausweisen dürfen. Sie verkaufen zum Beispiel Ware für 100 Euro netto. Auf der Ausgangsrechnung stehen dann lediglich 100 Euro. Sonst nichts. Verbucht werden ebenfalls nur 100 Euro Verkaufserlöse. Umsatzsteuer wurde ja keine vereinnahmt. Und Wareneinsätze verbuchen Sie brutto, also inklusive der Vorsteuer: Sie erhalten beispielsweise eine Rechnung über 100 Euro plus 19 Prozent Vorsteuer. Hier verbuchen Sie 119 Euro Wareneinsatz.

Unterschiedliche Umsatzsteuersätze

In Deutschland beträgt der normale Umsatzsteuersatz 19 Prozent. In Österreich sind es 20 Prozent, in der Schweiz beträgt der Regelsteuersatz 8 Prozent. Daneben gibt es noch ermäßigte Sätze für bestimmte Warengruppen wie zum Beispiel für Grundnahrungsmittel oder Kulturgüter wie etwa dieses gelbe Buch hier.

Der ermäßigte Satz gilt in Deutschland zum Beispiel für Islandmoos, Hausschweine oder Mulis. Nicht aber für isländisches Moos, Hauesel oder Wildschweine. Man glaubt es kaum, aber die Ausführungen des Bundesfinanzministeriums zum ermäßigten Umsatzsteuersatz sind über 140 Seiten dick.

In Deutschland gilt ein ermäßigter Satz von 7 Prozent; in Österreich sind dies 10 Prozent. Eine kleine Besonderheit: In Österreich gibt es noch einen Zwischensatz in Höhe von 12 Prozent für Weinverkäufe ab Hof des Winzers.

In der Schweiz gilt bis zum 31.12.2017 ein Normalsatz von 8 Prozent. Daneben gibt es einen ermäßigten Satz in Höhe von 2,5 Prozent für bestimmte Warengruppen. Zusätzlich gibt es noch einen weiteren Mehrwertsteuersatz über 3,8 Prozent für Übernachtungen inklusive Frühstück für die Hotellerie. Einen kleinen Ausschnitt zum Thema Umsatzsteuersätze finden Sie in Tabelle 7.1.

	Deutschland	Österreich	Schweiz
Schuhe	19%	20%	8%
Wein	19%	20%	8%
Wein direkt vom Winzer	19%	12%	8%
Strom	19%	20%	8%
Medikamente	19%	20%	2,5%
Bekleidung	19%	20%	8%
Bücher, Zeitungen, Zeitschriften	7%	10%	2,5%
Pizza im Restaurant essen	19%	10%	8%
Pizza aus dem Restaurant mitnehmen	7%	10%	2,5%

Tabelle 7.1: Umsatzsteuersätze

Besondere Beachtung verdient der Blick auf die letzten beiden Zeilen der Tabelle 7.1. Die Frage des Restaurant- oder Imbisspersonals »Zum Hieressen oder zum Mitnehmen?« hat in Deutschland und in der Schweiz nämlich einen knallharten steuerrechtlichen Hintergrund. So kann die Abrechnung richtig eingetippt und anschließend auch richtig verbucht werden. Übrigens: Die Vermietung von Wohnungen oder der Verkauf von Immobilien ist von der Umsatz beziehungsweise Mehrwertsteuer befreit.

Pizza Marinara mit 7 Prozent oder 19 Prozent

Eigentlich müsste man bei einer Pizza zum Mitnehmen vom Restaurant glatt einen Rabatt verlangen. Nicht nur, dass man die Tischdecken und das Besteck nicht einsaut. Nein, man beschert dem Restaurantbesitzer auch noch eine höhere Marge, da er nur den ermäßigten Umsatzsteuersatz an das Finanzamt abführen muss:

Pizza Marinara zum Hieressen	Pizza Marinara zum Mitnehmen
Preis laut Speisekarte: 8,00 Euro	Preis laut Speisekarte: 8,00 Euro
Darin enthalten: 19% Umsatzsteuer, also 1,28 Euro	Darin enthalten: 7% Umsatzsteuer, also 0,52 Euro
Ergibt einen Nettoverkaufspreis von 6,72 Euro	Ergibt einen Nettoverkaufspreis von 7,48 Euro

Bei der Pizza zum Mitnehmen verdient das Restaurant doch glatt 76 Cent mehr.

Verbuchung der Umsatzsteuer

Für die Verbuchung der Umsatzsteuer benötigen Sie mindestens zwei Konten:

✓ **Das Vorsteuerkonto:** Das ist ein aktives Bestandskonto. Hier sammeln Sie Ihre aus den Eingangsrechnungen entstandenen Forderungen gegenüber dem Finanzamt. Im IKR hat dieses Konto die Nummer 2600.

✓ **Das Umsatzsteuerkonto:** Das ist ein passives Bestandskonto. Hier sammeln Sie Ihre aus den Ausgangsrechnungen entstandenen Verbindlichkeiten gegenüber dem Finanzamt. Im IKR finden Sie dieses Konto unter der Nummer 4800.

Sie können natürlich auch mehrere Unterkonten verwenden. Zum Beispiel für unterschiedliche Steuersätze oder für unterschiedliche Produktgruppen. Hauptsache, Sie behalten den Überblick.

Nehmen wir wieder das Thema Schuhe:

1. Der Schuhgroßhändler kauft dem Importeur 100 Paar Schuhe zu je 26 Euro ab. Die Verbuchung der Eingangsrechnung sieht folgendermaßen aus:

2280 Handelswaren	2.600,00	
2600 Vorsteuer	494,00	
an 2800 Bank		3.094,00

2. Der Schuhgroßhändler schickt zehn fehlerhafte Schuhpaare an den Importeur zurück und erhält dafür eine Gutschrift. Er verbucht

2800 Bank	309,40	
an 2280 Handelswaren		260,00
2600 Vorsteuer		49,40

3. Im zweiten Fall handelt es sich um eine Korrektur der gezahlten Vorsteuer. Deshalb erfolgt die Verbuchung jetzt im Haben.

4. Beim Schuhimporteur wird der Verkauf der 100 Paar Schuhe so verbucht:

2800 Bank	3.094,00	
an 5100 Umsatzerlöse für Waren		2.600,00
4800 Umsatzsteuer		494,00

5. Und die an den Großhändler gezahlte Gutschrift verbucht der Importeur so:

5100 Umsatzerlöse für Waren	260,00	
4800 Umsatzsteuer	49,40	
an 2800 Bank		309,40

Die Umsatzsteuer auf die Gutschrift wird im Soll verbucht, da er bereits erhaltene Umsatzsteuer an den Kunden wieder zurückerstattet. Diese Rückerstattung schmälert ja die Verbindlichkeit an das Finanzamt.

Umsatzsteuervorauszahlungen

Da der Fiskus recht ungeduldig ist und nicht ein ganzes Jahr lang auf die Umsatzsteuer warten will, muss die Umsatzsteuervoranmeldung ab einem gewissen Umsatz vierteljährlich erfolgen. Hat das Unternehmen im Vorjahr insgesamt mehr als 7.500 Euro Umsatzsteuer an das Finanzamt abgeführt, muss die Voranmeldung sogar monatlich erfolgen.

In Österreich sind nur Unternehmen mit einem Vorjahresumsatz von mehr als 30.000 Euro zur Umsatzsteuervoranmeldung verpflichtet. In der Schweiz wird ebenfalls vierteljährlich abgerechnet. Auf Antrag des Unternehmens darf aber auch monatlich gezahlt werden.

Der Schuhgroßhändler ist zur monatlichen Umsatzsteuervorauszahlung verpflichtet. Diesen Monat hat er zum Beispiel 950 Euro Umsatzsteuer vereinnahmt und gleichzeitig 444,60 Euro Vorsteuer (494 Euro abzüglich der gutgeschriebenen 49,40 Euro) an den Schuhimporteur gezahlt. Das ergibt nach Adam Riese eine Zahllast von 505,40 Euro. Er überträgt den Saldo des Kontos »Vorsteuer« auf das Konto »Umsatzsteuer«. Damit hat er die Zahllast auch buchhalterisch ermittelt. Er bucht:

4800 Umsatzsteuer		444,60	
an	2600 Vorsteuer		444,60

Dadurch stehen die 444,60 Euro jetzt im Soll des Kontos »Umsatzsteuer«. Im Haben stehen die vereinnahmten 950 Euro. Ergibt eine Zahllast von 505,40 Euro, die im Soll als Saldo ausgewiesen wird.

Die leidige Zahlung ans Finanzamt wird dann schließlich so verbucht:

4800 Umsatzsteuer		505,40	
an	2800 Bank		505,40

Ein Vorsteuerüberhang

Auch das soll es geben: Ein Unternehmen hat mehr Vorsteuer gezahlt, als es Umsatzsteuer vereinnahmt hat. Das ist eine Forderung gegenüber dem Finanzamt, die man als Vorsteuerüberhang bezeichnet. Keine Panik, so ein Vorsteuerüberhang deutet nicht zwangsläufig auf eine Verlustsituation hin. Vielleicht wurden letzten Monat die Lager für das bevorstehende Weihnachtsgeschäft aufgefüllt. Oder aber es handelt sich um ein Unternehmen, das Vorprodukte mit einem normalen Umsatzsteuersatz einkauft, die Fertigprodukte aber zum ermäßigten Satz verkaufen darf, zum Beispiel Verlage.

Auch in diesem Fall wird zuerst wieder die Vorsteuer mit der Umsatzsteuer verrechnet. Jetzt drehen wir das Beispiel jedoch um und behaupten, der Großhändler hätte im letzten Monat

900 Euro Vorsteuer gezahlt und zugleich nur 400 Euro Umsatzsteuer vereinnahmt. Jetzt wird der kleinere Umsatzsteuerbetrag gebucht – merke: Es wird immer der kleinere der beiden Beträge gebucht!

4800 Umsatzsteuer	400,00
an 2600 Vorsteuer	400,00

Im nächsten Schritt folgt die Verbuchung der Zahlung des Finanzamts:

2800 Bank	500,00
an 2600 Vorsteuer	500,00

Umsatz im EU-Binnenmarkt und mit Drittländern

Bevor Sie noch weiter in die Tiefen des Warenhandels einsteigen, lohnt ein kurzer Blick auf die umsatzsteuerrechtlichen Regelungen beim grenzüberschreitenden Handel. Dabei muss zwischen dem Handel innerhalb des EU-Binnenmarkts und dem Handel mit Nicht-EU-Staaten unterschieden werden.

Handel mit Nicht-EU-Staaten

Werden aus Asien Fernseher oder aus der Schweiz Käse nach Deutschland eingeführt beziehungsweise Autos aus Deutschland nach Asien oder in die Schweiz exportiert, wird Handel mit Nicht-EU-Staaten betrieben. Wir beginnen mit der Exportvariante.

Exporte raus aus der EU hinein in Nicht-EU-Staaten

Ausfuhren aus der EU in sogenannte Drittstaaten sind von der Umsatzsteuer befreit. Einmal angenommen, der Schuhgroßhändler würde Schuhe aus deutscher Produktion nach China exportieren. Dafür kauft er einer deutschen Schuhfabrik Schuhe im Wert von 10.000 Euro ab. Dies verbucht er wie folgt:

2280 Handelswaren	10.000,00	
2600 Vorsteuer	1.900,00	
an 2800 Bank		11.900,00

Nun verkauft er diese Schuhe mit einem Gewinnaufschlag von 10 Prozent nach China. Den Export verbucht er:

2800 Bank	11.000,00
an 5070 Erlöse aus Güterausfuhr	11.000,00

Da beim Export keine Umsatzsteuer fällig wurde, wird der Verkauf auch ohne Umsatzsteuer verbucht. Die beim Einkauf der Schuhe gezahlte Vorsteuer in Höhe von 1.900 Euro kann der Großhändler übrigens trotzdem gegenüber dem Finanzamt geltend machen.

Importe aus Nicht-EU-Staaten hinein in die EU

Einfuhren unterliegen der Einfuhrumsatzsteuer. Sie wird vom Zoll erhoben und kann bei der Umsatzsteuererklärung wieder als Vorsteuer geltend gemacht werden; effektiv wird also keine Steuer erhoben. So werden Einfuhren verbucht:

2510 Gütereinfuhr		1.000,00
2604 Einfuhrumsatzsteuer		190,00
an	2800 Bank	1.190,00

Es empfiehlt sich, die Einfuhrumsatzsteuer nicht gleich auf dem Konto »Vorsteuer« zu erfassen, sondern ein gesondertes Unterkonto zu verwenden. Immerhin haben Sie diese anders als die Vorsteuer direkt beim Zoll bezahlt. Sollten Sie Handel mit mehreren Drittländern betreiben, können Sie sogar für jedes Land ein gesondertes Unterkonto verwenden.

Handel innerhalb des EU-Binnenmarkts

Beim Handel innerhalb des Binnenmarktes wird zwischen zwei Prinzipien unterschieden: dem *Ursprungslandprinzip* und dem *Bestimmungslandprinzip*.

- ✔ **Das Ursprungslandprinzip:** Hier wird der Käufer mit der beim Kauf der Ware im Kaufland gezahlten Umsatzsteuer belastet. Dieses Prinzip gilt unter anderem bei Käufen von Privatleuten im Ausland.

- ✔ **Das Bestimmungslandprinzip:** Hier wird die Ware immer mit dem im Empfängerland geltenden Steuersatz besteuert. Dieses Prinzip gilt vor allem bei *innergemeinschaftlichen Lieferungen* von Unternehmen zu Unternehmen. Lieferungen aus dem Inland in andere EU-Länder sind hierbei steuerfrei. Beim empfangenden Unternehmen im anderen EU-Land liegt ein *innergemeinschaftlicher Erwerb* vor, der zum dort geltenden Umsatzsteuersatz versteuert werden muss. Diese Steuer kann das Unternehmen dann auch gleich wieder als Vorsteuer in seiner Umsatzsteuererklärung geltend machen.

Verbuchen wir doch einfach mal einen innergemeinschaftlichen Erwerb. Sie kaufen aus Italien Waren für 10.000 Euro. Zuerst wird die Bezahlung der Ware verbucht:

2500 Innergemeinschaftlicher Erwerb	10.000,00	
an	2800 Bank	10.000,00

Sie sehen, dass Sie nichts sehen. Zumindest nichts, was mit einer Einfuhrumsatzsteuer oder Vorsteuer in Zusammenhang stehen könnte. Und das ist auch richtig so. Die Eingangsrechnung ist bei einem innergemeinschaftlichen Erwerb immer netto zu verbuchen. Erst jetzt, im zweiten Schritt, wenden Sie sich der Steuerfrage zu. Bei innergemeinschaftlichen Einfuhren wird keine Einfuhrumsatzsteuer erhoben, Sie berechnen selbst die anfallende Erwerbssteuer: die Umsatzsteuer für den innergemeinschaftlichen Erwerb.

Danach buchen Sie diese Umsatzsteuer für den innergemeinschaftlichen Erwerb, also die Verbindlichkeit gegenüber dem Finanzamt, im Haben. Und da diese gleichzeitig eine abziehbare Vorsteuer ist, wird im Soll auch gleich die Vorsteuer für den innergemeinschaftlichen Erwerb gebucht. Also so:

2602 Vorsteuer für innergemeinschaftlichen Erwerb	1.900,00	
an	4802 Umsatzsteuer für innergemeinschaftlicher Erwerb	1.900,00

Beim innergemeinschaftlichen Erwerb musste also keine Umsatzsteuer gezahlt werden.

Die Verbuchung einer innergemeinschaftlichen Lieferung, also eine Ausfuhr in ein anderes EU-Land, sieht dagegen etwas schlanker aus. Sie beschränkt sich nämlich auf die Verbuchung des Verkaufs rein netto:

2800 Bank	10.000,00	
an	5060 Erlöse aus innergemeinschaftlichen Erwerb	10.000,00

Ein Kommen und Gehen: Wareneinkäufe und -verkäufe verbuchen

Wie viele Konten benötigt der Schuhgroßhändler wohl für die Verbuchung des Schuheinkaufs und Schuhverkaufs? Was schätzen Sie?

A Ein gemischtes Konto für alle Warenausgänge und Wareneingänge

B Zwei Konten: ein Konto für die Wareneinkäufe und den Lagerbestand und ein Konto für die Verkäufe

C Drei Konten: ein Aufwandskonto für die Wareneinkäufe, ein Bestandskonto für den Lagerbestand und ein Ertragskonto für die Verkäufe

D 25 Konten: eines für jede verfügbare Schuhgröße

Die Antwort C ist richtig. Er verwendet am besten drei Konten. Die Varianten A und B sind zwar prinzipiell auch möglich, sorgen aber schnell für unübersichtliche Situationen. Und wer hat schon gerne Unordnung in seinem Schuhschrank. Und Antwort D? Na ja.

Zu Jahresbeginn wurde aus der Position »Vorräte« auf der Aktivseite der Eröffnungsbilanz unter anderem das Konto »Warenbestand« gebildet. Neben diesem aktiven Bestandskonto werden noch ein Aufwandskonto für die Einkäufe und ein Ertragskonto für die Verkäufe benötigt. In Abbildung 7.2 zeigen wir Ihnen die Struktur des aktiven Bestandskontos »Warenbestand«.

 Durch die direkte Verbuchung der Wareneinkäufe auf einem Aufwandskonto wird unterstellt, dass genau alle eingekauften Waren im laufenden Jahr auch wieder verkauft werden. Nicht mehr und nicht weniger. Ist dies nicht der Fall, kommt es im Lager zu *Bestandsveränderungen*. Diese werden bei der Inventur festgestellt, bewertet und im Rahmen des Jahresabschlusses buchhalterisch erfasst.

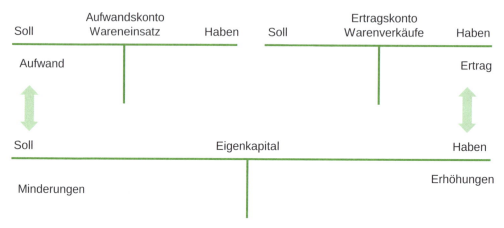

Abbildung 7.2: Konto »Warenbestand«

Die Wareneinkäufe stellen Aufwendungen dar, die das Eigenkapital mindern. Die Warenverkäufe erhöhen dagegen mit ihren Erträgen das Eigenkapital. Das Aufwandskonto sowie das Ertragskonto sind Erfolgskonten und damit Unterkonten des Eigenkapitalkontos. Abbildung 7.3 zeigt, warum die Aufwände im Soll und die Erträge im Haben verbucht werden.

Abbildung 7.3: Erfolgskonten

Einkäufe verbuchen

Bevor Sie Ihre Einkäufe verbuchen können, müssen Sie zuerst die richtigen Anschaffungskosten ermitteln. Nebenkosten erhöhen die Anschaffungskosten. Gutschriften, Rabatte, Skonti und Boni dagegen reduzieren sie. Eigentlich logisch, oder? Doch nun zu den nicht ganz unwichtigen Details:

Anschaffungsnebenkosten

Zu den Anschaffungskosten gehören immer auch die direkt zurechenbaren Anschaffungsnebenkosten und müssen daher dazuaddiert werden.

Der Schuhgroßhändler zahlt für die Containerladung Schuhe 130.000 Euro an den Lieferanten. Zusätzlich berechnet ihm der Lieferant noch Frachtkosten in Höhe von 4.000 Euro.

Die Anschaffungskosten betragen damit 134.000 Euro. Er verbucht den Gesamtbetrag bei Bezahlung auf das Aufwandskonto »Aufwendungen für Waren« im Soll.

6080 Aufwendungen für Waren		134.000,00	
2600 Vorsteuer		25.460,00	
an	2800 Bank		159.460,00

Gut verhandelt: Rabatte

Dem Großhändler werden die Schuhe im Einkauf langsam zu teuer. Für die nächste Lieferung verhandelt er einen Rabatt von 3 Prozent bei Abnahme des gesamten Containers. Dieser Rabatt wird direkt bei Rechnungsstellung abgezogen. Die Frachtkosten übernimmt ab jetzt der Lieferant. Die Anschaffungskosten betragen damit nur noch 126.100 Euro. Er verbucht wieder bei Bezahlung:

6080 Aufwendungen für Waren		126.100,00	
2600 Vorsteuer		23.959,00	
an	2800 Bank		150.059,00

Mit Mängeln retour: Gutschriften

Der Großhändler bemerkt nach der Bezahlung der Ware, dass viele Schuhe schwere Mängel aufweisen. Er verständigt sich mit dem Importeur auf eine Gutschrift in Höhe von 18.000 Euro. Kaum trifft diese ein, wird sie auch schon verbucht:

2800 Bank		21.420,00	
an	6080 Aufwendungen für Waren		18.000,00
	2600 Vorsteuer		3.420,00

Die Gutschrift reduziert den ursprünglich gezahlten Wareneinsatz und damit auch die anfallende Vorsteuer.

Schnelligkeit wird belohnt: Zieleinkauf und Skonto

Die Geschäftsbeziehungen zwischen den beiden Unternehmen werden immer besser. Der Großhändler muss nicht mehr sofort bei Bezug der Ware bezahlen. Er erhält bei Lieferung einen Lieferschein und eine Rechnung. Diese muss innerhalb von 30 Tagen beglichen werden. Zahlt er innerhalb von 14 Tagen, gibt es zusätzlich zum Sofortrabatt in Höhe von 3 Prozent sogar noch 1,5 Prozent Skonto auf den rabattierten Preis obendrauf. Das ist so ähnlich wie der viel beworbene Frühbucherrabatt bei Urlaubsreisen.

Bei Rechnungseingang verbucht der Großhändler:

6080 Aufwendungen für Waren		126.100,00	
2600 Vorsteuer		23.959,00	
an	4400 Verbindlichkeiten aus		150.059,00

Und bei Bezahlung innerhalb von 14 Tagen bucht er:

4400 Verbindlichkeiten aus Lieferungen und Leistungen		150.059,00	
an	2800 Bank		147.808,11
	2282 Nachlässe		1.891,50
	2600 Vorsteuer		359,39

Tut gut: Der Bonus

Zusätzlich konnte der Großhändler noch einen Zielbonus aushandeln. Gestaffelt nach erzieltem Umsatz beim Lieferanten erhält der Großhändler am Ende des Jahres folgende Boni:

✔ Bei einem Umsatz von 0 bis 249.999 Euro gibt es 0 Euro Bonus.

✔ Bei einem Umsatz von 250.000 bis 499.999 Euro gibt es 2 Prozent Bonus.

✔ Bei einem Umsatz von 500.000 bis 749.999 Euro gibt es 3 Prozent Bonus.

✔ Bei einem Umsatz von 750.000 bis 1.000.000 Euro gibt es 4 Prozent Bonus.

✔ Bei einem Umsatz über einer Million Euro gibt es 4,5 Prozent Bonus.

Der Bonus wird stets auf den gesamten Jahresumsatz berechnet und am Jahresende ausbezahlt.

Und so werden die Bonusansprüche im Verlaufe des Geschäftsjahres verbucht:

✔ Am 10.01. kauft der Großhändler beim Lieferanten einen Container voll Schuhe für 124.208,50 Euro – also nach Abzug von Rabatt und Skonto. Bonusansprüche sind bis dato keine entstanden. Damit gibt's auch nichts zu verbuchen.

✔ Am 15.02. kauft der Großhändler eine weitere Containerladung für 124.208,50 Euro. Insgesamt hat er bis jetzt beim Lieferanten Schuhe im Wert von 248.417 Euro eingekauft. Damit sind immer noch keine Bonusansprüche entstanden.

✔ Am 20.04. kauft der Großhändler einen weiteren Container voll Schuhe für 124.208,50 Euro. Der Gesamtumsatz beim Lieferanten beträgt jetzt 372.625,50 Euro. Laut Bonusstaffel hat der Großhändler nun einen Anspruch auf 2 Prozent Bonus. Das sind 7.452,51 Euro. Dieser Anspruch will gebucht sein. Der Bonus mindert den Wareneinsatz. Entsprechend muss auch die Vorsteuer reduziert werden:

2400 Forderungen aus Lieferungen und Leistungen		8.868,49	
an	5101 Erlösberichtigungen für Waren		7.452,51
	2600 Vorsteuer		1.415,98

✔ Am 01.09. wird ein weiterer Container für 124.208,50 Euro gekauft. Der Gesamtumsatz steigt damit auf 496.834 Euro. Gemäß der vereinbarten Bonusstaffel bleibt es bei 2 Prozent Bonus. Die Berechnungsbasis hat sich jedoch erhöht, sodass wieder gebucht werden darf: 2 Prozent Bonus auf 124.208,50 Euro:

2400 Forderungen aus Lieferungen und Leistungen		2.956,16
an	5101 Erlösberichtigungen für Waren	2.484,17
	2600 Vorsteuer	471,99

✓ Am 05.10. wird noch für das Weihnachtsgeschäft eingekauft, damit keiner eine Entschuldigung hat, der in abgetragenen Turnschuhen unterm Weihnachtsbaum steht: Wieder ein Container für 124.208,50 Euro. Der Gesamtumsatz mit dem Importeur beträgt nun 621.042,50 Euro. Dafür gibt es 3 Prozent Bonus, macht 18.631,28 Euro. Davon wurden bereits 9.936,68 Euro (7.452,51 Euro + 2.484,17 Euro) als Forderung verbucht. Der Rest in Höhe von 8.694,60 Euro folgt jetzt:

2400 Forderungen aus Lieferungen und Leistungen		10.346,57
an	5101 Erlösberichtigungen für Waren	8.694,60
	2600 Vorsteuer	1.651,97

✓ An Weihnachten wird der Bonus ausbezahlt. Der Großhändler darf wie folgt buchen:

2800 Bank		18.631,28
an	2400 Forderungen aus Lieferungen und Leistungen	18.631,28

Na, dieser Bonus ist doch fast so etwas wie ein nettes zusätzliches Weihnachtsgeld!

Verkäufe verbuchen

Da der Großhändler die Schuhe nicht für den Eigenverbrauch, sondern zum weiteren Verkauf geordert hat, müssen nicht nur die Einkäufe, sondern auch die Verkäufe verbucht werden. Viel Neues gegenüber den Einkaufsvariationen gibt es hier nicht. Nur die Blickrichtung ist eine andere. Die Verkäufe werden auf dem Ertragskonto »Umsatzerlöse für Waren« im Haben gebucht.

Der Großhändler verkauft die Schuhe an die Schuhgeschäfte. Natürlich zahlt kein Schuhgeschäft sofort bei Lieferung. Schuh Schneider ordert 100 Paar Schuhe zu 5.000 Euro netto. Bei Auslieferung und gleichzeitiger Rechnungsstellung bucht der Großhändler:

2400 Forderungen aus Lieferungen und Leistungen		5.950,00
an	5100 Umsatzerlöse für Waren	5.000,00
	4800 Umsatzsteuer	950,00

Beim Eintreffen der Überweisung darf der Großhändler wieder buchen:

2800 Bank		5.950,00
an	2400 Forderungen aus Lieferungen und Leistungen	5.950,00

Mangelhaft: Gutschriften

Der Schuhhändler Schneider hat es leider doch gemerkt. Einige der Schuhe hatten Mängel. Der Schuhgroßhändler lässt mit sich reden und zahlt eine Gutschrift in Höhe von 450 Euro aus. Die Verkaufserlöse vermindern sich entsprechend. Diese *Erlösminderung* und die darauf entfallende Umsatzsteuer wird nun im Soll gebucht – und zwar wieder auf die Konten »Umsatzerlöse für Waren« und »Umsatzsteuer«. Mit dieser Buchung werden die ursprünglich verbuchten Erlöse korrigiert.

5100 Umsatzerlöse für Waren		450,00	
4800 Umsatzsteuer		85,50	
an	2800 Bank		535,50

Der Schuhgroßhändler hat den dunklen Verdacht, dass sich im Laufe der Zeit die Gutschriften mehren könnten. Er will deshalb so einfach wie möglich die Gesamtlage über die ausbezahlten Gutschriften übersehen können. Deshalb verbucht er die Erlösminderungen doch nicht auf dem Umsatzerlöskonto, sondern auf dem Unterkonto »Erlösberichtigungen«. Der gleiche Vorgang sieht dann so aus:

5101 Erlösberichtigungen für Waren		450,00	
4800 Umsatzsteuer		85,50	
an	2800 Bank		535,50

Jetzt genügt ein Blick auf das Konto »Erlösberichtigungen« und er weiß, wie viel er bereits an Gutschriften ausbezahlt hat.

Muss auch sein: Rabatte

Das Schuhhaus Schneider droht damit, die Schuhe künftig bei einem anderen Großhändler einzukaufen. Darum gibt es ab jetzt 3 Prozent Sofortrabatt. Sofortrabatte werden in der Regel aber nicht gesondert verbucht. Die Buchungssätze verändern sich nicht. Die Beträge schrumpfen nur ein wenig: Aus 5.000 Euro Umsatzerlöse werden 4.850 Euro, aus 950 Euro Umsatzsteuer werden 921,50 Euro und aus 5.950 Euro werden folglich 5.771,50 Euro.

Skonto gewähren

Um Liquiditätsengpässe zu vermeiden, gewährt der Großhändler seinen Abnehmern 1 Prozent Skonto bei Zahlung innerhalb von zehn Kalendertagen. Der Schuhhändler Schneider zahlt fristgerecht. Darum wird dem Großhändler 1 Prozent weniger überwiesen. Er verbucht die Überweisung wie folgt:

2800 Bank		5.713,78	
2282 Nachlässe		48,50	
4800 Umsatzsteuer		9,22	
an	2400 Forderungen aus Lieferungen und Leistungen		5.771,50

Tut jedem gut: Bonuszahlung

Der Großhändler fürchtet, auf einem Teil seiner Ware sitzen zu bleiben. Darum vereinbart er mit jedem Schuhhändler Bonuszahlungen, falls sie bestimmte Mindestmengen bis zum Jahresende abkaufen. Das Schuhhaus Schuster ordert deshalb fleißig und erreicht am Jahresende die abgemachte Mindestmenge. Der Bonus über 250 Euro wird ausbezahlt und verbucht:

5101 Erlösberichtigungen für Waren	250,00	
4800 Umsatzsteuer	47,50	
an 2800 Bank		297,50

Verbraucht: Roh-, Hilfs- und Betriebsstoffe

Der Schuhmachermeister Jäckel kann über zu wenig Arbeit gewiss nicht klagen. Über kurz oder weniger lang landen die importierten Schuhe auf dem Müll oder bei ihm zur Reparatur. Zusätzlich stellt er auch Schuhe nach Maß her und verkauft diese an seine wachsende Kundschaft.

In der Buchhaltung arbeitet er unter anderem mit diesen drei Aufwandskonten:

✓ Aufwendungen für Rohstoffe wie etwa Leder

✓ Aufwendungen für Hilfsstoffe wie etwa Leim und Nägel

✓ Aufwendungen für Betriebsstoffe wie etwa Schleifpapier und Öl

 Durch die direkte Verbuchung der Einkäufe auf einem Aufwandskonto wird unterstellt, dass genau alle eingekauften Rohstoffe im laufenden Jahr auch verbraucht werden. Nicht mehr und nicht weniger. Ist dies nicht der Fall, kommt es im Lager zu Bestandsveränderungen. Diese werden bei der Inventur festgestellt, bewertet und im Rahmen des Jahresabschlusses buchhalterisch erfasst.

Meister Jäckel hat Leder im Wert von 2.000 Euro bestellt und geliefert bekommen. Er verbucht die Einkäufe direkt auf das entsprechende Aufwandskonto:

6000 Aufwendungen für Rohstoffe	2.000,00	
2600 Vorsteuer	380,00	
an 4400 Verbindlichkeiten aus Lieferungen und Leistungen		2.380,00

Bei Bezahlung gibt es 2 Prozent Skonto. Die Buchung sieht damit wie folgt aus:

4400 Verbindlichkeiten aus Lieferungen und Leistungen	2.380,00	
an 2800 Bank		2.332,40
6002 Nachlässe		40,00
2600 Vorsteuer		7,60

Beim Bearbeiten des Leders stellt er fest, dass ein Stück mangelhaft ist. Dieses sendet er zurück und erhält dafür eine Gutschrift über 200 Euro netto von der Lederfabrik, die er wie folgt verbucht:

2800 Bank		238,00
an	6000 Aufwendungen für Rohstoffe	200,00
	2600 Vorsteuer	38,00

Der Rechnungsbetrag wird mit der Gutschrift reduziert. Deshalb werden die Konten »Aufwendungen für Rohstoffe« und »Vorsteuer« zur Korrektur nun im Haben bebucht.

Sie sehen, dass die Verbuchung von Roh-, Hilfs- und Betriebsstoffen ähnlich funktioniert wie die Verbuchung von Wareneinkäufen. Die Verbuchung eventuell gewährter Boni würde wieder so aussehen:

2400 Forderungen aus Lieferungen und Leistungen		-,-
an	6002 Nachlässe	-,-
	2600 Vorsteuer	-,-

Bei Erhalt der Bonuszahlung würde Meister Jäckel den folgenden Buchungssatz verwenden:

2800 Bank		-,-
an	2400 Forderungen aus Lieferungen und Leistungen	-,-

Aufgabe 7

Wie viele Konten benötigen Sie für die Verbuchung der Umsatzsteuer?

> **IN DIESEM KAPITEL**
>
> Einzelunternehmen, Personen- und Kapitalgesellschaften unterscheiden
>
> Privatentnahmen und Privateinlagen verbuchen
>
> Steuerliche Aspekte berücksichtigen

Kapitel 8
Ganz persönlich: Die Privatkonten

Dieses Kapitel ist ja eigentlich nur für Einzelunternehmer und Personengesellschaften interessant, da es bei Kapitalgesellschaften kein Privatkonto gibt. Sollten Sie derzeit in einer Kapitalgesellschaft arbeiten, gibt es deshalb nur drei Gründe, dieses Kapitel zu lesen:

1. Sie beabsichtigen, sich selbstständig zu machen.
2. Sie wollten sowieso schon immer den Unterschied zwischen Einzelunternehmen, Personen- und Kapitalgesellschaften kennenlernen.
3. Sie blicken gerne über den Tellerrand hinaus. Wir wünschen gute und spannende Unterhaltung!

Qual der Wahl: Die Rechtsform des Unternehmens

Jedes Unternehmen besitzt eine bewusst gewählte Rechtsform. Nun ja, das Wort »bewusst« ist vielleicht eine naive Annahme. Idealerweise sollte es aber so sein, denn die Wahl der Rechtsform hat einige Konsequenzen. Je nach Rechtsform sind etwa die

- ✓ Haftung der Gesellschafter,
- ✓ Finanzierungsmöglichkeit,
- ✓ Anforderungen an die Buchhaltung sowie
- ✓ Steuerbelastungen unterschiedlich geregelt.

Da es sich hierbei doch um recht existenzielle Themen handelt und wir Ihnen natürlich nur das Beste wünschen, machen wir mit Ihnen jetzt einen kurzen Ausflug durch die Welt der Rechtsformen.

Man kann die möglichen Rechtsformen grob in folgende Gruppen unterscheiden:

- ✔ Einzelunternehmen
- ✔ Personengesellschaften
- ✔ Kapitalgesellschaften
- ✔ Mixturen aus Personen- und Kapitalgesellschaften
- ✔ Genossenschaften
- ✔ Stiftungen

Allein gegen den Rest der Welt: Einzelunternehmen

Die am häufigsten anzutreffende Rechtsform der Einzelunternehmung ist schnell erklärt. Man nehme eine Kauffrau oder einen Kaufmann beziehungsweise Unternehmerin oder Unternehmer und schon hat man ein *Einzelunternehmen*. Die oder der Einzelunternehmer/-in besitzt die alleinige Leitungsbefugnis, was mangels weiterer Mitgesellschafter alternativlos ist. Die Schattenseite: Die Einzelperson haftet mit Haut und Haaren. Dafür darf sie auch den gesamten Gewinn einstreichen. Die Finanzierungsmöglichkeiten sind bei dieser Rechtsform naturgemäß eher übersichtlich. Eigenkapital erhält das Unternehmen nur durch Einlagen der Einzelperson. Fremdkapital gibt es von den Banken nur, wenn genug Sicherheiten, also Privatvermögen, vorhanden sind. Einzelunternehmer erhalten von Banken meist eher einen Kleinkredit für ihre neue Küche als für ihr Unternehmen. Alles, was an Gewinn anfällt, muss mit der persönlichen Einkommensteuer versteuert werden.

Alle für einen, einer für alle: Personengesellschaften

Bei Personengesellschaften haftet immer mindestens eine Person mit ihrem gesamten Privatvermögen. Die bekanntesten Formen sind:

- ✔ **Gesellschaft bürgerlichen Rechts (GbR):** Eine GbR kann ohne große Formalien gegründet werden. Der Gesellschaftervertrag kann formlos sein, es genügt zur Not ein handgeschriebener Zettel. Wird im Vertrag nichts, wie zum Beispiel die Gewinnverteilung, geregelt, gelten in Deutschland die §§ 705 BGB und in Österreich die §§ 1175 ABGB. In der Schweiz gibt es zwar keine GbR, vergleichbar ist jedoch die »einfache Gesellschaft«. Die Artikel 530 OR ff. – OR steht übrigens für Obligationenrecht – bilden dafür die Rechtsgrundlage. Daneben gibt es hier auch die *Kollektivgesellschaft*. Hier gelten die Artikel 552 OR. ff.

- ✔ **Offene Handelsgesellschaft (OHG):** Eine solche Personengesellschaft kann durch den Abschluss eines Gesellschaftervertrags gegründet werden. Eine OHG muss in Deutschland ins Handelsregister eingetragen werden. In Österreich wird diese

Rechtsform als *Offene Gesellschaft,* kurz OG, bezeichnet und muss dort ins Firmenbuch eingetragen werden. Rechtsgrundlage sind die §§ 105 HGB beziehungsweise die §§ 105 UGB.

✓ **Kommanditgesellschaft (KG):** Im Unterschied zu den beiden vorherigen Personengesellschaften gibt es in einer KG auch Gesellschafter, die nicht mit ihrem gesamten Privatvermögen haften müssen. Sie haften nur in Höhe ihrer Einlage. Solche Gesellschafter werden als *Kommanditisten* bezeichnet. In einer KG muss aber auch zumindest eine Person beteiligt sein, die mit ihrem gesamten Privatvermögen haftet. Diese Gesellschafter werden als Komplementäre bezeichnet. Die §§ 161 HGB, §§ 161 UGB beziehungsweise Artikel 594 OR ff. bilden die Rechtsgrundlagen in Deutschland, Österreich und in der Schweiz.

Nicht natürlich: Kapitalgesellschaften

Eine Kapitalgesellschaft bildet eine eigene Rechtspersönlichkeit. Da sie nicht aus Fleisch und Blut besteht, wird sie *juristische Person* genannt. So eine *juristische Person* kann im eigenen Namen handeln, also Dinge kaufen oder verkaufen, andere Leute verklagen oder selbst angeklagt werden. Okay, in Wahrheit handeln hier auch Menschen aus Fleisch und Blut, diese sind aber nur von der Gesellschaft bevollmächtigt und haften nicht mit ihrem gesamten Privatvermögen wie in einer Personengesellschaft.

Die bekanntesten Kapitalgesellschaften sind

✓ **Gesellschaft mit beschränkter Haftung (GmbH):** Alles, was Sie benötigen, um eine GmbH zu gründen, ist in groben Zügen schnell erzählt: 25.000 Euro Stammkapital, einen Gesellschaftervertrag und einen Eintrag ins Handelsregister. Das HGB schreibt allen Kapitalgesellschaften die Rechnungslegungsvorschriften in den §§ 238 ff. und §§ 264 ff. vor. Zusätzlich gibt es auch noch ein GmbH-Gesetz, kurz GmbHG. In Österreich benötigen Sie übrigens 35.000 Euro Stammkapital. Dort bilden das UGB und das GmbHG die Rechtsgrundlagen. In der Schweiz genügen bereits 20.000 CHF. Rechtsgrundlage bildet das Obligationenrecht: OR 772 ff. Neben der reinen GmbH gibt es auch noch einige Mischformen, so etwa die vielen Asterix-&-Obelix-Lesern sicherlich bekannte GmbH & Co. KG.

Der große Vorteil gegenüber einer Personengesellschaft: Gehaftet wird nur mit der Einlage. Ihr Privatvermögen bleibt im Fall der Fälle erhalten.

✓ **Aktiengesellschaft (AG):** Die wohl bekannteste Rechtsform. Kernelemente sind:

- Das Grundkapital, das in Deutschland mindestens 50.000 Euro betragen muss, in Österreich sind es 70.000 Euro und in der Schweiz 100.000 CHF.

- Die Aktionäre haften nur mit ihrem eingesetzten Kapital, sprich, sie können maximal das in Aktien angelegte Kapital verlieren.

- Die Aktien können frei handelbar oder komplett fest in Familienbesitz sein.

- So eine Aktiengesellschaft besteht aus drei Organen: der Hauptversammlung, das ist die Geldgeberversammlung; dem Vorstand, das sind die von den Geldgebern bezahlten »Geschäftsführer« der Firma; dem Aufsichtsrat, er soll die Vorstände kontrollieren.

- In Deutschland bilden das HGB und das AktG die Rechtsgrundlage. In Österreich sind es das UGB und das AktG, in der Schweiz das Obligationenrecht.

✔ **Genossenschaft:** Viele Unternehmen der Lebensmittelbranche sind zum Beispiel genossenschaftlich organisiert. So etwa EDEKA, Migros oder Coop. Die Gründe hierfür sind leicht ausgemacht: Vor etwa hundert Jahren bildeten sich sogenannte Einkaufsgenossenschaften, um die Nachfragemacht zu bündeln. Das Prinzip, gemeinschaftlich zu wirtschaften, hat sich in vielen Branchen bis heute bewährt, wie zum Beispiel auch bei den Volks- und Raiffeisenbanken oder der Sparda-Bank.

Eine Genossenschaft besteht aus mindestens sieben Mitgliedern, die Geschäftsanteile zeichnen. Große Genossenschaften wie etwa die Migros haben circa zwei Millionen Mitglieder. Die Generalversammlung, der Vorstand und der Aufsichtsrat bilden die Organe einer Genossenschaft.

Ergänzende rechtliche Vorschriften für die Genossenschaften sind im HGB in den §§ 336 ff. zu finden. Auch das GenG, das Genossenschaftsgesetz, spielt eine Rolle; in Österreich sind es das UGB und das GenG, in der Schweiz OR 828 ff.

✔ **Stiftung:** Mit einer Stiftung kann ein Sterblicher weit über seinen Tod hinaus seinen Willen rechtlich verbindlich in die Tat umsetzen lassen. Einige Stiftungen bestehen schon seit mehreren Jahrhunderten. Sollten Sie nach unvergänglichem Andenken streben, wissen Sie ja jetzt, was zu tun ist: Gründen Sie eine Stiftung. Mindestkapitalvoraussetzungen gibt es per jure nicht. Aus der Vielzahl der verschiedenen Stiftungsarten wollen wir Ihnen zwei bekannte Beispiele aus der Unternehmenswelt herauspicken:

- **Unternehmensverbundene, gemeinnützige Stiftung** wie etwa die Bertelsmann Stiftung. Diese Stiftung hält Anteile am Unternehmen und verwendet die erhaltenen Unternehmensgewinne für gemeinnützige Zwecke.

- **Stiftungen mit anderen Rechtsformen:** Die Robert-Bosch-Stiftung beispielsweise nennt sich zwar Stiftung, ist aber der Rechtsform nach keine. Hier handelt es sich um eine *gemeinnützige GmbH*. Ansonsten passiert hier dasselbe wie im ersten Beispiel: Die »Stiftung« hält Anteile am Unternehmen und verwendet die ausgeschütteten Gewinne für gemeinnützige Zwecke.

Privates verbuchen

Bei Einzelunternehmern und Personengesellschaften vermischt sich im Alltag oftmals Privates mit Geschäftlichem. Einmal wird Geld für private Zwecke aus der Kasse genommen, dann wieder zurückgelegt. Zur Finanzierung seines Lebensunterhalts entnimmt der Unternehmer natürlich auch unterjährig Geld aus dem Unternehmen, das nicht wieder zurückgelegt wird. Er kann ja nicht bis zum Jahresende fasten. Und oftmals wird der Firmenwagen auch privat genutzt.

Hinter all diesen Vorgängen steckt stets nur ein Sachverhalt: Privatentnahmen vermindern das Eigenkapital, Privateinlagen erhöhen das Eigenkapital, da es sich nicht um betrieblichen

Aufwand oder Ertrag handelt, sondern dem Betrieb nur Wirtschaftsgüter entnommen oder zugeführt werden. Die Privatkonten sind Unterkonten des Eigenkapitalkontos. Abbildung 8.1 zeigt den Zusammenhang.

Aus diesem Zusammenhang können Sie für sich Buchungsregeln ableiten, die Ihnen das Leben spürbar erleichtern werden:

✔ Privatentnahmen mindern das Eigenkapital. Deshalb wird im Soll stets auf das Eigenkapitalkonto oder dessen Unterkonto, das Privatkonto, gebucht.

✔ Privateinlagen erhöhen das Eigenkapital. Deshalb wird im Haben stets auf das Eigenkapitalkonto oder dessen Unterkonto, das Privatkonto, gebucht.

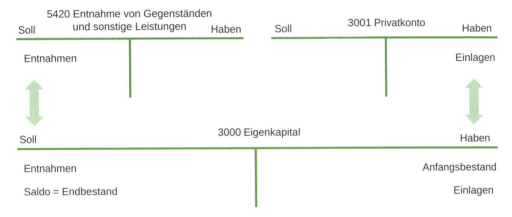

Abbildung 8.1: Privatkonten und Eigenkapitalkonto

Selbstbedienung: Privatentnahmen verbuchen

Sie können auf vielfältige Weise das Eigenkapital Ihres Unternehmens mindern, indem Sie sich zum Beispiel an der Kasse bedienen, den Firmenwagen privat nutzen oder Ihre Angestellten bitten, Ihr Wohnzimmer neu zu tapezieren. Damit es nicht zu unübersichtlich wird, gliedern wir die vielen Möglichkeiten in

✔ Geldentnahme,

✔ Sachentnahme,

✔ Nutzungsentnahme und

✔ Leistungsentnahme.

Griff in die Kasse: Die Geldentnahme

Immer dann, wenn Sie Bargeld aus der Kasse des Unternehmens für private Zwecke entnehmen, Privatrechnungen über das Girokonto der Firma begleichen oder Privateinkäufe mit der Karte der Firma bezahlen, liegt eine Geldentnahme vor. Gebucht wird dies immer wie in diesem Beispiel.

Einmal angenommen, Sie hätten 50 Euro aus der Kasse Ihres Unternehmens genommen oder waren für 50 Euro mit Ihrer Familie Pizza essen und haben per Karte gezahlt oder aber Sie haben den Wagen Ihrer Tochter für 50 Euro betankt und mit der Firmenkarte gezahlt. Gebucht wird im ersten Fall so:

3001 Privatkonto	50,00	
an 2880 Kasse		50,00

Und in den anderen beiden Fällen:

3001 Privatkonto	50,00	
an 2800 Bank		50,00

Übrigens: Die Geldentnahme ist niemals umsatzsteuerpflichtig.

Schnell den Überblick verlieren: Sachentnahmen

Die Verlockung ist groß: Schnell ist ein Gegenstand aus der eigenen Firma für private Zwecke entnommen. Sei es der Lebensmittelhändler, der mal eben einen Apfel selbst isst oder die Joghurts mit knappem Verfallsdatum mit zu sich nach Hause nimmt. Oder der Fahrradhändler, der seinem Sohn zu Weihnachten ein Mountainbike aus seinem Lagerbestand schenkt.

Für alle Sachentnahmen gelten folgende Regeln:

✔ Wurde beim Einkauf der Gegenstände Vorsteuer gezahlt, wird bei der Privatentnahme Umsatzsteuer fällig.

✔ Alle Entnahmen müssen stets mit den Wiederbeschaffungskosten bewertet werden.

✔ Für die Entnahme von Lebensmitteln gibt es zur Vereinfachung Pauschbeträge, damit Sie keine Strichlisten für die entnommenen Äpfel führen müssen.

✔ Werden Gegenstände des Anlagevermögens entnommen, muss dies wie ein Anlagenverkauf verbucht werden; werden Gegenstände des Umlaufvermögens entnommen, muss der hierfür bereits gebuchte Aufwand wieder korrigiert werden.

Beispiel 1: Entnahme von Umlaufvermögen (steuerpflichtig)

Der Fahrradhändler entnimmt an Weihnachten ein Mountainbike aus seinem Vorratslager, das er vor vier Monaten für 300 Euro eingekauft hatte, für private Zwecke. Es ist das Weihnachtsgeschenk für seinen Sohn. Zwischenzeitlich gab es beim Hersteller eine Preiserhöhung – die Aluminiumpreise auf den Weltmärkten explodierten –, wodurch das Rad nun 320 Euro im Einkauf kostet.

Da er beim Einkauf des Rades Vorsteuer gezahlt hatte, wird bei der unentgeltlichen Entnahme Umsatzsteuer fällig. Bemessungsgrundlage für die Umsatzsteuer ist der aktuelle Teilwert des entnommenen Gegenstands, sprich der aktuelle Wiederbeschaffungswert. Hier sind das die 320 Euro. Er bucht die Entnahme:

3001 Privatkonto		380,80	
5420 Entnahme von Gegenständen und sonst. Leistungen		320,00	
an	4800 Umsatzsteuer		60,80

Würde der aktuelle Wiederbeschaffungswert an Weihnachten nur bei 280 Euro liegen, hätte der Fahrradhändler übrigens wie folgt gebucht:

3001 Privatkonto		333,20	
5420 Entnahme von Gegenständen und sonst. Leistungen		280,00	
an	4800 Umsatzsteuer		53,20

Beispiel 2: Entnahme von Umlaufvermögen (nicht steuerpflichtig)

Im zweiten Beispiel schrumpft der Fahrradhändler zum Nebenerwerbsfahrradhändler, der sich als Kleinunternehmer von der Umsatzsteuer hat befreien lassen. Beim Einkauf des Fahrrads war damit kein Vorsteuerabzug möglich. Deshalb wird bei der Entnahme auch keine Umsatzsteuer fällig:

3001 Privatkonto		320,00	
an	5420 Entnahme von Gegenständen und sonst. Leistungen		320,00

Wie Sie dem Buchungssatz entnehmen können, hatte das Fahrrad zum Zeitpunkt der Entnahme einen Wiederbeschaffungswert von 320 Euro.

Beispiel 3: Entnahme von Anlagevermögen (steuerpflichtig)

Die Tochter des Fahrradhändlers bekommt zum 18. Geburtstag den Firmenkombi geschenkt. Der Kombi hat einen Buchwert von 2.000 Euro und einen Wiederbeschaffungswert von 3.500 Euro. Als er vor Jahren gekauft wurde, fiel Vorsteuer an, weshalb jetzt auch Umsatzsteuer fällig wird. Zuerst muss der Restbuchwert ausgebucht werden:

5460 Erträge aus dem Abgang von Vermögensgegenständen		2.000,00	
an	0840 Fuhrpark		2.000,00

Im zweiten Schritt wird die Entnahme verbucht:

3001 Privatkonto		4.165,00	
an	5420 Entnahme von Gegenständen und sonst. Leistungen		3.500,00
	4800 Umsatzsteuer		665,00

Beispiel 4: Entnahme von Anlagevermögen (nicht steuerpflichtig)

Die nicht steuerpflichtige Entnahme von Anlagevermögen unterscheidet sich vom Beispiel 3 kaum. Einziger Unterschied: Bei der Verbuchung der Entnahme darf die Umsatzsteuerposition nicht mitmachen:

3001 Privatkonto		3.500,00	
an	5420 Entnahme von Gegenständen und sonst. Leistungen		3.500,00

Vielseitig genutzt: Die Nutzungsentnahme

Unter Nutzungsentnahme versteht man die private Verwendung von Firmengegenständen. Häufige Beispiele sind die Verwendung des Firmenwagens oder des Computers für private Zwecke. Die Nutzungsentnahme unterliegt wie die Sachentnahme ebenfalls der Umsatzsteuerpflicht, sofern Vorsteuer beim Kauf des Gegenstands anfiel. Keine Angst: Die eigentliche Verbuchung der Nutzungsentnahme ist gar nicht so schwer. Die Ermittlung des privaten Nutzungsanteils kann dagegen manchmal für Kopfzerbrechen sorgen.

Wir beginnen mit einem einigermaßen einfachen Beispiel, um uns anschließend zu einem komplexeren Beispiel steigern zu können. Zum Abschluss wird es dann wieder etwas einfacher. Es ist aber alles halb so wild. Versprochen.

Das einfache Beispiel

Der Fahrradhändler nutzt seinen Firmencomputer auch privat. Er schätzt, dass die private Nutzung etwa 5 Prozent beträgt. Er schreibt seinen Computer mit 500 Euro pro Jahr ab. Dies hat er auch bereits so verbucht. Von diesem Aufwand verbucht er jetzt noch 5 Prozent als private Nutzung:

3001 Privatkonto		29,75	
an	5420 Entnahme von Gegenständen und sonst. Leistungen		325,00
	4800 Umsatzsteuer		4,75

Das komplexere Beispiel

Der Fahrradhändler nutzt seinen Firmenwagen auch für private Zwecke. Zur Ermittlung der privaten Nutzungsanteile führt er ein Fahrtenbuch. In diesem Jahr beträgt der private Nutzungsanteil 20 Prozent. Den Aufwand für das Fahrzeug hat er bereits unabhängig von der privaten Nutzung ermittelt und verbucht. Jetzt heißt es aufgepasst: Er musste nicht für alle Aufwandspositionen Vorsteuer bezahlen. Für die Kfz-Steuer und -Versicherung ist nämlich keine Vorsteuer angefallen. Deshalb splittet er den Aufwand bei der Verbuchung.

Zur einfacheren Darstellung legen wir dafür zwei neue Konten an: Entnahme von Gegenständen und sonstigen Leistungen *mit* Umsatzsteuer sowie Entnahme von Gegenständen und sonstigen Leistungen *ohne* Umsatzsteuer.

Die 3.000 Euro für Reparaturen und Abschreibungen müssen mit Umsatzsteuer, die 600 Euro für die Kfz-Steuer und -Versicherung dagegen ohne Umsatzsteuer verbucht werden:

3001 Privatkonto		4.170,00
an	54201 Entnahme von Gegenständen und sonst. Leistungen mit Umsatzsteuer	3.000,00
	Umsatzsteuer	570,00
	54202 Entnahme von Gegenständen und sonst. Leistungen ohne Umsatzsteuer	600,00

Das Beispiel mit der Ein-Prozent-Regel

In Deutschland darf auch die sogenannte Ein-Prozent-Regel angewendet werden: Bei dieser Regel benötigen Sie nur zwei Werte: den ehemaligen Bruttolistenpreis Ihres Fahrzeugs und die Anzahl der Monate, die Sie den Wagen pro Jahr privat genutzt haben.

Der Fahrradhändler vergisst ständig, das Fahrtenbuch zu führen. Deshalb will er doch besser die Ein-Prozent-Regel anwenden. Gut, dass er bei Kauf des Autos den Verkaufsprospekt mitgenommen hat. Dort steht nämlich der Bruttolistenpreis seines Autos drin. Stolze 22.000 Euro hat das gute Stück gekostet. Der zweite Wert ist noch schneller ermittelt: Er nutzt den Wagen zwölf Monate pro Jahr auch privat. Wegen der Umsatzsteuer muss er sich auch keine Gedanken machen: Bei der Ein-Prozent-Regel unterliegen pauschal 80 Prozent der Privatentnahme der Umsatzsteuer. Die zu verbuchende Privatentnahme beträgt damit 12 × 1% von 22.000 = 2.640 Euro. Die Bemessungsgrundlage für die Umsatzsteuer ist ebenfalls schnell ermittelt: 80 Prozent aus 2.640 Euro sind 2.112 Euro. Davon 19 Prozent Umsatzsteuer: 401,28 Euro. Und schon kann er die Nutzungsentnahme verbuchen:

3001 Privatkonto		3.041,28
an	54201 Entnahme von Gegenständen und sonst. Leistungen mit Umsatzsteuer	2.112,00
	Umsatzsteuer	401,28
	54202 Entnahme von Gegenständen und sonst. Leistungen ohne Umsatzsteuer	528,00

Vielseitige Mitarbeiter: Die Leistungsentnahme

Unter einer unentgeltlichen Leistungsentnahme versteht man den Einsatz von Mitarbeitern für private Zwecke, wie etwa bei Reparaturen: Es ist Frühjahr und die Fahrradsaison beginnt bald. Die Fahrräder der Familie des Fahrradhändlers müssen gecheckt werden. Der Auszubildende wurde mit dieser vertrauensvollen Aufgabe betraut. Danach müssen die entstandenen Ausgaben als Privatentnahme verbucht werden. Der Azubi war zwei Stunden beschäftigt und hat Material im Wert von 35 Euro benötigt. Insgesamt macht das 50 Euro. Und beim Verbuchen bitte nicht die Umsatzsteuer vergessen!

3001 Privatkonto		59,50
an	54201 Entnahme von Gegenständen und sonst. Leistungen mit Umsatzsteuer	50,00
	Umsatzsteuer	9,50

Arbeitet auch mit: Die Privateinlage

Ähnlich wie bei der Privatentnahme kann man auch bei der Privateinlage zwischen verschiedenen Arten unterscheiden:

✔ Geldeinlagen und

✔ Sacheinlagen.

Ohne Moos nix los: Die Geldeinlage

Jedes Unternehmen benötigt liquide Mittel. Bei Personengesellschaften können diese aus Fremdkapital von Banken und aus Eigenkapital, das von den Personengesellschaftern zur Verfügung gestellt wurde, bestehen. Es empfiehlt sich, für jeden Gesellschafter ein gesondertes Einlagenkonto zu führen. So behält man am besten den Überblick.

Doch genug der Theorie, stürzen wir uns gleich wieder in ein Beispiel: Die Geschäfte des Fahrradhändlers laufen ganz ordentlich. Nun bietet sich ihm die Gelegenheit, Filialen in den umliegenden Städten zu gründen. Da er dies als Einzelunternehmer nicht leisten kann, gründet er eine Personengesellschaft und holt sich damit zwei Geldgeber an Bord. Sein Onkel und sein Bruder wollen sich als voll haftende Mitgesellschafter an der zu gründenden OHG beteiligen und leisten jeweils Einlagen in Höhe von 150.000 Euro. Der Fahrradhändler freut sich und verbucht die Einlagen:

2800 Bank		300.000,00	
an	3001 Privatkonto Onkel		150.000,00
	3011 Privatkonto Bruder		150.000,00

Steuerliche Grenzen beim Wertansatz von Sacheinlagen

Nach § 6 Abs. 1 Nr. 5 des deutschen EStG müssen Einlagen mit dem aktuellen Teilwert angesetzt werden, jedoch maximal mit den Anschaffungs- oder Herstellungskosten, sofern der Gegenstand nicht älter als drei Jahre ist.

In Österreich schränkt § 6 EStG die Bewertung in Nr. 5 nach dem gleichen Prinzip ein: Einlagen müssen mit dem aktuellen Teilwert angesetzt werden; maximal jedoch mit den Anschaffungskosten.

In der Schweiz müssen Privateinlagen zum Buchwert, maximal jedoch zum aktuellen Verkehrswert, angesetzt werden. Weitere Einschränkungen gibt es hier keine.

Noch zu etwas gut: Sacheinlagen

Der Onkel des Fahrradhändlers ist gerade in Geberlaune und vermacht der Personengesellschaft auch noch seinen antiken Schreibtisch. Der Schreibtisch wird zum aktuellen Teilwert in Höhe von 1.000 Euro – so viel kostet ein vergleichbares Stück derzeit bei eBay – verbucht:

0807 Büromöbel und sonstige Geschäftsausstattung		1.000,00	
an	3001 Privatkonto Onkel		1.000,00

Aufgabe 8

Herr Brechner betreibt als Einzelunternehmer einen Drogeriemarkt. Im letzten Jahr hat er für sich Waren im Wert von 780 Euro für seinen Privatverbrauch entnommen und jeden Monat 2.500 Euro aus der Kasse entnommen und damit seinen Lebensunterhalt bestritten. Im Dezember hat er noch eine Privateinlage in Höhe von 10.000 Euro getätigt. Hat das Auswirkungen auf das Eigenkapital des Unternehmens?

> **IN DIESEM KAPITEL**
>
> Die unterschiedlichen Entgeltarten
>
> Von Brutto zu Netto: Abzüge ermitteln
>
> Verbuchen der Entgelte, Sachleistungen und Sondervergütungen

Kapitel 9
Personalbuchungen

Jetzt mal ganz ehrlich: Arbeiten Sie, weil es Ihnen Spaß macht und weil Sie mit Ihrer Zeit ansonsten nichts Besseres anzufangen wüssten? Ist es nicht vielmehr die Lohntüte am Ende des Monats, die den Arbeitsalltag erst richtig versüßt? Und genau diese Lohntüte steht nun im Mittelpunkt des Geschehens. Das Thema Personalbuchungen füllt nicht umsonst ganze Bücher. Die Komplexität der Lohn- und Gehaltsbuchhaltung ist abhängig

- ✔ von der Anzahl der im Unternehmen bestehenden Entgeltarten,
- ✔ vom jeweils geltenden Steuer- und Sozialversicherungsrecht eines Landes.

> **ERA: Entgeltrahmenabkommen**
>
> Über viele Jahrzehnte hinweg wurde die Vergütung der Arbeiter als Lohn und die der Angestellten als Gehalt bezeichnet. Deshalb spricht oder sprach man von Lohn und Gehalt. Die deutsche Metall- und Elektroindustrie hat sich mit dem sogenannten ERA-Tarifvertrag von dieser Trennung verabschiedet und spricht nur noch von Entgelt. Jeder Arbeitnehmer, egal ob Arbeiter oder Angestellter, soll ein Entgelt erhalten, das seiner individuellen Leistung entspricht. Deshalb sprechen wir in diesem Abschnitt auch nicht von *Lohn- und Gehaltsbuchungen*, sondern von *Entgeltbuchungen*.

Vielfältig: Entgeltarten

Von altruistischen Ausnahmen einmal abgesehen, erhalten Arbeitnehmer monatlich ein Entgelt für ihre geleistete Arbeit. Dieses Entgelt kann ganz einfach aus einem einzigen Bestandteil bestehen, zum Beispiel einem festen Gehalt, oder aus mehreren Teilen wie etwa einem fixen Grundgehalt und einer variablen Prämie. Vorhang auf für ein paar typische Entgeltarten.

Ein paar Beispiele: Neben der Bezahlung nach Zeit gibt es mit dem Akkordlohn die Bezahlung nach erbrachter Leistung oder mit der Prämienzahlung die Bezahlung in Abhängigkeit von einer bestimmten Zielerreichung. Erfolgsbeteiligungen können als Provisionen und Tantiemen ausgezahlt werden. Und so weiter. Darüber hinaus zählen auch Sachleistungen, die Sie von Ihrem Arbeitgeber erhalten, zu den Entgeltarten: Bestimmte Mitarbeiter erhalten beispielsweise einen Firmenwagen, bewohnen eine Werkswohnung oder beziehen vergünstigt Waren. In Abbildung 9.1 finden Sie dazu eine kleine Übersicht.

- ✓ Gehalt
- ✓ Zeitlohn
- ✓ Akkordlohn
- ✓ Prämien
- ✓ Provisionen
- ✓ Tantiemen
- ✓ Überstundenzuschläge
- ✓ Feiertagszuschläge
- ✓ Sonntagszuschläge
- ✓ Reisekosten

- ✓ Urlaubsgeld
- ✓ Weihnachtsgeld
- ✓ Lohnfortzahlung im Krankheitsfall
- ✓ Mutterschaftsgeld
- ✓ Kilometergeld
- ✓ Sachleistungen (Firmenwagen, Werkswohnung, Warenbezug)
- ✓ Jubiläumszahlungen
- ✓ Direktversicherung
- ✓ Kurzarbeitergeld

Abbildung 9.1: Entgeltarten

Brutto und Netto: Wie gewonnen so zerronnen

Herr Hurtig arbeitet in der Poststelle und erhält ein monatliches Bruttogehalt von 3.000 Euro. Durch die unterschiedlichsten Abzugsarten wird dieses jedoch ordentlich geschrumpft. Abbildung 9.2 gibt Ihnen einen Überblick über die wichtigsten Abzugsarten in Deutschland und zeigt Ihnen den langen Leidensweg vom Brutto- zum Nettogehalt – zugegebenermaßen nur gefühlt maßstabsgetreu.

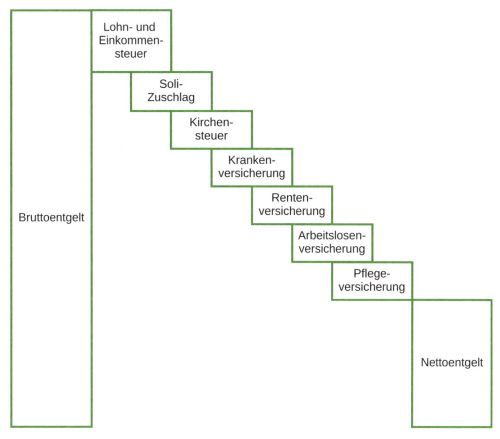

Abbildung 9.2: Abzugsarten

Einer muss ja zahlen: Die Lohnsteuer

Beginnen wir mit den Steuerabzügen. Herr Hurtig ist ledig und in Steuerklasse I eingetragen. Von dieser Eintragung darf die Buchhaltung nicht abweichen!

 Möchte Herr Hurtig die Steuerklasse wechseln oder einen Freibetrag in sein ELStAM eintragen lassen, muss er sich an sein Finanzamt wenden.

Herrn Hurtig verdient 3.000 Euro pro Monat. Sonderzahlungen erhält er keine, weshalb er pro Jahr nach Adam Riese 36.000 Euro brutto verdient. Auf der Internetseite des Bundesfinanzministeriums gibt es unter der Adresse www.bmf-steuerrechner.de einen Abgabenrechner. Dort können Sie für jedes beliebige Entgelt die einzubehaltenden Steuern ermitteln. Herr Hurtig muss bei seiner Entgelthöhe 15,61 Prozent Lohnsteuer abführen. Zusätzlich zur Lohnsteuer muss er noch einen Solidaritätszuschlag zahlen; 5,5 Prozent aus der Lohnsteuer.

> ### Die Qual der Wahl: Die richtige Steuerklasse
>
> In der elektronischen Lohnsteuerkarte, auch ELStAM (Elektronische LohnSteuerAbzugsMerkmale) genannt, wird in Deutschland die Steuerklasse eingetragen:
>
> ✔ **Die Steuerklasse I** erhalten Ledige, Geschiedene, eingetragene Lebenspartner, Verwitwete (deren Partner länger als ein Jahr verstorben sind) sowie dauernd getrennt Lebende oder Personen, deren Ehepartner im Ausland leben.
>
> ✔ **Die Steuerklasse II** erhalten alle Personen der Klasse I, die außerdem alleinerziehend sind und die sogenannte EfA erhalten – den *Entlastungsbetrag für Alleinerziehende*.
>
> ✔ **Die Steuerklasse III** nutzen Verheiratete, wenn der Ehepartner kein Entgelt bezieht oder Entgelt bezieht und dieses aber mit der Klasse V versteuert, sowie Verwitwete, deren Ehepartner im letzten Jahr verstorben ist.
>
> ✔ **Die Steuerklasse IV** nutzen Ehepartner, wenn beide in etwa ein gleich hohes Entgelt beziehen.
>
> ✔ **Die Steuerklasse V** muss ein Ehepartner nutzen, wenn der andere Partner die Klasse III gewählt hat.
>
> ✔ **Die Steuerklasse VI** ist die sogenannte zweite Steuerkarte. Sie wird bei steuerpflichtigen Nebenjobs verwendet.

Daneben will die Kirche von ihrem Schäflein auch noch ihren Beitrag: 8 Prozent aus der Lohnsteuer. Von den monatlichen 3.000 Euro sind somit 468,25 Euro Lohnsteuer, 25,75 Euro Solidaritätszuschlag und 37,46 Euro Kirchensteuer abzuführen.

Die Höhe der abzuführenden Lohnsteuer hängt zusätzlich auch noch davon ab, ob der Arbeitnehmer Freibeträge hat eintragen lassen, zum Beispiel für Fahrtkosten. Ein Freibetrag wird bereits vor der Ermittlung der Steuerschuld vom Bruttoentgelt abgezogen und mindert so das zu versteuernde Einkommen.

Fast pari: Die Sozialversicherungsbeiträge

In Abbildung 9.2 haben wir schon fast alle Sozialversicherungen aufgelistet; nur die Unfallversicherung fehlte noch:

✔ Unfallversicherung

✔ Rentenversicherung

✔ Krankenversicherung

✔ Pflegeversicherung

✔ Arbeitslosenversicherung

Die Unfallversicherung

Die Unfallversicherung muss der Arbeitgeber komplett allein tragen. Die Beitragshöhe zur Unfallversicherung wird durch die jeweils zuständige Berufsgenossenschaft festgelegt. Herr Hurtigs Job in der Poststelle gehört nicht unbedingt zu den gefährlichsten, sodass der Beitragssatz eher unterdurchschnittlich ist. Er beträgt im Beispiel 1 Prozent. Der Arbeitgeber muss somit monatlich 30 Euro bezahlen, falls Herrn Hurtig doch einmal eine Postkiste auf den Fuß fallen sollte.

Die Rentenversicherung

Die Rentenversicherungsbeiträge werden vom Arbeitgeber und Arbeitnehmer jeweils zur Hälfte getragen. Bei einem angenommenen Beitragssatz von 20 Prozent müsste Herr Hurtig 10 Prozent, das sind 300 Euro, und der Arbeitgeber 10 Prozent, also ebenfalls 300 Euro, bezahlen.

Beitragsbemessungsgrenze

Bei der Renten-, Arbeitslosen-, Kranken- und Pflegeversicherung gibt es sogenannte Beitragsbemessungsgrenzen. Dies bedeutet, dass Herr Hurtig und sein Arbeitgeber nur bis zur Beitragsbemessungsgrenze 20 Prozent auf das Bruttogehalt an Rentenversicherungsbeiträgen zahlen müssen. Angenommen, Herr Hurtig wäre der Leiter aller Poststellen und dafür würde er im Monat 15.000 Euro verdienen. Dann muss er nur bis zur Beitragsbemessungsgrenze, von sagen wir einmal 5.300 Euro, Versicherungsbeiträge bezahlen. Dies bedeutet, dass sowohl Herr Hurtig 530 Euro als auch der Arbeitgeber 530 Euro berappen müssen. Für das darüberliegende Gehalt in Höhe von 9.700 Euro werden keine Beiträge fällig. Dafür erhält Herr Hurtig später einmal auch nur eine Rente, die auf den einbezahlten Beiträgen basiert. Will er sein hohes Einkommensniveau auch im Alter halten, muss er für den Rest privat vorsorgen. Von nix kommt bekanntlich nix – vor allem beim leidigen Thema Rente.

Die Krankenversicherung

Die nächste Gesundheitsreform kommt bestimmt und mit ihr auch eine Veränderung der Arbeitnehmer- und Arbeitgeberanteile sowie der Beitragsbemessungsgrenzen. Hier nehmen wir einfach einmal an, der Beitragssatz würde 15,5 Prozent betragen. Für Herrn Hurtig bedeutet dies, dass er 8,2 Prozent bezahlen muss. Der Arbeitgeber muss dagegen nur 7,3 Prozent bezahlen. Herr Hurtig zahlt jeden Monat somit 246 Euro an Krankenversicherungsbeiträgen. Der Arbeitgeber bezahlt für Herrn Hurtig lediglich 219 Euro.

Die Pflegeversicherung

Sofern eine der nächsten Reformen das bisherige Konstrukt nicht verwerfen sollte, gelten folgende Regeln für die Pflegeversicherungsbeiträge – aber nur bei abnehmendem Mond und im Winterhalbjahr, sofern Sie sich nicht in Sachsen aufhalten und mit 24 Jahren immer noch kinderlos sein sollten: Der Beitragssatz zur Pflegeversicherung beträgt 2,05 Prozent. Davon muss der Arbeitnehmer 1,025 Prozent und der Arbeitgeber 1,025 Prozent aufbringen. Ist der Arbeitnehmer älter als 23 Jahre und kinderlos, muss er zusätzlich noch 0,25 Prozent, insgesamt also 1,275 Prozent, bezahlen. Herr Hurtig lebt in Baden-Württemberg, ist kinderlos und älter als 23. Er muss 1,275 Prozent, das sind 38,25 Euro, sein Arbeitgeber 1,025 Prozent, also 30,75 Euro, bezahlen.

Die Arbeitslosenversicherung

Fehlt noch die Arbeitslosenversicherung. Der Beitrag zu dieser Versicherung wird von Arbeitnehmer und Arbeitgeber schwesterlich geteilt. Wir unterstellen einen Beitragssatz von 3,0 Prozent, das sind 1,5 Prozent für jeden. Für Herrn Hurtig und seinen Arbeitgeber sind dies jeweils 45 Euro.

> Wenn Sie wissen wollen, wie hoch die aktuellen Beitragssätze und Beitragsbemessungsgrenzen für die unterschiedlichen Sozialversicherungen sind und wie hoch der jeweilige Arbeitnehmer- und Arbeitgeberanteil ist, empfehlen wir Ihnen für Deutschland www.deutsche-sozialversicherung.de und für Österreich www.sozialversicherung.at. Für die Schweiz empfehlen wir einen Blick auf die Seite des Bundesamtes für Sozialversicherung: www.bsv.admin.ch.

Verbuchen der Entgeltabrechnung

Löhne und Gehälter werden aufgrund ihres Daseins als Aufwand stets im Soll gebucht. Auf der Haben-Seite stehen je nach Sachverhalt diverse Bestandskonten.

> Wenn Sie sich nicht sicher sein sollten, welche Konten das genau in Ihrem Unternehmen sind, schauen Sie einfach im jeweils verwendeten Kontenrahmen in der Kontenklasse nach, die die Aufwendungen enthält.

Bevor es an das Verbuchen geht, fassen wir die Abrechnung von Herrn Hurtig in Tabelle 9.1 zusammen.

Am 30. Mai wird das Entgelt ausbezahlt. Die Buchhaltung verbucht die Auszahlung sowie die Steuern und den Arbeitnehmeranteil der Sozialversicherung:

	6300 Gehälter und Zulagen	3.000,00
an	2800 Bank	1.839,29
	2640 Sozialversicherungs-Vorauszahlung (SV- Vorauszahlung)	629,25
	4830 Verbindlichkeiten gegenüber Finanzbehörden	531,46

Abrechnung Herr Hurtig für Monat Mai	Arbeitnehmeranteil	Arbeitgeberanteil
Bruttoentgelt	3.000,00	
– Lohnsteuer	468,25	0,00
– Solidaritätszuschlag	25,75	0,00
– Kirchensteuer	37,46	0,00
– Rentenversicherung	300,00	300,00
– Krankenversicherung	246,00	219,00
– Pflegeversicherung	38,25	30,75
– Arbeitslosenversicherung	45,00	45,00
Unfallversicherung	0,00	30,00
Nettoentgelt	1.839,29	

Tabelle 9.1: Die Abrechnung von Herrn Hurtig

Zusätzlich muss auch der Arbeitgeberanteil zur Sozialversicherung verbucht werden:

6400 Arbeitgeberanteil zur Sozialversicherung	624,75	
an	2640 SV-Vorauszahlung	624,75

Mit der Überweisung der noch abzuführenden Sozialversicherungen und Steuern ist die Verbuchung geschafft:

2640 SV-Vorauszahlung (Arbeitnehmeranteil)	629,25	
4830 Verbindlichkeiten gegenüber Finanzbehörden	531,46	
2640 SV-Vorauszahlung (Arbeitgeberanteil)	624,75	
an	2800 Bank	1.785,46

Wird das Gehalt erst im Folgemonat ausbezahlt, darf natürlich nicht gleich gegen das Konto »Bank« gebucht werden, sondern gegen das Konto »Verbindlichkeiten Entgelte«. Bei der späteren Auszahlung wird dann »Verbindlichkeiten Entgelte« gegen »Bank« gebucht.

Sondervergütungen und vermögenswirksame Leistungen

Zu den bekanntesten Sondervergütungen gehören sicherlich das immer wieder gern gesehene Urlaubs- und das Weihnachtsgeld. Sondervergütungen können grob in zwei Arten aufgeteilt werden:

✔ lohnsteuerfreie Sondervergütungen

✔ lohnsteuerpflichtige Sondervergütungen

Welche Sondervergütung in welches Töpfchen fällt, verrät Ihnen Abbildung 9.3 zumindest für Deutschland, sofern der Gesetzgeber hier zwischenzeitlich nicht wieder aktiv war.

 Mit der Lohnsteuerpflicht geht in der Regel auch die Sozialversicherungspflicht einher.

Steuerfrei	Steuerpflichtig
✓ Leistungen zur betrieblichen Gesundheitsförderung bis 500,- €	✓ Urlaubsgeld
✓ Zuschüsse für Kindergartenplatz	✓ Weihnachtsgeld
✓ Essenszuschuss	✓ Tantiemen
✓ Unterstützung in Krankheits-, Todes-und Unglücksfällen bis 600,- €	✓ 13. Gehalt
✓ Sachzuwendungen bis 44,- € im Monat	
✓ Zuschüsse für Belegschaftsaktien bis 135,- € pro Jahr	

Abbildung 9.3: Beispiele für steuerfreie oder steuerpflichtige Sondervergütungen

Verbuchen von lohnsteuerfreien Sondervergütungen

Sie geraten durch einen Krankheitsfall in eine Notlage. Ihr Arbeitgeber unterstützt Sie mit einer Sonderzahlung in Höhe von 200 Euro. Unterstützungen in Krankheits-, Todes- und Unglücksfällen sind bis 600 Euro steuerfrei. Die Verbuchung funktioniert ziemlich einfach, da keinerlei Abzüge berücksichtigt werden müssen.

6490 Aufwendungen für Unterstützung	200,00	
an	2800 Bank	200,00

Verbuchen von lohnsteuerpflichtigen Sondervergütungen

Herr Hurtig bekommt zu seinem »normalen« Lohn zusätzlich 1.000 Euro Urlaubsgeld. Dieses ist voll steuer- und sozialversicherungspflichtig. Wie Sie in Tabelle 9.2 sehen, erhöht sich durch den höheren Bruttolohn auch die Summe der zu verbuchenden Abgaben.

Abrechnung Herr Hurtig für Monat Mai inklusive Urlaubsgeld	Arbeitnehmeranteil	Arbeitgeberanteil
Bruttoentgelt	3.000,00	
Urlaubsgeld	1.000,00	
Gesamt Brutto	4.000,00	
– Lohnsteuer	758,75	0,00
– Solidaritätszuschlag	41,73	0,00
– Kirchensteuer	60,73	0,00
– Rentenversicherung	400,00	400,00
– Krankenversicherung	328,00	292,00
– Pflegeversicherung	51,00	41,00
– Arbeitslosenversicherung	60,00	60,00
Unfallversicherung	0,00	40,00
Nettoentgelt	2.299,79	

Tabelle 9.2: Abrechnung inklusive Urlaubsgeld

Am 30. Mai wird das Entgelt inklusive Urlaubsgeld ausbezahlt. Die Buchhaltung verbucht die Auszahlung sowie die Steuern und den Arbeitnehmeranteil der Sozialversicherung:

6300 Gehälter und Zulagen		3.000,00	
6310 Urlaubs- und Weihnachtsgeld		1.000,00	
an	2800 Bank		2.299,79
	2640 SV-Vorauszahlung		839,00
	4830 Verbindlichkeiten gegenüber Finanzbehörden		861,21

Sie können die beiden Buchungen auf der Soll-Seite auch »in einem Aufwasch« auf ein Konto (zum Beispiel »Entgelte«) verbuchen. Da reißt Ihnen niemand den Kopf ab. Wir haben es hier nur getrennt, um den Sachverhalt anschaulicher darzustellen.

Zusätzlich muss auch der Arbeitgeberanteil zur Sozialversicherung verbucht werden:

6400 Arbeitgeberanteil zur Sozialversicherung		833,00	
an	2640 SV-Vorauszahlung		833,00

Mit der Überweisung der noch abzuführenden Sozialversicherungen und Steuern ist die Verbuchung geschafft:

2640 SV-Vorauszahlung (Arbeitnehmeranteil)		839,00	
4830 Verbindlichkeiten gegenüber Finanzbehörden		861,21	
2640 SV-Vorauszahlung (Arbeitgeberanteil)		833,00	
an	2800 Bank		2.533,21

Vermögenswirksame Leistungen

Last, but not least noch zu den vermögenswirksamen Leistungen. Diese geringen Beträge füllen zwar keinen Geldspeicher, es gilt aber das Sprichwort »Wer den Taler nicht ehrt…«.

Vermögenswirksame Leistungen sind Beträge, die Ihnen Ihr Arbeitgeber direkt auf ein von Ihnen zu bestimmendes Anlagekonto wie etwa einen Bausparvertrag oder einen Aktienfonds überweist. Darüber hinaus wird die sogenannte VL in Deutschland nach dem Vermögensbildungsgesetz gar noch mit einer Arbeitnehmersparzulage gefördert. Ist doch nett, oder?!

Die vermögenswirksamen Leistungen werden monatlich gleichzeitig mit der Überweisung des Entgelts vom Arbeitgeber an die Bausparkasse von Herrn Hurtig überwiesen – sofern der Arbeitgeber diese gewährt und Herr Hurtig sie auch beantragt hat. Dann wird die Verbuchung der Entgeltauszahlung im Soll einfach um die Position »Sonstige tarifliche oder vertragliche Aufwendungen« ergänzt und die Bankauszahlung im Haben entsprechend erhöht.

Herr Hurtig bekommt von seinem Arbeitgeber monatlich eine vermögenswirksame Leistung von 26 Euro. Herr Hurtig selbst schießt noch 20 Euro hinzu, sodass die gesamte monatliche Sparleistung bei 46 Euro liegt. Der zugehörige Buchungssatz sieht dann so aus:

6300 Gehälter und Zulagen		3.000,00
6320 Sonstige tarifliche oder vertragliche Aufwendungen		26,00
an	2800 Bank	1.811,93
	2640 SV-Vorauszahlung	633,24
	4830 Verbindlichkeiten gegenüber Finanzbehörden	534,83
	4860 Verbindlichkeiten aus vermögenswirksamen Leistungen (VL)	46,00

Verbuchung von Vorschüssen

Der letzte Monat war für Horst Hurtig nicht leicht. Zuerst hatte das Auto einen Motorschaden und wenige Tage später ging auch noch der Heizungsbrenner kaputt. Und das während einer Zahnbehandlung, die bereits einen Großteil des Ersparten aufgezehrt hat. Natürlich hätte Herr Hurtig seine Hausbank um die Erhöhung des Dispokredits bitten können. Da der Arbeitgeber aber bereit war, einen zinslosen Vorschuss zu gewähren, konnte er auf den teuren Bankkredit verzichten. Ein solcher Vorschuss wird buchhalterisch wie ein kurzfristiges Darlehen behandelt und auf das Konto »Forderungen an Mitarbeiter« gebucht.

Der Vorschuss wird in bar ausbezahlt; die Buchung sieht bei Auszahlung damit wie folgt aus:

2650 Forderungen an Mitarbeiter		500,00
an	2880 Kasse	500,00

Wäre der Vorschuss nicht in bar, sondern per Überweisung ausbezahlt worden, hätten Sie einfach gegen das Konto »Bank« anstatt »Kasse« gebucht.

Bei der nächsten Entgeltzahlung im Folgemonat wird die Banküberweisung um den Vorschuss gekürzt und die auf dem Konto »Forderung an Mitarbeiter« gebildete Position in Höhe von 500 Euro wieder aufgelöst:

6300 Gehälter und Zulagen		3.000,00
an	2800 Bank	1.339,29
	2650 Forderungen an Mitarbeiter	500,00
	2640 SV-Vorauszahlung	629,25
	4830 Verbindlichkeiten gegenüber Finanzbehörden	531,46

Verbuchung von Sachleistungen

Sachbezüge werden oftmals auch als *geldwerter Vorteil* bezeichnet. Grundsätzlich sind diese steuer- und sozialversicherungspflichtig, jedoch gelten hierbei sogenannte Rabattfreibeträge. So müssen beispielsweise in Deutschland Sachbezüge nur dann versteuert werden, wenn sie 1.080 Euro pro Jahr übersteigen, so der § 8 des Einkommensteuergesetzes.

Da Geld allein bekanntlich nicht glücklich macht, gewähren viele Unternehmen ihren Mitarbeitern noch kleine Schmankerl on Top, um die Belegschaft rundum glücklich zu machen. Bei diesen Schmankerln kann es sich beispielsweise um vergünstigte Bezüge von Produkten des Unternehmens, die Erlaubnis zum privaten Gebrauch von Firmenwagen, die Stellung einer Firmenwohnung oder freie Verköstigung handeln.

Um zu vermeiden, dass sich Arbeitnehmer nur noch mit Sachleistungen »bezahlen« lassen und somit keine Steuern und Sozialabgaben mehr aufbringen müssen, wird deren Bezug vom Gesetzgeber ebenfalls als steuer- und sozialversicherungspflichtig eingestuft. Der Wert der Sachleistung wird deshalb zum »normalen« Bruttolohn hinzuaddiert. Außerdem sind Sachleistungen in der Regel auch noch umsatzsteuerpflichtig.

Bei Sachleistung kann sich buchungstechnisch ein Sonderfall ergeben: Bei der Aufwandsbuchung im Soll stehen nicht nur Bestandskonten, sondern auch Ertragskonten im Haben entgegen. Genau immer dann, wenn das Unternehmen einem Mitarbeiter einen Vorteil gewährt, für den Fremde hätten bezahlen müssen.

Als Nächstes gehen wir einmal einige Sachleistungen durch. Als Erstes kümmern wir uns um unseren Hausmeister.

Ordnung muss sein!

Hausmeister Reinlich bewohnt kostenlos eine Fünfeinhalb-Zimmer-Wohnung auf dem Werksgelände.

✔ Die ortsübliche Miete für eine solche Wohnung beträgt 450 Euro kalt.

✔ Für seine Tätigkeit als Hausmeister erhält Reinlich ein Entgelt von brutto 2.550 Euro. Das steuer- und sozialversicherungspflichtige Einkommen beträgt somit zuzüglich der Sachleistung »Wohnung« 3.000 Euro.

✔ Hiervon sind 850 Euro als Abgaben abzuführen.

Da Wohnungsmieten in Deutschland grundsätzlich umsatzsteuerbefreit sind, wird keine Umsatzsteuer fällig.

Das Unternehmen muss die »verschenkten« 450 Euro als Ertrag verbuchen. Der Hausmeister muss hierfür Steuern und Sozialversicherungsbeiträge bezahlen.

Hier der komplette Buchungssatz am Monatsende:

6300 Gehälter und Zulagen		3.000,00
an	2800 Bank	1.389,29
	5400 Mieterträge	450,00
	2640 SV-Vorauszahlung	629,25
	4830 Verbindlichkeiten gegenüber Finanzbehörden	531,46

Billig einkaufen

In manchen Firmen besteht für Mitarbeiter die Möglichkeit, die gehandelten oder hergestellten Produkte zu kaufen. Bei einem solchen Mitarbeiterverkauf kann man so manches Schnäppchen machen. Zum Beispiel mit Waren, deren Umverpackung leicht beschädigt ist. Im Beispiel verkauft das Unternehmen einem Mitarbeiter Waren mit einem Bilanzwert von 90 Euro für 100 Euro zuzüglich 19 Euro Umsatzsteuer.

Der Verkauf der Waren wird wie folgt verbucht:

2650 Forderungen an Mitarbeiter		119,00
an	5000 Umsatzerlöse für eigene Erzeugnisse	100,00
	4800 Umsatzsteuer	19,00

Mit der nächsten Entgeltzahlung werden die Forderungen wieder verrechnet:

6300 Gehälter und Zulagen		3.000,00
an	2800 Bank	1.720,29
	2650 Forderungen an Mitarbeiter	119,00
	2640 SV-Vorauszahlung	629,25
	4830 Verbindlichkeiten gegenüber Finanzbehörden	531,46

Sie sehen, dass die Verbuchung solcher Sonderfälle kein Hexenwerk ist. Alle Fälle sind letztlich sehr ähnlich zu verbuchen.

Vor dem Fiskus sind alle gleich

Einmal angenommen, Sie arbeiten in einem Supermarkt. Als Sachleistung dürfen Sie so viel Waren entnehmen, wie Sie wollen, und nur der Nettopreis der Waren, das heißt der Preis ohne Umsatzsteuer, würde von Ihrem Bruttolohn abgezogen. Wäre der Sachbezug nicht steuer- und sozialversicherungs- sowie umsatzsteuerpflichtig, wäre es aber in zweifacher Hinsicht ungerecht. Erstens müssten Sie als Arbeitnehmer des Supermarktes, der viele Waren entnimmt, weniger versteuern als Ihr Kollege, der sich überhaupt nicht mit den Waren des Marktes eindeckt, da sich Ihr Bruttolohn durch die Sachbezüge deutlich verringern würde. Zweitens müsste Ihr Kollege, der »regulär« bei der Konkurrenz einkauft, Umsatzsteuer berappen, während Sie für Ihre Entnahmen aus den Regalen Ihres Arbeitgebers keine Umsatzsteuer zahlen.

Aufgabe 9

Ein Mitarbeiter ist unverschuldet in einen finanziellen Engpass geraten. Der Arbeitgeber gewährt einen Vorschuss in Höhe von 200 Euro. Der Mitarbeiter erhält den Betrag bar auf die Hand. Wie sieht der Buchungssatz zu diesem Vorgang aus?

IN DIESEM KAPITEL

Was Sie schon immer über Wertpapiere wissen wollten

Die Verbuchung von liquiden Mitteln

Wichtige Steuern und wie sie verbucht werden

Kapitel 10
Buchungen im Finanzbereich

Die schwedische Popband Abba hat im Jahre 1976 richtig erkannt, was die Welt regiert: »Money, Money, Money«! Geld hat netterweise auch noch den Vorteil, dass sich damit noch mehr Geld verdienen lässt. Und man ist ja immer froh, wenn man welches bekommt – in welcher Form auch immer. Dieser Geldsegen hinterlässt logischerweise auch in der Buchhaltung seine Spuren und bringt ein klein wenig Arbeit mit sich.

Seien Sie gewappnet und erfahren Sie auf den nächsten Seiten alles Wichtige über Buchungen im Finanzbereich. Als Hintergrundmusik dürfen Sie natürlich gerne Abba hören – müssen Sie aber nicht ...

Risiko: Verbuchung von Wertpapieren

Mithilfe von Wertpapieren will ein Unternehmen in der Regel sein Geld vermehren. Wertpapier ist jedoch leider nicht gleich Wertpapier. Das wäre ja auch zu einfach. Hier gilt es also wieder einmal zu unterscheiden. Und zwar danach, ob Ihr Unternehmen seine Wertpapiere

- ✔ langfristig, das heißt strategisch, oder
- ✔ kurzfristig, auch spekulativ genannt, zu halten gedenkt.

 Kaufen Sie die Wertpapiere nur, weil Sie daraus Profit in Form von Gewinnen durch einen Weiterverkauf zu höheren Preisen schlagen wollen, handelt es sich um eine *kurzfristige, spekulative Anlage*. Erwarten Sie hingegen einen positiven, nachhaltigen Nutzen für Ihr eigenes Unternehmen, handelt es sich um eine *langfristige, strategische Finanzanlage*. Während kurzfristige Anlagen ins Umlaufvermögen kommen, werden die langfristigen Finanzanlagen als Anlagevermögen aktiviert, wie Abbildung 10.1 zeigt.

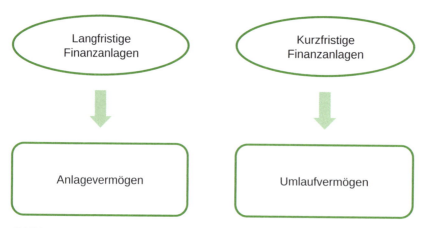

Abbildung 10.1: Verbuchung von lang- und kurzfristigen Finanzanlagen

Erwirbt Ihr Unternehmen Aktien in der Absicht, eine länger andauernde Beziehung mit dieser Firma einzugehen und gewisse Vorteile daraus zu schlagen, spricht man von *Beteiligungen*. Bei *Anteilen an verbundenen Unternehmen* handelt es sich in der Regel um Anteile an einem Tochterunternehmen, bei dem das Mutterunternehmen sagt, wo der Hase langzulaufen hat. Bei *Wertpapieren* ist der Einfluss Ihres Unternehmens hingegen relativ gering. Sie dienen meist nur als reine Kapitalanlage.

Langfristige Wertpapiere

Langfristige Wertpapiere sind zwar auf Dauer angelegt. Es besteht aber keine Beteiligungsabsicht. Vielmehr steht ein mittel- bis langfristiger Anlagecharakter im Vordergrund.

Zur Gattung der Wertpapiere zählen insbesondere:

- ✔ Dividendenpapiere:
  - Aktien
- ✔ festverzinsliche Wertpapiere:
  - Obligationen
  - Pfandbriefe
  - Anleihen
  - Bonds

Langfristige Wertpapiere werden im Anlagevermögen verbucht. Bewertet werden sie mit den Anschaffungskosten zuzüglich der Anschaffungsnebenkosten. Sie dürfen auch einen Durchschnittswert ansetzen, wenn Sie gleichartige Aktien zu unterschiedlichen Preisen über das Jahr verteilt gekauft haben. Bei festverzinslichen Wertpapieren kommt es außerdem häufig vor, dass Sie zusätzlich zum eigentlichen Wertpapier einen sogenannten Zinsschein erwerben. Damit können Sie die fälligen Zinsen einlösen.

Eine weitere Besonderheit gibt es bei festverzinslichen Wertpapieren, bei denen Sie den zugesicherten Zins erst am Ende der Laufzeit komplett in einem Betrag bekommen. Bei diesen sogenannten *Null-Kupon-Anleihen* – oder neudeutsch *Zero-Bonds* – müssen Sie den anteiligen Zins für das jeweilige Bilanzjahr im Jahresabschluss zuschreiben.

Verbuchung von langfristigen Wertpapieren

Die Haar-Ab AG kauft Aktien eines großen Automobilherstellers zu einem Preis von 100.000 Euro und will diese als langfristige Kapitalanlage für eventuell einmal kommende schlechte Tage halten. Hierbei handelt es sich damit um Dividendenpapiere.

Auf Buchhalterdeutsch:

1500 Wertpapiere des Anlagevermögens	100.000,00
an 2800 Bank	100.000,00

 Im Falle einer *Beteiligung* hätten Sie statt des Kontos 1500 Wertpapiere des Anlagevermögens das Konto 1300 Beteiligungen bebuchen müssen. Bei *Anteilen an verbundenen Unternehmen* wäre es hingegen das Konto 1100 Anteile an verbundenen Unternehmen.

Leider stehen Aktien kurz darauf nicht mehr so hoch im Kurs. Die Wertpapiere sind am Bilanzstichtag des nächsten Jahres deshalb nur noch 90.000 Euro wert. Es scheint, als ob sich daran in absehbarer Zeit auch nichts ändern wird.

Somit müssen Sie die Anteile deshalb mit dem niedrigeren Wert ansetzen, also außerplanmäßig abschreiben. Das machen Sie wie folgt:

7400 Abschreibungen auf Finanzanlagen	10.000,00
an 1500 Wertpapiere des Anlagevermögens	10.000,00

 Wertpapiere des Anlagevermögens müssen abgeschrieben werden, wenn der niedrigere Wert voraussichtlich dauerhaft ist. Bei kurzfristigen Schwankungen haben Sie bei Finanzanlagen ein Wahlrecht: Sie können abschreiben – müssen aber nicht. Das nennt man auch *gemildertes Niederstwertprinzip*.

Ein weiteres Jahr später dreht sich das Blatt. Durch ein revolutionäres neues Modell brummt das Geschäft beim Automobilhersteller. Ihr Aktienpaket ist nun stattliche 150.000 Euro wert. Für alle normalen Unternehmen besteht eine Zuschreibungspflicht bis maximal zu den Anschaffungskosten. Kreditinstitute müssen dagegen zum beizulegenden Zeitwert abzüglich eines Risikoabschlags bewerten. Die Finanzkrise lässt grüßen.

 Zuschreibungen werden auch als *Wertaufholung* bezeichnet. Gemeint ist jedes Mal, dass außerplanmäßige Abschreibungen wieder rückgängig gemacht werden.

Somit muss die Haar-Ab AG die Aktien in der nächsten Bilanz mit dem folgenden Buchungssatz wertberichtigen:

1500 Wertpapiere des Anlagevermögens		10.000,00	
an	5440 Erträge aus Werterhöhungen von Gegenständen des Anlagevermögens (Zuschreibungen)		10.000,00

Als der Kurs immer weiter steigt und Ihre Aktien plötzlich das Doppelte – also 200.000 Euro – wert sind, summt Ihr Vorstandsvorsitzender leise »Money, Money, Money« vor sich hin und kann der Versuchung nicht widerstehen, die Aktien zu verkaufen. Sie buchen deshalb:

2800 Bank		200.000,00	
an	1500 Wertpapiere des Anlagevermögens		100.000,00
	5460 Erträge aus dem Abgang von Vermögensgegenständen		100.000,00

Die 100.000 Euro an zusätzlichem Ertrag müssten Sie natürlich auch versteuern. Andererseits erhöhen Sie auch Ihre Bilanzsumme, was Ihr Unternehmen nach außen hin besser dastehen lässt. Alles hat eben seine zwei Seiten – auch hier. Hätten Sie die Aktien unter den Anschaffungskosten verkauft, müssten Sie den damit einhergehenden Aufwand auf dem Konto 7450 Verluste aus dem Abgang von Finanzanlagen verbuchen.

Kurzfristige Wertpapiere

Die Arten und die Bewertung entsprechen exakt denen der langfristigen Wertpapiere. Das einzige Unterscheidungskriterium ist, ob die Wertpapiere lang- oder kurzfristig gehalten werden sollen.

Verbuchung von kurzfristigen Wertpapieren

Die Haar-Ab AG kauft über ihre Hausbank am 30. Juni Anleihen mit einem Nennwert von 10.000 Euro und einer zehnprozentigen Verzinsung zu 12.000 Euro. Diese 12.000 Euro sind somit die Anschaffungskosten. Es wird außerdem ein Zinsschein ausgegeben. Anschaffungsnebenkosten gibt es keine.

Ein Zinsschein (auch *Kupon* genannt) ist ein zu einem Wertpapier gehörender Abschnitt, der Sie berechtigt, Gewinnanteile – also Zinsen oder Dividenden – einzulösen. Wird ein solcher ausgegeben, wird er auf dem Konto »Übrige sonstige Forderungen« aktiviert und bei Einlösung als Ertrag wieder aufgelöst.

Da die Haar-Ab AG die Anlage nur kurzfristig halten möchte, wird sie im Umlaufvermögen verbucht. Für den erworbenen Zinsschein mussten Sie noch zusätzlich 500 Euro berappen, also die Hälfte der jährlichen Verzinsung, da Sie die Anleihe zur Jahresmitte gekauft haben. Sie buchen:

2700 Wertpapiere des Umlaufvermögens	12.000,00	
2690 Übrige sonstige Forderungen	500,00	
an	2800 Bank	12.500,00

Am Ende des Jahres lösen Sie dann den Zinsschein bei Ihrer Bank ein. Somit erhalten Sie Zinserträge in Höhe von 500 Euro und buchen den Zinsschein aus – und zwar wie folgt:

5710 Zinserträge	500,00	
an	2690 Übrige sonstige Forderungen	500,00

Im Folgejahr hat die Anleihe dann plötzlich nur noch einen Kurswert von 11.000 Euro, also 1.000 Euro weniger als der ursprüngliche Kaufpreis. Plötzlich griffen scheinbar alle Anleger wieder zu Aktien.

Während im Anlagevermögen bei Finanzanlagen das gemilderte Niederstwertprinzip gilt, wird im Umlaufvermögen ansonsten immer das *strenge Niederstwertprinzip* angewandt. Und das besagt nun mal, dass immer abgeschrieben werden muss, wenn der Wert am Bilanzstichtag unter den Anschaffungskosten liegt. Das Niederstwertprinzip ergibt sich übrigens in Deutschland aus § 253 des HGB und in Österreich aus § 201 ff. des UGB. In der Schweiz leitet es sich aus den Artikeln 960a des OR sowie nach Swiss GAAP FER 2 ab. Swiss GAAP FER lässt hier jedoch auch eine Bewertung über die Anschaffungs- oder Herstellungskosten hinaus zu, sofern eine vertragliche Grundlage im Rahmen eines langfristigen Fertigungsauftrags besteht. Nach IFRS gibt es diese Obergrenze beim Modell des beizulegenden Zeitwerts nicht. Getreu der Fair-Value-Methode muss jede Wertsteigerung auch über die Anschaffungs- und Herstellungskosten hinaus bilanziert werden.

Der zugehörige Buchungssatz sieht so aus:

7420 Abschreibungen auf Wertpapiere des Umlaufvermögens	1.000,00	
an	2700 Wertpapiere des Umlaufvermögens	1.000,00

Zwölf Monate später stehen Anleihen dann doch wieder hoch im Kurs und der Kurswert beträgt 13.000 Euro. Auch bei Finanzanlagen im Umlaufvermögen müssen Sie zwingend auf einen Wert bis maximal zu den Anschaffungskosten nebst -nebenkosten zuschreiben. Damit Sie den Wert der Anleihe in der Bilanz auf die ursprünglichen 12.000 Euro erhöhen, buchen Sie so:

2700 Wertpapiere des Umlaufvermögens	1.000,00	
an	5441 Erträge aus Zuschreibungen zum Umlaufvermögen	1.000,00

Am 30. Juni des folgenden Jahres verkauft die Haar-Ab AG die Anleihen für 13.000 Euro. Zudem veräußert sie einen zugehörigen Zinsschein zu 500 Euro. Diese 500 Euro werden dann als Zinserträge verbucht.

Der Buchungssatz lautet:

2800 Bank		13.500,00	
an	2700 Wertpapiere des Umlaufvermögens		12.000,00
	5710 Zinserträge		500,00
	5460 Erträge aus dem Abgang von Vermögensgegenständen		1.000,00

Hätten Sie beim Verkauf Miese gemacht, müssten Sie statt des Ertragskontos das Aufwandskonto 7460 Verluste aus dem Abgang von Wertpapieren des Umlaufvermögens bebuchen. Bei den Zinserträgen wird an dieser Stelle die Kapitalertragsteuer beziehungsweise die Abgeltungsteuer der Einfachheit halber nicht berücksichtigt. Doch keine Panik: Die kommt noch später in diesem Kapitel.

Erträge aus Finanzanlagen

Je nachdem, wie Sie Ihr Geld angelegt haben, gibt es unterschiedliche Formen von finanziellen »Früchten«, die Sie ernten können. Als da wären:

✔ Dividenden bei Aktien

✔ Zinsen bei verzinslichen Wertpapieren

Dividenden sind Gewinnanteile von Aktiengesellschaften. Für jede Aktie bekommen Sie hierdurch einen Teil des jeweiligen Gewinns des Unternehmens gutgeschrieben. Je mehr Aktien Sie also besitzen, umso höher die Dividende. Der *Zins* ist eine Art Miete dafür, dass Sie anderen Ihr Geld für einen bestimmten Zeitraum zur Nutzung überlassen haben. Gängig ist, dass Zinsen entweder regelmäßig über diesen Zeitraum bezahlt werden oder am Ende der Nutzung in einem Betrag abgerechnet werden.

Sowohl Dividenden- als auch Zinserträge sind sofort erfolgswirksam. Das heißt, sie fließen direkt in die Gewinn-und-Verlust-Rechnung ein.

Verbuchung von Dividenden

Die Haar-Ab AG besitzt 1.000 Aktien eines Automobilherstellers. Diese sind im Umlaufvermögen aktiviert. Je Aktie schüttet der Automobilhersteller 15 Euro Dividende als Gewinnbeteiligung aus. Die gesamte Dividende für die Haar-Ab AG beträgt somit 15.000 Euro. Doch unser Rasiererhersteller bekommt leider nicht die vollen 15.000 Euro ausbezahlt. Von diesem Betrag wird noch ein für alle Kapitaleinkünfte seit 2009 geltender einheitlicher Kapitalertragsteuersatz von 25 Prozent einbehalten. Diese Kapitalertragsteuer wird vom auszahlenden Geldinstitut direkt an den Fiskus abgeführt.

Der Steuersatz für Dividenden beträgt somit derzeit in Deutschland und in Österreich 25 Prozent. In der Schweiz heißt sie Verrechnungsteuer und beträgt 35 Prozent. In Deutschland müssten in unserem Beispiel 25 Prozent von 15.000 Euro, also 3.750 Euro an Kapitalertragsteuer abgeführt werden.

Zusätzlich müssen in Deutschland dann noch einmal 5,5 Prozent des Kapitalertragsteuerbetrags als Solidaritätszuschlag abgeführt werden. Im Beispiel macht das noch einmal 206,25 Euro.

Für Deutschland würde der zugehörige Buchungssatz also so aussehen:

2800 Bank		11.043,75
7720 Kapitalertragsteuer		3.750,00
7740 Solidaritätszuschlag		206,25
an	5780 Erträge aus Wertpapieren des Umlaufvermögens	15.000,00

Natürliche Personen können die Kapitalertragsteuer beziehungsweise die Abgeltungsteuer in Deutschland bis zu einem gewissen Betrag – derzeit 801 Euro für Alleinstehende und 1.602 Euro für Verheiratete – vermeiden, indem sie bei ihrem Kreditinstitut einen Freistellungsauftrag einrichten.

Abgeltungsteuer

Seit 2009 gilt für Kapitalerträge ein einheitlicher Abzugssteuersatz von 25 Prozent (zuzüglich Solidaritätszuschlag). Gewinne aus dem Verkauf von Wertpapieren zählen unabhängig von der Haltedauer auch zu den steuerpflichtigen Kapitalerträgen. Für Privatpersonen ist die Einkommensteuer durch den Steuerabzug in der Regel abgegolten. Daher der Begriff Abgeltungsteuer. Für Kapitalerträge im Betriebsvermögen gelten hingegen andere Regelungen. Hier besitzt der Kapitalertragsteuerabzug keine abgeltende Wirkung. Die Kapitalertragsteuer ist lediglich eine Art Vorauszahlung und wird mit der entsprechenden Einkommen- beziehungsweise Körperschaftsteuerschuld am Ende des Jahres verrechnet – also von selbiger abgezogen. Das Gleiche gilt für den Solidaritätszuschlag.

Verbuchung von Zinserträgen

Auch Zinserträge unterliegen der Kapitalertragsteuer. Es gelten in Deutschland dieselben Steuersätze wie bei den Dividenden: 25 Prozent für Kapitalanlagen und ebenfalls 25 Prozent für Tafelpapiere.

Tafelpapiere sind Wertpapiere, die nicht an der Börse gekauft werden. Sie werden am Bankschalter erworben und vom Käufer selbst aufbewahrt. Das Ganze hat also eher weniger mit einem gedeckten Tisch zu tun.

Die Steuersätze in Österreich und der Schweiz sind dieselben wie bei Dividendenerträgen. In Deutschland wird bei der Berechnung auch hier der 5,5-prozentige Solidaritätszuschlag auf den Steuerbetrag erhoben.

Die Haar-Ab AG erhält nun durch ihre Hausbank die Zinsen für ihre zehnprozentige Anleihe. Insgesamt 1.000 Euro Kapitalertragsteuerabzug. Das Ganze wird dann in Deutschland so verbucht:

2800 Bank		736,25	
7720 Kapitalertragsteuer		250,00	
7740 Solidaritätszuschlag		13,75	
an	5710 Zinserträge		1.000,00

Sind Sie flüssig? Liquide Mittel

Geld stinkt nicht. Doch das ist nicht der einzige Vorteil, den liquide Mittel haben.

Liquide Mittel beinhalten jedoch nicht nur Bargeld und die berühmt-berüchtigte Portokasse, auch Guthaben bei Banken sowie Schecks finden sich hier wieder.

In der Regel haben liquide Mittel einen festen Nennwert, was deren Bewertung deutlich vereinfacht. Lediglich bei ausländischen Währungen, auch Devisen oder Sorten genannt, gibt es einen Wechselkurs, der variieren kann. Die beiden wichtigsten aktiven Bestandskonten bei den liquiden Mitteln sind »Bank« und »Kasse«. Liquide Mittel werden immer dem Umlaufvermögen zugeordnet.

Verbuchung von inländischen liquiden Mitteln

Die Haar-Ab AG hat eine prall gefüllte Portokasse. Sie zählen nach und kommen auf stolze 5.000 Euro. Sie sind der Meinung, dass 2.000 Euro auch reichen, und schicken Ihre Sekretärin zur Bank. Sie soll die restlichen 3.000 Euro auf das Girokonto einzahlen. Als Ihre Sekretärin gerade unterwegs ist, setzen Sie sich an den Schreibtisch und buchen:

2800 Bank		3.000,00	
an	2880 Kasse		3.000,00

Verbuchung von Devisen

Aber Ihr Unternehmen hat noch eine weitere Portokasse. Hier werden Fremdwährungen aller Herren Länder gesammelt. Man könnte ja mal spontan auf Dienstreise müssen ...

So sind unter anderem auch 1.000.000 Angolanische Kwanza in der Kasse zu finden. Diese wurden im letzten Jahr für 10.000 Euro angeschafft und aktiviert. Am Bilanzstichtag schauen Sie im Internet nach und finden heraus, dass besagte Angolanische Kwanza aktuell nur noch 9.712 Euro wert sind. Sie haben also im vergangenen Jahr einen Kursverlust von 288 Euro erlitten.

Fremdwährungen werden immer mit dem Ankaufskurs am Bilanzstichtag bewertet (jedoch maximal bis zu den ursprünglichen Anschaffungskosten). Nachdem im letzten Jahr so gebucht wurde …

2888 Fremdwährungen (Kwanza)	10.000,00
an 2880 Kasse	10.000,00

… buchen Sie im aktuellen Jahr wie folgt:

7400 Abschreibungen auf Finanzanlagen	288,00
an 2888 Fremdwährungen (Kwanza)	288,00

Das Konto 2888 Fremdwährungen (Kwanza) ist im Standard-IKR leider noch nicht vorgesehen. Dies müssten Sie im Bedarfsfall selbst als Unterkonto der Kasse anlegen.

Der Angolanische Kwanza macht ein Jahr später einen Riesensatz. Die 1.000.000 Kwanza sind nun umgerechnet 10.143,75 Euro wert. Also schreiben Sie am nächsten Bilanzstichtag zu – jedoch nur bis zu den ursprünglichen Anschaffungskosten von 10.000 Euro:

2888 Fremdwährungen (Kwanza)	288,00
an 5441 Erträge aus Zuschreibungen zum Umlaufvermögen	288,00

Es empfiehlt sich übrigens, dass Sie für jede Währung, die Sie im Haus oder auf der Bank haben, ein eigenes Unterkonto anlegen. Das erleichtert die Bewertung und Verbuchung enorm. Sonst verlieren Sie bei der Vielzahl von Währungen schnell mal den Überblick. Es gibt weltweit übrigens weit über 150 unterschiedliche Währungen.

Falls Sie ausländische Währungen gewinnbringend verkaufen, also Devisenhandel betreiben, müssen Sie analog zu den Zinserträgen ebenfalls die Kapitalertragsteuer sowie den Solidaritätszuschlag abführen.

Anzahlungen

In vielen Fällen werden in der Praxis Anzahlungen verlangt, ehe eine bestimmte Leistung erbracht oder ein bestimmtes Produkt geliefert wird. Sicher ist nun mal eben sicher.

Buchhalterisch müssen Sie hierbei beachten, dass

- ✔ die Umsatzsteuer für den Anzahlungsbetrag bereits mit der Anzahlung fällig wird.
- ✔ die Anzahlung auf einem separaten Konto verbucht wird und nicht etwa im Warenausgang. Das Produkt ist ja schließlich auch noch nicht geliefert. Hierfür gibt es zum einen das Aktivkonto »Geleistete Anzahlungen« sowie das Passivkonto »Erhaltene Anzahlungen«.

Verbuchung von Anzahlungen beim Kunden

Die Haar-Ab AG bestellt Stahl bei den Blupp-Stahl-Werken im Wert von 100.000 Euro zuzüglich 19 Prozent Umsatzsteuer. Geliefert werden kann der Stahl jedoch erst in einigen Wochen. Der Lieferant verlangt einstweilen eine Anzahlung von 20 Prozent der 100.000 Euro, also 20.000 Euro.

Sie wissen, was zu tun ist, und buchen:

2300 Geleistete Anzahlungen auf Vorräte	20.000,00	
2600 Vorsteuer	3.800,00	
an 2800 Bank		23.800,00

Der Jubel ist groß und es fließt Sekt in Strömen, als der Stahl dreieinhalb Monate später dann auch endlich geliefert wird. Trotz des Sektes behalten Sie einen klaren Kopf beim Buchen. Die 19 Prozent Vorsteuer reduzieren Sie um die bereits verbuchten 3.800 Euro:

2000 Rohstoffe	100.000,00	
2600 Vorsteuer	15.200,00	
an 2300 Geleistete Anzahlungen auf Vorräte		20.000,00
4400 Verbindlichkeiten aus Lieferungen und Leistungen		95.200,00

Nachdem Sie wieder vollkommen ausgenüchtert sind, begleichen und verbuchen Sie dann noch die offene Verbindlichkeit:

4400 Verbindlichkeiten aus Lieferungen und Leistungen	95.200,00	
an 2800 Bank		95.200,00

Verbuchung von Anzahlungen beim Lieferanten

Ihre Kollegin bei den Blupp-Stahl-Werken bekam leider nichts zu trinken, als sie vor dreieinhalb Monaten die von Ihnen angewiesene Anzahlung so verbuchte:

2800 Bank	23.800,00	
an 4300 Erhaltene Anzahlungen		20.000,00
4800 Umsatzsteuer		3.800,00

Die Lieferung des Stahls buchte sie wie folgt:

4300 Erhaltene Anzahlungen		20.000,00	
2400 Forderungen aus Lieferungen und Leistungen		95.200,00	
an	2280 Waren		100.000,00
	4800 Umsatzsteuer		15.200,00

Schlussendlich würdigt sie dann noch den Geldeingang auf buchhalterische Art und Weise, ehe sie sich mit einem Gläschen Sekt in ihr wohlverdientes Wochenende verabschiedet:

2800 Bank		95.200,00	
an	2400 Forderungen aus Lieferungen und Leistungen		95.200,00

Steuern

Die universelle Antwort auf die Frage, wie Steuern verbucht werden, lautet: Kommt drauf an. Und zwar darauf, um welche Steuern es sich handelt.

Unterschieden wird danach, in welche Kategorie die jeweilige Steuer fällt. Es gibt nämlich folgende Kategorien von Steuern:

- ✓ **Abzugsfähige Betriebssteuern:** Diese werden durch das Unternehmen veranlasst und können direkten Einfluss auf den zu versteuernden Gewinn haben.

- ✓ **Nicht abzugsfähige Betriebssteuern:** Die werden zwar auch durch das Unternehmen veranlasst, dürfen jedoch den steuerlichen Gewinn nicht mindern.

- ✓ **Privatsteuern:** Die wiederum haben nichts mit dem Unternehmen zu tun, sondern sind reines »Privatvergnügen«.

Figure 10.2 zeigt nochmals diese Unterteilung sowie die wichtigsten Vertreter ihrer Art.

Abzugsfähige Betriebssteuern

Die abzugsfähigen Betriebssteuern wirken sich direkt auf den zu versteuernden Gewinn aus. Manche davon werden aktiviert und abgeschrieben beziehungsweise bei Verkauf zu Erträgen oder Aufwendungen. Andere landen direkt in der Gewinn-und-Verlust-Rechnung.

Zu den *aktivierungspflichtigen Betriebssteuern* zählt auch die Grunderwerbsteuer. Diese darf also nicht sofort als Aufwand verbucht werden. Die Grunderwerbsteuer gehört stattdessen zu den Anschaffungsnebenkosten des erworbenen Grundstücks.

Landen die Steuern direkt in der Gewinn-und-Verlust-Rechnung, wie etwa die Kfz-Steuer für den Dienstwagen, spricht man von *sofort abzugsfähigen Betriebssteuern*. Aktivierungspflichtige Betriebssteuern werden als Anschaffungsnebenkosten verbucht, sofort abzugsfähige Betriebssteuern hingegen direkt auf Aufwandskonten gepackt. Hört sich vielleicht

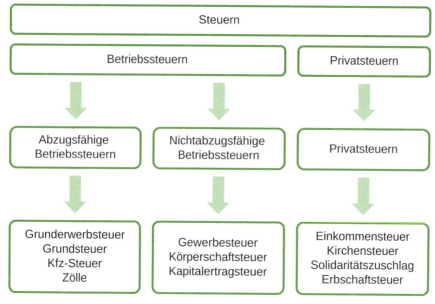

Abbildung 10.2: Unterteilung von Steuern

verwirrend an, aber Abbildung 10.3 sowie mehrere Beispiele zur Verbuchung schaffen hoffentlich die letzte Klarheit.

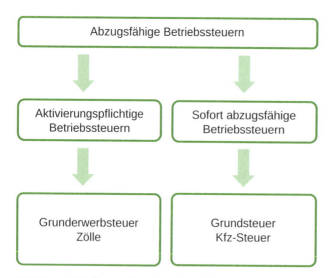

Abbildung 10.3: Unterteilung der abzugsfähigen Betriebssteuern

Verbuchung von aktivierungspflichtigen Betriebssteuern

Die Haar-Ab AG kauft ein Grundstück, auf dem die neue Firmenzentrale entstehen soll. Der Grund und Boden soll eine Million Euro kosten. Hinzu kommen Notargebühren von 1.000 Euro (plus Umsatzsteuer) sowie die Grunderwerbsteuer in Höhe von 3,5 Prozent.

Je nach Bundesland beträgt die Grunderwerbsteuer in Deutschland zwischen 3,5 Prozent (in Bayern) und 6,5 Prozent (zum Beispiel im Saarland). In Österreich beträgt sie grundsätzlich 3,5 Prozent. In der Schweiz heißt die Abgabe Handänderungssteuer und ist Sache der Kantone und Gemeinden. Einige Kantone kennen diese Steuer gar nicht oder haben sie inzwischen abgeschafft. Nicht jedoch der Kanton Neuenburg – dort gilt mit 3,3 Prozent der höchste Satz.

Die gesamten Anschaffungskosten setzen sich dann so zusammen:

Kaufpreis: 1.000.000 Euro

Notargebühren: 1.000 Euro (plus 190 Euro an Vorsteuer)

Grunderwerbsteuer: 35.000 Euro

Sie buchen also:

0500 Unbebaute Grundstücke		1.036.000,00	
2600 Vorsteuer		190,00	
an	2800 Bank		1.036.190,00

 Nicht abnutzbare Wirtschaftsgüter haben erst bei ihrer Veräußerung einen Einfluss auf den Gewinn. Sie dürfen ja nicht abgeschrieben werden.

Verbuchung von sofort abzugsfähigen Betriebssteuern

Sofort abzugsfähige Betriebssteuern landen direkt auf einem Aufwandskonto, das nach der jeweiligen Steuerart benannt ist. Sie mindern hierdurch den Gewinn. Ein schwacher Trost: Das reduziert die Steuerlast am Jahresende wenigstens ein klein wenig. Die Kfz-Steuer für den schicken Haar-Ab-Firmenwagen wird nun fällig. Der Fiskus knöpft Ihnen somit wieder einmal 150 Euro für Ihren Fahrspaß ab.

Sie fluchen und buchen also wie folgt:

7030 Kfz-Steuer		150,00	
an	2800 Bank		150,00

Verbuchung von nicht abzugsfähigen Betriebssteuern

Witzigerweise werden auch die nicht abzugsfähigen Betriebssteuern auf Aufwandskonten gebucht, die in der Gewinn-und-Verlust-Rechnung Berücksichtigung finden. Zu Recht könnten Sie sich exakt an dieser Stelle fragen, wieso zum Henker sie dann keinen Einfluss auf den Gewinn haben sollen – wo sie doch auch Aufwand sind. Die Lösung ist die folgende:

 Nicht abzugsfähige Betriebssteuern mindern zwar den handelsrechtlichen Gewinn, sie werden jedoch für die Ermittlung des steuerrechtlichen Gewinns wieder hinzugerechnet. Doch damit haben Sie als Buchhalter in der Regel eher weniger zu tun.

Dennoch müssen Sie diese Steuern verbuchen. Und das machen Sie genauso wie bei den sofort abzugsfähigen Betriebssteuern.

Die Haar-Ab AG muss nun auch noch 5.000 Euro Kapitalertragsteuer bezahlen. Sie buchen:

7720 Kapitalertragsteuer		5.000,00	
an	2800 Bank		5.000,00

Die beiden wichtigsten Vertreter der nicht abzugsfähigen Betriebssteuern, die Kapitalertragsteuer sowie die Körperschaftsteuer gehören beide in die GuV-Position »Steuern vom Einkommen und Ertrag«.

Verbuchung von Privatsteuern

Die Privatsteuern haben – wie es der Name schon vermuten lässt – rein gar nichts mit dem Betrieb zu tun. Wenn überhaupt, werden sie nur bei Personengesellschaften gebucht, sofern diese Steuern von dem Privatkonto eines Gesellschafters beglichen werden sollen. Hierfür muss man für das entsprechende Privatkonto ein Unterkonto namens »Privatsteuern« anlegen.

Überweist beispielsweise der Friseur Häberle vom betrieblichen Konto seine Einkommensteuer in Höhe von 2.000 Euro, so muss sein Buchhalter dies wie folgt verbuchen:

Privatsteuern sind zum Beispiel die Einkommensteuer, der Solidaritätszuschlag, die Kirchensteuer, die Erbschaftsteuer und die privat veranlasste Grund- und Kfz-Steuer.

Aufgabe 10

Das Süßwarenunternehmen Plombenzieher GmbH erwirbt ein Aktienpaket eines Herstellers für zahnmedizinische Produkte im Wert von 500.000 Euro. Anschaffungsnebenkosten gibt es keine; Zinsscheine werden nicht ausgegeben. Wie müsste der zugehörige Buchungssatz lauten, wenn die Plombenzieher GmbH die Wertpapiere als langfristige Kapitalanlage halten möchte? Wie wird gebucht, wenn die Plombenzieher GmbH die Aktien bald wieder verkaufen möchte?

Teil III
Der Jahresabschluss: Bilanzieren und bewerten

IN DIESEM TEIL ...

Lernen Sie die Geheimnisse einer Inventur und des Inventars kennen, ehe es um die die vorbereitenden Buchungen für einen Jahresabschluss geht.

Dann erfahren Sie etwas über die unterschiedlichen Gewinnermittlungsarten, bevor die Bilanz die Bühne betritt.

Und dann erklären wir Ihnen, was es mit der Gewinn- und-Verlust-Rechnung, dem Anhang und dem Lagebericht auf sich hat.

> **IN DIESEM KAPITEL**
>
> Die Inventur als Bestandteil des Jahresabschlusses
>
> Das Inventar aufstellen
>
> Erfolgsermittlung per Eigenkapitalvergleich

Kapitel 11
Alles meins: Das Inventar

Jeder buchführungspflichtige Selbstständige oder gewerbliche Unternehmer muss bei der Eröffnung seines Traums oder zukünftigen Albtraums eine Liste mit dem gesamten für das Unternehmen eingesetzten Hab und Gut erstellen.

Die Bestandsaufnahme wird *Inventur* genannt. Bei einer Inventur müssen Sie den gesamten Inhalt in einem Verzeichnis, einer Liste, festhalten. Diese Bestandsliste wird *Inventar* genannt. Hierin werden das gesamte Vermögen und sämtliche Schulden mengen- und wertmäßig erfasst.

Einzelkaufleute mit weniger als 500.000 Euro Umsatz und 50.000 Euro Gewinn müssen keine Inventur durchführen. Das steht in § 241a HGB.

Jahresabschluss und Inventur

Doch damit nicht genug. Die Inventur muss jedes Jahr aufs Neue wiederholt werden. Sie ist fester Bestandteil des Jahresabschlusses. Das ist auch der Grund, warum wir dieses Kapitel an den Beginn dieses Teils gestellt haben.

Kennen Sie den Film *Wilde Kreaturen* mit John Cleese und Jamie Lee Curtis? Die Story: Ein britischer Zoo wurde privatisiert und an einen US-amerikanischen Investor verkauft. Dieser fordert bei jeder Investition mindestens 20 Prozent Rendite ein. So auch von diesem Zoo. Andernfalls droht die Schließung. Gut, 1997 war das noch eine provokante Forderung. Heute werden 20 Prozent Rendite bei einigen Unternehmen als existenzbedrohend gewertet. Aber was hat der Film nun mit dem Jahresabschluss zu tun? Ganz einfach: ohne Inventur kein Jahresabschluss und ohne Jahresabschluss kein Ergebnis. Dann erfahren Sie nie, ob Sie die 20-Prozent-Renditehürde geschafft haben oder nicht.

Stellen Sie sich nun vor, dass Sie einmal im Jahr im Zoo *Inventur* machen müssten. Dies bedeutet, dass Sie eine Bestandsliste erstellen müssen. In einer Bestandsliste, dem Inventar, ist alles, was im Zoo kreucht und fleucht, trötet und brummt oder schlicht als Bleistift in der Schublade herumliegt, nach zunehmender Liquidität aufzulisten. Dies bedeutet, dass zuerst das aufgelistet werden muss, was nur sehr schlecht schnell zu Geld zu machen wäre – ganz unabhängig davon, ob man das wirklich will. Dazu zählen zum Beispiel das Menschenaffenhaus, die Waldmenschdame Lea, besser bekannt unter dem Namen Orang-Utan-Dame Lea, oder die Elefantendamen Vilja, Molly, Pama und Zella. Anders sieht es mit der Milch von Kuh Elsa aus. Diese könnte täglich frisch an die Zoobesucher verkauft werden. Am Ende der Liste stehen das Bankguthaben und der Kassenbestand.

Um das Inventar festzustellen, können Sie unterschiedliche Verfahren anwenden. So können Sie am Neujahrstag den gesamten Zoo zum Rapport vor das Verwaltungsgebäude bitten und hoffen, dass die Tiger kein Interesse an den Huftieren zeigen. Oder Sie überantworten die Aufgabe an die Zoomitarbeiter. Diese sind dann wohl einige Zeit im Zoo unterwegs und mit Zählen beschäftigt. Neben dieser etwas aufwendigen Methode gibt es aber sicher noch angenehmere Verfahren.

Das war im Grunde fast alles zum Thema Inventar und Inventur. Zumindest aus Sicht eines Zoos. Aus Buchhaltungssicht gibt es da noch ein paar erwähnenswerte Details. Immerhin ist das Inventar eine wichtige Grundlage der Bilanz.

Jetzt wird gezählt: Die Inventurverfahren

In der Praxis werden meist folgende Inventurverfahren angewendet:

- ✔ Stichtagsinventur
- ✔ zeitversetzte Inventur
- ✔ permanente Inventur
- ✔ Stichprobeninventur

Wegen Inventur geschlossen: Die Stichtagsinventur

Wenige Tage um den Abschlussstichtag herum, der meist am Jahresende liegt, werden der gesamte Vermögensbestand sowie alle Schulden ermittelt und erfasst. Unter »wenige Tage« verstehen wir übrigens maximal zehn Tage.

Körperliche und wertmäßige Bestandsaufnahme: Das bewegliche Anlagevermögen, das Vorratsvermögen und Kassenbestände werden *körperlich*, das heißt mengenmäßig erfasst. Bei dieser mengenmäßigen Erfassung werden die Vermögensgegenstände gezählt, gewogen, gemessen oder im Notfall auch geschätzt – beispielsweise bei den Büroklammern im Büroschrank. Das unbewegliche Anlagevermögen sowie Forderungen, Guthaben und Schulden werden dagegen *wertmäßig*, das heißt in harten Franken oder Euro erfasst.

Da die Stichtagsinventur eine sehr aufwendige Methode ist, kann sie oftmals nur mithilfe von vielen, extra für diesen einen Tag angestellten Inventurkräften bewältigt werden. Damit der Zoobestand oder im Falle eines Supermarkts der Warenbestand in Ruhe gezählt werden kann, muss das Geschäft meist auch für einen Tag geschlossen werden. Vielleicht standen Sie ja auch schon mal im Januar vor einem geschlossenen Geschäft und an der Eingangstür hing ein Schild mit der Aufschrift »Wegen Inventur geschlossen«. Da kommt bei der Kundschaft meist große Freude auf.

Besser spät als nie: Die zeitversetzte Inventur

Manchmal kann es sein, dass so eine Inventur am Abschlussstichtag äußerst unpassend ist, weil das benötigte Personal zu diesem Zeitpunkt vielleicht nicht zur Verfügung steht. Kein Problem, es gibt ja noch die zeitversetzte Inventur. Nach § 241 Abs. 3 HGB kann die Inventur auch bis zu drei Monate vor oder zwei Monate nach dem Bilanzstichtag durchgeführt werden.

 Am Ende eines jeden Geschäftsjahres, also am *Bilanzstichtag* oder *Abschlussstichtag*, wird die Bilanz erstellt. Da das Geschäftsjahr bei den meisten Unternehmen mit dem Kalenderjahr identisch ist, fällt der Bilanzstichtag oft auf den 31.12.

Bei der zeitversetzten Inventur dürfen Sie den ermittelten Bestand und Wert natürlich nicht einfach so in die Bilanz übernehmen. Sie müssen den Bestand vorher natürlich wertmäßig fortschreiben oder zurückrechnen, je nachdem, ob der Inventurstichtag vor oder nach dem Bilanzstichtag liegt.

Nehmen wir einmal an, der Bilanzstichtag Ihres Zoos wäre der 31.12. Die Inventur haben Sie aber schon am 30.11. gemacht, vergleiche Tabelle 11.1.

Wert des Zoos am Inventurstichtag 30.11.:	15.000.000 €
Wertzugänge 01.12.–31.12.:	500.000 €
Wertabgänge 01.12.–31.12.:	100.000 €
Wert am Bilanzstichtag 31.12.:	15.400.000 €

Tabelle 11.1: Inventurstichtag 30.11

Hätten Sie die Inventur erst am 31.01. gemacht, müssten Sie eine Rückrechnung durchführen, vergleiche Tabelle 11.2.

Wert des Zoos am Inventurstichtag 31.01.:	15.900.000 €
Wertzugänge 01.01.–31.01.:	600.000 €
Wertabgänge 01.01.–31.01.:	100.000 €
Wert am Bilanzstichtag 31.12.:	15.400.000 €

Tabelle 11.2: Inventurstichtag 31.01

Alles im Griff: Die permanente Inventur

Dank guter Aufzeichnungsverfahren wissen Sie zu jeder Zeit, wie der aktuelle Bestand des Zoos ist. Wunderbar. In diesem Fall müssen Sie am Bilanzstichtag keine körperliche Bestandsaufnahme durchführen. Die permanente Inventur genügt. So weit die gute Nachricht. Die schlechte Nachricht lautet: Auf die körperliche Bestandsaufnahme darf trotzdem nicht komplett verzichtet werden. Sie muss im nächsten Geschäftsjahr nachgeholt werden. Aber keine Angst, auch dann ist keine Vollinventur nötig. Es genügt auch eine Stichprobeninventur.

In Unternehmen bilden Warenwirtschaftssysteme, kurz WWS, die Warenbewegungen über den Einkauf, die Lagerhaltung mit Inventur bis hin zum Verkauf ab.

Hochgerechnet: Die Stichprobeninventur

Das Vorratsvermögen, wie zum Beispiel das Stroh und das Futter, darf auch anhand von Stichproben ermittelt werden. Die anschließende Hochrechnung muss mit anerkannten mathematisch-statistischen Methoden erfolgen.

Vom Gesetzgeber anerkannt sind zum Beispiel die *freie Mittelwertschätzung*, die *Differenzenschätzung*, die *Verhältnisschätzung* und die *Regressionsschätzung*. Für weitergehende Informationen hierzu empfehlen wir Ihnen die Lektüre von *Statistik für Dummies*.

Aufgelistet: Das Inventar

Die bei der Inventur ermittelten Bestände werden nun in einem Bestandsverzeichnis, dem sogenannten Inventar, festgehalten. Das Inventar kann grob in drei Teile untergliedert werden:

- ✔ Vermögen
- ✔ Schulden
- ✔ Eigenkapital beziehungsweise Reinvermögen

Mal mehr, mal weniger: Das Vermögen

Das Vermögen wird in das Anlage- und Umlaufvermögen unterteilt und im Inventar nach der Liquidität geordnet; also nach der Möglichkeit, wie schnell die einzelnen Dinge zu Geld zu machen sind.

Hoffentlich nicht bis über beide Ohren: Die Schulden

Nach dem Vermögen werden die Schulden im Inventar aufgelistet. Auch hier darf nicht kunterbunt gemischt werden. Die Schulden sind streng nach deren Fälligkeit zu ordnen. Zuerst werden die langfristigen Schulden aufgeführt und dann erst die kurzfristigen.

Zu den langfristigen Schulden zählen Hypotheken- oder Darlehensschulden. Kurzfristiger Natur sind Schulden, die Sie bei Ihren Lieferanten haben, oder der teure Dispo, den Sie bei Ihrer Bank versehentlich voll ausgereizt haben.

Das bleibt übrig: Das Eigenkapital beziehungsweise das Reinvermögen

Im dritten Teil des Inventars werden die Schulden vom Vermögen abgezogen. Die Differenz nennt man *Eigenkapital* beziehungsweise *Reinvermögen*. Sollten die Schulden größer als das Vermögen sein, erhalten Sie eine negative Zahl, die Ihnen signalisiert, dass Sie überschuldet sind. Doch diesen Fall wollen wir Ihnen nicht wünschen. Für den Zoo könnte das Bestandsverzeichnis aussehen wie in Tabelle 11.3.

1. Vermögen	Wert	Gesamt
1.1 Anlagevermögen		
1.1.1 Bauten	9.000.000 €	
1.1.2 Technische Anlagen	1.500.000 €	10.500.000 €
1.2 Umlaufvermögen		
1.2.1 Tiere	5.000.000 €	
1.2.2 Futter	1.000.000 €	
1.2.3 Bankguthaben	200.000 €	6.200.000 €
2. Schulden		
2.1 Hypothek	1.000.000 €	
2.2 Kurzfristige Verbindlichkeit	700.000 €	1.700.000 €
3. Ermittlung Eigenkapital		
3.1 Summe Vermögen	16.700.000 €	
3.2 Summe Schulden	1.700.000 €	
3.3 Eigenkapital	15.000.000 €	

Tabelle 11.3: Inventar für den Zoo

Erfolgsermittlung per Eigenkapitalvergleich

Mithilfe des Inventars können Sie nun schnell den Gewinn oder Verlust des letzten Geschäftsjahres feststellen. Dazu müssen Sie nur das aktuell ermittelte Eigenkapital mit dem des Vorjahres vergleichen. Hat das Eigenkapital vor einem Jahr 14.900.000 Euro betragen, haben Sie im letzten Jahr einen Gewinn in Höhe von 100.000 Euro gemacht, sofern Sie keine Privatentnahmen oder Privateinlagen getätigt haben!

Die Privatentnahmen müssen natürlich noch dazugerechnet und die Privateinlagen abgezogen werden. Nehmen wir einfach an, Sie hätten im letzten Jahr einmal eine Privateinlage von 5.000 Euro getätigt und zugleich jeden Monat 2.000 Euro für private Zwecke entnommen. Macht also in Summe 5.000 Euro Einlagen und 24.000 Euro Entnahmen. Der Eigenkapitalvergleich sieht dann aus wie in Tabelle 11.4.

Eigenkapital zum 31.12. aktuelles Jahr	15.000.000 €
– Eigenkapital 31.12. des Vorjahres	14.900.000 €
+ Privatentnahmen	24.000 €
– Privateinlagen	5.000 €
Gewinn	119.000 €

Tabelle 11.4: Eigenkapital 31.12.

Der Zoo hat im letzten Jahr 119.000 Euro Gewinn abgeworfen. Davon haben Sie als Zoobesitzer im letzten Jahr bereits 24.000 Euro entnommen. Von irgendetwas mussten Sie ja schließlich leben.

Gesetzliche Grundlagen

In Deutschland ist der § 240 Inventar sowie der § 241 Inventurvereinfachungsverfahren HGB maßgeblich. In Österreich sind dies der § 191 Inventar und § 192 Inventurverfahren des UGB. In der Schweiz ist es der OR 958. Im Schweizer Obligationenrecht wird das Inventar jedoch im Gegensatz zu den deutschen und den österreichischen Gesetzen nicht definiert. Es wird lediglich darauf hingewiesen, dass ein Inventar aufgestellt werden muss.

Aufgabe 11

Was versteht man unter einer körperlichen Bestandsaufnahme? Was ist dagegen eine wertmäßige Bestandsaufnahme? Und noch eine Zusatzfrage: Müssen Sie im Lager jede Schraube und im Büro jede Büroklammer einzeln zählen?

> **IN DIESEM KAPITEL**
>
> Verbuchen von Bestandsveränderungen
>
> Forderungen bewerten und leider auch abschreiben
>
> Zeitliche Abgrenzungen vornehmen und Rückstellungen bilden

Kapitel 12
Das Ende naht: Vorbereitende Buchungen zum Jahresabschluss

Für den bevorstehenden Jahresabschluss sind in der Buchhaltung einige Vorarbeiten zu erledigen. Dazu zählen die Organisation der Weihnachtsfeier, die Ermittlung der Bestandsveränderungen, die Bewertung der Forderungen sowie die zeitliche Abgrenzung der Aufwendungen und Erträge. Last, but not least: Das Thema Rückstellungen ist ebenfalls ein wichtiger Bestandteil des Jahresabschlusses.

Mehr oder weniger: Bestandsveränderungen

Während des laufenden Geschäftsjahres werden alle Wareneingänge und Warenausgänge auf Aufwands- und Ertragskonten, also auf Erfolgskonten, verbucht. Zum Ende des Geschäftsjahres werden alle auf den Erfolgskonten verbuchten Aufwendungen und Erträge wiederum in der Gewinn-und-Verlust-Rechnung zusammengefasst, um den Gewinn oder Verlust zu ermitteln. Wurden alle im Jahresverlauf eingekauften Waren auch wieder verkauft, stimmt die Rechnung. Das Warenlager war zu Jahresbeginn und am Jahresende leer gefegt. Was ist aber, wenn zu Jahresbeginn Ware im Lager lag und am Jahresende ebenfalls Ware das Lager verstopft?

Solange der Lagerbestand zu Beginn des Jahres mit dem am Ende des Jahres identisch ist, gibt es keine Probleme. Aber wann ist dies in der Praxis schon der Fall? Deshalb zeigen wir Ihnen hier, wie Sie mit Bestandsveränderungen umgehen müssen.

Ein guter Jahrgang: Bestandsminderungen

Jean Merlot ist ein sehr erfolgreicher Weinhändler. Und ein gewissenhafter noch dazu. Jedes Jahr macht er genau am 2.1. Inventur. Komme, was wolle. Im Vorjahr hatte er dabei den Warenbestand ermittelt, den wir Ihnen in Tabelle 12.1 zeigen.

Anzahl	Artikel	Wert	Gesamtwert
100	Bordeaux	7,50	750,00
50	Merlot	8,00	400,00
60	Sangiovese	5,00	300,00
10	Trollinger	5,00	50,00
Gesamtwert			1.500,00

Tabelle 12.1: Warenbestand am 2.1. des Vorjahres

Dieses Jahr macht er wieder am 2.1. Inventur und ermittelt dabei den Warenbestand aus Tabelle 12.2.

Anzahl	Artikel	Wert	Gesamtwert
50	Bordeaux	7,50	375,00
10	Merlot	8,00	80,00
100	Sangiovese	5,00	500,00
20	Trollinger	5,00	100,00
Gesamtwert			1.055,00

Tabelle 12.2: Warenbestand am 2.1. dieses Jahres

Gegenüber der letzten Inventur hat Herr Merlot weniger Bordeaux und Merlot auf Lager. Dafür mehr Sangiovese und Trollinger. Insgesamt hat der diesjährige Warenbestand einen geringeren Wert als im Vorjahr.

 Ist der Warenbestand am Jahresende niedriger als zu Beginn des Jahres, spricht man von einer *Bestandsminderung*. Ist der Warenbestand am Jahresende höher als zu Jahresbeginn, spricht man von einer *Bestandserhöhung*.

Dieses Jahr gibt es bei Herrn Merlot also eine Bestandsminderung, da er mehr Wein verkauft als eingekauft hat. Diese Bestandsminderung muss er für den Jahresabschluss nun verbuchen. Dazu benötigt er das Bestandskonto »Warenbestand« und das Aufwandskonto »Bestandsveränderung«. Abbildung 12.1 zeigt die beiden Konten.

Abbildung 12.1: Bestandsminderung

Die Bestandsminderung wird auf dem Ertragskonto »Bestandsveränderungen« im Soll gebucht. Auf dem Bestandskonto »Waren« wird die Bestandsminderung im Haben gebucht. Der Buchungssatz sieht damit so aus:

5200 Bestandsveränderungen	445,00	
an	2280 Waren	445,00

Jetzt muss der Weinhändler seine Konten noch abschließen. Am besten zeigen wir Ihnen den Kontenabschluss zuerst einmal in Abbildung 12.2.

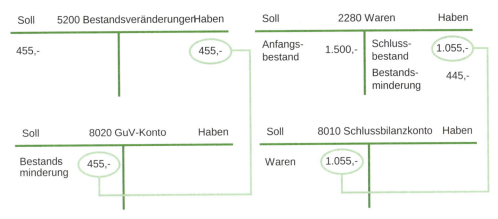

Abbildung 12.2: Kontenabschluss bei Bestandsminderung

In Abbildung 12.2 haben wir zwei Abschlussbuchungen eingezeichnet. Das sind:

✔ **Abschluss des Kontos »Bestandsveränderungen«:** Das Konto »Bestandsveränderungen« wird über das Gewinn-und-Verlust-Konto abgeschlossen. Die Bestandsminderung stellt Aufwand dar und muss deshalb auf dem GuV-Konto im Soll verbucht werden:

8020 GuV-Konto	445,00	
an	5200 Bestandsveränderungen	445,00

✔ **Abschluss des Kontos »Waren«:** Das Konto »Waren« wird über das Schlussbilanzkonto abgeschlossen:

8010 Schlussbilanzkonto	1.055,00	
an	2280 Waren	1.055,00

Ein schlechter Jahrgang: Bestandserhöhung

Auch ein erfolgreicher Weinhändler hat mal ein schlechtes Jahr. Im abgelaufenen Jahr hatte Herr Merlot viel zu optimistisch kalkuliert. Er konnte nicht alle im Jahresverlauf eingekauften Weine veräußern. Sein Lagerbestand erhöhte sich. Im Vorjahr hatte er einen

Lagerbestand im Wert von 1.500 Euro. Dieses Jahr ermittelt er bei der Inventur einen Lagerwert von 2.000 Euro. Abbildung 12.3 verdeutlicht die unglückliche Situation.

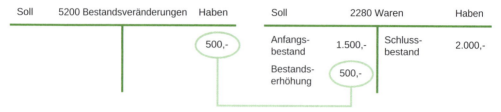

Abbildung 12.3: Bestandserhöhung

Im Vergleich zum ersten Fall der Bestandsminderung wird hier einfach alles umgedreht. Die Bestandsveränderung wird nun im Haben gebucht:

2280 Waren	500,00
an 5200 Bestandsveränderungen	500,00

So traurig die Situation auch sein mag: Auch bei einer Bestandserhöhung muss Herr Merlot für den Jahresabschluss die Konten abschließen. Zuerst zeigen wir Ihnen das wieder in einer Abbildung, und zwar in Abbildung 12.4.

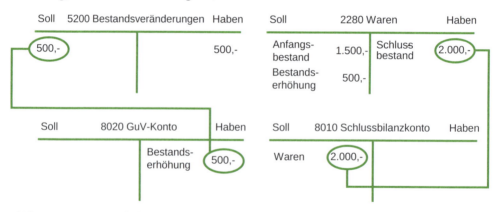

Abbildung 12.4: Kontenabschluss bei Bestandserhöhung

Auch in Abbildung 12.4 haben wir zwei Abschlussbuchungen eingezeichnet:

✓ **Abschluss des Kontos »Bestandsveränderungen«:** Das Konto »Bestandsveränderungen« wird auch bei einer Bestandserhöhung über das Gewinn-und-Verlust-Konto abgeschlossen. Die Bestandserhöhung muss jetzt aber gegen die beim Einkauf angefallenen Aufwände gebucht werden und wird deshalb auf dem GuV-Konto im Haben verbucht:

5202 Bestandsveränderungen an fertigen Erzeugnissen	500,00
an 8020 GuV-Konto	500,00

✓ **Abschluss des Kontos »Waren«:** Das Konto »Waren« wird wieder über das »Schlussbilanzkonto« abgeschlossen:

8010 Schlussbilanzkonto	2.000,00	
an	2280 Waren	2.000,00

Forderungen bewerten und abschreiben

Was ist eine *Forderung*? Ein Unternehmen hat bereits eine Leistung erbracht und soll dafür noch Geld erhalten. Solche Ansprüche oder besser gesagt Forderungen verbucht man auf der Aktivseite der Bilanz.

Wenn sich das Jahr dem Ende zuneigt und der obligatorische Winter- und Weihnachtskultfilm »Drei Haselnüsse für Aschenbrödel« für besinnliche Fernsehunterhaltung sorgt, wird dem Buchhalter klar: Ihm helfen keine Täubchen beim Sortieren. Er muss ganz allein jede einzelne Forderung in die Hand nehmen, beurteilen und einsortieren. Dabei hat der Buchhalter auch noch eine komplexere Sortieraufgabe. Er muss die Forderungen sogar in drei verschiedene Töpfchen einsortieren:

✓ **Töpfchen 1 – einwandfreie Forderungen:** In dieses Töpfchen kommen alle Forderungen, die wohl mit Sicherheit auch beglichen werden. Einwandfreie Forderungen sind später mit dem Nennwert zu bilanzieren.

✓ **Töpfchen 2 – zweifelhafte Forderungen:** Zweifelhafte Forderungen werden übrigens oft auch *dubiose Forderungen* genannt. In dieses Töpfchen kommen alle Forderungen, bei denen bezüglich des Zahlungseingangs Zweifel angebracht sind. Wurde etwa schon vergeblich gemahnt, kann man von einer zweifelhaften Forderung sprechen. Hier muss ein wahrscheinlicher Wert geschätzt werden, mit dem die Forderung am Abschlussstichtag zu bilanzieren ist.

✓ **Töpfchen 3 – uneinbringliche Forderungen:** In dieses Töpfchen kommen alle hoffnungslosen Fälle. Wenn keinerlei Aussicht auf eine Zahlung besteht, muss die Forderung als uneinbringlich eingestuft werden. Dies ist zum Beispiel der Fall, wenn der Schuldner verarmt verstorben ist und niemand die Schulden erben möchte oder der Schuldner unbekannt, sagen wir zum Beispiel in die Karibik, verzogen ist. Wurde ein Insolvenzverfahren mangels Masse abgewiesen oder eine eidesstattliche Erklärung – der heute nicht mehr so genannte Offenbarungseid – abgegeben, handelt es sich ebenfalls um eine uneinbringliche Forderung.

Uneinbringliche Forderungen verbuchen

Auch der Weinhändler Jean Merlot aus unserem vorherigen Beispiel im Teil Bestandsveränderungen hat für einige Lieferungen noch kein Geld gesehen. Der Kunde ist halt König und der Dienstleister leidet. Herr Merlot hatte im Mai einem Partyservice Wein im Wert von 3.000 Euro netto plus 19 Prozent Umsatzsteuer geliefert. Diese 3.570 Euro hatte er mehrfach angemahnt. Anfang Dezember hatte der Inhaber des Partyservice schließlich eine eidesstattliche Erklärung abgegeben. Herr Merlot wird weder seinen Wein noch das Geld jemals wiedersehen.

Wird das vereinbarte Entgelt für eine umsatzsteuerliche Leistung uneinbringlich, muss der Gläubiger seine Umsatzsteuer nachträglich entsprechend berichtigen. Der Schuldner muss seine Vorsteuer übrigens ebenfalls berichtigen.

Herr Merlot muss den Forderungsausfall nun auf drei Konten verbuchen: auf den beiden Bestandskonten »Forderungen aus Lieferungen und Leistungen« und »Umsatzsteuer« sowie auf dem Aufwandskonto »Abschreibungen auf Forderungen«:

6950 Abschreibungen auf Forderungen		3.000,00	
4800 Umsatzsteuer		570,00	
an	2400 Forderungen aus Lieferungen und Leistungen		3.570,00

Herr Merlot hat mit dieser Buchung die uneinbringliche Forderung direkt abgeschrieben und zusätzlich die Umsatzsteuer durch die Buchung im Soll berichtigt. Glück im Unglück: Die 570 Euro Umsatzsteuer kann Herr Merlot vom Fiskus wieder zurückfordern. Dieser Teil des Forderungsausfalls betrifft Vater Staat.

Wunder geschehen immer wieder: Eingang einer uneinbringlichen Forderung

Der Betreiber des Partyservice liebt es theatralisch und steigt im Januar, also nach Ende des abgelaufenen Geschäftsjahres, wie Phönix aus der Asche empor und bringt dem Weinhändler seinen ihm zustehenden Anteil aus dem Aschesack mit.

Herr Merlot hatte die Forderung im Vorjahr aber bereits abgeschrieben, weshalb der nachträgliche Geldsegen nicht mehr erfolgsneutral gegen das Bestandskonto »Forderung« verbucht werden kann. Was nun? Es handelt sich jetzt um einen Ertrag, den viele Unternehmen in der Praxis als »periodenfremden Ertrag« verbuchen. Da man daraus jedoch nicht automatisch auf den Sachverhalt schließen kann, legen wir Ihnen das Konto »Erträge aus abgeschriebenen Forderungen« ans Herz. Natürlich lebt die Umsatzsteuer jetzt wieder auf; der Fiskus will seinen Anteil ebenfalls wieder zurück.

Herr Merlot verbucht das kleine Wunder:

2800 Bank		3.570,00	
an	5455 Erträge aus abgeschriebenen Forderungen		3.000,00
	4800 Umsatzsteuer		570,00

Zweifelhafte Forderungen direkt abschreiben und buchen

Ein weiterer Kunde hat seine Rechnung bisher ebenfalls noch nicht beglichen. Das Restaurant Schneiders wurde von Herrn Merlot bereits mehrfach vergeblich angemahnt. In der Stadt kursieren Gerüchte, dass es das Schneiders auch nicht mehr lange geben wird. Aber dies sind schließlich nur Gerüchte.

KAPITEL 12 Das Ende naht: Vorbereitende Buchungen zum Jahresabschluss

Herr Merlot bucht die zweifelhaft gewordene Forderung an das Restaurant Schneiders in Höhe von 1.000 Euro zuzüglich 19 Prozent Umsatzsteuer erst einmal um:

2470 Zweifelhafte Forderungen		1.190,00	
an	2400 Forderungen aus Lieferungen und Leistungen		1.190,00

Mit der Umbuchung der Forderung auf das Konto »Zweifelhafte Forderungen« hat Herr Merlot diese Forderung von den einwandfreien Forderungen getrennt. Eine Wertminderung hat er damit aber noch nicht vorgenommen.

Herr Merlot schätzt, dass er nur noch 60 Prozent der Forderung erhalten wird. Die restlichen 40 Prozent hat er abgeschrieben und bucht diese direkte Abschreibung jetzt auch:

6950 Abschreibungen auf Forderungen		400,00	
an	2470 Zweifelhafte Forderungen		400,00

Bei zweifelhaften Forderungen darf im Gegensatz zu uneinbringlichen Forderungen die Umsatzsteuer nicht sofort korrigiert werden. Die Umsatzsteuer darf hier erst berichtigt werden, wenn der Forderungsausfall sicher ist.

Nachdem Herr Merlot den möglichen Forderungsausfall geschätzt hat, spielen wir nun drei mögliche Szenarien durch: Der tatsächliche Forderungsausfall

✔ entspricht genau der ursprünglichen Schätzung,

✔ ist niedriger als geschätzt,

✔ ist höher als geschätzt.

Richtig getippt: Der Ausfall entspricht der Schätzung

Einige Zeit später steht der Forderungsausfall tatsächlich fest. Das Restaurant Schneiders ging in Insolvenz. Alle Gläubiger erhalten nur noch 60 Prozent ihrer Forderungen. Herr Merlot darf den Zahlungseingang verbuchen und muss zusätzlich die Umsatzsteuer berichtigen. Zuerst verbucht er die 60 Prozent aus 1.190 Euro:

2800 Bank		714,00	
an	2470 Zweifelhafte Forderungen		714,00

Im zweiten Schritt berichtigt er die Umsatzsteuer. Sein Forderungsausfall beträgt 400 Euro. Hierauf muss er keine Umsatzsteuer an das Finanzamt abführen:

4800 Umsatzsteuer		76,00	
an	2470 Zweifelhafte Forderungen		76,00

Zu pessimistisch: Der Ausfall ist geringer als erwartet

Herr Merlot hat einen zu erlesenen Geschmack. Ihm selbst schmeckte es überhaupt nicht bei Schneiders. Und dann auch noch dieses grellbunte Mobiliar! Deshalb war er der Meinung, dass es das Restaurant Schneiders nicht lange durchhält. Das Konzept kam aber wider Erwarten bei der Kundschaft sehr gut an und Herr Merlot erhält doch noch seinen gesamten Forderungsbetrag. Zuerst wird der Zahlungseingang verbucht:

2800 Bank		1.190,00	
an	2470 Zweifelhafte Forderungen		1.190,00

Anschließend der unerwartete Ertrag, also 40 Prozent seiner Forderung:

2470 Zweifelhafte Forderungen		400,00	
an	5455 Erträge aus abgeschriebenen Forderungen		400,00

Eine Umsatzsteuerberichtigung muss er jetzt nicht buchen, da er ja den gesamten Forderungsbetrag vereinnahmt hat.

Zu optimistisch: Der Ausfall ist höher als geschätzt

Herr Merlot war viel zu optimistisch. Der tatsächliche Forderungsausfall beträgt nicht wie geschätzt 40 Prozent. Viel schlimmer: Es sind sogar 80 Prozent. So traurig das Ganze auch sein mag, Herr Merlot muss trotzdem buchen. Zuerst den Zahlungseingang. Das sind 20 Prozent aus 1.190 Euro:

2800 Bank		238,00	
an	2470 Zweifelhafte Forderungen		238,00

Da erst 40 Prozent der Forderung abgeschrieben wurden, muss der Rest, also weitere 40 Prozentpunkte, auch noch abgeschrieben werden:

6950 Abschreibungen auf Forderungen		400,00	
an	2470 Zweifelhafte Forderungen		400,00

Zu guter Letzt muss auch noch die Umsatzsteuer berichtigt werden. 80 Prozent des Umsatzes wurden schließlich doch nicht getätigt, sodass 80 Prozent aus 190 Euro zu korrigieren sind:

4800 Umsatzsteuer		152,00	
an	2470 Zweifelhafte Forderungen		152,00

So, jetzt wäre eigentlich alles zum Thema Forderungsabschreibung gesagt. Na ja, fast alles. Wir wagen es Ihnen kaum zu sagen, aber es muss leider sein. Bisher haben wir Ihnen nur die Variante mit der *direkten Abschreibung* gezeigt. Es gibt auch noch die Möglichkeit, zweifelhafte Forderungen per *indirekter Abschreibung* zu verbuchen. Zur Belohnung begegnen Ihnen dann auch so schöne Begriffe wie *Einzelwertberichtigung* und *Delkrederekonto*. Aber keine Angst, was Herr Merlot bereits kann, lernen Sie erst recht.

Zweifelhafte Forderungen indirekt abschreiben und buchen

Wir drehen die Uhr ein wenig zurück und lassen Herrn Merlot das Ganze nun indirekt abschreiben.

Bei der *direkten Abschreibung* einer Forderung wird der Bilanzansatz der Forderung sofort vermindert. Im Gegensatz dazu bleibt der Bilanzansatz bei der *indirekten Abschreibung* erst einmal unverändert und zeigt weiterhin den alten Anspruch. Die Wertminderung erfolgt hier indirekt auf der Passivseite über den Posten »Einzelwertberichtigungen auf Forderungen«. So kann man den Büchern im Gegensatz zur direkten Abschreibung immer noch den ursprünglichen Forderungsbestand entnehmen. Das *Delkrederekonto* ist übrigens nichts anderes als ein Wertberichtigungskonto.

Auch bei der indirekten Abschreibung wird die unsicher gewordene Forderung an das Restaurant Schneiders zuerst wieder umgebucht:

2470 Zweifelhafte Forderungen		1.190,00	
an	2400 Forderungen aus Lieferungen und Leistungen		1.190,00

Herr Merlot bleibt bei seiner Schätzung. Er fürchtet, dass er 40 Prozent der Forderung abschreiben muss. Diese 40 Prozent schreibt er jetzt aber nicht direkt ab, sondern bebucht das passive Korrekturkonto »Einzelwertberichtigung zu Forderungen«:

6950 Abschreibungen auf Forderungen		400,00	
an	3670 Einzelwertberichtigung zu Forderungen		400,00

Zum Jahresende steht die alte Forderung so im »Schlussbilanzkonto« in unveränderter Höhe im Soll. Im Haben steht der Forderung die Wertberichtigung gegenüber.

Das Handelsrecht sieht die Möglichkeit der indirekten Abschreibung für Kapitalgesellschaften nicht vor. Genauer ausgedrückt: Sie dürfen auf der Passivseite keine Wertberichtigungen ausweisen. Kapitalgesellschaften müssen deshalb bei der Erstellung der Schlussbilanz aus dem »Schlussbilanzkonto« die Wertberichtigungen mit dem Konto »Forderungen« verrechnen, sprich saldieren.

Nachdem Herr Merlot den möglichen Forderungsausfall geschätzt hat, spielen wir wieder die drei möglichen Szenarien durch.

Der Ausfall entspricht der Schätzung

Zuerst wird der Zahlungseingang gebucht:

2800 Bank		714,00	
an	2470 Zweifelhafte Forderungen		714,00

Dann wird die Umsatzsteuer berichtigt. 40 Prozent aus 190 Euro:

4800 Umsatzsteuer		76,00	
an	2470 Zweifelhafte Forderungen		76,00

Bis hierher unterscheidet sich die Verbuchung von der Buchungssystematik bei der vorher gezeigten direkten Abschreibung nicht. Erst jetzt kommt der Unterschied: Die Wertberichtigung wird wieder aufgelöst:

3670 Einzelwertberichtigung zu Forderungen		400,00	
an	2470 Zweifelhafte Forderungen		400,00

Der Ausfall ist geringer als erwartet

Herr Merlot hat sich vertippt. Der Forderungsausfall beträgt nicht 40 Prozent, sondern nur zehn Prozent. Zuerst wird wieder der Zahlungseingang – das sind nach Adam Riese 90 Prozent aus 1.190 Euro – gebucht:

2800 Bank		1.071,00	
an	2470 Zweifelhafte Forderungen		1.071,00

Anschließend folgt die Korrektur der Umsatzsteuer. Zehn Prozent aus 190 Euro sind zu berichtigen:

4800 Umsatzsteuer		19,00	
an	2470 Zweifelhafte Forderungen		19,00

Dann folgt wie im ersten Fall wieder die Auflösung der Einzelwertberichtigung. Der tatsächliche Ausfall in Höhe von 100 Euro wird gebucht:

3670 Einzelwertberichtigung zu Forderungen		100,00	
an	2470 Zweifelhafte Forderungen		100,00

Zuletzt werden die Einzelwertberichtigungen in Höhe von 400 Euro komplett aufgelöst und der unverhoffte Ertrag verbucht:

3670 Einzelwertberichtigung zu Forderungen		300,00	
an	5800 Außerordentliche Erträge		300,00

Der Ausfall ist höher als geschätzt

Gleich haben Sie es geschafft. Auf zum letzten Fall. Danach dürfen Sie sich auch dreimal auf die Schulter klopfen. Die Schätzung war leider zu niedrig. Der Forderungsausfall beträgt nicht nur 40 Prozent, sondern stolze 80 Prozent.

Zuerst wird der klägliche Zahlungseingang – 20 Prozent aus 1.190 Euro – gebucht:

2800 Bank		238,00	
an	2470 Zweifelhafte Forderungen		238,00

Danach wird die Umsatzsteuer berichtigt. 80 Prozent aus 190 Euro sind zu korrigieren:

4800 Umsatzsteuer		152,00	
an	2470 Zweifelhafte Forderungen		152,00

Herr Merlot rechnet noch einmal nach: Er hatte 1.190 Euro auf das Konto »Zweifelhafte Forderungen« umgebucht. Davon gingen ab:

- ✔ 238 Euro Bank
- ✔ 152 Euro Umsatzsteuerberichtigung
- ✔ 400 Euro Einzelwertberichtigung

Bleiben immer noch 400 Euro übrig. Diese 400 Euro entsprechen der Differenz zwischen dem geschätzten und dem tatsächlichen Forderungsausfall. Dieser muss noch als außerordentlicher Aufwand verbucht werden:

7600 Außerordentliche Aufwendungen		400,00	
an	2470 Zweifelhafte Forderungen		400,00

Ganz pauschal: Pauschalwertberichtigungen

Neben mehr oder weniger solventen Großkunden wie das Restaurant Schneiders hat Herr Merlot in seiner Weinhandlung auch jede Menge kleinerer Privatkunden. Hier wäre es natürlich viel zu aufwendig, für jede kleine Forderungsposition eine Einzelwertberichtigung durchzuführen. Aus Vereinfachungsgründen darf Herr Merlot für diese Forderungen eine *Pauschalwertberichtigung* bilden.

Forderungen müssen grundsätzlich einzeln bewertet werden. Eigentlich. Bei vielen kleinen Einzelforderungen darf aber auch mit pauschalen Wertberichtigungen, der *Pauschalwertberichtigung*, gearbeitet werden. Ebenso, wenn allgemeine Risiken bei der Bewertung der Forderungen berücksichtigt werden.

Herr Merlot hat einen Gesamtforderungsbestand von 15.000 Euro. Davon hat er bereits Forderungen in Höhe von 5.000 Euro einzeln bewertet. Sie erinnern sich vielleicht noch an den einen oder anderen Fall wie den des Restaurants Schneiders und die wunderbare Buchungsvielfalt der direkten und indirekten Abschreibung.

Für die restlichen 10.000 Euro Klein-Klein bildet er eine Pauschalwertberichtigung. Und das geht so: Aus jahrelanger Erfahrung weiß Herr Merlot, dass zwei Prozent der Forderungen ausfallen werden. Bei 10.000 Euro sind das immerhin 200 Euro. Hierfür bildet er eine Pauschalwertberichtigung:

6950 Abschreibungen auf Forderungen		200,00	
an	3680 Pauschalwertberichtigung zu Forderungen		200,00

Die Pauschalwertberichtigung wird immer vom Nettowert, also ohne Umsatzsteuer, gebildet.

Im Folgejahr kommt es tatsächlich zu einem Forderungsausfall in Höhe von 50 Euro netto. Herr Merlot bucht den Forderungsausfall gegen die Pauschalwertberichtigung und berichtigt auch noch die Umsatzsteuer:

3680 Pauschalwertberichtigung zu Forderungen		50,00	
4800 Umsatzsteuer		9,50	
an	2400 Forderungen aus Lieferungen und Leistungen		59,50

Mit jedem Forderungsausfall wird die gebildete Pauschalwertberichtigung Schritt für Schritt aufgelöst. Und irgendwann neigt sich das Geschäftsjahr wieder dem Ende zu und Herr Merlot darf sich erneut ein paar Gedanken über die Höhe seiner Pauschalwertberichtigung machen.

Nehmen wir zuerst an, dass die gebildete Pauschalwertberichtigung zu hoch angesetzt war. Um ein Jahr an Erfahrung reicher zeigt sich, dass 1 Prozent völlig genügt. Da der relevante Forderungsbestand wieder genau 10.000 Euro beträgt – so ein Zufall aber auch –, kann die Pauschalwertberichtigung (PWB) um 100 Euro reduziert werden; eine ertragreiche Sache:

3680 Pauschalwertberichtigung zu Forderungen		100,00	
an	5450 Erträge aus der Herabsetzung von Wertberichtigungen auf Forderungen		100,00

Der umgekehrte Fall: Die Pauschalwertberichtigung muss um 300 Euro erhöht werden. Die Buchung entspricht der Neubildung:

6950 Abschreibungen auf Forderungen		300,00	
an	3680 Pauschalwertberichtigung zu Forderungen		300,00

Die Pauschalwertberichtigung muss zum Jahresabschluss stets dem aktuellen Forderungsbestand angepasst werden.

Über Zeit und Geld: Zeitliche Abgrenzungen

Würde es Charts der meistbesprochenen Buchhaltungsthemen in den Unternehmen geben, die *zeitlichen Abgrenzungen* würden locker Platz zwei belegen. Den ersten Platz halten unangefochten die *Rückstellungen*. Widmen wir uns, wie es sich gehört, zuerst dem Zweitplatzierten.

Die Buchhaltung muss für eine periodengerechte Erfolgsermittlung sorgen. Dies bedeutet, dass alle Aufwendungen und Erträge nicht einfach ohne Sinn und Verstand verbucht werden dürfen, sobald die Zahlung erfolgt. Sie müssen die Aufwendungen und Erträge stets dem Jahr zuordnen, zu dem sie wirtschaftlich gehören.

Höchste Zeit für ein kleines Beispiel, damit Ihnen das Thema nicht zu theoretisch und trocken wie Sandkuchen wird.

Herr Merlot muss einmal im Jahr eine Versicherung bezahlen. Bei Versicherungsabschluss hatte er die Qual der Wahl zwischen der monatlichen Zahlung in Höhe von 10 Euro pro Monat und der jährlichen Zahlung in Höhe von 100 Euro. Da Herr Merlot die 20 Euro sparen wollte, entschied er sich für die jährliche Zahlung. Sein Vertrag läuft seit dem 1. Juli. Dies hat zur Folge, dass er am 1. Juli 100 Euro für ein Jahr im Voraus bezahlen muss. Von diesen 100 Euro sind nur 50 Euro dem aktuellen Geschäftsjahr zuzuordnen. Die anderen 50 Euro gehören ins Folgejahr. Ein klassischer Fall für eine zeitliche Abgrenzung.

Diesen Klassiker kann man noch variieren. Eine andere Versicherung bietet Herrn Merlot fast dieselben Konditionen. Der kleine, jedoch feine Unterschied: Die 100 Euro muss Herr Merlot nicht im Voraus, sondern erst im Nachhinein, also am 30.6. des Folgejahres bezahlen. Auch hier müsste Herr Merlot wieder abgrenzen. In Abbildung 12.5 haben wir für Sie einmal alle möglichen Kombinationen zusammengestellt.

Fall 1: Zahlung und wirtschaftliche Ursache im aktuellen Jahr:

 Keine Abgrenzung nötig. Wird ganz normal im laufenden Jahr verbucht.

Fall 2: Zahlung und wirtschaftliche Ursache erst im nächsten Jahr:

 Keine Abgrenzung nötig. Wird ganz normal im nächsten Jahr verbucht.

Fall 3: Zahlung erst im nächsten Jahr, wirtschaftliche Ursache im aktuellen Jahr:

 Antizipative Abgrenzung. Aufwand wird als sonstige Verbindlichkeit verbucht. Ertrag als sonstige Forderung.

Fall 4: Zahlung im aktuellen Jahr, wirtschaftliche Ursache erst im nächsten Jahr:

 Transitorische Abgrenzung. Aufwand wird als aktive Rechnungsabgrenzung verbucht. Ertrag als passive Rechnungsabgrenzung.

Abbildung 12.5: Zeit und Geld: die vier möglichen Fälle

Bei den ersten beiden Fällen muss nicht abgegrenzt werden. Erst ab Fall 3 wird es wirklich spannend.

✔ Fall 3: Zahlung erst im nächsten Jahr; wirtschaftliche Ursache bereits im aktuellen Jahr. Der auf das aktuelle Geschäftsjahr entfallende Anteil muss natürlich noch vor Jahresende verbucht werden. Bei so einem Fall spricht man von einer antizipativen Abgrenzung. Der Duden klärt auf: *antizipativ* = etwas vorwegnehmend. Dieser Sachverhalt erinnert stark an Forderungen und Verbindlichkeiten. Auch dort wird eine Leistung vor der Zahlung erbracht. In Anlehnung daran wird bei diesem Fall deshalb auch gegen die sonstigen Forderungen beziehungsweise Verbindlichkeiten gebucht.

✔ Fall 4: Zahlung im aktuellen Jahr; wirtschaftliche Ursache erst im Folgejahr. Die wirtschaftliche Leistung wird erst nach Abschluss des aktuellen Geschäftsjahres erbracht. In diesem Fall muss eine sogenannte *transitorische* Rechnungsabgrenzung gemacht werden. Da man sich hier nicht wie bei Fall 3 bequem an etwas anlehnen kann, wurden die Konten »aktive und passive Rechnungsabgrenzung« erfunden.

Die Konten »aktive und passive Rechnungsabgrenzung« werden gerne auch mit ARAP und PRAP abgekürzt. Sie werden bei der transitorischen Rechnungsabgrenzung benötigt.

Antizipative Abgrenzung

Genug der Worte. Jetzt wird bei Herrn Merlot wieder gebucht. Herr Merlot hat gut verhandelt. Er muss seinem Vermieter die Ladenpacht laut Mietvertrag einmal jährlich im Nachhinein bezahlen. Die Pacht beträgt 1.000 Euro pro Monat. Macht pro Jahr 12.000 Euro. Diese werden immer erst am 1. Juli des Folgejahres fällig. Für das aktuelle Geschäftsjahr muss Herr Merlot spätestens zum Jahresabschluss für die sechs Monate Juli bis Dezember eine antizipative Abgrenzung in Höhe von 6.000 Euro vornehmen. Er bucht:

6700 Mietaufwendungen, Pachten		6.000,00	
an	4890 Übrige sonstige Verbindlichkeiten		6.000,00

Wir zeigen Ihnen an dieser Stelle auch die entsprechende Verbuchung des Vermieters. Nur für den Fall, dass Sie einmal in die Verlegenheit kommen sollten, Immobilien verpachten zu müssen:

2690 Übrige sonstige Forderungen		6.000,00	
an	5400 Mietertrag		6.000,00

Mit diesen Buchungen hat Herr Merlot sein Jahresergebnis um 6.000 Euro nach unten und der Vermieter seines um 6.000 Euro nach oben korrigiert.

Während des Jahresabschlusses schließt Herr Merlot die beiden Konten »Pacht« und »sonstige Verbindlichkeiten« mit den beiden folgenden Buchungen ab:

4890 Übrige sonstige Verbindlichkeiten		6.000,00	
an	8010 Schlussbilanzkonto		6.000,00

Und:

8020 GuV-Konto		6.000,00	
an	6700 Mietaufwendungen, Pachten		6.000,00

Der Vermieter macht ebenfalls seinen Jahresabschluss. Zuerst schließt er das Aktivkonto »sonstige Forderungen« über das »Schlussbilanzkonto« ab:

8010 Schlussbilanzkonto		6.000,00	
an	2690 Übrige sonstige Forderungen		6.000,00

Und danach die Pachterträge über das »GuV-Konto«:

5400 Mietertrag		6.000,00	
an	8020 GuV-Konto		6.000,00

Zu Beginn des neuen Jahres werden die Konten wiedereröffnet. Herr Merlot eröffnet die »sonstigen Verbindlichkeiten«:

8000 Eröffnungsbilanzkonto		6.000,00	
an	4890 Übrige sonstige Verbindlichkeiten		6.000,00

Der Vermieter eröffnet dagegen seine »sonstigen Forderungen«:

2690 Übrige sonstige Forderungen		6.000,00	
an	8000 Eröffnungsbilanzkonto		6.000,00

Sechs Monate später wird die Pachtzahlung fällig. Herr Merlot überweist die 12.000 Euro an seinen Vermieter und verbucht den Vorgang:

4890 Übrige sonstige Verbindlichkeiten		6.000,00	
6700 Mietaufwendungen, Pachten		6.000,00	
an	2800 Bank		12.000,00

Mit dieser Buchung hat Herr Merlot die im Vorjahr gebildeten »sonstigen Verbindlichkeiten« wieder aufgelöst. Daneben hat er auch gleich den Pachtaufwand des aktuellen Geschäftsjahres gebucht.

Der Vermieter bucht entsprechend:

2800 Bank		12.000,00	
an	2690 Übrige sonstige Forderungen		6.000,00
	5400 Mietertrag		6.000,00

Transitorische Abgrenzung

Die Weinhandlung des Herrn Merlot läuft so gut, dass er expandieren möchte. Bald ist ein weiteres gut gelegenes Ladengeschäft in einem anderen Stadtteil gefunden. Diesmal beißt Herr Merlot bei den Verhandlungen jedoch auf Granit. Der Immobilientycoon Harry Häusler lässt nicht mit sich reden. Entweder akzeptiert Merlot die diktierten Bedingungen oder ein anderer Pächter erhält den Zuschlag. Herr Merlot willigt schließlich ein, da der Laden seiner

Ansicht nach sehr gut liegt. Die Pacht beträgt 3.000 Euro pro Monat und ist einmal jährlich im Voraus zu bezahlen. Dies bedeutet, dass Herr Merlot jedes Jahr am 1. Oktober stolze 36.000 Euro für ein Jahr im Voraus zu bezahlen hat.

Zuerst einmal muss Herr Merlot die Pachtzahlung ganz normal verbuchen:

6700 Mietaufwendungen, Pachten	36.000,00
an 2800 Kasse	36.000,00

Diesmal spricht Herr Merlot übrigens nicht das Konto »Bank«, sondern das Konto »Kasse« an, da Herr Häusler das Geld lieber bar auf die Hand anstatt per Banküberweisung haben möchte.

Herr Häusler müsste dann eigentlich entsprechend buchen:

2880 Kasse	36.000,00
an 5400 Mietertrag	36.000,00

Weihnachten und Silvester nahen wieder einmal ganz massiv und damit auch das Drama Jahresabschluss. Herr Merlot muss jetzt nicht nur Sekt und Wein verkaufen, sondern sich auch wieder vermehrt um seine Buchhaltung kümmern.

Im Rahmen des Jahresabschlusses wird Herr Merlot jetzt den bereits gebuchten Pachtaufwand berichtigen. Schließlich gehört nur der Pachtaufwand der Monate Oktober, November und Dezember in das aktuelle Geschäftsjahr. Die Zahlung für die restlichen Monate muss er abgrenzen. Er nimmt für diesen Aufwand (neun Monate à 3.000 Euro) eine aktive Rechnungsabgrenzung, kurz ARAP, vor:

2900 ARAP	27.000,00
an 6700 Mietaufwendungen, Pachten	27.000,00

Mit dieser Buchung hat Herr Merlot den Aufwand für das aktuelle Geschäftsjahr von 36.000 Euro auf 9.000 Euro reduziert.

Auch Herr Häusler muss einen Jahresabschluss machen. Sollte dieser Geschäftsfall Eingang in seine Bücher gefunden haben, müsste er ebenfalls abgrenzen:

5400 Mietertrag	27.000,00
an 4900 PRAP	27.000,00

So kann Herr Häusler den Pachtertrag periodengenau ausweisen. Nun werden bei Herrn Merlot die Bücher geschlossen. Dazu wird der ARAP dann über das Schlussbilanzkonto abgeschlossen.

Bei Herrn Merlot:

8010 Schlussbilanzkonto	27.000,00
an 2900 ARAP	27.000,00

Und bei Herrn Häusler der passive Rechnungsabgrenzungsposten, kurz PRAP:

4900 PRAP	27.000,00
an 8010 Schlussbilanzkonto	27.000,00

Im neuen Jahr werden die Bücher wiedereröffnet. Herr Merlot bucht dabei so:

2900 ARAP	27.000,00
an 8000 Eröffnungsbilanzkonto	27.000,00

Herr Häusler eröffnet:

8000 Eröffnungsbilanzkonto	27.000,00
an 4900 PRAP	27.000,00

Nun müssen noch die Rechnungsabgrenzungsposten im neuen Jahr aufgelöst werden und stattdessen der entsprechende Aufwand beziehungsweise Ertrag verbucht werden.

Herr Merlot bucht den Aufwand für das neue Jahr:

6700 Mietaufwendungen, Pachten	27.000,00
an 2900 ARAP	27.000,00

Und Herr Häusler sollte eigentlich den Ertrag für das neue Jahr verbuchen:

4900 PRAP	27.000,00
an 5400 Mietertrag	27.000,00

Nach dieser Buchungsorgie will Herr Häusler bei den Vertragskonditionen ein wenig nachbessern. Künftig soll die Miete stets am 1. Januar fällig werden, damit nicht mehr so viel abgegrenzt werden muss. Aber weiterhin für ein komplettes Jahr im Voraus.

Wir empfehlen dringend, abzugrenzende Rechnungen immer sofort bei Rechnungseingang abzugrenzen. Bitte warten Sie damit nicht bis zum Jahresabschluss, da Sie sonst immer zu hohe oder zu niedrige Istkosten ausweisen und erst mit den Abgrenzungsbuchungen Klarheit haben.

Rückstellungen

Die *antizipative Abgrenzung* ist ein enger Verwandter der *Rückstellung*. Bei beiden erfolgt die Zahlung erst im Folgejahr, obwohl die wirtschaftliche Ursache im aktuellen Jahr liegt. Da es sich bei der antizipativen Abgrenzung und der Rückstellung jedoch nicht um einei-ige Zwillinge handelt, gibt es doch einen kleinen, aber feinen Unterschied. Die antizipative Abgrenzung erfolgt immer bei streng zeitraumbezogenen Sachverhalten. Was heißt das konkret? Zum Beispiel bei fest vereinbarten Mieten oder Versicherungszahlungen.

Der Zahlungstermin und die Rechnungshöhe stehen fest. Anders bei der Rückstellung. Hier sind die Zahlungshöhe und der Zahlungstermin nicht vollständig bekannt. Beispiele sind Garantierückstellungen oder Pensionsrückstellungen.

Rückstellungen werden immer zulasten eines Aufwands- oder Ertragskontos (Letzteres im Falle einer Erlösminderung) erfolgswirksam gebildet. Dies bedeutet, dass der Gewinn des aktuellen Geschäftsjahres durch die Rückstellungsbildung verringert wird. Sobald der zugrunde liegende Sachverhalt abgeschlossen ist, muss die Rückstellung wieder aufgelöst werden.

Es gibt ganz schön viele Rückstellungsarten, je nach zugrunde liegendem Recht darf eine Rückstellung gebildet werden oder nicht. Hierzu toben wir uns in Kapitel 17 »Passiv bilanzieren« richtig aus. In diesem Kapitel hier geht es erst einmal nur um das richtige Verbuchen von Rückstellungen. Damit Sie aber nicht vor Neugierde platzen, listen wir hier schon einmal ein paar Rückstellungsarten auf:

- ✔ **Rückstellungen für ungewisse Verpflichtungen** wie etwa Garantierückstellungen oder Rückstellungen für Serviceleistungen oder Nacharbeiten. Steuer- und Pensionsrückstellungen zählen ebenfalls zu dieser Kategorie.
- ✔ **Rückstellungen für drohende Verluste** aus schwebenden Geschäften oder Bürgschaften
- ✔ **Rückstellungen für unterlassene Aufwendungen:** Dazu zählen Rückstellungen für unterlassene Instandhaltung, die im folgenden Jahr innerhalb von drei Monaten nachgeholt werden, oder für Abraumbeseitigung, die im folgenden Jahr nachgeholt werden.

So spannend die Rückstellungsbildung mit all ihren Möglichkeiten und Grenzen auch sein mag, gebucht werden muss auch hier.

Damit Sie den Überblick über die gebildeten Rückstellungen nicht verlieren, empfehlen wir dringend eine Liste mit allen gebildeten Rückstellungen. In einem solchen Rückstellungsspiegel listen Sie alle Rückstellungen unter Angabe des jeweiligen Anfangsbestands, des Verbrauchs beziehungsweise der Auflösung, einer eventuellen Zuführung und des Endbestands in Euro auf.

Rückstellungen für ungewisse Verpflichtungen verbuchen

Der Weinhändler Jean Merlot ist auch ein wahrer Künstler beim Bilden und Auflösen von Rückstellungen. Verbuchen kann er diese natürlich mit links. Da Herr Merlot auch dieses Jahr noch keine hellseherischen Fähigkeiten erlangt hat, kann er die Höhe der Gewerbesteuerzahlung nur schätzen. Er glaubt, dass für das aktuelle Geschäftsjahr 5.000 Euro an Gewerbesteuer fällig werden. Da diese erst im Folgejahr zu zahlen ist, bildet er hierfür eine Steuerrückstellung.

Er bildet die Rückstellung:

7700 Gewerbesteuer		5.000,00
an	3800 Steuerrückstellungen	5.000,00

Diese Rückstellung mindert seinen diesjährigen Gewinn um 5.000 Euro. Im nächsten Jahr steht die Höhe der zu zahlenden Gewerbesteuer fest. Generell gibt es hier jedes Jahr aufs Neue drei Möglichkeiten:

1. **Die Zahlung entspricht exakt der gebildeten Rückstellung.**

Besitzt Herr Merlot doch hellseherische Fähigkeiten? Wahrscheinlich hat er nur gut gerechnet. Er verbucht die Überweisung der Gewerbesteuer und die Auflösung der Rückstellung:

3800 Steuerrückstellungen		5.000,00	
an	2800 Bank		5.000,00

2. **Die Rückstellung war zu niedrig.**

Nobody is perfect. Herr Merlot hat sich verrechnet. Nun muss er im neuen Geschäftsjahr dafür büßen, indem er zusätzlich in Höhe der Differenz aus der Rückstellung und der tatsächlichen Gewerbesteuerzahlung eine »sonstige betriebliche Aufwendung« buchen muss. Diese schmälert seinen Gewinn im neuen Jahr.

3800 Steuerrückstellungen		5.000,00	
6940 Sonstige Aufwendungen		500,00	
an	2800 Bank		5.500,00

Da Sie mittlerweile ein richtiger Buchhaltungsexperte sind, haben Sie alle Informationen bereits aus dem Buchungssatz entnehmen können, ohne den Kontext zu kennen. Herr Merlot hatte mit einer Steuerzahlung in Höhe von 5.000 Euro gerechnet, musste aber tatsächlich 5.500 Euro bezahlen. Der Gewinn des aktuellen Geschäftsjahres wird deshalb mit 500 Euro periodenfremden Aufwendungen belastet.

3. **Die Rückstellung war zu hoch.**

Tz, tz, tz. Hat Herr Merlot letztes Jahr aufgrund eines Sonderauftrags zu viel Gewinn gemacht und wollte seine Steuerlast ein wenig verteilen? Oder hat er sich schlicht nur verrechnet? Allzu oft sollte sich Herr Merlot solche Schnitzer nicht leisten, sonst wird der Fiskus noch misstrauisch.

3800 Steuerrückstellungen		5.000,00	
an	2800 Bank		4.700,00
	5480 Erträge aus der Auflösung von Rückstellungen		300,00

Nun gut, Herr Merlot lag nicht zu weit daneben. Und die 300 Euro erfolgswirksame Erträge sind nicht dramatisch.

Rückstellungen für drohende Verluste verbuchen

Herr Merlot ist noch lange nicht fertig mit der Rückstellungsbildung. Einen Fall hat er noch zu buchen: drohende Verluste aus schwebenden Geschäften. Herr Merlot möchte seine Produktpalette ausbauen. Dazu hat er sich vor ein paar Monaten vertraglich verpflichtet,

100 Weingläser zu 3 Euro das Stück abzunehmen. Zum Jahresabschluss steht die Lieferung noch aus, der Wiederbeschaffungswert der Gläser ist aber zwischenzeitlich auf 1 Euro gesunken. Dumm gelaufen. Herr Merlot muss die Gläser im nächsten Jahr trotzdem zum vereinbarten Preis abnehmen. Aus diesem Geschäft entsteht Herrn Merlot somit ein Verlust von 200 Euro, für den er eine Rückstellung bildet. So zählt der Verlust in das aktuelle Jahr seines begangenen Leichtsinns.

Er bildet die Rückstellung, damit der drohende Verlust bereits als Aufwand erfasst wird:

2280 Waren		200,00
an	3970 Sonstige Rückstellungen für drohende Verluste aus schwebenden Geschäften	200,00

Im nächsten Jahr werden die Gläser geliefert und Herr Merlot bucht:

2280 Waren		100,00
3970 Sonstige Rückstellungen für drohende Verluste aus schwebenden Geschäften		200,00
2600 Vorsteuer		57,00
an	2800 Bank	357,00

Die Buchhaltung kann einer eingehenden Rechnung nicht ansehen, dass hierfür eine Rückstellung gebildet wurde. Hierzu müsste die Buchhaltung alle gebildeten Rückstellungen auswendig kennen oder jede eingehende Rechnung vor dem Verbuchen mit der Liste der Rückstellungen abgleichen. Informieren Sie deshalb bitte Ihre Buchhaltung im Vorfeld, wenn Sie eine solche Rechnung erwarten. Dann kann gleich gegen die gebildete Rückstellung gebucht werden.

Aufgabe 12

Sie haben einen Dienstleister für sich schuften lassen. Die Rechnung für diese Dienstleistung wird wie immer jedoch erst nächstes Jahr bei Ihnen eintreffen, da der Dienstleister vor lauter Arbeit nicht zum Rechnungsschreiben kommt. Jetzt die Preisfrage: Handelt es sich hier um einen Fall für eine transitorische oder eine antizipative Abgrenzung?

> **IN DIESEM KAPITEL**
>
> Gewinnermittlung per Bestandsvergleich kennenlernen
>
> Wer die Einnahmenüberschussrechnung anwenden darf
>
> Wann und wie oft man die Gewinnermittlungsart wechseln darf

Kapitel 13
Gewinnermittlungsarten

In diesem Kapitel zeigen wir Ihnen, was es so alles an Gewinnermittlungsarten gibt. Es muss nämlich nicht immer zwingend die Bilanz sein. Vorhang auf …

Gewinnermittlung per Bestandsvergleich

Es war einmal ein Steuerrecht. In Deutschland und Österreich nannte es sich EStG. Nach dem Einkommensteuergesetz, kurz EStG, gibt es zwei Möglichkeiten der Gewinnermittlung per Bestandsvergleich. Einmal die softe Art nach § 4 Abs. 1 EStG und für Vollkaufleute die Version nach § 5 EStG mit Bilanz.

Nach § 4 Abs. 1 EStG dürfen ihren Gewinn ermitteln:

- ✔ Land- und Forstwirte, die zur Buchführung verpflichtet sind
- ✔ Freiberufler, die freiwillig Buch führen
- ✔ Kleingewerbler, die weder Buch führen noch eine Einnahmenüberschussrechnung machen

Basisarbeit: Betriebsvermögen ermitteln

Egal nach welchem Paragrafen der Gewinn per Bestandsvergleich ermittelt wird: Im Mittelpunkt dieser Gewinnermittlungsart steht das Vermögen des Betriebs, oder wie der Schwabe sagen würde: des Geschäfts. Der Grund ist einfach: Zuallererst muss klar sein, was alles zum Betriebsvermögen zählt und wie es zu bewerten ist. Zum Betriebsvermögen gehört das Eigentum des Geschäftsinhabers, sofern es für das Geschäft genutzt wird. Sollten Verbindlichkeiten im Zusammenhang mit dem Betrieb bestehen, zählen diese natürlich auch dazu.

Höchste Zeit für ein Beispiel. Herr Dr. Klöber vertreibt Badewannen. Zu seinem Betriebsvermögen zählt nicht so viel. Er erstellt trotzdem eine Bilanz (siehe Tabelle 13.1).

Vorrat an Badewannen:	10.000 €
Bankguthaben:	500 €
Bargeld:	100 €
Bankdarlehen:	−10.000 €
Betriebsvermögen am 31.12.2016:	600 €

Tabelle 13.1: Betriebsvermögen zum 31.12.2016

Nach Abzug des Bankdarlehens kann er auf stolze 600 Euro Betriebsvermögen verweisen.

Betriebsvermögen vergleichen

Nachdem Herr Dr. Klöber sein Betriebsvermögen zum 31.12.2016 ermittelt hat, steht einer Gewinnermittlung per Bestandsvergleich im Jahre 2017 nichts mehr im Wege.

Einlagen und Entnahmen berücksichtigen

Im März 2017 hat er aus seinem Privatvermögen dem Betrieb 500 Euro zugeschossen. Ansonsten hat er jeden Monat 800 Euro entnommen, insgesamt 9.600 Euro. Von irgendetwas muss Herr Dr. Klöber ja schließlich leben.

Am Jahresende erstellt Dr. Klöber wieder eine kleine Bilanz (siehe Tabelle 13.2).

Vorrat an Badewannen:	7.000 €
Bankguthaben:	1.300 €
Bargeld:	200 €
Bankdarlehen:	−8.000 €
Betriebsvermögen am 31.12.2017:	500 €

Tabelle 13.2: Betriebsvermögen zum 31.12.2017

Danach vergleicht er das neu ermittelte Betriebsvermögen mit dem Vorjahresstand (siehe Tabelle 13.3).

Betriebsvermögen am 31.12.2016:	600 €
Betriebsvermögen am 31.12.2017:	500 €
Veränderung Betriebsvermögen:	−100 €

Tabelle 13.3: Veränderung Betriebsvermögen

Anschließend muss er noch die im letzten Jahr vorgenommenen Einlagen und Entnahmen berücksichtigen. Nur so erfährt er, ob er Gewinn oder Verlust gemacht hat (siehe Tabelle 13.4).

Veränderung Betriebsvermögen:	–100 €
+ Privatentnahmen:	9.600 €
– getätigte Einlagen:	–500 €
Gewinn:	9.000 €

Tabelle 13.4: Gewinn 2017

> **Deutsches EStG: § 5 Gewinn bei Kaufleuten und bei bestimmten anderen Gewerbetreibenden**
>
> *Bei Gewerbetreibenden, die aufgrund gesetzlicher Vorschriften verpflichtet sind, Bücher zu führen und regelmäßig Abschlüsse zu machen, oder die ohne eine solche Verpflichtung Bücher führen und regelmäßig Abschlüsse machen, ist für den Schluss des Wirtschaftsjahres das Betriebsvermögen anzusetzen (§ 4 Abs. 1 Satz 1), das nach den handelsrechtlichen Grundsätzen ordnungsmäßiger Buchführung auszuweisen ist.*
>
> *Steuerrechtliche Wahlrechte bei der Gewinnermittlung sind in Übereinstimmung mit der handelsrechtlichen Jahresbilanz auszuüben.*

Nach § 5 EStG müssen alle Kaufleute und andere Gewerbetreibende ihren Gewinn ermitteln, wenn sie zur Buchführung verpflichtet sind oder freiwillig Bücher führen.

Für die zur Buchführung Verdammten wird es hier also ein wenig ernster. Schlagworte wie »handelsrechtliche Grundsätze ordnungsmäßiger Buchführung« und die Beachtung steuerrechtlicher Wahlrechte lassen durchaus den Schluss zu, dass hier Schluss mit lustig ist. Sollten Sie zu diesem Personenkreis gehören, sollten Sie sich dieses Buch hier unters Kopfkissen legen oder einen guten Steuerberater suchen.

Gewinnermittlung per Überschussrechnung

Wenden wir uns nun jenem glücklichen Teil der Menschheit zu, die vom Handels- und Steuerrecht nicht zur Buchführung gezwungen wird und deshalb die Möglichkeit besitzt, ihren Gewinn per Einnahmenüberschussrechnung ermitteln zu können.

In Deutschland sind nach § 238 HGB nur Kaufleute zur Buchführung verpflichtet. In Österreich sind nach § 190 UGB alle Unternehmer zur Buchführung verpflichtet. Das Schweizer Obligationenrecht fordert dies im Artikel 957 OR für alle, die ihre Firma ins Handelsregister eintragen mussten.

Im Wesentlichen bleiben nach dieser Aufzählung der gesetzlichen Bestimmungen zur Buchführungspflicht noch Kleingewerbetreibende und freie Berufe sowie Land- und Forstwirte übrig, die von der Buchführungspflicht befreit sind.

Natürlich können alle Kleingewerbetreibende und Freiberufler jederzeit freiwillig zur doppelten Buchführung wechseln, sofern dies für sie vorteilhafter ist!

Alle Angaben in diesem Kapitel beziehen sich auf das deutsche Steuerrecht mit Stand 2016. Wenn wir Angaben für Österreich oder die Schweiz machen, werden wir explizit darauf hinweisen. Da sich die Steuergesetzgebung sehr dynamisch entwickelt, kann es durchaus sein, dass die eine oder andere Angabe, wie etwa über bestimmte Betragsgrenzen, veraltet ist, bevor die Druckertinte trocken ist. Aus diesem Grund stellen wir Ihnen in diesem Kapitel zusätzlich brauchbare Links zur Verfügung. Auf diesen Internetseiten können Sie die aktuell geltenden Wertgrenzen und Bestimmungen nachsehen.

Keine Buchführungspflicht besteht für

- Freiberufler wie zum Beispiel Architekten, Ärzte, Autoren, Künstler, Anwälte, Ingenieure,

- gewerbliche Unternehmer und Land- und Forstwirte, die weniger als 500.000 Euro Umsatz und weniger als 50.000 Euro Gewinn pro Jahr machen.

Das EStG beschreibt in Österreich und Deutschland in § 4 Abs. 3, was so alles in eine Einnahmenüberschussrechnung hineingehört und was draußen bleiben muss. Und solange es nicht gestorben ist, lebt das EStG auch heute noch; was ja auch ziemlich gewiss ist.

In der Schweiz ist es der Art. 125 Abs. 2 des Bundesgesetzes über die direkte Bundessteuer – kurz DBG –, der den Inhalt der Einnahmenüberschussrechnung beschreibt. Es muss eine Aufstellung der Aktiva und Passiva, der Einnahmen und Ausgaben sowie der Privateinlagen und Privatentnahmen gemacht werden.

Die Einnahmenüberschussrechnung besteht aus den drei übersichtlichen Teilen:

- Betriebseinnahmen
- Betriebsausgaben
- Überschuss

In der *Überschussrechnung* werden die Einnahmen und Ausgaben gegenübergestellt. Gab es mehr Einnahmen als Ausgaben, haben Sie einen Gewinn erzielt. Eine Einnahme oder Ausgabe entsteht immer dann, wenn Sie Ihren Geldbeutel zücken oder auf Ihrem Girokonto eine Geldbewegung stattfindet. Es kommt also auf den Zu- und Abfluss von Geld an.

Bei der Einnahmenüberschussrechnung besteht keine Aufzeichnungspflicht. Für die Aufstellung der Betriebseinnahmen und -ausgaben genügt es, wenn Sie die Belege sammeln. Auch hier gilt aber wieder: Keine Regel ohne Ausnahme. Und auch diese werden Sie gleich kennenlernen.

> **Tagesaktuelles Steuerrecht**
>
> In Deutschland finden Sie Informationen zu den aktuell geltenden Wertgrenzen am besten auf der Website des Bundesministeriums für Wirtschaft und Technologie unter www.bmwi.de und eine Übersicht über alle Gesetzestexte auf www.gesetze-im-internet.de/aktuell.html.
>
> In Österreich bieten die Website www.steuerverein.at und die Website der Wirtschaftskammer unter http://portal.wko.at einen Überblick. Buchführungspflichtig sind in Österreich alle ins Firmenbuch eingetragenen Unternehmen sowie Gewerbetreibende, deren Umsatz größer als 700.000 Euro ist. Im Unterschied zum deutschen Recht gelten diese Grenzen für Freiberufler nicht. Freiberufler können in Österreich einen unendlich großen Umsatz machen und werden trotzdem nicht buchführungspflichtig.
>
> In der Schweiz muss man sich ab einem Umsatz von 100.000 CHF ins Handelsregister eintragen lassen und wird damit buchführungspflichtig. Aktuelle Informationen gibt es auf www.gruenden.ch, der Website des Amtes für Wirtschaft und Arbeit des Kantons Zürich.

In Deutschland muss für die Einnahmenüberschussrechnung das amtliche Formular EÜR für die Überschussrechnung verwendet werden. EÜR steht, Sie ahnen es vielleicht bereits, für Einnahmenüberschussrechnung. Ausnahme: Kleinunternehmer mit einem Umsatz von weniger als 17.500 Euro pro Jahr müssen diesen Vordruck nicht verwenden. Es genügt ein formloses Blatt. Sie können den Vordruck aber jederzeit freiwillig verwenden, was wir nachdrücklich empfehlen. Sie müssen das Rad ja nicht neu erfinden.

Durch die Hintertür: Aufzeichnungspflichten

Neben Ihrer einfachen Belegsammlung müssen Sie noch ein paar Aufzeichnungen machen:

- ✔ Für die Umsatzsteuer müssen Sie alle Einnahmen und Ausgaben aufzeichnen. Sie müssen diese nach den unterschiedlichen Umsatzsteuersätzen getrennt aufzeichnen. Vorausgesetzt, Sie vereinnahmen überhaupt Umsatzsteuer.
- ✔ Für Ihr abnutzbares Anlagevermögen müssen Sie eine Abschreibungsübersicht erstellen.
- ✔ Alle eingekauften geringwertigen Wirtschaftsgüter – das sind alle Anlagegüter mit einem Nettopreis zwischen 150 und 410 Euro beziehungsweise 1.000 Euro bei Bildung eines Sammelpostens – müssen in einer gesonderten Liste aufgezeichnet werden.

Wechsel der Gewinnermittlungsart

Sie können aus zweierlei Beweggründen die Gewinnermittlungsart wechseln. Einmal freiwillig aus Lust und Laune und einmal gezwungenermaßen, zum Beispiel bei Überschreiten der Grenze zur Buchführungspflicht. Bei jedem Wechsel müssen Sie Kontinuität bewahren. Das bedeutet, dass Sie auch während des Wechsels alle Geschäftsfälle lückenlos erfassen müssen.

Wir sind ganz ehrlich mit Ihnen: Ein solcher Wechsel kann furchtbar kompliziert werden. Einmal angenommen, Sie wollen oder müssen von der Einnahmenüberschussrechnung zum Bestandsvergleich wechseln. Dann haben Sie plötzlich jede Menge Vorgänge anders zu behandeln. Alle Vorgänge müssen in der Eröffnungsbilanz so angesetzt werden, als wären sie schon immer so erfasst worden. Der Clou dabei: Einnahmen und Ausgaben kennen keine Periodenabgrenzung. Beim Wechsel zur Gewinnermittlung nach dem Bestandsvergleich kann es durch die erforderlichen Abgrenzungen zu erheblichen Gewinnkorrekturen kommen. Wir wünschen an dieser Stelle viel Spaß dabei.

Aufgabe 13

Der Fliesenleger Harald Kleinschmidt ermittelt seinen Gewinn per Bestandsvergleich. Im Vorjahr hatte er ein Betriebsvermögen von 24.000 Euro. Ende dieses Jahres beläuft sich das Betriebsvermögen auf 28.000 Euro. Er hat jeden Monat 3.000 Euro aus dem Unternehmen entnommen. Privateinlagen hat er keine getätigt. Wie hoch war sein Gewinn im letzten Jahr?

> **IN DIESEM KAPITEL**
>
> Welche Arten von Bilanzen es gibt
>
> Sinn und Zweck der Bilanz und die rechtlichen Grundlagen
>
> Der Aufbau der Bilanz

Kapitel 14
Rahmen und Bedingungen: Aufbau der Bilanz

Der Begriff *Bilanz* wird im Alltag häufig verwendet. Da gibt es die traurige oder gar verheerende Bilanz einer Katastrophe, Sportler ziehen Bilanz. Es gibt die Bilanz ehemaliger Staatsmänner und eine CO_2-Bilanz. Und natürlich gibt es auch die Bilanz als Momentaufnahme der Vermögensverhältnisse eines Unternehmens. Diese kann gut, durchwachsen oder manchmal auch schlecht sein. Kaufleute stellen dabei ähnlich wie bei einer Waage ihr Vermögen dem Kapital gegenüber. Das Wort Bilanz leitet sich aus dem lateinischen *bilanx* ab. Bilanx steht für *bi*, zweifach, und *lanx*, Schale: die Waage mit den zwei Schalen.

Im Folgenden konzentrieren wir uns auf die kaufmännische Sicht der Dinge. Und die ist immerhin fast so spannend wie die Bilanz des letzten Bundesligaspieltags.

 Wenn jemand von der Bilanz spricht, meint er damit eher seltener die Bilanz im engen Sinne, sondern meist gleich den gesamten *Jahresabschluss*. Der Jahresabschluss besteht aus der *Bilanz*, der *Gewinn-und-Verlust-Rechnung* und bei Kapitalgesellschaften zusätzlich auch noch aus dem sogenannten *Anhang* und dem *Lagebericht*.

Vielfältig: Bilanzarten

Bilanz ist nicht gleich Bilanz. Es gibt nämlich viele unterschiedliche Bilanzarten. Wir zeigen Ihnen hier kurz die wichtigsten:

- ✓ **Die Handelsbilanz:** Hier handelt es sich um Bilanzen, die auf Basis des nationalen oder internationalen Handelsrechts erstellt werden. Nationales Handelsrecht ist zum Beispiel das deutsche HGB, das österreichische UGB und das Schweizer Obligationenrecht, kurz OR. Das IFRS ist dagegen ein internationaler Rechnungslegungsstandard. IFRS steht übrigens für *International Financial Reporting Standards*.

✔ **Die Steuerbilanz:** So eine Steuerbilanz wird zusätzlich zur Handelsbilanz benötigt, da das Steuerrecht manchmal vom Handelsrecht abweichende Bewertungsvorschriften besitzt. Getreu dem Maßgeblichkeitsprinzip wird die Steuerbilanz zwar immer aus der Handelsbilanz abgeleitet. Schreibt das Steuerrecht aber abweichende Wertansätze vor, müssen diese in der Steuerbilanz gewählt werden. Grundlage für die Steuerbilanz ist damit immer die nationale Steuergesetzgebung. Schließlich dient die Steuerbilanz ja auch der Ermittlung der zu zahlenden Steuern.

✔ **Bilanzen nach der Häufigkeit:** Neben der zum Jahresabschluss erstellten Schluss- und Eröffnungsbilanz gibt es manchmal auch *Zwischenbilanzen*. Das können *Quartalsbilanzen* oder gar *Monatsbilanzen* sein. Meist fordern die Aktienbörsen in ihren Vorschriften solche Zwischenbilanzen, damit der gemeine Anleger auch unterjährig Informationen über das Unternehmen bekommt.

✔ **Einzel- und Konzernbilanzen:** Eine Einzelbilanz umfasst immer nur ein Unternehmen. Oftmals besteht ein internationaler Konzern jedoch aus vielen rechtlich selbstständigen Unternehmen. Damit man hier einen Überblick über die wirtschaftliche Lage des Konzerns gewinnt, muss man die vielen Einzelbilanzen zu einer Konzernbilanz zusammenfassen. Dabei darf man jedoch nicht einfach alles aufaddieren. Sollten die konzerneigenen Unternehmen untereinander Geschäfte gemacht haben, müssen diese natürlich in der Konzernbilanz konsolidiert werden.

✔ **Außerordentliche Bilanzen:** Nicht immer verläuft das Leben wie ein langer ruhiger Fluss. Außergewöhnliche Ereignisse verlangen manchmal auch eine *außerordentliche Bilanz*. Bei Gründung eines Unternehmens erstellt man eine *Gründungsbilanz*. Wechselt das Unternehmen die Rechtsform, ist eine *Umwandlungsbilanz* angesagt. Schließt sich das Unternehmen mit einem anderen Unternehmen zusammen, wird eine *Fusionsbilanz* erstellt. Geht es der Firma schlecht, ist eine *Sanierungsbilanz* angesagt. Geht es dem Unternehmen richtig übel, kommt die *Konkursbilanz* ins Spiel. Oder die *Liquidationsbilanz*.

Sinn und Zweck der Bilanz

Da die Erstellung solch einer Bilanz ganz schön viel Arbeit macht, sollte sie auch einem sinnvollen Zweck dienen. Und da die Bilanzerstellung wirklich sehr, sehr viel Arbeit macht, dient die Bilanz nicht nur einem, sondern gleich mehreren Zwecken. Die wichtigsten Zwecke verraten wir Ihnen im Folgenden.

Befriedigung der Neugierde: Informationsfunktion

Die Bilanz soll über die Lage des Unternehmens informieren. Und zwar einen ziemlich breit gefächerten Adressatenkreis. Je nach Adressat unterscheidet sich dann auch das Informationsbedürfnis.

Die Bilanzadressaten und deren Infobedürfnisse

Es sind eine ganze Menge verschiedener Leute, die sich in Ihrer Bilanz über Ihr Unternehmen informieren können und wollen:

- ✓ **Das Management:** Die ersten Adressaten sind innerhalb des Unternehmens angesiedelt. Die Informationen der Bilanz unterstützen das Management bei der Kontrolle und Planung.

- ✓ **Die Arbeitnehmer:** Neben dem Management haben auch die Arbeitnehmer des Unternehmens ein gewisses Interesse an der Bilanz. Sie wollen wissen, wie gut oder schlecht es gerade läuft. Aus einem guten Bilanzergebnis können sie jedoch nicht immer schließen, ob ihre Arbeitsplätze gerade sicher sind oder ob sie sich besser woanders bewerben sollten. Der Grund: Die Bilanz gibt lediglich über die Vergangenheit Auskunft.

- ✓ **Die Anteilseigner:** Jedes Unternehmen benötigt Kapital. Dieses erhält es in der Regel von den Anteilseignern. Bei Aktiengesellschaften sind dies zum Beispiel die Aktionäre. Die wollen natürlich wissen, ob ihr Geld auch gut angelegt ist. Die Bilanz soll darüber Auskunft geben.

- ✓ **Die Fremdkapitalgeber:** Neben dem Kapital der Anteilseigner, dem sogenannten Eigenkapital, kann sich ein Unternehmen auch Fremdkapital besorgen. Fremdkapitalgeber sind meistens Banken. Auch diese sind an der wirtschaftlichen Lage brennend interessiert. Ist die Bilanz gut, gibt es Kredit. Ansonsten wird der Geldhahn vielleicht zugedreht.

- ✓ **Der Fiskus:** Er möchte ebenfalls wissen, wie das vergangene Jahr für das Unternehmen lief. Ihn interessiert vor allem die Höhe des Gewinns als Bemessungsgrundlage für die Steuerzahlungen.

- ✓ **Die Öffentlichkeit:** Je größer das Unternehmen, desto größer der Adressatenkreis. Auch die Öffentlichkeit will wissen, wie es um die großen Konzerne im Lande steht. Dazu wurde 1969 in Deutschland sogar ein extra Gesetz, das sogenannte Publizitätsgesetz, erlassen. Es hört auf die nette Abkürzung PublG.

Dokumentations- und Rechenschaftsfunktion

Neben der Informationsfunktion erfüllt die Bilanz auch eine Dokumentations- und Rechenschaftsfunktion.

- ✓ **Dokumentationsfunktion:** In der Buchführung wurden unterjährig alle wirtschaftlichen Vorgänge erfasst. Nur so kann am Jahresende auch ein Jahresabschluss und damit eine Bilanz erstellt werden. In der Buchführung sind so zugleich alle Geschäftsfälle sauber dokumentiert. Bei kriminellen Handlungen zum Beispiel können diese Aufzeichnungen als Beweise herangezogen werden.

- ✓ **Rechenschaftsfunktion:** Die Anteilseigner sollen anhand des Jahresabschlusses sehen können, wie gut oder schlecht das Management gearbeitet hat. Da es in der Bilanz einige Bewertungswahlrechte gibt, kann das Management natürlich immer versuchen, sich ins rechte Licht zu rücken. Würde man deswegen aber alle Bewertungswahlrechte abschaffen, könnte dies den Unternehmen wiederum den benötigten Handlungsspielraum zu sehr einengen. Diese Funktion wird deshalb immer wieder heiß diskutiert.

Her mit dem Geld: Zahlungsbemessungsfunktion

Das Ergebnis der Bilanz beeinflusst den Gewinn, der an die Anteilseigner ausgeschüttet wird. Ein hohes Ergebnis steigert natürlich die Begehrlichkeiten der Anteilseigner. Ein schlechteres Ergebnis rechtfertigt dagegen manchmal auch eine niedrigere Dividende. Bei der Zahlungsbemessungsfunktion liegt so mancher Hund begraben. Natürlich wollen die Anteilseigner immer möglichst viel Gewinn ausgeschüttet bekommen. Auf der anderen Seite benötigt die Firma aber auch den einbehaltenen Gewinn für nötige Investitionen. Zum Beispiel zur Entwicklung neuer Produkte. Sonst kann das Unternehmen irgendwann gar keinen Gewinn mehr verteilen.

Die rechtlichen Grundlagen der Bilanz

Bei so viel möglichen Bilanzadressaten und Bilanzfunktionen wundert es nicht, dass der Gesetzgeber auf diesem Feld fast schon hyperaktiv war. Die rechtlichen Grundlagen der Handelsbilanz finden Sie in Deutschland gleich in mehreren Gesetzen:

- ✓ **Das Handelsgesetzbuch (kurz HGB):** In den §§ 238 bis 263 finden Sie die Rechnungslegungsvorschriften, die für alle Kaufleute gelten. In den §§ 264 bis 289 finden Sie zusätzlich die ergänzenden Vorschriften für Kapitalgesellschaften. § 266 enthält zum Beispiel die Gliederung der Bilanz und § 275 die Gliederung der Gewinn-und-Verlust-Rechnung.

- ✓ **Das Aktiengesetz (kurz AktG):** Im Aktiengesetz werden ein paar Besonderheiten für Aktiengesellschaften geregelt, zum Beispiel der Ausweis des Grundkapitals oder der Kapitalrücklage.

- ✓ **Das Gesetz betreffend die Gesellschaften mit beschränkter Haftung (kurz GmbHG):** Im GmbHG werden über die Regelungen des HGB hinaus noch ein paar spezifische Regelungen zu den Bilanzierungsgrundsätzen und dem Jahresabschluss on top gepackt. Zum Beispiel, dass das Stammkapital in der Bilanz als gezeichnetes Kapital ausgewiesen werden soll.

- ✓ **Das Genossenschaftsgesetz (kurz GenG):** Liebe Genossinnen und Genossen, in § 33 GenG finden Sie die spezifischen Regelungen zum Jahresabschluss. Ein Beispiel: Ist der Verlust größer als 50 Prozent der Guthaben und Rücklagen, muss der Vorstand unverzüglich die Generalversammlung einberufen. Eine überaus sinnvolle Regelung.

- ✓ **Das Publizitätsgesetz (kurz PublG):** Das Publizitätsgesetz regelt die Veröffentlichung der Rechnungslegung. So ist zum Beispiel nach § 1 jedes Unternehmen zur Veröffentlichung seines Jahresabschlusses verpflichtet, wenn seine Bilanzsumme die Grenze von 65 Millionen Euro übersteigt. Anders als in den §§ 264 ff. HGB betrifft dies nicht nur Kapitalgesellschaften, sondern alle Unternehmensformen. Die Rechtsform ist für die Veröffentlichung der Rechnungslegung durch das PublG damit egal geworden.

Neben diesen nationalen rechtlichen Grundlagen gibt es auch noch internationale Rechnungslegungsvorschriften wie das IFRS. Im Unterschied zu den nationalen Bestimmungen sind die internationalen Vorschriften jedoch keine Gesetze und damit rechtlich nicht bindend. Eigentlich.

Der Gesetzgeber hat zwischenzeitlich begonnen, diese internationalen Rechnungslegungsvorschriften mit den nationalen Gesetzen zu verlinken. Damit wird natürlich noch einmal eine viel höhere Verbindlichkeit geschaffen. Im deutschen HGB finden Sie im § 315a einen Verweis auf die internationalen Rechnungslegungsvorschriften. Damit ist das IFRS für bestimmte Unternehmen rechtlich bindend.

Der Aufbau der Bilanz

Wie eine doppelseitige Waage hat auch eine Bilanz zwei Seiten: eine aktive und eine passive. Ganz grob ausgedrückt zeigen die beiden Seiten Folgendes:

- ✔ **Die Aktivseite** einer Bilanz enthält die Vermögensgegenstände des Unternehmens, das heißt all diejenigen Sachen, die Ihrem Unternehmen gehören.
- ✔ **Die Passivseite** zeigt auf, wie das alles finanziert wurde.

Geschickterweise stellt man beide Seiten gegenüber. Rechts und links müssen logischerweise in Summe dieselben Beträge stehen. Sonst käme die Waage aus dem Gleichgewicht. Wie das genau aussieht, zeigen wir Ihnen in Kapitel 3.

Die Aktivseite

Die Vermögenswerte werden auf der Aktivseite so unterteilt:

- ✔ **Anlagevermögen** – oder: Was dient dem Unternehmen dauerhaft?
- ✔ **Umlaufvermögen** – oder: Was dient dem Unternehmen nur vorübergehend?
- ✔ **aktive Rechnungsabgrenzungsposten** – oder: Periodengerechtigkeit

Zum *Anlagevermögen* zählt alles, was dem Unternehmen dauerhaft dient. Das wären etwa Grundstücke, Gebäude, Maschinen, der Schreibtisch, an dem Sie sitzen, sowie Ihr Rechner.

Umlaufvermögen ist das, was Ihrem Unternehmen nur kurze Zeit dient, indem es verbraucht oder schnell verkauft wird. Dies können etwa Vorräte, Forderungen, Aktienpakete oder die Portokasse sein.

Anlagevermögen

Das Anlagevermögen setzt sich so zusammen:

- ✔ immaterielle Vermögensgegenstände
- ✔ Sachanlagen
- ✔ Finanzanlagen

Immaterielle Vermögensgegenstände

Die immateriellen Vermögensgegenstände kann man schlecht in die Hand nehmen oder ertasten. Beispiele sind Patente, Warenzeichen, Urheber- oder Verlagsrechte, Software sowie Konzessionen. Der §248 des deutschen HGB erlaubt die Aktivierung entgeltlich erworbener immaterieller Vermögensgegenstände und bietet Ihnen zudem die Wahl, ob Sie selbst erstellte immaterielle Vermögenswerte aktivieren möchten oder nicht. Das österreichische UGB erlaubt ebenfalls die Aktivierung entgeltlich erworbener immaterieller Vermögensgegenstände. Es verbietet aber in §197 die Aktivierung selbst erstellter immaterieller Vermögenswerte.

Im deutschen Handelsrecht dürfen trotz großzügigen Wahlrechts aber weiterhin selbst geschaffene Marken, Drucktitel, Verlagsrechte, Kundenlisten oder ähnliche immaterielle Vermögensgegenstände nicht aktiviert werden.

Unter selbst erstellten immateriellen Werten versteht man zum Beispiel selbst entwickelte Software oder eigene Erfindungen. Die zugehörigen Entwicklungsaufwendungen können Sie nach HGB aktivieren. Für die Forschungsaufwendungen besteht jedoch ein Aktivierungsverbot.

Der Geschäftswert

Ihr Unternehmen kauft für 2 Millionen Euro einen Konkurrenten. Die Summe aller Vermögenswerte dieses Unternehmens betragen allerdings nur 1,7 Millionen Euro. Das war der Geschäftsleitung aber egal, da das gekaufte Unternehmen einen treuen Kundenstamm hat, der jetzt zu Ihrem Unternehmen wandert. Die Differenz von 300.000 Euro muss Ihr Unternehmen in der Bilanz nach § 301 Abs. 3 Satz 1 HGB als *Geschäftswert* (oft auch *Firmenwert* genannt) ausweisen. Hierbei handelt es sich ebenfalls um einen immateriellen Vermögensgegenstand, der allerdings in der Bilanz gesondert erscheint.

Sachanlagen

Sachanlagen schaffen neben den immateriellen Vermögensgegenständen die Voraussetzungen dafür, dass Ihr Unternehmen überhaupt etwas produzieren oder leisten kann. Wichtigste Vertreter wären hierbei:

- ✔ **Grund und Boden:** Ein süddeutsches Sprichwort besagt: »Liebe vergeht, Grundstück besteht.« Ähnlich ist der Bilanzansatz. Da der Grund und Boden in der Regel keiner Abnutzung unterliegt, sind Grundstücke über die Jahre hinweg mit dem Kaufpreis, also mit den Anschaffungskosten anzusetzen. Abgeschrieben wird nicht.

Grundsätzlich dürfen alle Vermögensgegenstände maximal mit dem Kaufpreis angesetzt werden. Das nennt man *Niederstwertprinzip*. Wird nun darauf spekuliert, dass ehemals billiges Ackerland zu teurem Bauland werden könnte, hat das in der Bilanz keine Auswirkung. Erst beim Verkauf wird der erzielte Überschuss zwischen Bilanzwert und Verkaufspreis zum Ertrag in der Gewinn-und-Verlust-Rechnung.

✔ **Gebäude:** Bei Gebäuden sieht das schon ein klein wenig anders aus. Gebäude nutzen sich ab und werden im Laufe der Zeit immer weniger wert. Somit können Gebäude über ihre Lebensdauer abgeschrieben werden. Das bedeutet, dass ein Gebäude von Jahr zu Jahr auch mit geringeren Werten in der Bilanz erscheint.

✔ **Maschinen sowie Betriebs- und Geschäftsausstattung:** Hierzu zählen zum Beispiel Ihre Produktionsanlagen, Ihr Schreibtisch oder Ihr Rechner. Bei selbst erstellten Sachanlagen wie zum Beispiel Maschinen müssen Sie die Herstellungskosten ansetzen. Wurden sie dagegen gekauft, müssen Sie die Anschaffungskosten als Wertansatz nehmen. Da sich alle Sachanlagen im Laufe der Zeit abnutzen, werden sie über die angenommene Nutzungsdauer abgeschrieben.

Und was ist mit nachträglichen Anschaffungskosten? Kaufen Sie für eine Maschine ein neues Teil, das diese noch leistungsfähiger macht, müssen diese Kosten dem Restwert der Maschine zugeschlagen werden. Streichen Sie die Maschine jedoch aus optischen Gründen nur knallgelb an, dürfen die Kosten für die Farbe nicht als nachträgliche Anschaffungskosten auf den Restwert der Maschine aufgeschlagen werden. Pech gehabt.

Finanzanlagen

Finanzanlagen werden ins Anlagevermögen gepackt, wenn sie dauerhaft und strategisch Ihrem Unternehmen dienen. Kurzfristige oder spekulative Finanzanlagen kommen dagegen ins Umlaufvermögen. Man unterteilt in:

✔ Anteile an verbundenen Unternehmen

✔ Beteiligungen

✔ Wertpapiere

Wenn Sie einem Unternehmen Geld leihen, an dem Ihre Firma dauerhafte Anteile oder Beteiligungen besitzt, wird diese Ausleihung als Finanzanlage des Anlagevermögens in die Bilanz aufgenommen.

Jetzt wird's spannend: Wie werden die Finanzanlagen bewertet? Grundsätzlich mit den Anschaffungskosten. Tritt eine dauerhafte Wertminderung der Anlage ein, muss eine außerplanmäßige Abschreibung bis zum neuen Marktwert der Beteiligung stattfinden. Ist die Wertminderung nur vorübergehend, kann abgeschrieben werden – muss aber nicht. Was als vorübergehend zu bezeichnen ist, muss die Buchhaltung fallweise nach bestem Wissen und Gewissen entscheiden.

Umlaufvermögen

Hier finden sich die durchlaufenden Posten. Das Umlaufvermögen setzt sich zusammen aus

✔ Vorräten,

✔ Forderungen und sonstigen Vermögensgegenständen,

✔ Wertpapieren des Umlaufvermögens sowie

✔ liquiden Mitteln.

Vorräte

Als Vorräte zählen in der Bilanz:

- ✔ Roh-, Hilfs- und Betriebsstoffe; also alles das, was Sie zur Herstellung Ihrer Produkte oder Dienstleistungen verbrauchen
- ✔ unfertige Erzeugnisse und Leistungen, die in ihrem derzeitigen Zustand noch nicht verkaufsfähig sind
- ✔ fertige Erzeugnisse und Waren, die zum Bilanzstichtag Ihre Lagerhallen füllen
- ✔ geleistete Anzahlungen, die beispielsweise Ihre Lieferanten vorab von Ihnen erhalten haben

Forderungen und sonstige Vermögensgegenstände

Diese Position kann in drei Teile zerlegt werden:

- ✔ Forderungen aus Lieferungen und Leistungen, wenn Ihr Unternehmen zwar schon geliefert, die Kunden jedoch noch nicht bezahlt haben
- ✔ Forderungen gegen Unternehmen, die Ihrer Firma ganz oder teilweise gehören
- ✔ sonstige Vermögensgegenstände wie zum Beispiel vergebene Darlehen oder Schadensersatzansprüche

Forderungen müssen stets mit dem Nennwert in der Bilanz stehen. Die Forderung darf nur dann abgeschrieben werden, wenn ein Kunde definitiv nicht zahlen kann.

Wertpapiere des Umlaufvermögens

Die Wertpapiere kennen Sie ja bereits aus dem Anlagevermögen. Hier erscheinen nun die kurzfristigen Anlagen. Als da wären:

- ✔ Anteile an verbundenen Unternehmen
- ✔ eigene Anteile, die Ihre Firma von sich selbst besitzt
- ✔ Wertpapiere

Liquide Mittel

Hier findet sich die berühmte Portokasse wieder. Aber auch Schecks, Guthaben bei Banken oder Bargeld gehören dazu.

Aktive Rechnungsabgrenzungsposten (ARAP)

Ab und zu ergibt es sich, dass Ihr Unternehmen im abgelaufenen Geschäftsjahr etwas bezahlt hat, obwohl es die Gegenleistung dafür erst nach dem Bilanzstichtag erhält. Hierfür bildet man aktive Rechnungsabgrenzungsposten.

Aktive Rechnungsabgrenzung: Ihr Unternehmen hat am 1. Dezember die Miete für die Monate Dezember bis Februar im Voraus bezahlt. Insgesamt waren das 30.000 Euro, wobei aber nur 10.000 Euro das alte Jahr betreffen. In der Bilanz für das alte Jahr bildet Ihre Buchhaltung somit einen aktiven Rechnungsabgrenzungsposten über die 20.000 Euro, die das Folgejahr betreffen, um das Bild für das alte Jahr nicht zu verfälschen. Im Folgejahr muss dieser Posten dann wieder aufgelöst werden.

Die Passivseite

Die Vermögenswerte haben wir nun durch. Jetzt geht's auf der Passivseite darum, wie die Vermögenswerte der Aktivseite finanziert werden. Die Passivseite ist aufgeteilt in:

- **Eigenkapital** – oder: alles meins
- **Rückstellungen** – oder: auf Nummer sicher
- **Verbindlichkeiten** – oder: Haste mal 'nen Euro?
- **Rechnungsabgrenzungsposten** – oder: Periodengerechtigkeit Teil 2

Eigenkapital

Das Eigenkapital setzt sich zusammen aus:

- gezeichnetes Kapital
- Kapitalrücklagen
- Gewinnrücklagen
- Gewinnvortrag/Verlustvortrag
- Jahresüberschuss/Jahresfehlbetrag

Während der Gesetzgeber die Bilanzierung des Eigenkapitals für Kapitalgesellschaften bis ins kleinste Detail reglementiert, gibt es für Personengesellschaften hierzu keine Regelung.

Gezeichnetes Kapital

Das gezeichnete Kapital ist nichts anderes als das Grundkapital einer Aktiengesellschaft beziehungsweise das Stammkapital einer GmbH.

Das gezeichnete Kapital bleibt immer gleich. Es sei denn, es wird eine Kapitalerhöhung (bei einer GmbH nennt man das Erhöhung des Stammkapitals) oder eine Kapitalherabsetzung (bei einer GmbH: Herabsetzung des Stammkapitals) beschlossen.

Kapitalrücklage

Werden Anteile am Unternehmen verkauft, erfolgt dies in der Regel zu einem höheren Preis als zum eigentlichen Nennwert. Das, was beim Aktienverkauf über den Nennwert hinausgeht, kommt in die Kapitalrücklage.

Stellen Sie sich vor, Ihr Unternehmen geht an die Börse. Der Nennwert einer Aktie beträgt 5 Euro. Verkauft werden die Aktien aber für 7 Euro je Stück. Pro verkaufte Aktie kommen somit 5 Euro in das gezeichnete Kapital und 2 Euro in die Kapitalrücklage.

Grund- und Stammkapital

Grundkapital gibt es nur bei Aktiengesellschaften. Die Summe der Nennwerte aller Aktien eines Unternehmens ist deren Stammkapital. Neben den sogenannten Nennbetragsaktien gibt es auch noch sogenannte Stückaktien. Stückaktien besitzen keinen Nennwert. Sie verbriefen lediglich, dass man mit dieser Aktie einen bestimmten Prozentanteil am Grundkapital hält. Die Höhe des Anteils steht jedoch nie auf der Aktie. Diese Beteiligungsquote kann man nur über die Satzung herausfinden.

Stammkapital ist das Pendant bei einer GmbH. Alles, was die Gesellschafter in die Gesellschaft einbringen, bildet in Summe das Stammkapital. Sowohl beim Grund- als auch beim Stammkapital sind jedoch noch ein paar gesetzliche Vorschriften zu beachten.

Gewinnrücklage

Ist Ihr Unternehmen auf der Gewinnerstraße, wird dennoch nicht der ganze Gewinn ausgeschüttet. Ein bisschen was sollte man schon auf die Seite legen. Und das kommt in die Gewinnrücklage. Unterteilen kann man die Gewinnrücklage in:

- **Die gesetzliche Rücklage:** Fünf Prozent des Jahresüberschusses müssen hier jeweils eingestellt werden.
- **Die Rücklage für eigene Anteile:** Hat ein Unternehmen auf der Aktivseite eigene Anteile zu Buche stehen, das heißt, man hat irgendwann einmal eigene Aktien gekauft, muss derselbe Betrag auf der Passivseite erscheinen. Und zwar hier.
- **Die satzungsmäßige Rücklage:** Wenn im Gesellschaftsvertrag geregelt ist, dass stets etwas mehr vom Gewinn auf die Seite gelegt werden soll, als es das Gesetz vorschreibt, passiert das hier.
- **Andere Gewinnrücklagen:** Dieser Posten ist ein Sammelbecken für all das, was sonst noch vom Gewinn auf die sichere Seite gebracht wird.

Gewinnvortrag/Verlustvortrag

Wird der Gewinn weder an die Aktionäre ausgeschüttet noch in die Gewinnrücklagen gesteckt oder sonst irgendwie ver(sch)wendet, wird er in dieser Position »geparkt«.

Hat Ihre Firma tiefrote Zahlen geschrieben? Sie haben die Möglichkeit, den Verlust über mehrere folgende Jahre zu verteilen, damit Sie dieses Jahr nicht ganz rot dastehen. Und zwar im Posten *Verlustvortrag*.

Jahresüberschuss/Jahresfehlbetrag

Manchmal wird die Bilanz erstellt, bevor geklärt ist, was mit dem Gewinn beziehungsweise Verlust denn überhaupt passiert. Deshalb wird der Gewinn oder Verlust dieses Jahres erst einmal hier aufgezeigt.

Was mit dem Gewinn einer Aktiengesellschaft passiert, beschließt die Hauptversammlung. Hier treffen sich alle Aktionäre, um bei Schnittchen auf Firmenkosten die Gewinnverwendung zu beschließen.

Bei einer GmbH ist dies gesetzlich etwas laxer geregelt. In der Regel beschließt die Gesellschafterversammlung, was mit dem Gewinn passieren soll. Aber nur, wenn die Gesellschafter nichts anderes ausgemacht haben.

Rückstellungen

Gewitterwolken sind im Anmarsch! Sie wissen, dass Aufwendungen in den nächsten Geschäftsjahren auf Sie zukommen werden. Sie wissen, warum, und in etwa, wie hoch sie sein werden – nur wissen Sie nicht genau, wann das Gewitter kommt, sprich wann die Auszahlung sein wird. In einigen dieser Fälle können Sie im Passivposten *Rückstellungen* hierfür etwas auf die hohe Kante legen.

Doch Vorsicht! Hier legt die Gesetzgebung die Regeln fest. Wäre dies nicht der Fall, könnten Sie prima die Steuern umgehen: Rückstellungen sind Aufwand und Aufwand mindert den Gewinn. Und die Steuerlast Ihres Unternehmens richtet sich nun mal nach dem Gewinn. Das heißt: je höher die Rückstellungen, desto niedriger der Gewinn.

Wann Rückstellungen nach HGB gebildet werden müssen und wann nicht, zeigt Abbildung 14.1.

Abbildung 14.1: Rückstellungen nach § 249 HGB

In Österreich werden die Rückstellungen übrigens im §198 (8) UGB geregelt. In der Schweiz müssen Sie dazu OR 669 aufschlagen.

Rückstellungen dienen also dazu, Aufwand oder drohenden Aufwand, der zwar innerhalb des Geschäftsjahres entstanden ist, für den aber bis zum Bilanzstichtag noch keine Rechnung ins Haus geflattert ist, gewinnmindernd zu berücksichtigen.

Man kann Rückstellungen in drei Arten unterscheiden:

- ✔ **Verbindlichkeitsrückstellungen:** Verpflichtungen gegenüber Dritten, das heißt, Ihr Unternehmen muss anderen etwas zahlen. Ein Beispiel hierfür wären drohende Schadensersatzansprüche.

- ✔ **Rückstellungen für unterlassene Aufwendungen:** Dazu zählen Rückstellungen für unterlassene Instandhaltung, die im folgenden Jahr innerhalb von drei Monaten nachgeholt wird, oder für Abraumbeseitigung, die im folgenden Jahr nachgeholt wird.

- ✔ **Rückstellungen für drohende Verluste:** Sie dürfen für unsichere Geschäfte Rückstellungen bilden, wenn Verluste drohen.

 Alle Rückstellungen werden in der Buchhaltung im sogenannten Rückstellungsspiegel erfasst. Besorgen Sie sich einfach einmal aus der Buchhaltung den aktuellen Rückstellungsspiegel Ihres Unternehmens. So bekommen Sie einen Überblick, was im Unternehmen alles auf der hohen Kante landet.

Verbindlichkeiten

Während Rückstellungen noch die eine oder andere Ungewissheit in sich bergen, ist es bei Verbindlichkeiten amtlich, wie hoch die Aufwendungen sind und wann sie fällig werden. Grob gesagt sind Verbindlichkeiten das, was Ihr Unternehmen anderen schuldet. Hierbei kann es sich sowohl um langfristig geborgtes Fremdkapital handeln als auch um kurzfristige Schulden. Verbindlichkeiten tauchen in der Bilanz mit dem Rückzahlungsbetrag auf.

 Bei der Position Verbindlichkeiten gilt besondere Vorsicht. Werden nicht alle Verbindlichkeiten ausgewiesen, steht das Unternehmen zu gut da. Beispiel: Ein Unternehmen kauft eine Maschine auf Pump. Die Maschine erscheint in der Bilanz natürlich unter den Sachanlagen des Anlagevermögens. Würden die Verbindlichkeiten nicht erfasst, würde als »Gegenposition« auf der Passivseite das Eigenkapital erhöht. Darauf reagiert der Gesetzgeber aus Gründen des Gläubigerschutzes sehr sensibel ... Richtig wäre es, als »Gegenposition« auf der Passivseite stattdessen die Verbindlichkeiten zu erhöhen.

Zu den Verbindlichkeiten zählen:

- ✔ Anleihen
- ✔ Verbindlichkeiten bei Kreditinstituten
- ✔ erhaltene Anzahlungen auf Bestellungen
- ✔ Verbindlichkeiten aus Lieferungen und Leistungen

✔ Verbindlichkeiten aus Wechseln

✔ Verbindlichkeiten gegenüber verbundenen Unternehmen

Passive Rechnungsabgrenzungsposten (PRAP)

Bereits auf der Aktivseite konnten Sie Bekanntschaft mit den Rechnungsabgrenzungsposten schließen. Diese treffen Sie nun völlig überraschend auch auf der Passivseite wieder. Passive Rechnungsabgrenzungsposten dienen dazu, Erträge »zwischenzuparken«, die eigentlich nicht ins betrachtete Geschäftsjahr gehören.

Ihr Unternehmen vermietet beispielsweise auch ein paar Büros an andere Firmen. Die Miete von 1.000 Euro pro Monat wird jährlich zum 1. Juli im Voraus bezahlt. Im Jahresabschluss für 2016 passiert nun Folgendes: Der Anteil für 2016 (also 6.000 Euro) geht als Ertrag in die Gewinn-und-Verlust-Rechnung ein. Für den Anteil des folgenden Geschäftsjahres 2017 (ebenfalls 6.000 Euro) wird ein passiver Rechnungsabgrenzungsposten gebildet.

Und nun: Vorhang auf für die Bilanz

Nachdem Sie nun mit den wichtigsten Positionen vertraut sind, zeigen wir Ihnen in Abbildung 14.2, wie eine komplette Bilanz mit Leben beziehungsweise Zahlen gefüllt aussieht. Das ist sie also: die Königsdisziplin des Jahresabschlusses.

Bilanz 2016 der Sauberbilanz AG
in Million €

AKTIVA		PASSIVA	
Anlagevermögen		**Eigenkapital**	
Geschäftswert	45	Gezeichnetes Kapital	600
Sonstige immaterielle Anlagenwerte	65	Kapitalrücklage	1.400
Sachanlagen	2.850	Gewinnrücklagen	1.800
Finanzanlagen	350	Jahresüberschuss	80
Umlaufvermögen		**Rückstellungen**	
Vorräte	1.680	Ungewisse Verbindlichkeiten	200
Forderungen aus Lieferungen und Leistungen	2.000	Unterlassene Instandhaltung	10
Sonstige Vermögensgegenstände	10	**Verbindlichkeiten**	
Wertpapiere	120	Verbindlichkeiten gegenüber Kreditinstituten	3.000
Liquide Mittel	330	Verbindlichkeiten aus Lieferungen und Leistungen	352
Rechnungsabgrenzungsposten	12	Rechnungsabgrenzungsposten	20
Summe Aktiva	7.462	Summe Passiva	7.462

Abbildung 14.2: Die fertige Bilanz

Ab und zu kann Ihnen auch der Begriff *latente Steuern* in einer Bilanz unter die Augen kommen – und zwar sowohl auf der Aktiv- als auch auf der Passivseite. Hört sich schlimm an, ist es aber nicht. Latente Steuern entstehen, wenn sich aus der Steuerbilanz eine andere Steuerschuld ergibt als aus der Handelsbilanz – beispielsweise durch unterschiedliche Wertansätze. Tauchen sie auf der Aktivseite auf, bedeutet dies, dass Ihr Unternehmen noch einen Anspruch auf Steuerrückzahlungen aus vergangenen Jahren hat. Bei latenten Steuern auf der Passivseite haben Sie hingegen eine Bringschuld an den Fiskus. Sprich: Es müssen Steuern für vergangene Perioden nachgezahlt werden.

> **Zwickmühle Bilanz**
>
> Die Bilanz gilt als Visitenkarte eines Unternehmens. Deshalb sollte sie behutsam und bedacht erstellt werden. Die größten Stellhebel hat ein Unternehmen bei den Abschreibungen und bei den Rückstellungen. Beide Positionen sind auch ein Drahtseilakt.
>
> Abschreibungen und Rückstellungen gehen als Aufwand in die Gewinn-und-Verlust-Rechnung ein. Wenn Ihr Unternehmen ordentlich abschreibt oder zurückstellt, mindert sich somit auch der Gewinn und dadurch das Eigenkapital. Einerseits zahlt man zwar weniger Steuern und kann dadurch das geschrumpfte Eigenkapital wieder etwas abfedern, andererseits steht man mit einer hohen Eigenkapitalquote nach außen hin einfach besser da. Außerdem mindert man mit zu hohen Abschreibungen durch die Unterbewertung der abgeschriebenen Vermögensgegenstände das Eigenkapital noch zusätzlich. Hier ist also Fingerspitzengefühl gefragt.
>
> Sie sehen: Hierdurch hat man ein perfektes Werkzeug parat, um das gesamte Unternehmensergebnis zu steuern oder zu verfeinern (neudeutsch: zu manipulieren). Das ist Bilanzpolitik.

Aufgabe 14

Die Entwicklungsabteilung Ihres Unternehmens mit Sitz in Berlin hat eine neuartige, völlig intuitiv bedienbare Buchhaltungssoftware entwickelt, die ab sofort bei Ihnen im Unternehmen eingesetzt werden soll. Darf diese Software nach deutschem HGB aktiviert werden?

> **IN DIESEM KAPITEL**
>
> Wozu man eine Steuerbilanz braucht
>
> Internationale Rechnungslegungsvorschriften: IFRS und US-GAAP

Kapitel 15
MfG, HGB, EStG und IFRS: Unterschiedliche Bewertungsvorschriften

Bilanz ist leider nicht gleich Bilanz … In diesem Kapitel gehen wir der Frage nach, warum man neben der Handelsbilanz auch noch eine Steuerbilanz braucht und was es mit dem Maßgeblichkeitsprinzip auf sich hat. Nach diesem Ausflug in die Welt der Steuern brechen wir noch in die große weite Welt auf und schauen uns die internationalen Rechnungslegungsvorschriften an.

Maßgeblich: Handels- und Steuerbilanz

Der Begriff *Steuern* wirkt auf viele Menschen abschreckend. Aus den unterschiedlichsten Gründen. Sei es aus Angst, von seinem Geld auch nur einen müden Cent an den Fiskus abgeben zu müssen, oder schlicht Ehrfurcht vor den steuerlichen Regeln. Dabei sind die steuerlichen Regeln auf den zweiten Blick oft gar nicht so schwer. Dasselbe gilt für die *Steuerbilanz*. Die Berührungsängste stammen sicher von den vielen, leider nicht immer leicht lesbaren Steuerparagrafen und den in noch größerer Anzahl vorhandenen entsprechend formulierten Gesetzeskommentaren.

Wir versprechen Ihnen, die Steuerbilanz hier so weit wie möglich ohne Zitate aus der Einkommensteuer-Durchführungsverordnung und dem Einkommensteuergesetz zu erklären. Eine fesselnde Bettlektüre wird es wahrscheinlich dennoch nicht unbedingt sein. Dafür empfehlen wir Ihnen dann doch eher etwas Belletristisches.

Von der Überschussrechnung zur abgeleiteten Steuerbilanz

Eine *Handelsbilanz* basiert auf handelsrechtlichen Vorschriften. In Deutschland ist das zum Beispiel das HGB, in Österreich das UGB. Eine *Steuerbilanz* wird auf Basis steuerrechtlicher Vorschriften erstellt. In Deutschland und Österreich findet man diese zum Beispiel im EStG (Einkommensteuergesetz). Mit der Steuerbilanz wird der *steuerpflichtige Gewinn* ermittelt.

Weder Handels- noch Steuerbilanz

Freiberufler und kleinere Gewerbetreibende müssen keine Handelsbilanz erstellen. Sie ermitteln ihren Gewinn einfach per Einnahmenüberschussrechnung. Diese Einnahmenüberschussrechnung dient der Ermittlung des steuerpflichtigen Gewinns und damit der zu zahlenden Steuern an den Fiskus. Diese Leute müssen auch keine Steuerbilanz mehr erstellen.

Die originäre Steuerbilanz

Alle, die nach dem Handelsrecht nicht zur Buchführung verpflichtet sind, weil sie etwa keine Kaufleute im Sinne des HGB sind, aber dennoch bestimmte Grenzwerte beim Umsatz und Gewinn überschreiten, müssen eine sogenannte *originäre Steuerbilanz* erstellen. Dies bedeutet, dass sie weder eine Einnahmenüberschussrechnung noch eine Handelsbilanz erstellen, sondern gleich eine Steuerbilanz. Diese originäre Steuerbilanz basiert ausschließlich auf steuerrechtlichen Vorschriften.

Die Einheitsbilanz und die abgeleitete Steuerbilanz

Alle, die handelsrechtlich zur Buchführung verpflichtet sind, müssen zunächst eine Handelsbilanz aufstellen. Anschließend müssen sie den steuerpflichtigen Gewinn aus der Handelsbilanz ableiten.

Entspricht die Handelsbilanz bereits neben den handelsrechtlichen auch den steuerrechtlichen Vorschriften, hat man den steuerpflichtigen Gewinn ja bereits ermittelt und kann sich faul zurücklehnen. In solch einem Fall spricht man von der sogenannten *Einheitsbilanz*. Die Handelsbilanz und die Steuerbilanz sind identisch.

Entspricht die Gewinnermittlung in der Handelsbilanz nicht den steuerrechtlichen Vorschriften, muss der steuerpflichtige Gewinn noch ermittelt werden. Dies geht mit zwei Methoden:

✔ Die Schmalspurvariante: Die steuerrechtlichen Abweichungen werden in einer Nebenrechnung erfasst. Der steuerpflichtige Gewinn wird durch Anpassungen der Handelsbilanz zum Beispiel per Berichtigungen ermittelt. In Österreich nennt man dies *steuerliche Mehr-Weniger-Rechnung*.

✔ Die Luxusvariante: Aus der Handelsbilanz wird eine komplette Steuerbilanz abgeleitet.

In der Praxis wird häufig eine Handelsbilanz erstellt, die bereits den Anforderungen einer Steuerbilanz genügt. Je größer das Unternehmen, desto seltener aber die Einheitsbilanz. In großen Unternehmen wird meist eine Handels- und eine abgeleitete Steuerbilanz erstellt.

Seit 2013 muss die Steuerbilanz beziehungsweise die abgeleitete Steuerbilanz und die zugehörige GuV elektronisch ans Finanzamt übermittelt werden. Durch die Einführung dieser E-Bilanz werden auch neue Mindestanforderungen an die Gliederung der Bilanz und GuV gestellt. Diese Gliederung wird Taxonomie genannt und ist so etwas Ähnliches wie ein Kontenrahmen. Ihre Buchführung muss jedoch nicht an diese Taxonomie angepasst werden. Wenn Ihr bisher verwendeter Kontenrahmen ein Mussfeld der Taxonomie nicht enthält, genügt eine Fehlmeldung. Zusätzlich stehen auch sogenannte Auffangpositionen zur Überleitung von Ihrem Kontenrahmen zur Taxonomie zur Verfügung.

Der kleine Unterschied und das Maßgeblichkeitsprinzip

Die Steuerbilanz wird also bis auf den Sonderfall der originären Steuerbilanz lediglich aus der Handelsbilanz abgeleitet.

Einbahnstraße: Das Maßgeblichkeitsprinzip

Der Gesetzgeber hat hierzu das *Maßgeblichkeitsprinzip* entwickelt. Nach dem Maßgeblichkeitsprinzip ist stets der Ansatz der Handelsbilanz für die Steuerbilanz maßgeblich. Dies bedeutet, dass die Ansätze der Steuerbilanz den handelsrechtlichen Grundsätzen entsprechen müssen. Von diesem Prinzip darf man in der Steuerbilanz nur abweichen, wenn man damit gegen steuerliche Vorschriften verstoßen würde. Das Maßgeblichkeitsprinzip wurde übrigens erstmals in Deutschland 1874 eingeführt und gilt heute in vielen Ländern. Die handelsrechtlichen Bilanzierungsgrundsätze besitzen durch das Maßgeblichkeitsprinzip eine steuerliche Bedeutung, da die Steuerbilanz ja aus der Handelsbilanz abgeleitet wird. Die Steuerbilanz wird deshalb manchmal auch nicht als *abgeleitete Steuerbilanz*, sondern als *abgeleitete Handelsbilanz* bezeichnet.

Es war einmal: Die umgekehrte Maßgeblichkeit

Das Steuerrecht gestattet in einigen Fällen größere Handlungsspielräume als das Handelsrecht. Bis zur Reform des HGB im Jahre 2009 galt: Wurde dieses steuerrechtliche Wahlrecht wahrgenommen, musste die Handelsbilanz nach der Steuerbilanz ausgerichtet werden, da das Steuerrecht dies nur dann anerkannte, wenn dieses Wahlrecht in der Handelsbilanz auch so vorgenommen wurde. Das Maßgeblichkeitsprinzip wurde also umgekehrt. Der alte § 254 HGB erlaubte ausdrücklich steuerliche Abschreibungen und legitimiert damit die *umgekehrte Maßgeblichkeit*. Mit der Reform im Jahr 2009 wurde der entsprechende Steuerparagraf abgeschafft. Damit änderte sich im HGB der § 254. Die Folge: Steuer- und Handelsbilanz werden künftig öfter voneinander abweichen und die latenten Steuern an Bedeutung gewinnen.

Zwei Welten: Durchbrochenes Maßgeblichkeitsprinzip

Gibt es im Steuerrecht andere, vom Handelsrecht abweichende Regeln, muss man das Maßgeblichkeitsprinzip in der Steuerbilanz durchbrechen (*durchbrochenes Maßgeblichkeitsprinzip*). Der Gesetzgeber ist hier sehr aktiv. Deshalb gibt es immer mehr steuerliche Vorschriften, die vom Handelsrecht abweichen. Das Maßgeblichkeitsprinzip wird so Stück für Stück ausgehöhlt.

Ein paar kleine Unterschiede

Das Handelsrecht unterscheidet sich in einigen Punkten vom Steuerrecht. So zum Beispiel bei der Aktivierung von Anlagevermögen. Bei selbst erstellten immateriellen Vermögensgegenständen besitzen Sie ein handelsrechtliches Aktivierungswahlrecht. Steuerrechtlich besteht in diesem Fall dagegen ein Aktivierungsverbot. Damit diese Unterschiede noch ein wenig plastischer werden, haben wir uns für Sie zwei kleine Beispiele ausgedacht.

Handelsrechtliches Aktivierungswahlrecht

Stellen Sie sich vor, Sie müssen bei Ihrer Bank einen Kredit aufnehmen. Sie schließen einen Kreditvertrag über 100.000 Euro ab, erhalten aber nur 96.000 Euro. Die Differenz ist das Disagio. Kapitalgesellschaften besitzen das handelsrechtliche Wahlrecht, das Disagio zu aktivieren und anschließend abzuschreiben oder sofort als Aufwand zu verbuchen.

- ✔ **Variante Verzicht:** Sie verzichten auf die handelsrechtliche Aktivierung und verbuchen die Kosten sofort als Aufwand. Steuerrechtlich sind Sie jedoch gezwungen, diesen Firmenwert zu aktivieren und über mehrere Jahre abzuschreiben. Damit weicht das Ergebnis der Steuerbilanz von dem der Handelsbilanz ab. Einheitsbilanz adieu.

- ✔ **Variante Aktivierung:** Sie nehmen das handelsrechtliche Wahlrecht in Anspruch und aktivieren. Unter der Annahme, dass sich die Steuergesetze innerhalb der letzten drei Sekunden nicht geändert haben, müssen Sie das Disagio in der Steuerbilanz weiterhin aktivieren. Jetzt ist der Wertansatz in der Handelsbilanz mit dem der Steuerbilanz identisch. Ginge es nur um diesen Posten, könnten Sie noch mit einer Einheitsbilanz auskommen.

Handelsrechtliches Passivierungswahlrecht

Sie nehmen das handelsrechtliche Passivierungswahlrecht wahr und bilden nach Handelsrecht für mittelbare Pensionsverpflichtungen Rückstellungen. Steuerrechtlich dürfen Sie dagegen nicht passivieren. Nehmen Sie das handelsrechtliche Wahlrecht wahr, wird die Handelsbilanz vom steuerpflichtigen Gewinn abweichen. Verzichten Sie dagegen auf das handelsrechtliche Wahlrecht, können Sie weiter mit einer einheitlichen Bilanz arbeiten.

Abbildung 15.1 zeigt noch einmal den Zusammenhang zwischen Handels- und Steuerbilanz, wie er seit der Reform des HGB im Jahr 2009 aussieht.

Abbildung 15.1: Zusammenhang zwischen Handels- und Steuerbilanz

Internationale Rechnungslegungsvorschriften: IFRS und US-GAAP

Wenn Sie jetzt gedacht haben sollten, dass zwei Bilanzen ja nun wirklich genügen, haben Sie sich leider getäuscht. Es geht noch besser. Neben der Handelsbilanz nach nationalem Handelsrecht und der Steuerbilanz nach nationalem Steuerrecht gibt es auch noch die internationale Rechnungslegung. Die bekanntesten internationalen Rechnungslegungsstandards sind die IFRS. Anders als das nationale Handelsrecht besitzen die *International Financial Reporting Standards* (IFRS) aber eigentlich keinen Gesetzescharakter.

 Im deutschen HGB gibt es einen Verweis auf internationale Rechnungslegungsstandards. Damit werden diese gesetzlich bindend.

Internationale Standards im österreichischen UGB und bei der Schweizer Börse

Im österreichischen Unternehmensgesetzbuch ist die Anwendung internationaler Rechnungslegungsvorschriften im UGB geregelt. Die Schweizer Börse hat IFRS ab dem Jahr 2005 zum Mindeststandard erklärt.

Warum es internationale Standards gibt

Wozu braucht man eigentlich neben dem nationalen Handels- und Steuerrecht noch weitere, internationale Rechnungslegungsstandards?

Stellen Sie sich doch einmal vor, Sie hätten ein weltweit operierendes Unternehmen. Ihr Unternehmen benötigt für Investitionen dann und wann auch Kapital. Dies besorgen Sie sich auf dem Kapitalmarkt. Das kann die Volksbank um die Ecke sein, eine private Geschäftsbank in Frankfurt oder die Börse in Stuttgart. So gut die Betreuung vor Ort auch sein mag, irgendwann werfen Sie trotzdem mal einen Blick über den Gartenzaun und schauen sich die Konditionen auf den ausländischen Kapitalmärkten an. Immerhin tätigen Sie ja auch weltweite Geschäfte. Warum dann nicht auch bei den Finanzgeschäften international agieren? Vielleicht bekommen Sie Ihr benötigtes Kapital in London, Paris oder New York ja günstiger.

Die Sache hat nur einen kleinen Haken. In jedem Land gelten andere nationale Rechnungslegungsvorschriften. Und da Sie ja etwas haben wollen, müssen Sie die jeweiligen nationalen Standards befolgen. Eine recht aufwendige Geschichte.

Eines Tages hatten einige Leute die Idee, einheitliche internationale Rechnungslegungsstandards zu schaffen. Dazu gründeten sie Komitees und Boards. Daneben arbeiteten auch die Vereinten Nationen und die OECD, das ist die *Organisation für wirtschaftliche Zusammenarbeit und Entwicklung*, an der Entwicklung einheitlicher internationaler Standards. Am Ende setzte sich das IASB, das ist das *International Accounting Standards Board*, mit seinen

Verordnung (EG) Nr. 1606/2002 des Europäischen Parlaments und des Rates vom 19. Juli 2002 betreffend die Anwendung internationaler Rechnungslegungsstandards

Artikel 4 – Konsolidierte Abschlüsse von kapitalmarktorientierten Gesellschaften

Für Geschäftsjahre, die am oder nach dem 1. Januar 2005 beginnen, stellen Gesellschaften, die dem Recht eines Mitgliedstaates unterliegen, ihre konsolidierten Abschlüsse nach den internationalen Rechnungslegungsstandards auf, die nach dem Verfahren des Artikels 6 Absatz 2 übernommen wurden, wenn am jeweiligen Bilanzstichtag ihre Wertpapiere in einem beliebigen Mitgliedstaat zum Handel in einem geregelten Markt im Sinne des Artikels 1 Absatz 13 der Richtlinie 93/22/EWG des Rates vom 10. Mai 1993 über Wertpapierdienstleistungen zugelassen sind.

Artikel 5 – Wahlrecht in Bezug auf Jahresabschlüsse und hinsichtlich nicht kapitalmarktorientierter Gesellschaften

Die Mitgliedstaaten können gestatten oder vorschreiben, dass

a. Gesellschaften im Sinne des Artikels 4 ihre Jahresabschlüsse,

b. Gesellschaften, die nicht solche im Sinne des Artikels 4 sind,

ihre konsolidierten Abschlüsse und/oder ihre Jahresabschlüsse nach den internationalen Rechnungslegungsstandards aufstellen, die nach dem Verfahren des Artikels 6 Absatz 2 angenommen wurden.

KAPITEL 15 MfG, HGB, EStG und IFRS: Unterschiedliche Bewertungsvorschriften

Vorstellungen durch. Das IASB veröffentlicht die *International Financial Reporting Standards*, kurz IFRS. Für die Durchsetzung der IFRS gibt es zwei wesentliche Gründe:

- ✔ Die *International Organization of Securities Commissions* (IOSCO), das ist der internationale Dachverband der nationalen Börsenaufsichtsbehörden, bat bereits im Jahr 2000 die nationalen Behörden, IFRS als Standard anzuerkennen.

- ✔ Die Europäische Union erließ im Jahr 2002 eine Verordnung, nach der alle kapitalmarktorientierten Unternehmen innerhalb der EU ab dem Jahr 2005 ihre Konzernabschlüsse nach IFRS machen müssen. Dazu hat die EU-Kommission alle bestehenden IAS und IFRS anerkannt.

Somit muss ein kapitalmarktorientiertes Unternehmen mit Sitz in der EU seinen Einzelabschluss nach nationalem Handelsrecht machen, zusätzlich meistens auch noch eine abgeleitete Steuerbilanz erstellen und seinen *Konzernabschluss* darüber hinaus nach IFRS erstellen. Wir zählen durch und kommen auf drei Abschlüsse. Der Gesetzgeber stellt es den Unternehmen zwar frei, den *Einzelabschluss* auch nach IFRS zu erstellen. Der Haken an der Sache: Es muss dann trotzdem noch ein handelsrechtlicher Einzelabschluss erstellt werden. Somit würde man noch einen Abschluss mehr erstellen müssen. Wem es Spaß macht ...

Nicht kapitalmarktorientierte Unternehmen können, wenn sie wollen, ihren Konzernabschluss ebenfalls nach IFRS erstellen.

Unter einem *Einzelabschluss* versteht man den Jahresabschluss einer rechtlich selbstständigen Einheit eines Konzerns. Die Summe aller Einzelabschlüsse der im Konzern befindlichen Rechtseinheiten ergibt den *Konzernabschluss*. Beim Zusammenzählen muss man jedoch ein wenig aufpassen, da alle innerhalb des Konzerns getätigten Geschäfte in der Konzernbilanz konsolidiert werden müssen.

Sollte es sich bei Ihrem weltweit operierenden Unternehmen um eine Aktiengesellschaft handeln, deren Aktien auch an US-amerikanischen Börsen gehandelt werden, genügt seit dem Jahr 2007 der Konzernabschluss nach IFRS. Die US-Börsenaufsicht *Securities and Exchange Commission*, kurz SEC, akzeptiert nun bei Unternehmen, die ihren Sitz außerhalb der USA haben, auch Abschlüsse nach IFRS. Ein weiterer Abschluss nach *US-GAAP* ist seitdem nicht mehr erforderlich.

US-GAAP: Die *Generally Accepted Accounting Principles* sind die allgemein anerkannten Rechnungslegungsgrundsätze in den USA. Die US-amerikanische Börsenaufsichtsbehörde SEC hat vom Gesetzgeber die Aufgabe erhalten, für die Rechnungslegungsstandards zu sorgen. Die Aufsichtsbehörde hat diese Aufgabe an eine private Organisation, das FASB (*Financial Accounting Standards Board*) vergeben. Und dieses FASB ist für die US-GAAP verantwortlich. Die US-GAAP kann man eigentlich auch als internationalen Rechnungslegungsstandard bezeichnen, da sie auch außerhalb der USA angewendet werden.

Wir visualisieren die Zusammenhänge zwischen den Abschlüssen in Abbildung 15.2.

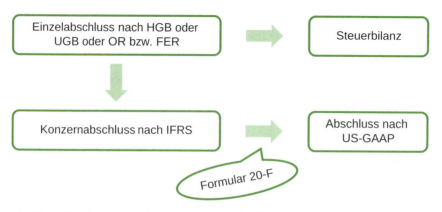

Abbildung 15.2: Zusammenhänge zwischen den Abschlüssen

Form 20-F

Für US-amerikanische Unternehmen sind die US-GAAP eine ziemlich bequeme Sache. Sie müssen nur einen Rechnungslegungsstandard befolgen, egal ob sie auf heimischen Kapitalmärkten auftreten oder auf manchem internationalen Parkett. Ausländische Unternehmen, die ihren Abschluss nach IFRS gemacht haben und auf den US-amerikanischen Kapitalmarkt wollen, haben etwas mehr Arbeit.

Leider ziert sich das FASB weiterhin, die IFRS voll anzuerkennen. Ausländische Firmen müssen so zum IFRS-Abschluss zusätzliche Erläuterungen und Überleitungen Richtung US-GAAP beibringen, wenn sie auf den US-amerikanischen Kapitalmarkt wollen. Hierzu muss das sogenannte Formular 20-F verwendet werden. Die SEC (*Security and Exchange Commission*), die 1934 aufgrund des großen Börsencrashs im Jahr 1929 gegründet wurde, erkennt seit November 2007 zwar alle IFRS-Abschlüsse ab dem Geschäftsjahr 2008 an. Eine Überleitung mit dem Formular 20-F ist aber weiterhin nötig. Die FASB und die IASB haben zudem eine enge Zusammenarbeit vereinbart. Das Ziel ist eine Konvergenz zwischen den beiden Rechnungslegungsstandards. Eines Tages sollen die Unterschiede unbedeutend oder gar nicht mehr vorhanden sein. Man arbeitet seit Jahren daran.

Die IFRS-Vorschriften

Die eigentlichen IFRS-Vorschriften werden *IAS* beziehungsweise seit geraumer Zeit einfach nur *IFRS* genannt. Die vor der Umbenennung verabschiedeten Standards heißen aber weiterhin IAS. Also nicht von den unterschiedlichen Bezeichnungen verwirren lassen. Daneben gibt es noch die Interpretationen der SIC und IFRIC. Gemeint ist auch hier wieder dasselbe. Es wurde nur wieder einmal umbenannt. Interpretiert wird von dem *Standing Interpretations Committee* (SIC), das dann in *International Financial Reporting Interpretations Committee* (IFRIC) umbenannt wurde.

KAPITEL 15 MfG, HGB, EStG und IFRS: Unterschiedliche Bewertungsvorschriften

Damit Sie einen Überblick und damit auch ein Gefühl für die IFRS-Vorschriften bekommen, hier ein Schnelldurchgang durch alle Standards. Wundern Sie sich aber bitte nicht darüber, dass nicht durchgehend nummeriert wurde. Wir haben keine vergessen. Manche Standards sind eben zwischenzeitlich entfallen.

- ✓ **IAS 1 Darstellung des Jahresabschlusses:** Die Gewinn-und-Verlust-Rechnung kann nach dem Gesamtkosten- oder dem Umsatzkostenverfahren erstellt werden. Die Bilanz kann entweder nach der Fristigkeit oder in Ausnahmefällen auch nach der Liquidität gegliedert werden. Ein Lagebericht wird nicht gefordert.

- ✓ **IAS 2 Vorräte:** Fremdkapitalzinsen dürfen in die Anschaffungs- und Herstellungskosten mit rein. Aber nur, wenn auch IAS 21 und 23 erfüllt sind. Vorräte dürfen nach der FIFO-Methode (First In, First Out) oder nach der Methode des gewogenen Durchschnitts bewertet werden.

- ✓ **IAS 7 Kapitalflussrechnungen:** Hier wird die Darstellung des Kapitalflusses geregelt. Es muss in drei Kategorien unterteilt werden: nach Investitionstätigkeit, Finanzierungstätigkeit und betrieblicher Tätigkeit. Der Teil aus der betrieblichen Tätigkeit kann per direkter oder indirekter Methode dargestellt werden. Die direkte Methode wird aber lieber gesehen.

- ✓ **IAS 8 Rechnungslegungsmethoden, Änderungen von Schätzungen und Fehler:** Es gilt der Grundsatz der Stetigkeit und Vergleichbarkeit. Die Bewertungsmethoden dürfen nur unter bestimmten Voraussetzungen geändert werden. Fehler müssen auch rückwirkend korrigiert werden.

- ✓ **IAS 10 Ereignisse nach dem Abschlussstichtag:** Hier wird der Umgang mit Sachverhalten, die zwischen dem Abschlussstichtag und dem Tag auftreten, an dem der Abschluss veröffentlicht wird, geregelt. Hier finden Sie Beschreibungen darüber, welche Sachverhalte berücksichtigt werden müssen.

- ✓ **IAS 11 Fertigungsaufträge:** In diesem Standard geht es um die Erfassung von Erträgen und Aufwendungen bei Fertigungsaufträgen. Es wird hierbei zwischen zwei Vertragsarten unterschieden: den Festpreisverträgen und den Cost-Plus-Verträgen. Ein sehr spannendes Thema!

- ✓ **IAS 12 Ertragsteuern:** Hier wird der Ansatz von tatsächlichen und latenten Steuern beschrieben. Latente Steuern müssen dabei mit den erwarteten Steuerbeträgen angesetzt werden.

- ✓ **IAS 16 Sachanlagen:** Der Ansatz und die Bewertung von Sachanlagen werden hier geregelt. Eine recht umfangreiche Geschichte. Ein wesentlicher Unterschied zu HGB und US-GAAP: Nach IFRS darf auch eine Neubewertung zum aktuellen Marktpreis vorgenommen werden. Hier besteht nämlich ein Wahlrecht zwischen dem »cost model«, also der Fortschreibung der Anschaffungs- oder Herstellungskosten ähnlich wie beim HGB, und dem »revaluation model« mit der Bewertung nach dem »fair value«. Letzteres gibt es im HGB wegen des Vorsichtsprinzips nicht.

- ✓ **IAS 17 Leasingverhältnisse:** Hier werden der Ansatz und die Bewertung von Leasingverhältnissen geregelt. In IAS 17 werden Kriterien genannt, die eine Einordnung als

Finance-Leasing statt nur als einfaches Operate-Leasing gestatten. Hier nur eine Auswahl:

- Am Ende des Leasingverhältnisses bekommt der Leasingnehmer den Gegenstand.
- Der Leasingnehmer kann, sofern er will, den Gegenstand zu einem Preis kaufen, der unter dem Zeitwert liegt.
- Der Leasingvertrag läuft während der überwiegenden Nutzungsdauer des Gegenstands.
- Die Produkteigenschaften des Gegenstands sind auf die speziellen Erfordernisse des Leasingnehmers ausgerichtet. Andere könnten mit dem Gegenstand so wenig anfangen.

✔ **IAS 18 Umsatzerlöse:** Hier geht es ausführlich um die Frage, wann ein Gewinn genau realisiert wird.

✔ **IAS 19 Leistungen an Arbeitnehmer:** In diesem Standard geht es um die Bilanzierung von Leistungen an die Arbeitnehmer. Es wird zwischen vier Leistungskategorien unterschieden: kurzfristig fällige Leistungen wie etwa Entgelte, Leistungen nach Beendigung des Arbeitsverhältnisses wie etwa Betriebsrenten, sonstige langfristige Leistungen wie etwa Jubiläumsgelder und Leistungen bei Beendigung von Arbeitsverhältnissen wie etwa Abfindungen.

✔ **IAS 20 Bilanzierung und Darstellung von Zuwendungen der öffentlichen Hand:** Solche Zuwendungen müssen jeweils in dem Geschäftsjahr erfasst werden, in dem die dazugehörigen Aufwendungen anfallen.

✔ **IAS 21 Auswirkungen von Wechselkursänderungen:** Hier werden die Grundsätze zur Bilanzierung von Fremdwährungsgeschäften und Fremdwährungsabschlüssen geregelt.

✔ **IAS 23 Fremdkapitalkosten:** Fremdkapitalkosten werden normalerweise direkt als Aufwand verbucht. Unter bestimmten Voraussetzungen können sie auch in die Anschaffungs- oder Herstellungskosten einbezogen, also mit aktiviert werden.

✔ **IAS 24 Angaben über Beziehungen zu nahestehenden Unternehmen und Personen:** Hier wird vorgeschrieben, wie viel verraten werden muss.

✔ **IAS 26 Bilanzierung und Berichterstattung von Altersvorsorgeplänen:** IAS 26 regelt die Bilanzierung und die Berichterstattung über die Altersvorsorgepläne.

✔ **IAS 27 Einzelabschlüsse:** Hier geht es zum Beispiel um Fragen, wie Anteile an Tochterunternehmen bilanziert werden müssen.

✔ **IAS 28 Anteile an assoziierten Unternehmen und Joint Ventures:** Hier geht es um die Bilanzierung von Anteilen an assoziierten Unternehmen, also an solchen Unternehmen, an denen ein maßgeblicher Einfluss ausgeübt wird. Bei Anteilen von mehr als 20 Prozent wird dies vermutet.

✔ **IAS 29 Rechnungslegung in Hochinflationsländern:** Falls Ihr Konzern rechtliche Einheiten in Ländern besitzt, in denen nicht nur die Gäule galoppieren: Dann finden Sie hier Regelungen für die Erstellung eines Abschlusses in einem Hochinflationsland.

- **IAS 32 Finanzinstrumente:** Hier geht es um Angaben zu Finanzinstrumenten, also zum Beispiel Wertpapiere, und deren Darstellung.

- **IAS 33 Ergebnis je Aktie:** Hier wird vorgeschrieben, wie die Kennzahl *Ergebnis je Aktie* zu ermitteln ist.

- **IAS 34 Zwischenberichterstattung:** IFRS schreibt keine Zwischenberichterstattung, wie etwa Quartalsberichte, vor. Hier wird nur der Eventualfall geregelt; falls Unternehmen zum Beispiel aufgrund von Börsenvorschriften zur Zwischenberichterstattung verdonnert werden. IAS 34 regelt die Gestaltung der Zwischenberichterstattung.

- **IAS 36 Wertminderung von Vermögenswerten:** Dieser Standard beschreibt, wie Wertminderungen von Vermögenswerten zu behandeln sind.

- **IAS 37 Rückstellungen, Eventualverbindlichkeiten und -forderungen:** IFRS trennt zwischen Rückstellungen und Eventualverbindlichkeiten. Rückstellungen können als Schulden passiviert werden, wenn heutige Verpflichtungen in der Zukunft eher wahrscheinlich zu einem Ressourcenabfluss führen und die Höhe in etwa geschätzt werden kann.

Im Unterschied zu Rückstellungen kann bei *Eventualschulden* nicht sehr wahrscheinlich vorhergesagt werden, ob eine Zahlung erfolgen muss und in welcher Höhe das sein wird.

Eventualverbindlichkeiten dürfen nach IFRS nicht passiviert werden. Sie müssen lediglich im Anhang angegeben werden. Ein schönes Beispiel wären drohende Zahlungen aus Rechtsstreitigkeiten, wenn Sie absolut nicht wissen, ob Sie den Prozess verlieren werden oder nicht.

Eventualforderungen: Tauschen Sie die Prozessrollen aus dem Beispiel der Eventualverbindlichkeit einfach aus. Sie wissen absolut nicht, ob Sie Ihre Forderungen im laufenden Rechtsstreit durchsetzen können? Das wäre eine Eventualforderung. Diese wird ebenfalls im Anhang angegeben.

- **IAS 38 Immaterielle Vermögenswerte:** Selbst erstellte immaterielle Vermögenswerte können unter bestimmten Voraussetzungen nach IFRS aktiviert werden. Zum Beispiel Patente oder Software zur eigenen Nutzung. Aktivierbar sind aber immer nur die in der Entwicklungsphase entstandenen Kosten. Die davor in der Forschungsphase entstandenen Kosten dürfen nicht aktiviert werden; sie müssen sofort als Aufwand verbucht werden. Ebenfalls erwähnenswert: IAS 38 verbietet die Abschreibung unbegrenzt nutzbarer immaterieller Vermögenswerte. Stattdessen muss der Zeitwert jährlich überprüft und gegebenenfalls angepasst werden.

- **IAS 39 Finanzinstrumente. Ansatz und Bewertung:** Hier wird die Bilanzierung von Gewinnen und Verlusten aus der Bewertung von Finanzinstrumenten geregelt.

- **IAS 40 Als Finanzinstrumente gehaltene Immobilien:** Ihr Unternehmen besitzt Immobilien, die es vermietet? IAS 40 schreibt die Bilanzierungsregeln vor.

- **IAS 41 Landwirtschaft:** Die Agrarbranche hat einen ganzen Standard für sich allein erhalten.

- ✔ **IFRS 1 Erstmalige Anwendung der IFRS:** Für absolute IFRS-Beginners gibt es hier ein paar Erleichterungen.

- ✔ **IFRS 2 Anteilsbasierte Vergütung:** Das soll es ja geben: Mitarbeiter erhalten als Vergütung Aktien. Und IFRS 2 regelt die Bilanzierung dazu.

- ✔ **IFRS 3 Unternehmenszusammenschlüsse:** Unter anderem wird hier geregelt: Der beim Firmenkauf erworbene Geschäftswert (Goodwill) darf nicht abgeschrieben werden. Er muss jährlich auf seinen Zeitwert überprüft und eventuell angepasst werden.

- ✔ **IFRS 4 Versicherungsverträge:** Nicht nur die Landwirtschaft hat einen eigenen Standard. Auch die Versicherungsbranche.

- ✔ **IFRS 5 Zur Veräußerung gehaltene langfristige Vermögenswerte und aufgegebene Geschäftsbereiche:** Diese Vermögenswerte müssen in der Bilanz als zum Verkauf anstehend gekennzeichnet werden und dürfen nicht mehr weiter abgeschrieben werden.

- ✔ **IFRS 6 Untersuchung und Bewertung von mineralischen Bodenschätzen:** Ja, auch für Dagobert-Duck-Minengesellschaften gibt es einen IFRS-Standard. Und damit sich Dagobert Duck nicht umgewöhnen muss, erkennt IFRS 6 ausdrücklich die Fortführung bisher angewandter Standards, wie etwa US-GAAP, an. Sofern Entenhausen wirklich in Kalifornien liegen sollte, muss Herr Duck keinen Groschen für Überleitungsrechnungen von US-GAAP nach IFRS ausgeben.

- ✔ **IFRS 7 Finanzinstrumente. Angaben:** Hier geht es unter anderem um das Reporting der Risiken aus vorhandenen Finanzinstrumenten.

- ✔ **IFRS 8 Segmentberichterstattung:** Ersetzt IAS 14. Anders als noch im IAS 14 muss hier nicht nach Geschäftssegmenten und geografischen Einheiten berichtet werden. Grundlage ist hier der *Management Approach* des US-GAAP. Die Berichterstattung muss sich nach der unternehmensinternen Hierarchie- und Berichtsstruktur richten. Diese wird sich natürlich in der Regel auch nach den Geschäftssegmenten richten. Eventuell auch nach den geografischen Einheiten.

- ✔ Danach folgen die IFRS 10 bis 13. Diese umfassen die Themen Konzernabschlüsse, gemeinsame Vereinbarungen, Angaben zu Beteiligungen an anderen Unternehmen und die Bemessung des beizulegenden Zeitwerts.

Das Haus von GAAP

In vier Schritten geht es jetzt zum Haus von GAAP:

1. Die Rechnungslegungsstandards der US-GAAP werden vom FASB (*Financial Accounting Standards Board*) erlassen und von der Börsenaufsicht (SEC) anerkannt, sodass für alle an den US-Börsen gehandelten Unternehmen US-GAAP verbindlich ist.

2. Daneben hat der Verband der US-amerikanischen Wirtschaftsprüfer AICPA (*American Institute of Certified Public Accountants*) diese Regeln ebenfalls anerkannt.

3. Alle vor US-GAAP erlassenen Rechnungslegungsvorschriften behalten so lange ihre Gültigkeit, bis sie durch US-GAAP-Regeln ersetzt werden. Damit sind die ARB (*Accounting Research Bulletin*) und die APB (*Accounting Principles Board*) gemeint.

4. Fertig ist das Fundament des House of GAAP.

KAPITEL 15 MfG, HGB, EStG und IFRS: Unterschiedliche Bewertungsvorschriften

Im ersten Stock des House of GAAP gibt es nicht mehr ganz so verbindliche Regeln. Da wären die Technical Bulletins des FASB, die sich mit irgendwelchen Spezialproblemen beschäftigen, oder die Stellungnahmen und Richtlinien der AICPA. Im zweiten Stock des House of GAAP wird es noch etwas unverbindlicher. Hier gibt es die *Emerging Issues Task Force*, eine Arbeitsgruppe der FASB, mit deren Stellungnahmen und die Bekanntmachungen der AICPA. Im Dachgeschoss finden Sie noch einige Regeln mit allerdings geringer Verbindlichkeit wie den Interpretationen der AICPA.

Der Sinn dieses House of GAAP ist es, vom Fundament aus Lösungen bei konkreten Rechnungslegungsproblemen zu suchen. Findet man bei den hochverbindlichen Regeln keine Lösung, geht die Suche im nächsten Stock weiter. Auf das Dach sind bisher wohl nur sehr wenige gestiegen.

Aufgabe 15

Es geht um eine selbst erstellte Software im Wert von 5.000 Euro. Wie gehen Sie damit in der Handelsbilanz um, wenn Sie einen mit der Steuerbilanz identischen Wertansatz anstreben? Ein Hinweis: Das Steuerrecht verbietet die Aktivierung selbst erstellter immaterieller Vermögenswerte.

> **IN DIESEM KAPITEL**
>
> Bestandskonten abschließen
>
> Das Niederstwertprinzip beim Anlagevermögen
>
> Bilanzierung des Umlaufvermögens

Kapitel 16
Aktiv bilanzieren

Das Anlage- und das Umlaufvermögen haben Sie das ganze Jahr über fleißig verbucht. Jetzt kommt der spannende Moment: Der Bilanzierungsstichtag ist da! Für Sie heißt das konkret, dass Sie Bestandskonten abschließen und das Vermögen entsprechend bewerten müssen. Was Sie hierfür alles wissen sollten, erfahren Sie auf den folgenden Seiten. Außerdem können Sie nach der Lektüre des Kapitels mitreden, wenn es um Dinge wie das *Niederstwertprinzip*, das *Imparitätsprinzip* oder das *Realisationsprinzip* geht, und sind somit in Fachgesprächen immer vorn mit dabei.

Viel Erfolg und vor allem Spaß!

Ende, Aus: Bestandskonten abschließen

Bestandskonten werden zu Beginn jedes Geschäftsjahres neu eröffnet. Deshalb müssen sie am Ende eines jeden Geschäftsjahres abgeschlossen werden. Dies bedeutet zwar ein klein wenig Arbeit, ist aber halb so schlimm. Der Abschluss von Bestandskonten erfolgt in drei Schritten:

1. Sie addieren zunächst einmal für jedes Konto die wertmäßig größere Kontoseite auf. Also die Seite, auf der ein höherer Betrag steht.
2. Dann errechnen Sie die Differenz aus dieser Summe und der Summe der wertmäßig kleineren Kontoseite. Diese Differenz heißt *Saldo*.
3. Diesen Saldo buchen Sie nun auf das Schlussbilanzkonto. Salden von Aktivkonten landen beim Schlussbilanzkonto im Soll, Salden von Passivkonten im Haben.

Das *Schlussbilanzkonto* fasst alle Schlussbestände aktiver und passiver Bestandskonten zusammen. Es ist somit die Basis für die Erstellung der Bilanz. Schreib- und mundfaule Zeitgenossen nennen es übrigens gerne auch mal nur *SBK*.

So weit die Theorie, jetzt zeigen wir Ihnen an einem praktischen Beispiel, wie das Ganze aussieht. Sie hatten Anfang des Geschäftsjahres 5.000 Euro in der Kasse. Im Laufe des Geschäftsjahres kamen weitere 10.000 Euro dazu. Jedoch mussten Sie auch die eine oder andere Rechnung bezahlen. Deswegen haben Sie 8.000 Euro aus der Kasse entnommen.

Auf der Soll-Seite des aktiven Bestandskontos »Kasse« stehen der Anfangsbestand sowie die Zugänge:

- ✔ Anfangsbestand: 5.000 Euro
- ✔ Zugänge: 10.000 Euro

Auf der Haben-Seite hingegen stehen die Abgänge:

- ✔ Abgänge: 8.000 Euro

Auf der Soll-Seite stehen in Summe 15.000 Euro, auf der Haben-Seite nur 8.000 Euro. Der Saldo beträgt somit 7.000 Euro. Hierbei handelt es sich übrigens um einen *Sollsaldo*.

Ein Saldo ist immer nach der Kontoseite benannt, auf der mehr steht. Steht im Haben mehr als im Soll, so heißt der Saldo folglich *Habensaldo*.

Sie buchen nun diesen Saldo auf das Schlussbilanzkonto. Und zwar so:

8010 Schlussbilanzkonto (SBK)		7.000,00	
an	2880 Kasse		7.000,00

Doch bevor Sie die aktiven Bestandskonten abschließen können, stellt sich oftmals noch die Frage, wie bestimmte Vermögensgegenstände bewertet werden müssen. Denn für die Verbuchung benötigt man logischerweise auch die zugehörigen Geldbeträge. Im Folgenden erfahren Sie alles, was Sie über die Bewertung und die Bilanzierung von Anlage- und Umlaufvermögen wissen müssen.

Bilanzierung des Anlagevermögens

Was alles zum Anlagevermögen gezählt wird, haben wir Ihnen ja bereits in Kapitel 5 gezeigt. Damit Sie nun aber nicht wie wild hin und her blättern müssen, nochmals das Wichtigste in Kürze:

Im Groben umfasst das Anlagevermögen Folgendes:

- ✔ Sachanlagen wie Grund und Boden, Gebäude oder Maschinen
- ✔ langfristige Finanzanlagen
- ✔ immaterielle Vermögensgegenstände

Bewertet wird das Anlagevermögen mit den Anschaffungskosten zuzüglich der Anschaffungsnebenkosten. Bei selbst produziertem Anlagevermögen nehmen Sie stattdessen einfach die Herstellungskosten. Abnutzbares Anlagevermögen müssen Sie dann noch über die geplante Nutzungsdauer abschreiben. Damit wären wir eigentlich fertig. Na ja, nicht ganz. Je nach Unternehmensform müssen Sie für die Bewertung des Anlagevermögens in der Bilanz nämlich noch ein paar Feinheiten beachten. Diese Feinheiten haben in erster Linie mit dem Niederstwertprinzip zu tun.

Der Marktpreis für einen Vermögensgegenstand fällt. Der Wert dieses Gegenstands in der Bilanz wäre nun trotz eventuell vorgenommener normaler Abschreibungen viel höher als der neue Marktpreis. Was tun? Hier greift das *Niederstwertprinzip*. Demzufolge müssen Sie in der Bilanz immer mit dem Marktpreis bewerten. Zumindest, falls dieser niedriger sein sollte als die Anschaffungskosten abzüglich der bislang vorgenommenen planmäßigen Abschreibungen.

Wie das Niederstwertprinzip genau im Anlagevermögen Anwendung findet, hängt in erster Linie von zwei simplen Fragen ab:

- ✔ Ist der gefallene Marktpreis von Dauer oder nur ein kurzfristiger Ausreißer?
- ✔ Bilanzieren Sie nach nationalem Handelsrecht oder nach IFRS?

Dauerhafte Wertminderung oder nicht

Bei einer lediglich kurzfristigen Wertminderung, die voraussichtlich nicht von langer Dauer sein wird, darf das Anlagevermögen nicht außerplanmäßig abgeschrieben werden.

Bei kurzfristigen Wertminderungen müssen Sie nach IFRS zwingend den niedrigeren Wert ansetzen. Dieser schimpft sich übrigens im Fachjargon *niedrigerer beizulegender Wert*. Nach HGB besitzen Sie bei Finanzanlagen das Wahlrecht, bei kurzfristigen Wertminderungen wie nach IFRS ebenfalls eine außerplanmäßige Wertminderung vorzunehmen. Dieses Ausnahmewahlrecht gilt im HGB aber nur für Finanzanlagen.

Ist die Wertminderung jedoch aller Voraussicht nach von Dauer, müssen Sie im Anlagevermögen immer den niedrigeren Wert in der Bilanz stehen haben. Kommt das Niederstwertprinzip zur Anwendung, müssen Sie dann *außerordentliche Abschreibungen* vornehmen. Hierdurch wird der Wert des Vermögensgegenstands in der Bilanz verringert.

Solche außerordentlichen Abschreibungen dürfen Sie im Übrigen auch bei nicht abnutzbaren Vermögensgegenständen des Anlagevermögens durchführen, falls sich deren Preise nach unten bewegen.

Es kann jedoch auch mal passieren, dass die gefallenen Marktpreise entgegen Ihren Erwartungen doch wieder steigen. In diesem Fall müssen Sie am nächsten Bilanzstichtag eine *Wertaufholung* vornehmen. Landläufig wird sie auch *Zuschreibung* genannt.

Eine *Wertaufholung* oder *Zuschreibung* ist grob ausgedrückt Rückgängigmachung einer Abschreibung. Da eine Abschreibung Aufwand darstellt, ist die Zuschreibung somit letzten Endes nichts anderes als ein außerordentlicher Ertrag. Nur heißt dieser halt hier ein klein wenig anders ...

Die Obergrenze einer Wertaufholung bilden immer die Anschaffungskosten abzüglich der planmäßigen Abschreibungen, die Sie bis zum Zeitpunkt der Zuschreibung vorgenommen hätten. Das nennt man auch *fortgeführte Anschaffungskosten*. Höher dürfen Sie nicht gehen.

Sicher ist sicher: Das Realisationsprinzip

Dass die fortgeführten Anschaffungskosten die Obergrenze sind, haben Sie dem *Realisationsprinzip* zu verdanken. Demnach dürfen Sie nämlich Gewinne erst dann verbuchen, wenn sie realisiert sind – sprich dann, wenn das Geschäft auch tatsächlich über die Bühne ist. Würden Sie über den fortgeführten Anschaffungskosten bewerten, würden Sie so tun, als hätten Sie bereits einen Gewinn gemacht. Einen solchen dürften Sie aber erst ausweisen, wenn Sie den Vermögensgegenstand auch tatsächlich zu diesem höheren Wert verkaufen. Der Grund dafür, dass es das Realisationsprinzip gibt, ist wieder einmal der gute alte Gläubigerschutz. Das Realisationsprinzip ist sozusagen das Gegenstück zum Imparitätsprinzip, das Sie bereits weiter vorn kennenlernen durften. Doch nun genug der Prinzipien. Abbildung 16.1 zeigt dieses Kuddelmuddel aus Pflichten, Wahlrechten und Verboten noch einmal. Jetzt reden wir aber wieder buchhalterisch und haben auch gleich ein Beispiel für Sie.

Sie sind Buchhalter der KlingKlang GmbH, einer auf tibetanischen Mönchsgesang spezialisierten Plattenfirma mit eigenem CD-Presswerk. Ihr Chef gönnte sich einen schicken Designerschreibtisch im Wert von 2.000 Euro. Er hat vor, diesen zehn Jahre lang zu nutzen. Macht also eine jährliche planmäßige Abschreibung von 200 Euro:

6520 Abschreibungen auf Sachanlagen	200,00	
an 0870 Büromöbel und sonstige Geschäftsausstattung		200,00

Dummerweise hat mittlerweile auch ein schwedisches Möbelhaus exakt diesen Schreibtisch in sein Programm aufgenommen. Und zwar für schlappe 500 Euro. Das riecht schwer nach einem dauerhaften Preisverfall.

		HGB	IFRS
Außerplanmäßige Abschreibungen auf den niedrigeren beizulegenden Wert	Niedrigerer Marktpreis von Dauer	Pflicht	Pflicht
	Niedrigerer Marktpreis nur kurzfristig	Verbot (bei Finanzanlagen Wahlrecht)	Pflicht
Wertaufholung	Höherer Marktpreis	Pflicht	Pflicht

Abbildung 16.1: Niederstwertprinzip

Ihr Chef beruhigt sich ob dieser schlechten Nachrichten gerade wieder einmal bei Mönchsmusik, während Sie außerordentlich fleißig sind und den Schreibtisch außerordentlich auf 500 Euro abschreiben. Da Sie eben bereits 200 Euro planmäßig abgeschrieben haben, fehlen hierfür noch 1.300 Euro:

6550 Außerordentliche Abschreibungen auf Sachanlagen	1.300,00
an 0870 Büromöbel und sonstige Geschäftsausstattung	1.300,00

Die künftigen planmäßigen Abschreibungen ermitteln Sie dann übrigens, indem Sie den Restwert von 500 Euro auf die Restnutzungsdauer von neun Jahren verteilen. Macht hier also 55,56 Euro pro Jahr. Während des folgenden Bilanzjahres geht das schwedische Möbelhaus plötzlich Konkurs und schließt all seine Filialen. Damit konnte nun wirklich keiner rechnen! Der Schreibtisch wird daraufhin zum gefragten Stück und am folgenden Bilanzstichtag mit 1.800 Euro gehandelt. Da die fortgeführten Anschaffungskosten jedoch 1.600 Euro betragen – also die ursprünglichen Anschaffungskosten minus zwei planmäßige Abschreibungen –, dürfen Sie auch nur maximal bis zu diesen 1.600 Euro zuschreiben.

Der Schreibtisch steht derzeit mit 500 Euro in den Büchern, also fehlen noch 1.100 Euro:

0870 Büromöbel und sonstige Geschäftsausstattung	1.100,00
an 5440 Erträge aus Zuschreibungen	1.100,00

Künftig müssten Sie dann wieder jährlich 200 Euro planmäßig abschreiben. Also 1.600 Euro geteilt durch die Restnutzungsdauer von acht Jahren.

Bilanzierung des Umlaufvermögens

Wie Sie sicher bereits wissen, beinhaltet das Umlaufvermögen

- ✔ Vorräte,
- ✔ Forderungen und sonstige Vermögensgegenstände,
- ✔ kurzfristige Finanzanlagen,
- ✔ liquide Mittel.

Auf den folgenden Seiten erfahren Sie alles, was Sie über die Bilanzierung von Vorräten wissen müssen. Die anderen Untergruppen des Umlaufvermögens wurden ja bereits in vorangegangenen Kapiteln ausführlich breitgetreten.

Bewertung von Vorräten

Vorräte umfassen:

- ✔ Roh-, Hilfs- und Betriebsstoffe
- ✔ unfertige Erzeugnisse und Leistungen

✔ fertige Erzeugnisse und Waren

✔ geleistete Anzahlungen

Bewertet werden Vorräte erst einmal mit den jeweiligen Anschaffungs- beziehungsweise Herstellungskosten – abzüglich der Anschaffungspreisminderungen und zuzüglich der Anschaffungsnebenkosten.

Grundsätzlich gilt – wie übrigens auch im Anlagevermögen –, dass jeder Vermögensgegenstand einzeln für sich bewertet werden muss. Im Umlaufvermögen gibt es allerdings auch Ausnahmen. Mehr dazu später in diesem Kapitel.

Auch hier kommt nun das Niederstwertprinzip ins Spiel. Beim Umlaufvermögen ist die Anwendung des Niederstwertprinzips sogar noch etwas strenger geregelt. Hier müssen Sie beim Bilanzieren nämlich immer den niedrigeren beizulegenden Wert verwenden. Zumindest dann, wenn der Börsen- oder Marktpreis am Bilanzstichtag unter den Wert des Vermögensgegenstands in der Bilanz rutscht. Und zwar unabhängig davon, ob die Wertminderung von Dauer zu sein scheint oder nicht.

Diese Ausprägung des Niederstwertprinzips nennt sich *strenges Niederstwertprinzip*. Es gilt für das gesamte Umlaufvermögen.

Sie müssen im Umlaufvermögen und somit auch bei Vorräten also immer mit den jeweiligen Markt- oder Börsenpreisen bilanzieren. Ebenso müssen Sie im Umlaufvermögen stets eine Wertaufholung vornehmen, wenn der Preis am nächsten Bilanzstichtag wieder über den außerordentlich abgeschriebenen Wert aus der Vorjahresbilanz steigt. Jetzt buchen Sie zur Abwechslung wieder einmal. Und zwar mit dem Beispiel von eben.

Die KlingKlang GmbH hat am Bilanzstichtag noch 20.000 CD-Rohlinge auf Lager. Diese wurden irgendwann Anfang letzten Jahres in einem Aufwasch für 0,10 Euro das Stück gekauft. In der letzten Bilanz schlugen sie daher mit 2.000 Euro zu Buche. Am jetzigen Bilanzstichtag hat ein vergleichbarer Rohling allerdings einen Marktpreis von 7 Cent. Dem strengen Niederstwertprinzip zufolge müssen Sie die Rohlinge also mit einem Betrag von 1.400 Euro bewerten und somit 600 Euro außerordentlich abschreiben.

6570 Unüblich hohe Abschreibungen auf Umlaufvermögen	600,00	
an 2000 Rohstoffe		600,00

Im Umlaufvermögen sind nur außerordentliche Abschreibungen möglich. Planmäßige Abschreibungen gibt es hier nicht.

Ein weiteres Jahr später liegen die Dinger immer noch rum, da die KlingKlang GmbH mittlerweile hauptsächlich von einem Billiganbieter in Taiwan pressen lässt. Am Bilanzstichtag kostet ein Rohling 9 Cent.

Jetzt schreiben Sie zu. Allerdings nicht bis auf die ursprünglichen Anschaffungskosten, sondern nur auf die 9 Cent je Rohling, also auf 1.800 Euro:

2000 Rohstoffe		400,00	
an	5440 Erträge aus Zuschreibungen		400,00

Sammelbewertung von Vorräten

Normalerweise müssen Sie ja bekanntlich jeden Vermögensgegenstand einzeln bewerten. Für gleichartige bewegliche Vermögensgegenstände dürfen Sie im Umlaufvermögen aber auch sogenannte Sammelbewertungsverfahren anwenden. Dies kann ganz praktisch sein, wenn Sie von einer bestimmten Sache während des Bilanzjahres raue Mengen zu unterschiedlichen Zeitpunkten und vor allem mit unterschiedlichen Anschaffungskosten eingekauft haben.

Angenommen, die KlingKlang GmbH hätte das Jahr über drei Mal CD-Rohlinge bestellt. Einmal kosteten sie 10 Cent das Stück, bei der nächsten Bestellung dann 15 Cent und beim dritten Mal schließlich 12 Cent. Am Bilanzstichtag haben Sie noch exakt 2.543 Rohlinge auf Lager – aber keine Ahnung mehr, welche genau aus welcher Lieferung zu welchem Einkaufspreis stammt. Dummerweise sehen die Dinger auch noch alle gleich aus. Hier bietet sich eine Sammelbewertung an.

Für eine solche Sammelbewertung gibt es grundsätzlich folgende zulässige Verfahren:

✔ die Durchschnittsmethode

✔ die FIFO-Methode

✔ die LIFO-Methode

✔ die HIFO-Methode

Das HGB erlaubt in § 256 nur die FIFO- und LIFO-Methode und die Bewertung zum gewogenen Durchschnitt. Im deutschen Steuerrecht ist nur die LIFO-Methode zulässig und nach IFRS sind nur die Durchschnittsmethode und FIFO zulässig. Es wird wohl noch ein paar Jahre dauern, bis dieses Durcheinander beseitigt wird.

Die Durchschnittsmethode

Zurück zum Beispiel mit den CD-Rohlingen. Am Anfang des Bilanzjahres waren die Lager leer. Die drei Lieferungen im Laufe des Jahres sahen im Detail so aus:

✔ Am 23. Januar wurden 10.000 Stück à 0,10 Euro geliefert; Gesamtpreis: 1.000 Euro.

✔ Am 02. Juli wurden 3.000 Stück à 0,15 Euro geliefert; Gesamtpreis: 450 Euro.

✔ Am 30. September wurden 1.000 Stück à 0,12 Euro geliefert; Gesamtpreis: 120 Euro.

Insgesamt hat die KlingKlang GmbH somit 14.000 Rohlinge erhalten, von denen am Bilanzstichtag noch 2.543 Stück im Lager liegen. 11.457 Rohlinge wurden somit mit tibetanischer Mönchsmusik versehen und verkauft. Die spannende Frage: Wie können Sie die Lagerware nun in der Bilanz bewerten?

Bei der Durchschnittsmethode zählen Sie den Gesamtwert aller Lieferungen zusammen und teilen diesen Wert durch die Anzahl aller im Jahr gelieferten Produkte. Sie bilden somit einfach den Durchschnittspreis aller Lieferungen.

In unserem Beispiel sieht das so aus:

✔ 1.000,- € + 450,- € + 120,- € = 1.570,- €

✔ 1.570,- € / 14.000 Rohlinge = 0,1121 € je Rohling

Sie bewerten die liegen gebliebenen Rohlinge gemäß der Durchschnittsmethode, also mit 0,11 Euro je Stück. Für die 2.543 Rohlinge macht das 279,73 Euro.

Auch bei den Sammelbewertungen dürfen Sie das strenge Niederstwertprinzip nicht vergessen! Sollte am Bilanzstichtag ein Rohling beispielsweise nur noch 0,09 Euro wert sein, müssen Sie mit dem niedrigeren beizulegenden Wert – also den 0,09 Euro – je Stück bilanzieren. Für die 2.543 Stück wären das dann in Summe 228,87 Euro.

Die FIFO-Methode

Nun dürfen Sie Ihre Englischkenntnisse aus der Versenkung holen. FIFO ist nämlich eine Abkürzung und heißt in voller Länge »first in – first out«. Zu Deutsch »zuerst drinnen – zuerst draußen«. Zugegeben, FIFO geht etwas leichter von der Zunge als ZDZD. Bei dieser Methode geht man also davon aus, dass das, was zuerst im Lager war, auch zuerst verarbeitet wurde. In unserem Beispiel wurden insgesamt 14.000 Rohlinge geliefert. 11.457 davon haben im Laufe des Jahres das Lager wieder verlassen. Wie die Lieferungen in ihrer zeitlichen Reihenfolge ausgesehen haben, zeigt Tabelle 16.1.

Datum	Menge	Stückpreis
23. Januar	10.000	0,10 €
02. Juli	3.000	0,15 €
30. September	1.000	0,12 €

Tabelle 16.1: Lieferungen in der zeitlichen Reihenfolge

Jetzt heißt es, die verbrauchten 11.457 Stück aufzuteilen. Da bei diesem Verfahren das, was zuerst im Lager war, auch zuerst wieder rausgeht, gilt die Januar-Lieferung von 10.000 Rohlingen schon mal als komplett verbraucht. Es verbleiben somit noch 1.457 Stück, die es zu verteilen gilt. Diese sind nach der FIFO-Methode dann von der nächstälteren Lieferung – also von der im Juli – abzuziehen. Gemäß der FIFO-Methode liegen somit noch die verbleibenden 1.543 Rohlinge aus der Juli-Lieferung auf Lager. Zudem die 1.000 Stück aus der September-Lieferung.

Mit diesen Mengen müssen Sie nun auch bewerten:

- ✔ 1.543 Stück à 15 Cent = 231,45 €
- ✔ 1.000 Stück à 12 Cent = 120,00 €

Nach der FIFO-Methode bilanzieren Sie die Rohlinge im Lager mit einem Wert von 351,45 Euro.

Die LIFO-Methode

LIFO steht für »last in – first out«: Das, was zuletzt ins Lager kam, wird zuerst verbraucht. Zumindest geht man davon aus. Nun ordnen Sie die Lieferungen am besten in umgekehrter zeitlicher Reihenfolge – wie in Tabelle 16.2 dargestellt.

Datum	Menge	Stückpreis
30. September	1.000	0,12 €
02. Juli	3.000	0,15 €
23. Januar	10.000	0,10 €

Tabelle 16.2: Lieferungen in der umgekehrten zeitlichen Reihenfolge

Als Letztes ins Lager kamen die 1.000 Rohlinge aus der September-Lieferung. Diese gehen somit als Erstes raus. Fehlen also noch 10.457 Stück der insgesamt verbrauchten 11.457 Rohlinge. 3.000 davon waren gemäß der LIFO-Methode aus der Lieferung im Juli. Es verbleiben somit 7.457 Stück. Diese 7.457 Rohlinge stammen dann aus den im Januar gelieferten Rohlingen. Aus dieser Lieferung verblieben somit noch 2.543 Stück, die am Bilanzstichtag noch im Lager vor sich hin stauben. Da Sie diese zu 0,10 Euro je Stück eingekauft haben, müssten Sie den Lagerbestand nach der LIFO-Methode mit 254,30 Euro bewerten.

Die HIFO-Methode

HIFO bedeutet »highest in – first out«. Das heißt, die am teuersten eingekaufte Ware geht als Erstes in die Produktion. Deshalb ordnen Sie die verschiedenen Lieferungen erst einmal nach den Stückpreisen – und zwar von teuer nach billig. Wie das aussieht, zeigt Tabelle 16.3.

Datum	Menge	Stückpreis
02. Juli	3.000	0,15 €
30. September	1.000	0,12 €
23. Januar	10.000	0,10 €

Tabelle 16.3: Lieferungen nach Stückpreisen

Die am teuersten eingekaufte Ware verlässt das Lager zuerst. Das sind die 3.000 Stück aus dem Juli, die 0,15 Euro je Rohling gekostet hatten. Von den verbrauchten 11.457 Stück verbleiben somit noch 8.457. Die zweitteuerste Ware hatten Sie im September bezogen: 1.000 Stück zu 0,12 Euro. Somit wären nur noch 7.457 verbrauchte Rohlinge zu verteilen.

Diese kommen aus der Januar-Tranche. Da waren die Rohlinge mit 0,10 Euro nämlich am günstigsten. Aus der Lieferung im Januar verbleiben somit noch 2.543 Stück auf Lager. Mit 0,10 Euro je Rohling ergibt sich eine Bewertung des Lagerbestands mit 254,30 Euro.

Es wären noch weitere Sammelbewertungen denkbar, wie beispielsweise »lowest in – first out«. Die gezeigten Verfahren sind jedoch die einzigen, die handelsrechtlich anerkannt werden. Deswegen belasten wir Sie an dieser Stelle nicht mit weiteren mehr oder weniger sinnvollen Methoden.

Abhängig davon, welches Verfahren Sie anwenden, ergeben sich teilweise unterschiedliche Bewertungen. Diese haben wir für Sie in Tabelle 16.4 noch einmal zusammengefasst.

Sammelbewertungsverfahren	Bewertung
Durchschnittsmethode	279,73 €
FIFO-Methode	351,45 €
LIFO-Methode	254,30 €
HIFO-Methode	254,30 €

Tabelle 16.4: Ergebnis der unterschiedlichen Verfahren

Je nachdem, ob Sie Ihr Bilanzvolumen aufblähen oder ausdünnen möchten, bieten Ihnen die unterschiedlichen Verfahren zur Sammelbewertung somit einen gewissen Spielraum. Vorausgesetzt, das Niederstwertprinzip kommt Ihnen nicht wieder in die Quere. Das gilt natürlich auch hier.

Fest- und Gruppenbewertung

Neben der Sammelbewertung haben Sie bei Vermögensgegenständen des Umlaufvermögens auch noch die Möglichkeit einer Festbewertung. Dies gilt aber nur, wenn diese Gegenstände für Ihr Unternehmen von nachrangiger Bedeutung sind und sie sich in Menge und Preis über einen langen Zeitraum kaum verändern. In diesem Fall dürfen Sie einen sogenannten Festwert ansetzen, den Sie jedoch alle drei Jahre per Inventur überprüfen müssen. Dafür haben Sie aber zwischendurch zwei Jahre Ruhe. Bei der Gruppenbewertung dürfen Sie außerdem gleichartige Vermögensgegenstände des Vorratsvermögens zu Gruppen zusammenfassen. Diese Gruppen können Sie dann mit dem gewogenen Durchschnittswert bewerten und sparen sich hierdurch auch wieder ein klein wenig Arbeit.

Aufgabe 16

Woraus besteht das Anlagevermögen und wie wird Anlagevermögen grundsätzlich bewertet?

> **IN DIESEM KAPITEL**
>
> Das Eigenkapital von Einzelunternehmen und Personengesellschaften
>
> Eigenkapital bei Kapitalgesellschaften
>
> Welche Arten von Verbindlichkeiten es gibt

Kapitel 17
Passiv bilanzieren

Eigentlich könnte der Begriff »Passivseite« ja suggerieren, dass auf dieser Seite der Bilanz eigentlich nicht allzu viel passiert. Denkste! Auch hier ist eine Menge los.

Auf der Passivseite einer Bilanz finden Sie im Groben das Eigenkapital, Rückstellungen, Verbindlichkeiten sowie passive Rechnungsabgrenzungsposten. Rückstellungen und Rechnungsabgrenzungsposten lernen Sie in Kapitel 12 kennen. Das Wichtigste über Eigenkapital und Verbindlichkeiten kommt jetzt. Wir wünschen Ihnen gute Unterhaltung beim hoffentlich aktiven Lesen der folgenden Passivseiten.

Alles meins: Das Eigenkapital

Eigenkapital ist eine feine Sache. Das kennen Sie sicherlich aus Ihrem Geldbeutel. Und auch Unternehmen freuen sich darüber, viel davon zu haben.

Was Sie hierbei alles in der Bilanz beachten müssen, hängt erst einmal davon ab, ob es sich um

- ein Einzelunternehmen,
- eine Personengesellschaft oder
- eine Kapitalgesellschaft

handelt. Während bei den ersten beiden Punkten das Unternehmen natürlichen Personen gehört, ist die Kapitalgesellschaft selbst eine Person. Und zwar eine juristische Person.

Als Erstes zeigen wir Ihnen nun, wie es bei Einzelunternehmen aussieht.

Eigenkapital bei Einzelunternehmen

 Um ein *Einzelunternehmen* handelt es sich, wenn an einem Unternehmen lediglich eine einzige Person wirtschaftlich beteiligt ist. Diese Person kann natürlich auch Angestellte haben – jedoch ist sie der einzige Anteilseigner.

Das ganze Jahr über haben Sie nun die Entnahmen und Einlagen Ihres patriarchalischen Chefs, des Malermeisters und Einzelunternehmers Weiß, verbuchen dürfen. Das haben Sie ordnungsgemäß über das Privatkonto von Herrn Weiß gemacht. (Mehr über Privatkonten erfahren Sie in Kapitel 8 dieses schönen Buches.) Jetzt droht der Jahresabschluss. Hilfe! Doch keine Panik – wir zeigen Ihnen, was Sie tun müssen.

Ihr Chef war das ganze Jahr über sparsam und tätigte mehr Einlagen als er Entnahmen auszuweisen hatte. In knallharten Zahlen: Die Summe seiner Entnahmen betrug 10.000 Euro, seine Einlagen beliefen sich auf 15.000 Euro. Ergibt einen Saldo von 5.000 Euro. Vor den Abschlussbuchungen hatte er übrigens 95.000 Euro an Eigenkapital aufzuweisen.

Im Rahmen des Jahresabschlusses müssen Sie zuerst das »Privatkonto« über das »Eigenkapitalkonto« abschließen. Das machen Sie so:

3001 Privatkonto		5.000,00	
	an 3000 Eigenkapital		5.000,00

Das Eigenkapital von Herrn Weiß hat sich somit um 5.000 Euro auf 100.000 Euro erhöht. Das Privatkonto hat nun einen Saldo von null – so soll es ja auch sein, wenn Sie ein Konto für den Jahresabschluss abschließen. Die Gewinn-und-Verlust-Rechnung haben Sie bereits erstellt und einen Jahresüberschuss von 15.000 Euro ermittelt. Ihr Chef möchte diesen Betrag ebenfalls seinem Eigenkapitalkonto zugeschrieben haben. Durch diverse Schwarzgelder hat er nämlich so viel auf die Seite bringen können, dass er auf den Gewinn des Unternehmens nicht wirklich angewiesen ist.

Sie buchen:

8020 GuV-Konto		15.000,00	
	an 3000 Eigenkapital		15.000,00

Das Eigenkapital von Herrn Weiß hat sich somit auf 115.000 Euro erhöht.

Diesen Betrag gilt es nun, in die Schlussbilanz zu übernehmen. Das erreichen Sie durch die folgende Buchung:

3000 Eigenkapital		115.000,00	
	an 8010 Schlussbilanzkonto		115.000,00

Um das Ganze noch zu veranschaulichen, haben wir uns Abbildung 17.1 ausgedacht.

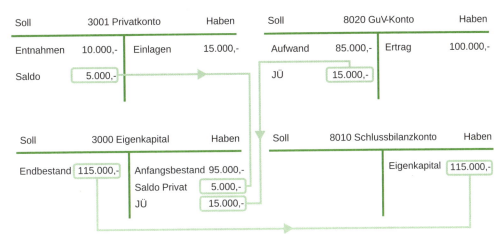

Abbildung 17.1: Abschluss des Privat- und Eigenkapitalkontos

Eigenkapital bei Personengesellschaften

Im folgenden Jahr steigt Herr Rot mit in das Malergeschäft ein. Somit wird aus dem Einzelunternehmen »Weiß« die Personengesellschaft »Rot-Weiß OHG«. Zunächst einmal bedeutet das, dass Sie nun zwei Privatkonten benötigen: Eins für Herrn Weiß und eins für Herrn Rot. Außerdem brauchen Sie auch zwei Eigenkapitalkonten.

 Würden Sie alles auf einem Privat- und einem Eigenkapitalkonto verbuchen, würden Sie mit an Sicherheit grenzender Wahrscheinlichkeit irgendwann den Überblick verlieren. Legen Sie deshalb für jeden Gesellschafter ein eigenes Privat- sowie ein eigenes Eigenkapitalkonto an und benennen Sie sie mit dem Namen des jeweiligen Gesellschafters.

Herr Rot bringt stolze 130.000 Euro mit und beteiligt sich mit diesem Betrag am Unternehmen. Zunächst verbuchen Sie nun das Eigenkapital von Herrn Rot:

2880 Kasse		130.000,00	
an	3010 Eigenkapital Rot		130.000,00

 Die Bilanz hat sich nun sowohl auf der Aktiv- als auch auf der Passivseite erhöht. Man spricht hier von einer *Erhöhung des Bilanzvolumens*. Das wirkt nach außen immer gut – vor allem, wenn dies mit Eigenkapital geschieht.

Zum Bilanzstichtag sieht die Lage dann so aus:

✔ Herr Rot tätigte das Jahr über keine weiteren Einlagen mehr. Seine Entnahmen beliefen sich auf 35.000 Euro.

✔ Herr Weiß tätigte Einlagen von insgesamt 30.000 Euro. Er gönnte sich aber auch mehr als im letzten Jahr und entnahm in Summe 50.000 Euro aus dem Unternehmen.

✔ Der Jahresüberschuss beträgt 80.000 Euro. Dieser Gewinn soll nach dem Verhältnis der jeweiligen Eigenkapitalkonten von Rot und Weiß aufgeteilt werden.

Zuerst kümmern Sie sich um Herrn Rot. Er hat aus der Firma 35.000 Euro entnommen, um seinen Kühlschrank vollzubekommen. Dieser Betrag geht nun von seinem Eigenkapital weg. Sie schließen das »Privatkonto Rot« ab und buchen:

3010 Eigenkapital Rot		35.000,00	
an	3011 Privatkonto Rot		35.000,00

Herr Weiß hat 20.000 Euro mehr aus dem Unternehmen für sich abgezwackt, als er in die Firma einlegte. Somit mindert sich auch sein Eigenkapitalkonto um diesen Betrag:

3020 Eigenkapital Weiß		20.000,00	
an	3021 Privatkonto Weiß		20.000,00

Nun heißt es, den Gewinn von 80.000 Euro gerecht aufzuteilen. Da dieser nach dem jeweiligen Eigenkapital aufgeteilt werden soll, ermitteln Sie nun Selbiges für Rot und Weiß:

✔ Eigenkapital Rot:

- Anfangsbestand: 130.000 Euro
- + Einlagen: 0 Euro
- − Entnahmen: 35.000 Euro
- Endbestand: 95.000 Euro

✔ Eigenkapital Weiß:

- Anfangsbestand: 115.000 Euro
- + Einlagen: 30.000 Euro
- − Entnahmen: 50.000 Euro
- Endbestand: 95.000 Euro

Beide haben somit denselben Betrag auf ihren jeweiligen Eigenkapitalkonten. Das heißt, jeder bekommt genau die Hälfte vom Gewinn.

8020 GuV-Konto		80.000,00	
an	3010 Eigenkapital Rot		40.000,00
	3020 Eigenkapital Weiß		40.000,00

Jetzt müssen Sie nur noch die beiden Eigenkapitalkonten über das Schlussbilanzkonto abschließen. Fangen wir mit Herrn Rot an. Sein Eigenkapital vor der Berücksichtigung des Gewinns betrug 95.000 Euro. Hinzu kommt nun noch die Gewinnbeteiligung von 40.000 Euro. Somit umfasst sein Eigenkapitalkonto nun stolze 135.000 Euro:

3010 Eigenkapital Rot		135.000,00
an	8010 Schlussbilanzkonto	135.000,00

Praktischerweise hatte das Eigenkapitalkonto von Herrn Weiß denselben Saldo. Deshalb müssen Sie auch für ihn buchen:

3020 Eigenkapital Weiß		135.000,00
an	8010 Schlussbilanzkonto	135.000,00

In Abbildung 17.2 und Abbildung 17.3 haben wir die Buchungen für Herrn Rot und Herrn Weiß nochmals für Sie zusammengefasst.

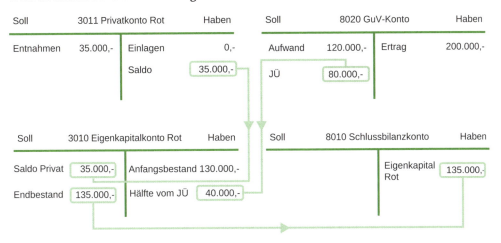

Abbildung 17.2: Buchungen bei Herrn Rot

Somit wäre eigentlich alles Wichtige zum Eigenkapital bei Personengesellschaften gesagt. Jetzt entführen wir Sie deshalb in die wunderbare Welt der Kapitalgesellschaften.

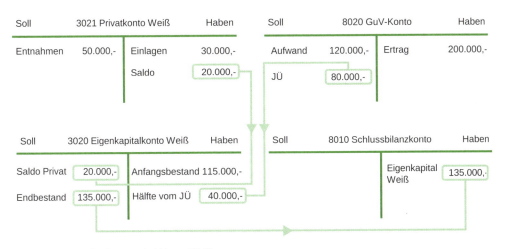

Abbildung 17.3: Buchungen bei Herrn Weiß

Eigenkapital bei Kapitalgesellschaften

Das Eigenkapital setzt sich bei Kapitalgesellschaften aus folgenden Posten zusammen:

- ✓ **Gezeichnetes Kapital:** Hier wird das Grundkapital einer AG beziehungsweise das Stammkapital einer GmbH ausgewiesen.
- ✓ **Kapitalrücklage:** Hier kommt das rein, was beim Verkauf von Anteilen über den Nennwert hinausgeht.
- ✓ **Gewinnrücklage:** Das ist die hohe Kante für schlechte Tage.
- ✓ **Gewinn-/Verlustvortrag:** Hier kommen die Anteile vom Gewinn rein, die weder an die Aktionäre ausgeschüttet noch in die Gewinnrücklagen gesteckt werden. Bei Verlusten können Sie diese auch auf mehrere Jahre verteilen.
- ✓ **Jahresüberschuss/Jahresfehlbetrag:** Falls die Bilanz erstellt wird, bevor geklärt ist, was mit dem Ergebnis gemacht werden soll, muss der Gewinn oder der Verlust hier zwischengeparkt werden.

 Anders als bei Einzelunternehmen und Personengesellschaften ist die Bilanzierung des Eigenkapitals bei Kapitalgesellschaften durch die jeweilige Gesetzgebung streng geregelt.

Was Sie nun hierbei beim Jahresabschluss alles beachten müssen, zeigen wir Ihnen jetzt. Die Herren Rot und Weiß haben ihr Geld nämlich mittlerweile in eine AG gesteckt, die »Rot-Weiß Malerdienstleistungen aller Art AG« – kurz Rot-Weiß AG.

Gewinnverwendung bei Kapitalgesellschaften

Die Rot-Weiß AG hat ein recht erfolgreiches Geschäftsjahr hinter sich. Der Gewinn beläuft sich auf stolze 500.000 Euro. Die Hauptversammlung wird allerdings erst im März darüber entscheiden, was mit dem Gewinn gemacht werden soll – also welcher Anteil davon an die Aktionäre ausgeschüttet wird und was im Unternehmen bleiben soll.

Beim eigentlichen Jahresabschluss im Januar sind Sie als Buchhalter der Rot-Weiß AG fein raus. Solange noch nicht klar ist, was mit dem Gewinn passiert, wird er auf dem Konto »Jahresüberschuss« zwischengeparkt. Dieser Buchungssatz sieht dann so aus:

8020 GuV-Konto		500.000,00	
an	3400 Jahresüberschuss		500.000,00

Im März folgt dann die Hauptversammlung. Nach hitziger Diskussion und stundenlangen Debatten steht mehrere Kaffeepausen später dann endlich fest, was mit dem Gewinn gemacht werden soll:

- ✓ 250.000 Euro sollen an die Aktionäre ausgeschüttet werden.
- ✓ 200.000 Euro sollen thesauriert werden, also im Unternehmen bleiben.

Thesauriert ist ein Begriff, der sich wunderbar dazu eignet, um beim nächsten Sektempfang sein Wissen unter Beweis zu stellen. Klingt sehr gebildet und wetten, dass die wenigsten Nichtbuchhalter etwas damit anfangen können? Sie jetzt schon!

Und während die Damen und Herren Aktionäre auf dem Abschluss-Galadiner der Hauptversammlung verweilen, sitzen Sie schon wieder an Ihrem Schreibtisch und beginnen zu buchen. Zum Glück haben Sie noch ein paar Schnittchen vom Buffet ergattern können.

Jetzt gilt es, das, was auf dem Konto »Jahresüberschuss« zwischengelagert wurde, auf die entsprechenden Konten zu verteilen:

- ✔ Für die Gewinne, die ausgeschüttet werden sollen, bilden Sie bis zum endgültigen Zeitpunkt der Auszahlung erst einmal eine Verbindlichkeit.

- ✔ Thesaurierte Gewinne werden in die Gewinnrücklage eingestellt.

- ✔ Wenn Sie die beiden Beträge von oben zusammenzählen, so merken Sie, dass noch 50.000 Euro fehlen. Diese sollen also weder ausgeschüttet noch in die Gewinnrücklagen eingestellt werden. Somit werden sie einfach auf dem Konto »Gewinnvortrag« verbucht. Fertig!

Der komplette Buchungssatz für die Gewinnverwendung sieht so aus:

3400 Jahresüberschuss		500.000,00
an	4870 Verbindlichkeiten gegenüber Gesellschaftern	250.000,00
	3240 Andere Gewinnrücklagen	200.000,00
	3320 Gewinnvortrag	50.000,00

Im Juni wird dann die Dividende an die Aktionäre per Banküberweisung bezahlt. Sie müssen jetzt nur noch die Verbindlichkeit auflösen und fertig ist die Gewinnverwendung fürs Vorjahr:

4870 Verbindlichkeiten gegenüber Gesellschaftern	250.000,00
an 2800 Bank	250.000,00

Was wir Ihnen in diesem Abschnitt aber bislang noch verschwiegen haben, ist, dass sich die Gewinnrücklagen auch noch weiter unterteilen lassen. Dies hat dann auch ein paar Auswirkungen auf die Buchungssätze.

Gewinnrücklagen

Die Gewinnrücklagen lassen sich noch in folgende Unterarten unterteilen:

- ✔ **Gesetzliche Rücklage:** Hier müssen Sie stets 5 Prozent des Jahresüberschusses einstellen, ob Sie wollen oder nicht. Diese Pflicht gilt allerdings nur, bis die gesetzliche Rücklage 10 Prozent des gesamten Grundkapitals umfasst.

- ✔ **Satzungsmäßige Rücklagen:** Im Gesellschaftsvertrag kann geregelt werden, dass stets ein bestimmter Gewinnanteil auf die Seite gelegt werden muss. Diese Gewinnanteile kommen dann hier rein.
- ✔ **Andere Gewinnrücklagen:** Wie es der Name schon erahnen lässt, kommen hier alle Gewinnrücklagen hinein, die nicht zu den ersten beiden Kategorien gehören. Ein klassisches Sammelbecken also.

Das gilt übrigens nur für Aktiengesellschaften. Für GmbHs gibt es keine entsprechenden Regelungen. Diese können es letztendlich so halten, wie sie wollen.

Die Rot-Weiß AG hat bisher 50.000 Euro in der gesetzlichen Rücklage. Und das bei einem Grundkapital von einer Million Euro. Somit müssen Sie jedes Jahr 5 Prozent des Jahresüberschusses in die gesetzliche Rücklage einstellen, bis in dieser 100.000 Euro sind. Außerdem sieht der Gesellschaftsvertrag vor, dass 2 Prozent des Jahresüberschusses in die satzungsmäßigen Rücklagen eingestellt werden müssen. Puh!

Jetzt müssen Sie also die 200.000 Euro, die in die Gewinnrücklagen kommen, noch weiter aufdröseln:

- ✔ Der Jahresüberschuss betrug 500.000 Euro. Fünf Prozent daraus macht 25.000 Euro. Diese kommen also in die gesetzliche Rücklage.
- ✔ 2 Prozent aus 500.000 Euro ergibt nach Adam Riese 10.000 Euro für die satzungsmäßigen Rücklagen.
- ✔ 200.000 Euro − 25.000 Euro − 10.000 Euro ergeben 165.000 Euro, die Sie im Sammelbecken »andere Gewinnrücklagen« verbuchen müssen.

Mit diesem Wissen buchen Sie den ursprünglichen Buchungssatz zur Gewinnverwendung nun ein klein wenig anders:

	3400 Jahresüberschuss	500.000,00
an	4870 Verbindlichkeiten gegenüber Gesellschaftern	250.000,00
	3320 Gewinnvortrag	50.000,00
	3210 Gesetzliche Rücklage	25.000,00
	3230 Satzungsmäßige Rücklagen	10.000,00
	3240 Andere Gewinnrücklagen	165.000,00

Sieht auf den ersten Blick unwesentlich komplizierter aus. Ist es auch – aber dennoch kein Hexenwerk.

Die Hauptversammlung kann somit eigentlich nur über die anderen Gewinnrücklagen bestimmen. Der Rest ist vom Gesetzgeber beziehungsweise vom Gesellschaftsvertrag vorgeschrieben.

Kapitalerhöhung

Manchmal kommt es auch vor, dass eine Aktiengesellschaft ihr Eigenkapital aufstocken möchte und eine sogenannte Kapitalerhöhung durchführt. Hier müssen Sie aufpassen: In der Regel werden die Anteile über ihrem eigentlichen Nennwert ausgegeben.

Hier kommen jetzt das *gezeichnete Kapital* und die *Kapitalrücklage* ins Spiel. Im gezeichneten Kapital dürfen Sie nur den eigentlichen Nennwert der Anteile verbuchen. Alles, was darüber hinausgeht, kommt in die Kapitalrücklage.

Zurück zum Beispiel: Die Rot-Weiß AG möchte 10.000 neue Aktien ausgeben. Diese haben jeweils einen Nennwert von 5 Euro. Verkauft werden sie jedoch für 12 Euro das Stück. Der komplette Nennwert der ausgegebenen Aktien beträgt also 50.000 Euro. Insgesamt werden durch die Kapitalerhöhung jedoch satte 120.000 Euro in die Kassen gespült. 70.000 Euro kommen somit in die Kapitalrücklage.

Sie buchen also wie folgt:

2800 Bank		120.000,00
an	3000 Gezeichnetes Kapital	50.000,00
	3100 Kapitalrücklage	70.000,00

Eine Kapitalerhöhung ist jedoch vom Drumherum eine höchst komplizierte Angelegenheit. Sie muss von der Hauptversammlung mit einer Dreiviertelmehrheit beschlossen werden und ins Handelsregister eingetragen werden. Weitere Details ersparen wir Ihnen lieber.

Die hohe Kante: Rückstellungen

Bei Rückstellungen wissen Sie im Gegensatz zu Verbindlichkeiten nicht, wann eine mögliche Zahlung fällig wird. Neben dem ungewissen Zeitpunkt ist bei Rückstellungen auch die Zahlungshöhe ungewiss. Und manchmal weiß man nicht einmal, ob sie überhaupt fällig wird; die angenommene Verpflichtung sollte jedoch schon wahrscheinlich sein. Sie dürfen keine Rückstellungen für Sachverhalte bilden, die offensichtlich nicht sehr wahrscheinlich zu Verpflichtungen führen werden. Die Merkmale einer Rückstellung noch mal in der Übersicht:

✔ Die Höhe ist ungewiss.

✔ Der Zeitpunkt ist ungewiss.

✔ Der Rückstellungsgrund ist ungewiss, aber wahrscheinlich.

Rückstellungen haben ihren Ursprung wieder einmal im Gläubigerschutz. Es soll sichergestellt werden, dass für Zahlungen, die sich abzeichnen, auch genug Geld vorhanden ist.

Grundsätzlich gibt es zwei Arten von Rückstellungen:

✔ Rückstellungen mit rechtlichen oder wirtschaftlichen Verpflichtungen gegenüber Dritten (Außenverpflichtungen): Rückstellungen für ungewisse Verbindlichkeiten und für drohende Verluste

✔ Rückstellungen aus innerbetrieblichen Gründen (Innenverpflichtungen): Aufwandsrückstellungen

Für die Rückstellung muss die Ursache im abgelaufenen Geschäftsjahr liegen; sie muss also vor dem Jahresabschluss verursacht worden sein. Im deutschen Handelsrecht werden die Rückstellungen im § 249 HGB geregelt. Danach sind Rückstellungen zu bilden für:

✔ **Rückstellungen für ungewisse Verbindlichkeiten** wie etwa Garantierückstellungen oder Rückstellungen für Serviceleistungen oder Nacharbeiten; auch auf Kulanzbasis. Steuer- und Pensionsrückstellungen zählen ebenfalls zu dieser Kategorie.

✔ **Rückstellungen für drohende Verluste** aus schwebenden Geschäften oder Bürgschaften

✔ **Aufwandsrückstellungen:** Rückstellungen für unterlassene Aufwendungen für Instandhaltung, sofern sie im folgenden Geschäftsjahr innerhalb von drei Monaten nachgeholt werden, oder für Abraumbeseitigung, sofern sie im folgenden Geschäftsjahr nachgeholt werden.

Bei der Bewertung von Rückstellungen müssen Sie möglichst realistische Werte ansetzen; künftige Preissteigerungen müssen dabei berücksichtigt werden. Langjährige Verpflichtungen müssen Sie abzinsen.

Und was passiert mit einer gebildeten Rückstellung? Ganz einfach: Sie wird aufgelöst, wenn der Grund hierfür entfallen ist oder wenn der Sachverhalt eingetroffen ist. Waren die Aufwendungen exakt so hoch wie die gebildete Rückstellung, spricht man von einer erfolgsneutralen Auflösung. Waren die Aufwendungen niedriger oder gab es gar keine Aufwendungen, spricht man von einer erfolgswirksamen Auflösung. Im Jahr der Auflösung wird in diesem Fall ein Ergebnis erzielt.

Typische Beispiele für Rückstellungen sind:

✔ Rückstellungen für gesetzliche Garantieleistungen

✔ Kulanzrückstellungen: Es besteht zwar keine rechtliche Verpflichtung; dem Unternehmen entstehen jedoch wirtschaftliche Nachteile, wenn es sich nicht kulant zeigt.

✔ Rückstellungen für Schadensersatzleistungen

✔ Urlaubsrückstellungen

✔ Pensionsrückstellungen für die Pensionsansprüche der Mitarbeiter gegenüber dem Unternehmen

✔ Steuerrückstellungen für zu wenig gezahlte Steuern

Die nach HGB erlaubte Bildung von Rückstellungen für drohende Verluste aus schwebenden Geschäften ist im deutschen Steuerrecht nicht erlaubt. Die Handels- und Steuerbilanz weichen in solchen Fällen voneinander ab.

Haste mal 'nen Euro: Verbindlichkeiten

In nahezu allen Fällen reicht das vorhandene Eigenkapital nicht aus, um den Laden am Laufen zu halten. Frei nach einem alten deutschen Schlager: »Ein bisschen Pump muss sein.« Dafür gibt es auf der Passivseite der Bilanz die Position »Verbindlichkeiten«.

Mit einer *Verbindlichkeit* haben Sie es zu tun, wenn Sie am Bilanzstichtag genau wissen, welchen gepumpten Betrag Sie wann zurückzahlen müssen. Höhe und Fälligkeit müssen also bekannt sein. Ist der Betrag und/oder der Zeitpunkt hingegen offen oder nur vage bekannt, haben Sie es mit *Rückstellungen* zu tun. Eine *Verbindlichkeit* ist das Gegenstück zu einer *Forderung*. Tätigen Sie mit anderen Unternehmen Geschäfte, entsteht bei jeder Ihrer Verbindlichkeiten zwangsläufig eine Forderung bei Ihrem Geschäftspartner.

Artenvielfalt: Verschiedene Verbindlichkeiten

Das alles wäre ja zu einfach, wenn sich die Verbindlichkeiten nicht noch in mehrere Unterarten aufteilen ließen. Die wichtigsten wären:

- ✔ Anleihen
- ✔ Verbindlichkeiten gegenüber Kreditinstituten
- ✔ erhaltene Anzahlungen auf Bestellungen
- ✔ Verbindlichkeiten aus Lieferungen und Leistungen
- ✔ sonstige Verbindlichkeiten

Darüber hinaus gibt es zudem noch *Verbindlichkeiten aus Wechselgeschäften*, *Verbindlichkeiten gegenüber verbundenen Unternehmen* sowie *Verbindlichkeiten gegenüber Unternehmen, mit denen ein Beteiligungsverhältnis besteht*. Nicht dass es heißt, wir hätten Ihnen etwas verschwiegen.

Anleihen

In der Regel werden Anleihen nur von größeren Kapitalgesellschaften genutzt. Hierbei werden zum Beispiel *Wandelschuldverschreibungen* ausgegeben, die mit einem festen Nominalzins ausgestattet sind.

Eine *Wandelschuldverschreibung* ist eine Anleihe, die den Käufer berechtigt, sie während einer bestimmten Wandlungsfrist in Aktien einzutauschen.

Optionsanleihen und Genussscheine sind ebenfalls typische Vertreter von Anleihen.

Haben Sie zum Beispiel eine Wandelschuldverschreibung für 100.000 Euro ausgegeben, buchen Sie so:

2800 Bank		100.000,00
an	4100 Anleihen	100.000,00

Verbindlichkeiten gegenüber Kreditinstituten

Das sind die typischen Bankschulden. Aber Obacht: Wenn Ihnen Ihre Bank einen Kredit eingeräumt hat, dürfen Sie nur den Betrag passivieren, den Sie am Bilanzstichtag auch wirklich in Anspruch genommen haben. So räumt Ihnen Ihre Hausbank einen Kredit von 30.000 Euro ein. 20.000 Euro davon nahmen Sie im abgelaufenen Bilanzjahr in Anspruch. Den Rest wollen Sie sich dann im nächsten Jahr pumpen.

Für das abgelaufene Jahr dürfen Sie dann nur die 20.000 Euro verbuchen:

2800 Bank		20.000,00
an	4200 Verbindlichkeiten gegenüber Kreditinstituten	20.000,00

Verbindlichkeiten gegenüber Kreditinstituten werden im IKR nach Fälligkeit unterteilt. Es gibt dafür das Konto 4210 für kurzfristige Bankverbindlichkeiten und das Konto 4230 für mittelfristige Bankverbindlichkeiten. Langfristige Darlehensschulden werden hingegen auf dem Konto mit der Nummer 4250 verbucht.

Erhaltene Anzahlungen auf Bestellungen

Sie haben eine Anzahlung erhalten, die entsprechende Ware hierfür aber noch nicht geliefert. Hierdurch entsteht ebenfalls eine Art Verbindlichkeit für Sie – in Form einer Lieferschuld. Für den angezahlten Betrag müssen Sie übrigens auch gleich die Umsatzsteuer verbuchen.

Die Rot-Weiß AG fordert von einem Kunden beispielsweise eine Anzahlung von 1.000 Euro netto für einen Hausanstrich. Dieser soll im nächsten Jahr erfolgen. Der Buchungssatz hierzu sieht so aus:

2800 Bank		1.190,00
an	4300 Erhaltene Anzahlungen	1.000,00
	4800 Umsatzsteuer	190,00

Verbindlichkeiten aus Lieferungen und Leistungen

Verbindlichkeiten aus Lieferungen und Leistungen sind der Klassiker unter den Verbindlichkeiten. Sie entstehen, wenn Sie einen bestimmten Gegenstand oder eine Dienstleistung kaufen, das Geld hierfür aber erst später – das heißt nach Erhalt der Ware – bezahlen. Man nennt das dann auch »Zielkauf«, weil Sie das Geld erst zu einem bestimmten Zieltag bezahlen müssen.

Sie kaufen zum Beispiel einen neuen Firmenwagen für 10.000 Euro plus Umsatzsteuer. Die Zahlung erfolgt aber nach Absprache mit dem Autohaus erst zwei Monate nach der

Lieferung. Sie machen nun auch gleich die Umsatzsteuer als Vorsteuer geltend und buchen wie folgt:

0840 Fuhrpark		10.000,00	
2600 Vorsteuer		1.900,00	
an	4400 Verbindlichkeiten aus Lieferungen und Leistungen		11.900,00

Sonstige Verbindlichkeiten

Dies ist wieder einmal eines der berühmten Sammelbecken. Hier fallen zum Beispiel Steuerschulden, Sozialabgaben, Zinsschulden gegenüber Nichtbanken sowie ein Großteil der antizipativen Abgrenzungsposten rein.

Ein letztes Beispiel: Sie zahlen pro Jahr 12.000 Euro an Miete für eine Lagerhalle. Diese werden immer erst am 01. Juli des Folgejahres fällig. Für das aktuelle Geschäftsjahr müssen Sie hierfür zum Jahresabschluss für die sechs Monate Juli bis Dezember eine antizipative Abgrenzung in Höhe von 6.000 Euro vornehmen. Der Buchungssatz dazu sieht dann so aus:

6700 Mietaufwendungen, Pachten		6.000,00	
an	4890 Übrige sonstige Verbindlichkeiten		6.000,00

Noch viel mehr über Rechnungsabgrenzungen und was zum Henker *antizipativ* bedeutet, erfahren Sie in Kapitel 12.

Aufgabe 17

Was sind die drei wesentlichen Merkmale einer Rückstellung?

> **IN DIESEM KAPITEL**
>
> Die Vorschriften zur Gewinn-und-Verlust-Rechnung kennenlernen
>
> Das Gesamtkosten- und Umsatzkostenverfahren kennenlernen
>
> Eine komplette Gewinn-und-Verlust-Rechnung durchführen

Kapitel 18
Erfolg gehabt: Die Gewinn-und-Verlust-Rechnung

Zum Einstieg würden wir gerne ein paar Worte zur Bilanz loswerden, bevor es dann ganz schnell zum eigentlichen Thema geht. Die Bilanz zeigt Ihnen zu einem ganz bestimmten Zeitpunkt den Stand des Vermögens eines Unternehmens an. Diesen Vermögensstand können Sie dann mit dem des Vorjahres vergleichen, indem Sie einen Blick in die letzte Bilanz werfen. Ist das Vermögen gegenüber dem Vorjahr gewachsen, war es wohl ein gutes Geschäftsjahr.

In der Gewinn-und-Verlust-Rechnung tragen Sie alle Aufwendungen und Erträge eines Geschäftsjahres zusammen. Sind die Erträge größer als die Aufwände, gab es einen Gewinn. Sind die Aufwände größer als die Erträge, ist das schlecht und es muss ein Schuldiger gesucht werden. Oder besser: Sie suchen die Ursache, beseitigen sie und machen im nächsten Jahr hoffentlich wieder Gewinn anstatt Verlust.

Die Gewinn-und-Verlust-Rechnung zeigt den Periodenerfolg. Sind die Erträge im vergangenen Jahr größer als die Aufwendungen gewesen, wurde ein Gewinn erzielt. Wurde die Gewinn-und-Verlust-Rechnung nach HGB erstellt, ist dieser Periodenerfolg mit der Differenz aus den Vermögensbeständen der aktuellen und der Vorjahresbilanz identisch.

Die Gewinn-und-Verlust-Rechnung – kurz GuV – kann Ihnen auch als *Erfolgsrechnung* über den Weg laufen. In London wird sie als *Profit and Loss Account* beziehungsweise *P&L* bezeichnet. In New York hört sie auf den Namen *Income Statement*.

Die Vorschriften für die Erfolgsrechnung

Bevor wir mit Ihnen gleich eine komplette Gewinn-und-Verlust-Rechnung durchspielen, bitten wir Sie, noch einen kurzen Blick in die Spielregeln zu werfen. Wenn alle Teilnehmer die Regeln kennen, macht das Spiel meistens viel mehr Spaß.

Die Vorschriften des HGB

Das deutsche Handelsgesetzbuch ist recht übersichtlich in vier Bücher unterteilt. Das dritte Buch beschäftigt sich mit den Handelsbüchern. Hier finden Sie in § 242 HGB die noch eher allgemein gehaltene Aufforderung, am Ende des Geschäftsjahres die Aufwendungen und Erträge in einer Erfolgsrechnung gegenüberzustellen. Der Paragraf schließt mit der Feststellung, dass auch die Gewinn-und-Verlust-Rechnung Bestandteil des Jahresabschlusses sei. Damit gibt es an der Bedeutung der Erfolgsrechnung also nichts mehr zu rütteln.

Nach HGB dürfen Sie die Erfolgsrechnung nur nach dem *Bruttoprinzip* erstellen. Das *Nettoprinzip* ist verboten. Dies bedeutet, dass Sie alle Aufwendungen und Erträge ausweisen müssen. Das Gegeneinanderaufrechnen, sprich Saldieren, von bestimmten Aufwendungen mit bestimmten Erträgen ist verboten. So dürfen Sie Ihre Mieteinnahmen nicht mit Ihren Mietausgaben aufsaldieren und nur den verbleibenden Überschuss, sofern Sie dabei einen hatten, als Mieteinnahme ausweisen. Denn dann würde der interessierte GuV-Leser ja nie erfahren, dass Sie auch Mietausgaben hatten. Für Kapitalgesellschaften und andere große Unternehmen hingegen hat der Gesetzgeber noch detailliertere Vorschriften geschaffen. Die Vorschriften für die GuV finden Sie ab §§ 275 ff. HGB. Hier besteht ein gewisses öffentliches Interesse an einem einigermaßen übersichtlichen und detaillierten Zahlenwerk.

Kapitalgesellschaften dürfen die Gewinn-und-Verlust-Rechnung nur in der *Staffelform* erstellen. An andere Darstellungsarten brauchen Sie also gar nicht erst zu denken. Nur Einzelunternehmer und Personengesellschaften dürfen die Gewinn-und-Verlust-Rechnung auch in der *Kontoform* erstellen.

Die *Staffelform* hat überhaupt nichts mit einem Staffellauf zu tun, der dient aber als guter Vergleich. Es geht hier darum, dass die Erfolgsrechnung einfach wie eine Tabelle mit Zwischensummen aufgebaut sein muss. Nicht mehr und nicht weniger. Wie bei einem Staffellauf können so Zwischenzeiten, pardon, Zwischensummen gebildet werden.

Es hilft alles nichts. Auch wenn das T-Konto auf den ersten Blick nach viel weniger Arbeit aussieht: Die Kontoform hat weit weniger Aussagekraft als die Staffelform. Die Staffelform weist Zwischenergebnisse aus, die Kontoform nicht. Deshalb verwenden wir hier nur die gute Staffelform.

Das Handelsrecht bietet Ihnen ein wichtiges Wahlrecht an. Sie dürfen die GuV nach dem *Gesamtkostenverfahren* oder dem *Umsatzkostenverfahren* erstellen. Wenn Sie jetzt noch wüssten, worin der Unterschied zwischen den beiden Verfahren liegt und welches von beiden für Sie das bessere ist, wäre dieses Wahlrecht eine feine Sache. Keine Sorge, in diesem

Kapitel erklären wir beide Verfahren und zeigen Ihnen ihre Vor- und Nachteile. Der § 275 HGB schreibt für beide Verfahren übrigens Punkt für Punkt eine Mindestgliederung vor. Da bleibt wenig Raum für Kreativität. Sie dürfen sich lediglich bei der weiteren Untergliederung austoben. Ganz eng sieht es das Handelsrecht dann aber doch nicht bei allen Vorschriften. Kleine und mittlere Kapitalgesellschaften dürfen bestimmte, ausgesuchte Aufwendungen und Erträge miteinander aufsaldieren. Zum Beispiel die Umsatzerlöse mit den Herstellungskosten. Von wegen Verbot des Nettoprinzips. Hier für Sie abschließend ein paar wichtige Vorschriften zu einzelnen GuV-Positionen:

- In der Position *Umsatzerlöse* dürfen Sie die Erlöse aus dem Verkauf und der Vermietung oder Verpachtung von Produkten sowie aus der Erbringung von Dienstleistungen ausweisen. Aber nur nach Abzug von Erlösschmälerungen wie etwa Rabatte. Und natürlich immer ohne Umsatzsteuer.

- Unter *Bestandsveränderungen* versteht der Gesetzgeber sowohl Veränderungen bei der Menge als auch beim Wert.

- Sie müssen *außergewöhnliche Abschreibungen* gesondert ausweisen.

Die Vorschriften in Österreich und in der Schweiz

Das österreichische Unternehmensgesetzbuch (UGB)

In Österreich schreiben die § 195 und § 200 UGB erst einmal allgemein den Inhalt der Gewinn-und-Verlust-Rechnung vor. Das Nettoprinzip ist in Österreich verboten. Nur das Bruttoprinzip ist erlaubt. Diese Vorschriften gelten für alle Unternehmen. Also sowohl für Personen- als auch für Kapitalgesellschaften.

Ähnlich wie im deutschen HGB gibt es auch im österreichischen UGB ergänzende Vorschriften für Kapitalgesellschaften. In § 231 UGB wird die Staffelform fest vorgeschrieben. Und auch hier können Sie zwischen dem Gesamtkosten- und dem Umsatzkostenverfahren wählen. Wie im deutschen HGB folgt auch hier im UGB eine detaillierte Beschreibung der Mindestgliederung. Einziger kleiner, aber feiner Unterschied: Im Gegensatz zum deutschen HGB gibt es im UGB keine größenabhängigen Erleichterungen für kleine und mittelgroße Kapitalgesellschaften. Bestimmte Aufwendungen und Erträge miteinander aufsaldieren ist hier nicht erlaubt.

Das Schweizer Obligationenrecht

In der Schweiz ist das Obligationenrecht das Maß der Dinge. Danach darf auch in der Schweiz nur das Bruttoprinzip angewendet werden. Wie so eine Erfolgsrechnung genau auszusehen hat, wird im Obligationenrecht nicht so genau wie im HGB und UGB beschrieben. Der Artikel 663 schreibt lediglich eine relativ kurz gehaltene Mindestgliederung vor:

- Die Erfolgsrechnung weist betriebliche und betriebsfremde sowie außerordentliche Erträge und Aufwendungen aus.

- Unter Ertrag werden der Erlös aus Lieferungen und Leistungen, der Finanzertrag sowie die Gewinne aus Veräußerungen von Anlagevermögen gesondert ausgewiesen.

- ✔ Unter Aufwand werden Material- und Warenaufwand, Personalaufwand, Finanzaufwand sowie Aufwand für Abschreibungen gesondert ausgewiesen.
- ✔ Die Erfolgsrechnung zeigt den Jahresgewinn oder den Jahresverlust.

Ginge es nach der hier beschriebenen Gliederung, müssten alle Schweizer Unternehmen das Gesamtkostenverfahren verwenden. Sie dürfen aber auch das Umsatzkostenverfahren anwenden, wenn sie die Aufwendungen an anderer Stelle gesondert ausweisen, zum Beispiel im Anhang.

Die Regeln nach IFRS

In IAS 1 finden Sie alle wesentlichen Vorschriften zur Gewinn-und-Verlust-Rechnung nach IFRS. Hier wird die Erfolgsrechnung üblicherweise in der Staffelform erstellt. Und zwar nach dem Bruttoprinzip, das Nettoprinzip darf hier nicht angewendet werden. Auch nach IFRS haben Sie die Qual der Wahl zwischen dem Gesamtkosten- und dem Umsatzkostenverfahren. Das Umsatzkostenverfahren wird aber lieber gesehen. Eine solch detaillierte GuV-Gliederung wie im HGB oder im UGB gibt es in IAS 1 nicht. Es werden nur die grundlegenden Positionen beschrieben. Die Mindestbestandteile der Erfolgsrechnung nach IFRS (IAS 1.82) sind:

- ✔ Umsatzerlöse
- ✔ Finanzierungsaufwendungen
- ✔ Ergebnisanteile an assoziierten Unternehmen und Joint Ventures, die nach der Equity-Methode (das ist eine bestimmte Form der Unternehmensbewertung) bilanziert werden
- ✔ Steueraufwendungen
- ✔ Ergebnis nach Steuern aus aufgegebenen Geschäftsbereichen
- ✔ Jahresüberschuss oder -fehlbetrag

Qual der Wahl: Gesamtkostenverfahren oder Umsatzkostenverfahren

Wenn Sie die Spielregeln aufmerksam gelesen haben, wissen Sie jetzt, dass Sie nach HGB, UGB, OR und IFRS zwischen dem Gesamt- und dem Umsatzkostenverfahren wählen können. Gut, nach IFRS sollten Sie sich lieber für das Umsatzkostenverfahren entscheiden.

So ein Wahlrecht birgt ja bekanntlich gewisse Probleme in sich. Man muss sich über die Unterschiede zwischen den zur Wahl stehenden Alternativen informieren und die Vor- und Nachteile abwägen. Diese Arbeit haben wir Ihnen abgenommen. Hier das Ergebnis:

- ✔ **Die komplizierte Realität:** In einem Geschäftsjahr werden eigentlich fast nie exakt gleich viele Produkte verkauft wie hergestellt. Der Umsatz bezieht sich also auf eine Menge X an verkauften Produkten und die Kosten auf eine Menge Y an hergestellten Produkten. Beide Verfahren der Erfolgsrechnung versuchen nun, auf unterschiedliche Art und Weise mit dieser unangenehmen Tatsache umzugehen.

- ✓ **Der Unterschied – nomen est omen:** Das Gesamtkostenverfahren betrachtet alle Kosten, daher Gesamtkosten. Und dies unabhängig davon, ob alle in einer Periode hergestellten Produkte bereits verkauft wurden oder nicht. Diesen werden die Umsätze und die Bestandsveränderungen (Lageraufbau oder Lagerabbau) gegenübergestellt. Beim Umsatzkostenverfahren dagegen werden vom Umsatz nur die dafür entstandenen Kosten abgezogen, das heißt, die Kosten der bereits hergestellten, aber noch nicht verkauften Produkte bleiben unberücksichtigt.

- ✓ **Die Wahlentscheidung:** Das Umsatzkostenverfahren beherrscht die internationale Bühne. Deshalb empfiehlt sich dieses Verfahren. Ansonsten schenken sich die beiden Verfahren nicht sehr viel. Das ermittelte Ergebnis muss übrigens immer gleich sein; egal mit welchem Verfahren Sie es ermittelt haben.

Im Unterschied zu politischen Wahlen können Sie nicht alle paar Jahre wieder neu wählen. Wenn Sie sich für ein Verfahren entschieden haben, können Sie nicht mehr so leicht wechseln. Ist ja auch logisch: Was würde denn sonst an der Börse vermutet werden, wenn Sie das Unternehmensergebnis ständig anders darstellen würden?

Gesamt- und Umsatzkostenverfahren: Wenn Sie den Gewinn oder Verlust des abgelaufenen Geschäftsjahres ermitteln wollen, müssen Sie den Umsatzerlösen die dazugehörigen Kosten gegenüberstellen. Diese Gegenüberstellung kann auf zwei unterschiedliche Arten vorgenommen werden:

- ✓ **Gesamtkostenverfahren:** Beim Gesamtkostenverfahren werden alle Kosten des abgelaufenen Jahres genommen und den Umsätzen gegenübergestellt; natürlich bereinigt um die Bestandsveränderungen.

- ✓ **Umsatzkostenverfahren:** Den Umsatzerlösen des vergangenen Jahres werden nur die Kosten der verkauften Ware gegenübergestellt.

Jetzt erreicht Ihre Anspannung bestimmt bald den Siedepunkt, weshalb wir Ihnen die beiden Verfahren nicht mehr länger vorenthalten wollen.

Die Gliederung des Gesamtkostenverfahrens nach § 275 HGB

1. Umsatzerlöse
2. Erhöhung oder Verminderung des Bestands an (un-)fertigen Erzeugnissen
3. andere aktivierte Eigenleistungen
4. sonstige betriebliche Erträge
5. Materialaufwand:
   a) Aufwendungen für Roh-, Hilfs- und Betriebsstoffe und für bezogene Waren
   b) Aufwendungen für bezogene Leistungen

6. Personalaufwand:
   a) Löhne und Gehälter
   b) soziale Abgaben und Aufwendungen für Altersversorgung und für Unterstützung, davon für Altersversorgung
7. Abschreibungen:
   a) auf immaterielle Vermögensgegenstände und Sachanlagen
   b) auf Vermögensgegenstände des Umlaufvermögens, soweit diese die in der Kapitalgesellschaft üblichen Abschreibungen überschreiten
8. sonstige betriebliche Aufwendungen
9. Erträge aus Beteiligungen, davon aus verbundenen Unternehmen
10. Erträge aus anderen Wertpapieren und Ausleihungen des Finanzanlagevermögens, davon aus verbundenen Unternehmen
11. sonstige Zinsen und ähnliche Erträge, davon aus verbundenen Unternehmen
12. Abschreibungen auf Finanzanlagen und auf Wertpapiere des Umlaufvermögens
13. Zinsen und ähnliche Aufwendungen, davon an verbundene Unternehmen
14. Steuern vom Einkommen und vom Ertrag
15. Ergebnis nach Steuern
16. sonstige Steuern
17. Jahresüberschuss/Jahresfehlbetrag

Die Gliederung des Umsatzkostenverfahrens nach § 275 HGB

1. Umsatzerlöse
2. Herstellungskosten der zur Erzielung der Umsatzerlöse erbrachten Leistungen
3. Bruttoergebnis vom Umsatz
4. Vertriebskosten
5. allgemeine Verwaltungskosten
6. sonstige betriebliche Erträge
7. sonstige betriebliche Aufwendungen
8. Erträge aus Beteiligungen, davon aus verbundenen Unternehmen
9. Erträge aus anderen Wertpapieren und Ausleihungen des Finanzanlagevermögens, davon aus verbundenen Unternehmen
10. sonstige Zinsen und ähnliche Erträge, davon aus verbundenen Unternehmen
11. Abschreibungen auf Finanzanlagen und auf Wertpapiere des Umlaufvermögens

12. Zinsen und ähnliche Aufwendungen, davon aus verbundenen Unternehmen

13. Steuern vom Einkommen und vom Ertrag

14. Ergebnis nach Steuern

15. sonstige Steuern

16. Jahresüberschuss/Jahresfehlbetrag

Jetzt geht's los: Erfolgsrechnung nach dem Umsatzkostenverfahren

Der E-Bike-Hersteller »Strike« (ein Wortspiel aus »Strom« und »Bike«) muss das erste Mal eine Gewinn-und-Verlust-Rechnung erstellen. Das Unternehmen kann also noch völlig frei zwischen dem Gesamt- und dem Umsatzkostenverfahren wählen. Als Wahlhilfe soll ein erster grober Überblick dienen. Zuerst ein Versuch mit dem Gesamtkostenverfahren (siehe Tabelle 18.1).

Erfolgsrechnung nach dem Gesamtkostenverfahren	
Umsatzerlöse für 500 E-Bikes	900.000 €
50 E-Bikes auf Lager produziert	+50.200 €
Gesamtaufwand (für die 550 E-Bikes)	−660.200 €
Jahresüberschuss	290.000 €

Tabelle 18.1: Die Erfolgsrechnung von Strike nach dem Gesamtkostenverfahren

Danach ein Versuch mit dem Umsatzkostenverfahren (siehe Tabelle 18.2).

Erfolgsrechnung nach dem Umsatzkostenverfahren	
Umsatzerlöse für 500 E-Bikes	900.000 €
Aufwand für die verkauften 500 E-Bikes	−610.000 €
Jahresüberschuss	290.000 €

Tabelle 18.2: Die Erfolgsrechnung von Strike nach dem Umsatzkostenverfahren

Da man auch den internationalen Markt aufrollen will, fällt die Wahl auf das Umsatzkostenverfahren. Aber erst mal nur nach HGB. Es geht los.

Schritt 1: Die Umsatzerlöse

Hier sind die Schlagworte Produkte und Dienstleistungen wichtig. Im HGB werden die Umsatzerlöse so definiert: »Als Umsatzerlöse sind die Erlöse aus dem Verkauf und der Vermietung oder Verpachtung von Produkten sowie aus der Erbringung von Dienstleistungen der Kapitalgesellschaft nach Abzug von Erlösschmälerungen und der Umsatzsteuer sowie sonstiger direkt mit dem Umsatz verbundener Steuern auszuweisen.« Damit entfällt seit 2016 die früher gemachte Unterscheidung zwischen gewöhnlichen und außergewöhnlichen Aufwendungen und Erträgen. Ein außerordentliches Ergebnis gibt es somit auch nicht mehr. Wobei auch früher nur äußerst selten außergewöhnliche Erträge und Aufwendungen vorgekommen sein sollten. Sonst wären sie ja nicht außergewöhnlich. Von den Erlösen wie gesagt aber bitte immer die Umsatzsteuer und alle sonstigen Erlösschmälerungen wie etwa gewährte Rabatte, Skonti, Boni oder Rücknahmen abziehen.

Strike hat im letzten Jahr mit dem Verkauf von E-Bikes exakt 900.000 Euro eingenommen. Gewährte Rabatte und Gutschriften durch zehn wieder zurückgenommene Elektrofahrräder sowie Umsatzsteuer sind bereits abgezogen (siehe Tabelle 18.3).

Umsatzerlöse	
Rechnungsbetrag netto (ohne die zurückgenommenen E-Bikes)	1.000.000 €
abzüglich gewährter Rabatte und Gutschriften	100.000 €
Rechnungsbetrag nach Rabattgewährung inklusive Umsatzsteuer	1.071.000 €
davon vereinnahmte Umsatzsteuer	171.000 €
Umsatzerlöse nach Rabatten und Umsatzsteuer	900.000 €

Tabelle 18.3: Der Umsatzerlöse von Strike im Überblick

Es gab zudem weitere Erlöse. Ein noch mit fossilen Brennstoffen betriebener Firmentransporter wurde für 7.000 Euro verkauft. Der Verkaufserlös des Firmentransporters kommt erst in Schritt 6 bei den sonstigen betrieblichen Erträgen rein.

Bitte beachten Sie bei der Ermittlung der Umsatzerlöse stets das *Realisationsprinzip*. Danach erfolgt die Gewinnrealisierung bei Leistungserbringung. Hierbei ist es egal, ob Sie für die Ware bereits eine Zahlung erhalten haben oder nicht. Sowie die Ware ausgeliefert oder die Dienstleistung erbracht wurde, ist ein Umsatzerlös entstanden. Der spätere Zahlungseingang ist nicht mehr erfolgswirksam. Hier wird nur noch der Zahlungseingang gegen die Forderung gebucht.

Schritt 2: Herstellungskosten der zur Erzielung der Umsatzerlöse erbrachten Leistungen

Doch was genau zählt denn nun zu den Herstellungskosten der verkauften E-Bikes? § 255 Abs. 2 HGB definiert die Herstellungskosten.

Zu den *Herstellungskosten* zählen alle Aufwendungen, die für die Herstellung des Vermögensgegenstands entstanden sind. Sei es durch den Verbrauch von Gütern oder die Inanspruchnahme von Dienstleistungen. Dasselbe gilt, wenn der Vermögensgegenstand erweitert oder wesentlich verbessert wurde. Die hierbei entstandenen Aufwendungen zählen auch zu den Herstellungskosten.

Dabei unterscheidet das Gesetz zwischen Kosten, die dazugezählt werden *müssen*, und Kosten, die dazugezählt werden *können*.

KAPITEL 18 Erfolg gehabt: Die Gewinn-und-Verlust-Rechnung

Herstellungskosten nach HGB

Folgende Kosten zählen auf jeden Fall zu den Herstellungskosten:

- ✔ Materialeinzelkosten
- ✔ Fertigungseinzelkosten
- ✔ Sondereinzelkosten der Fertigung
- ✔ notwendige Materialgemeinkosten
- ✔ notwendige Fertigungsgemeinkosten
- ✔ Wertverzehr des Anlagevermögens, soweit er durch die Produktion veranlasst ist

Zusätzlich dürfen Sie

- ✔ Kosten der allgemeinen Verwaltung,
- ✔ Aufwendungen für soziale Leistungen und die betriebliche Altersversorgung,
- ✔ fertigungsbezogene Fremdkapitalzinsen, also Zinsen für Kredite zur Finanzierung der Herstellung, aber nur, soweit sie auf den Zeitraum der Herstellung entfallen,

in die Herstellungskosten einbeziehen. Sie werden aber auch nicht dazu gezwungen.

Forschungs- und Vertriebskosten dürfen nicht in die Herstellungskosten einbezogen werden.

Herstellungskosten nach UGB, Swiss GAAP FER und IFRS: In Österreich gilt der § 203 UGB. Im Schweizer Obligationenrecht gibt es keine Definition der Herstellungskosten. Im Swiss GAAP FER 17 dagegen schon. Es besitzt aber keinen Gesetzescharakter. Im IFRS werden die Bestandteile in IAS 2 definiert.

Abbildung 18.1 vergleicht die erlaubten Bestandteile der Herstellungskosten nach HGB, UGB, Swiss GAAP FER und IFRS.

Ermittlung der Herstellungskosten bei Strike

- ✔ **Materialeinzelkosten:** Das sind alle Kosten für verbrauchtes Material und Rohstoffe, die direkt den 500 verkauften E-Bikes zugeordnet werden können. Die Kosten für die 50 auf Lager produzierten Elektrofahrräder dürfen nach dem Umsatzkostenverfahren ja nicht mitgerechnet werden. Zur Herstellung der hochmodernen E-Bikes aus Carbon wurden Material und Rohstoffe im Wert von 100.000 Euro benötigt.

- ✔ **Fertigungseinzelkosten:** Jetzt kommen die ausbezahlten Entgelte an die Mitarbeiter in der Fertigung. Der Firmengründer von Strike, Herr Gscheitle, beschäftigt in der Fertigung zehn Mitarbeiter. Diese haben im letzten Jahr die 550 E-Bikes zusammengeschraubt und dafür ein Entgelt von insgesamt 330.000 Euro erhalten. Herr Gscheitle nimmt den Taschenrechner und teilt die 330.000 durch 550, um sie anschließend mit 500 zu multiplizieren. Damit entfallen 300.000 Euro auf die verkauften E-Bikes.

	HGB	UGB	Swiss FER	IFRS
Materialeinzelkosten	Pflicht	Pflicht	✓	Pflicht
Fertigungseinzelkosten	Pflicht	Pflicht	✓	Pflicht
Sondereinzelkosten der Fertigung	Pflicht	Pflicht	✓	Pflicht
Material- und Fertigungsgemeinkosten	Pflicht	Wahl (1)	✓	Pflicht
Herstellungsbezogene Verwaltungskosten	Wahl	(2)	✓	Pflicht
Allgemeine Verwaltungskosten	Wahl	Verbot	✗	Verbot
Fertigungsbezogene Fremdkapitalzinsen	Wahl	Wahl	Wahl	Wahl
Vertriebs- und Forschungskosten	Verbot	Verbot	✗	Verbot

Swiss GAAP FER 17: Hier wird beschrieben, was die Herstellungskosten alles umfassen. Allgemeine Verwaltungskoten und Vertriebskosten werden nicht erwähnt und sind deshalb mit einem x versehen.

(1) Bei der Ermittlung der Gemeinkostenzuschläge muss von einer durchschnittlichen Kapazitätsauslastung ausgegangen werden.
(2) Nach §206 UGB dürfen angemessene Anteile der Verwaltungs- und Vertriebskosten nur bei mehr als zwölf Monate dauernden Herstellungsvorgängen angesetzt werden.

Abbildung 18.1: Bestandteile der Herstellungskosten

✔ **Sondereinzelkosten der Fertigung:** Wenn vor der eigentlichen Herstellung der E-Bikes bereits Kosten anfallen, die genau den Elektrofahrrädern zugeordnet werden können, sind das *Sondereinzelkosten der Fertigung*. Das können zum Beispiel Lizenzgebühren sein. Bei Strike fallen welche an. Herr Gscheitle wollte das erste Modell aus Marketinggründen unbedingt auf den Namen eines berühmten Pioniers der Elektromobilität taufen. Er hat diesen freundlich gefragt und darf den Namen jetzt auch benutzen. Das kostet ihn 20 Euro pro verkauftem E-Bike. Macht bei 500 verkauften Rädern genau 10.000 Euro, die er an den Lizenzgeber überweisen muss.

✔ **Materialgemeinkosten:** Hierher gehören alle Kosten, die den verkauften E-Bikes direkt zugeschlagen werden können. Das können Kosten für die Lagerung des Materials sein oder auch für die Wareneingangsprüfung. Auch die in der Einkaufsabteilung anteilig hierfür entstandenen Kosten zählen dazu. Sogar die Kosten der Rechnungsprüfung müssen mit eingerechnet werden. Bei Strike fallen nur Lagerkosten für das Material an. Eine Einkaufsabteilung gibt es in diesem kleinen Betrieb noch nicht. Das macht nach Dividieren und Multiplizieren 5.000 Euro (5.500 Euro Lagerkosten durch 550 mal 500).

✓ **Fertigungsgemeinkosten:** Jetzt wird es ein wenig kniffeliger. Die Fertigungsgemeinkosten werden deshalb meistens mithilfe der Zuschlagskalkulation ermittelt. Demnach müssen Sie hier folgende Kosten einberechnen:

- Kosten der Produktionsvorbereitung und -leitung; zum Beispiel das Gehalt des Meisters
- Raumkosten, Strom und Heizungskosten
- Versicherungen für die Fertigung
- Abschreibungen für die benutzten Maschinen

Macht bei Strike nach Dividieren und Multiplizieren 55.000 Euro.

✓ **Fertigungsbezogene Verwaltungskosten:** Hierher gehören alle Gemeinkosten, die im Wasserkopf entstanden sind und einen Bezug zur Fertigung haben. Ausgenommen ist der Vertrieb. Vertriebskosten sind hier tabu! Allgemeine Verwaltungskosten dürfen Sie hier übrigens auch nicht dazuzählen.

Die Frage, wie Sie zwischen allgemeinen und fertigungsbezogenen Verwaltungskosten unterscheiden können, ist nicht pauschal zu beantworten. Das müssen Sie fallweise und nach dem jeweiligen Sachverhalt entscheiden. Am besten, Sie schlüsseln diese Kosten. Die Kosten der Abteilung Lohn- und Gehaltsabrechnung können Sie danach schlüsseln, wo wie viele Mitarbeiter beschäftigt sind. Angenommen, 60 Prozent der Mitarbeiter arbeiten in der Fertigung; dann gehören 60 Prozent der Kosten der Lohnabrechnung hierher. Bei Strike werden die angefallenen 13.200 Euro fertigungsbezogenen Verwaltungskosten durch 1,1 (550 durch 500 ergibt bekanntlich 1,1) dividiert. Heraus kommen 12.000 Euro.

✓ **Aufwendungen für soziale Leistungen:** Ohne Essen geht gar nichts. Aufwendungen für die Kantine sowie Essenszuschüsse kommen hier hinein. Und es geht weiter. Wenn Sie von den folgenden Leistungen bis dato noch nie etwas gehört haben, sollten Sie mal kritisch Ihre Wahl des Arbeitgebers überdenken: Leistungen für Fitnessräume, Bibliotheken, Ausflüge, Beihilfen für Umzüge, Jubiläen und und und ... Hier gehören auch alle Aufwendungen für die Altersversorgung, das heißt für ein Leben nach der Arbeit, hinein. Bei Strike hat man erst mal nur ans Essen gedacht und dafür 11.000 Euro ausgegeben. Macht nach Division durch 1,1 also 10.000 Euro.

✓ **Fertigungsbezogene Fremdkapitalzinsen:** Das sind die Zinszahlungen, die im Herstellungszeitraum angefallen sind. Und zwar für die Finanzierung der Produktion. Das waren bei Strike 11.000 Euro. Somit kommen weitere 10.000 Euro in die Erfolgsrechnung.

Herr Gscheitle verzichtet darauf, die allgemeinen Verwaltungskosten in die Herstellungskosten einzurechnen. So schlägt er im Fall der Fälle zwei Fliegen mit einer Klappe. Er hat die Herstellungskosten nämlich so auch bereits IFRS-konform ermittelt. In Summe sind es übrigens 502.000 Euro. Herr Gscheitle packt die Kalkulation der Herstellungskosten abschließend in eine Tabelle, damit er nicht den Überblick verliert (siehe Tabelle 18.4).

Materialeinzelkosten	100.000 €
Fertigungseinzelkosten	300.000 €
Sondereinzelkosten der Fertigung	10.000 €
Materialgemeinkosten	5.000 €
Fertigungsgemeinkosten	55.000 €
fertigungsbezogene Verwaltungskosten	12.000 €
Aufwendungen für soziale Leistungen	10.000 €
fertigungsbezogene Fremdkapitalzinsen	10.000 €
Herstellungskosten	**502.000 €**

Tabelle 18.4: Die Herstellungskosten von Strike im Überblick

Schritt 3: Bruttoergebnis vom Umsatz

Dieser Schritt fällt verhältnismäßig kurz aus: Das Bruttoergebnis vom Umsatz ergibt sich aus: Umsatzerlöse (Schritt 1) minus Herstellungskosten (Schritt 2). That's it!

	Umsatzerlöse	900.000 €
−	Herstellungskosten	502.000 €
=	Bruttoergebnis vom Umsatz	398.000 €

Schritt 4: Vertriebskosten

Ab Schritt 4 müssen Sie die ermittelten Kosten nicht mehr nur auf die verkauften Produkte beziehen. Bei Strike bedeutet dies, dass die Kosten nun nicht mehr durch 1,1 zu dividieren sind.

Hier geht es um alle Aufwendungen, die mit dem Vertrieb zu tun haben. Dazu gehören zuerst einmal die Vertriebseinzelkosten wie etwa Verpackungskosten, Provisionen oder Transportkosten. Außerdem gehören alle Gemeinkosten des Vertriebs hierher. Das sind zum Beispiel die Gehälter der Vertriebs- und Marketingmitarbeiter, deren Reisekosten sowie Kosten für Messen und den Fuhrpark. Strike hatte im letzten Jahr 10.000 Euro an Vertriebskosten.

Schritt 5: Allgemeine Verwaltungskosten

Hier dürfen Sie jetzt die allgemeinen Verwaltungskosten abladen. Deren Ermittlung ist ganz einfach: Überlegen Sie sich, was alles zu den Verwaltungskosten beiträgt. Das kann die Geschäftsleitung, die Buchhaltung, der Hausmeister oder die Abschreibung des PCs sein. Von dieser hoffentlich nicht unverhältnismäßig großen Zahl ziehen Sie jetzt die fertigungsbezogenen Verwaltungskosten aus Schritt 2 wieder ab. Das war's. Macht bei Strike 58.000 Euro. Von irgendetwas muss ja auch Herr Gscheitle leben.

Schritt 6: Sonstige betriebliche Erträge

Das ist ein Ertragssammelbecken. Alles, was Sie nicht den Umsatzerlösen oder den in den Schritten 8 bis 10 erzielten Erträgen zuordnen können, kommt hierher. Das können Erträge aus dem Verkauf von Anlagen sein oder auch aus der Auflösung von Rückstellungen.

Sie können zum Beispiel eine Ihrer Meinung nach ausgediente Maschine an einen Wettbewerber verkaufen, der dann identische Produkte mit dieser Maschine herstellt und Sie aus dem Markt verdrängt. Um dies zu vermeiden, sollen übrigens schon viele wertvolle Maschinen verschrottet worden sein. Oder Sie lösen Rückstellungen auf, weil die erwarteten Rechnungen des Unternehmensberaters »Next Challenge« ausbleiben und die Forderungen mittlerweile verjährt sind. Oder andersrum: Sie hatten eine Forderung für zwei E-Bikes bereits abgeschrieben und nun zahlen die Kunden doch noch. Auch das gehört hierher. Strike hatte sonstige betriebliche Erträge durch den Verkauf eines Transporters in Höhe von 7.000 Euro.

Schritt 7: Sonstige betriebliche Aufwendungen

Alle Aufwendungen, die Sie nicht in die Schritte 2, 4, 5, 11 und 12 stecken, werden hier berücksichtigt. Ging eine Maschine vorzeitig kaputt? Die Kosten kommen hierher. Müssen Sie Forderungen abschreiben, da der Kunde zahlungsunfähig wurde? Solche Kosten werden hierhergepackt. Zuführungen zu Aufwands- oder Instandhaltungsrückstellungen gehören ebenfalls hierher. Strike hatte sonstige betriebliche Aufwendungen in Höhe von 7.000 Euro. Wie gewonnen, so gleich wieder zerronnen sind die sonstigen betrieblichen Erträge aus Schritt 6.

 Schritt 1 bis 7 ergibt zusammen das *Betriebsergebnis (EBIT)*. EBIT heißt »Earnings before Interest and Tax« (siehe Tabelle 18.5).

Erfolgsrechnung Strike		
	Umsatzerlöse	900.000 €
−	Herstellungskosten	502.000 €
=	**Bruttoergebnis vom Umsatz**	**398.000 €**
−	Vertriebskosten	10.000 €
−	allgemeine Verwaltungskosten	58.000 €
+	sonstige betriebliche Erträge	7.000 €
−	sonstige betriebliche Aufwendungen	7.000 €
=	**Betriebsergebnis (EBIT)**	**330.000 €**

Tabelle 18.5: Die Erfolgsrechnung von Strike bis zum Punkt »Betriebsergebnis«

Schritt 8: Erträge aus Beteiligungen

Ihr Unternehmen besitzt Aktien anderer Unternehmen. Falls dies als Beteiligung zu werten ist und die Aktien auch noch Dividenden abwerfen, gehören diese Erträge hierher. Auch andere Formen der Gewinnbeteiligung an beteiligten Unternehmen zählen hierzu. Aber bitte hier immer nur laufende Erträge hinpacken. Erträge aus Verkäufen gehören oben zu *Schritt 6: Sonstige betriebliche Erträge*.

Falls Sie Erträge aus Beteiligungen aus verbundenen Unternehmen haben sollten, müssen Sie diese hier gesondert ausweisen.

Bei Strike gab es übrigens keine Erträge aus Beteiligungen.

Schritt 9: Erträge aus anderen Wertpapieren und Ausleihungen des Finanzanlagevermögens

Hierunter zählen alle Zinserträge aus Ausleihungen und Wertpapieren sowie Dividenden. Aber nur, wenn sie nicht aus Beteiligungen stammen, also bereits im Schritt 8 untergebracht wurden. Das sind meistens Zinsen oder Dividenden. Strike hat noch keine überzähligen liquiden Mittel, die es anlegen könnte. Darum sind das hier 0 Euro.

Dividenden mit Würstchen und Kartoffelsalat

Manchmal soll es ja vorkommen, dass eine Aktiengesellschaft ihre Aktionäre auch am erwirtschafteten Gewinn teilhaben lässt. Und das geht so: Die obersten Angestellten, auch Vorstand genannt, müssen über die Gewinnverwendung entscheiden. Manchmal denken sie dabei auch an die Eigentümer des Unternehmens, die Aktionäre. Dann schlagen sie vor, einen bestimmten Gewinnanteil an die Aktionäre in Form von Dividenden auszuzahlen. Über diesen Vorschlag muss auf der Hauptversammlung bei Würstchen und Kartoffelsalat entschieden werden. Da dort ja die potenziellen Dividendenempfänger sitzen, ist in der Regel davon auszugehen, dass für den Vorschlag gestimmt wird. Vereinzelt gibt es dann und wann auch Neinstimmen. Diese Aktionäre haben aber nicht generell etwas gegen die Gewinnausschüttung. Sie ist ihnen nur viel zu niedrig. Mit der Ablehnung versuchen sie meist erfolglos, noch höhere Dividendenzahlungen durchzusetzen.

Schritt 10: Sonstige Zinsen und ähnliche Erträge

Da Sie stets darauf geachtet haben, dass die Portokasse gut auf einem Tagesgeldkonto angelegt ist, kassiert Ihre Firma Zinsen. Frei nach dem Motto: Kleinvieh macht auch Mist.

Mit anderen Worten: In diese Position kommen Zinserträge aller Art, die nicht zu den Schritten 8 und 9 gehören. Dazu zählen auch eventuelle Verzugszinsen, die säumige Kunden zahlen müssen. Die Kundschaft von Strike ist sehr solvent. Deshalb gibt es auch in dieser Position nichts zu vermelden.

Schritt 11: Abschreibungen auf Finanzanlagen und auf Wertpapiere des Umlaufvermögens

Alles, was Ihr Unternehmen an Beteiligungen, Anteilen, Ausleihungen und Wertpapieren so über die Jahre hinweg angesammelt hat ... und zwischendurch leider an Wert verloren hat, sollte in Höhe des Wertverlusts abgeschrieben werden. Hier geht es also ausschließlich um Wertberichtigungen bei den Finanzanlagen. Da Strike kein Geld für Finanzanlagen hatte, kommt es auch nicht in die Verlegenheit, etwas abschreiben zu müssen. So hat alles auch seine Vorteile.

Schritt 12: Zinsen und ähnliche Aufwendungen

All das schöne Geld, das Ihr Unternehmen im Laufe des Jahres in Form von Zinsen an die Banken bezahlt hat, tragen Sie hier ein. Hier gehören natürlich auch die gezahlten Zinsen für einen Auto- oder Maschinenkauf auf Pump hin. Hat Ihr Unternehmen von einem verbundenen Unternehmen Geld geliehen und zahlt dafür Zinsen, müssen Sie das hier gesondert ausweisen. Strike hat den ausschließlich aus E-Fahrzeugen bestehenden Fuhrpark finanziert und zahlt dafür Zinsen. Im letzten Jahr waren das 5.000 Euro.

 Schritt 8 bis 12 ergibt zusammen das *Finanzergebnis*.

Schritt 13: Steuern vom Einkommen und vom Ertrag

Irgendjemand muss ja schließlich Steuern zahlen. Wenn Sie Gewinne erzielen, fordert der Staat seinen Tribut. Alle ertragsabhängigen Steuern, die Ihr Steuerberater nicht vermeiden konnte, werden hier aufgelistet. Inklusive eventueller Verrechnungen mit den Vorjahren. Das können folgende Steuern sein:

- ✔ Körperschaftsteuer
- ✔ Gewerbesteuer
- ✔ Kapitalertragsteuer

Bei Strike sind dies 30.000 Euro.

Schritt 14: Ergebnis nach Steuern

Vom Betriebsergebnis (EBIT) in Höhe von 330.000 Euro ziehen Sie hier die Zinsen aus Schritt 12 in Höhe von 5.000 Euro und die Steuern vom Einkommen und vom Ertrag in Höhe vom 30.000 Euro ab. Und schon haben Sie das Ergebnis nach Steuern in Höhe von 295.000 Euro ermittelt.

Schritt 15: Sonstige Steuern

Hierzu zählen alle Steuern, die nicht zu Schritt 13 gehören, wie zum Beispiel Versicherungssteuer, Erbschaftsteuer, Schenkungsteuer oder Grundsteuer. Bei Strike waren das 5.000 Euro.

Schritt 16: Jahresüberschuss/Jahresfehlbetrag

Endlich: Jetzt sehen Sie, wie das letzte Jahr lief (siehe Tabelle 18.6). Die Summe aller Schritte ergibt einen Überschuss in Höhe von 290.000 Euro.

Kleine und mittlere Kapitalgesellschaften dürfen die Schritte 1 bis 3 und 6 aufsaldieren und in einem Posten mit dem Namen *Rohergebnis* ausweisen. Dieses Wahlrecht bietet § 276 HGB. Der Nachteil: Damit wird das Bruttoprinzip ausgehöhlt und der interessierte Leser erfährt fast nichts mehr.

	Erfolgsrechnung Strike	
	Umsatzerlöse	900.000 €
−	Herstellungskosten	502.000 €
=	**Bruttoergebnis vom Umsatz**	**398.000 €**
−	Vertriebskosten	10.000 €
−	allgemeine Verwaltungskosten	58.000 €
+	sonstige betriebliche Erträge	7.000 €
−	sonstige betriebliche Aufwendungen	7.000 €
=	**Betriebsergebnis (EBIT)**	**330.000 €**
+	Erträge aus Beteiligungen	0 €
+	Erträge aus anderen Wertpapieren	0 €
+	sonstige Zinsen und ähnliche Erträge	0 €
−	Abschreibungen auf Finanzanlagen	0 €
−	Zinsen und ähnliche Aufwendungen	5.000 €
−	Steuern vom Einkommen und vom Ertrag	30.000 €
=	**Ergebnis nach Steuern**	**295.000 €**
	sonstige Steuern	5.000 €
=	**Jahresüberschuss/-fehlbetrag**	**290.000 €**

Tabelle 18.6: Endlich: Die fertige Erfolgsrechnung von Strike

Zum Vergleich: Das Gesamtkostenverfahren

Herr Gscheitle ist mächtig stolz auf sich. Er kann nicht nur umweltschonende und ultraleichte E-Bikes bauen. Nein, er kann jetzt auch eine Gewinn-und-Verlust-Rechnung nach dem Umsatzkostenverfahren erstellen! Jetzt weiß er gar nicht mehr, worauf er stolzer sein soll. Und da man an Herausforderungen schließlich wächst, beschließt Herr Gscheitle, auch noch eine Gewinn-und-Verlust-Rechnung nach dem Gesamtkostenverfahren zu erstellen.

Nur so zum Spaß. Immerhin soll ja angeblich genau dasselbe Ergebnis dabei herauskommen. Was zu beweisen wäre. Los geht's!

Schritt 1: Die Umsatzerlöse

Die Umsatzerlöse werden bei beiden Verfahren völlig gleich ermittelt. Beim Gesamtkostenverfahren sind also ebenfalls alle Erlöse aus dem Verkauf und der Vermietung oder Verpachtung von Produkten sowie aus der Erbringung von Dienstleistungen der Kapitalgesellschaft zu summieren. Von den Erlösen aber bitte auch hier die Umsatzsteuer und alle sonstigen Erlösschmälerungen wie etwa gewährte Rabatte, Skonti, Boni oder Rücknahmen abziehen. Strike hatte danach im letzten Jahr also 900.000 Euro eingenommen.

Schritt 2: Erhöhung oder Verminderung des Bestands an fertigen und unfertigen Erzeugnissen

Im zweiten Schritt trennen sich die Wege der beiden Verfahren. Nach dem Gesamtkostenverfahren muss jetzt erst einmal die mengen- und wertmäßige Bestandsveränderung bei allen fertigen und unfertigen Produkten ermittelt werden. Die Philosophie des Gesamtkostenverfahrens will es nun einmal so. Danach bemisst sich die Leistung eines Unternehmens nicht nur nach den verkauften Produkten, sondern nach der gesamten Produktion. Deshalb werden auch alle Kosten betrachtet, die für die Produktion angefallen sind. Egal ob mehr oder weniger sinnlos auf Halde produziert wurde oder nicht. Wenn sich die Bestände seit dem letzten Jahresabschluss verringert haben, müssen Sie die Umsatzerlöse entsprechend reduzieren.

 Bestandsveränderungen werden hier mit den Herstellungskosten bewertet!

Da Herr Gscheitle die Erfolgsrechnung bereits einmal per Umsatzkostenverfahren durchgeführt hat, kennt er die Herstellungskosten für ein E-Bike. Hätte Strike den Lagerbestand um 50 Elektrofahrräder zu je 1.004 Euro abgebaut, müssten Sie die Umsatzerlöse um 50.200 Euro reduzieren. Der Grund: Die E-Bikes wurden ja bereits im Vorjahr auf Halde produziert und sind damals in die Erfolgsrechnung als Bestandserhöhung eingeflossen. Leider ist es bei der Firma Strike genau andersrum; Sie erinnern sich vielleicht noch: Strike konnte 50 produzierte E-Bikes nicht an die Frau und an den Mann bringen. Damit handelt es sich um eine Bestandserhöhung. Um diese 50.200 Euro Bestandserhöhung werden die Umsatzerlöse jetzt erhöht.

Schritt 3: Andere aktivierte Eigenleistungen

Auch in diesem Schritt geht es noch immer um die Ermittlung der Unternehmensleistung. Zur Unternehmensleistung gehören nicht nur die Umsatzerlöse und die Bestandsveränderungen, sondern auch erbrachte Eigenleistungen. Dazu zählen selbst gebaute Maschinen, selbst durchgeführte Großreparaturen, Ingangsetzungen und Erweiterungen. Alle so verbuchten Aufwendungen gehören in diese GuV-Position. Bei Strike hat man sich nur auf das Kerngeschäft und das Erstellen von Erfolgsrechnungen aller Art konzentriert. Andere aktivierte Eigenleistungen gibt es bei Strike dieses Jahr nicht.

Schritt 4: Sonstige betriebliche Erträge

Hier treffen sich die beiden Verfahren wieder. Schritt 4 des Gesamtkostenverfahrens ist mit Schritt 6 des Umsatzkostenverfahrens identisch. Strike hatte demnach auch nach dem Gesamtkostenverfahren sonstige betriebliche Erträge in Höhe von 7.000 Euro durch den Verkauf des umweltschädlichen Transporters.

Schritt 5: Materialaufwand

✔ **Aufwendungen für Roh-, Hilfs- und Betriebsstoffe und für bezogene Waren**

Hier kommen alle Aufwendungen für Roh-, Hilfs- und Betriebsstoffe und für bezogene Waren hin. Egal, ob sie für die Produktion, den Vertrieb oder die Verwaltung angefallen sind. Bei Strike waren das insgesamt 197.700 Euro.

✔ **Aufwendungen für bezogene Leistungen**

Sie haben Strom aus der Steckdose bezogen? Oder sich von Externen beraten lassen? Sie müssen Lizenzgebühren bezahlen? Oder gar Telefongebühren? Sie haben einen Handwerker benötigt? All dies zählt zu den bezogenen Leistungen. Bei Strike waren dies 10.000 Euro Lizenzgebühren und 5.500 Euro Stromkosten. Macht 15.500 Euro.

Schritt 6: Personalaufwand

✔ **Löhne und Gehälter**

Alle Bruttoentgelte der Mitarbeiter kommen in diese Position. Also inklusive der Arbeitnehmeranteile zur Sozialversicherung. Und vor Abzug der Lohnsteuer. Bei Strike sind dies 280.000 Euro.

✔ **Sozialabgaben und Aufwendungen für Altersversorgung und für Unterstützung**

Neben dem Arbeitgeberanteil zu den Sozialversicherungen, Berufsgenossenschaftsbeiträgen und weiteren sozialen Errungenschaften wie Beihilfen für festliche Anlässe gehören hier auch noch die Aufwendungen für die Altersversorgung hinein. Und zwar gesondert ausgewiesen. Unter diesen Altersversorgungen versteht man hier Zuführungen zu den Pensionsrückstellungen oder Pensionszahlungen, sofern diese nicht bereits aus gebildeten Pensionsrückstellungen stammen. Sonst wären sie ja doppelt in der Erfolgsrechnung. Bei Strike sind dies 50.000 Euro Sozialabgaben und 11.000 Euro für die Subventionierung des leiblichen Wohls. Macht 61.000 Euro.

Schritt 7: Abschreibungen

✔ **auf immaterielle Vermögensgegenstände des Anlagevermögens und Sachanlagen**

Alles Wissenswerte über das Thema Abschreibungen finden Sie in Kapitel 16. Ein Blick darauf lohnt. Versprochen. Bei Strike wurden insgesamt 55.000 Euro abgeschrieben.

Auch die außerplanmäßigen Abschreibungen finden hier ein Zuhause.

✔ **auf Vermögensgegenstände des Umlaufvermögens, soweit diese die in der Kapitalgesellschaft üblichen Abschreibungen überschreiten**

Hier gehören eigentlich nur sehr große Abschreibungen auf Forderungen hin, die man mit gutem Gewissen als unüblich bezeichnen kann. Oder aber Ihre Ware ist so komplett verdorben, dass Sie alles abschreiben können. Bei Strike ist bei keinem E-Bike das Mindesthaltbarkeitsdatum abgelaufen. Darum gibt es hier nichts einzutragen.

Schritt 8: Sonstige betriebliche Aufwendungen

Das ist der Besenwagen der Aufwendungen. Alle Aufwendungen aus der gewöhnlichen Geschäftstätigkeit, die bis hierher noch kein Plätzchen gefunden haben, finden hier Unterschlupf. Außerordentliche Aufwendungen müssen noch bis Schritt 16 warten. Bei Strike gab es sonstige betriebliche Aufwendungen. Die fertigungsbezogenen Fremdkapitalzinsen über 11.000 Euro sowie weitere 7.000 Euro an sonstigen Aufwendungen wüssten sonst nicht, wohin sie sollen. Macht zusammen 18.000 Euro.

Schritt 9 bis 17 sind wieder mit dem Umsatzkostenverfahren (dort Schritt 8 bis 16) identisch

Ab Schritt 9 sind beide Verfahren wieder identisch. Punkt 9 des Gesamtkostenverfahrens »Erträge aus Beteiligungen« ist mit Punkt 8 des Umsatzkostenverfahrens »Erträge aus Beteiligungen« identisch und so weiter. Damit sieht die Erfolgsrechnung nach dem Gesamtkostenverfahren bei Strike aus, wie in Tabelle 18.7 dargestellt.

Umstellung vom Gesamt- auf das Umsatzkostenverfahren

In Deutschland war bis vor Kurzem das Gesamtkostenverfahren am gebräuchlichsten. Im angelsächsischen Raum ist dagegen das Umsatzkostenverfahren Standard. Die Globalisierung hält nun auch im Rechnungswesen Einzug. Viele Unternehmen stellen mittlerweile auf das Umsatzkostenverfahren um. Anlass ist meistens der Zwang, dass auch Abschlüsse nach IFRS erstellt werden müssen. Bei der Umstellung auf IFRS werden dann meist gleich zwei Fliegen mit einer Klappe geschlagen und auch das Verfahren umgestellt.

Wenden wir uns nun der spannenden Frage zu, wie man so eine Umstellung angeht. Es gibt grundsätzlich zwei Möglichkeiten:

✔ die einfache und schnelle Methode

✔ die aufwendige und zeitraubende Methode

Wir empfehlen Ihnen die zweite Möglichkeit. Nicht weil wir gehässig sind, sondern weil es langfristig die bessere Lösung ist. Damit Sie wissen, worum es überhaupt geht, liefern wir Ihnen jetzt auch noch ein paar Inhalte.

Erfolgsrechnung Strike nach dem Gesamtkostenverfahren		
1.	Umsatzerlöse	900.000 €
2.	Erhöhung oder Verminderung des Bestands an (un-)fertigen Erzeugnissen	50.200 €
3.	andere aktivierte Eigenleistungen	0 €
4.	sonstige betriebliche Erträge	7.000 €
5.	Materialaufwand	
	a) Aufwendungen für Roh-, Hilfs- und Betriebsstoffe und für bezogene Waren	197.700 €
	b) Aufwendungen für bezogene Leistungen	15.500 €
6.	Personalaufwand	
	a) Löhne und Gehälter	280.000 €
	b) Sozialabgaben und Aufwendungen für Altersversorgung und für Unterstützung, davon für Altersversorgung	61.000 €
7.	Abschreibungen	
	a) auf immaterielle Vermögensgegenstände, Sachanlagen und auf aktivierte Aufwendungen für die Ingangsetzung und Erweiterung des Geschäftsbetriebs	55.000 €
	b) auf Vermögensgegenstände des Umlaufvermögens, soweit diese die in der Kapitalgesellschaft üblichen Abschreibungen überschreiten	0 €
8.	sonstige betriebliche Aufwendungen	18.000 €
9.	Erträge aus Beteiligungen, davon aus verbundenen Unternehmen	0 €
10.	Erträge aus anderen Wertpapieren und Ausleihungen des Finanzanlagevermögens, davon aus verbundenen Unternehmen	0 €
11.	sonstige Zinsen und ähnliche Erträge, davon aus verbundenen Unternehmen	0 €
12.	Abschreibungen auf Finanzanlagen und auf Wertpapiere des Umlaufvermögens	0 €
13.	Zinsen und ähnliche Aufwendungen, davon an verbundene Unternehmen	5.000 €
14.	Steuern vom Einkommen und Ertrag	30.000 €
15.	**Ergebnis nach Steuern**	**295.000 €**
16.	sonstige Steuern	5.000 €
17.	**Jahresüberschuss/Jahresfehlbetrag**	**290.000 €**

Tabelle 18.7: Die Erfolgsrechnung von Strike nach dem Gesamtkostenverfahren

Erste Methode: Umstellung auf Reportingebene

Bei der Umstellung auf Reportingebene wird nicht in die Finanzbuchhaltung eingegriffen. Es wird zudem kein neuer Kontenplan benötigt und teure und nervenaufreibende Arbeiten an der Software bleiben einem auch erspart. Bei jedem Jahresabschluss wird per Überleitungsmatrix die Gewinn-und-Verlust-Rechnung nach dem Umsatzkostenverfahren erstellt. Und hier sind wir auch schon beim Haken dieser Methode. Sie müssen jedes Jahr aufs Neue umstellen beziehungsweise überleiten.

Zweite Methode: Umstellung auf Erfassungsebene

Bei dieser Methode wird richtig aufgeräumt. Das Umsatzkostenverfahren wird in der Finanzbuchhaltung eingeführt. Der Kontenplan muss dabei auch geändert werden. An der eingesetzten Software muss sicherlich auch herumgeschraubt werden. Alles in allem sind bei dieser Methode die Mitarbeiter aus dem Rechnungswesen und aus der IT eine Weile lang gut beschäftigt. Danach ist es aber geschafft und im Folgejahr muss keine Überleitung erstellt werden. Fazit: Lieber einen höheren Einmalaufwand als jedes Jahr während des Jahresabschlusses dasselbe Theater mit der Überleitung.

Aufgabe 18

Sie haben ein international agierendes Unternehmen gegründet und stehen vor folgenden Fragen: Soll ich die GuV nach dem Umsatzkostenverfahren oder nach dem Gesamtkostenverfahren erstellen? Welches Verfahren sollten Sie verwenden? Zusatzfrage: Unterscheidet sich das Ergebnis bei den beiden Verfahren?

> **IN DIESEM KAPITEL**
>
> Sinn und Zweck des Anhangs
>
> Was ein Lagebericht ist
>
> Wer Anhang und Lagebericht erstellen muss

Kapitel 19
Last, but not least: Anhang und Lagebericht

Für Kapitalgesellschaften hat sich der Jahresabschluss mit der Erstellung der Bilanz und der Erfolgsrechnung noch lange nicht erledigt. § 264 Abs. 1 HGB fordert alle gesetzlichen Vertreter von Kapitalgesellschaften auf, den Jahresabschluss doch bitte schön um einen Anhang zu erweitern. Damit ist der Jahresabschluss erst komplett. Und zusätzlich muss nach § 264 HGB auch noch ein Lagebericht erstellt werden. Der gehört aber offiziell nicht mehr zum Jahresabschluss.

Kleine Kapitalgesellschaften müssen nach § 264 HGB keinen Lagebericht erstellen. Eine Kapitalgesellschaft ist nach § 267 HGB klein, wenn mindestens zwei der drei folgenden Kriterien erfüllt sind:

- ✔ maximal 6,0 Millionen Euro Bilanzsumme
- ✔ maximal 12,0 Millionen Euro Umsatzerlöse
- ✔ maximal 50 Mitarbeiter

Der Anhang und der Lagebericht sollen die Zahlen der Bilanz und der Erfolgsrechnung sozusagen für Dummies erläutern. Der Lagebericht schaut dabei mit seinem Prognosebericht sogar ein wenig in die Zukunft.

Jetzt wird es interessant: Der Anhang

Die Bilanz und die Erfolgsrechnung bestehen beide eigentlich nur aus ein paar Zahlen. Aus diesen Zahlen können Sie nicht erkennen, welche Wahlrechte wahrgenommen oder welche Bewertungsgrundsätze gewählt wurden. Und manchmal kann es nicht schaden, die eine oder andere Zahl auch verbal zu erläutern. Das alles passiert im Anhang. Im Anhang müssen auch Dinge erläutert werden, die weder in der Bilanz noch in der Erfolgsrechnung stehen. Wir warnen Sie jetzt schon vor, es ist eine unendliche Liste von Dingen, die Sie angeben müssen. Unendlich!

 Die Pflichtbestandteile des Anhangs finden Sie im § 264 ff. HGB sowie im AktG und GmbHG. Nach § 286 HGB muss die Berichterstattung übrigens unterbleiben, wenn es dem Wohl der Bundesrepublik Deutschland oder dem Wohl eines Bundeslands entgegensteht!

So, genug der Vorrede. Jetzt eröffnen wir das Buffet, indem wir die vom Handelsgesetz geforderten Bestandteile des Anhangs einmal kurz durchgehen. Guten Appetit!

Allgemeine Angaben zum Jahresabschluss

Zu Beginn müssen Sie im Anhang ein paar allgemeine Angaben machen:

- ✔ **Verwendete Bilanzierungs- und Bewertungsmethoden:** Im Anhang müssen Sie die in der Bilanz und Erfolgsrechnung verwendeten Bilanzierungs- und Bewertungsmethoden erläutern. § 284 Abs. 2 Nr. 1 HGB. Zum Beispiel über wie viele Jahre Sie Ihren Hubschrauber abschreiben. Aber keine Angst, Sie müssen hier nicht jedes Detail nennen. Es genügt auch, wenn Sie allgemein bleiben und hier einfach notieren, dass nach steuerlich zulässigen Sätzen abgeschrieben wurde.

- ✔ **Unterbrechung der Darstellungsstetigkeit:** Sie haben die Darstellungsform der Bilanz oder der Erfolgsrechnung geändert? Dann müssen Sie das im Anhang erklären. So will es § 265 Abs. 1 Satz 2 HGB.

- ✔ **Unterschiedliche Gliederungsvorschriften beachtet:** Gibt es in einem Unternehmen verschiedene Geschäftszweige, sodass unterschiedliche Gliederungsvorschriften beachtet werden müssen, darf man das im Anhang erklären. So der § 265 Abs. 4 Satz 2 HGB.

- ✔ **Abweichungen von Bilanzierungs- und Bewertungsmethoden:** Falls von den bisher verwendeten Bilanzierungs- und Bewertungsmethoden abgewichen wurde, sollten Sie dies im Anhang erwähnen und auch erklären. So der § 284 Abs. 2 Nr. 2 HGB. Dadurch sollen Sie daran gehindert werden, immer dann kunterbunt zwischen unterschiedlichen Methoden hin und her zu wechseln, wenn es gerade von Vorteil sein sollte. Wenn Sie etwa im Vorjahr Ihre Vorräte im Lager per Sammelbewertungsverfahren bewertet haben und es dieses Jahr wirklich ganz genau wissen wollen und jede Schraube einzeln bewerten lassen, sollten Sie dies im Anhang erläutern. Vor allem dann, wenn Sie dadurch ein völlig anderes Ergebnis erhalten.

    Ein anderes Beispiel: In den letzten Jahren haben Sie geringwertige Wirtschaftsgüter immer über deren Nutzungsdauer abgeschrieben. Seit diesem Jahr nutzen Sie die Möglichkeit, geringwertige Wirtschaftsgüter gleich im Jahr der Anschaffung voll abzuschreiben. So etwas muss in den Anhang.

- ✔ **Fremdkapitalzinsen in den Herstellungskosten:** Falls Sie die Fremdkapitalkosten in die Berechnung der Herstellungskosten einbezogen haben, müssen Sie dies im Anhang angeben. So § 284 Abs. 2 Nr. 4 HGB.

Einzelangaben zum Jahresabschluss

Nachdem Sie die allgemeinen Angaben erledigt haben, geht es nun an die vielen kleinen, lästigen Details.

✓ **Zusätzliche Angaben:** Im Anhang müssen zusätzliche Angaben gemacht werden, wenn der Jahresabschluss aufgrund besonderer Umstände allein kein realistisches Bild vermitteln kann. So will es § 264 Abs. 2 Satz 2 HGB.

Stellen Sie sich vor, Sie wären Bauunternehmer und sollen rund um die Insel Sylt einen zehn Meter hohen Damm aus Sichtbeton errichten. Dazu müssen Sie ein paar Jährchen buddeln und Beton mixen. In den Ausschreibungsunterlagen stand, dass die Bezahlung des Damms erst nach kompletter Fertigstellung erfolgt. Sie haben den Auftrag trotzdem angenommen, da Ihr Unternehmen mehrere Milliarden Euro auf der hohen Kante hat und nicht so leicht in Liquiditätsprobleme geraten kann. Während der Bauphase können Sie deshalb kein realistisches Bild Ihrer Ertragslage im Jahresabschluss vermitteln. Den Dammbau sollten Sie deshalb im Anhang erwähnen.

✓ **Keine Vergleichbarkeit mit den Vorjahreszahlen:** Wenn einzelne Zahlen nicht so einfach mit denen des letzten Jahresabschlusses vergleichbar sind, müssen Sie dies im Anhang angeben und erklären. Haben Sie die Vorjahreszahlen nachträglich sogar angepasst, also vergleichbar gerechnet, gilt das erst recht. So der § 265 Abs. 2 Satz 2 und 3 HGB.

✓ **Mitzugehörigkeitsvermerk:** Immer dann, wenn ein Vermögensgegenstand oder eine Schuld unter mehrere Bilanzposten fällt, müssen Sie dies in der Bilanz oder spätestens hier im Anhang angeben. So § 265 Abs. 3 Satz 1 HGB.

✓ **Zusammengefasste Positionen:** Wenn Sie in der Bilanz oder Erfolgsrechnung mehrere Positionen zu einer zusammengefasst haben, müssen Sie im Anhang wieder alles aufdröseln, Entschuldigung, aufgliedern. Das verlangt § 265 Abs. 7 Nr. 2 HGB.

✓ **Anlagespiegel:** Im Anhang ist die Entwicklung der einzelnen Posten des Anlagevermögens in einer gesonderten Aufgliederung darzustellen, dem sogenannten Anlagespiegel. In § 284 Abs. 3 HGB wird genau beschrieben, was alles darzustellen ist.

✓ **Außerplanmäßige Abschreibungen** müssen Sie im Anhang erklären. So will es § 277 Abs. 3 Satz 1 HGB. Der interessierte Leser will ja wissen, warum Ihr Hubschrauber bereits nach einem Jahr total abgeschrieben wurde. Wer den Hubschrauber zu Schrott geflogen hat, müssen Sie aber nicht erwähnen.

✓ **Rechtlich noch nicht entstandene Vermögensgegenstände:** Stehen im Bilanzposten »sonstige Vermögensgegenstände« größere Beträge, die erst nach dem Jahresabschluss rechtlich entstehen, muss das im Anhang erläutert werden. Das sind Forderungen, die zum Bilanzstichtag noch nicht rechtlich entstanden sind. Grundlage ist § 268 Abs. 4 Satz 2 HGB.

✓ **Rechtlich noch nicht entstandene Verbindlichkeiten:** Sind in der Bilanz unter dem Posten »Verbindlichkeiten« schon Beträge für Themen ausgewiesen, die erst nach dem

Jahresabschluss rechtlich entstehen, muss dies im Anhang erläutert werden. Aber nur, wenn es sich um größere Beträge handelt. Das sagt § 268 Abs. 5 Satz 3 HGB.

- ✓ **Damnum, Disagio:** Haben Sie im aktiven Rechnungsabgrenzungsposten ein Damnum oder Disagio aufgenommen, müssen Sie dies in der Bilanz oder spätestens im Anhang angeben. So § 268 Abs. 6 HGB.

- ✓ **Haftungsverhältnisse:** Haben Sie die Haftungsverhältnisse in der Bilanz nicht angegeben, muss dies hier im Anhang erfolgen. Erwähnen Sie Verpflichtungen die Altersversorgung betreffend und Verpflichtungen gegenüber verbundenen oder assoziierten Unternehmen immer extra. So der § 268 Abs. 7 HGB.

- ✓ **Aufwendungen für die Ingangsetzung und Erweiterung des Geschäftsbetriebs:** Auch diesen Posten müssen Sie im Anhang erläutern. § 269 Satz 1 HGB.

- ✓ **Abweichungen durch Bewertungsvereinfachungsverfahren:** Wenn Sie Umlaufvermögen per Sammelbewertung, zum Beispiel mit LIFO oder FIFO, taxiert haben und der Marktwert jetzt erheblich von Ihrer Bewertung abweicht, müssen Sie im Anhang die Höhe der Abweichung ausweisen. Viel Spaß beim Rechnen! Der § 284 Abs. 2 Nr. 3 HGB will es so.

- ✓ **Langfristige Verbindlichkeiten:** Im Anhang müssen Sie alle Verbindlichkeiten mit einer Restlaufzeit von mehr als fünf Jahren ausweisen. § 285 Nr. 1a HGB. Damit soll der Leser schnell erkennen können, ob Ihr Unternehmen noch viele Jahre Schulden abzahlen muss.

- ✓ **Abgesicherte Verbindlichkeiten:** Haben Sie Verbindlichkeiten durch Pfandrechte oder Ähnliches abgesichert, geben Sie dies im Anhang an. Natürlich müssen Sie hier auch die gewährten Sicherheiten nennen. Das können Haus und Hof per Grundbucheintrag oder eine verpfändete Maschine sein. § 285 Nr. 1b HGB.

- ✓ **Angaben zum Umsatzkostenverfahren:** Wenn Sie in der Erfolgsrechnung das Umsatzkostenverfahren angewendet haben, müssen Sie im Anhang den Material- und Personalaufwand entsprechend dem Gesamtkostenverfahren angeben. Es bleibt einem auch gar nichts erspart. § 285 Nr. 8 HGB will es so.

- ✓ **Sonstige Rückstellungen,** die Sie in der Bilanz nicht gesondert ausgewiesen haben, aber erheblichen Umfang besitzen, müssen Sie im Anhang erläutern. So § 285 Nr. 12 HGB.

Ergänzende Angaben

Die Hauptarbeit ist geschafft. Jetzt fehlen nur noch die ergänzenden und die rechtsformspezifischen Angaben. Zuerst sind die ergänzenden Angaben an der Reihe:

- ✓ **Sonstige finanzielle Verpflichtungen:** Sie haben noch sonstige finanzielle Verpflichtungen, die nicht in der Bilanz auftauchen und von Bedeutung sind? Geben Sie sie im Anhang an. Das können zum Beispiel Verpflichtungen aus geschlossenen Verträgen sein, Lizenzzahlungen etwa. Oder Verpflichtungen, die aus gesetzlichen Umweltauflagen entstehen. § 285 Nr. 3a HGB. Dasselbe gilt für Risiken und Vorteile von nicht in der Bilanz enthaltenen Geschäften, die wesentlich sind und für die Beurteilung der Finanzlage des Unternehmens erforderlich sind. So der § 285 Nr. 3 HGB.

- ✔ **Geografische und tätigkeitsbezogene Aufgliederung der Erlöse (Segmentberichterstattung):** Sofern dadurch kein erheblicher Wettbewerbsnachteil entsteht, müssen Sie im Anhang angeben, wie sich die Umsatzerlöse nach Tätigkeitsbereichen und geografisch bestimmten Märkten aufteilen. Wenn Sie zum Beispiel Kinderwagen und Reinigungsmittel verkaufen, sollten Sie die Umsatzerlöse getrennt nach diesen beiden Sparten ausweisen. Zusätzlich muss dann auch angegeben werden, wie viel Sie in welcher Ecke der Welt erlöst haben. § 285 Nr. 4 HGB.

- ✔ **Arbeitnehmerzahl:** Die Anzahl der durchschnittlich im letzten Jahr beschäftigten Arbeitnehmer aufgeteilt nach Gruppen muss im Anhang angegeben werden. § 285 Nr. 7 HGB.

- ✔ **Gesamtbezüge der Geschäftsführung:** Im Anhang müssen Sie die Gesamtbezüge der Mitglieder der Geschäftsführung, des Aufsichtsrats, Beirats oder Ähnlichem angeben. Und die Bezüge der früheren Mitglieder und deren Hinterbliebenen sowie gebildete Pensionsrückstellungen. Da wir von Gesamtbezügen reden: Hier muss alles angegeben werden; auch gewährte Vorschüsse oder Kredite. So § 285 Nr. 9a, 9b und 9c HGB.

- ✔ **Namen nennen:** Die Namen der Mitglieder der Geschäftsführung und des Aufsichtsrats müssen Sie im Anhang nennen. § 285 Nr. 10 HGB.

- ✔ **Beteiligungen angeben:** Im Anhang müssen Sie Beteiligungen an anderen Unternehmen nennen, wenn Ihr Unternehmen mindestens 20 Prozent der Anteile besitzt. Zusätzlich sind auch alle Beteiligungen an großen Kapitalgesellschaften anzugeben, wenn Ihr Unternehmen mehr als fünf Prozent der Stimmrechte besitzt. So § 285 Nr. 11 und 11b HGB.

- ✔ **Abschreibung des Geschäftswerts:** Der Zeitraum, über den ein entgeltlich erworbener Geschäfts- oder Firmenwert abgeschrieben wird, muss erläutert werden. So § 285 Nr. 13 HGB.

- ✔ **Mutterunternehmen:** Im Anhang müssen die Mutterunternehmen genannt werden, die den Konzernabschluss mit dem größten und dem kleinsten Kreis von Unternehmen aufstellen. So § 285 Nr. 14 und 14a HGB. Den Konzernabschluss erklären wir Kapitel 24.

 Je nach Rechtsform kommen weitere Angaben hinzu. Zum Beispiel muss eine GmbH & Co. KG Namen und Sitz sowie das gezeichnete Kapital der persönlich haftenden Gesellschafter nennen. Eine GmbH muss zudem alle Ausleihungen, Forderungen und Verbindlichkeiten gegenüber Gesellschaftern ausweisen. Mehr dazu finden Sie im AktG sowie im GmbHG.

Der Lagebericht

Der Lagebericht hebt im Vergleich zum Anhang ein wenig vom Boden ab und betrachtet das Unternehmen aus der Vogelperspektive. Er soll das Gesamtbild des Unternehmens darstellen. Dabei soll ebenso auf die bisherige wie auch auf die voraussichtliche Entwicklung geblickt werden. Der § 289 HGB widmet sich über fast zwei Seiten voll und ganz dem Lagebericht.

Danach soll der Lagebericht den Geschäftsverlauf inklusive des Geschäftsergebnisses und die Lage der Kapitalgesellschaft darstellen. Das Ganze soll ein realistisches Bild vermitteln. Dabei muss auch auf die Chancen und Risiken künftiger Entwicklungen eingegangen werden. Nach dieser noch eher allgemeinen Umschreibung zählt das Handelsrecht dann einige recht konkrete Inhalte auf. Der Lagebericht soll auch eingehen auf:

- ✔ Sachverhalte von besonderer Bedeutung, die erst nach dem Stichtag des Jahresabschlusses eingetreten sind
- ✔ Risikomanagementziele und -methoden
- ✔ den Forschungs- und Entwicklungsbereich
- ✔ bestehende Zweigniederlassungen
- ✔ das Vergütungssystem

Die Vorgaben des § 289 Abs. 2 HGB sind neuerdings übrigens Muss-Vorschriften. Sie müssen sich also ab sofort daran halten.

Aufgabe 19

Das Auktionshaus Echt & Edel AG hat einen Umsatz von 15 Millionen Euro erzielt, eine Bilanzsumme von 43 Millionen und beschäftigt 20 Mitarbeiter. Muss die Kapitalgesellschaft einen Lagebericht erstellen?

Teil IV
Mit kritischem Blick: Die Bilanzanalyse

IN DIESEM TEIL ...

Erwartet Sie ein bunter Strauß von Analysemöglichkeiten sowie deren jeweilige Ziele.

Erfahren Sie alles Wissenswerte über die Finanzierungs- und Investitionsanalyse sowie die Liquiditätsanalyse.

Und wir erklären, was es mit der Erfolgsanalyse auf sich hat.

> **IN DIESEM KAPITEL**
>
> Wozu die Bilanzanalyse gut ist
>
> Welche Unterdisziplinen es gibt
>
> Wie die wichtigsten Kennzahlen heißen

Kapitel 20
Ziele und Arten der Bilanzanalyse

Zugegeben: Ein Jahresabschluss ist nicht unbedingt der Belletristik zuzuordnen. Das vorrangige Ziel eines Jahresabschlusses und somit auch einer Bilanz ist also nicht, den Leser mit einer guten Handlung und ein paar netten Spannungsbögen zu begeistern. Vielmehr dient eine Bilanz Informations- und Analysezwecken – was allerdings nicht unbedingt heißt, dass das nicht auch ganz spannend sein kann!

Schnallen Sie sich also zur Sicherheit dennoch lieber einmal an und nehmen Sie ein paar Nüsschen als Nervennahrung. Denn jetzt geht's los. Mit der Bilanzanalyse ...

Ziele der Bilanzanalyse

Hauptadressaten des Jahresabschlusses sind ja bekanntermaßen die Anteilseigner sowie Gläubiger, also Fremdkapitalgeber des Unternehmens. Aber auch potenzielle Investoren, Kunden, Lieferanten, die Geschäftsleitung sowie – last, but not least – die eigene Belegschaft können ein berechtigtes Interesse daran haben. Jedoch bringt das pure Durchlesen der Zahlenkolonnen eines Jahresabschlusses auch für den genannten Empfängerkreis nur bedingt Licht ins Dunkel und wenige Antworten auf ihre offenen Fragen. Um die Aussagekraft eines Jahresabschlusses zu erhöhen, bedarf es deshalb einer genaueren Auswertung: der sogenannten *Bilanzanalyse*.

 Da die Bilanz nun mal das zentrale Element des Jahresabschlusses ist, steht ihre Analyse im Mittelpunkt. Aber natürlich dürfen auch die Gewinn-und-Verlust-Rechnung sowie der Anhang und der Lagebericht nicht ganz außer Acht gelassen werden.

Ziel der Bilanzanalyse ist es, mithilfe von Kennzahlen und Kennzahlensystemen Antworten auf relevante Fragestellungen der jeweiligen Bilanzadressaten zu finden. Die Datenquelle dieser Kennzahlen ist in erster Linie der Jahresabschluss, also die Bilanz, die Gewinn-und-Verlust-Rechnung sowie der Anhang.

 Aber auch externe Informationen wie etwa Branchenberichte oder Kennzahlen der größten Konkurrenten können bei der Bilanzanalyse eine – wenn auch meist untergeordnete – Rolle spielen.

Die Adressaten einer Bilanz haben meist unterschiedliche Fragen, die sie mithilfe der Bilanzanalyse beantwortet haben wollen:

- ✔ **Gläubiger** möchten wissen, wie es um die aktuelle und die künftige Zahlungsfähigkeit des Unternehmens bestellt ist. Schließlich wollen sie ja auch ihr Geld irgendwann einmal wieder zurückhaben.

- ✔ **Aktionäre** sind daran interessiert, mehr über die derzeitige und zukünftige Ertragslage des Unternehmens in Erfahrung zu bringen. Vielleicht gibt es auf dem Kapitalmarkt ja auch lukrativere Möglichkeiten, das Geld anzulegen.

- ✔ **Unternehmensführung**, **Lieferanten**, **Kunden** und die **Mitarbeiter** könnten sich zum Beispiel dafür interessieren, wie es um die allgemeine wirtschaftliche Lage des Unternehmens, eventuelle Risiken und die Erreichung der gesteckten Ziele bestellt ist. Womöglich sollte man sich als Mitarbeiter schon mal vorsorglich nach einem anderen Arbeitgeber umschauen ...

 Die unterschiedlichen Gruppen, die in irgendeiner Form Interesse an einem Unternehmen haben, werden übrigens unter dem hübschen Begriff *Stakeholder* zusammengefasst.

Je nachdem, welcher Stakeholder eine Bilanzanalyse vornimmt, spricht man von

- ✔ interner Bilanzanalyse oder
- ✔ externer Bilanzanalyse.

Interne Bilanzanalyse

Bei der internen Bilanzanalyse bereiten die Mitarbeiter die Zahlen der eigenen Bilanz auf, um dieselbige für die Geschäftsleitung noch ein bisschen verständlicher zu machen. Meistens übernimmt das Controlling diese Aufgabe.

 Ein beliebter Leitspruch bei Controllern lautet: »Für Laien und Vorstände verständlich.« Wichtig sind hierbei griffige Bezeichnungen und – vor allem – viele bunte Bildchen. Falls Sie also eine interne Bilanzanalyse für die Geschäftsleitung erstellen müssen, machen Sie sich am besten schon mal mit einer Tabellenkalkulation sowie einer Präsentationssoftware Ihrer Wahl vertraut ...

Geeignete Mittel dazu sind

- ✔ hübsche Kennzahlen,
- ✔ bunte (!) Grafiken und
- ✔ Erläuterungen, wie einzelne Bilanzpositionen zustande kamen.

Der große Vorteil der internen Bilanzanalyse ist, dass die Mitarbeiter in der Regel genau wissen, wie es zu den jeweiligen Bilanzpositionen gekommen ist. Das heißt, wie diese schöngerechnet wurden oder, anders formuliert, welche Wahlrechte und Ermessensspielräume wie ausgeübt wurden. Es steht zudem umfangreiches Datenmaterial – beispielsweise aus der Kostenrechnung – zur Verfügung, das die Ergebnisse des Jahresabschlusses noch zusätzlich erläutern kann.

Externe Bilanzanalyse

Im Rahmen der externen Bilanzanalyse verschaffen sich außenstehende Personen oder Institutionen wie etwa Analysten oder Ratingagenturen ein Bild über die wirtschaftliche Situation und die Entwicklungsmöglichkeiten eines Unternehmens. Hier werden hauptsächlich Kennzahlen aus der Bilanz und der Gewinn-und-Verlust-Rechnung gebildet. Zudem werden Anhang und Lagebericht ausgiebig studiert und interpretiert.

Die Aussagekraft der externen Bilanzanalyse ist meist weitaus niedriger als die der internen Bilanzanalyse. Grund dafür ist, dass Außenstehenden weniger Detailwissen und Datenmaterial zur Verfügung steht als den beteiligten Mitarbeitern im jeweiligen Unternehmen. Zum Beispiel haben Externe in der Regel keinen Zugriff auf Daten aus der Kostenrechnung.

Je nachdem, was in einer Bilanzanalyse genau im Blickpunkt steht, wird unterschieden in

- ✔ formelle Bilanzanalyse und
- ✔ materielle Bilanzanalyse.

Formelle Bilanzanalyse

Wie es der Name schon vermuten lässt, geht es bei der formellen Bilanzanalyse weniger um Inhalte, sondern in erster Linie um die Form.

Bei der formellen Bilanzanalyse überprüfen Sie, ob die gesetzlichen Bestimmungen zur Erstellung von Jahresabschlüssen auch brav eingehalten wurden. In erster Linie wird dabei geschaut,

- ✔ ob die Gliederungen der Bilanz und der Gewinn-und-Verlust-Rechnung korrekt sind und
- ✔ ob die erforderlichen Angaben im Anhang und dem Lagebericht gemacht wurden.

Materielle Bilanzanalyse

Bei der materiellen Bilanzanalyse kommt nun der Inhalt ins Spiel. Hier versuchen Sie nämlich, die nackten Zahlen aus dem Jahresabschluss besser zu verstehen.

Die materielle Bilanzanalyse lässt sich noch weiter unterteilen in

- ✔ Substanzanalyse und
- ✔ Kennzahlenanalyse.

Während Sie bei der Substanzanalyse das Zustandekommen und die genaue Zusammensetzung der einzelnen Bilanzpositionen unter die Lupe nehmen, fassen Sie in der Kennzahlenanalyse die wichtigsten Fakten in – Sie ahnen es sicherlich bereits – Kennzahlen zusammen. Abbildung 20.1 zeigt Ihnen noch einmal die unterschiedlichen Arten der Bilanzanalyse im Überblick.

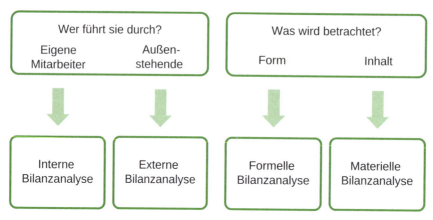

Abbildung 20.1: Arten der Bilanzanalyse

Disziplinen der Bilanzanalyse

Materielle Bilanzanalyse ist aber nicht gleich materielle Bilanzanalyse. Das wäre zu einfach!

Um möglichst allen Fragestellungen der einzelnen Stakeholdergruppen gerecht zu werden, gibt es noch drei verschiedene Disziplinen der materiellen Bilanzanalyse:

✓ Die **erfolgswirtschaftliche Bilanzanalyse** befasst sich mit der derzeitigen und zukünftigen Ertragslage des Unternehmens.

✓ Die **finanzwirtschaftliche Bilanzanalyse** beleuchtet die Kapital- und Vermögensstruktur.

✓ Die **strategische Bilanzanalyse** dient der Ermittlung künftiger Erfolge und Risiken für das Unternehmen.

 In allen drei Disziplinen werden Informationen aus dem Jahresabschluss verdichtet und zu Kennzahlen »verwurstelt«. Nur ist der Blickwinkel jedes Mal ein anderer.

Erfolgswirtschaftliche Bilanzanalyse

Das Hauptaugenmerk bei der erfolgswirtschaftlichen Bilanzanalyse liegt

✓ auf der Ermittlung der Ertragskraft eines Unternehmens sowie

✓ auf der genaueren Analyse des Gewinns.

Ertragskraft bedeutet, dass das Unternehmen sowohl heute als auch in Zukunft in der Lage ist, Gewinne zu erzielen. Ansonsten sähe es zappenduster aus ...

Vor allem die Aktionäre sind an einer nachhaltigen Ertragskraft des Unternehmens interessiert. Schließlich schlägt sich eine hohe Ertragskraft meist auch in entsprechenden Börsenkursen nieder. Durch die Unterteilung des Gewinns wird zudem ermittelt, wie viel davon wirklich erwirtschaftet wurde und welcher Gewinnanteil lediglich durch die Ausübung diverser Wahlrechte und durch handelsrechtliche Spielräume zustande kam.

Die wichtigsten Instrumente der erfolgswirtschaftlichen Bilanzanalyse sind:

✔ Ergebnisaufteilung

✔ Rentabilitätsanalysen

✔ Wertschöpfungsrechnung

✔ Break-even-Analyse

Hauptdatenquelle der erfolgswirtschaftlichen Bilanzanalyse ist übrigens die Gewinn-und-Verlust-Rechnung. Mehr zu den Instrumenten der jeweiligen Arten der Bilanzanalyse erfahren Sie in den folgenden Kapiteln.

Finanzwirtschaftliche Bilanzanalyse

Die finanzwirtschaftliche Bilanzanalyse beschäftigt sich hauptsächlich mit

✔ der Kapitalstruktur des Unternehmens: Wie teilt sich das Gesamtkapital in Eigen- und Fremdkapital auf?

✔ der Vermögensstruktur des Unternehmens: Wie teilt sich das Vermögen in Anlage- und Umlaufvermögen auf?

Die finanzwirtschaftliche Bilanzanalyse ist vor allem für die Gläubiger interessant, da sie aufzeigt, wie viel Eigenkapital und Vermögen die Zahlungsfähigkeit des Unternehmens sicherstellen.

Die Disziplinen der finanzwirtschaftlichen Bilanzanalyse heißen:

✔ Finanzierungsanalyse

✔ Investitionsanalyse

✔ Liquiditätsanalyse

Die wichtigste Datenquelle der finanzwirtschaftlichen Bilanzanalyse ist übrigens die Bilanz.

Strategische Bilanzanalyse

Die strategische Bilanzanalyse löst sich von den harten Kennzahlen der Bilanz und der Gewinn-und-Verlust-Rechnung. Hier stehen die sogenannten Erfolgspotenziale im Vordergrund. Es geht zum Beispiel darum,

- ✔ wie gut das Geschäftsmodell ist.
- ✔ welche Stärken und Schwächen ein Unternehmen gegenüber seinen Wettbewerbern hat.
- ✔ welche Chancen und Risiken das Marktumfeld bietet.
- ✔ ob und welche Unternehmensverbindungen bestehen.

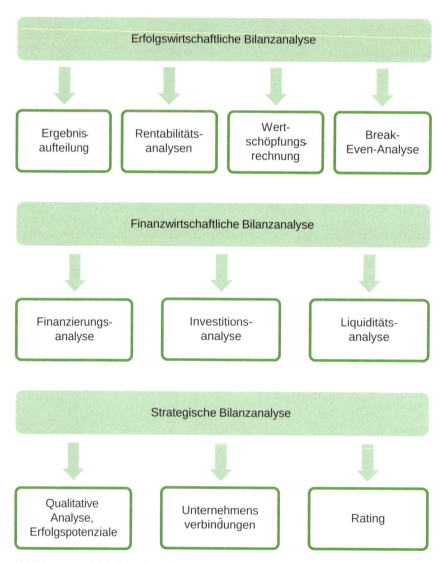

Abbildung 20.2: Disziplinen der Bilanzanalyse

Hier spielen auch Bauchgefühl und externe Daten aus dem jeweiligen Marktumfeld eine große Rolle. Das größte Interesse an der strategischen Bilanzanalyse haben sicherlich die Unternehmensführung und die Anteilseigner. Aber auch für die Banken ist sie interessant und dient unter anderem dazu, das Unternehmen entsprechend einzuschätzen, zu »raten«.

Rating bedeutet, dass Banken die Zahlungsfähigkeit eines Unternehmens einschätzen. Und je besser das Unternehmen geratet wird, umso günstigere Konditionen gibt es.

Nachdem wir Sie nun auf einen Schnelldurchlauf durch die verschiedenen Disziplinen der Bilanzanalyse entführt haben, fasst Abbildung 20.2 nochmals das Wichtigste im Überblick zusammen.

Aufgabe 20

Stellen Sie sich vor, dass Sie es endlich geschafft hätten, sich um das Thema private Altersvorsorge zu kümmern. Da sitzen Sie nun bei einem freundlichen Anlageberater und haben dafür in Ihrem Büro am frühen Nachmittag alles stehen und liegen lassen. Der Anlageberater rät Ihnen zu einer fondsgebundenen Riesterrente. Die im Fonds befindlichen Unternehmen seien vom Rentenfonds durch eine eingängige formelle Bilanzanalyse geprüft. Der Berater verspricht eine gute Rendite ohne Risiko. Hilft Ihnen das bei Ihrer Anlageentscheidung?

> **IN DIESEM KAPITEL**
>
> Die einzelnen GuV-Positionen aufbereiten
>
> Eine Erfolgsspaltung durchführen
>
> Eine Struktur-GuV erstellen

Kapitel 21
Aufbereitung der Gewinn-und-Verlust-Rechnung

Wie bei der Bilanz kann in aller Regel auch bei der Gewinn-und-Verlust-Rechnung nicht gleich mit der Analyse losgelegt werden. Zuvor müssen Sie die einzelnen Posten der Gewinn-und-Verlust-Rechnung erst einmal ein wenig aufbereiten. Das ist Arbeit. Sie hält sich aber glücklicherweise in Grenzen.

Aufbereitung der GuV-Positionen

Unabhängig davon, ob der Jahresüberschuss einer Gewinn-und-Verlust-Rechnung nach dem Gesamtkosten- oder dem Umsatzkostenverfahren ermittelt wurde: Er zeigt immer das Gesamtergebnis des Unternehmens nach Abzug aller angefallenen Aufwendungen.

Ohne vorherige Aufbereitung lässt sich so nicht auf Anhieb sagen, wie der Gewinn entstanden ist und ob das künftig auch noch so sein wird. Einmalige oder außergewöhnliche Aufwendungen oder Erträge könnten das vorliegende Ergebnis beeinflusst haben. Ziel der Analyse ist es somit herauszufinden, ob das Unternehmen mit seinem eigentlichen Kerngeschäft Gewinne macht: die Ermittlung des ordentlichen Betriebsergebnisses.

Das *ordentliche Betriebsergebnis* entsteht durch die gewöhnliche Geschäftstätigkeit. Alle anderen Sachverhalte landen im *neutralen Ergebnis*. Das sind alle betriebs-, periodenfremden sowie außerordentlichen Sachverhalte.

Nichts leichter als das, meint der Analyst, nimmt den Geschäftsbericht zur Hand, schlägt die Seite mit der Gewinn-und-Verlust-Rechnung auf und will das neutrale Ergebnis herausfiltern. Dummerweise kann ein Außenstehender mangels Insiderinformationen nicht immer so leicht erkennen, welche betriebs- oder periodenfremde Vorgänge in den sonstigen betrieblichen Aufwendungen und Erträgen stecken. Fehlen hierzu im Anhang Informationen, muss die Glaskugel ran. In Abbildung 21.1 zeigen wir Ihnen, was aufgespalten werden muss.

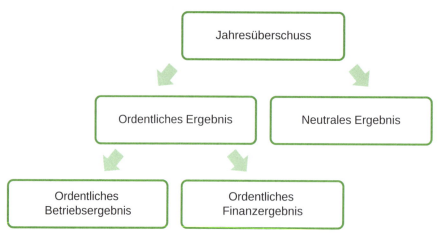

Abbildung 21.1: Aufteilung des Ergebnisses

Axt anlegen: Die Erfolgsspaltung

Das deutsche HGB schreibt für die GuV ja eine recht detaillierte Gliederung vor. Danach können Sie die GuV nach dem Gesamtkostenverfahren oder nach dem Umsatzkostenverfahren gestalten.

 Bei der Analyse einer GuV sind Sie auf die Angaben im Anhang angewiesen. Dort finden Sie Angaben über außerordentliche Sachverhalte.

Gesucht: Das ordentliche Betriebsergebnis

Die ersten acht Positionen der GuV nach dem Gesamtkostenverfahren beziehungsweise die ersten sieben Positionen der GuV nach dem Umsatzkostenverfahren ergeben eigentlich schon das ordentliche Betriebsergebnis. Aber nur eigentlich. Leider stecken hier ein paar Positionen drin, die nicht oder nur teilweise dem ordentlichen Betriebsergebnis zugeordnet werden können.

 Hinweise zu außerordentlichen Aufwendungen und Erträgen in der GuV finden Sie im Anhang. Dabei darf es sich wirklich nur um einen außerordentlichen Sachverhalt handeln, der in der Höhe und Häufigkeit ungewöhnlich ist. Das bedeutet, dass so etwas selten vorkommt.

Sollte Ihnen diese Erfolgsspaltung nicht ausreichen, müssen Sie die einzelnen Positionen genauer betrachten. Wir exerzieren das Ganze einmal mit dem Gesamtkostenverfahren durch.

Erfolgsspaltung beim Gesamtkostenverfahren

Position 1: Die Umsatzerlöse

Der gesamte Inhalt der Umsatzerlöse zählt nicht zwingend zur gewöhnlichen Geschäftstätigkeit. Deshalb müssen Sie einen Blick in den Anhang werfen, ob außerordentliche Sachverhalte enthalten sind.

Position 2: Erhöhung oder Verminderung des Bestands

Die zweite Position im Gesamtkostenverfahren dürfen Sie in aller Regel auch voll dem ordentlichen Betriebsergebnis zuschlagen.

Höhere Beträge in dieser GuV-Position sind in aller Regel kein gutes Zeichen. Möglicherweise gibt es schwerwiegendere Absatzprobleme.

Position 3: Andere aktivierte Eigenleistungen

Gehört auch voll zum ordentlichen Betriebsergebnis. Verursacht keine Arbeit bei der Analyse.

Position 4: Sonstige betriebliche Erträge

Jetzt wird es kniffliger. Hier unterscheidet das Handelsrecht nicht, ob die Erträge aus der gewöhnlichen Geschäftstätigkeit stammen oder nicht. Sofern die sonstigen betrieblichen Erträge im Anhang ausführlich erläutert werden, können Sie alle

- ✔ betriebsfremden,
- ✔ periodenfremden sowie
- ✔ außerordentlichen

Erträge aus dem ordentlichen Ergebnis herausnehmen und in das neutrale Ergebnis packen.

Betriebsfremde Erträge können zum Beispiel Mieterträge sein, sofern es sich natürlich nicht um eine Vermietungsgesellschaft handelt. Um periodenfremde Erträge handelt es sich bei der Auflösung von Rückstellungen, Zuschreibungen oder Zahlungseingängen aus bereits aufgegebenen Forderungen. Außergewöhnliche Erträge kann es geben, wenn Vermögensteile wie etwa Maschinen oder Gebäude verkauft werden.

Gibt der Anhang nichts her, können Sie natürlich auch nur schätzen. Unterstellen Sie dann einfach, dass ein Drittel der sonstigen betrieblichen Erträge den außergewöhnlichen Erträgen zugeordnet werden muss.

Position 5: Materialaufwand

In aller Regel können Sie den Materialaufwand dem ordentlichen Ergebnis zuordnen. Trotzdem bitte einen Blick auf die Angaben im Anhang werfen. Eventuell müssen Sie doch ein paar Posten dem neutralen Ergebnis zuordnen.

Position 6: Personalaufwand

Gehört leider nicht immer ganz eindeutig zum ordentlichen Betriebsergebnis. Manchmal können hier zum Beispiel periodenfremde Aufwendungen für Restrukturierungsmaßnahmen enthalten sein. Ohne Informationen aus dem Anhang haben Sie aber keine Chance, diese herauszufiltern. Dann sollten Sie den Personalaufwand besser komplett dem ordentlichen Betriebsergebnis zuschlagen oder schätzen.

Position 7: Abschreibungen

Die außerplanmäßigen Abschreibungen des Anlagevermögens ordnen Sie dem neutralen Ergebnis zu, da diese ja hoffentlich nicht nachhaltig sind.

Die Abschreibungen auf Vermögensgegenstände des Umlaufvermögens gehören ebenfalls zum neutralen Ergebnis.

Eine Ausnahme gibt es hier: Abschreibungen auf Vermögensgegenstände des Umlaufvermögens wegen nicht dauerhafter Wertminderungen belassen Sie bitte immer im ordentlichen Ergebnis.

Position 8: Sonstige betriebliche Aufwendungen

Diese Position macht wie die Position 4 »Sonstige betriebliche Erträge« wieder Arbeit. Sie müssen wie bei den sonstigen betrieblichen Erträgen auch hier

- ✔ betriebsfremde,
- ✔ periodenfremde sowie
- ✔ außerordentliche

Aufwendungen aus dem ordentlichen Ergebnis herausnehmen und in das neutrale Ergebnis packen.

Einstellungen in den Sonderposten mit Rücklageanteil müssen Sie immer dem neutralen Ergebnis zuordnen.

Betriebsfremd sind zum Beispiel Aufwendungen für die Sanierung des Parkplatzes vor der Fabrikhalle.

Auch noch gesucht: Das ordentliche Finanzergebnis

Die nun folgenden Positionen der GuV gehören zum Finanzergebnis. In Abbildung 21.2 sehen Sie alle Positionen auf einen Blick.

> 09. + Erträge aus Beteiligungen
>
> 10. + Erträge aus anderen Wertpapieren und Ausleihungen des Finanzvermögens
>
> 11. + Sonstige Zinsen und ähnliche Erträge
>
> 12. − Abschreibungen auf Finanzanlagen und Wertpapiere des Umlaufvermögens
>
> 13. − Zinsen und ähnliche Aufwendungen
>
>   = Ordentliches Finanzergebnis

Abbildung 21.2: Ordentliches Finanzergebnis

Bei der Aufspaltung dieser Positionen gibt es leider kein Patentrezept. Die Grenzen zwischen ordentlichen und außerordentlichen Sachverhalten sind oftmals fließend. Erträge aus Verkäufen von Wertpapieren sollten beispielsweise nicht dem ordentlichen Finanzergebnis zugeordnet werden, da sie ja nicht regelmäßig anfallen. Außerplanmäßige Abschreibungen ebenfalls nicht.

Schwankend: Das neutrale Ergebnis

Außergewöhnliche Erträge entstehen immer dann, wenn zu niedrig bewertetes Vermögen verkauft wird und dabei stille Reserven aufgedeckt werden und es sich dabei wirklich um einen außerordentlichen Sachverhalt handelt, der in der Höhe und Häufigkeit ungewöhnlich ist. Dasselbe gilt übrigens auch für außerordentliche Aufwendungen.

 Läuft es richtig übel, entstehen beim Verkauf von bislang überbewerteten Vermögenswerten außergewöhnliche Aufwendungen, da dabei stille Lasten aufgedeckt wurden.

Zu diesen beiden Posten packen Sie jetzt all jene Sachverhalte hinzu, die Sie oben aus dem ordentlichen Ergebnis herausgeworfen haben, und fertig ist das neutrale Ergebnis. Tabelle 21.1 zeigt die einzelnen Positionen noch einmal auf einen Blick.

+	Außerordentliche Erträge
+	Sonstige betriebliche Erträge, sofern nicht ordentlich
+	Erträge aus dem Sonderposten mit Rücklageanteil
+	Auflösung von Rückstellungen
–	Periodenfremder Personalaufwand
–	Außerplanmäßige Abschreibungen
–	Abschreibungen auf Vermögensgegenstände des Umlaufvermögens
–	Sonstige betriebliche Aufwendungen, sofern nicht ordentlich
–	Einstellungen in den Sonderposten mit Rücklageanteil
–	Außerordentliche Aufwendungen
=	**Neutrales Ergebnis**

Tabelle 21.1: Neutrales Ergebnis

Für alle Leser, die ein Zahlenbeispiel bislang schmerzlich vermisst haben, kommt jetzt natürlich noch ein kleines Beispiel. Die Strike AG hat ja in Kapitel 18 eine komplette Gewinn- und-Verlust-Rechnung erstellt. Jetzt legen wir die Axt an die GuV nach dem Gesamtkostenverfahren und führen eine Erfolgsspaltung durch (siehe Tabelle 21.2).

In Ermangelung weiterer Informationen hat der Analyst pauschal 10 Prozent des Material- und Personalaufwands dem neutralen Ergebnis zugeordnet. Damit erzielte die Strike AG folgende Ergebnisse:

- ✓ ordentliches Betriebsergebnis: 385.420 Euro
- ✓ neutrales Ergebnis: –55.420 Euro

GuV-Position	ordentlich	neutral
1. Umsatzerlöse	+900.000 €	
2. Bestandsveränderungen	+50.200 €	
4. sonstige betriebliche Erträge		+7.000 €
5. Materialaufwand	–191.880 €	–21.320 €
6. Personalaufwand	–306.900 €	–34.100 €
7. Abschreibungen	–55.000 €	
8. sonstige betriebliche Aufwendungen	–11.000 €	–7.000 €
Ordentliches beziehungsweise neutrales Ergebnis	385.420 €	–55.420 €
13. Zinsen	–5.000 €	
Finanzergebnis	–5.000 €	
18. Steuern vom Einkommen	–30.000 €	
19. sonstige Steuern	–5.000 €	
Steuerergebnis	–35.000 €	

Tabelle 21.2: Mit der Axt an die GuV der Strike AG

✔ Finanzergebnis: –5.000 Euro

✔ Steuerergebnis: –35.000 Euro

Auf den ersten Blick macht die Strike AG einen ganz guten Eindruck. Mit der gewöhnlichen Geschäftstätigkeit wird ein ordentlicher Gewinn erwirtschaftet. Bei manchen Firmen ist dies leider nicht der Fall. Ein operativer Verlust kann dann oftmals nur noch durch das neutrale Ergebnis vermieden werden.

Eine Struktur-GuV erstellen

Nachdem Sie die einzelnen Posten der Gewinn-und-Verlust-Rechnung aufbereitet haben, können Sie nun eine Struktur-GuV erstellen. Wahlweise können Sie die GuV zu Vergleichszwecken um Spalten mit den Vorjahreswerten ergänzen. Damit kann man so schöne Zeitreihen basteln. Die Struktur-GuV sieht dann so wie in Tabelle 21.3 gezeigt aus.

GuV-Position	2016 in Tausend €	2015 in Tausend €	2014 in Tausend €
1. Umsatzerlöse			
2. Bestandsveränderungen			
3. Andere aktivierte Eigenleistungen			
4. Sonstige betriebliche Erträge (ordentl.)			
Zwischensumme: Gesamtleistung			
5. Materialaufwand (ordentl.)			
6. Personalaufwand (ordentl.)			
7. Abschreibungen (ordentl.)			
8. Sonstige betriebliche Aufwendungen (ordentl.)			
I. Summe: ordentl. Betriebsergebnis			
9. Erträge aus Beteiligungen			
10. Erträge aus anderen Wertpapieren			
11. Sonstige Zinsen und ähnliche Erträge			
12. Abschreibungen auf Finanzanlagen			
13. Zinsen und ähnliche Aufwendungen			
II. Summe: Finanzergebnis			
I. + II. Summe: ordentl. Ergebnis			
14. Neutrale Erträge			
15. Neutrale Aufwendungen			
Summe 14 + 15: neutrales Ergebnis			

Tabelle 21.3: Das Gerippe einer Struktur-GuV

Aufgabe 21

Hauptaufgabe der Struktur-GuV ist die Ermittlung des ordentlichen Betriebsergebnisses. Welche Sachverhalte gehören nicht ins ordentliche Betriebsergebnis, sondern in das neutrale Betriebsergebnis?

> **IN DIESEM KAPITEL**
>
> Wie das Geld investiert wurde
>
> Woher das Geld stammt

Kapitel 22
Woher und wohin? Finanzierungs- und Investitionsanalyse

Nun begeben wir uns gleich in die Höhle des Analyselöwen und machen Sie mit der Finanzierungsanalyse bekannt. Diese untersucht, woher das ganze Kapital der Unternehmung stammt, die Investitionsanalyse betrachtet dagegen die Mittelverwendung. Abbildung 22.1 zeigt Ihnen, wo Sie die Kapitalherkunft und die -verwendung in der Bilanz Ihrer Wahl wiederfinden. Aber lesen Sie ruhig noch den Rest dieses Kapitels – so einfach ist es nun auch wieder nicht.

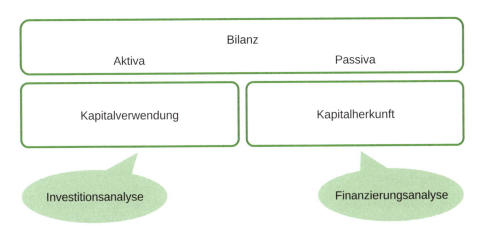

Abbildung 22.1: Kapitalherkunft und -verwendung

Wohin? Die Investitionsanalyse

Bei der Investitionsanalyse werfen Sie einen intensiven Blick auf die linke Seite der Bilanz. Sie erinnern sich bestimmt dunkel, was da so alles aufgelistet wird. Falls Sie sich im Moment nicht daran erinnern wollen und eigentlich gerade auch gar keine Lust haben, ein paar Seiten vorzublättern, kein Problem. Auf der Aktivseite finden Sie

- das Anlagevermögen,
- das Umlaufvermögen sowie gegebenenfalls noch
- Rechnungsabgrenzungsposten.

Bei der Investitionsanalyse betrachten Sie die Zusammensetzung des Vermögens. Dabei stehen die Fragen im Mittelpunkt, wie schnell Vermögen in Cash umgewandelt werden kann und in welchem Zustand sich das vorhandene Vermögen befindet.

Je schneller Vermögensteile wieder in Geld gewandelt werden können, desto besser. Bei einer zu hohen Kapitalbindung droht in kritischen Phasen schneller die Insolvenz als bei niedriger Kapitalbindung, da hier im Ernstfall Vermögen schneller in Bargeld gewandelt werden kann.

Die Vermögensstruktur analysieren

Die Fragestellung, wie schnell Vermögen in Cash gewandelt werden kann, können Sie mit mehreren Kennzahlen beantworten. Sie haben die Qual der Wahl, aber eigentlich ist es egal, für welche Kennzahl Sie sich entscheiden, da alle in etwa die gleichen Ergebnisse liefern. Manche beleuchten zusätzlich ein paar Teilaspekte. Licht aus, Spot an für die Kennzahlen zur Vermögensstruktur:

- Anlagequote
- Arbeitsintensität
- Vermögensintensität
- Intensität immaterieller Vermögensgegenstände
- Aktivierungsquote
- Sachanlagenintensität

Die Anlagequote

Die Kennzahl *Anlagequote* beziehungsweise *Anlagenintensität* gibt an, wie hoch der Anteil des Anlagevermögens am Gesamtvermögen ist. Ist der Anteil hoch, spricht man auch von einer anlagenintensiven Unternehmung. Dann ist viel Kapital fest gebunden und kann im Notfall nur schwer losgeeist werden. Ein Stahlwerk oder ein Kraftwerksbetreiber sollte eine hohe Anlagenintensität haben. Ist die Kennzahl dennoch niedrig, weist dies auf abgeschriebene Anlagen hin. Das Kraftwerk oder das Stahlwerk dürfte dann seine besten Tage bereits gesehen haben

Andererseits deutet eine niedrige Anlagequote auch auf eine gute Ausnutzung der Anlagen und damit auf eine ordentliche Ertragslage hin. Letztlich muss dies aber branchenspezifisch betrachtet werden. Bei Dienstleistungsunternehmen ist die Kennzahl beispielsweise generell niedriger und besitzt in der Regel nicht die Aussagekraft wie in anlagenintensiven Branchen.

Die Anlagenintensität beziehungsweise Anlagequote berechnet sich recht einfach:

$$\text{Anlagequote} = \frac{\text{Anlagevermögen}}{\text{Gesamtvermögen}}$$

Hat ein Unternehmen in erheblichem Umfang stille Reserven gebildet, gibt diese Kennzahl leider nur unzureichend Auskunft über die wahren Verhältnisse.

Die Arbeitsintensität

Die Variationsbreite der Kennzahlen zur Vermögensintensität ist nicht besonders groß. Im Gegensatz zur Anlagequote wird bei der Berechnung der Arbeitsintensität nicht das Anlagevermögen genommen, sondern das Umlaufvermögen. Deshalb wird diese Kennzahl manchmal auch *Umlaufintensität* genannt. Die Berechnung gestaltet sich ebenfalls recht einfach:

$$\text{Arbeitsintensität} = \frac{\text{Umlaufvermögen}}{\text{Gesamtvermögen}}$$

Je höher das Umlaufvermögen, desto eher kann Liquidität freigesetzt werden.

Die Vermögensintensität

Die dritte Kennzahl zum Thema setzt das Anlagevermögen ins Verhältnis zum Umlaufvermögen.

$$\text{Vermögensintensität} = \frac{\text{Anlagevermögen}}{\text{Umlaufvermögen}}$$

Auch hier gilt natürlich wieder dasselbe wie bei den anderen beiden Kennzahlen: je höher der Anteil des Umlaufvermögens, desto liquider und flexibler das Unternehmen.

Intensität immaterieller Vermögensgegenstände

Leider besitzt man als Externer selten genug Einblicke, um sich auf die bisherigen Kennzahlen zur Vermögensstruktur blind verlassen zu können. Vielleicht ist das Anlagevermögen so hoch, weil erst kürzlich hohe Investitionen getätigt wurden. Oder vielleicht ist das Umlaufvermögen nur deshalb niedriger als in den Vorjahren, weil die Lagerhaltung optimiert wurde. Hier helfen nur zwei Maßnahmen:

- ✔ den Lagebericht lesen
- ✔ noch mehr Kennzahlen

Den spannenden Lagebericht mit den vielen bunten Bildern haben Sie sicherlich schon verschlungen und so eine Einschätzung zu den bisherigen Kennzahlen gewinnen können. So bleibt Ihnen nur noch die Möglichkeit, weitere Kennzahlen zu berechnen. Wie wäre es mit einer genaueren Betrachtung des immateriellen Vermögens? Immerhin gewinnt dies immer mehr an Bedeutung. Im Branchenvergleich sehr niedrige Quoten deuten hier auf eine etwas antiquierte Einstellung hin. Dann können kaum aktuelle Softwarelizenzen oder Patente vorhanden sein. Möglicherweise wird noch mit Lochkarten und Schreibmaschinen gearbeitet. Die Kennzahl berechnen Sie so:

$$\text{Intensität immaterieller Vermögensgegenstände} = \frac{\text{immaterielle Vermögensgegenstände}}{\text{Gesamtvermögen}}$$

Die Aktivierungsquote

Die Aktivierungsquote ist eine überaus verräterische Kennzahl. Sie gibt Auskunft über die Bilanzpolitik des Unternehmens. Werden kaum Entwicklungsaufwendungen aktiviert, hat das Unternehmen ergebnisverbessernde Maßnahmen wohl nicht nötig. Die Berechnung ist ebenfalls recht einfach:

$$\text{Aktivierungsquote} = \frac{\text{aktivierte Entwicklungsaufwendungen}}{\text{gesamter F \& E - Aufwand}}$$

Alle zur Berechnung benötigten Zahlen finden Sie im Geschäftsbericht des betrachteten Unternehmens.

Die Sachanlagenintensität

Genauso wie Sie den Anteil der immateriellen Vermögensgegenstände betrachtet haben, können Sie sich natürlich auch die Sachanlagenintensität einmal genauer anschauen. Die Berechnung ist wieder einmal kinderleicht:

$$\text{Sachanlagenintensität} = \frac{\text{Sachanlagen}}{\text{Gesamtvermögen}}$$

Verringert sich die Sachanlagenintensität über die Jahre, ist dies in aller Regel kein gutes Zeichen; es deutet auf einen Investitionsstau hin. Wenn aber im Geschäftsbericht stolze Berichte über Rationalisierungseffekte bei den Sachanlagen stehen, kann eine sinkende Intensität auch ein positives Zeichen sein. Es kommt also auch bei dieser Kennzahl auf den Kontext an.

Die Investitionstätigkeit analysieren

Lebt das Unternehmen von der Substanz oder investiert es regelmäßig in seine Zukunft? Das ist die Frage bei der Analyse der Investitionstätigkeit. Die Investitionsfreudigkeit können Sie mit ein paar Kennzahlen bereits ziemlich gut beurteilen:

✔ Investitionsquote

✔ Wachstumsquote

✔ Investitionsanteil am Umsatz

✔ Investitionsquote bei Sachanlagen

- ✔ F&E-Quote
- ✔ Anlagenabnutzungsgrad
- ✔ Abschreibungsquote

Die Investitionsquote

Die Investitionsquote berechnen Sie, indem Sie die Nettoinvestitionen durch das Anlagevermögen, bewertet mit den ehemaligen Anschaffungskosten, teilen. Die Nettoinvestitionen müssen Sie aber leider erst aus dem Anlagespiegel heraus berechnen. Und zwar wie folgt:

	Zugänge an Investitionen
−	Anlagenabgänge bewertet mit Restbuchwert
=	Nettoinvestition

Die Anlagenabgänge bewertet mit den Restbuchwerten können Sie ebenfalls nicht so einfach aus dem Geschäftsbericht ablesen. Diese müssen Sie auch erst wieder berechnen. Dazu werfen Sie einen Blick in den Anlagespiegel und führen diese kleine Berechnung durch:

	Abgänge zu Anschaffungs- und Herstellungskoten
−	Abschreibungen auf die Abgänge
=	Anlagenabgänge bewertet mit Restbuchwerten

Jetzt können Sie die Investitionsquote berechnen.

$$\text{Investitionsquote} = \frac{\text{Nettoinvestitionen}}{\text{Anlagevermögen mit ehemaligen Anschaffungskoten}}$$

Bei der Investitionsquote teilen Sie die Nettoinvestitionen durch das Anlagevermögen, bewertet mit ehemaligen Anschaffungs- beziehungsweise Herstellungskosten. Eine höhere Quote sagt Ihnen vielleicht, dass gerade viel investiert wurde. Besser, Sie berechnen auch gleich die Investitionsquoten der Vorjahre. Dann können Sie schon eher eine Tendenz erkennen. Ob das Unternehmen seinen Anlagenbestand konstant hält, von der Substanz lebt oder gar wächst, können Sie mit der Investitionsquote allein nicht beurteilen. Dazu benötigen Sie die Wachstumsquote.

Die Wachstumsquote

Die Wachstumsquote vergleicht die Nettoinvestitionen mit den Abschreibungen. So können Sie erkennen, ob mehr als nur Ersatzinvestitionen getätigt wurden.

$$\text{Wachstumsquote} = \frac{\text{Nettoinvestitionen}}{\text{Abschreibungen des laufenden Jahres}}$$

Beträgt die Wachstumsquote 1,0, wurde der Wertverlust der alten Anlagen durch Neuinvestitionen exakt ausgeglichen. Ist die Wachstumsquote kleiner, wird von der Substanz gelebt; ist die Quote größer 1,0, wächst das Unternehmen.

Investitionsanteil am Umsatz

Mit dieser Kennzahl können Sie prüfen, wie das Investitionsverhalten des Unternehmens auf schwankende Umsätze reagiert. Das funktioniert natürlich nur, wenn Sie diese Kennzahl im Zeitablauf beobachten, sprich auch zwei oder drei alte Geschäftsberichte zur Hand nehmen und auch dort jeweils den Investitionsanteil am Umsatz ausrechnen. Die Berechnung dieser Kennzahl ist nicht besonders schwierig:

$$\text{Investitionsanteil am Umsatz} = \frac{\text{Nettoinvestitionen}}{\text{Umsatz}}$$

Die Investitionsquote bei Sachanlagen

Natürlich können Sie auch nur Teile des Anlagevermögens betrachten. Zum Beispiel die Sachanlagen. Berechnet wird diese, Sie ahnen es sicherlich bereits, wie folgt:

$$\text{Investitionsquote Sachanlagen} = \frac{\text{Nettoinvestitionen Sachanlagen}}{\text{Sachanlagevermögen mit ehemaligen Anschaffungskosten}}$$

Die F&E-Quote

Anhand der Forschungs- und Entwicklungsquote können Sie ebenfalls erkennen, wie zukunftsorientiert das Unternehmen ist. Dazu teilen Sie einfach die F&E-Aufwendungen durch den Umsatz. Angaben über die F&E-Aufwendungen finden Sie bei den allermeisten Unternehmen im Geschäftsbericht. Die Formel lautet:

$$\text{F\&E-Quote} = \frac{\text{F\&E-Aufwendungen}}{\text{Umsatz}}$$

Der Anlagenabnutzungsgrad

Sie wollen wissen, wie alt oder neu die Maschinen des untersuchten Unternehmens sind, und es ist Ihnen bislang noch nicht gelungen, an einer Werksbesichtigung teilzunehmen? Dann schnappen Sie sich wieder ein Blatt Papier und beantworten diese Frage mithilfe einer weiteren Kennzahl, dem Anlagenabnutzungsgrad. Alle benötigten Informationen finden Sie im Anlagespiegel. Die Berechnung der Kennzahl sieht so aus:

$$\text{Anlagenabnutzungsgrad} = \frac{\text{kumulierte Abschreibungen Sachanlagevermögen}}{\text{Sachanlagevermögen mit ehemaligen Anschaffungskosten}}$$

 Je höher der ermittelte Wert, desto älter der Maschinenpark.

Die Abschreibungsquote

Nach dem Anlagennutzungsgrad sollten Sie auch gleich noch die Abschreibungsquote ermitteln. Diese gibt Ihnen Auskunft darüber, wie groß der Investitionsbedarf ist. Eine hohe Abschreibungsquote weist auf kurze Nutzungsdauern und damit auf recht neue Sachanlagen hin. Die Quote berechnen Sie so:

$$\text{Abschreibungsquote} = \frac{\text{Abschreibungen des Geschäftsjahres}}{\text{Sachanlagevermögen mit ehemaligen Anschaffungskosten}}$$

Sie teilen also ganz einfach die Abschreibungen des letzten Geschäftsjahres durch den Anlagenbestand bewertet mit den ehemaligen Anschaffungs- oder Herstellungskosten.

Oftmals deutet eine hohe Abschreibungsquote auch auf die Bildung stiller Reserven hin. Anlagevermögen wurde dann eventuell stärker abgeschrieben als nötig.

Das Vermögen ins Verhältnis zum Umsatz setzen

Die Kennzahlen zur Umsatzrelation und Umschlagshäufigkeit haben alle nur zwei Dinge im Sinn: Die Kennzahlen rund um die Umsatzrelation untersuchen, wie das Vermögen in Relation zum Umsatz dasteht; die Kennzahlen zur Umschlagshäufigkeit schauen nach, wie oft das Vermögen umgeschlagen wird, sprich, wie lange das Vermögen durchschnittlich im Unternehmen verweilt.

Kennzahlen zur Umsatzrelation

Diese Kennzahlen untersuchen, wie effizient das Unternehmen gerade arbeitet.

Die Vorratsintensität

So gibt beispielsweise die Vorratsintensität Auskunft darüber, wie wirtschaftlich die Lagerhaltung derzeit ist:

$$\text{Vorratsintensität} = \frac{\text{Vorräte}}{\text{Umsatzerlöse}}$$

Eine hohe Vorratsintensität kann eigentlich in alle Richtungen interpretiert werden. Sie kann für ein schlechtes Lagermanagement oder schleppende Umsätze stehen. Genauso gut kann sie aber für einen in allernächster Zeit bevorstehenden Umsatzboom stehen, auf den sich das Unternehmen gerade vorbereitet hat. Für eine bessere Einordnung hilft auch wieder eine Betrachtung der Vorjahre.

Die Fertigproduktintensität

Diese Kennzahl ist eng mit der Vorratsintensität verwandt. Hier dreht sich alles um Fertigprodukte statt um Vorräte. Die Kennzahl kann also ähnlich interpretiert werden.

Berechnet wird sie wie folgt:

$$\text{Fertigproduktintensität} = \frac{\text{Fertigprodukte}}{\text{Umsatzerlöse}}$$

Die Anlagenbindung

Jetzt wird das Anlagevermögen ins Verhältnis zum Umsatz gesetzt:

$$\text{Anlagenbindung} = \frac{\text{Anlagevermögen}}{\text{Umsatzerlöse}}$$

Sinkt diese Kennzahl bei gleichbleibendem Anlagevermögen, deutet dies auf eine gestiegene Auslastung hin.

Kennzahlen zur Umschlagshäufigkeit

Die Kennzahlen zur Umschlagshäufigkeit untersuchen die Wirtschaftlichkeit der Geschäftsprozesse. Hier werden der Umschlag der Vorräte und die Umschlagshäufigkeit des Vermögens untersucht. Daneben wird oftmals auch der Umschlag der Forderungen und Verbindlichkeiten betrachtet.

Die Umschlagshäufigkeit der Vorräte

Die Umschlagshäufigkeit der Vorräte berechnen Sie so:

$$\text{Umschlagshäufigkeit} = \frac{\text{Vorratsverbrauch}}{\text{durchschnittlicher Vorratsbestand}}$$

Auch hier kann das Ergebnis wieder einmal in verschiedene Richtungen interpretiert werden. So kann eine hohe Umschlagshäufigkeit auf einen effizienten Logistikprozess hindeuten oder aber auch auf Liquiditätsschwierigkeiten, da ganz banal aus Geldmangel heraus keine größeren Vorratshaltungen drin sind.

 Hier hilft ein Blick auf die Bank- und Kassenbestände in der Bilanz. Sind diese hoch, kann die zweite Variante ausgeschlossen werden.

Die Umschlagshäufigkeit des Vermögens

Die folgenden drei Kennzahlen geben darüber Auskunft, wie oft das Vermögen pro Geschäftsjahr umgeschlagen wurde. Hier für Sie alle drei Kennzahlen auf einen Schlag:

$$\text{Umschlagshäufigkeit AV} = \frac{\text{Abschreibungen auf AV}}{\text{durchschnittlicher Bestand AV mit ehemaligen AK}}$$

$$\text{Umschlagshäufigkeit Umlaufvermögen} = \frac{\text{Umsatzerlöse}}{\text{durchschnittlicher Bestand Umlaufvermögen}}$$

$$\text{Umschlagshäufigkeit Gesamtvermögen} = \frac{\text{Umsatzerlöse}}{\text{durchschnittliches Gesamtkapital}}$$

In der ersten Formel haben wir aus Platzgründen mit zwei Abkürzungen gearbeitet. AV steht für Anlagevermögen, AK für Anschaffungskosten.

Je höher die Umschlagshäufigkeit, desto größer die Wirtschaftlichkeit des Vermögenseinsatzes.

Der Umschlag der Forderungen und Verbindlichkeiten

Zwei weitere nette Kennzahlen zur Umschlagshäufigkeit sind die Debitoren- und die Kreditorenlaufzeit.

Ein *Debitor* schuldet dem Unternehmen Geld. Meist handelt es sich hierbei um einen Kunden. Ein *Kreditor* ist dagegen ein Gläubiger. Meist handelt sich hierbei um einen Lieferanten.

Die Debitorenlaufzeit gibt Auskunft darüber, wie hoch das durchschnittliche Zahlungsziel der Kunden ist. Eine höhere Debitorenlaufzeit ist kein gutes Zeichen.

Die Debitorenlaufzeit kann Ihnen manchmal auch mit den Bezeichnungen *Kundenziel* oder *Days Sales Outstanding*, kurz *DSO*, über den Weg laufen.

Mögliche Gründe für eine hohe Debitorenlaufzeit:

- ✔ Kunden mit schlechter Zahlungsmoral und Zahlungsfähigkeit
- ✔ Qualitätsprobleme führen zu Zahlungsverweigerung

Die Debitorenlaufzeit wird so berechnet:

$$\text{Debitorenlaufzeit} = \frac{\text{durchschnittlicher Bestand Warenforderungen} \times 365}{\text{Umsatzerlöse}}$$

Auf der anderen Seite der Buchhaltung dreht sich alles um die Kreditoren. Die Kreditorenlaufzeit erzählt Ihnen, wie hoch das durchschnittliche Zahlungsziel der Unternehmung ist:

$$\text{Kreditorenlaufzeit} = \frac{\text{durchschnittlicher Bestand Verbindlichkeiten} \times 365}{\text{Materialaufwand}}$$

Zur Ermittlung der Kreditorenlaufzeit müssen Sie nur die Verbindlichkeiten aus Lieferungen und Leistungen durch den Materialaufwand teilen und alles mit 365 multiplizieren.

Eine hohe Laufzeit kann wieder einmal völlig unterschiedliche Ursachen haben:

- ✔ Das Unternehmen ist kaum noch zahlungsfähig.
- ✔ Das Unternehmen hat gut verhandelt und sehr viel längere Zahlungsziele durchgesetzt.

Woher? Die Finanzierungsanalyse

Nun werfen wir einen Blick auf die rechte Seite der Bilanz und schauen mal nach, woher das Kapital stammt. Als kleinen Service erzählen wir Ihnen gern noch einmal, was Sie auf der Passivseite der Bilanz finden. Als da wären:

- ✔ das Eigenkapital,
- ✔ Rückstellungen,
- ✔ Verbindlichkeiten sowie gegebenenfalls noch
- ✔ Rechnungsabgrenzungsposten.

Die Finanzierungsanalyse untersucht die Zusammensetzung des Kapitals. Es wird danach geschaut, ob das untersuchte Unternehmen

- ✔ über genügend Eigenkapital verfügt,
- ✔ jederzeit seinen finanziellen Verpflichtungen nachkommen kann,
- ✔ wirtschaftlich finanziert ist.

Ganz grob kann das Kapital in Eigen- und Fremdkapital aufgeteilt werden. Ein hoher Eigenkapitalanteil sorgt für ruhigen Schlaf und unternehmerische Freiheit, da das Unternehmen nicht übermäßig von Kreditgebern abhängig ist.

Kennzahlen zur Finanzierungsanalyse

Jetzt geht's los mit den Kennzahlen zur Finanzierungsanalyse.

Die Eigenkapitalquote

Die populärste Kennzahl zur Ermittlung des Verschuldungsgrades ist die Eigenkapitalquote. Sie ermittelt den Anteil des Eigenkapitals am Gesamtkapital, das sich wiederum aus dem Eigen- und dem Fremdkapital zusammensetzt.

$$\text{Eigenkapitalquote} = \frac{\text{Eigenkapital}}{\text{Gesamtkapital}}$$

Die Eigenkapitalquote sollte idealerweise über 50 Prozent liegen. Je höher die Eigenkapitalquote, desto geringer ist die Gefahr, in die Zahlungsunfähigkeit zu rutschen. Das Unternehmen hat dann nämlich einen finanziellen Puffer für Zeiten, in denen es mal nicht so gut läuft, und muss dann nicht so schnell neues Fremdkapital aufnehmen.

Als Nächstes zeigen wir Ihnen das Gegenstück zur Eigenkapitalquote.

Die Fremdkapitalquote

Wie viel von allem ist fremdfinanziert? Bei dieser Kennzahl wird der Anteil des Fremdkapitals am Gesamtkapital ermittelt. Die folgende Formel zeigt Ihnen, wie:

$$\text{Fremdkapitalquote} = \frac{\text{Fremdkapital}}{\text{Gesamtkapital}}$$

Die Fremdkapitalquote ist das Gegenstück zur Eigenkapitalquote und beide zusammen ergeben stets 100 Prozent. Da die Eigenkapitalquote über 50 Prozent liegen soll, bedeutet dies somit eine ideale Fremdkapitalquote von unter 50 Prozent. Sonst geht das Unternehmen das Risiko ein, sich zu überschulden.

Die Verschuldungsquote

Bei der Verschuldungsquote wird das Eigenkapital in Relation zum Fremdkapital gesetzt. Die folgende Formel zeigt Ihnen, wie sie berechnet wird:

$$\text{Verschuldungsquote} = \frac{\text{Fremdkapital}}{\text{Eigenkapital}}$$

Die Verschuldungsquote sagt aus, wie viel Euro Fremdkapital einem Euro Eigenkapital gegenüberstehen.

Die Verschuldungsquote sollte stets unter 100 Prozent liegen. Das bedeutet dann, dass jedem Euro Eigenkapital weniger als ein Euro an Fremdkapital gegenübersteht. Je geringer diese Kennzahl ausfällt, desto besser. Nimmt sie einen Wert jenseits der 100 Prozent an, heißt es aufpassen – Überschuldungsgefahr!

Der Selbstfinanzierungsgrad

Der Selbstfinanzierungsgrad gibt an, inwieweit das Unternehmen Eigenkapital durch einbehaltene Gewinne bilden konnte.

$$\text{Selbstfinanzierungsgrad} = \frac{\text{Gewinnrücklagen}}{\text{Gesamtkapital}}$$

Diese Kennzahl zeigt übrigens auch, wie viel Gewinn ausgeschüttet werden könnte.

Die horizontale Finanzierungsanalyse

Bei der horizontalen Finanzierungsanalyse untersuchen Sie, wie die Vermögensseite mit der Kapitalseite zusammenhängt.

Der *Grundsatz der Fristenkongruenz* besagt, dass die einzelnen Vermögensgegenstände jeweils mit den Mitteln finanziert werden müssen, die dem Unternehmen genauso lange zur Verfügung stehen, wie das Kapital in den Vermögensgegenständen gebunden ist.

Also müssen langfristige Gegenstände des Anlagevermögens auch langfristig finanziert sein. Die goldene Bilanzregel bildet dies schön ab:

$$\text{Deckungsgrad I} = \frac{\text{Eigenkapital}}{\text{Anlagevermögen}} \geq 1$$

Gemäß der goldenen Bilanzregel soll das Eigenkapital dem Anlagevermögen entsprechen. Wenn zusätzlich auch noch ein klitzekleiner Anteil des Umlaufvermögens durch das Eigenkapital gedeckt ist, wäre das noch besser.

Wie so vieles auf der Welt ist auch die goldene Bilanzregel nicht vor Weichmacherei gefeit. Deshalb gibt es auch einen Deckungsgrad II beziehungsweise die erweiterte Fassung der goldenen Bilanzregel. Demnach kann man zum Eigenkapital ruhig auch noch das langfristige Fremdkapital wie etwa Hypotheken, aber auch Pensionsrückstellungen dazupacken. Investitionen mit langer Laufzeit sind damit ebenfalls noch gut abgesichert.

$$\text{Deckungsgrad II} = \frac{\text{Eigenkapital} + \text{langfristiges Fremdkapital}}{\text{Anlagevermögen}} \geq 1$$

Einen Schritt vor und einen zurück. Das ist der Deckungsgrad III. Bei diesem Deckungsgrad soll das Eigenkapital und das langfristige Fremdkapital auch das dauernd benötigte Umlaufvermögen mit abdecken. Wobei wir wieder in etwa bei der goldenen Bilanzregel wären.

$$\text{Deckungsgrad III} = \frac{\text{Eigenkapital} + \text{langfristiges Fremdkapital}}{\text{Anlagevermögen} + \text{dauernd benötigtes Umlaufvermögen}} \geq 1$$

Aufgabe 22

Mithilfe der F&E-Quote können Sie erkennen, ob und in welchem Umfang ein Unternehmen Forschung und Entwicklung betreibt. Sicherlich ist es zunächst einmal ein gutes Zeichen, wenn F&E-Aufwendungen vorhanden sind. Sind sie aber auch ein Erfolgsgarant?

> **IN DIESEM KAPITEL**
>
> Welche Liquiditätsgrade es gibt
>
> Was Working Capital und Effektivverschuldung bedeutet
>
> Alles Wissenswerte über die Cashflow-Analyse und die Kapitalflussrechnung

Kapitel 23
Immer flüssig: Die Liquiditätsanalyse

In diesem Kapitel geht es um die Liquiditätsanalyse. Sie untersucht den Zusammenhang zwischen der Mittelverwendung und der Finanzierung. Die Mittelverwendung kann dabei in Form von laufenden Ausgaben oder Investitionen passieren.

Unterschiedliche Liquiditätsgrade

Ohne Moos nix los. Diese unumstößliche Wahrheit gilt nicht nur für Ihren Geldbeutel, sondern auch für jedes Unternehmen dieser Welt. Das Fatale: Hat Ihr Arbeitgeber kein Geld mehr, füllt sich auch Ihr Geldbeutel nicht. Somit sollten Sie schon aus reinem Eigeninteresse die Liquidität Ihres Arbeitgebers im Auge behalten.

Liquidität bedeutet nichts anderes, als genügend Geld zu haben, um die Zahlungspflichten wie etwa Löhne, Gehälter oder Zinsen zu erfüllen. Das Gegenteil von »liquide« nennt man dann »insolvent« oder, platter ausgedrückt, »pleite«. Die Liquidität muss also immer gesichert sein, um den Fortbestand des Unternehmens zu sichern.

Zur Liquidität gibt es drei Kennzahlen:

- ✔ Liquidität 1. Grades
- ✔ Liquidität 2. Grades
- ✔ Liquidität 3. Grades

Liquidität 1. Grades (Barliquidität)

Diese Kennzahl setzt die flüssigen Mittel des Unternehmens mit dem kurzfristigen Fremdkapital in Relation. Sie sagt also aus, wie hoch der Anteil des kurzfristigen Fremdkapitals ist, der mit den flüssigen Mitteln des Unternehmens theoretisch sofort bezahlt werden könnte.

Flüssige Mittel sind Bankguthaben, die Kasse, Wechsel und Schecks. Also alle sofort verfügbaren Geldmittel des Unternehmens.

Als *kurzfristiges Fremdkapital* bezeichnet man alle Kredite, Verbindlichkeiten und Schulden, die binnen eines Jahres zurückgezahlt werden müssen. Auch kurzfristige Rückstellungen gehören dazu.

Die folgende Formel zeigt Ihnen die Berechnung der Liquidität 1. Grades:

$$\text{Liquidität 1. Grades} = \frac{\text{flüssige Mittel}}{\text{kurzfristiges Fremdkapital}}$$

Die Angaben, die Sie für die Ermittlung der Liquidität 1. Grades brauchen, stehen wieder einmal alle in der Bilanz. Das einzige Problem, das auftauchen könnte, ist die Unterscheidung des Fremdkapitals in kurz- und langfristiges Fremdkapital. Der Geschäftsbericht sollte darüber aber Auskunft geben können.

Die durchschnittliche Liquidität 1. Grades liegt bei den deutschen Unternehmen bei etwa 10 Prozent. Das hört sich nach recht wenig an. Aber das Geld soll ja schließlich arbeiten und nicht faul in der Kasse herumliegen.

Liquidität 2. Grades

Im Gegensatz zur Liquidität 1. Grades werden hier zu den liquiden Mitteln noch die kurzfristigen Forderungen hinzugezählt und das Ganze wird wie gehabt durch das kurzfristig fällige Fremdkapital geteilt. Wie das als Formel aussieht, sehen Sie hier:

$$\text{Liquidität 2. Grades} = \frac{\text{flüssige Mittel} + \text{kurzfristige Forderungen}}{\text{kurzfristiges Fremdkapital}}$$

Kurzfristige Forderungen sind Beträge, die Ihnen andere schulden und die innerhalb von einem Jahr zurückbezahlt werden müssen. Die Forderungen finden Sie in der Bilanz.

Im Idealfall sollte die Liquidität 2. Grades zwischen 100 und 120 Prozent liegen. Ist dies nicht der Fall, liegen vermutlich zu viele Ihrer Produkte auf Lager oder es gibt Problemchen in der Wertschöpfung Ihres Unternehmens. Liegt diese Kennzahl sogar deutlich unter 100 Prozent, könnte im schlimmsten Fall die Insolvenz vor der Türe stehen.

Die Liquidität 2. Grades gilt als die aussagekräftigste aller drei Varianten der Liquidität. Aber noch nicht genug der Liquidität. Eine haben wir noch.

Liquidität 3. Grades

Zusätzlich zu den flüssigen Mitteln und den kurzfristigen Forderungen werden hier auch noch die Vorräte berücksichtigt.

Zu den *Vorräten* zählen die fertigen, aber noch nicht verkauften Erzeugnisse in Ihrem Lager oder gelagerte Rohstoffe und Materialien.

Die Formel für die Liquidität 3. Grades:

$$\text{Liquidität 3. Grades} = \frac{\text{flüssige Mittel} + \text{kurzfristige Forderungen} + \text{Vorräte}}{\text{kurzfristiges Fremdkapital}}$$

Wenn die Liquidität 3. Grades zwischen 120 und 150 Prozent liegt, ist alles im grünen Bereich. Liegt der Wert darüber, liegen eindeutig zu viele Produkte auf Halde. Hier sollte zuerst einmal das Lager abgebaut werden, um nicht unnötig Kapital zu binden.

Eine schlechte Liquidität kann viele Ursachen haben. Manche sind nicht ganz so bedenklich, andere eher besorgniserregend. Nicht ganz so bedenklich sind zum Beispiel:

- vorangegangene Investitionen
- der Abbau von Fremdkapital
- ein längerfristiger Fertigungsauftrag

Bedenklich sind dagegen eher die folgenden Gründe:

- Umsatzrückgang
- Die Umsatzerlöse decken die Kosten nicht mehr ausreichend.

Gegen eine schlechte Liquidität kann man aber etwas unternehmen. Der Einkauf muss zum Beispiel mit den Lieferanten über längere Zahlungsziele verhandeln, der Vertrieb mit den Kunden über kürzere Zahlungsziele. Wenn alles ausgereizt ist, können Sie zur Not noch einen Kredit aufnehmen.

Die Cashflow-Analyse

»Alles fließt.« Ob Heraklit von Ephesos mit diesem weltberühmten Zitat auch Geld gemeint hat, ist nicht überliefert. Dennoch fließt Geld in rauen Mengen. Und um diesen Geldfluss übersichtlich darzustellen, wurden irgendwann der Cashflow sowie die Kapitalflussrechnung erfunden. Jedoch nicht von Heraklit von Ephesos. Im Folgenden erfahren Sie nun alles Wichtige über den Geldfluss und dessen Darstellung – ganz ohne griechische Sagen übrigens.

Im Normalfall erwirtschaftet ein Unternehmen Geld. Wir hoffen und unterstellen nun einmal, dass dies auch für das Unternehmen gilt, für das Sie arbeiten. Mit diesem vom Unternehmen selbst verdienten Geld können etwa Investitionen getätigt oder die Verbindlichkeiten zurückbezahlt werden. Und wenn dann noch etwas übrig ist, können davon auch Gewinnanteile ausbezahlt werden.

Der *Cashflow* misst die Selbstfinanzierungskraft eines Unternehmens. Darunter versteht man die Fähigkeit des Unternehmens, sich aus eigener Kraft zu finanzieren und zwar ganz ohne Schulden. Die Kennzahl Cashflow besagt somit, wie viel Geld tatsächlich fließt und für das Unternehmen hängen bleibt. Der Cashflow hört übrigens auch auf die Namen *Finanzüberschuss* und *Kassenüberschuss*.

Grundsätzlich kann man den Cashflow in drei Kategorien unterteilen:

- ✔ operativer Cashflow
- ✔ Investitions-Cashflow
- ✔ Finanzierungs-Cashflow

Der operative Cashflow wird aus den Zahlungsüberschüssen ermittelt, die mit der normalen, laufenden Geschäftstätigkeit erwirtschaftet wurden. Der Investitions-Cashflow ist die Differenz aus dem Mittelabfluss für Investitionen und den Mittelzuflüssen aus erfolgten Desinvestitionen. Der Finanzierungs-Cashflow ergibt sich aus dem Mittelzufluss wie etwa Darlehen und dem Mittelabfluss wie zum Beispiel Tilgungen.

Ermittlung des Cashflows

Den Cashflow können Sie auf zwei Arten ermitteln. Auf direktem Wege oder auf indirektem Wege.

Die indirekte Ermittlung des Cashflows

Sie könnten nun denken: »Ja klar, der Cashflow ist nichts anderes als der Jahresüberschuss.« Doch das ist nur die halbe Wahrheit. Denn bei der Ermittlung des Jahresüberschusses werden unter anderem auch

- ✔ Abschreibungen vorgenommen und
- ✔ Rückstellungen gebildet.

Das geschieht aus Mitteln, die eigentlich dem Unternehmen zur freien Verfügung stehen.

Und wenn wiederum Rückstellungen aus Vorjahren aufgelöst oder Zuschreibungen getätigt werden, erhöht das den Jahresüberschuss des aktuellen Jahres, ohne dass tatsächlich Geld fließt. Folglich muss der Jahresüberschuss noch etwas angepasst werden, um den Cashflow zu erhalten. Wie diese Anpassungen aussehen, können Sie in Tabelle 23.1 sehen.

	Jahresüberschuss
+	Abschreibungen
–	Zuschreibungen
+	Erhöhung von Rückstellungen
–	Auflösung von Rückstellungen
=	**Cashflow**

Tabelle 23.1: Cashflow-Ermittlung

Das Ganze jetzt an einem Beispiel: Sie analysieren den Geschäftsbericht der Kritzel AG, ein Schreibwarenhersteller. Im vergangenen Jahr erwirtschaftete die Kritzel AG einen Jahresüberschuss von 1.000.000 Euro. Hierbei wurden

- ✔ Abschreibungen in Höhe von 180.000 Euro getätigt,
- ✔ 200.000 Euro an Rückstellungen gebildet sowie
- ✔ Rückstellungen aus Vorjahren in Höhe von 250.000 Euro aufgelöst.

Mit diesen Werten ergibt sich für das Unternehmen ein Cashflow wie in Tabelle 23.2 dargestellt.

	Jahresüberschuss	1.000.000 €
+	Abschreibungen	180.000 €
+	Erhöhung von Rückstellungen	200.000 €
–	Auflösung von Rückstellungen	250.000 €
=	**Cashflow**	**1.130.000 €**

Tabelle 23.2: Der Cashflow bei der Kritzel AG

Je höher der Cashflow ist, desto kreditwürdiger steht man da. Ist er negativ, sieht's dagegen zappenduster aus.

Die direkte Ermittlung des Cashflows

Der Cashflow kann ermittelt werden, indem alle zahlungswirksamen Aufwendungen von den zahlungswirksamen Erträgen abgezogen werden. Zahlungswirksam bedeutet, dass auch tatsächlich eine Veränderung der Liquidität vorliegt. Das heißt, dass bei den Erträgen auch wirklich Geld in die Kasse oder auf das Konto kommt beziehungsweise bei Aufwendungen das Geld von dort verschwindet.

Die direkte Ermittlung des Cashflows kommt nur dann infrage, wenn Sie Zugriff auf die Daten der Buchhaltung haben, also eine unternehmensinterne Analyse vornehmen müssen. Externe Analysten müssen den Cashflow mit der indirekten Methode ermitteln.

Die Finanzkraft mit dem Cashflow beurteilen

So weit, so gut. Nachdem Sie den Cashflow ermittelt haben, können Sie immerhin eine Aussage darüber treffen, ob es einen Cashflow gibt und wie hoch dieser ist.

Cashflow-Umsatzrate

Mit der Cashflow-Umsatzrate können Sie einschätzen, wie gut oder schlecht das Unternehmen im Branchenvergleich dasteht. Sie gibt an, wie viel Prozent vom Umsatz als liquide Mittel in das Unternehmen zurückgeflossen sind. Die Formel lautet:

$$\text{Cashflow} - \text{Umsatzrate} = \frac{\text{Cashflow}}{\text{Umsatzerlöse}}$$

Investitionsdeckung

Falls es Sie interessiert, in welchem Umfang das untersuchte Unternehmen seine Investitionen aus eigenen Mitteln bestreiten kann, greifen Sie zur Kennzahl Investitionsdeckung.

$$\text{Investitionsdeckung} = \frac{\text{Cashflow}}{\text{Nettoinvestitionen}}$$

Ein Wert von 120 Prozent bedeutet, dass die gesamten Nettoinvestitionen durch eigene Mittel gedeckt waren und zusätzlich weitere eigene Mittel in Höhe von (120 Prozent − 100 Prozent =) 20 Prozent für andere Zwecke zur Verfügung standen.

Schuldentilgungsdauer

Die Schuldentilgungsdauer gibt an, wie viele Jahre es dauert, bis alle Schulden mit dem selbst erwirtschafteten Cashflow getilgt wären. Die Tilgungsdauer ermitteln Sie mit dieser Formel:

$$\text{Schuldentilgungsdauer} = \frac{\text{Nettofremdkapital}}{\text{Cashflow}}$$

Das Nettofremdkapital ermitteln Sie, indem Sie zu den Verbindlichkeiten die Rückstellungen addieren und davon alle flüssigen Mittel inklusive der Wertpapiere des Umlaufvermögens abziehen. Manchmal werden die Rückstellungen ohne die Pensionsrückstellungen in die Berechnung einbezogen, obwohl es sich hierbei ja ebenfalls um Verpflichtungen handelt.

 Es ist umstritten, wie hoch die Tilgungsdauer idealerweise sein sollte. Ob nun vier oder sechs Jahre ideal sind, ist Ansichtssache.

So viel zum allgemeinen »Wald-und-Wiesen-Cashflow«. In der eigentlichen Kapitalflussrechnung bilden Sie noch weitere Cashflow-Arten. Jetzt wird's also richtig spannend ...

Kapitalflussrechnung analysieren

Die Kapitalflussrechnung ist ein echtes Chamäleon, es kann Ihnen auch unter der Bezeichnung *Finanzierungsrechnung*, *Finanzflussrechnung*, *Bewegungsbilanz* oder *statement of cashflows* über den Weg laufen. Die Kapitalflussrechnung soll den Zahlungsmittelstrom Ihres Unternehmens noch weiter aufdröseln und somit transparenter machen. Dazu bilden Sie – grob zusammengefasst – drei verschiedene Cashflow-Unterarten. Deren Summe ergibt letztendlich den Bestand an Zahlungsmitteln und Zahlungsmitteläquivalenten am Ende der Berichtsperiode.

Zahlungsmitteläquivalente sind beispielsweise Schecks, Festgelder oder Geldmarktfondsanteile. Diese Zahlungsmitteläquivalente werden bei der Kapitalflussrechnung dem »normalen« Zahlungsmittel – also Geld – gleichgestellt und mitberücksichtigt.

Die Cashflows der Kapitalflussrechnung schimpfen sich:

- ✔ Cashflow aus betrieblicher Tätigkeit oder neudeutsch *operative cashflow*
- ✔ Cashflow aus Investitionstätigkeit – auch als *investive cashflow* bekannt
- ✔ Cashflow aus Finanzierungstätigkeit, kurz *finance cashflow*

Gemäß den nationalen Rechtsquellen gehört die Kapitalflussrechnung bei Kapitalgesellschaften zum Pflichtprogramm. So will es beispielsweise §264 HGB. Nach IFRS müssen ebenfalls alle Kapitalgesellschaften eine solche erstellen. Die entsprechenden Regelungen hierzu finden Sie übrigens im IAS 7.

Die Kapitalflussrechnung nach IFRS wird nach der sogenannten direkten Methode durchgeführt, die die Zahlungsströme unabhängig von irgendwelchen Bilanz- oder GuV-Zahlen erfasst.

Darüber hinaus gibt es auch bei der Kapitalflussrechnung noch die indirekte Methode, bei der auf die Bilanz und die Gewinn-und-Verlust-Rechnung aufgesetzt wird. IFRS empfiehlt jedoch die direkte Methode. Für beide Verfahren eignet sich übrigens die Staffelform am besten.

Nach IAS 7 muss die Kapitalflussrechnung Cashflows der Periode enthalten, die nach betrieblichen Tätigkeiten, Investitions- und Finanzierungstätigkeiten gegliedert werden. Bezüglich der genauen Darstellung schreibt IAS 7 lediglich vor, dass die Cashflows in einer Weise dargestellt werden, die der jeweiligen Geschäftstätigkeit angemessen sind. IAS 7 begnügt sich dann mit der Nennung von ein paar beispielhaften Geschäftsvorfällen.

Neben IAS 7 gibt es noch das Kapitalflussrechnungsschema des deutschen Standardisierungsrats, den DRS 2 (Deutscher Rechnungslegungsstandard Nr. 2). Das sieht mit der direkten Methode wie in Tabelle 23.3 gezeigt aus.

Mit der in Tabelle 23.3 gezeigten Kapitalflussrechnung nach DRS 2 erfüllen Sie in jedem Fall die Anforderungen des IAS 7.

1.	+	Einzahlungen von Kunden
2.	−	Auszahlungen an Lieferanten und Arbeitnehmer
3.	+	sonstige Einzahlungen (nicht aus Invest- oder Finanztätigkeit)
4.	−	sonstige Auszahlungen (nicht aus Invest-oder Finanztätigkeit)
5.	+/−	Ein- und Auszahlungen aus außerordentlichen Posten
6.	=	Cashflow aus betrieblicher Tätigkeit
7.	+	Einzahlungen aus Abgängen im Anlagevermögen
8.	−	Auszahlungen für Investitionen in das Anlagevermögen
9.	+	Einzahlungen aus dem Verkauf von Unternehmensteilen
10.	−	Auszahlungen aus dem Kauf von Unternehmen
11.	+	Einzahlungen aus Finanzanlagen
12.	−	Auszahlungen wegen Finanzanlagen
13.	=	Cashflow aus Investitionstätigkeit (7 bis 12)
14.	+	Einzahlungen aus Eigenkapitalzuführungen
15.	−	Auszahlungen an Eigentümer
16.	+	Einzahlungen aus ausgegebenen Anleihen und Kreditaufnahmen
17.	−	Auszahlungen durch Tilgung von Anleihen und Krediten
18.	=	Cashflow aus Finanzierungstätigkeit (14 bis 17)
19.	+	zahlungswirksame Veränderung des Finanzmittelfonds (Punkt 6 + 13 + 18)
20.	+/−	Wechselkurs-, Konsolidierungs- und bewertungsbedingte Änderung des Finanzmittelfonds
21.	+	Finanzmittelfonds am Anfang der Berichtsperiode
22.	=	Finanzmittelfonds am Ende der Berichtsperiode (19 bis 21)

Tabelle 23.3: Die Kapitalflussrechnung nach DRS 2

Lassen Sie uns die komplette Kapitalflussrechnung der Kritzel AG einmal nach IFRS entsprechend den im Standard IAS 7 genannten Beispielen durchspielen. Diese ist mittlerweile zu einem stattlichen Konzern angewachsen und hält mehrere Tochterunternehmen. Als Kapitalgesellschaft und dazu noch als Konzern muss sie also auf jeden Fall eine Kapitalflussrechnung erstellen.

Cashflow aus betrieblicher Tätigkeit

Der *Cashflow aus betrieblicher Tätigkeit* zeigt Ihnen die Zahlungsströme, die mit dem »normalen« Geschäft des Unternehmens zusammenhängen.

1. **Einzahlungen von Kunden**

    Hier erscheinen alle Zahlungen, die die Unternehmung von ihren Kunden erhalten hat. Und zwar inklusive der Umsatzsteuer.

    Bei der Kapitalflussrechnung müssen Sie immer die Bruttobeträge berücksichtigen. Die Umsatzsteuer selbst führt nämlich auch zu Ein- oder Auszahlungen. Auch Nebenkosten, die im Zusammenhang mit dem Kauf oder Verkauf stehen, müssen Sie hier immer einbeziehen.

Im abgelaufenen Geschäftsjahr hat die Kritzel AG Bruttozahlungen von Kunden in Höhe von 1.500.000 Euro erhalten.

2. **Auszahlungen an Lieferanten und Arbeitnehmer**

   In dieser Position werden alle Zahlungen an die Lieferanten und Arbeitnehmer erfasst.

   Bei der Kritzel AG wurden im letzten Jahr 600.000 Euro an Lieferanten sowie 300.000 Euro als Entgelte bezahlt. Macht in Summe 900.000 Euro.

3. **Aus laufender Geschäftstätigkeit erwirtschaftete Zahlungsmittel**

   Die Einzahlungen von Kunden aus Punkt 1 abzüglich der Auszahlungen aus Position 2 ergeben als erste Zwischensumme die »aus laufender Geschäftstätigkeit erwirtschafteten Zahlungsmittel«.

   Diese betragen bei der Kritzel AG somit 600.000 Euro.

    Alles im grünen Bereich! Sollte dieser Wert jedoch einmal negativ sein, müssten die Alarmglocken läuten. Das hieße nämlich, dass durch die normale Geschäftstätigkeit mehr Geld aus den Kassen geflossen ist, als in selbige gespült wurde.

4. **Erhaltene Zinsen**

   Hier erscheinen alle Zinszahlungen, die das Unternehmen im abgelaufenen Jahr erhalten hat. Und zwar unabhängig davon, ob die zugehörige Finanzanlage im Anlage- oder im Umlaufvermögen gehalten wird.

   Bei der Kritzel AG waren das 25.000 Euro.

5. **Erhaltene Dividenden**

   Dividendenzahlungen, die die Kritzel AG von anderen Unternehmen erhalten hat, fließen in das Töpfchen mit der laufenden Nummer 5. Ebenfalls unabhängig davon, ob die Beteiligung in der Bilanz im Anlage- oder im Umlaufvermögen zu finden ist.

   Die Kritzel AG erhielt im letzten Geschäftsjahr Dividendenzahlungen in Höhe von 60.000 Euro.

6. **Gezahlte Zinsen**

   Die Zinsen, die im Laufe des Jahres artig bezahlt wurden, erscheinen hier.

   Bei unserem Schreibwarenhersteller waren das 75.000 Euro.

7. **Gezahlte Ertragsteuern**

   Zu den Ertragsteuern zählen die Einkommensteuer, die Körperschaftsteuer sowie die Gewerbesteuer. Die Summe dieser Steuern wird in diese Position gepackt.

   Die Kritzel AG zahlte insgesamt 200.000 Euro an Ertragsteuern.

8. **Zahlungsmittel aus betrieblicher Tätigkeit**

   Die Zahlungsmittel aus betrieblicher Tätigkeit ergeben sich somit wie in Tabelle 23.4 dargestellt.

1.	+	Einzahlungen von Kunden	1.500.000 €
2.	−	Auszahlungen an Lieferanten und Arbeitnehmer	900.000 €
3.	=	aus laufender Geschäftstätigkeit erwirtschaftete Zahlungsmittel	600.000 €
4.	+	erhaltene Zinsen	25.000 €
5.	+	erhaltene Dividenden	60.000 €
6.	−	gezahlte Zinsen	75.000 €
7.	−	gezahlte Ertragsteuern	200.000 €
8.	=	Zahlungsmittel aus betrieblicher Tätigkeit	410.000 €

Tabelle 23.4: Cashflow aus betrieblicher Tätigkeit bei der Kritzel AG

Alles roger! Die Kritzel AG hat mit ihrer gesamten betrieblichen Tätigkeit im vergangenen Jahr mehr Geld in die Kassen gespült, als aus selbigen abgeflossen ist.

Cashflow aus Investitionstätigkeit

Der *Cashflow aus Investitionstätigkeit* zeigt Ihnen, wie sich die liquiden Mittel durch Investitionen verändert haben.

9. Erwerb von Tochterunternehmen abzüglich erworbene Nettozahlungsmittel

Falls die Kritzel AG auf Einkaufstour gegangen ist und dem Konzern ein paar neue Tochterunternehmen einverleibt hat, erfassen Sie deren Kaufpreis hier. Den ganzen Kaufpreis? Nein – die Zahlungsmittel, die Sie zusammen mit den neuen Tochterunternehmen erworben haben, müssen Sie vom Kaufpreis abziehen.

Die Kritzel AG hatte im vergangenen Geschäftsjahr den Scherenhersteller Schnippschnapp AG zu 100 Prozent erworben. Der Kaufpreis: 1.000.000 Euro. Die Kassen der Schnippschnapp AG waren zum Zeitpunkt des Kaufes mit satten 200.000 Euro gefüllt. Folglich werden hier lediglich 800.000 Euro eingetragen.

10. Erwerb von Sachanlagen

Alle neu erworbenen und bezahlten Sachanlagen wie Maschinen, Grundstücke oder Büro- und Geschäftsausstattung werden hier aufgeführt.

Die Kritzel AG hatte letztes Jahr eine neue Produktionsmaschine für 250.000 Euro zuzüglich 19 Prozent Umsatzsteuer erworben. Macht nach Adam Riese 297.500 Euro.

Bei der Kapitalflussrechnung spielt es keine Rolle, wie lange die Maschine genutzt wird. Sprich: Hier müssen Sie nicht abschreiben, sondern stets den vollen Auszahlungsbetrag ansetzen – inklusive der Umsatzsteuer.

11. Erlöse aus der Veräußerung von Sachanlagen

Wenn sich die Firma von Sachanlagen getrennt hat, wird in dieser Position die Summe der hierfür erhaltenen Gelder eingetragen.

Im letzten Bilanzjahr verkaufte die Kritzel AG eine ausgemusterte Maschine für 90.000 Euro inklusive Umsatzsteuer.

12. Für Investitionstätigkeit eingesetzte Nettozahlungsmittel

Wie die für Investitionstätigkeit eingesetzten Nettozahlungsmittel genau errechnet werden, zeigt Ihnen Tabelle 23.5.

9.	−	Erwerb von Tochterunternehmen abzüglich erworbener Nettozahlungsmittel	800.000 €
10.	−	Erwerb von Sachanlagen	297.500 €
11.	+	Erlöse aus der Veräußerung von Sachanlagen	90.000 €
12.	=	für Investitionen eingesetzte Nettozahlungsmittel	−1.007.500 €

Tabelle 23.5: Der Cashflow von Kritzel aus Investitionstätigkeit

Da die Kritzel AG im vergangenen Bilanzjahr mehr investiert als desinvestiert hat, ist der Cashflow aus der Investitionstätigkeit negativ.

Cashflow aus Finanzierungstätigkeit

Der *Cashflow aus Finanzierungstätigkeit* zeigt Ihnen die Summe derjenigen Zahlungsströme, die mit der Finanzierung des Unternehmens zusammenhängen, sprich solche, die das Eigen- oder Fremdkapital betreffen.

13. Erlöse aus der Ausgabe von gezeichnetem Kapital

Im Falle einer Kapitalerhöhung werden hier die Gelder, die dadurch in die Kassen fließen, aufgeführt.

Auch die Einnahmen aus dem Verkauf eigener Anteile werden hier ausgewiesen.

Die Kritzel AG hat im vergangenen Jahr eine Kapitalerhöhung durchgeführt. Das Kapital wurde hierbei um 250.000 Euro aufgestockt.

14. Erlöse aus langfristigen Ausleihungen

Hat das untersuchte Unternehmen Anlagen oder sonstige Gegenstände langfristig verliehen und erhält hierfür Geld? Dann erscheint das an dieser Stelle der Kapitalflussrechnung.

Unser Beispielunternehmen hatte im abgelaufenen Geschäftsjahr 12.500 Euro für langfristige Ausleihungen erhalten.

15. Zahlung von Verbindlichkeiten aus Finanzierungsleasing

Finanzierungsleasing erkennen Sie daran, dass die Vertragsdauer den größten Teil der Lebensdauer des jeweiligen Vermögensgegenstands umfasst (in der Regel mindestens 75 Prozent). Auch wenn mehr als 90 Prozent des Wertes über die Leasingraten finanziert wird, ist das ein untrügliches Erkennungszeichen für Finanzierungsleasing.

Sollte ein Vermögensgegenstand mittels Finanzierungsleasing finanziert worden sein, werden Sie die Raten hierfür an dieser Stelle finden.

Bei der Kritzel AG kamen hierdurch insgesamt 90.000 Euro zusammen.

16. Gezahlte Dividenden

Die Dividenden, die das Unternehmen an seine Anteilseigner ausbezahlt hat, tauchen hier auf.

Die Kritzel AG hat im letzten Jahr 150.000 Euro an ihre Aktionäre ausgeschüttet.

17. Für Finanzierungstätigkeit eingesetzte Nettozahlungsmittel

Und fertig ist der Cashflow aus der Finanzierungstätigkeit. Wie der nun im Detail aussieht, zeigt Ihnen Tabelle 23.6.

13.	+	Erlöse aus der Ausgabe von gezeichnetem Kapital	250.000 €
14.	+	Erlöse aus langfristigen Ausleihungen	12.500 €
15.	–	Zahlungen von Verbindlichkeiten aus Finanzierungsleasing	90.000 €
16.	–	gezahlte Dividenden	150.000 €
17.	=	für Finanzierungstätigkeit eingesetzte Nettozahlungsmittel	22.500 €

Tabelle 23.6: Cashflow aus Finanzierungstätigkeit

Bei der Kritzel AG ist im vergangenen Jahr mehr Geld zur Finanzierung des Unternehmens in die Kassen als aus ihnen herausgeflossen. Der Betrag der für Finanzierungstätigkeiten eingesetzten Nettozahlungsmittel ist also positiv.

Zahlungsmittel und Zahlungsmitteläquivalente am Ende der Berichtsperiode

Das Begriffsmonster *Zahlungsmittel und Zahlungsmitteläquivalente zum Ende der Berichtsperiode* bezeichnet nichts anderes als den Schlussbestand an Geld, Schecks etc. des abgelaufenen Geschäftsjahres.

18. Nettozunahme von Zahlungsmitteln und Zahlungsmitteläquivalenten

Hierbei handelt es sich um die Summe der Positionen 8, 12 und 17 – sprich um die Summe des Cashflows aus betrieblicher Tätigkeit, des Cashflows aus Investitionstätigkeit und des Cashflows aus Finanzierungstätigkeit.

In unserem Beispiel beträgt die Nettozunahme von Zahlungsmitteln und Zahlungsmitteläquivalenten –575.000 Euro, wie Ihnen Tabelle 23.7 zeigt. Schuld am negativen Ergebnis waren vor allem die hohen Investitionen im abgelaufenen Geschäftsjahr.

8.		Zahlungsmittel aus betrieblicher Tätigkeit	410.000 €
12.	+	für Investitionstätigkeit eingesetzte Nettozahlungsmittel	–1.007.500 €
17.	+	für Finanzierungstätigkeit eingesetzte Nettozahlungsmittel	22.500 €
18.	=	Nettozunahme von Zahlungsmitteln und -äquivalenten (8, 12 und 17)	–575.000 €

Tabelle 23.7: Kritzel ist ans Eingemachte gegangen

19. Zahlungsmittel und Zahlungsmitteläquivalente zu Beginn der Berichtsperiode

Hier finden Sie das Ergebnis der Kapitalflussrechnung aus dem letzten Jahresabschluss.

Beim letzten Jahresabschluss hatte die Kritzel AG einen Zahlungsmittelbestand von 1.333.000 Euro. Seinerzeit wurde nämlich kaum investiert. Außerdem konnte man damals einen höheren Cashflow aus betrieblicher Tätigkeit erzielen.

20. Zahlungsmittel und Zahlungsmitteläquivalente am Ende der Berichtsperiode

Zählt man die Positionen 18 und 19 zusammen, erhält man das Endergebnis der Kapitalflussrechnung: den Bestand an Zahlungsmitteln und Zahlungsmitteläquivalenten am Ende der Berichtsperiode.

Wie dieser bei der Kritzel AG aussieht, verrät Ihnen Tabelle 23.8.

18.	+	Nettozunahme von Zahlungsmitteln und -äquivalenten (Summe aus 8, 12 und 17)	–575.000 €
19.	+	Zahlungsmittel und Zahlungsmitteläquivalente zu Beginn der Berichtsperiode	1.333.000 €
20.	=	Zahlungsmittel und Zahlungsmitteläquivalente am Ende der Berichtsperiode	758.000 €

Tabelle 23.8: Zahlungsmittel und Zahlungsmitteläquivalente am Ende der Berichtsperiode bei der Kritzel AG

Der gesamte Zahlungsmittelbestand der Kritzel AG beträgt am Ende des Bilanzjahres also immerhin noch 758.000 Euro.

Zwei weitere Kennzahlen rund um den Cashflow

Indem Sie alle bisher gezeigten Positionen in Beziehung zueinander setzen, können Sie eine ganze Menge weiterer Kennzahlen bilden. Sinnvolle und weniger sinnvolle. Bevor Sie mittels *trial and error* Ihre Zeit vergeuden, zeigen wir Ihnen noch zwei eher sinnvollere Kennzahlen rund um den Cashflow.

Cash Burn Rate

Wir beginnen mit der klangvollsten Kennzahl, der *Cash Burn Rate*. Diese Kennzahl sagt Ihnen, wie lange es dauert, bis das gesamte Kapital durch einen negativen Cashflow verbraucht, also verbrannt wird. Die Formel lautet:

$$\text{Cash Burn Rate} = \frac{\text{flüssige Mittel} + \text{geldnahe Mittel}}{\text{Cashflow}}$$

Meistens wird diese Kennzahl bei neu gegründeten Unternehmen angewendet, um zu sehen, wie lange das Startup durchhält beziehungsweise wann es das Startkapital verbrannt hat. Einmal angenommen, eine neu gegründete Softwareschmiede würde über 2.000.000 Euro Startkapital verfügen und verbrennt monatlich 200.000 Euro, dann würde sie theoretisch binnen zehn Monaten insolvent:

$$\text{Cash Burn Rate} = \frac{2.000.000,-}{200.000,-} = 10 \text{ Monate}$$

Der Free Cashflow

Der Free Cashflow zeigt an, wie viel Geld wirklich noch zur Tilgung von Krediten und so weiter übrig bleibt, nachdem die Auszahlungen für Investitionen bereits abgezogen wurden. Die Berechnung ist kinderleicht:

	Cashflow aus betrieblicher Tätigkeit
+	Cashflow aus Investitionstätigkeit
=	Free Cashflow

Aufgabe 23

Der Schreibwarenhersteller Kritzel AG hat einen Cashflow aus betrieblicher Tätigkeit in Höhe von 410.000 Euro. Der Cashflow aus Investitionstätigkeit beträgt −1.007.500 Euro. Wie hoch ist der Free Cashflow der Kritzel AG?

> **IN DIESEM KAPITEL**
>
> Das Ergebnis auseinandernehmen und auf Herz und Nieren prüfen
>
> Der Ergebnisstruktur mit Kennzahlen auf die Spur kommen
>
> Eine Rentabilitätsanalyse durchführen

Kapitel 24
Gut gelaufen oder Pech gehabt: Die Erfolgsanalyse

Das Ergebnis steht fest. Doch wie ist es zustande gekommen? Wurden die entscheidenden Tore nur mit viel Glück aus Standardsituationen heraus erzielt oder war die Mannschaft drückend überlegen? Dazu jetzt die Analyse von Welke und Kahn.

Ergebnisanalyse: Was hinter den Zahlen steckt

Die W&K AG, W&K steht übrigens für Welke und Kahn, erstellt seit dem letzten Diversifikationsprogramm neben Spielanalysen nun auch Unternehmensanalysen.

Einmal angenommen, ein Unternehmen produziert bislang nur Fußbälle. Künftig will es auch Damenschuhe produzieren. Das nennt man *Diversifikation*. Das Unternehmen bietet völlig unterschiedliche Produkte an, damit es nicht mehr von der Konjunktur einer einzigen Branche abhängig ist. Vor einigen Jahrzehnten war der Hang zu Mischkonzernen ein großer Trend. Danach erfolgte eine radikale Umkehr. Monokulturen waren angesagt. Heute wird dies wieder etwas rationaler betrachtet. Risikostreuung ist durchaus wieder erlaubt, sofern es nicht zu bunt wird.

Bei der Ergebnisanalyse will man herauszufinden, ob ein Unternehmen nur zufällig gerade Gewinn macht oder vor Ertragskraft nur so strotzt und somit auch in den nächsten Jahren weiter Gewinne ausweisen wird. Damit ist auch schon die wichtigste Kenngröße genannt: der Gewinn. Auf den kommt es nun mal eben an. Leider kann der Gewinnausweis mithilfe der Bilanzpolitik ganz schön beeinflusst werden. Aufgabe der Bilanzanalyse ist es deshalb, diese Verzerrungen wieder herauszufiltern.

Wird der Jahresabschluss im Rahmen der gesetzlichen Möglichkeiten bewusst so ausgestaltet, dass dem Leser der Bilanz ein bestimmter Eindruck vermittelt werden soll, nennt man das *Bilanzpolitik*. Die gesetzlichen Möglichkeiten ergeben sich zum Beispiel aus bestimmten Wahlrechten bezüglich der Bewertung von Vermögensgegenständen, zeitlichen Verlagerungen von Investitionen oder Ermessensspielräumen bei der Bildung von Rücklagen und Rückstellungen.

Die Wahrheit finden Sie bei der Ergebnisanalyse am ehesten heraus, indem Sie

✔ das ordentliche Betriebsergebnis ermitteln,

✔ die Gewinn- und Umsatzentwicklung betrachten sowie

✔ einen Blick auf die Entwicklung der Material- und Personalaufwendungen werfen.

Stellen Sie sich nun einmal vor, der Staat möchte seine Eisenbahngesellschaft privatisieren. Die gesamte Eisenbahn soll, so die Preisvorstellung des Wirtschaftsministers, schon so etwa 20 Milliarden Euro kosten. Viel Geld, denken Sie jetzt sicherlich. Aber trotzdem vielleicht ein Schnäppchen? Sie beauftragen die Analysten der W&K AG mit der Untersuchung des Ergebnisses der Eisenbahngesellschaft.

in Millionen Euro	2017	2016
Umsatzerlöse	31.309	30.053
Bestandsveränderungen und andere aktivierte Eigenleistungen	1.945	1.890
Zwischensumme: Gesamtleistung	**33.254**	**31.943**
sonstige betriebliche Erträge	3.219	2.859
Materialaufwand	-17.166	-16.449
Personalaufwand	-9.913	-9.782
Abschreibungen	-2.795	-2.950
sonstige betriebliche Aufwendungen	-3.704	-3.144
EBIT	**2.895**	**2.477**
Beteiligungsergebnis	32	18
Zinsergebnis	-908	-941
übriges Finanzergebnis	-3	1
Finanzergebnis	**-879**	**-922**
Ergebnis vor Ertragsteuern	**2.016**	**1.555**
Ertragsteuern	-300	125
Jahresergebnis	**1.716**	**1.680**

Tabelle 24.1: W&K entwickelt die GuV der Eisenbahn

Datenbasis aufbereiten: Struktur-GuV erstellen

Die Welke & Kahn AG besorgt sich zuallererst den Geschäftsbericht der Eisenbahngesellschaft. Insbesondere die Angaben des Lageberichts zur Geschäftsentwicklung und die Erläuterungen zur GuV im Anhang interessieren. Dann kann's losgehen. Die noch nicht aufbereitete GuV sieht wie in Tabelle 24.1 dargestellt aus.

Diese GuV wird im ersten Schritt erst einmal aufbereitet, damit das neutrale Ergebnis herausgefiltert werden kann. Die Struktur-GuV der Eisenbahngesellschaft wird erstellt. Die sonstigen betrieblichen Erträge müssen hierzu aufgespalten werden. Glücklicherweise wird die Position im Anhang ein wenig erläutert. Das hilft bei der Arbeit. In Tabelle 24.2 werden die sonstigen betrieblichen Erträge detailliert aufgelistet und auch gleich aufgeteilt.

Alles, was nicht als nachhaltig bezeichnet werden kann, ordnen Welke und Kahn dem neutralen Ergebnis zu. So auch die staatlichen Zuschüsse.

Die staatlichen Zuschüsse könnte man bisher schon als nachhaltig bezeichnen, da immer wiederkehrend. Sie gehören aber definitiv nicht zum operativen Ergebnis. Und ist der Laden erst einmal verkauft, fließen die Subventionen eventuell auch nicht mehr so wie bisher.

Da zu den übrigen Erträgen nichts weiter im Anhang steht und auch alle offiziellen und inoffiziellen Kanäle keine erhellenden Erkenntnisse brachten, wird salomonisch geteilt. Bei den Abschreibungen machen es sich Welke und Kahn ebenfalls einfach und ordnen 30 Prozent dem neutralen Ergebnis zu. Allzu stark schwankt diese GuV-Position ja sowieso nicht. Die sonstigen betrieblichen Aufwendungen müssen wieder näher betrachtet werden (siehe Tabelle 24.3).

in Millionen Euro	2017	2016	Zuordnung
Erträge aus dem Abgang langfristiger Finanzinstrumente	688	75	neutral
Leistungen für Dritte und Materialverkäufe	641	599	ordentlich
Erträge aus dem Abgang von Sachanlagen	513	293	neutral
Erträge aus staatlichen Zuschüssen	336	414	neutral
Erträge aus Leasing, Vermietung, Verpachtung	212	234	ordentlich
Erträge aus der Auflösung von Rückstellungen	178	325	neutral
Erträge aus Schadensersatz	93	84	neutral
übrige Erträge	558	835	50%

Tabelle 24.2: Die sonstigen betrieblichen Erträge der Eisenbahn im Detail

in Millionen Euro	2017	2016	Zuordnung
Aufwendungen aus Leasing, Mieten, Pachten	952	866	ordentlich
sonstige bezogene Dienstleistungen	487	394	ordentlich
Verluste aus dem Abgang von Sachanlagen und immateriellem Vermögen	163	193	neutral
Aufwendungen aus Schadensersatz	110	79	neutral
übrige Aufwendungen	1.992	1.612	50%

Tabelle 24.3: Die sonstigen betrieblichen Aufwendungen der Eisenbahn

Das Finanzergebnis wird von der W&K AG voll dem ordentlichen Ergebnis zugeschlagen. Damit ist die Struktur-GuV auch schon fertig (siehe Tabelle 24.4).

in Millionen Euro	2017	2016
1. Umsatzerlöse	31.309	30.053
2. und 3. Bestandsveränderungen und andere aktivierte Eigenleistungen	1.945	1.890
4. sonstige betriebliche Erträge (ordentlich)	1.132	1.251
Zwischensumme: Gesamtleistung	**34.386**	**33.194**
5. Materialaufwand (ordentlich)	-17.166	-16.449
6. Personalaufwand (ordentlich)	-9.913	-9.782
7. Abschreibungen (ordentlich)	-1.957	-2.065
8. sonstige betriebliche Aufwendungen (ordentlich)	-2.435	-2.066
I. Summe: ordentliches Betriebsergebnis	**2.915**	**2.832**
9. Beteiligungsergebnis	32	18
10. Zinsergebnis	-908	-941
11. übriges Finanzergebnis	-3	1
II. Summe: Finanzergebnis	**-879**	**-922**
I. + II. Summe: ordentliches Ergebnis	**2.036**	**1.910**
12. neutrale Erträge	2.087	1.608
13. neutrale Aufwendungen	-2.107	-1.963
Summe 12 + 13: neutrales Ergebnis	**-20**	**-355**

Tabelle 24.4: Die Struktur-GuV ist fertig

Das Ergebnis filetieren

Die Zahlen beeindrucken. Zumindest auf den ersten Blick. Der ordentliche Gewinn ist gegenüber dem Vorjahr um 126 Millionen Euro auf 2.036 Millionen Euro gestiegen. Das sind stolze 6,6 Prozent. Hierfür dürften in erster Linie die gestiegenen Umsatzerlöse verantwortlich sein. Diese sind immerhin um 1.256 Millionen Euro gestiegen. Da passt der Gewinnanstieg zehnmal rein. Aber aufgepasst: Die Umsatzsteigerung, so der Geschäftsbericht, wurde auch durch Zukäufe erzielt. Bereinigt um diese Effekte sind die Umsatzerlöse nicht ganz so stark gestiegen (siehe Tabelle 24.5).

in Millionen Euro	2017	2016
Umsatzerlöse	31.309	30.053
Umsatzerlöse bereinigt	31.066	29.989

Tabelle 24.5: Bereinigen hilft oft, den Durchblick zu behalten

Die bereinigten Umsatzerlöse sind immerhin auch noch um 1.077 Millionen Euro, dies entspricht 3,6 Prozent, angestiegen. Die Filetierung liefert somit ein höchst erfreuliches Ergebnis: Das ordentliche Ergebnis stieg stärker als der bereinigte Umsatz. Das Unternehmen ist wohl ziemlich gesund.

Einen Blick auf die einzelnen Geschäftsfelder werfen

Die Verpackung sieht bisher ja ganz gut aus. Doch wie sieht es innen drin aus? Dazu werfen die Analysten jetzt einen Blick auf die einzelnen Geschäftsfelder. Im Mittelpunkt stehen dabei zwei Fragen:

✔ Gab es überall einen Umsatzanstieg?

✔ Hat jeder Geschäftsbereich Gewinne erzielt?

Leider macht der Geschäftsbericht auf der Ebene der einzelnen Geschäftsfelder keine Angaben, die eine Erfolgsspaltung zulassen würden. Hier muss also ein grober Blick genügen. Immerhin gibt es Informationen darüber, wie sich die Umsatzerlöse und das EBIT der noch nicht aufbereiteten GuV auf die einzelnen Geschäftsfelder aufteilen.

Die Eisenbahngesellschaft unterteilt sich übrigens in vier Geschäftsfelder:

✔ Personenverkehr

✔ Güterverkehr

✔ Spedition

✔ Sonstiges

Die Umsatzerlöse entwickelten sich in den vier Geschäftsfeldern unterschiedlich. In Abbildung 24.1 können Sie dies auf einen Blick erkennen. Noch größere Unterschiede gibt es bei der Entwicklung des EBIT. Abbildung 24.2 zeigt das ziemlich deutlich.

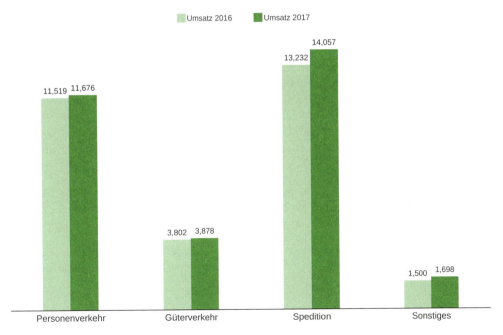

Abbildung 24.1: Umsatzentwicklung der Geschäftsfelder

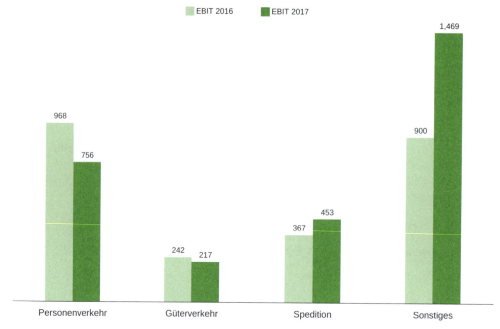

Abbildung 24.2: Entwicklung EBIT

 Falls Sie nicht mehr wissen sollten, was EBIT bedeutet, hier zur Erinnerung: EBIT ist die Abkürzung von *Earnings Before Interest and Taxes*. Dies ist der Gewinn vor dem Zinsaufwand und den Steuern.

Der Geschäftsbereich Personenverkehr

Der Personenverkehr konnte seinen Umsatz von 11.519 Millionen Euro auf 11.676 Millionen Euro geringfügig um 157 Millionen Euro steigern, das entspricht 1,4 Prozent. Das Betriebsergebnis ist dagegen stark gesunken: von 968 Millionen Euro auf 756 Millionen Euro. Das sind stolze 212 Millionen Euro oder 21,9 Prozent weniger als im Vorjahr. Was ist da passiert? Der Geschäftsbericht verrät es. So konnte der Umsatz durch Fahrzeugverkäufe gesteigert werden. Ah ja, das steht also hinter den gestiegenen neutralen Erträgen aus dem Abgang von Sachanlagen.

Die negative EBIT-Entwicklung wird im Geschäftsbericht mit einer Rückstellung für drohende Verluste von über 300 Millionen Euro begründet. Die Energiepreise steigen bekanntlich stark an. Dieser Kostenanstieg kann nicht mit steigenden Erträgen ausgeglichen werden.

 Rückstellungen für drohende Verluste aus schwebenden Geschäften dürfen dann gebildet werden, wenn die Gesamtkosten eines Vertrags voraussichtlich die Gesamterlöse übersteigen werden.

Der Geschäftsbereich Güterverkehr

Hier hat der Umsatz leicht zugelegt. Oje, oje, aber wie im Personenverkehr ist auch hier das Betriebsergebnis stark rückläufig. Es sank von 242 Millionen Euro auf 217 Millionen Euro.

Das sind gut 10 Prozent Ergebnisrückgang. Begründet wird dies mit einem einmaligen Vorgang, dem verlustreichen Verkauf einer Beteiligung. Ansonsten wäre die EBIT-Entwicklung positiv gewesen. Drücken wir die Daumen, dass keine weiteren verlustreichen Verkäufe drohen.

Der Geschäftsbereich Spedition

Die Eisenbahngesellschaft besitzt auch eine Lkw-Spedition. Deren Umsatz stieg um 1 Million Euro. Im Gegensatz zum eigentlichen Kerngeschäft auf der Schiene brummt das Geschäft auf der Straße. Das EBIT steigt ziemlich stark an: von 367 Millionen auf 453 Millionen Euro.

Der Restesammler Sonstiges

Neben den Bahnhöfen und der Fahrradvermietung holen die unter dem Restesammler Sonstiges geführten Beteiligungen das meiste Geld ins Haus.

Einen Blick auf den Material- und Personalaufwand werfen

Der Materialaufwand ist gegenüber dem Vorjahr um 717 Millionen Euro gestiegen. Das sind etwa 4 Prozent. Verursacht wurde der Anstieg in erster Linie durch die höheren Energiepreise. Dieses Mal konnte der Anstieg noch durch einen noch stärkeren Anstieg der Erträge ausgeglichen werden. Hier lauert für die Zukunft aber ein deutliches Risiko, sofern die Energiepreise weiter steigen sollten. Und davon muss bekanntlich ausgegangen werden. Der Personalaufwand stieg lediglich um 1 Prozent. Das liegt deutlich im grünen Bereich und sollte bei der weiteren Analyse kein Kopfzerbrechen bereiten.

Das kommt raus bei der Ergebnisanalyse

Das Unternehmen macht einen ganz ordentlichen Eindruck. Der Umsatz konnte gesteigert werden, das Jahresergebnis ebenso. Die EBIT-Entwicklung im Kerngeschäft auf der Schiene ist jedoch rückläufig, aber kein Grund zur Panik. Immerhin wird auf der Schiene auch im aktuellen Jahr fast 1 Milliarde Euro EBIT erzielt. Die steigenden Energiepreise wurden durch Rückstellungen bereits berücksichtigt und werden in den nächsten Jahren sicherlich dann auch auf der Ertragsseite einfließen.

Die Ergebnisstruktur in Kennzahlen

Es ist unvermeidlich. Nun werden Kennzahlen gebildet. Damit wollen wir Sie nicht nur ein wenig quälen, sondern Ihnen auch noch ein paar sinnvolle Zahlen für einen überbetrieblichen Vergleich zeigen.

Vergleichbar: Die Ergebnisbestandteile in Kennzahlen

Weiter vorn in diesem Kapitel wurde das Ergebnis der Eisenbahngesellschaft bereits so aufgespalten, dass die vorbereiteten Zahlen jetzt nur noch in die Formeln eingesetzt werden müssen.

Der Anteil des ordentlichen Betriebsergebnisses am Gesamtergebnis

Die Welke und Kahn AG schaut zuerst einmal, wie sich das ordentliche Betriebsergebnis im Vergleich zum Gesamtergebnis entwickelt hat.

$$\text{Anteil ordentliches Betriebsergebnis} = \frac{\text{ordentliches Betriebsergebnis}}{\text{Gesamtergebnis vor Steuern}} \times 100$$

Die Kennzahl für das Jahr 2016 sieht wie folgt aus:

$$\text{Anteil ordentliches Betriebsergebnis 2016} = \frac{2.832}{1.555} \times 100 = 182$$

Im Folgejahr sinkt die Kennzahl deutlich:

$$\text{Anteil ordentliches Betriebsergebnis 2017} = \frac{2.915}{2.016} \times 100 = 145$$

Was sagt uns nun diese Kennzahl? Im Jahr 2016 war das ordentliche Betriebsergebnis fast doppelt so groß wie das Gesamtergebnis. Im Folgejahr sinkt diese Relation etwas. Mit anderen Worten: Es wurde ausschließlich mit der gewöhnlichen Geschäftstätigkeit ein Gewinn erzielt. Die anderen beiden Ergebnisbestandteile waren in Summe negativ. Das wiederum ist positiv zu werten, solange die negativen Ergebnisbestandteile nicht nachhaltig sind.

Ist der Anteil des ordentlichen Betriebsergebnisses am Gesamtergebnis kleiner als 100, hat das Unternehmen Teile seines Gewinns nicht mit der gewöhnlichen Geschäftstätigkeit erzielt. Meist liefert das Finanzergebnis einen Gewinnbeitrag. In manchen Fällen können auch außerordentliche Ereignisse Gewinnbeiträge liefern.

Der Anteil des Finanzergebnisses am Gesamtergebnis

Leider ist das negative Finanzergebnis ziemlich nachhaltig. Im aktuellen Jahr sind es −879 Millionen Euro. Im Vorjahr war es noch schlimmer: −922 Millionen Euro. Laut Anhang werden hier die Zinszahlungen aus etwa 18 Milliarden Euro Verbindlichkeiten ausgewiesen. Die leichte Verbesserung des Finanzergebnisses rührt aus dem Schuldenabbau. Im Vorjahr waren es noch stolze 20 Milliarden Euro Schulden. Es konnten somit rund 2 Milliarden Euro Schulden abgebaut werden, sodass trotz steigender Zinssätze das Finanzergebnis etwas verbessert werden konnte. Entsprechend sank der negative Anteil des Finanzergebnisses am Gesamtergebnis. Zuerst die Formel:

$$\text{Anteil Finanzergebnis} = \frac{\text{Finanzergebnis}}{\text{Gesamtergebnis vor Steuern}} \times 100$$

Im aktuellen Jahr sieht das dann so aus:

$$\text{Anteil Finanzergebnis 2017} = \frac{-879}{2.016} \times 100 = -44$$

Im Vorjahr waren es sogar noch 59 Prozent.

$$\text{Anteil Finanzergebnis } 2016 = \frac{-922}{1.555} \times 100 = -59$$

Natürlich wäre es wünschenswert, wenn beim Finanzergebnis das negative Vorzeichen fehlen würde. So herausragend muss es aber auch wieder nicht sein, hier genügt auch eine schwarze Null. Bei der Eisenbahngesellschaft wird dies voraussichtlich in zehn Jahren der Fall sein. Sofern sie nicht wieder neue Schulden aufnehmen muss.

 Manche Firmen erzielen mit ihrem Finanzergebnis den meisten Gewinn. Das ordentliche Betriebsergebnis des Kerngeschäfts ist dann nur noch nettes Beiwerk. Dies ist nur in Ordnung, solange das Finanzergebnis auch nachhaltig ist.

Der Anteil des neutralen Ergebnisses am Gesamtergebnis

Zum Schluss noch ein Blick auf den Anteil des neutralen Ergebnisses. Die Formel dürfte Sie nicht überraschen:

$$\text{Anteil neutrales Betriebsergebnis} = \frac{\text{neutrales Betriebsergebnis}}{\text{Gesamtergebnis vor Steuern}} \times 100$$

Im Jahr 2017 ist der Anteil verschwindend gering:

$$\text{Anteil neutrales Betriebsergebnis } 2017 = \frac{-20}{2.016} \times 100 = -1$$

Im Vorjahr sah es dagegen noch schlechter aus:

$$\text{Anteil neutrales Betriebsergebnis } 2016 = \frac{-355}{1.555} \times 100 = -23$$

Zum Glück handelte es sich hier um einmalige Effekte, die das aktuelle Ergebnis nicht mehr sonderlich belasten.

Das halbwegs positive Fazit

Das Ergebnis stammt aus dem ordentlichen Betriebsergebnis und nicht aus Einmaleffekten. So weit, so gut. Leider besitzt die Ergebnisstruktur kein Netz mit doppeltem Boden in Form eines positiven Finanzergebnisses. Fällt das ordentliche Betriebsergebnis einmal deutlich schwächer aus, kann das Gesamtergebnis bei einer so hohen Verschuldung schnell mal negativ werden.

Die Aufwandsstruktur in Kennzahlen

Hier können Sie Kennzahlen rund um die Themen Personal, Material und Kapital bilden.

Personalkennzahlen rund um die Ergebnisanalyse

Widmen wir uns zuerst einmal dem Personal. Hier kann man ganz viele Kennzahlen bilden, bei denen jeder mitreden kann. Fast jeder. Die Meinungen sind natürlich stets gespalten. Entweder ist zu wenig oder zu viel Personal an Bord. Oder der Personalaufwand ist viel zu niedrig oder zu hoch. Argumente werden beide Seiten immer ausreichend zur Verfügung haben.

Die Personalintensität

Die Personalintensität ergibt sich aus dem Anteil des Personalaufwands an der Gesamtleistung.

 Umsatzerlöse und Bestandsveränderungen ergeben zusammen die *Gesamtleistung*.

Die Formel ist entsprechend einfach gestrickt:

$$\text{Personalintensität} = \frac{\text{Personalaufwand}}{\text{Gesamtleistung}} \times 100$$

Im Jahr 2017 errechnet sich bei der Eisenbahngesellschaft folgende Personalintensität:

$$\text{Personalintensität 2017} = \frac{9.913}{33.254} \times 100 = 30$$

Im Jahr 2016 sah das nicht wesentlich anders aus:

$$\text{Personalintensität 2016} = \frac{9.782}{31.943} \times 100 = 31$$

Der Anstieg um einen Prozentpunkt kann zufällig sein, er kann aber auch das Ergebnis der vergeblichen Bemühungen zur Verringerung der Personalintensität sein. Letzteres kann grundsätzlich auf drei Arten erfolgreich erreicht werden:

✔ Personalabbau bei gleichbleibender Leistung

✔ Die Leistung hat sich stärker erhöht als der Personalaufwand.

✔ Das Personal musste Lohneinbußen schlucken.

Die mittlere Variante ist die wohl für alle Beteiligten angenehmste. Leider ist sie aber nicht die häufigste Ursache. Bei der Eisenbahngesellschaft gab es laut Anhang kräftige Tariferhöhungen und Leistungssteigerungen. Im Ergebnis blieb die Personalintensität in etwa auf gleichem Niveau.

Die Pro-Kopf-Personalaufwendungen

Die Pro-Kopf-Personalaufwendungen ermitteln Sie, indem Sie den Personalaufwand durch die Beschäftigtenzahl teilen.

$$\text{Pro-Kopf-Personalaufwand} = \frac{\text{Personalaufwand}}{\text{Beschäftigtenzahl}}$$

Die Eisenbahngesellschaft hat bei der Beschäftigtenzahl gegenüber dem Vorjahr kräftig zugelegt. Dies lag in erster Linie an den Zukäufen. Im Vorjahr wurden 229.200 Mitarbeiter beschäftigt. Im aktuellen Jahr sind es bereits 237.078 Mitarbeiter. Der Pro-Kopf-Personalaufwand betrug im Vorjahr damit 42.678 Euro pro Mitarbeiter. Im aktuellen Jahr sind es nur noch 41.813 Euro pro Mitarbeiter. Die Zukäufe fanden in Ländern mit niedrigerem Lohnniveau statt. Deshalb sinkt logischerweise auch der Pro-Kopf-Personalaufwand.

Die Arbeitsproduktivität

Eine weitere beliebte Kennzahl ist die Arbeitsproduktivität. Diese Kennzahl kann auf zwei völlig unterschiedliche Arten gebildet werden. Die Aussage, die dabei getroffen werden soll, ist aber dieselbe: Steigt oder fällt der Output pro eingesetzte Einheit Arbeit? Hier sind die beiden Varianten.

Variante 1:

$$\text{Arbeitsproduktivität} = \frac{\text{Gesamtleistung} - \text{Materialaufwand}}{\text{Personalaufwand}} \times 100$$

Variante 2:

$$\text{Arbeitsproduktivität} = \frac{\text{Gesamtleistung}}{\text{Beschäftigtenzahl}}$$

Die Kahn & Welke AG ist beim Analysieren sehr genau und prüft beide Varianten. Möglicherweise kann man aus diesem Mehraufwand Nutzen für die nächsten Spielanalysen ziehen. Die Arbeitsproduktivität der Eisenbahngesellschaft mit der Variante 1:

$$\text{Arbeitsproduktivität } 2016 = \frac{31.943 - 16.449}{9.782} \times 100 = 158$$

$$\text{Arbeitsproduktivität } 2017 = \frac{33.254 - 17.166}{9.913} \times 100 = 162$$

Und nun drücken wir alle ganz fest die Daumen, dass auch mit der Variante 2 die Arbeitsproduktivität gegenüber dem Vorjahr gestiegen ist. Der Test:

$$\text{Arbeitsproduktivität } 2016 = \frac{31.943.000.000}{229.200} = 139.367$$

$$\text{Arbeitsproduktivität } 2017 = \frac{33.254.000.000}{237.078} = 140.266$$

Welke jubelt, jippie, es hat funktioniert. Kahn bleibt da etwas zurückhaltender. Der Anstieg fällt bei Variante 2 nicht ganz so stark aus. So etwas kann spielentscheidend sein. Die Sympathien liegen klar bei der ersten Variante, da hier die Gesamtleistung um den Materialaufwand bereinigt wurde. Dieser ist wegen der steigenden Energiepreise stärker als der Personalaufwand gestiegen und sollte deshalb bei der Betrachtung außen vor bleiben. Die zweite Variante besitzt aber auch einen gewissen Charme. Mit deutlich mehr Mitarbeitern konnte noch mehr Gesamtleistung erbracht werden. Tolle Sache für die Eisenbahngesellschaft, nur leider nicht 1:1 aufs Fußballfeld übertragbar.

Eine Materialkennzahl rund um die Ergebnisanalyse

So, genug auf dem Personal rumgehackt. Es wird Zeit, die steigenden Materialaufwendungen zu bejammern. Die Kennzahl besitzt starke Ähnlichkeiten mit der Personalintensität:

$$\text{Materialintensität} = \frac{\text{Materialaufwand}}{\text{Gesamtleistung}} \times 100$$

In den beiden betrachteten Jahren hat sich die Materialintensität leicht erhöht:

$$\text{Materialintensität 2016} = \frac{16.449}{31.943} \times 100 = 51$$

$$\text{Materialintensität 2017} = \frac{17.166}{33.254} \times 100 = 52$$

Dank der deutlichen Steigerung der Gesamtleistung hält sich der Anstieg der Materialintensität in Grenzen. Welke und Kahn befürchten aber, dass die steigenden Energiepreise in den nächsten Jahren nicht mehr in gleichem Maße durch einen Anstieg der Gesamtleistung halbwegs kompensiert werden können. Sollten die Preise auf der Schiene hierzu stark angehoben werden, könnte Kundschaft ausbleiben. Dann könnten die Fahrgastzahlen sinken.

Eine Kennzahl zum Kapital rund um die Ergebnisanalyse

Zum Abschluss wird noch die Abschreibungsquote betrachtet. Die höheren Materialaufwendungen resultieren ja in erster Linie aus den gestiegenen Energiepreisen. Ergo müsste die Kapitalintensität und damit auch die daraus abgeleitete Abschreibungsquote im Zeitablauf relativ unverändert bleiben, da es keine Indizien für größere Investitionen und damit einer höheren Abschreibungsquote gibt. Was zu beweisen wäre.

$$\text{Abschreibungsquote} = \frac{\text{Abschreibungen auf Anlagevermögen}}{\text{Gesamtleistung}} \times 100$$

In einigen Büchern wird die Abschreibungsquote nur mit den Abschreibungen aus Sachanlagen berechnet. Da es heutzutage durchaus üblich ist, auch nennenswertes Kapital in immaterielle Anlagegüter, wie zum Beispiel Software, zu stecken, weichen wir hiervon ab und nehmen die gesamten Abschreibungen.

$$\text{Abschreibungsquote 2016} = \frac{2.065}{31.943} \times 100 = 7$$

$$\text{Abschreibungsquote 2017} = \frac{1.957}{33.254} \times 100 = 6$$

Die Abschreibungsquote ist sogar leicht gefallen. Der Umsatzanstieg hat also nicht im selben Ausmaß Investitionen erforderlich gemacht. Kahn bleibt jedoch skeptisch. Ihn stören die gesunkenen ordentlichen Abschreibungen. Eventuell versteckt sich da ein Investitionsstau, verursacht durch den Zwang, im Jahr des Börsengangs gute Zahlen vorzulegen.

Wir haben bei der Berechnung der Abschreibungsquote übrigens nur die ordentlichen Abschreibungen berücksichtigt, damit Sondereffekte außen vor bleiben.

Renditedruck: Die Rentabilitätsanalyse

Die Analysten Welke und Kahn fahren gerne dann und wann selbst mit der Bahn. Auch mit so mancher schönen Bimmelbahn, sorry, Regionalbahn. Leider drückt dieser Genuss die Rendite der Eisenbahngesellschaft. Alle nicht so lukrativen Nebenstrecken müssten unter dem alleinigen Diktat der Rendite sofort stillgelegt werden. Da die Eisenbahn aber auch verkehrspolitische Zwecke erfüllen soll, entsteht bei einem Verkauf der Bahn ein Interessenkonflikt. Dieser wird zulasten der Bahnstrecken und der Rendite gehen. Welke und Kahn schauen sich daher erst einmal in Ruhe an, ob die bisherige Rendite die Preisvorstellung des Wirtschaftsministers überhaupt rechtfertigt.

Dazu wird das ganze Programm der Rentabilitätsanalyse abgearbeitet. Es umfasst:

✔ Eigenkapitalrentabilität

✔ Gesamtkapitalrentabilität beziehungsweise ROI (Return on Investment)

✔ Umsatzrentabilität

Auch die Kennzahlen zur Rentabilität werden wieder ganz einfach gebildet. Der Gewinn wird dabei stets ins Verhältnis zu einer bestimmten Bezugsgröße gesetzt. Bei der Eigenkapitalrentabilität wird er zum Beispiel auf das Eigenkapital bezogen, bei der Umsatzrentabilität auf den Umsatz.

Eigenkapitalrentabilität

Einmal angenommen, Sie hätten ein paar Spargroschen und legen diese auf einem Tagesgeldkonto an. Pro Jahr bekommen Sie hierfür 2 Prozent Zinsen. Legen Sie beispielsweise 10.000 Euro an, erwirtschaften Sie einen Zinsgewinn von 200 Euro. So gesehen ist ein Unternehmen auch nichts anderes als ein Tagesgeldkonto. Anleger investieren ihr Geld, um einen bestimmten Gewinn zu erzielen. Anders als bei einem Tagesgeldkonto lässt sich der »Zinssatz« der Investition aber erst nachträglich ermitteln. Und dieser »Zinssatz« ist das, was sich hinter der Eigenkapitalrendite versteckt. Diese berechnet man wie folgt:

$$\text{Eigenkapitalrentabilität} = \frac{\text{Jahresüberschuss}}{\text{Eigenkapital}} \times 100$$

Sie können diese Formel ein wenig variieren, indem Sie statt des Jahresüberschusses auch das EBIT einsetzen. Dies ist bei überbetrieblichen Vergleichen sinnvoll.

Angaben zum Jahresüberschuss und Eigenkapital finden Sie im Geschäftsbericht. Die Spannung steigt. Wie hoch fällt wohl die Eigenkapitalrentabilität der Eisenbahngesellschaft aus? Vorhang auf für die Ergebnisse:

$$\text{Eigenkapitalrentabilität 2016} = \frac{1.680}{9.214} \times 100 = 18$$

$$\text{Eigenkapitalrentabilität 2017} = \frac{1.716}{10.953} \times 100 = 16$$

Welke ist begeistert und will sofort selbst in das Eisenbahngeschäft einsteigen. Eine so hohe Verzinsung des Eigenkapitals ist verdammt gut. Das bietet ihm keine Bank. Kahn murmelt mit ernster Miene dagegen etwas von einem Leverage-Effekt und Investitionsstau und überhaupt sei die Rendite stark abfallend. Für die kommenden Spiele, äh, Geschäftsjahre, sieht er dunkle Wolken aufziehen.

Unter dem *Leverage-Effekt* versteht man den Zusammenhang zwischen Fremdkapitalzins, Gesamtkapitalrendite und Eigenkapitalrendite. Solange der Fremdkapitalzins niedriger als die Gesamtkapitalrendite ist, wird bei steigender Verschuldung die Eigenkapitalrendite ansteigen. Der Grund: Da ja immer weniger eigenes Geld investiert wird und stattdessen fremdes Geld arbeitet, steigt die Eigenkapitalrendite. Steigt der Marktzins jedoch an, kippt das Modell in dem Moment, in dem der Fremdkapitalzins die Gesamtkapitalrendite übersteigt. Dann drohen rote Zahlen.

Das Eigenkapital der Eisenbahngesellschaft beträgt gerade einmal etwa 10 Milliarden Euro; bei etwa 20 Milliarden Euro Schulden. Nicht gerade beruhigend. Bei einem so hohen Verschuldungsgrad ist eine so hohe Eigenkapitalrendite nicht weiter verwunderlich. Dies ist jedoch nur eine Momentaufnahme. Wenn die Zinsen steigen, kann das ganze Modell schnell kippen. Dazu wird jetzt die Gesamtkapitalrentabilität betrachtet.

Die Eigenkapitalrentabilität ist in der Regel diejenige Kennzahl, auf die die Anteilseigner das größte Augenmerk legen. Warum? Sie besagt, ob es überhaupt noch sinnvoll ist, in das Unternehmen zu investieren, oder ob das Geld woanders eine bessere Verzinsung einfahren könnte.

Gesamtkapitalrentabilität oder ROI

In der Regel sind Unternehmen nicht nur mit Eigenkapital, sondern auch zusätzlich noch mit Fremdkapital finanziert. Beides zusammen ergibt das Gesamtkapital. Das Fremdkapital setzt sich zusammen aus den

- ✔ Verbindlichkeiten,
- ✔ Rückstellungen,
- ✔ passiven Rechnungsabgrenzungsposten.

Falls ein Unternehmen neue Kredite benötigt, wollen die Banken natürlich wissen, wie gut die Firma insgesamt dasteht. Die Gesamtkapitalrentabilität zeigt den Banken an, wie erfolgreich das Unternehmen als Ganzes arbeitet.

Die Gesamtkapitalrentabilität berechnen Sie ganz einfach, indem Sie das EBIT durch das Gesamtkapital teilen. Das Gesamtkapital finden Sie wie alle anderen Werte auch wieder im Geschäftsbericht. Wenn es auf drei Cent nicht ankommt, nehmen Sie hier einfach die Bilanzsumme.

Anders als bei der Berechnung der Eigenkapitalrentabilität wird hier nicht der Jahresüberschuss, sondern der Gewinn vor Abzug der Zinsen und Steuern verwendet. Der Grund: Die Steuerlast variiert stark mit dem Verschuldungsgrad. Dieser Effekt darf nicht in die Berechnung einfließen. Ebenso darf man die gezahlten Fremdkapitalzinsen nicht vom Gewinn abziehen.

Die Formel sieht damit so aus:

$$\text{Gesamtkapitalrentabilität} = \frac{\text{EBIT}}{\text{Gesamtkapital}} \times 100$$

Jetzt kommt die Nagelprobe. Wie gut fällt die Gesamtkapitalrentabilität bei einer so hohen Verschuldung aus?

$$\text{Gesamtkapitalrentabilität 2016} = \frac{2.477}{48.440} \times 100 = 5,1$$

$$\text{Gesamtkapitalrentabilität 2017} = \frac{2.895}{48.529} \times 100 = 6,0$$

Die Gesamtkapitalrentabilität lag im Jahr 2016 nicht weit über dem marktüblichen Zinssatz. Im Jahr 2017 hat sich die Situation ein wenig gebessert. Leider steigen die Fremdkapitalzinsen wohl ebenfalls weiter an. Ein wenig Abstand bleibt dennoch. Die 5,1 Prozent beziehungsweise 6,0 Prozent bedeuten übrigens, dass jeder Euro, unabhängig davon, wer ihn in das Unternehmen investiert hat, 0,051 Euro beziehungsweise 0,06 Euro an Gewinn abwirft. Das Unternehmen ist für alle Beteiligten weitaus attraktiver als ein Tagesgeldkonto.

Falls Ihnen das Wort Gesamtkapitalrentabilität zu lang sein sollte: Sie dürfen auch *ROI* dazu sagen. ROI steht für *Return on Investment* und ist nichts anderes als die Gesamtkapitalrentabilität.

Umsatzrentabilität

Zu einer ordentlichen Rentabilitätsanalyse gehört natürlich auch die Berechnung der Umsatzrentabilität. Hier steht die Frage im Mittelpunkt, wie viel vom Umsatz als Gewinn hängen bleibt. Die Umsatzrentabilität gibt Auskunft, wie viel Gewinn in Prozent pro umgesetzten Euro erwirtschaftet wurde.

Die Umsatzrentabilität ist eine prima Kennzahl, um sich mit anderen Unternehmen zu messen und die Ergebnisentwicklung im eigenen Unternehmen über mehrere Jahre hinweg zu verfolgen.

Diese Kennzahl berechnen Sie wie in der nächsten Formel dargestellt:

$$\text{Umsatzrentabilität} = \frac{\text{EBIT}}{\text{Umsatz}} \times 100$$

Bei der Ermittlung der Umsatzrentabilität können Sie erst einmal die Bilanz wieder beiseitelegen. Alle Daten hierfür stehen in der Gewinn-und-Verlust-Rechnung.

Die Eisenbahngesellschaft weist folgende Umsatzrentabilität aus:

$$\text{Umsatzrentabilität 2016} = \frac{2.477}{31.943} \times 100 = 7,8$$

$$\text{Umsatzrentabilität 2017} = \frac{2.895}{33.254} \times 100 = 8,7$$

Das bedeutet, dass die Eisenbahngesellschaft mit jedem Euro Umsatz 8 Cent Gewinn macht. Der Rest des hart verdienten Euros wird von irgendwelchen Kosten aufgefressen.

Alles, was *Rentabilität* heißt, bezieht sich auf den Gewinn. Der Begriff, der vor dem Wörtchen *Rentabilität* steht, ist diejenige Größe, durch die der Gewinn bei der jeweiligen Kennzahlenermittlung dividiert wird. Ist der Gewinn einmal negativ, was man landläufig auch Verlust nennt, landen auch die Kennzahlen zur Rentabilität allesamt im negativen Bereich.

Das Bindeglied Kapitalumschlag

Die Umsatzrentabilität und die Gesamtkapitalrentabilität sind eng miteinander verbunden. Das Bindeglied nennt man Kapitalumschlag. Hier wird gemessen, wie oft das Gesamtkapital durch den Jahresumsatz umgeschlagen wurde.

$$\text{Kapitalumschlag} = \frac{\text{Umsatz}}{\text{Gesamtkapital}}$$

Dabei gilt folgende Faustregel: Je schneller das Kapital umgeschlagen wird, desto höher die Gesamtkapitalrendite.

Aufgabe 24

Die Druckerei Visitencard GmbH bietet seit Neuestem ihre Dienstleistungen auch über das Internet an. Inhaber der Druckerei ist der Discountererbe Herr Weisshaar. Er hat innerhalb weniger Jahre fast sein gesamtes Erbe in die Druckerei seines Schwagers gesteckt. Im letzten Jahr hat die Druckerei erstmals Gewinne erzielt: mit den Finanzspekulationen von Herrn Weisshaar. Das laufende Geschäft war weiterhin verlustreich. Ist der Anteil des ordentlichen Betriebsergebnisses am Gesamtergebnis im betreffenden Jahr damit größer oder kleiner als 100?

Teil V
Die Basics der Kosten- und Leistungsrechnung

IN DIESEM TEIL …

Hier machen wir Sie mit den Grundlagen sowie den wichtigsten Begriffen vertraut.

Sie erfahren Sie alles über die unterschiedlichen Kostenbegriffe, damit Ihnen niemand mehr Geschichten über furchterregende Unkosten erzählen kann.

Und dann lernen Sie Konten-, Kostenstellen- und Kostenträgerpläne kennen.

IN DIESEM KAPITEL

Die Rolle der Kosten- und Leistungsrechnung im Rechnungswesen

Aufgaben der Kosten- und Leistungsrechnung

Kapitel 25
Eingeordnet – die Kosten- und Leistungsrechnung

Nachdem Sie jetzt bestens informiert sind, was das externe Rechnungswesen angeht, heißen wir Sie herzlich willkommen in der Welt der Kosten und Leistungsrechnung. Bevor wir jedoch tiefer in die Materie eintauchen, beginnen wir dieses Kapitel mit einer kleinen Wiederholung zur Auflockerung. Und zwar mit der grundsätzlichen Unterscheidung zwischen dem internen und dem externen Rechnungswesen.

Intern und extern

In Deutschland, Österreich und der deutschsprachigen Schweiz wird das Rechnungswesen in zwei Schubladen unterteilt:

- ✔ externes Rechnungswesen
- ✔ internes Rechnungswesen

Die jeweiligen Rechnungssysteme werden in diese beiden Schubladen nach deren Adressaten einsortiert. Alle Systeme mit externen Adressaten wie zum Beispiel Gläubiger oder Lieferanten landen in der Schublade »externes Rechnungswesen«, die Systeme mit internen Adressaten – das ist in erster Linie das Management – folglich in der Schublade »internes Rechnungswesen«.

Zum externen Rechnungswesen zählt die Bilanzrechnung mit der Erstellung der Gewinn- und-Verlust-Rechnung sowie der Handels- und Steuerbilanz (mehr dazu im ersten Teil dieses Buches). Die Bilanz und die Gewinn-und-Verlust-Rechnung werden veröffentlicht, deshalb wurde die Bilanzrechnung in die Schublade »externes Rechnungswesen« gepackt.

Die Kosten- und Leistungsrechnung ist dagegen ein rein internes Instrument, deshalb bildet es das interne Rechnungswesen. Die wichtigsten Aufgaben und Interessengruppen dieser beiden Rechenwelten haben wir in Tabelle 25.1 zusammengefasst.

		Externes Rechnungswesen	Internes Rechnungswesen
Aufgaben		Ermittlung der Veränderungen des Kapitals und Vermögens sowie der Verbindlichkeiten	Kalkulationen und Kosteninformationen
		Erfassung aller Geschäftsfälle	Wirtschaftlichkeitsanalysen und Entscheidungsgrundlagen, Planung
		Ermittlung des Jahresabschlusses und des Unternehmensergebnisses	Ermittlung des Betriebsergebnisses
			Liquiditätsberechnungen
			Mengenrechnungen
Interessengruppen		Management	Management
		Eigentümer	
		Banken/Gläubiger	
		Lieferanten	
		Arbeitnehmer/Gewerkschaften	
		Staat/Fiskus	

Tabelle 25.1: Aufgaben und Interessengruppe des internen und des externen Rechnungswesens

Es wächst zusammen, was zusammengehört: Konvergenz von externem und internem Rechnungswesen

Seit etwa 20 Jahren gibt es im Rechnungswesen einen starken Modetrend. Der Trend heißt Konvergenz. Darunter versteht man die Zusammenführung, sprich die Konvergenz, des externen und internen Rechnungswesens. Was ist damit gemeint? Ganz einfach: Das interne Rechnungswesen erfindet das Rad nicht neu, sondern bedient sich schlicht bei den Werten aus der Finanzbuchhaltung.

Die Konvergenzbemühungen haben aber auch ihren Preis. Meist wird dann auf Daten des internen Rechnungswesens, auf kalkulatorische Größen wie etwa kalkulatorische Zinsen, verzichtet. Auf unterschiedliche Abschreibungszeiträume wird dabei auch gerne verzichtet. Damit entfallen natürlich zugleich ein paar interne Steuerungsmöglichkeiten.

Möglich wurde das unter anderem deshalb, weil die Finanzbuchhaltung in allen kapitalmarktorientierten Unternehmen neuerdings auch nach IFRS erstellt wird. Im Gegensatz zum Handelsgesetzbuch, dem HGB, das früher stark vom Vorsichtsprinzip und dem Gläubigerschutz dominiert wurde, stellt die Finanzbuchhaltung nach IFRS schon eher entscheidungsrelevante Informationen zur Verfügung.

Natürlich wird an allen Ecken und Enden darüber gestritten, ob und inwieweit die Werte nach IFRS für die Kosten- und Leistungsrechnung verwendbar sind. Wie so oft gibt es mehr Meinungen als Köpfe.

Verwirrung allenthalben: Zwei unterschiedliche Ergebnisse

Neben diesem externen Einfluss gibt es aber auch gewichtige unternehmensinterne Gründe für die Konvergenz. Versuchen Sie mal Ihrem Management zu erklären, warum das Unternehmensergebnis super ist, das Betriebsergebnis dagegen Anlass zu großer Sorge bereitet. Viel Spaß dabei. Meistens hatte sogar der Vorstand selbst mit seinen Aufträgen für das Auseinanderdriften der beiden Ergebnisse gesorgt. Für das Börsenparkett konnte der Ergebnisausweis nicht hoch genug sein, darum ein super Unternehmensergebnis. Um aber intern die harte Realität als Entscheidungsgrundlage in Zahlen abzubilden, wird beim Betriebsergebnis mithilfe kalkulatorischer Kosten ein etwas anderes Szenario an die Wand gemalt. Nun müssen Sie demselben Vorstand wieder erklären, woher die Differenz stammt.

Viele gut dotierte Stellen verdanken ihre Existenz allein der Trennung des internen und externen Rechnungswesens. Hier werden die komplexen Überleitungsrechnungen erstellt. Weicht das Unternehmensergebnis dank der Konvergenz dagegen kaum noch vom Betriebsergebnis ab, ersparen Sie sich langwierige Überleitungsrechnungen und damit vielleicht auch ein paar Planstellen.

Ohne Konvergenz kann es auf der Weihnachtsfeier auch richtig lustig werden, sofern der Vorstand seine Jahresprämie auf Basis des Unternehmensergebnisses erhält, die unteren Hierarchen aber wenig bis keine Prämie bekamen, da sie am mageren Betriebsergebnis gemessen wurden. Das schwerwiegendste Argument für die Konvergenz ist die erhöhte Wirtschaftlichkeit. Doppelte Verbuchungen werden vermieden, alles wird etwas einfacher. Eine vollständige Konvergenz kann es aber nie geben. Für interne Zwecke werden immer wieder Zahlen benötigt, die nicht für die Öffentlichkeit bestimmt sind.

Die Kosten- und Leistungsrechnung

Die Kosten- und Leistungsrechnung ist immer dann gefragt, wenn Informationen für operative Entscheidungen benötigt werden. Der Zeithorizont dieser Rechnung ist somit ziemlich kurzfristig. Hier werden meist die nächsten Wochen oder Monate, manchmal jedoch auch das ganze Jahr betrachtet. Die Kosten- und Leistungsrechnung hat in erster Linie nur die betrieblichen Prozesse sowie den Periodenerfolg oder Stückerfolg im Blick.

Zum *betrieblichen Prozess* zählt alles, was nicht zu den Finanzprozessen, wie etwa die banalen Zahlungsvorgänge, zählt – in aller Regel also die Produktion. Unter *Periodenerfolg* versteht man den Betriebserfolg innerhalb eines bestimmten Zeitraums; das kann innerhalb einer Woche oder eines Monats oder gar eines Jahres sein.

Die Kosten- und Leistungsrechnung kontrolliert dabei die Wirtschaftlichkeit, etwa mithilfe von Kalkulationen. Sie ist völlig frei gestaltbar und sowieso eine freiwillige Veranstaltung; sieht man mal vom schnöden Zwang des wirtschaftlichen Handelns ab. Die Kosten- und

Leistungsrechnung wird manchmal auch als Instrument zur Verhaltenssteuerung verwendet. Das funktioniert so: Soll ein Entscheidungsträger wie vom oberen Management gewünscht handeln, werden ihm ein paar Ziele vorgegeben, ein Päckchen Kosteninformationen und die Funktionsweise der Stellschrauben mitgeteilt. Danach wird der Entscheidungsträger zielgerichtet handeln, sofern ihm andere Ziele gerade nicht wichtiger sein sollten.

Die Kosten- und Leistungsrechnung wird darüber hinaus auch für langfristige Ziele verwendet. Unter dem Stichwort Kostenmanagement werden dabei die Kostenstrukturen betrachtet und aktiv beeinflusst. Dabei kann es auch um ziemlich strategische Themen wie etwa Standortfragen oder Fertigungstiefen gehen. Der Zeithorizont reicht hierbei über mehrere Jahre.

Ziele der Kosten- und Leistungsrechnung

Jeder Mensch hat Ziele. Auch die Kosten- und Leistungsrechnung hat Ziele. Da sie jedoch kein Mensch ist, besitzt sie lediglich Aufgaben oder trockener formuliert: Rechnungsziele. Die wichtigsten Aufgaben der Kosten- und Leistungsrechnung sind:

- ✔ Dokumentation und Publikation
- ✔ Planung und Steuerung
- ✔ Verhaltenssteuerung von Mitarbeitern
- ✔ Wirtschaftlichkeitskontrolle

Protokoll führen – Dokumentations- und Publikationsaufgabe

Die Kosten- und Leistungsrechnung erfasst bereits entstandene Kosten und Leistungen für unterschiedliche Verwendungszwecke:

- ✔ Das Betriebsergebnis kann damit ermittelt werden.
- ✔ Deckungsbeiträge werden ermittelt.
- ✔ Vorräte und selbst erstellte Vermögensgegenstände können bewertet werden.
- ✔ Preisuntergrenzen werden ermittelt.
- ✔ Preise auf Basis von Selbstkosten für öffentliche Aufträge werden ermittelt.
- ✔ Die Istwerte können mit Planwerten für Kontrollzwecke verglichen werden.

Wie Sie sehen, ist die Dokumentation Voraussetzung für viele Aufgaben. Dabei müssen Sie jedoch immer gehörig aufpassen, ob die von der Kosten- und Leistungsrechnung ermittelten Ergebnisse oder Werte für interne oder externe Zwecke verwendet werden. Intern verwendet werden die Informationen etwa für Wirtschaftlichkeitskontrollen. Hier sind Sie in der Gestaltung ziemlich frei.

Anders sieht dies bei der Ermittlung der Preise für öffentliche Aufträge aus. Hier sind Sie an feste Regeln gebunden. Ähnlich ist dies bei der Bewertung von fertigen und unfertigen

Erzeugnissen sowie bei der Ermittlung der Herstellungskosten zur Bewertung selbst erstellter Vermögensgegenstände. Dann müssen Sie sich bei der Bewertung an die jeweiligen Gesetze halten.

Werden die Ergebnisse der Kosten- und Leistungsrechnung für externe Zwecke verwendet, spricht man übrigens von der *Publikationsaufgabe*.

Planung und Steuerung

Das ehemals große Ziel der Kosten- und Leistungsrechnung ist die Bereitstellung von entscheidungsrelevanten Informationen für die Planung und Steuerung des Unternehmens. In der Theorie trifft das Management also auf Basis der Kosten- und Leistungsrechnung Entscheidungen.

Nun zur Praxis: Das Management trifft ab und an auf Basis der Kosten- und Leistungsrechnung Entscheidungen. Meistens werden die Entscheidungen aber aus politischen Gründen getroffen. Die Informationen der Kosten- und Leistungsrechnung dienen dann nachträglich der Untermauerung bereits getroffener Entscheidungen. Zusätzlich verhindert sie sozusagen als schlechtes Gewissen manchmal auch krasse Fehlentscheidungen. Eine gewisse Rolle spielt die Kosten- und Leistungsrechnung also doch immer noch bei der Planung und Steuerung.

Die Kosten- und Leistungsrechnung unterstützt meistens die operative Planung, der Zeithorizont beträgt hierbei maximal ein Jahr. Manchmal unterstützt die Kosten- und Leistungsrechnung auch die taktische Planung, die die nächsten zwei bis vier Jahre plant. In Einzelfällen hilft sie auch noch bei der strategischen Planung.

Bei der Planung handelt es sich immer ein wenig um den Blick in die Glaskugel. Künftige Kosten und Leistungen müssen dabei prognostiziert werden. Dazu müssen zukünftige Mengen geschätzt werden und deren Einflussgrößen bekannt sein. So läuft bei Beschäftigungsschwankungen nicht gleich alles aus dem Ruder, da ja bekannt ist, welche Mengen bei welcher Auftragslage benötigt werden und welche Kosten dadurch entstehen.

Zusammenhänge erkennen: Kostenfunktionen

Mithilfe von Kostenfunktionen können Sie schnell feststellen, von welchen Einflussgrößen Ihre Kosten abhängig sind. Einflussgrößen sind etwa Produkte oder Dienstleistungen. Wenn Sie die Menge und Zusammensetzung Ihrer Produkte sowie die davon jeweils abhängigen Kosten kennen, sind Sie schon fast am Ziel. Nun müssen Sie nur noch wissen, von welchem Produkt Sie welche Mengen produzieren werden. Das ist bei wenigen Produkten oder einer Dienstleistung ja noch recht einfach. Sollte Ihr Unternehmen jedoch viele Produkte herstellen, müssen Sie aber auch nicht gleich aufgeben. Dann haben Sie es lediglich mit einer entsprechenden Menge an Kostenfunktionen zu tun. Die Summe daraus ergibt die Prognose der Gesamtkosten.

Planungs- und Steuerungsaufgaben ziehen sich wie ein roter Faden durch das gesamte Unternehmen. Mithilfe der Kosten- und Leistungsrechnung werden Fragen über Eigen- oder Fremdfertigung, Beschaffungs-, Produktions- und Absatzfragen entschieden.

Eigenfertigung oder Fremdbezug

Welche Fertigungstiefe soll es denn sein? Will das Unternehmen die benötigten Rohstoffe selbst in Afrika fördern oder lieber einkaufen, da dies doch billiger ist? Will das Unternehmen bestimmte Vorprodukte selbst fertigen oder fertig einkaufen? Die Kosten- und Leistungsrechnung gibt hier Auskunft über die bessere Wahl.

Beschaffungsfragen

Mithilfe der Kosten- und Leistungsrechnung können Sie den für Sie besten Lieferanten ermitteln. Sie kann Ihnen zudem dabei helfen, die optimalen Beschaffungsmengen zu ermitteln, damit Sie die besten Einkaufskonditionen und die niedrigsten Lagerhaltungskosten erzielen. Last but not least hilft sie Ihnen natürlich auch bei der Bestimmung von Einkaufspreisobergrenzen.

Programmwahl in der Produktion

Im Produktionsbereich stellt die Kosten- und Leistungsrechnung Informationen zur Auswahl des optimalen Produktionsprogramms zur Verfügung und hilft bei der Beantwortung von Fragen wie etwa:

- ✔ Lohnt sich die Einführung der Nachtschicht oder ist es günstiger, eine neue Fertigungslinie aufzubauen?
- ✔ Welches ist das optimale Produktionsprogramm?

Absatzfragen

Auch wenn es der Vertrieb eigentlich gar nicht gerne sieht: Gerade im Absatzbereich ist die Kosten- und Leistungsrechnung ein guter Ratgeber. Im schlimmsten Fall optimiert der Vertrieb ohne Rücksicht auf Verluste die Absatzmengen. Dabei kann die Kosten- und Leistungsrechnung darüber Auskunft geben,

- ✔ welcher Vertriebsweg der lukrativste ist,
- ✔ welche Produkte gewinnbringend sind und
- ✔ wo die Preisuntergrenzen liegen.

Ein gut gesteuerter Vertrieb erhält aus diesen Informationen klare Vorgaben und Ziele.

Manipulation – Verhaltenssteuerung

Hat die Unternehmensleitung eines schönen Tages tatsächlich einmal eine einheitliche und verbindliche Entscheidung getroffen, müssen die Mitarbeiter sie umsetzen. Je größer das Unternehmen, desto unterschiedlicher jedoch die Informationsstände der Mitarbeiter.

Deshalb ist es enorm wichtig, dass alle relevanten Mitarbeiter über die entsprechenden Sollvorgaben aus der Kosten- und Leistungsrechnung informiert werden, damit die Entscheidungen auch umgesetzt werden können.

Die Informationsstände der Mitarbeiter können auch bei sehr kleinen Unternehmen völlig unterschiedlich sein, wenn es bei der Kommunikation hakt. Es kommt also auf eine funktionierende Kommunikation an. Sonst können nicht einmal Zwei-Mann-Betriebe einheitlich handeln.

Mithilfe der Kosten- und Leistungsrechnung wird auch über die Soll-Ist-Abweichung informiert, damit die Mitarbeiter bei Zielabweichungen entsprechend nachsteuern können.

Jetzt stellt sich nur noch die Frage, mit welchen Informationen genau die einzelnen Mitarbeiter informiert werden sollen. Gehen Sie ruhig davon aus, dass nicht alle Entscheidungsträger im Unternehmen am selben Strang ziehen. In aller Regel gibt es einen bunten Strauß an unterschiedlichen Interessenlagen. Mithilfe der Kosten- und Leistungsrechnung können Sie das Verhalten der einzelnen Mitarbeiter in die richtige Richtung lenken.

Sie können das Verhalten der Mitarbeiter mit gezielten Kosteninformationen lenken. Sie könnten etwa dem Vertrieb für ein Produkt nur die gesamten Kosten inklusive Margenaufschlag mitteilen, damit er nicht in Versuchung gerät, billiger zu verkaufen.

Die Kosten- und Leistungsrechnung hilft dem Management also, Entscheidungen durchzusetzen, indem mit ihr das Verhalten der Mitarbeiter zielgerichtet beeinflusst werden soll.

Wirtschaftlichkeitskontrolle

Diese Aufgabe ist nur zusammen mit der Planung und Steuerung sinnvoll. Bei der Wirtschaftlichkeitskontrolle werden die Werte der Kosten- und Leistungsrechnung daraufhin ausgewertet und geprüft, ob die ursprüngliche Planung umgesetzt werden konnte. Es kann so allerhand miteinander verglichen werden. Möglich sind etwa:

- ✔ Zeitvergleich
- ✔ Soll-Ist-Vergleich
- ✔ Betriebsvergleich

Der Zeitvergleich

Hier werden aktuelle Istwerte mit früheren Istwerten verglichen. Der Haken dabei: Hat man früher bereits schlecht gewirtschaftet, ist dies keine besonders tolle Vergleichsbasis. Außerdem muss man gut aufpassen, dass einem die sogenannten Strukturbrüche keinen Strich durch die Zeitvergleichsrechnung machen.

Sie kennen das ja vielleicht aus der Tagesschau. Einmal im Monat werden hier die neuesten Arbeitslosenzahlen gemeldet. Vor ein paar Jahren wurde die Zählweise geändert und schwuppdiwupp tauchten in der Arbeitslosenstatistik ein paar Tausend Arbeitslose weniger auf. Das ist ein sogenannter *Strukturbruch*. Ähnliches kann auch im Unternehmen passieren, wenn neu strukturiert wird.

Ergebniskontrolle – der Soll-Ist-Vergleich

Wie es der Name schon sagt, werden die tatsächlichen Istkosten mit den gewünschten Sollkosten verglichen. Mithilfe von Abweichungsanalysen werden danach die Ursachen von Über- oder Unterschreitungen ermittelt. Die ganzen Vergleiche stehen und fallen natürlich mit der Qualität der erfassten Daten. Die Erfassung der Gesamtkosten dürfte zuerst einmal kein großes Problem sein. Die richtige Zuordnung der Kosten zu den Kostenstellen und Produkten kann dagegen ganz schön kniffelig sein.

Der Betriebsvergleich

Beim Betriebsvergleich können die Istkosten verschiedener Bereiche oder Standorte innerhalb einer Unternehmung miteinander verglichen werden. Hier sollte aber stets auf Fair Play geachtet werden, damit nicht Äpfel mit Birnen verglichen werden. Nur wenn klar ist, dass dieselben Istkosten miteinander verglichen werden, erhalten Sie verwertbare Ergebnisse. Natürlich gilt auch beim Betriebsvergleich dieselbe Einschränkung wie beim Zeitvergleich: Istwerte werden mit Istwerten verglichen; der Einäugige unter den Blinden steht am besten da.

Beim *Benchmarking* werden im Gegensatz zum Betriebsvergleich die eigenen Kostenstrukturen mit denen einer anderen, vergleichbaren Firma verglichen. Natürlich kommt man beim Benchmarking mit fremden Firmen in aller Regel nur schwer an belastbare und vergleichbare Zahlen.

Aufgabe 25

Nennen Sie einen Vorteil sowie einen Nachteil der Konvergenz.

> **IN DIESEM KAPITEL**
>
> Einzahlungen, Einnahmen, Erträge und Erlöse für immer voneinander unterscheiden können
>
> Auszahlungen, Ausgaben, Aufwendungen und Kosten ganz sicher unterscheiden können
>
> Der Unterschied zwischen Erlösen und Leistungen

Kapitel 26
Acht Schlüsselbegriffe

Herzlich willkommen im Kapitel der großen Wortklauberei. Die meisten der gleich folgenden Begriffe sind Ihnen bereits am Anfang dieses Buches über den Weg gelaufen. Falls Sie sich aber nicht mehr so recht dran erinnern können: keine Angst! Wir erklären sie im Folgenden noch einmal – und zwar viel ausführlicher. Auf den nächsten Seiten lernen Sie die kleinen und großen Unterschiede zwischen

- Ein- und Auszahlungen,
- Einnahmen und Ausgaben,
- Ertrag und Aufwand sowie
- Leistungen und Kosten

kennen, damit Sie nun wirklich niemand mehr verwirren kann. Diese Unterscheidung wäre eigentlich unnötig, wenn wir in unendlichen Zeitdimensionen denken könnten. Dummerweise gibt es da aber ein knappes Gut, die Zeit. Zu diesem misslichen Umstand ein Zitat des englischen Ökonomen John Maynard Keynes: »In the long run we are all dead.«

Wären wir langfristig gesehen nicht alle tot, könnten wir uns zurücklehnen, die Jahre ins Land streichen lassen und bei der Beurteilung des Unternehmenserfolgs einfach den Zeitraum von der Gründung bis zur Schließung eines Unternehmens abwarten und die Endabrechnung betrachten. Die Summe aller Einzahlungen abzüglich aller Auszahlungen ergibt den Gesamterfolg. Aber selbst wenn wir ewig leben würden, würden wir sicherlich nicht erst nach ein paar Hundert Jahren wissen wollen, ob ein Unternehmen jedes Jahr Milliarden versenkt oder ordentliche Gewinne erzielt hat.

Der Erfolg eines Unternehmens sollte deshalb am besten jährlich festgestellt werden können, damit Sie nicht so lange auf Ergebnisse warten müssen. Zudem weiß man ja nicht, ob man das noch erleben wird. Und damit beginnt die ganze Begriffsabgrenzerei.

Abgegrenzt: Öl ist gerade sensationell billig. Deshalb haben Sie im Juni den Öltank mit 30.000 Litern vollmachen lassen. Diese Menge dürfte locker zwei Jahre reichen. Im Januar ermitteln Sie dann Ihr Jahresergebnis. Dabei prüfen Sie natürlich auch den Ölstand in Ihrem Tank. Dort befinden sich noch 25.000 Liter. Bei der Ermittlung Ihres Jahresergebnisses dürfen Sie nur die im vergangenen Jahr verbrauchte Menge von 5.000 Litern berücksichtigen.

Nur Bares ist Wahres: Ein- und Auszahlungen

Der gesamte Zahlungsverkehr eines Unternehmens mit seiner Umwelt wird durch die Ein- und Auszahlungen abgebildet. Die Finanzbuchhaltung erfasst sie alle akribisch, damit sie unter anderem in der Finanz- und Investitionsrechnung verwendet werden können.

Ab damit in den Geldspeicher: Einzahlungen

Eine Einzahlung erhöht den Bestand Ihrer liquiden Mittel. Das kann die monatliche Überweisung Ihres Arbeitgebers auf Ihr Girokonto sein oder die 20 Euro in der Geburtstagskarte von Ihrer Tante. Sollten Sie bei Ihrer Bank einen Kredit beantragt haben, erhalten Sie im Moment der Überweisung des Kreditbetrags auf Ihr Girokonto ebenfalls eine Einzahlung. Da es sich bei den Einzahlungen um einen recht angenehmen Sachverhalt handelt, hier noch weitere Beispiele:

- Verkauf eines Autos gegen bar
- Verkauf von Waren gegen Bares, Schecks, Überweisung oder per EC-Karte
- ein Gesellschafter erbringt eine Privateinlage
- ein Angestellter zahlt seinen Mitarbeiterkredit zurück
- ein Kunde leistet vor Auslieferung der Ware bereits eine Anzahlung
- die Kreditanstalt für Wiederaufbau gewährt Ihrem Unternehmen ein Förderdarlehen; die Auszahlung des Darlehens auf Ihr Konto ist eine Einzahlung

Bei *Einzahlungen* handelt es sich um die Erhöhung der vorhandenen Zahlungsmittel, sprich der liquiden Mittel. Liquide Mittel sind Bargeld, jederzeit verfügbare Bankguthaben oder Schecks.

Tränenreich verabschieden: Auszahlungen

Immer dann, wenn Sie sich tränenreich von Ihren Talerchen, Euros oder Franken verabschieden müssen, handelt es sich um Auszahlungen. Vielleicht haben Sie ja gerade etwas erfolgreich bei eBay ersteigert und überweisen heute den Kaufpreis an den Verkäufer. Eine Auszahlung.

Ihre Bank bucht jeden Monat am 15. die fälligen Kreditraten für Ihr Reihenmittelhaus und den Ferrari von Ihrem Girokonto ab. Ebenfalls eine Auszahlung. Ihre Tochter bekommt immer freitags Taschengeld in Höhe von 10 Euro. Auch eine Auszahlung. Weitere Beispiele für Auszahlungen sind:

- ✔ Kauf eines Autos in bar
- ✔ Einkauf von Rohstoffen oder Vorprodukten gegen Bares, Schecks oder per Banküberweisung
- ✔ Einkauf einer Maschine; der Kaufpreis muss über drei Raten verteilt über die nächsten drei Jahre bezahlt werden, macht also drei Auszahlungen in den nächsten drei Jahren
- ✔ Barentnahmen
- ✔ geleistete Anzahlungen
- ✔ Überweisung der Entgelte an die Mitarbeiter

Auszahlungen verringern den Bestand an Zahlungsmitteln, sprich die Liquidität. Liquide Mittel sind Bargeld, jederzeit verfügbare Bankguthaben oder Schecks.

Das Wunderbare an den Ein- und Auszahlungen ist, dass man keinerlei zeitliche Abgrenzungen vornehmen muss. Es zählt ganz einfach immer der Tag, an dem eine Ein- oder Auszahlung stattgefunden hat. Basta.

Geldvermögen: Einnahmen und Ausgaben

Jetzt wird auf die bisherige Begriffsdefinition der Ein- und Auszahlungen eine Schwierigkeitsstufe draufgepackt. Neben den reinen Zahlungsvorgängen werden bei den Einnahmen und Ausgaben hier auch alle Kreditvorgänge mitgezählt. Dazu zählen alle Forderungen und Verbindlichkeiten.

Fast immer gut: Einnahmen

Alle Einzahlungen sowie alle neu entstandenen Forderungen zählen zu den Einnahmen; Schuldenabnahmen ebenfalls. Wenn Sie zum Beispiel gerade Waren im Wert von 1.000 Euro mit einem Zahlungsziel von sechs Monaten verkauft haben, erhöhen sich Ihre Forderungen. Sie haben also Einnahmen erzielt. Weitere Beispiele für Einnahmen:

- ✔ Sie verkaufen Waren an die Bauunternehmung Porös GmbH & Co. KG im Wert von 20.000 Euro. Die Porös GmbH & Co. KG hat im letzten Jahr zufällig Ihre neue Lagerhalle für 150.000 Euro erstellt. Sie haben bisher lediglich 100.000 Euro angezahlt. Der Rest steht noch aus. Sie einigen sich mit dem Bauunternehmer auf eine Verrechnung der Warenlieferung mit den Schulden. Ihre Schulden gegenüber dem Bauunternehmen verringern sich somit um diese 20.000 Euro. Das sind für Sie Einnahmen.

✔ Sie verkaufen Waren im Wert von 4.000 Euro in bar. Das sind Einnahmen und Einzahlungen zugleich.

 Alle Einzahlungen, Forderungszuwächse und Schuldenabnahmen erhöhen Ihr Geldvermögen und sind somit *Einnahmen*.

Den Zusammenhang zwischen Einzahlungen und Einnahmen kann man auch noch etwas strukturierter darstellen. Drei Fälle sind möglich:

1. Einnahme sind gleichzeitig auch Einzahlungen
2. Einnahmen sind nicht gleichzeitig Einzahlungen
3. Nicht einnahmewirksame Einzahlungen

Dank eines gewissen Herrn Georg Cantor, der als Begründer der vielfach verhassten Mengenlehre gilt, kann man heutzutage diese drei Fälle auch sinnvoll visualisieren. Zwei Kreise mit einer Schnittmenge und fertig (siehe Abbildung 26.1).

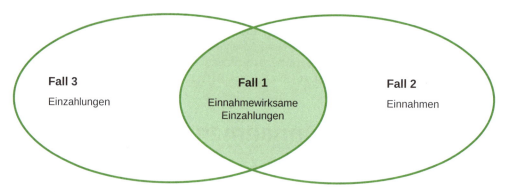

Abbildung 26.1: Einzahlungen und Einnahmen

Einnahme sind gleichzeitig auch Einzahlungen

Das können Sie sich ganz einfach merken: Immer dann, wenn gegen Bares, Schecks oder Überweisung etwas verkauft wird, haben Sie Einzahlungen und Einnahmen.

 Sie müssen nicht unbedingt etwas verkauft haben, damit Sie Bares, Schecks oder Überweisungen erhalten, die gleichzeitig Einnahmen sind. Wenn Sie vom Staat Transferleistungen erhalten, zum Beispiel Subventionen, handelt es sich auch um Einzahlungen und Einnahmen.

Einnahmen sind nicht gleichzeitig Einzahlungen

Auch das ist kein Hexenwerk: Immer dann, wenn Sie etwas auf Ziel oder gegen Verrechnung von Verbindlichkeiten verkaufen, handelt es sich zwar um Einnahmen. Bares, Schecks oder Überweisung gab es jedoch nicht und damit auch keine Einzahlungen.

Nicht einnahmewirksame Einzahlungen

Sie erhalten liquide Mittel, das Geldvermögen bleibt aber unverändert. Das geht so: Sie bekommen einen Kredit von der Bank, das Geld wird überwiesen. In derselben Höhe steigen auch Ihre Verbindlichkeiten. Das Geldvermögen bleibt also unverändert; Sie erhalten also keine Einnahmen, aber Einzahlungen.

Muss auch manchmal sein: Ausgaben

Alle Auszahlungen sowie alle neu entstandenen Verbindlichkeiten zählen zu den Ausgaben; Reduzierungen von Forderungen ebenfalls. Sie haben Geschenke eingekauft. Damit Ihr Partner nichts davon mitbekommt, haben Sie mit der Kundenkarte bezahlt. Der Vorteil dabei: Der Rechnungsbetrag wird Ihnen erst in sechs Monaten vom Konto abgebucht. Auszahlungen gab es im Moment noch keine. Ausgaben hatten Sie aber trotzdem, da sich Ihre Verbindlichkeiten erhöht haben. Weitere Beispiele für Ausgaben:

- Sie kaufen sich einen Automobilhersteller und zahlen den einen schlappen Euro in bar.
- Sie überweisen Grundsteuer und Gewerbesteuer.
- Sie tilgen einen Kredit.
- Die Aktionäre erhalten Dividenden.
- Sie kaufen Waren im Wert von 4.000 Euro in bar.

Das sind Ausgaben und Auszahlungen zugleich.

Alle Auszahlungen, Schuldenzuwächse und Forderungsabnahmen verringern Ihr Geldvermögen und sind somit *Ausgaben*.

Natürlich kann man den Zusammenhang zwischen Auszahlungen und Ausgaben auch so strukturiert wie den Zusammenhang zwischen den Einzahlungen und Einnahmen darstellen. Drei Fälle sind auch hier möglich:

- Ausgaben sind gleichzeitig auch Auszahlungen
- Ausgaben sind nicht gleichzeitig Auszahlungen
- nicht ausgabewirksame Auszahlungen

Ausgaben sind gleichzeitig auch Auszahlungen

Immer dann, wenn Sie gegen Bares, Schecks oder Überweisung etwas einkaufen, handelt es sich um Auszahlungen und Ausgaben zugleich. Dasselbe gilt natürlich auch bei der Überweisung der fälligen Steuern.

Ausgaben sind nicht gleichzeitig Auszahlungen

Auch das ist kein Hexenwerk: Immer dann, wenn Sie etwas auf Ziel oder gegen Verrechnung von Forderungen einkaufen, handelt es sich zwar um Ausgaben. Bares, Schecks oder Überweisung gab es jedoch nicht und damit auch keine Auszahlungen.

Nicht ausgabewirksame Auszahlungen

Es handelt sich immer dann um nicht ausgabewirksame Auszahlungen, wenn liquide Mittel abfließen, das Geldvermögen aber unverändert bleibt. Sie zahlen einen Kredit an die Bank zurück. Ihr Kontostand nimmt ab, in derselben Höhe sinken auch Ihre Verbindlichkeiten. Das Geldvermögen bleibt also unverändert, Sie hatten keine Ausgaben.

Ertrag und Aufwand: Willkommen in der Buchhaltung

Willkommen in der nächsten Schwierigkeitsstufe, beim externen Rechnungswesen – genauer gesagt: in der Welt der Erfolgsrechnung. Hier geben Ertrag und Aufwand den Ton an.

Jetzt kommen noch zwei weitere Klötzchen auf die Begriffe Einnahmen und Ausgaben obendrauf:

- ✓ **Reinvermögen:** Das Reinvermögen ist die Differenz aus Vermögen und Fremdkapital, es entspricht dem Eigenkapital. Bei einem gesunden Unternehmen sollte immer mehr Vermögen als Fremdkapital vorhanden sein. Dann übersteigt der Wert der Fabrikhallen, Maschinen und Patente die Schulden bei der Bank. Mit anderen Worten: Das Vermögen wurde nicht zur Gänze mit Schulden finanziert. Dann ist Eigenkapital beziehungsweise Reinvermögen vorhanden.

    Erträge und Aufwendungen verändern das Reinvermögen. Gab es im letzten Jahr mehr Erträge als Aufwendungen, hat sich das Reinvermögen erhöht. Andersrum hat es sich leider verringert.

Aufwendungen verringern das Reinvermögen, Erträge erhöhen es.

- ✓ **Periodengerechtigkeit:** Bei den Aufwendungen und Erträgen wird genau darauf geachtet, in welches Jahr sie hineingepackt werden müssen. Sie werden immer dem zugehörigen Geschäftsjahr zugeordnet. Aufwendungen und Erträge werden immer dem Geschäftsjahr zugeordnet, in dem sie verursacht wurden. Das ist *Periodengerechtigkeit*.

Nichts als Aufwand

Steigen Sie ein in meine Zeitmaschine. Keine Angst, Sie landen nicht bei den Morlocks, H. G. Wells lässt nicht grüßen. Sie starten die Maschine und schauen kurze Zeit später in den 1950er-Jahren vorbei, an einem Freitag. Vor dem Lohnbüro steht eine Schlange. Der Buchhalter gibt Briefumschläge aus. Darin befinden sich die Wochenlöhne der Arbeiter. Kaum zu glauben, aber Girokonten und Internet gibt es noch nicht ...

Als aufmerksamer Leser dieses Buches können Sie mit dem Buchhalter sofort einen Small Talk beginnen und ihn darauf aufmerksam machen, dass er in diesem sensationellen

Moment gleichzeitig für Auszahlungen, Ausgaben und Aufwand sorgt. Sie steigen wieder in die Maschine und halten in den 1970er-Jahren. Der Lohnbuchhalter wirkt etwas ergraut und vereinsamt. Keine Schlange mehr vor dem Lohnbüro. Die Gehälter werden inzwischen monatlich auf die Girokonten überwiesen. Sie kommen mit dem Buchhalter gleich wieder ins Gespräch, er hat ja nun Kontaktarmut. Stolz weist er darauf hin, dass es jeden Monat immer noch gleichzeitig zu Auszahlungen, Ausgaben und Aufwand kommt, da Überweisungen ja bekanntermaßen zu den Auszahlungen zählen.

Aufwendungen sind alle in einer Periode, das ist meist ein Geschäftsjahr, verbrauchten Güter und Dienstleistungen sowie Abnutzungen von Anlagen und Wertminderungen. Natürlich immer bewertet in Geld, nicht in gefühlten Einheiten oder Muscheln.

Aufwendungen kann man in zwei Arten unterteilen: in Zweckaufwendungen und neutrale Aufwendungen. Zweckaufwendungen, der Name lässt es bereits erahnen, haben immer etwas mit dem Betriebszweck zu tun. Die neutralen Aufwendungen werden nochmals unterteilt in:

- ✓ **Betriebsfremde Aufwendungen:** Diese Aufwendungen haben nichts mit dem Betriebszweck zu tun. Klassische Beispiele hierfür sind Spenden oder Verluste aus Wertpapiergeschäften, wobei Spenden sinnvoller erscheinen.

- ✓ **Außerordentliche Aufwendungen:** Diese Aufwendungen werden eigentlich schon durch den normalen Betrieb verursacht, sind aber hoffentlich nicht die Regel. Zum Beispiel Forderungsausfälle, da der Kunde insolvent wurde oder Verkauf von Anlagevermögen unter Buchwert.

- ✓ **Periodenfremde Aufwendungen:** Das sind Aufwendungen aus anderen Abrechnungsperioden. Das können Steuernachzahlungen aus dem Vorjahr sein.

Die ganze Unterteilerei in Abbildung 26.2 als Beitrag zur Übersichtlichkeit.

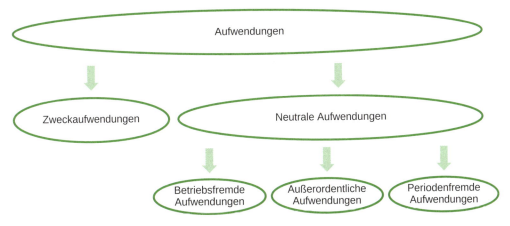

Abbildung 26.2: Verschiedene Aufwandsarten

Das Verhältnis zwischen Ausgaben und Aufwendungen kann in drei Fälle gegliedert werden:

✔ Aufwendungen sind gleichzeitig auch Ausgaben.

✔ Ausgaben sind nicht gleichzeitig Aufwendungen.

✔ Aufwendungen sind nicht zugleich Ausgaben.

Aufwendungen sind gleichzeitig auch Ausgaben

Wenn Geldvermögen für periodengerechte Zwecke abfließt, handelt es sich gleichzeitig auch um einen Aufwand. Kurz und knackig spricht man dann von ausgabewirksamen Aufwendungen. Das ist immer dann der Fall, wenn Sie zum Beispiel Gehälter für den aktuellen Monat ausbezahlen. Dasselbe gilt auch

✔ bei Mietzahlungen für den aktuellen Monat.

✔ beim Einkauf und Verbrauch von Rohstoffen innerhalb des gleichen Geschäftsjahres beziehungsweise innerhalb der gleichen Periode.

Ausgaben, die gleichzeitig auch Aufwendungen sind, können Ihnen auch unter den Bezeichnungen *Aufwandsausgaben* oder *ausgabewirksamer Aufwand* über den Weg laufen.

Ausgaben sind nicht gleichzeitig Aufwendungen

Die Gelegenheit war günstig. Sie haben einen großen Posten an Rohstoffen, Bleche, günstig erwerben können. Verbraucht werden diese aber erst im nächsten Jahr. Sie hatten Ausgaben, aber keine Aufwendungen, da nicht periodengerecht. Weitere Beispiele:

✔ Sie kaufen eine Maschine. Ihr Geldvermögen schrumpft erheblich. Im gleichen Maße steigt aber Ihr Anlagevermögen. Damit bleibt Ihr Reinvermögen unverändert. Ausgaben, aber kein Aufwand. Aufwand entsteht erst später, wenn die Maschine abgeschrieben wird.

✔ Sie kaufen sich ein schönes Stück Acker nach dem Motto »Liebe vergeht, Hektar besteht«. Zudem trauen Sie den neuesten Investmentangeboten Ihrer Bank auch nicht so recht über den Weg und hoffen lieber darauf, dass der Acker eines Tages im Wert steigt. Hier handelt es sich beim Kauf um Ausgaben, aber nicht um Aufwand, da Ihr Geldvermögen abnimmt, Ihr Anlagevermögen aber im gleichen Maße zunimmt. Da Grund und Boden in aller Regel nicht abgeschrieben wird, entsteht auch später kein Aufwand.

✔ Ein Gerichtsstreit wird zu Ihren Ungunsten entschieden. Gehen Sie nicht über Los, sondern zahlen Sie direkt die Entschädigung an den nervigen Kunden. Vorausschauend wie Sie eben so sind, haben Sie hierfür im Vorjahr bereits eine Rückstellung gebildet. Damit haben Sie im aktuellen Geschäftsjahr Ausgaben, aber keine Aufwendungen, diese hatten Sie ja bereits letztes Jahr bei der Bildung der Rückstellung.

Rückstellungen können gebildet werden, wenn für die Zukunft bereits bestimmte Aufwendungen absehbar sind. Damit Sie aber nicht beliebig viele Rückstellungen bilden und so Ihren steuerpflichtigen Gewinn auf null absenken, hat der Gesetzgeber einige Bedingungen an die Rückstellungsbildung geknüpft.

Aufwendungen sind nicht zugleich Ausgaben

Die vor zwei Jahren an Silvester gekaufte Maschine wird über fünf Jahre linear abgeschrieben. Vor zwei Jahren hatten Sie somit Ausgaben in Höhe von 100.000 Euro. In den fünf Folgejahren haben Sie dann einen jährlichen Aufwand von jeweils 20.000 Euro. Weitere Beispiele für diesen Fall:

- ✔ Sie bilden eine Rückstellung für ein schwebendes Verfahren. Damit entsteht Aufwand im aktuellen Geschäftsjahr, ohne dass es Ausgaben gibt.

- ✔ Sie entnehmen aus dem Lager Rohstoffe für die Produktion. Der Verbrauch der Rohstoffe ist Aufwand aber keine Ausgabe.

- ✔ Eine Maschine geht kaputt und muss verschrottet werden. In diesem Fall muss in Höhe des Wertverlustes eine außerordentliche Abschreibung vorgenommen werden. Das ist ein doppelt entsetzlicher Aufwand, aber keine Ausgabe.

Gut für das persönliche Befinden: Erträge

Erträge sind das angenehme Gegenteil von Aufwendungen. Nach ertragreichen Jahren wächst in aller Regel das Vermögen.

Erträge sind alle Wertzuwächse eines Abrechnungszeitraums, erbracht etwa mithilfe von produzierten Gütern und Dienstleistungen oder auch Wertsteigerungen. Natürlich immer bewertet in harten Euros oder Schweizer Franken, eventuell auch in anderen Währungen wie etwa dem US-Dollar.

Erträge können Ihnen in Form von Umsatzerlösen, Zinsen, Wertzuwächsen oder Lizenzerträgen über den Weg laufen.

Die Erträge werden wie die Aufwendungen in zwei Arten unterteilt: in betriebliche und neutrale Erträge. Betriebliche Erträge haben immer etwas mit dem Betriebszweck zu tun. Die neutralen Erträge werden nochmals unterteilt in:

- ✔ **Betriebsfremde Erträge:** Diese Erträge haben nichts mit dem Betriebszweck zu tun. Das können Erträge aus Wertpapieren oder Mieteinnahmen sein.

- ✔ **Außerordentliche Erträge:** Diese Erträge werden durch den normalen Betrieb verursacht, sind aber leider nicht die Regel. Zum Beispiel der Verkauf von Anlagevermögen über dem Buchwert.

- ✔ **Periodenfremde Erträge:** Das sind Erträge aus anderen Abrechnungsperioden, etwa Steuerrückerstattungen.

Nun lernen Sie das dreischichtige Verhältnis zwischen Einnahmen und Erträgen kennen:

- ✔ Erträge sind gleichzeitig auch Einnahmen.
- ✔ Einnahmen sind nicht gleichzeitig Erträge.
- ✔ Erträge sind nicht zugleich Einnahmen.

Erträge sind gleichzeitig auch Einnahmen

Der harmonische Fall, Einnahmen und Erträge fallen gleichzeitig an. Das ist zum Beispiel immer dann der Fall, wenn Waren über dem Buchwert verkauft werden, die in der Abrechnungsperiode auch produziert wurden. Ein weiteres Beispiel für ertragsgleiche Einnahmen sind Zinsgutschriften auf Ihrem Konto.

Einnahmen sind nicht gleichzeitig Erträge

Ertragsgleiche Einnahmen: Sie haben Einnahmen, das Reinvermögen hat sich jedoch nicht verändert. Ihr Acker ist 50.000 Euro wert. Mit diesem Betrag steht er auch in Ihrer Bilanz. Da Sie vom Landleben genug haben, verkaufen Sie den Acker für genau 50.000 Euro. Sie erzielen damit 50.000 Euro Einnahmen und haben 0 Euro Erträge, da sich das Anlagevermögen um 50.000 Euro verringert hat. Weitere Beispiele für diesen Fall:

- Sie verkaufen Lagerware exakt zum Buchwert.
- Sie erhalten Mietzahlungen für mehrere Jahre im Voraus.
- Sie verkaufen eine gebrauchte Maschine zum Restbuchwert.

Erträge sind nicht zugleich Einnahmen

In Ihrem Unternehmen wird fleißig auf Lager produziert. Einnahmen erzielen Sie damit keine. Sie erhöhen aber den Wert des Lagerbestands und erzielen somit Erträge. Ein weiteres Beispiel:

- Sie mussten eine Spezialmaschine selbst erstellen, da es so etwas auf dem Markt nicht gab. Diese innerbetriebliche Leistung bringt keine Einnahmen, aber Erträge.

Jetzt geht die Party richtig los: Kosten und Leistungen

Was das wieder kostet. Kostenexplosion. Kosten senken auf Kosten der Mitarbeiter. Was sind eigentlich Unkosten? Leistung muss sich wieder lohnen. Vermögenswirksame Leistungen nimmt man gerne. Die Höhe der Leistung bemisst sich nach folgender Tabelle ...

Die Begriffe Kosten und Leistungen werden im Alltag ziemlich häufig verwendet. Wenn von Kosten die Rede ist, muss damit noch lange nicht der betriebswirtschaftliche Begriff gemeint sein. Kosten können Ihnen im Alltag als Synonym für Gebühren oder Preise über den Weg laufen. Dasselbe gilt für den Leistungsbegriff. Ein Sportler erbringt Leistung, ohne dass dahinter eine starke Kosten- und Leistungsrechnung steht.

Kosten, nicht überall beliebt

Vorhang auf für die Kosten- und Leistungsrechnung.

Nicht totzukriegen: die *Unkosten*. Unkosten gibt es nicht, Kosten sind ja schon schlimm genug. Wenn trotzdem von Unkosten die Rede ist, sind damit eigentlich unvorhergesehene Kosten gemeint. Der Kostenrechner schüttelt sich und hört einfach weg.

 Der Begriff *Unkostenbeitrag* auf Eintrittskarten will Ihnen mitteilen, dass Sie sich an den Selbstkosten beteiligen sollen und keine Gewinnerzielungsabsicht vorliegt.

Sollten Sie jetzt von mir erwarten, dass ich den folgenden Satz schreibe: »Kosten werden betriebswirtschaftlich definiert als ...«, haben Sie sich aber geschnitten. Hier gibt es keine einheitliche Begriffsdefinition. Also nicht wundern, wenn Sie im Büro oder im Biergarten in interessante Diskussionen über die richtige Definition von Kosten und Leistungen verwickelt werden. Eventuell können Sie das Gespräch nach ein paar Anstandsminuten ja auf das Wetter umleiten. Sollte Ihnen das nicht gelingen und werden Sie obendrein auch noch zu einer Stellungnahme gezwungen, empfehle ich Ihnen die gebräuchlichste Definition der Kosten.

 Kosten sind der in Geld bewertete, sachzielbezogene Güter- und Leistungsverbrauch einer Abrechnungsperiode. Kosten fallen also an, wenn Produkte oder Dienstleistungen erstellt werden.

Dies bedeutet, dass Sie zur Bestimmung der Kosten immer mindestens zwei Angaben benötigen, die Menge und den Wert. Die Ermittlung der verbrauchten Menge ist noch relativ einfach. Bei der Herstellung von Backblechen müssen Sie nur wissen, wie viel Mengeneinheiten Blech Sie verbraucht haben. Bei der Bewertung des verbrauchten Blechs haben Sie die Qual der Wahl. So können Sie die ehemaligen Anschaffungspreise als Wertansatz wählen oder den aktuellen Wert Ihrer auf Lager liegenden Bleche. Es könnte ja sein, dass die Rohstoffpreise in den vergangenen Wochen explodiert oder dramatisch eingebrochen sind und somit der aktuelle Wiederbeschaffungswert sich deutlich vom ehemaligen Anschaffungswert unterscheidet. Der Bewertung des Güter- und Leistungsverbrauchs können also unterschiedliche Wertansätze zugrunde liegen.

Wenn Sie dies voll ausleben, entspricht das dem wertmäßigen Kostenbegriff von einem gewissen Eugen Schmalenbach. Je nach Zielsetzung können Sie hiernach zum Beispiel Ihren Lagerbestand mit den ehemaligen Anschaffungspreisen oder mit wesentlich höheren Wiederbeschaffungswerten oder gar Planpreisen bewerten. Die Bewertung muss also nicht mit irgendwelchen historischen Auszahlungen übereinstimmen. Immerhin handelt es sich bei der Kosten- und Leistungsrechnung um eine interne Rechnung, bei der Sie fast alles machen können, was Sie wollen, sofern es Ihre Ziele unterstützt. Sie können hier beim wertmäßigen Kostenbegriff auch Kosten berücksichtigen, für die es keine Aufwendungen gibt, kalkulatorische Zinsen zum Beispiel.

 Beim *pagatorischen Kostenbegriff* hingegen – das stammt übrigens vom lateinischen pagare, zahlen – darf lediglich der ehemals gezahlte Preis als Wert angesetzt werden. Eine Steuerung ist hiermit nur sehr eingeschränkt möglich. Zusätzliche Einschränkung: Nur wenn Auszahlungen anfielen, kann es laut dieser Definition Kosten geben. Die Veranschlagung von kalkulatorischen Kosten geht hiermit also gar nicht. Deshalb wird meist der *wertmäßige Kostenbegriff* verwendet.

> **Damit nicht genug: Entscheidungsorientierter Kostenbegriff**
>
> Einem Herrn Paul Riebel reichte der wertmäßige Kostenbegriff nicht aus. Was ist mit Kosten, die nicht mengenabhängig sind oder nicht eindeutig bestimmten Mengen zugeordnet werden können, wie etwa Steuern oder Überstundenzuschläge? Das sind nach Riebel Kosten, die durch dazugehörige Entscheidungen ausgelöst wurden.

In der Kostenrechnung werden nicht alle Aufwendungen berücksichtigt. Nur der sachzielbezogene Werteverzehr darf berücksichtigt werden. Neutrale Aufwendungen bleiben unberücksichtigt. Damit Sie wissen, in welcher Beziehung die Aufwendungen zu den Kosten stehen, hier die vier möglichen Fälle:

✔ Kosten sind gleichzeitig auch Aufwendungen.

✔ Kosten sind gleichzeitig auch Aufwendungen, aber nicht gleich hoch.

✔ Kosten sind nicht gleichzeitig Aufwendungen.

✔ Aufwendungen sind nicht zugleich Kosten.

Kosten sind gleichzeitig auch Aufwendungen

Der einfachste Fall. Am Monatsende werden die Entgelte an die Mitarbeiter überwiesen. Da das eindeutig etwas mit dem Betriebszweck zu tun hat, handelt es sich um Zweckaufwendungen. Zweifelsfrei handelt es sich auch um Kosten, aufwandsgleiche Kosten. Diese werden auch *Grundkosten* genannt. Aufwendungen und Kosten sind also identisch. Weitere Beispiele hierfür sind

✔ die monatlichen Stromrechnungen,

✔ die monatlichen Mietzahlungen.

Kosten sind gleichzeitig auch Aufwendungen, aber nicht gleich hoch

Der weniger einfache Fall. Sie erlagen auf einer Messe dem Charme einer großen Maschine mit vielen Bedienelementen und bunten Lampen und haben sie sofort gekauft. Im externen Rechnungswesen wird dieser Einkauf entsprechend den Rechnungslegungsvorschriften und dem Steuerrecht über sechs Jahre linear abgeschrieben. Da Sie aber wissen, dass Sie diese Maschine nur vier Jahre nutzen können, schreiben Sie in der Kostenrechnung natürlich über vier Jahre ab.

 In der Kosten- und Leistungsrechnung spricht man von *kalkulatorischen Abschreibungen*.

Bei der kalkulatorischen Abschreibung geht man vom Wiederbeschaffungswert abzüglich des geschätzten Restwerts aus und schreibt hiervon ab. Ein Beispiel: Die Maschine hat 20.000 Euro gekostet, der geschätzte Wiederbeschaffungswert ist aber viel höher: 25.000 Euro; der Restwert in acht Jahren wird auf 6.000 Euro geschätzt. Ausgangsbasis für die Abschreibung ist also 19.000 Euro (25.000 Euro minus 6.000 Euro).

Kosten, die zwar Aufwendungen sind, jedoch in beiden Rechenwelten anders beziehungsweise unterschiedlich bewertet werden, sind sogenannte *Anderskosten*. Sie dürfen sie aber gerne auch als *aufwandsungleiche Kosten* bezeichnen.

Ein weiteres Beispiel für Anderskosten: kalkulatorische Wagnisse. Geht eine Maschine plötzlich kaputt, wird im externen Rechnungswesen eine außerordentliche Abschreibung vorgenommen. In der Kostenrechnung sollen solche starken, zufälligen Ereignisse nicht berücksichtigt werden. Hier unterstellt man durchschnittliche Wagniskosten. Andernfalls würde man durch ein zufälliges Ereignis eventuell ein Produkt mit enormen Kosten belasten und totrechnen.

Kalkulatorischen Kosten steht entweder Aufwand in anderer Höhe gegenüber – so wie hier bei den *Anderskosten* – oder es steht ihnen gar kein Aufwand gegenüber. Dann spricht man von *Zusatzkosten*. Dazu gleich anschließend mehr.

Kosten sind nicht gleichzeitig Aufwendungen

Stellen Sie sich einmal vor, Sie wären der Neffe eines Großindustriellen und hätten den innigen Wunsch, sich mit einer Medienagentur selbstständig zu machen. Ein bisschen Eigenkapital haben Sie gespart, den Geburtstagszuwendungen und einer kleinen Finanzspritze Ihres Onkels sei Dank. Zusammen mit dem Darlehen der Hausbank verfügen Sie so über ein stattliches Eigenkapital. Davon kaufen Sie ein paar Rechner, Büroausstattung, werben Kunden und Mitarbeiter an. Der Laden läuft prima an. Ach ja, eine Kleinigkeit habe ich vergessen: Ihre Medienagentur ist im alten Verwaltungsgebäude der Firma Ihres Onkels – schöner Jugendstil, zentral gelegen, versteht sich – beheimatet. Miete müssen Sie dafür natürlich keine zahlen, versteht sich.

Dank der familiären Geschäftskontakte brummt Ihr Laden. Eines schönen Tages stellen Sie einen Buchhalter und einen Controller für das kaufmännische Zeugs ein. Kaum sind ein paar Wochen Einarbeitungszeit ins Land gegangen, konfrontiert Sie der Controller mit irgendwelchen kalkulatorischen Kosten. Demnach schreibt Ihre schöne Agentur rote Zahlen! Sie verstehen die Welt nicht mehr beziehungsweise den Controller überhaupt nicht und schämen sich innerlich für Ihre Personalpolitik.

Sie ziehen sich mit dem Controller auf ein Getränk in die Bibliothek zurück und geben ihm eine halbe Stunde zur Erläuterung. Der will Sie von einer völlig abstrusen Theorie der kalkulatorischen Mieten, Zinsen und Unternehmerlöhnen überzeugen. Demnach sollen Sie für die unentgeltliche Nutzung des Gebäudes eine kalkulatorische Miete ansetzen. Ortsüblich seien hierfür etwa 25.000 Euro pro Monat. Und es geht noch weiter, er erzählt Ihnen irgendetwas von kalkulatorischen Zinsen und kalkulatorischem Unternehmerlohn. Ihre Agentur können Sie eigentlich zumachen und die kaufmännischen Angestellten betriebsbedingt kündigen.

Bei diesen *kalkulatorischen Kosten* handelt es sich allesamt um *Zusatzkosten* beziehungsweise *aufwandslose Kosten*, da ihnen kein Aufwand gegenübersteht.

Die üblichen Verdächtigen sind in diesem Fall:

✓ Die kalkulatorischen Mieten: In der Regel setzt man kalkulatorische Mieten bei betrieblich genutzten Privaträumen an. Manchmal kommt es aber auch vor, dass Dritte die Räume unentgeltlich überlassen, so wie hier im Beispiel der reiche Onkel.

✓ Der kalkulatorische Unternehmerlohn: Der typische Fall: Der Firmenchef einer kleinen Personengesellschaft arbeitet Tag und Nacht und bekommt dafür am Monatsende keinen Cent im Gegensatz zu einem Vorstand einer Aktiengesellschaft oder einem Geschäftsführer einer GmbH. Der kleine Familienunternehmer bedient sich am Ende aus dem erwirtschafteten Gewinn. In der Kostenrechnung setzt man deshalb einen kalkulatorischen Unternehmerlohn an, der sich natürlich im normalen Rahmen irgendwo zwischen 25 und 90 Millionen Euro pro Jahr bewegen sollte.

✓ Die kalkulatorischen Zinsen: Das eingesetzte Gesamtkapital hätte man auch zur Bank tragen und Zinsen erwirtschaften lassen können. Damit werden also eventuell entgangene Gewinne bei alternativer Verwendung des Kapitals aufgezeigt, die sogenannten Opportunitätskosten.

Aufwendungen sind nicht zugleich Kosten

Die neutralen Aufwendungen sind niemals zugleich Kosten, da sie entweder betriebsfremd, außerordentlich oder periodenfremd sind.

✓ Betriebsfremde Aufwendungen entstehen, wenn Sie Ihrer Lieblingspartei oder dem Waisenhaus etwas spenden. Das hat in aller Regel nichts mit dem Betriebszweck zu tun. Daher sind dies keine Kosten.

✓ Außerordentlicher Aufwand entsteht, wenn die Erde mal wieder bebt und die Fabrikhalle einbricht oder ein Lager abbrennt und und und. So etwas wird in der Kostenrechnung nicht erfasst, da die Kosten sonst viel zu sehr schwanken würden. Eine verlässliche Kalkulation wäre dann kaum möglich.

✓ Periodenfremder Aufwand gehört ebenfalls nicht in die Kostenrechnung. So haben beispielsweise Gewerbesteuernachzahlungen für das vergangene Jahr dort nichts zu suchen.

Wie jetzt? Erlöse oder Leistungen

In aller Regel ist von der Kosten- und Leistungsrechnung die Rede. Manchmal wird aber auch von der Kosten- und Erlösrechnung gesprochen. Gemeint wird dabei meist dasselbe.

 Warum verwenden manche den Begriff Erlöse und nicht Leistungen? Ganz einfach, der Begriff Leistungen wird im Alltag und auch im Rechnungswesen bereits für sehr viele verschiedene Sachverhalte verwendet. Der Begriff Erlöse ist dagegen nicht so weit verbreitet und deshalb eindeutiger der Kosten- und Leistungsrechnung, Verzeihung, Erlösrechnung zuordenbar. Hier im Buch wird trotzdem weiterhin von der Leistungsrechnung gesprochen, da dies gebräuchlicher und umfassender ist.

Manchmal wird aber auch der Begriff Erlöse verwendet, Umsatzerlöse hören sich nun mal besser an als Umsatzleistungen.

Von Leistungen ist also immer eher dann die Rede, wenn es um die mengenmäßige Ausbringung geht. Diese kann verkauft werden oder auf Lager gehen oder auch für den weiteren innerbetrieblichen Einsatz bestimmt sein. Werden diese Leistungen mit Herstellkosten oder Verkaufspreisen bewertet, wird also die wertmäßige Ausbringung betrachtet, spricht man eher von Erlösen.

Begriffswirrungen

In ein paar wenigen Büchern werden die beiden Begriffe Leistungen und Erlöse nicht als Synonyme verwendet, die sich eventuell nur in den Punkten wertmäßige und mengenmäßige Ausbringung unterscheiden. Dort sind die Erlöse nur ein Teil der Leistungen, die Erlösrechnung nur ein Teil der Leistungsrechnung. Erlöse sind dort nur die durch tatsächlich verkaufte Waren und Dienstleistungen entstandenen Leistungen.

Hier im Buch ist mit den Begriffen Leistungen oder wahlweise Erlöse immer die gesamte Güter- und Dienstleistungsentstehung gemeint, also neben den verkauften Gütern und Dienstleistungen auch Lagerbestandserhöhungen und innerbetriebliche Leistungen.

Und was versteht man denn jetzt nun unter Leistungen oder auch Erlösen? Nichts leichter als das.

 Leistungen beziehungsweise *Erlöse* sind die in Geld bewerteten, sachzielbezogenen Güter- und Leistungsentstehungen einer Abrechnungsperiode. Leistungen beziehungsweise Erlöse entstehen also, wenn Produkte oder Dienstleistungen erstellt werden. Zieht man von den Erlösen beziehungsweise Leistungen die Kosten ab, erhält man übrigens das *Betriebsergebnis*.

Wie bei den Kosten und Aufwendungen besteht auch zwischen den Leistungen und Erträgen ein vierschichtiges Verhältnis. Die vier möglichen Fälle:

✔ Leistungen sind gleichzeitig auch Erträge.

✔ Leistungen sind gleichzeitig auch Erträge, aber nicht gleich hoch.

✔ Leistungen sind nicht gleichzeitig Erträge.

✔ Erträge sind nicht zugleich Leistungen.

Leistungen sind gleichzeitig auch Erträge

Die meisten Erträge sind zugleich auch Leistungen. Und zwar genau jene, die etwas mit dem Betriebszweck zu tun haben. Dann spricht man von Zweckerträgen und Grundleistungen. Dies ist zum Beispiel immer dann der Fall, wenn Güter produziert und verkauft werden.

Weitere Beispiele dafür sind:

- ✔ Lagerbestandserhöhungen
- ✔ aktivierte Eigenleistungen

Leistungen sind gleichzeitig auch Erträge, aber nicht gleich hoch

Der Klassiker: Es wurde auf Lager produziert. Da liegt sie nun, die bislang unverkaufte Ware und harrt ihrem künftigen Abverkauf entgegen. Dieser Lagerzugang kann in der Kosten- und Leistungsrechnung anders als im externen Rechnungswesen bewertet werden. Und schon haben Sie es mit Andersleistungen zu tun.

Leistungen, denen Erträge in anderer Höhe gegenüberstehen, werden als *Andersleistungen* bezeichnet.

In der Kosten- und Leistungsrechnung besitzen Sie bei der Bewertung von Lagerbeständen und aktivierten innerbetrieblichen Leistungen alle Freiheiten. Sie können zu Voll- oder Teilkosten bewerten oder auch mit planerischen Werten. Wie es beliebt und eben für Sie zielführend ist.

Leistungen sind nicht gleichzeitig Erträge

Leistungen, die nicht gleichzeitig Erträge sind, heißen Zusatzleistungen. Ein Beispiel wäre der kostenlose Fasswein für die Erntehelfer bei der Weinlese. Zusatzleistungen sind somit immer alle Leistungen, die unentgeltlich abgegeben wurden und deshalb keinen Ertrag bringen.

Die *kalkulatorischen Leistungen* umfassen alle Anders- und Zusatzleistungen. Mit ihnen wird die gesamte betriebliche Leistung erfasst.

Erträge sind nicht zugleich Leistungen

Alle Erträge, die nichts mit dem Betriebszweck zu tun haben, nennt man neutrale Erträge. Diese werden nicht in der Leistungsrechnung berücksichtigt, da sie entweder betriebsfremd, periodenfremd oder außerordentlich sind.

- ✔ Betriebsfremde Erträge: Eine Metallgießerei hat in guten Zeiten erwirtschaftetes Geld in Aktien angelegt und erhält hieraus Dividendenzahlungen.
- ✔ Periodenfremde Erträge entstehen, wenn Sie eine Steuerrückerstattung für das Vorjahr erhalten.
- ✔ Außerordentliche Erträge: Eine alte Lagerhalle wurde verkauft.

Abbildung 26.3 fasst die Beziehungen zwischen den acht Schlüsselbegriffen dieses Kapitels nochmals anschaulich zusammen:

Abbildung 26.3: Alle acht Schlüsselbegriffe auf einen Blick

Aufgabe 26

Worin unterscheiden sich betriebsfremde Aufwendungen und außerordentlichen Aufwendungen?

> **IN DIESEM KAPITEL**
>
> Fixe und variable Kosten unterscheiden
>
> Einzel- und Gemeinkosten kennenlernen
>
> Überblick über die Systeme der Kosten- und Leistungsrechnung

Kapitel 27
Charakterfrage – die unterschiedlichen Kostenbegriffe und Kostenrechnungssysteme

Auch Kosten können unterschiedliche Eigenschaften besitzen. Fixe Kosten bleiben unverändert, (fast) egal was passiert. Manche Kosten sind eher sprunghaft und etliche ganz variabel; einige vereinzeln, andere sind gemein. In diesem Kapitel erklären wir Ihnen die unterschiedlichen Kostenbegriffe. Danach gibt es einen kurzen Überblick über alle Systeme der Kosten- und Leistungsrechnung.

Die unterschiedlichen Kostenbegriffe

Kosten werden gerne in Abhängigkeit von verschiedenen Einflussfaktoren klassifiziert, damit man sie besser erfassen und auswerten kann. Denn: Die Angabe der Gesamtkosten hilft bei der Analyse nicht viel. Wenn ein Unternehmen bekannt gibt, dass es die Gesamtkosten gegenüber dem Vorjahr um 10 Prozent senken konnte, wissen Sie noch lange nicht, ob das ein Ergebnis effizienteren Handelns ist. Vielleicht ist es ja schlicht einem Produktionsrückgang geschuldet oder der sechs Monate lang unbesetzten, bis dato gut dotierten Vorstandsstelle. Deshalb muss genauer hingeschaut werden. Die wichtigsten Faktoren für die Kostengliederung sind die

- ✔ Beschäftigung beziehungsweise Kapazitätsauslastung,
- ✔ Zurechenbarkeit zu Produkten,

✔ Ausgabewirksamkeit,

✔ Herkunft der Kosten und

✔ der Zeitbezug.

Viele neue Begriffe, die jetzt alle erklärt werden.

Beschäftigungsabhängige Kosten

Jedes Unternehmen besitzt eine mehr oder minder gut messbare Kapazität. Gut messen kann man das zum Beispiel bei einer Produktionslinie. Diese besitzt eine ganz bestimmte maximale Kapazität, die durch die Maschinen und die eingesetzten Mitarbeiter bestimmt wird. Alle Produktionslinien zusammen ergeben die Gesamtkapazität eines Unternehmens.

Stellen Sie sich einmal vor, Sie würden eine Fabrik besichtigen, die Salzstangen und Bierbrezeln produziert. Alles bio. In der Halle duftet es herrlich nach frischen Backwaren. Es gibt zwei Produktionslinien, eine stellt gerade Salzstangen her, die andere Brezeln. Da ich leidenschaftlich gerne die Salzbrezeln esse (viel zu viele), aber vor lauter Bücherschreiben keine Zeit hatte, den Eigentümer zu interviewen, unterstelle ich, dass die beiden Linien pro Schicht jeweils maximal 1.000 Packungen herstellen können. Macht nach Adam Riese 2.000 Packungen pro Schicht beziehungsweise maximal 4.000 Packungen am Tag. Das ist die Gesamtkapazität. Dem steht immer die tatsächliche Auslastung gegenüber.

Die *Beschäftigung* ist die tatsächliche Auslastung der Produktionskapazität. Der *Beschäftigungsgrad* drückt das Verhältnis zwischen Kapazität und Beschäftigung aus.

Den Beschäftigungsgrad erhält man, indem man die produzierte Istmenge durch die maximale Kapazität teilt. Können pro Monat maximal 4.000 Packungen produziert werden, beträgt der Beschäftigungsgrad bei einer tatsächlichen Produktion von 3.000 Packungen 75 Prozent (3.000 geteilt durch 4.000). Im Beispiel liegt der Beschäftigungsgrad eigentlich immer bei 100 Prozent, da ich wie bereits erwähnt viel zu viele Salzbrezeln esse. Es gibt Tage, an denen ich mal wieder vor dem leeren Regalfach im Supermarkt stehe und darüber sinniere, ob es für die Firma nicht besser wäre, eine weitere Produktionslinie aufzubauen. Aber eigentlich muss man ja dankbar sein ...

Ganz anders sah es 2009 in der Automobilindustrie aus. Dort lag der Beschäftigungsgrad teilweise nur bei 40 Prozent. Mit anderen Worten: Die vorhandenen Aufträge konnten an zwei von fünf möglichen Arbeitstagen abgearbeitet werden. Von Mittwoch bis Freitag standen die Bänder still.

Relativ unabhängig: Fixe Kosten

Fixe Kosten zeichnen sich dadurch aus, dass sie einfach da sind, egal wie viel Arbeit es gerade gibt. Sie sind beschäftigungsunabhängig.

Fixe Kosten werden gerne auch als *Kosten der Betriebsbereitschaft* bezeichnet, manchmal auch als *zeitabhängige Kosten* oder *Bereitschaftskosten*.

KAPITEL 27 Die unterschiedlichen Kostenbegriffe und Kostenrechnungssysteme

Die Abschreibungen oder die Pacht für die Fabrikhalle, Versicherungsbeiträge, Heizkosten oder die Gehälter der Verwaltungsangestellten sind Fixkosten. Sie sind beschäftigungsunabhängig. Das Schöne daran: Je höher der Beschäftigungsgrad, desto niedriger der Fixkostenanteil an den Gesamtkosten. Das Schlimme daran: Je niedriger der Beschäftigungsgrad, desto höher der Fixkostenanteil an den Gesamtkosten. Bleibt der Beschäftigungsgrad dauerhaft sehr niedrig, geht es aber auch den Fixkosten irgendwann einmal an den Kragen. Dann werden ganze Fabriken geschlossen, die Fixkosten werden damit auch reduziert.

Langfristig betrachtet gibt es keine fixen Kosten; im Extremfall, so bei einer Betriebsschließung, können alle Kosten auf null reduziert werden. Sie sollten also immer einen Zeitrahmen definieren, der für die Unterscheidung in fixe und variable Kosten gelten soll. Dies kann ein Monat oder das Geschäftsjahr sein. Meistens betrachtet man einen Monat, seltener ein Jahr.

Wissenswertes über Gesamt-, Stück- und Grenzkosten

Die Maschinen der beiden Produktionslinien sind gegen Feuer, Wasserschäden und diverse Wetterkapriolen versichert. Die monatliche Versicherungsrate beträgt 2.000 Euro. Werden weiterhin 4.000 Packungen Salzstangen und Brezeln pro Tag produziert, können in einem Monat 84.000 Packungen produziert werden. Auf jede Packung entfallen damit 2,4 Cent Versicherungskosten. Sollte, was völlig unwahrscheinlich ist, die Nachfrage einbrechen, sodass zum Beispiel nur noch 48.000 Packungen pro Monat produziert werden können, der Beschäftigungsgrad also auf 50 Prozent sinkt, entfallen auf jede Packung doppelt so viele Versicherungskosten wie bisher: 4,8 Cent. Was ist passiert? Die absoluten fixen Kosten bleiben gleich, die Stückkosten steigen jedoch, da weniger Packungen dieselben Versicherungskosten tragen müssen.

Stückkosten werden manchmal auch als *Durchschnittskosten* bezeichnet. Die *Grenzkosten* sind jene Kosten, die durch die Produktion genau einer weiteren Einheit eines Produkts entstehen.

Einmal angenommen, die Brezelfabrik würde auf die dauerhaft hohe Nachfrage reagieren und eine dritte Produktionslinie aufbauen. Dann steigen die Versicherungsbeiträge um weitere 1.000 Euro an. Dabei handelt es sich um einen sogenannten Fixkostensprung.

Fixe Kosten können sich bei der Erweiterung der Produktionskapazität erhöhen. Dann fallen Abschreibungskosten für neue Maschinen, Mieten für neue Hallen und so weiter an. Dieser sprunghafte Anstieg der Fixkosten wird mit dem Begriff *sprungfixe Kosten* beschrieben. Sprungfixe Kosten können eine sehr unangenehme Eigenschaft besitzen: Bei einem Beschäftigungsrückgang bleiben sie meist unverändert, die Abschreibung für die neue Maschine läuft ja weiter, die Hallenmiete ebenso. Dieser missliche Umstand wird mit dem Begriff *Remanenzkosten* umschrieben.

Fixe Kosten können Sie in den genutzten und ungenutzten Teil unterscheiden. Einmal angenommen, für eine Maschine würden monatlich 1.000 Euro Abschreibungen, also Fixkosten, anfallen. Ist die Maschine zu 100 Prozent ausgelastet, entfallen 100 Prozent dieser Fixkosten auf die genutzte Kapazität der Maschine. Wäre die Maschine nur noch zu

40 Prozent ausgelastet, würden nur noch 40 Prozent der Fixkosten auf die genutzte Kapazität der Maschine entfallen.

 Die auf die genutzte Kapazität entfallenden Fixkosten werden oft als *Nutzkosten* bezeichnet. Die auf die ungenutzte Kapazität entfallenden Fixkosten werden dann und wann gerne als *Leerkosten* bezeichnet.

Total flexibel – variable Kosten

Variable Kosten zeichnen sich dadurch aus, dass sie bei Nichtgebrauch überhaupt nicht anfallen. Sie sind beschäftigungsabhängig. Wenn die Salzstangenproduktion der Brezelfabrik in der Nacht steht, wird auch kein Mehl verbraucht. Die Rohstoffe Mehl und Salz sind also Vertreter der variablen Kosten. Weitere Beispiele für variable Kosten sind beschäftigungsabhängige Stundenlöhne oder Kosten für beschäftigungsabhängige Kleinteile wie zum Beispiel die Schrauben in einer Möbelfertigung. Die Beziehung der variablen Kosten zur Beschäftigung muss aber nicht immer völlig geradlinig, sprich proportional, verlaufen. Sie kann auch progressiv oder degressiv verlaufen.

Proportionaler Kostenverlauf

Beim proportionalen Kostenverlauf verändern sich die variablen Kosten im gleichen Maße wie die Beschäftigung. Schöne Beispiele hierfür sind die Kosten für Einzelteile in der Fertigung. Für die Herstellung eines Bücherregals benötigen Sie pro Bücherregal zum Beispiel 36 Schrauben. Diese kosten 2 Euro. Wird die Bücherregalproduktion auf zwei Exemplare verdoppelt, verdoppeln sich auch die Kosten für die benötigten Schrauben. Die Kostenkurve verläuft in diesem Fall linear.

Degressiver Kostenverlauf

Stellen Sie sich nun einmal vor, Sie würden nicht nur zwei Bücherregale pro Woche produzieren und verkaufen, sondern 1.000. Natürlich gehen Sie zum Schraubenkaufen nicht mehr in den Baumarkt, weil dieser gar nicht die benötigte Menge auf Lager hat. Zudem haben Sie mittlerweile einen Schraubenlieferanten gefunden, der Ihnen einen Mengenrabatt gibt. Die Kosten für die Schrauben steigen nicht im gleichen Maße wie die Beschäftigung.

Progressiver Kostenverlauf

Bei einem progressiven Kostenverlauf steigen die Kosten bei zunehmender Beschäftigung stärker als die produzierte Menge. Dazu wieder ein Beispiel aus der Welt der Bücherregalfabrikation. Mittlerweile produzieren Sie mit Ihren Arbeitern 10.000 Regale pro Woche. Das ist natürlich nicht mehr innerhalb der Regelarbeitszeit machbar. Sie und Ihre Mitarbeiter arbeiten deshalb rund um die Uhr. Die Arbeiter erhalten für die Mehrarbeit Überstundenzuschläge. Ein klarer Fall von progressiven Kosten.

Abbildung 27.1 zeigt die verschiedenen Kostenverläufe noch einmal im Überblick. Beim proportionalen Kostenverlauf ist das Verhältnis Menge zu Kosten in der Grafik immer gleich. Würde die Produktion von zehn Regalen 100 Euro Kosten verursachen, würde die zehnfache Menge an Regalen eben 1.000 Euro Kosten verursachen. Beim degressiven Kostenverlauf

KAPITEL 27 Die unterschiedlichen Kostenbegriffe und Kostenrechnungssysteme

nimmt die Steigung der Kurve ab jener Produktionsmenge ab, bei der es beispielsweise Mengenrabatte für das eingesetzte Material gibt. Beim progressiven Kostenverlauf ist es genau andersherum. Ab der Produktionsmenge, die nur mit Überstunden erreicht werden kann, steigt die Kurve stärker an. Die Überstundenzuschläge werden sichtbar.

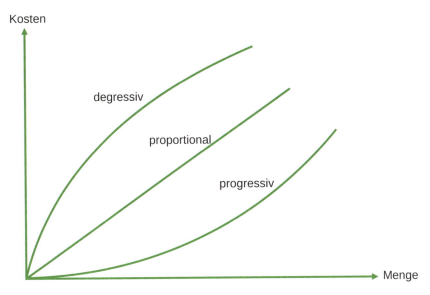

Abbildung 27.1: Unterschiedliche Kostenverläufe

Da dieses Thema zum Fundament der Kostenrechnung zählt, verdient es einen Auftritt als Tabelle. Tabelle 27.1 zeigt den proportionalen Kostenverlauf.

Produktionsmenge	Gesamtkosten	Stückkosten
10	100 €	10 €
20	200 €	10 €
30	300 €	10 €
40	400 €	10 €
50	500 €	10 €

Tabelle 27.1: Proportionaler Kostenverlauf

Wie man wunderbar sehen kann, bleiben die Stückkosten beim proportionalen Kostenverlauf unverändert. Tabelle 27.2 zeigt den degressiven Kostenverlauf:

Die Stückkosten sinken beim degressiven Kostenverlauf mit zunehmender Stückzahl. Zu guter Letzt Tabelle 27.3 mit dem progressiven Kostenverlauf:

Beim progressiven Kostenverlauf steigen die Stückkosten mit zunehmender Stückzahl.

Produktionsmenge	Gesamtkosten	Stückkosten
10	100 €	10 €
20	180 €	9 €
30	240 €	8 €
40	280 €	7 €
50	300 €	6 €

Tabelle 27.2: Degressiver Kostenverlauf

Produktionsmenge	Gesamtkosten	Stückkosten
10	100 €	10 €
20	220 €	11 €
30	360 €	12 €
40	520 €	13 €
50	700 €	14 €

Tabelle 27.3: Progressiver Kostenverlauf

Geschüttelt und nicht gerührt: Mischkosten

Im harten Büroalltag begegnen Ihnen leider nicht nur reine Fixkosten oder reine variable Kosten. Oftmals treffen Sie auch die sogenannten Mischkosten an.

Mischkosten enthalten sowohl beschäftigungsunabhängige als auch beschäftigungsabhängige Bestandteile. Sie bestehen also anteilig aus fixen und variablen Kosten und können nicht so einfach sortenrein getrennt werden.

Wenn bei Mischkosten der beschäftigungsunabhängige Teil nicht so ohne Weiteres vom beschäftigungsabhängigen Teil getrennt werden kann, ist es besonders unangenehm, wenn die Unternehmensleitung mal wieder eine Analyse der Kostenstruktur haben möchte: fixe Kosten ins schlechte Töpfchen, variable Kosten ins gute Töpfchen. Hintergrund ist oftmals der besorgte Blick auf den Anteil der fixen Kosten, die im Ernstfall ein existenzielles Problem darstellen können. Deshalb wollen viele Unternehmen den Anteil der Fixkosten an den Gesamtkosten beständig nach unten drücken.

Mischkosten kommen in der freien Bürowildbahn vor allem vor bei:

- ✔ Telefonkosten: Die Rechnung besteht in aller Regel aus einem fixen Grundpreis und nutzungsabhängigen Entgelten.

- ✔ Stromkosten: Die Energieversorger verlangen oftmals neben dem nutzungsabhängigen Teil auch einen fixen monatlichen Grundpreis. Aber selbst wenn der Energieversorger keinen Grundpreis verlangen würde, können hier Mischkosten entstehen. Steht eine Maschine auf Stand-by, also in Bereitschaft, wird nichts produziert, aber dennoch Strom verbraucht. Diese Kosten können zunächst einmal nicht direkt den variablen oder den fixen Kosten zugeordnet werden.

- ✓ Wartungs- und Reparaturkosten: Für die Wartung fällt monatlich ein Fixkostenblock entweder für die dafür abgestellten Mitarbeiter oder für die dafür beauftragte Fremdfirma an. Wird eine Maschine intensiver genutzt, ist der Verschleiß höher, die Wartungs- und Reparaturkosten steigen beschäftigungsabhängig an. Variable Kosten fallen hier also ebenfalls an.

- ✓ Löhnen und Gehältern beziehungsweise Entgelten: Sie kann man manchmal auch nicht ganz eindeutig den fixen oder den variablen Kosten zuordnen. Oftmals gibt es hier auch leistungsabhängige Bestandteile wie etwa Akkord oder erfolgsabhängige Tantiemen.

Diese harte Nuss der Mischkosten kann geknackt werden. Da die Verwendung von Nussknackern bei der Auftrennung in variable und fixe Bestandteile recht wirkungslos bleiben wird, wurden hoffnungsvollere Methoden zur Auftrennung der Mischkosten entwickelt. Das sind:

- ✓ buchtechnische Kostenauflösung
- ✓ mathematische Kostenauflösung
- ✓ planmäßige Kostenauflösung

Die buchtechnische Kostenauflösung

Beim buchtechnischen Verfahren werden die jeweiligen Mischkosten über einen bestimmen Zeitraum scharf beobachtet. Mit großem Beharrungsvermögen und erforderlicher Ruhe müssen die Mischkosten auf ihr Verhalten bei Beschäftigungsschwankungen hin beobachtet werden. Auch wenn es auf den ersten Blick verlockend erscheint, sollten Sie für diesen Job keinen Ornithologen engagieren, sondern am besten einen erfahrenen Kostenrechner. Der wird Ihnen zwar keine Auskunft über das Brutverhalten Ihres Lieblingsvogels geben können, dafür aber bei der Kostenauflösung hoffentlich weiterhelfen können.

Die buchtechnische Kostenauflösung wird dann und wann auch als *buchtechnisch-statistische Kostenauflösung* bezeichnet, da die Auswertung der im Rahmen der Beobachtung angehäuften Werte entweder mit statistischen Methoden oder ganz einfach im Rahmen von Schätzungen erfolgen kann.

Mit trockeneren Worten: Sie benötigen bei dieser Methode die Istkosten und die jeweils zugehörige Istbeschäftigung, zum Beispiel die des vergangenen Geschäftsjahres oder Monats. Bei den Istkosten dürfte das in aller Regel kein großes Problem sein. Diese dürften Sie in SAP bis Excel finden; je nach dem Grad der IT-Durchdringung. Etwas schwieriger wird es bei der Ermittlung der Istbeschäftigung. Dies ist in Produktionsbetrieben in den jeweiligen Produktionslinien noch relativ gut machbar. Hier gibt es grundsätzlich zwei Möglichkeiten zur Ermittlung der Istbeschäftigung:

- ✓ **Kapazitätsauslastung:** Die Laufzeit der Maschinen jeder Produktionslinie wird pro Schicht genau dokumentiert. Dem steht die maximal mögliche Laufzeit der Maschinen gegenüber. Wenn die Maschinen in einer Schicht fünf Stunden laufen und die maximale Laufzeit sechs Stunden beträgt, ergibt sich für die betrachtete Schicht eine Istbeschäftigung von 83 Prozent.

- ✓ **Produktionsmenge:** Die Ausbringungsmenge jeder Linie wird pro Schicht genau erfasst. Dem steht die maximal mögliche Ausbringungsmenge gegenüber. In der Spätschicht wurden in der Produktionslinie 1 vom Produkt DVD-Player Alpha 800 Stück produziert. Maximal möglich wären 1.000 Stück gewesen. Die Istbeschäftigung beträgt somit 80 Prozent.

So weit der einfache Fall. In der ungemein harten Realität werden jedoch meist verschiedene Produkte in den Linien produziert. Werden in der Produktionslinie 1 zum Beispiel in einer Schicht 200 Festplattenrekorder, 400 DVD-Player und 100 Blu-ray-Rekorder produziert, kann die Istbeschäftigung schon nicht mehr so einfach über die Produktionsmenge ermittelt werden. Am bequemsten ermitteln Sie die Istbeschäftigung in solchen Fällen über die Kapazitätsauslastung. Da die jeweiligen Produkte die Produktionsressourcen jedoch meist völlig unterschiedlich beanspruchen, kommt hier eigentlich nur eine detaillierte Erfassung der Maschinenlauf- und Produktionszeiten pro Produkt infrage. In Dienstleistungsunternehmen wird die Istbeschäftigung dagegen meist mithilfe von Indikatoren ermittelt.

Ein Indikator ist eine Hilfsgröße, anhand derer Aussagen über bestimmte Sachverhalte getroffen werden können. Der bekannteste Vertreter der Familie der Wirtschaftsindikatoren ist der Konjunkturindikator. Damit ist oftmals ein bunter Strauß an Hilfsgrößen gemeint wie etwa die Entwicklung der Arbeitslosenzahlen oder von Auftragseingängen.

In Hotelbetrieben kann die Istbeschäftigung mithilfe des Indikators der Bettenbelegung gemessen werden. Bei einem Fährbetrieb kann es die Anzahl der Fahrgäste sein.

Eine sinnvolle Auflösung von Mischkosten kann in aller Regel nur fallweise durchgeführt werden. Wenn Sie zum Beispiel die Lohnkosten in deren fixe und variable Bestandteile aufteilen wollen, sollten Sie dies nicht für die gesamten Personalkosten der Unternehmung durchführen, da es in jeder Abteilung andere Mischformen und Faktoren geben wird. Eine Aufteilung ist nur auf Abteilungsebene oder gar darunter sinnvoll.

Dazu ein kleines Zahlenbeispiel aus der Welt der Regalproduktion. Für die beiden Mitarbeiter in der Schreinerei fallen jeden Monat unterschiedlich hohe Lohnkosten an, die bei Ihnen den Verdacht auf Mischkosten aufkommen lassen. Sie besorgen sich die Produktionsmengen des letzten Jahres und die jeweiligen Lohnkosten und legen los mit der Analyse.

Natürlich könnten Sie in diesem kleinen Beispielsfall auch ganz einfach einen kleinen Spaziergang in die Schreinerei oder wahlweise ins Personalbüro unternehmen und die Kollegen befragen, was sie an fixen und variablen Lohnbestandteilen erhalten beziehungsweise ausgezahlt wird.

Im Januar wurden bei einer Produktion von 50 Regalen 6.500 Euro Löhne ausgezahlt, im Februar waren es bei 100 Regalen 7.000 Euro. Im März wurden 110 Regale produziert, die Lohnkosten haben sich auf 7.100 Euro erhöht. Im April ging es gerade so weiter. Es wurden 120 Regale produziert, die Lohnkosten stiegen auf 7.200 Euro. Im Juli waren Betriebsferien, es wurde nichts produziert, trotzdem wurden 6.000 Euro Löhne ausbezahlt.

Messerscharf stellen Sie fest, dass sich die Mischkosten aus monatlichen Fixkosten von 6.000 Euro und variablen Kosten von 10 Euro je Regal zusammensetzen.

Reaktionsvermögen: Der Reagibilitätsgrad

Würden die beiden Mitarbeiter im Beispiel lediglich ihren Grundlohn von zusammen 6.000 Euro erhalten, würden sich die Kosten bei einer prozentualen Veränderung der Produktionsmenge nie verändern. Die Produktion wurde von Januar auf Februar um 100 Prozent erhöht. Bleiben die Kosten unverändert bei 6.000 Euro, ergibt sich ein Reagibilitätsgrad der Kosten von 0.

Sie erhalten den Reagibilitätsgrad, indem Sie die prozentuale Kostenänderung durch die prozentuale Beschäftigungsänderung teilen. Im Beispiel: 0 Prozent Kostenänderung geteilt durch 100 Prozent Beschäftigungsänderung ergibt einen Reagibilitätsgrad von 0. Bei Fixkosten ist der Reagibilitätsgrad also immer gleich 0. Bei variablen, proportionalen Kosten ist er immer gleich 1, bei degressiven Kosten kleiner 1 und bei progressiven Kosten größer 1.

Die mathematische Kostenauflösung

Bei der mathematischen Methode werden zwei Beschäftigungspunkte herausgegriffen und analysiert.

Bei dieser Methode wird übrigens immer ein proportionaler Kostenverlauf unterstellt. Komme was wolle.

Nehmen Sie dazu die Produktionsmengen und Kosten aus dem Februar und März wie in Tabelle 27.4.

Monat	Produktionsmenge	Kosten
Februar	100	7.000 €
März	110	7.100 €

Tabelle 27.4: Mathematische Methode

Bei einem Produktionszuwachs von zehn Einheiten haben sich die Kosten um 100 Euro erhöht. Damit betragen die proportionalen Kosten nach Adam Riese je Regal 10 Euro (100 Euro geteilt durch zehn Einheiten). Nun werden zunächst die fixen Kosten ermittelt:

- ✔ Gesamtkosten bei 100 Regalen: 7.000 Euro
- ✔ abzüglich proportionale Kosten (100 × 10 Euro) ergibt 1.000 Euro
- ✔ Verbleiben fixe Kosten in Höhe von 6.000 Euro.

Die mit dieser Methode ermittelten Fixkosten werden gerne auch als *Residualkosten* bezeichnet, da sie die am Ende verbleibende Restgröße darstellen.

Die planmäßige Kostenauflösung

Lösen Sie sich von den Zwängen und Fehlern der Vergangenheit und planen Sie gedanklich auf der grünen Wiese. Das ist die Philosophie der planmäßigen Kostenauflösung. Für Planungszwecke sollen Sie ja nicht die Fehler der Vergangenheit fortschreiben, wie etwa zu hohe Fixkostenanteile, sondern Ihre Vorstellungen für eine optimale, aber immer noch realistische Kostenaufteilung einplanen.

Verrechnungsabhängige Kosten

Wohin nur mit den Kosten? Ganz einfach: Sie müssen auf die Produkte oder Dienstleistungen verrechnet werden. Nur so können die Aufgaben der Kostenrechnung wie etwa die der Wirtschaftlichkeitskontrolle erfüllt werden. Die Verrechnung der Kosten gestaltet sich bei den sogenannten *Einzelkosten* recht einfach. Bei den *Gemeinkosten* ist das schon etwas schwieriger.

Einzelkosten kann man direkt den Produkten oder Dienstleistungen, den sogenannten *Kostenträgern*, zuordnen. Deshalb werden sie auch gerne *Kostenträgereinzelkosten* genannt. Rohstoffe, wie das Holz in der Möbelfertigung, sind Einzelkosten. Alle anderen Kosten, die nicht direkt auf die Produkte verrechnet werden können, bezeichnet man als *Gemeinkosten* beziehungsweise als *Kostenträgergemeinkosten*. Diese Kosten können nur über Schlüsselungen auf die Kostenträger verrechnet werden.

Immer echt und variabel: Die Einzelkosten

Kosten, die den Produkten oder Dienstleistungen direkt zugeordnet werden können, sind in aller Regel variable Kosten. Diese kostenrechnerische Bauernregel fußt auf der simplen Tatsache, dass direkt zurechenbare Kosten eigentlich immer direkt von der produzierten Menge eines Produkts oder einer Dienstleistung abhängig sind. Für jedes Bücherregal werden in der Produktion 24 Schrauben benötigt. Diese 24 Schrauben kosten 1,80 Euro. Auf Kostenrechnerisch: Je produzierten Kostenträger Bücherregal fallen 1,80 Euro Einzelkosten der Kostenart »Schrauben« an. Typische Vertreter der Einzelkosten sind:

✔ Produktionsmaterial wie etwa Holz in der Möbelproduktion

✔ Produktionslöhne wie zum Beispiel Akkordlöhne

✔ Sondereinzelkosten der Produktion wie etwa Kosten für Spezialwerkzeuge

✔ Sondereinzelkosten des Vertriebs, zum Beispiel Verpackungs- und Versandkosten

Nicht echt und dennoch variabel: Die unechten Gemeinkosten

Alle Kosten, die einem Produkt oder einer Dienstleistung nicht direkt zugeordnet werden können, werden als Gemeinkosten bezeichnet. Alle? Fast alle! Manche Kosten, die man durchaus direkt zuordnen könnte, werden trotzdem wie Gemeinkosten behandelt. In diesem Fall spricht man von *unechten Gemeinkosten*.

Unechte Gemeinkosten könnten eigentlich schon einem Produkt oder einer Dienstleistung direkt zugeordnet werden, der Aufwand hierfür ist jedoch unverhältnismäßig hoch, sodass man das lieber unterlässt. Dies ist in aller Regel bei geringwertigen Materialien und Hilfsstoffen oder nur aufwendig erfassbaren Arbeitszeiten (drei Minuten für diese Tätigkeit, zweieinhalb Minuten für die andere Tätigkeit und so weiter) der Fall.

Zurück zu den echten Gemeinkosten. In der Produktion aber auch im Dienstleistungsbereich sind viele der Vor- und Nachlaufkosten Gemeinkosten, da in diesen Phasen eine eindeutige Zuordnung zu einem Produkt oder einer Dienstleistung nur selten möglich ist. Gemeinkosten werden meist unterteilt in:

- Materialgemeinkosten wie Büromaterial oder für Wartungsarbeiten benötigtes Material
- Fertigungsgemeinkosten wie das Gehalt des Betriebsleiters oder das Weihnachts- und Urlaubsgeld
- Verwaltungsgemeinkosten, etwa Kosten der Geschäftsleitung oder der Buchhaltung
- Vertriebsgemeinkosten wie zum Beispiel die Kosten der Versandabteilung

Kosten mit unterschiedlicher Herkunft

Die Kosten werden auch gerne nach deren Herkunft unterschieden.

- **Primärkosten:** Das sind die Kosten der von außen bezogenen Wirtschaftsgüter und Dienstleistungen wie zum Beispiel die Miete für das Bürogebäude.
- **Sekundärkosten:** Das sind die sogenannten abgeleiteten Kosten, die durch die innerbetriebliche Weiterverrechnung der Primärkosten entstehen. Die Abteilung Gebäudemanagement legt die Mietkosten für das Bürogebäude entsprechend der Nutzung auf die jeweiligen Abteilungen um. Für diese Abteilungen sind die Mietkosten nun Sekundärkosten.

Warum unterscheidet man zwischen Primär- und Sekundärkosten? Anhand dieser Trennung kann die Leitung der Abteilung Gebäudemanagement schnell erkennen, wie hoch die externen Mietkosten in Summe sind. Zugleich ist sie immer darüber informiert, ob die gesamten Mietkosten auch auf die einzelnen Abteilungen umgelegt werden konnten oder ob es beispielsweise ungenutzte Flächen gibt.

Weitere Beispiele für Sekundärkosten sind Kosten von innerbetrieblich durchgeführten Seminaren oder selbst durchgeführte Reparaturen. Die Sekundärkosten setzen sich auch in diesen Beispielen wieder aus Primärkosten wie etwa den Personalkosten der Seminarleiter und der technischen Mitarbeiter, den Büromaterialkosten für die Seminarunterlagen und Materialkosten für die durchgeführten Reparaturen zusammen.

 Innerbetriebliche Leistungen werden auch als *Innenaufträge* bezeichnet.

O Zeiten, o Kosten

Nach der Lektüre dieses Abschnitts können Sie mithelfen, die Arbeitswelt ein wenig zu verbessern. Obwohl auf den ersten Blick völlig klar, werden im Alltag die folgenden Kostenbegriffe von vielen Leuten immer wieder gerne kunterbunt durcheinandergewürfelt, sodass am Ende die Verwirrung groß ist.

Je nach dem Zeitbezug werden die Kosten unterschieden in

- ✔ Istkosten,
- ✔ Normalkosten und
- ✔ Plankosten.

Die Istkosten

Bei den Istkosten handelt es sich um bereits entstandene Kosten. Sie setzen sich aus der Istmenge und dem Istpreis zusammen. Da die Istkosten im Jahresverlauf stark schwanken können und darauf aufbauende Auswertungen deshalb verzerrte Ergebnisse liefern können, hat man die sogenannten Normalkosten erfunden.

Die Normalkosten

Die Normalkosten werden aus den durchschnittlichen Istkosten der vergangenen Monate oder gar Jahre abgeleitet. Manchmal werden bei der Ermittlung der durchschnittlichen Kosten bereits künftige, erwartete Veränderungen wie zum Beispiel Preis- oder Tarifsteigerungen berücksichtigt. Dann erhält man die sogenannten *aktualisierten Mittelwerte* und hat den ersten Schritt in Richtung Plankosten unternommen. Die Verwendung von Normalkosten empfiehlt sich zum Beispiel bei:

- ✔ jahreszeitlich bedingt schwankenden Kosten wie Heizkosten
- ✔ unregelmäßig auftretenden Reparaturkosten

Die Plankosten

Bei den Plankosten werden Kosten für zukünftige Sachverhalte geplant. Dazu werden Planmengen und Planpreise verwendet. Später mehr als genug dazu in diesem Buch.

Überblick über die Systeme der Kosten- und Leistungsrechnung

In Abhängigkeit von der Aufgabenstellung haben sich im Laufe der Zeit verschiedene Systeme der Kosten- und Leistungsrechnung entwickelt. Da es nicht sinnvoll ist, eine Vielzahl von Systemen gleichzeitig zu betreiben, muss ein Unternehmen entsprechend seiner Zielsetzung immer eine Auswahl aus den am ehesten geeigneten Systemen treffen.

Für die Dokumentation empfiehlt sich natürlich immer die Istkosten- und Leistungsrechnung. Für die Planung wiederum drängen sich planungsorientierte Kosten- und Leistungsrechnungssysteme auf. Geht es um die Verhaltenssteuerung, bietet sich zum Beispiel das Behavioral Accounting oder das Target Costing an.

Zur Klassifizierung der verschiedenen Systeme bieten sich die Kriterien Zeitbezug und Verrechnungsumfang besonders an.

Gliederung nach dem Zeitbezug

Entlang der Zeitachse, von der Vergangenheit bis in die Zukunft, begegnen Ihnen folgende Systeme:

- ✔ **Istkostenrechnung:** Hier wird mit Istmengen und Istpreisen gearbeitet.
- ✔ **Normalkostenrechnung:** Der Zufall hat hier kaum Chancen, zufällige Schwankungen werden mithilfe der Durchschnittbildung eingeebnet.
- ✔ **Plankostenrechnung:** In Zukunft wird alles gut. So zumindest der Plan. Unwirtschaftliche Vergangenheitswerte werden hier nicht einfach fortgeschrieben, hier wird stattdessen mit geplanten Mengen und Preisen gearbeitet. In der Praxis wird hauptsächlich die flexible Plankostenrechnung verwendet, die zwischen flexiblen und variablen Kosten unterscheidet. Zudem berücksichtigt sie auch unterschiedliche Beschäftigungsgrade. Die starre Plankostenrechnung geht hierauf nicht besonders ein und eignet sich deshalb nur für bestimmte Anwendungsfälle.

Gliederung nach dem Verrechnungsumfang

Beim Kriterium des Verrechnungsumfangs wird zwischen Systemen der Voll- und der Teilkosten unterschieden. Hier kann man jeweils noch nach dem Zeitbezug unterscheiden.

- ✔ Istkostenrechnungen auf Basis von Vollkosten oder auf Basis von Teilkosten
- ✔ Plankostenrechnungen auf Basis von Vollkosten oder auf Basis von Teilkosten

Die Systemlandschaft auf Basis von Vollkosten ist recht übersichtlich. Da gibt es die Istkostenrechnung auf Vollkostenbasis und die Normalkostenrechnung auf Basis von Vollkosten und natürlich die Plankostenrechnung auf Vollkostenbasis. Letztere mit einigen weiteren Ausformungen wie die bereits genannte flexible oder starre Plankostenrechnung.

Die Systemlandschaft der Teilkostenrechnung ist dagegen wesentlich vielfältiger. Was aber nicht bedeutet, dass die Teilkostenrechnung deshalb verbreiteter als die Vollkostenrechnung wäre.

Bei einer *Teilkostenrechnung* werden im Gegensatz zu einer *Vollkostenrechnung* nicht alle fixen und variablen Kosten erfasst und verteilt. Es werden nur die variablen Kosten den Produkten zugerechnet.

Aus dem Markt kalkuliert – der Unterschied zwischen Voll- und Teilkostenrechnungen

Zur Unterscheidung zwischen Voll- und Teilkosten das klassische Beispiel: Stellen Sie sich vor, Sie wären Besitzer einer Eisenbahngesellschaft und müssten die Fahrkartenpreise für eine Strecke kalkulieren. Die Fahrt verursacht Gesamtkosten in Höhe von 3.000 Euro. In den Zug passen maximal 500 Fahrgäste. 3.000 Euro geteilt durch 500 ergeben 6 Euro Kosten. Ein wenig Gewinn muss auch erwirtschaftet werden, sodass Sie die Fahrkarte für 6,50 Euro anbieten. In der ersten Woche nutzten durchschnittlich leider nur 100 Fahrgäste den Zug. Die Tendenz war zwar steigend, die Vollkostenrechnung ist jedoch unerbittlich. Sie ermitteln den Fahrkartenpreis: 3.000 Euro Kosten geteilt durch 100 ergibt 30 Euro plus Gewinnzuschlag macht 32,40 Euro pro Fahrkarte. Am nächsten Tag nutzten nur noch zwei Fahrgäste den Zug. Sie hätten die Fahrkartenpreise auch auf Basis von Teilkosten kalkulieren können. Der Vorteil dabei: Sie hätten nicht mit Prohibitivpreisen die Kunden verjagt. Der Nachteil dabei: Die fixen Kosten wären nicht gedeckt gewesen. Eine schwierige Abwägungsfrage. Die berühmtesten Vertreter der Teilkostenrechnung sind die Grenzplankostenrechnung, die Einzelkostenrechnung, das Direct Costing und die Prozesskostenrechnung.

Aufgabe 27

Worin unterscheiden sich proportionale, degressive und progressive Kostenverläufe?

> **IN DIESEM KAPITEL**
>
> Worauf man bei der Bildung von Kostenstellenplänen achten sollte
>
> Wie man Kostenträger definieren kann

Kapitel 28
Basis schaffen – Konten-, Kostenstellen- und Kostenträgerpläne erstellen

Wie die Buchführung braucht auch jede Kostenrechnung einen Rahmen. Dieser besteht aus Kontenplan, Kostenstellen und definierten Kostenträgern. Ohne dieses Fundament geht gar nichts. Hier erfahren Sie zunächst noch einmal alles Nötige über Kontenpläne und Kontenrahmen. Anschließend zeigen wir Ihnen, wie Sie Kostenstellenpläne und Kostenträgerpläne erstellen können.

Der Kontenplan, Heimat der Kostenarten

Das Wichtigste über das Thema Kontenrahmen haben wir Ihnen ja in Kapitel 4 erzählt. Hier noch einmal eine kurze Zusammenfassung:

- ✔ Ein *Kontenrahmen* ist sozusagen ein Vorschlag, welche Konten ein Unternehmen verwenden kann. Kontenrahmen werden meistens von Verbänden oder von Softwareanbietern angeboten.

- ✔ Der *Kontenplan* ist dagegen der auf das Unternehmen individuell angepasste Kontenrahmen. Er kann je nach Bedarf mehr oder auch weniger Konten als der Kontenrahmen enthalten. Kontenrahmen können also beliebig verändert und auf die Bedürfnisse Ihres Unternehmens anpasst werden. Das Ergebnis nennt man dann Kontenplan.

- ✔ Da die Ergebnisse der Finanzbuchhaltung, die sich nun einmal an die gesetzlichen Bestimmungen halten muss, für innerbetriebliche Entscheidungen oftmals nicht aussagefähig genug sind, werden im Rechnungskreis II die Ergebnisse aus der Finanzbuchhaltung entsprechend angepasst. Neutrale Aufwendungen und Erträge aus dem Rechnungskreis I werden hierbei herausgerechnet und im Gegenzug Zusatzkosten und

Zusatzerlöse berücksichtigt. Anderskosten und Andersleistungen werden außerdem mit von der Finanzbuchhaltung abweichenden Beträgen angesetzt.

✔ Durch diese Korrekturen wird aus den Ergebnissen der Finanzbuchhaltung, also dem Rechnungskreis I, die Kostenrechnung hergeleitet. Das Ganze hört auf den Namen *Abgrenzung*.

Ortsbezeichnungen – der Kostenstellenplan

Ab einer bestimmten Größe ist jedes Unternehmen in Kostenstellen unterteilt. Irgendwann in grauer Vorzeit wurden die Kostenstellen in jedem Unternehmen nach einem strukturierten Plan angelegt, der einer bestimmten Zielsetzung folgte. In jedem Unternehmen? Nun gut, Ausnahmen bestätigen wie immer die Regel. Im Laufe der Zeit entwickelt sich ein Unternehmen weiter, deshalb werden immer wieder neue Kostenstellen angelegt. Der Kostenstellenplan wächst organisch. Solange dabei noch der ursprünglichen Zielsetzung gefolgt wird, ist das unproblematisch.

Die *Kostenstelle* ist der Ort der Kosten- und Leistungsentstehung. Manchmal werden jedoch auch Kostenstellen gebildet, um hierauf Kosten intern verrechnen zu können.

Bevor Sie einen Kostenstellenplan erstellen, sollten Sie sich also erst einmal überlegen, nach welchen Kriterien Sie die Kostenstellen bilden wollen.

Gliederungsmöglichkeiten für die Kostenstellenbildung

Für die Kostenstellenbildung haben Sie die Wahl zwischen folgenden Kriterien:

✔ Raum

✔ Verantwortungsbereich

✔ Funktion

✔ Verrechnung und Kostenträger

Gliederung nach räumlichen Kriterien

Die Gliederung nach räumlichen Gesichtspunkten ist auf den ersten Blick das naheliegendste Kriterium. Alle Mitarbeiter, die im Erdgeschoss sitzen, werden einer Kostenstelle zugeordnet. Das funktioniert jedoch nur, wenn diese Mitarbeiter derselben Tätigkeit nachgehen, wie etwa dem Verpacken und Versenden der Ware. Werden auf einer Etage jedoch völlig unterschiedliche Tätigkeiten wie etwa der Einkauf und die Entwicklung erbracht, sollten Sie dieses Kriterium nicht durchgängig anwenden, sondern auch noch nach anderen Kriterien gliedern.

Gliederung nach dem Verantwortungsbereich

Das ist der Klassiker unter den Kriterien. Entsprechend der Unternehmenshierarchie und den Hierarchen werden die Kostenstellen gebildet. Die Kostenstelle ist dabei die kleinste Einheit. Das ist meistens ein Team, natürlich mit einem verantwortlichen Teamleiter. Die Teamleiter sind wiederum jeweils einer Abteilung mit einem verantwortlichen Abteilungsleiter zugeordnet. Und so geht es immer weiter bis an die Spitze des Unternehmens.

Gliederung nach Funktionen

Dieses Kriterium fasziniert und wird in der Praxis am häufigsten verwendet, besitzt jedoch auch seine Schattenseiten. Hier können Sie nach Lust und Laune Kostenstellen entlang des Unternehmens- oder auch Produktionsprozesses bilden. Sie können Kostenstellen für einzelne Tätigkeiten oder gar für Projekte bilden. Wenn alles klappt, haben Sie am Ende der Kostenstellenbildung zum Beispiel die Kostenstellen Schreinerei, Buchhaltung, Personal, Müllentsorgung, Entwicklungsprojekt Regal 2020, Projekt Neuorga 3000 und so weiter.

Mit diesem Kriterium können Sie viele sinnvolle Kostenstellen bilden. Leider besteht aber auch die Gefahr des Wildwuchses, wenn für jede kleine zeitlich begrenzte Spezialfunktion oder für jedes kurze Projekt eine Kostenstelle gebildet werden soll. Dann schießen die Kostenstellen wie Pilze aus dem Boden, um am Ende der Saison wieder ungenutzt im Kostenrechnungssystem herumzuliegen.

Gliederung nach den Kostenträgern und der Verrechnung

Die Gliederung nach den Kostenträgern ist ein sehr anspruchsvolles Kriterium, denn hierzu müssen Sie zuerst einmal Ihre Kostenträger sauber definiert haben. Das ist nicht immer selbstverständlich. Außerdem sollten die Kostenstellen den Kostenträgern eindeutig zuordenbar sein. In der unbarmherzigen Realität kann es jedoch durchaus vorkommen, dass sich die Zuständigkeiten für ein Produkt kontinuierlich verschieben oder immer wieder verändern. Dann ist es mal wieder Zeit, den Kostenstellenplan zu überarbeiten. Viel Spaß dabei.

Bei der Gliederung nach der Verrechnung entstehen Hilfs- und Endkostenstellen. Die Hilfskostenstellen wie etwa die Kantine erbringen Leistungen für viele andere Kostenstellen, so auch für die Endkostenstellen, die sich wiederum auf die Kostenträger verrechnen.

Das erspart bei Beachtung Ärger: Tipps für die Kostenstellenbildung

Dieses Buch kann Ihnen dabei helfen, Ihre Nerven zu schonen, wenn Sie die folgenden Tipps für die Kostenstellenbildung verinnerlichen.

- ✔ Für jede Kostenstelle muss es einen Verantwortlichen geben, den Sie im Bedarfsfall mit unangenehmen Fragen quälen können.
- ✔ Modularer Aufbau: Bei allzu reorganisationswütigen Vorständen sollten Sie die Bildung der Kostenstellen stark am funktionalen Kriterium ausrichten und niemals mehrere Funktionen in eine Kostenstelle packen. Ansonsten dürfen Sie bei der nächsten

Reorganisation diese Konstrukte wieder in mühevoller Kleinarbeit auseinanderfieseln, anstatt einfach die kompletten Kostenstellen von A nach B umzuziehen. Der modulare Aufbau sorgt zudem für mehr Kostentransparenz.

✔ Nicht zu viele Kostenstellen: Den zweiten Tipp müssen Sie natürlich mit Augenmaß befolgen. Sonst haben Sie am Ende mehr Kostenstellen als Mitarbeiter im Unternehmen und einen nicht mehr bewältigbaren administrativen Aufwand am Hals. Bei Kostenstellen mit Personal an Bord sollten Sie nie weniger als drei oder vier Mitarbeiter haben, damit bei Auswertungen keine Rückschlüsse auf das Gehalt der einzelnen Mitarbeiter gezogen werden können.

Kostenträger definieren

Wie bei den Kostenarten und Kostenstellen lohnt es sich natürlich auch bei den Kostenträgern, sie bewusst zu beschreiben und zusätzlich in einem Kostenträgerplan einzuordnen.

Kostenträger sind für den Absatz bestimmte Produkte und Dienstleistungen. Manchmal werden diese Kostenträger auch als Marktleistungen, Endprodukte oder Außenaufträge bezeichnet. Innerbetriebliche Dienstleistungen oder Zwischenprodukte können ebenfalls Kostenträger sein. Sie werden sehr häufig auch als Innenaufträge bezeichnet. Alle genannten Arten von Kostenträgern müssen die von Ihnen verursachten Kosten tragen.

Kostenträger sauber abgrenzen

Je nach Art der Unternehmung fällt die Definition der Kostenträger unterschiedlich schwer. Sollte Ihr Unternehmen lediglich drei verschiedene Regale herstellen und verkaufen, haben Sie Ihre drei Kostenträger schnell definiert. Sollte das Unternehmen auch noch recht klein sein, verzichten Sie besser darauf, innerbetriebliche Leistungen noch als Kostenträger zu definieren.

Sollte Ihr Unternehmen zehn verschiedene Regale in jeweils vier unterschiedlichen Größen und fünf unterschiedlichen Farben herstellen und verkaufen, wird es schon ein wenig schwieriger. Jetzt haben Sie die Wahl, jede einzelne Variante als gesonderten Kostenträger oder lediglich die zehn Grundtypen als Kostenträger zu definieren. Bieten Sie auch noch einen Aufbauservice und eine kostenpflichtige Inneneinrichtungsberatung an, fällt die Abgrenzung noch schwerer.

Da Sie die Inneneinrichtungsberatung durchgeführt haben, kauft Ihnen ein Kunde fünf verschiedene Regale ab. Die Regale sind übrigens nicht nur Kostenträger, sondern zugleich auch *Erlösträger*. Da Sie so nett sind, erstatten Sie beim Kauf der Regale die Kosten für die Beratung – und jetzt haben Sie den kostenrechnerischen Salat. Sie haben ein Leistungsbündel verkauft und damit *Gemeinerlöse* erzielt. Von Gemeinerlösen spricht man immer dann, wenn mehrere Objekte zusammen einen Erlös erbringen, ohne dass man diese Erlöse den einzelnen Objekten so einfach direkt zuordnen kann.

Die Definition der Kostenträger fällt bei Dienstleistungen in aller Regel immer schwerer als bei materiellen Gütern. Trotzdem definieren seit einigen Jahren selbst Städte und Gemeinden Produkte. Da gibt es beispielsweise die Produkte Grundschule, Realschule, Bibliothek, Einwohnerwesen, Gewerbewesen, Sportplatz und Hallenbad.

Einen Kostenträgerplan erstellen

Damit Sie nicht die Übersicht verlieren, sollten Sie Ihre Kostenträger beziehungsweise Produkte auch klassifizieren. Am besten ist es, wenn Sie sich hierzu einen Kostenträgerplan basteln. Eng miteinander verwandte Produkte können Sie in diesem Plan in Produktgruppen zusammenfassen. Die im obigen Beispiel genannten Produkte Einwohner- und Gewerbewesen aus der Welt der Städte und Gemeinden können der Produktgruppe Ordnungsangelegenheiten zugeordnet werden. Die Produktgruppen können Sie wiederum zu Produktbereichen zusammenpacken. Wenn Sie alle Produkte einsortiert haben, ist der Kostenträgerplan beziehungsweise Produktplan fertig. Dazu in Tabelle 28.1 ein kleines Beispiel.

Produktbereich	Produktgruppe	Produkt
Schulwesen	Grundschulen	Grundschule
	Weiterführende Schulen	Hauptschule
		Realschule
		Gymnasium
		Gesamtschule
Sicherheit und Ordnung	Ordnungsangelegenheiten	Gewerbewesen
		Einwohnerwesen
Sicherheit und Ordnung	Brandschutz	Feuerwehr

Tabelle 28.1: Kostenträgerplan

Natürlich können Sie Ihre Kostenträger in Ihrem Plan beliebig tief gliedern. Alle Beteiligten sollten am Ende den Plan jedoch noch durchschauen können. Zudem sollten Sie die einmal beschlossene Systematik nicht allzu oft über den Haufen werfen. Das bekommt keiner Kosten- und Leistungsrechnung gut und Ihnen auch nicht.

Aufgabe 28

Nennen Sie vier mögliche Gliederungspunkte für die Kostenstellenbildung.

Teil VI
Im Ist ganz traditionell: Die Kosten- und Leistungsrechnung

IN DIESEM TEIL ...

Hier geht es um die Kosten- und Leistungsartenrechnung.

Sie erfahren, dass die Abkürzung BAB nicht nur für Bundesautobahn oder Berufsausbildungsbeihilfe steht.

Und dann erklären wir Ihnen, wie die Kostenträgerstückrechnung mit allen Kalkulationsvarianten und die Kostenträgerzeitrechnung funktionieren.

> **IN DIESEM KAPITEL**
>
> Die Aufgaben der Kosten- und Leistungsartenrechnung
>
> Kostenarten erfassen
>
> Kalkulatorische Kosten ermitteln

Kapitel 29
Woher kommt's? Die Kosten- und Leistungsartenrechnung

Herzlich willkommen bei der Kosten- und Leistungsartenrechnung. Hier geht es jetzt richtig zur Sache. Alle angefallenen Kosten und erbrachten Leistungen werden hier erfasst und obendrein auch noch fein säuberlich gegliedert.

Hier erfahren Sie, wie Sie Kosten richtig erfassen, welche Abschreibungsmethode für Sie von Vorteil ist und wie Sie die kalkulatorischen Kosten ermitteln können. Last, but not least werden auch die Leistungen erfasst.

Aufgaben und Grundsätze der Kosten- und Leistungsartenrechnung

Die Aufgaben der Kosten- und Leistungsartenrechnung sind schnell erzählt. Hier sollen alle Kosten und Leistungen erfasst, bewertet und gegliedert werden. Damit ist sie die Informationsbasis für all Ihre Kostenanalysen. Zusätzlich ist sie das erste Glied in der Kette der Kosten- und Leistungsrechnung. Ohne sie gäbe es keine Kosten- und Leistungsstellenrechnung und natürlich auch keine Kosten- und Leistungsträgerrechnung.

In der Kosten- und Leistungsartenrechnung werden selbstverständlich nur die primären Kosten und Leistungen erfasst. Die sekundären Kosten und Leistungen sind ein Fall für die sich anschließende Kosten- und Leistungsstellenrechnung.

Kosten und Leistungen detailliert oder nur wertmäßig erfassen

Erfasst werden die Kosten in aller Regel kostenartenweise, also nach der Art der verbrauchten Kostenarten beziehungsweise Einsatzfaktoren. Dabei gibt es grundsätzlich zwei Möglichkeiten:

- ✔ Die Mengen und Preise werden getrennt erfasst; Menge mal Preis ergibt die Kosten.
- ✔ Es wird nur der Kostenbetrag erfasst.

Die erste Möglichkeit ist natürlich die detailreichere Variante. Sie bietet sich dennoch nur immer dann an, wenn die Mengen überhaupt gemessen werden können. Bei Rohstoffkosten ist dies zum Beispiel der Fall. Bei Gebäudeabschreibungen empfiehlt sich dagegen die wertmäßige Kostenerfassung, da hier keine Mengen erfasst werden können.

Bei der Erfassung der Leistungen haben Sie ebenfalls die Qual der Wahl zwischen der detaillierten Erfassung von Mengen und Preisen und der Werterfassung. Für alle innerbetrieblichen Leistungen und noch nicht abgesetzte Leistungen drängt sich die detaillierte Erfassung auf. Bei bereits verkauften Leistungen können beide Varianten angewendet werden, solange die Verkaufserlöse den verkauften Mengen eindeutig zuordenbar sind. Ansonsten bleibt nur die wertmäßige Erfassung übrig.

Mammutaufgabe – Kosten richtig erfassen

Leider ist es nicht so, dass Frau oder Herr Kostenrechner die Kosten aus der Finanzbuchhaltung oder aus anderen Nebenbuchhaltungen mundgerecht auf den Schreibtisch serviert bekommt. Viele Kostenarten müssen erst in Hilfsrechnungen ermittelt werden. Wie das alles funktioniert, erfahren Sie hier. Zuvor stellen sich Ihnen die Kostenarten noch einmal kurz vor:

- ✔ Materialkosten: Roh-, Hilfs- und Betriebsstoffe
- ✔ Personalkosten: Entgelte, Sozialleistungen, Tantiemen etc.
- ✔ Fremdleistungskosten: Mieten, Beratungskosten, Versicherungskosten etc.
- ✔ Abgaben und Steuern: Wassergebühren, Kfz-Steuer, Ertragsteuern etc.
- ✔ Abschreibungen: Abschreibungen auf das Anlagevermögen
- ✔ kalkulatorische Zinsen
- ✔ kalkulatorische Wagnisse
- ✔ kalkulatorische Miete
- ✔ kalkulatorischer Unternehmerlohn

Die Materialkosten erfassen

Unter Materialkosten versteht man

- **Rohstoffe,** also die Hauptbestandteile eines Produkts. Das Holz in der Möbelproduktion, das Papier bei der Buchherstellung oder Aluminium bei der Herstellung von E-Bikes.

- **Hilfsstoffe** gehen ebenfalls direkt in das Produkt ein, sie sind aber nur ein Nebenbestandteil. Die Schrauben und Nägel bei der Möbelproduktion, der Leim bei der Buchherstellung und die Schrauben bei der E-Bike-Herstellung. Oftmals ist der Erfassungsaufwand, wie viele Mengeneinheiten an Schrauben oder Leim pro Produkt benötigt wurden, für die Kostenrechnung unwirtschaftlich, sodass unechte Gemeinkosten entstehen.

- **Betriebsstoffe** gehen nicht in die Produkte ein, werden aber zur Produktion ebenfalls benötigt. Das Schleifpapier in der Möbelproduktion, das Öl zur Beheizung der Druckerei und die Schmierstoffe für die Maschinen in der Fahrradproduktion. Büromaterial zählt ebenfalls zu den Betriebsstoffen.

Ein bunter Strauß an Möglichkeiten zur Mengenerfassung

Idealerweise besteht für die Erfassung eine Materialrechnung, die die Zu- und Abgänge und die Bestände erfasst. Ohne diese erleiden Sie spätestens dann Schiffbruch, wenn die eingekauften Materialien nicht sofort in die hergestellten Produkte eingehen, sondern sich Lagerbestände auf- und abbauen. Dann haben Sie ohne Materialrechnung keinen Überblick mehr über das Material. Darüber hinaus liefert Ihnen die Materialrechnung auch noch Informationen, an welcher Stelle und für welche Produkte das Material eingesetzt wurde. Eine ziemlich praktische Sache.

In der *Materialwirtschaft* wird der Einkauf und Verbrauch von Roh-, Hilfs- und Betriebsstoffen und deren Bestandsveränderung mengenmäßig erfasst. Zusätzlich werden die Roh-, Hilfs- und Betriebsstoffe dort auch bewertet.

Die verbrauchten Materialmengen können Sie auf unterschiedliche Weise ermitteln. Hier für Sie die vier bekanntesten Methoden:

- einfache Erfassung des Materialverbrauchs
- Inventurmethode
- Skontrationsmethode
- retrograde Methode

Die einfache Erfassung des Materialverbrauchs

Die einfache Erfassung des Materialverbrauchs empfiehlt sich wirklich nur dann, wenn das eingekaufte Material im gleichen Monat auch exakt verbraucht wird, es also keinerlei Lagerbestand gibt. Dieser Fall ist eher die Ausnahme. In der Möbelschreinerei wird zum Beispiel immer irgendwo noch Holz herumliegen, für das aktuell keine Verwendung besteht. Wird diese Methode in einem solchen Fall dennoch angewendet, werden die Bestandsänderungen nicht erfasst.

Die Inventurmethode

Die Inventurmethode ermittelt den Verbrauch der Materialen, indem sie vom Anfangsbestand und den Zugängen den Endbestand abzieht. Der ganze Satz noch einmal übersichtlich in einer Formel:

Anfangsbestand
+ Zugänge
− Endbestand
= Verbrauch

Die *Inventurmethode* wird oft auch als *Befundrechnung* oder *Bestandsdifferenzrechnung* bezeichnet.

Da Sie bei dieser Methode den Anfangs- und Endbestand benötigen, bedeutet dies schlicht, dass Sie zu Beginn und am Ende jeder Abrechnungsperiode im Lager eine Inventur machen müssen. Die Lagerangestellten werden sich aufs Herzlichste dafür bei Ihnen bedanken.

Die Bestandsaufnahme wird *Inventur* genannt. Bei einer Inventur müssen Sie den gesamten Inhalt in einem Verzeichnis, einer Liste, festhalten. Diese Bestandsliste wird *Inventar* genannt. Hierin werden das gesamte Vermögen und sämtliche Schulden mengen- und wertmäßig erfasst.

Ein weiterer Nachteil dieser Methode ist, dass Sie damit nicht wirklich erfahren, wie viel Material tatsächlich bei der Herstellung verbraucht wurde und wie viel durch Schwund oder Diebstahl verloren gegangen ist. Damit Sie auch sicher kein Liebhaber dieser Methode werden, folgt noch ein weiterer Nachteil: Sie erfahren damit auch nicht, wo und wofür das Material verbraucht wurde. Das ist aus kostenrechnerischer Sicht gar nicht gut.

Die Skontrationsmethode

Bei der Skontrationsmethode wird der Materialverbrauch im Moment der Lagerentnahme zum Beispiel mithilfe von Materialentnahmescheinen erfasst. Daneben werden auch alle Zugänge zum Beispiel mithilfe von Lieferscheinen erfasst. Den rechnerischen Endbestand erhalten Sie, indem Sie ausgehend vom Anfangsbestand alle Zu- und Abgänge berücksichtigen. In Formelform sieht das so aus:

Anfangsbestand
+ Zugänge
− Abgänge
= rechnerischer Endbestand

Der rechnerische Endbestand kann vom tatsächlichen Endbestand aufgrund von Schwund oder Diebstahl abweichen. Diese Differenz ermitteln Sie mithilfe der Inventur.

Die Skontrationsmethode kann Ihnen auch unter dem Namen *Fortschreibungsmethode* begegnen.

Diese Methode bietet Ihnen große Vorteile:

✓ Sie wissen dank der Belege genau, wo und wofür das Material verwendet wurde.

✓ Sie können feststellen, ob sich der Materialbestand durch Verbrauch oder durch Schwund und Diebstahl verringert hat.

Die retrograde Methode

Die retrograde Methode ist eine enge Verwandte der Skontrationsmethode, da sie ebenfalls direkt beim Verbrauch ansetzt. Aber wie es in der Verwandtschaft halt manchmal so ist, gibt es auch hier große Differenzen zwischen den beiden Methoden.

Die retrograde Methode bezeichnet man auch als *Rückrechnung*.

Bei der retrograden Methode wird der Materialverbrauch aus der hergestellten Produktionsmenge abgeleitet. Pro hergestelltem E-Bike werden zwei Reifen benötigt. Pro hergestelltem Regal wird so und so viel Holz benötigt. Die Methode basiert also auf Sollverbrauchsmengen. Der tatsächliche Verbrauch kann hiervon dann und wann abweichen, wenn es bei der Produktion Ausschuss gibt und beispielsweise ein dritter Reifen für das Elektrofahrrad benötigt wird. Deshalb benötigt man bei dieser Methode auch eine Inventur. Weitere Nachteile sind:

✓ Je komplexer die Produkte, desto umfangreicher die Ableitung des Verbrauchs.

✓ Bei Verwendung von Gemeinkostenmaterial muss geschätzt werden.

Diese Methode empfiehlt sich also nur bei einfachen Produkten.

Das Material bewerten

Nachdem Sie im ersten Schritt die Verbrauchsmengen ermittelt haben, müssen Sie diese nun bewerten, um die Materialkosten zu erhalten. Sie können das Material in der Kostenrechnung wahlweise mit den Anschaffungspreisen, Wiederbeschaffungspreisen oder Festpreisen bewerten.

Der Anschaffungspreis setzt sich aus dem Einkaufspreis abzüglich Preisminderungen wie Rabatte und zuzüglich Anschaffungsnebenkosten wie zum Beispiel Fracht oder Verpackung zusammen.

Wird das Material einzeln gelagert und verbraucht, sollten Sie auch einzeln bewerten. Wird das Material jedoch nicht getrennt gelagert und ändern sich hierfür die Anschaffungspreise im Zeitablauf auch noch, empfiehlt sich die Anwendung von Sammelbewertungsverfahren.

Dies kann ganz praktisch sein, wenn Sie von einem bestimmten Material im Jahresverlauf raue Mengen zu unterschiedlichen Zeitpunkten und vor allem mit unterschiedlichen Anschaffungskosten eingekauft haben.

Für eine solche Sammelbewertung gibt es grundsätzlich mehrere Verfahren (siehe auch Kapitel 16):

- ✔ die Durchschnittsmethode
- ✔ die FIFO-Methode
- ✔ die LIFO-Methode
- ✔ die HIFO-Methode

 Das Handelsrecht erlaubt nur die FIFO- und die LIFO-Methode und die Bewertung zum gewogenen Durchschnitt. Wenn Sie eine enge Verzahnung des internen und externen Rechnungswesens anstreben, sollten Sie in der Kostenrechnung nur diese Methoden anwenden.

Die Durchschnittsmethode

Kommen wir wieder einmal auf den E-Bike-Hersteller Strike zurück. Am Anfang des Jahres waren 100 Reifen auf Lager. Im Jahresverlauf hat Strike weitere 5.000 Reifen gekauft, von denen am Jahresende noch 2.000 Stück im Lager sind. 3.100 Reifen wurden also verbraucht. Die genaue Abfolge wurde von der Materialwirtschaft erfasst (siehe Tabelle 29.1).

Datum	Inhalt	Anzahl	Stückpreis	Wert
01.01.	Anfangsbestand	100	11 €	1.100 €
15.01.	Zugang	1.000	10 €	10.000 €
16.01.	Abgang	500		
30.03.	Zugang	3.000	15 €	45.000 €
15.04.	Abgang	2.000		
02.05.	Zugang	1.000	12 €	12.000 €
15.05.	Abgang	600		
31.12.	Endbestand	2.000		

Tabelle 29.1: Materialzugänge und -abgänge bei Strike

Die spannende Frage: Wie muss der Verbrauch bewertet werden? Dies kann bei dieser Methode auf zwei verschiedene Arten geschehen: entweder mit der gleitenden oder mit der nachträglichen Durchschnittspreisbildung.

Die Bewertung mit der gleitenden Durchschnittspreisbildung

Bei dieser Methode wird nach jedem Zugang für den gesamten Lagerbestand ein neuer Durchschnittspreis gebildet. Die Rechnerei beginnt am 15.01. Der gesamte Lagerbestand besitzt einen Wert von 11.100 Euro. Das bedeutet, dass jeder der 1.100 auf Lager liegende Reifen einen Durchschnittspreis von 10,09 Euro hat. Die am 16.01. entnommenen Reifen und der verbleibende Lagerbestand werden mit diesem Durchschnittspreis bewertet.

Soll sich die Kostenrechnung streng am externen Rechnungswesen orientieren, dürfen Sie auch bei den Sammelbewertungen das strenge Niederstwertprinzip nicht vergessen! Sollte am Bilanzstichtag ein Reifen etwa nur noch 9 Euro wert sein, müssen Sie mit dem niedrigeren beizulegenden Wert – also den 9 Euro – je Reifen bilanzieren.

Am 30.03. werden 3.000 neue Reifen zu je 15 Euro das Stück eingekauft, ergibt in Summe 45.000 Euro. Das hebt den Durchschnittspreis an. Der gesamte Lagerbestand besitzt nun einen Wert von 51.054 Euro. Bei 3.600 Reifen ergibt das einen Durchschnittspreis von 14,18 Euro. Der darauf folgende Verbrauch am 15.04. wird deshalb mit 14,18 Euro pro Reifen bewertet. So geht es bei jedem neuen Zugang weiter (siehe Tabelle 29.2). Bei diesem Verfahren muss die permanente Neubewertung penibel durchgehalten werden. Dies kann bei sehr häufigen Lagerbewegungen ganz schön anstrengend werden, sofern man es nicht automatisiert.

Datum	Inhalt	Anzahl	Stückpreis	Wert	Durchschnitt
01.01.	Anfangsbestand	100	11,00 €	1.100 €	11,00 €
15.01.	Zugang	1.000	10,00 €	10.000 €	= (1.100 + 10.000)/ (100 + 1.000) = 10,09 €
16.01.	Abgang	500		5.046 €	10,09 €
16.01.	Zwischenbestand	600		= 600 · 10,09 = 6.054 €	10,09 €
30.03.	Zugang	3.000	15,00 €	45.000 €	= (6.054 + 45.000)/ (600 + 3.000) = 14,18 €
15.04.	Abgang	2.000		28.360 €	14,18 €
15.04.	Zwischenbestand	1.600		= 1.600 × 14,18 = 22.688 €	14,18 €
02.05.	Zugang	1.000	12,00 €	12.000 €	= (22.688 + 12.000)/ (1.600 + 1.000) = 13,34 €
15.05.	Abgang	600		8.004 €	13,34 €
31.12.	Endbestand	2.000		26.680 €	13,34 €

Tabelle 29.2: Gleitende Durchschnittspreise bei Strike

Der gesamte Verbrauch wird bei dieser Methode somit mit 41.410 Euro bewertet.

Die Bewertung mit nachträglichen Durchschnittspreisen

Wenn Ihnen die Methode der gleitenden Durchschnittspreisbildung zu anstrengend sein sollte, wäre vielleicht die Methode der nachträglichen Durchschnittspreisbildung etwas für Sie. Hier wird lediglich am Ende der Periode ein Durchschnittspreis ermittelt. Bei Strike würde dies wie in Tabelle 29.3 gezeigt aussehen.

Der Durchschnittspreis wird hier wie folgt ermittelt:

$$\text{Nachträglicher Durchschnittspreis} = \frac{1.100 + 10.000 + 45.000 + 12.000}{100 + 1.000 + 3.000 + 1.000} = \frac{68.100}{5.100} = 13,35$$

Datum	Inhalt	Anzahl	Stückpreis	Wert
01.01.	Anfangsbestand	100	11,00 €	1.100 €
15.01.	Zugang	1.000	10,00 €	10.000 €
16.01.	Abgang	500		
30.03.	Zugang	3.000	15,00 €	45.000 €
15.04.	Abgang	2.000		
02.05.	Zugang	1.000	12,00 €	12.000 €
15.05.	Abgang	600		
31.12.	Endbestand	2.000	13,35 €	26.700 €

Tabelle 29.3: Nachträglicher Durchschnittspreis bei Strike

Jeder Abgang wird am Jahresende mit 13,35 Euro pro Reifen bewertet. Natürlich können Sie bei dieser Methode die Durchschnittpreise auch monatlich ermitteln.

Der gesamte Verbrauch wird bei dieser Methode somit mit 41.385 Euro bewertet.

Die FIFO-Methode

FIFO eine Abkürzung und heißt »first in – first out«, also »zuerst drinnen – zuerst draußen«. Hier wird also unterstellt, dass das, was zuerst im Lager war, auch zuerst verarbeitet wurde. In unserem Beispiel wurden ja insgesamt 5.000 Reifen geliefert, 3.100 davon haben im Laufe des Jahres das Lager wieder verlassen. Diese gilt es nun aufzuteilen. Da hier das, was zuerst im Lager war, auch zuerst wieder rausgeht, wird die Entnahme von 500 Reifen am 16. Januar wie folgt bewertet:

✔ 100 Reifen à 11 Euro = 1.100 Euro

✔ 400 Stück à 10 Euro = 4.000 Euro

Zum Zeitpunkt der nächsten Entnahme am 15.4. liegen 600 Reifen aus der Lieferung vom 15.1. und 3.000 Reifen aus der Lieferung vom 30.3. auf Lager.

Die Entnahme von 2.000 Reifen am 15.4. wird folglich so bewertet:

✔ 600 Reifen à 10 Euro = 6.000 Euro

✔ 1.400 Stück à 15 Euro = 21.000 Euro

Jetzt liegen noch 1.600 Reifen aus der Lieferung vom 30.3. auf Lager. Zusammen mit dem nächsten Zugang vom 2. Mai 2.600 Reifen.

Die Entnahme von 600 Reifen am 15.5. wird somit so bewertet:

✔ 600 Reifen à 15 Euro = 9.000 Euro

Der gesamte Verbrauch wird bei dieser Methode somit mit 41.100 Euro bewertet.

Die LIFO-Methode

Bei LIFO (»last in – first out«) wird das, was zuletzt ins Lager kam, zuerst verbraucht. Deshalb ordnen Sie die Zugänge idealerweise in umgekehrter zeitlicher Reihenfolge (siehe Tabelle 29.4).

Datum	Menge	Stückpreis
02.05.	1.000	12,00 €
30.03.	3.000	15,00 €
15.01.	1.000	10,00 €

Tabelle 29.4: Zugänge nach »last in – first out«

Die 1.000 Reifen aus der Mai-Lieferung gehen somit als Erstes raus.

✔ 1.000 Reifen à 12 Euro = 12.000 Euro

Fehlen also noch 2.100 Reifen der insgesamt verbrauchten 3.100 Reifen. Diese stammen gemäß der LIFO-Methode alle aus der März-Lieferung.

✔ 2.100 Reifen à 15 Euro = 31.500 Euro

Der gesamte Verbrauch wird bei dieser Methode somit mit 43.500 Euro bewertet.

Die HIFO-Methode

Bei HIFO (»highest in – first out«) geht die am teuersten eingekaufte Ware als Erstes raus. Hier sortieren Sie deshalb von teuer nach billig (siehe Tabelle 29.5).

Datum	Menge	Stückpreis
30.03	3.000	15,00 €
02.05.	1.000	12,00 €
15.01.	1.000	10,00 €

Tabelle 29.5: Zugänge nach »highest in – first out«

Die 3.000 Reifen aus dem März, die 15 Euro je Reifen gekostet hatten, gehen demnach als Erstes in die Produktion. Verbleiben noch 100. Diese werden gedanklich aus der Mai-Lieferung zu 12 Euro entnommen. Der gesamte Verbrauch wird bei dieser Methode somit mit 46.200 Euro bewertet.

Es wären theoretisch noch weitere Sammelbewertungen denkbar, wie »lowest in – first out«.

Abhängig davon, welches Verfahren Sie anwenden, ergeben sich teilweise unterschiedliche Bewertungen. Die haben wir für Sie in Tabelle 29.6 noch einmal zusammengefasst.

Sammelbewertungsverfahren	Bewertung
Gleitende Durchschnittspreise	41.410 €
Nachträgliche Durchschnittspreise	41.385 €
FIFO-Methode	41.100 €
LIFO-Methode	43.500 €
HIFO-Methode	46.200 €

Tabelle 29.6: Vergleich der Verfahren

Je nachdem, welches Ziel Sie mit der Kostenrechnung verfolgen, bieten Ihnen die unterschiedlichen Verfahren zur Sammelbewertung einen gewissen Spielraum. Vorausgesetzt, das Niederstwertprinzip kommt Ihnen bei Ihren Bemühungen zur Annäherung an das externe Rechnungswesen nicht in die Quere.

Festbewertung

Neben der Sammelbewertung haben Sie auch noch die Möglichkeit einer Festbewertung. Damit können Sie leichter nicht durch Preisänderungen verursachte Kostenschwankungen feststellen.

Im externen Rechnungswesen darf diese Methode aber nur angewendet werden, wenn diese Gegenstände für Ihr Unternehmen von nachrangiger Bedeutung sind und sie sich in Menge und Preis über einen langen Zeitraum kaum verändern. In diesem Fall dürfen Sie einen sogenannten Festwert ansetzen, den Sie jedoch gemäß Handelsrecht alle drei Jahre per Inventur überprüfen müssen. Dafür haben Sie aber zwischendurch zwei Jahre Ruhe.

Die Personalkosten erfassen

Zu den Personalkosten zählen die an die Mitarbeiter ausgezahlten Entgelte beziehungsweise Löhne und Gehälter, die Sozialkosten und auch der kalkulatorische Unternehmerlohn.

Alles Wissenswerte über den kalkulatorischen Unternehmerlohn erfahren Sie am Ende dieses Kapitels.

Die Lohn- und Gehaltsrechnung sorgt bekanntermaßen dafür, dass jeder Mitarbeiter am Monatsende pünktlich sein richtiges Entgelt erhält. Damit jeder Mitarbeiter weiß, zu welcher Kostenstelle er gerade gehört, wird diese auf dem monatlichen Entgeltzettel abgedruckt.

Diese Zuordnung ist für die Kosten- und Leistungsrechnung natürlich von hohem Wert. Idealisten wünschen sich auch noch die Angabe des zugehörigen Kostenträgers, was jedoch nur in 0,0 Prozent aller Fälle vorkommen dürfte.

 Je nach Entgeltart handelt es sich um Einzel- oder Gemeinkosten. Fertigungslöhne sind eher Einzelkosten, Entgelte für Verwaltungsmitarbeiter immer Gemeinkosten.

Die immer gleichen, monatlich ausbezahlten Grundentgelte können von der Kostenrechnung einfach übernommen werden. Interessant wird es dagegen bei allen Entgeltbestandteilen, die unregelmäßig ausbezahlt werden. Das sind zum Beispiel

- ✔ das Urlaubsgeld,
- ✔ das Weihnachtsgeld,
- ✔ die Erfolgsprämien oder Tantiemen.

Sollte Ihnen keiner dieser Entgeltbestandteile bisher persönlich begegnet sein, bleibt zu hoffen, dass ein hohes Grundentgelt diese fehlenden Bestandteile ausgleicht. Neben der spannenden Frage, wie Sie Ihr Gehalt doch noch verbessern können, stellt sich bei diesem Punkt die kostenrechnerisch interessante Frage, wie diese meist einmal im Jahr ausgezahlten Bestandteile für die Kostenrechnung sinnvoll angepasst werden können.

Die Antwort auf die letzte Frage ist ganz einfach: Die Einmalzahlungen müssen auf die gesamte Abrechnungsperiode gleichmäßig verteilt werden. Beim Urlaubs- und Weihnachtsgeld ist das total einfach. Angenommen, jeder Mitarbeiter erhält gemäß Tarifvertrag im Juni zusätzlich zu seinem Grundentgelt 50 Prozent Urlaubsgeld und im Dezember 50 Prozent Weihnachtsgeld, können Sie dies in der Kostenrechnung schnell darstellen.

Dazu ein einfaches Beispiel: Der Erdbeertortenfabrikant Willi Sahnig beschäftigt zehn Mitarbeiter, acht in der Produktion, zwei in der Verwaltung. Jeder Mitarbeiter erhält im Juni Urlaubsgeld (50 Prozent auf das Grundentgelt) und im Dezember Weihnachtsgeld (ebenfalls 50 Prozent auf das Grundentgelt). Die Mitarbeiter bekommen monatlich inklusive Sozialversicherungen jeweils 3.000 Euro. Damit muss Herr Willi Sahnig jeden Monat seine Mitarbeiter und die Sozialversicherungen wie folgt bezahlen:

- ✔ Januar bis Mai jeweils: 3.000 Euro × 10 Mitarbeiter = 30.000 Euro
- ✔ Juni: (3.000 Euro × 1,5) · 10 Mitarbeiter = 45.000 Euro
- ✔ Juli bis November jeweils: 3.000 Euro × 10 Mitarbeiter = 30.000 Euro
- ✔ Dezember: (3.000 Euro · 1,5) × 10 Mitarbeiter = 45.000 Euro

Insgesamt muss er also 390.000 Euro ausbezahlen. Geteilt durch zwölf Monate ergibt das 32.500 Euro pro Monat. Dieser Durchschnittswert wird jeden Monat in die Kostenrechnung übernommen.

 Die Verteilung von Einmalzahlungen auf die gesamte Abrechnungsperiode bezeichnet man auch als *periodengerechte Aufbereitung, zeitliche Abgrenzung* oder *Monatsabgrenzung*.

Etwas schwieriger wird es schon bei der Berücksichtigung von Prämien und ähnlichen Sonderzahlungen, da Sie hier die genaue Höhe im Voraus meist nicht kennen können. Hier müssen Sie die Höhe der Sonderzahlung abschätzen und danach ebenfalls auf die gesamte Abrechnungsperiode verteilen.

In der Kostenrechnung können Sie natürlich auch völlig losgelöst handeln und statt der tatsächlichen Entgelte einfach Festpreise verwenden. Diese Festpreise sollten Sie aber dennoch dann und wann mit den tatsächlich ausbezahlten Entgelten abgleichen und gegebenenfalls anpassen.

Die Fremdleistungskosten erfassen

Zu den Fremdleistungskosten zählen alle Leistungen, die das Unternehmen von fremden Unternehmen bezieht. Das können zum Beispiel

- ✔ Miete und Pacht,
- ✔ Reise- und Bewirtungskosten,
- ✔ Seminargebühren,
- ✔ Beratungsleistungen,
- ✔ Gebühren für Lizenzen, Patente und Wartung,
- ✔ Telekommunikationsleistungen und IT-Dienstleistungen

sein. Solange die Fremdleistungen einigermaßen gleichmäßig anfallen, fällt die Erfassung leicht. Müssen die Leistungen jedoch auf einen Schlag im Voraus oder im Nachgang bezahlt werden, sollte abgegrenzt werden, damit die Kostenrechnung auch unterjährig vernünftige Hochrechnungen zulässt.

Dazu wieder ein Beispiel aus der Welt der Erdbeertortenproduktion. Herr Willi Sahnig hat die Tortenproduktionshalle lediglich gemietet. Der Vermieter Eugen Stächele kam bei der Anmietung der Halle vor fünf Jahren dem damaligen Start-up-Unternehmer beim Preis etwas entgegen. Dafür muss Willi Sahnig die Miete aber immer bereits im Januar für das ganze Jahr im Voraus entrichten. So wollte sich Herr Stächele ein wenig absichern. Die Mietzahlung beträgt 12.000 Euro. Willi Sahnig verteilt diese 12.000 Euro gleichmäßig auf die zwölf Monate, sodass in der Kostenrechnung für jeden Monat 1.000 Euro Mietkosten erfasst werden.

Muss für die Räume keine Miete gezahlt werden, da es sich um ein eigenes Gebäude handelt, kann eine kalkulatorische Miete angesetzt werden. Dazu hier im Kapitel gleich mehr.

Abgaben und Steuern erfassen

Bei den Abgaben, Steuern und Gebühren stellt sich vor der Erfassung stets die große Preisfrage, ob es sich um Kosten handelt oder nicht. Die Antwort darauf ist relativ einfach: Alle leistungsbezogenen Abgaben, Steuern und Gebühren besitzen auf jeden Fall Kostencharakter. Das sind alle Verbrauchs- und Verkehrsabgaben, -steuern und -gebühren wie die

- Grundsteuer,
- Mineralölsteuer,
- Wassergebühren,
- Kfz-Steuer,
- Beiträge zu Verbänden.

Bei den ertragsabhängigen Steuern wie der Körperschaftsteuer oder der Einkommensteuer wird es etwas kniffliger. Stellen Sie sich dazu einmal vor, Sie müssten zwischen zwei unternehmerischen Alternativen entscheiden. Dabei greifen Sie natürlich auf die Informationen der Kostenrechnung zurück und wollen selbstverständlich auch alle steuerlichen Gesichtspunkte berücksichtigen, da durch die beiden Alternativen auch unterschiedliche Steuerbelastungen entstehen können. Die Ertragsteuern werden nun auch entscheidungsrelevant und müssen in der Kostenrechnung dann auch erfasst werden.

Abschreibungen erfassen

Der Kauf von betriebsnotwendigem Anlagevermögen wie Fahrzeuge, Maschinen oder Lizenzen macht sich in der Kostenrechnung nicht sofort bemerkbar. Erst der Werteverzehr des Anlagevermögens wird in der Kostenrechnung erfasst. Der Werteverzehr wird in der Kostenrechnung mithilfe der Abschreibungen abgebildet.

Stellen Sie sich vor, es ist Samstag irgendwann im Januar und Sie gehen shoppen. Auf dem Einkaufszettel haben Sie zwei Dinge notiert: einen Taschenrechner und einen neuen, höhenverstellbaren Schreibtisch. Beides sind betriebsnotwendige Gegenstände und damit für die Kostenrechnung relevant. Der Taschenrechner kostet 90 Euro und wird in der Kostenrechnung bei den Materialkosten auch in dieser Höhe sofort erfasst.

Der Schreibtisch kostet 2.000 Euro und soll zehn Jahre halten. In der Kostenrechnung wird der Anschaffungspreis deshalb über zehn Jahre verteilt. Das bedeutet, dass der Schreibtisch im Jahr der Anschaffung mit 200 Euro in der Kostenrechnung berücksichtigt wird. In den folgenden neun Jahren ebenso. Der Anschaffungspreis fließt also nicht in die Kostenrechnung ein, sondern lediglich der über die gesamte Nutzungsdauer verteilte Werteverzehr.

Alle Vermögensgegenstände, die dem Unternehmen dauerhaft dienen sollen, also nicht sofort verbraucht werden, zählen bekanntermaßen zum *Anlagevermögen*.

Damit Sie aber nicht jeden Kugelschreiber und Postkorb für 1,99 Euro über Jahre abschreiben müssen, haben sich Wertgrenzen herausgebildet. Verwenden Sie zur Vereinfachung deshalb einfach diese handelsrechtlichen Wertgrenzen. Danach werden alle entsprechenden Vermögensgegenstände bis 150 Euro sofort voll als Aufwand und damit auch in der Kostenrechnung sofort voll als Kosten erfasst.

Immer dann, wenn Sie aufgrund von abweichenden Abschreibungszeiträumen, -methoden oder -summen in Ihrer Kostenrechnung von der bilanziellen Abschreibung abweichen, erzeugen Sie *kalkulatorische Abschreibungen*.

Was alles zum Anlagevermögen zählt

Ein kleiner Blick zurück in das externe Rechnungswesen. Das Anlagevermögen umfasst im Groben:

- ✓ **Sachanlagen** wie zum Beispiel Grund und Boden, Gebäude, Maschinen und Fahrzeuge
- ✓ **langfristige Finanzanlagen** wie langfristige Beteiligungen, Anteile an anderen Unternehmen, Wertpapiere des Anlagevermögens
- ✓ **immaterielle Vermögensgegenstände** wie etwa Konzessionen, das sind beispielsweise Bergbaurechte oder Verkehrskonzessionen, und gewerbliche Schutzrechte wie Patente, Gebrauchsmuster, Warenzeichen, Lizenzen und der Geschäfts- oder Firmenwert

Grundsätzlich kann man das Anlagevermögen in zwei Arten aufteilen:

- ✓ nicht abnutzbares Anlagevermögen
- ✓ abnutzbares Anlagevermögen

Ist das Wirtschaftsgut unbegrenzt nutzbar, handelt es sich um ein nicht abnutzbares Gut – zum Beispiel Grundstücke. Ist die Nutzungsdauer dagegen zeitlich begrenzt – wie das etwa bei Fahrzeugen der Fall ist –, handelt es sich um ein abnutzbares Gut.

Abnutzbare Anlagegüter verlieren durch ihre Nutzung oder einfach nur durch Alterung an Wert. Diesen Wertverlust erfasst man, indem man das Anlagegut abschreibt. Die wichtigsten Ursachen im Überblick:

- ✓ technische Gründe wie Abnutzung oder Alterung
- ✓ ökonomische Gründe wie etwa eine veränderte Nachfrage
- ✓ juristische Gründe wie zum Beispiel neue gesetzliche Auflagen

Die Ausgangsbasis, Abschreibungssumme und Nutzungsdauer ermitteln

Sicherlich haben Sie schon bemerkt, dass Ihnen beim Thema Anlagevermögen aber auch gar nichts geschenkt wird. Zuerst müssen Sie das Anlagevermögen identifizieren und im Anschluss auch noch die Ausgangsbasis der Abschreibungen und auch noch die Nutzungsdauer festlegen.

Die Ausgangsbasis suchen und finden

Wenn Sie sich nicht viel Arbeit machen wollen, können Sie als Ausgangsbasis einfach die Anschaffungs- oder Herstellkosten aus dem externen Rechnungswesen zur Festlegung der Abschreibungssumme verwenden.

Die *Anschaffungskosten* setzen sich aus dem Kaufpreis abzüglich aller Preisnachlässe und zuzüglich der Anschaffungsnebenkosten wie etwa Gebühren, Transportkosten oder Montagekosten zusammen. Nachträgliche Kosten müssen Sie auch hinzuzählen. Also in Summe alles, was zwingend nötig ist, um das erworbene Gut in einen betriebsbereiten Zustand zu versetzen. Finanzierungskosten gehören dagegen nicht zu den Anschaffungsnebenkosten.

Zu den *Herstellungskosten* zählen hingegen nur die direkt zurechenbaren Kosten, die zur Herstellung und Bereitstellung des neuen Anlagegutes aufgewendet wurden.

Da Sie in der Kostenrechnung aber keinen gesetzlichen Einschränkungen unterliegen, können Sie jederzeit auch eine andere Ausgangsbasis wählen. Wie wäre es zum Beispiel mit dem Wiederbeschaffungswert? Um in zehn Jahren wieder einen neuen höhenverstellbaren Schreibtisch kaufen zu können, müssten Sie schätzungsweise 3.000 Euro hinblättern. Diesen Wiederbeschaffungswert können Sie ebenfalls als Ausgangsbasis wählen.

Kontinuität wahren: Auch wenn es manchmal langweilig werden sollte, wechseln Sie trotzdem nicht alle naselang die bevorzugte Ausgangsbasis. Sonst verlieren Sie und alle anderen schnell mal den Überblick. Haben Sie sich einmal für den Anschaffungspreis entschieden, sollten Sie dies auch lange so beibehalten und alle ähnlichen Anlagegüter ebenfalls mit dieser Ausgangsbasis versehen.

Wie lange etwas währt: Die Nutzungsdauer

Wenn Sie es sich bei der Festlegung der Nutzungsdauer ebenfalls einfach machen wollen, können Sie sich wieder nach gesetzlichen Regelungen richten. Im Handelsrecht und IFRS werden Sie jedoch nicht fündig, dort wird Ihnen lediglich nahegelegt, die wirtschaftliche Nutzungsdauer abzuschätzen.

Erst in der deutschen Steuergesetzgebung werden Sie fündig: Hier wird eine Absetzung gemäß der betriebsgewöhnlichen Nutzungsdauer verlangt. Der deutsche Fiskus war dabei so aufmerksam und hat eine umfangreiche amtliche AfA-Tabelle publiziert, in der die betriebsgewöhnliche Nutzungsdauer diverser Wirtschaftsgüter aufgelistet wird.

Diese AfA-Tabelle steht auf der Internetseite des Bundesfinanzministeriums (kurz BMF) als Download zur Verfügung. AfA ist übrigens die Abkürzung für *Absetzung für Abnutzung*. Da es in Österreich keine vergleichbare amtliche AfA-Tabelle gibt, darf die deutsche AfA-Tabelle hier ebenfalls zur Ermittlung der Nutzungsdauer herangezogen werden. In der Schweiz hat unter anderem die eidgenössische Steuerverwaltung ein Merkblatt mit Abschreibungssätzen für diverse Anlagegüter herausgegeben.

Sie können diese Vorgaben des Fiskus in Ihrer Kostenrechnung verwenden, müssen es aber nicht. Für den im Beispiel genannten Schreibtisch und für alle anderen Büromöbel schreibt die AfA-Tabelle eine Nutzungsdauer von 13 Jahren vor. Bei einem Bürodrehstuhl mit Stoffbezug kann das nach langen zehn oder dreizehn Jahren unangenehm werden und nicht mehr ganz frisch riechen und aussehen. Wenn Ihnen das also unrealistisch lang erscheint, können Sie in der Kostenrechnung jederzeit kürzere Nutzungsdauern ansetzen. Oder auch andersrum.

Die *Abschreibungssumme* erhalten Sie aus der Ausgangsbasis und der Nutzungsdauer abzüglich eines vielleicht vorhandenen Restwerts am Ende der Nutzungsdauer.

Mit System: Die Abschreibungsmethode

Nachdem die Vorarbeiten erledigt sind, müssen Sie sich nun überlegen, mit welcher Methode Sie abschreiben. Dazu stehen Ihnen grundsätzlich zwei Arten zur Auswahl:

- ✔ zeitabhängige Abschreibung
- ✔ nutzungsabhängige Abschreibung

Bei der zeitabhängigen Abschreibung haben Sie die Qual der Wahl zwischen

- ✔ der linearen Abschreibung mit immer gleichbleibenden Abschreibungsbeträgen,
- ✔ der degressiven Abschreibung mit fallenden Abschreibungsbeträgen und
- ✔ der progressiven Abschreibung mit steigenden Abschreibungsbeträgen.

Bei der nutzungsabhängigen Abschreibung wird die Abschreibung ermittelt, indem die tatsächliche Leistung durch die Gesamtleistung geteilt wird. Die Abschreibungsbeträge können je nach Nutzung des Anlagegutes im Zeitablauf völlig variieren. So können Sie ein Fahrzeug leistungsabhängig entsprechend den gefahrenen Kilometern abschreiben.

Frau und Herr Abb-Schreiber gründen einen Fahrradverleih am Bodensee. Sie wollen nur hochwertige Räder wie zum Beispiel Rennmaschinen, E-Bikes und Voll-Karbon-Mountainbikes anbieten.

Nachdem der passende Standort für den Verleih gefunden wurde, gehen die beiden Räder kaufen. Sie erwerben als Erstes ein original Strike Luxus-E-Bike mit extrastarkem Akku zum sagenhaften Schnäppchenpreis von 9.000 Euro. In der Kostenrechnung wollen sie immer vom Wiederbeschaffungswert abschreiben. Sie schätzen diesen beim Schnäppchen auf 10.500 Euro. Nun gilt es, die generelle Abschreibungsmethode festzulegen. Hitzige, ergebnislose Diskussionen folgen. Da beide nicht mehr weiterwissen, engagieren sie die Unternehmensberatung Zahlschön & Partner. Die lässt sich nicht lange bitten und bietet eine professionelle Präsentation auf, die alle, wirklich alle Fragen beantworten soll (siehe Abbildung 29.1).

Herrn Abb-Schreiber gefällt als Bergliebhaber spontan die nutzungsabhängige Methode am besten. Frau Abb-Schreiber ist dagegen eher für die lineare Methode zu begeistern. Der Unternehmensberater untermalt die Diskussionsrunde musikalisch: »Du musst dich entscheiden, vier Wege sind frei.« Als auch dies nicht weiterhilft, greift der Berater zum letzten Mittel und erläutert die Methoden.

Die lineare Abschreibung

Bei der linearen Abschreibung teil man die Abschreibungssumme durch die Nutzungsdauer. That's it. Der Wiederbeschaffungswert der Rennmaschine beträgt 10.500 Euro. Nach sieben Jahren ist das Rad nichts mehr wert. Die Abschreibungssumme ist damit gleich dem Wiederbeschaffungswert. Geteilt durch sieben ergibt 1.500 Euro. Tabelle 29.7 zeigt die lineare Abschreibung.

KAPITEL 29 Woher kommt's? Die Kosten- und Leistungsartenrechnung

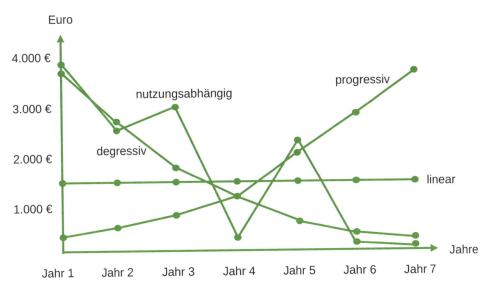

Abbildung 29.1: Unterschiedliche Abschreibungsbeträge

Jahr	Buchwert 01.01.	Abschreibung	Buchwert 31.12.
1	10.500 €	1.500 €	9.000 €
2	9.000 €	1.500 €	7.500 €
3	7.500 €	1.500 €	6.000 €
4	6.000 €	1.500 €	4.500 €
5	4.500 €	1.500 €	3.000 €
6	3.000 €	1.500 €	1.500 €
7	1.500 €	1.500 €	0 €

Tabelle 29.7: Lineare Abschreibung

Die lineare Abschreibung bietet zwei Vorteile:

✔ Sie ist sehr einfach.

✔ Sie ist auch im externen Rechnungswesen erlaubt.

Der Nachteil dieser Methode: Es wird nicht entsprechend dem tatsächlichen Wertverlust abgeschrieben.

Die degressive Abschreibung

Hier geht man davon aus, dass die abzuschreibenden Dinge in den ersten Jahren mehr an Wert verlieren als gegen Ende der Nutzungsdauer. Zum Beispiel hat ein Auto im ersten Jahr immer den höchsten Wertverlust. Sobald man damit vom Hof gefahren ist, ist der Wagen gleich ein paar Tausender weniger wert. Bei der degressiven Abschreibung wird mit einem gleichbleibenden Prozentsatz abgeschrieben. Dadurch sinkt der Abschreibungsbetrag jedes Jahr ab.

Der Unternehmensberater zeigt dem Ehepaar Abb-Schreiber, wie das E-Bike bei der geometrisch-degressiven Methode mit beispielsweise 25 Prozent abgeschrieben werden könnte. Tabelle 29.8 zeigt die degressive Abschreibung.

Jahr	Buchwert 01.01.	Abschreibung mit 25%	Buchwert 31.12.
1	10.500,00 €	2.625,00 €	7.875,00 €
2	7.875,00 €	1.968,75 €	5.906,25 €
3	5.906,25 €	1.476,56 €	4.429,69 €
4	4.429,69 €	1.107,42 €	3.322,27 €
5	3.322,27 €	830,57 €	2.491,70 €
6	2.491,70 €	622,93 €	1.868,77 €
7	1.868,77 €	467,19 €	1401,58 €

Tabelle 29.8: Degressive Abschreibung

Mit der geometrisch-degressiven Methode könnte man das E-Bike bis zum Sankt-Nimmerleins-Tag abschreiben. Eine generationenübergreifende Aufgabe. Da sich das niemand antun möchte, wird bei dieser Methode im letzten Jahr entweder einfach komplett auf null abgeschrieben oder man wechselt vorher irgendwann zur linearen Methode.

Sofern die degressive Methode steuerrechtlich erlaubt ist, kann man hier mit einem geschickten Wechsel zur linearen Abschreibung Geld sparen: Wie Sie in Tabelle 29.8 sehen können, sinken die jährlichen Abschreibungsbeträge bei der degressiven Methode extrem ab. Bereits im dritten Jahr wird weniger als bei der linearen Methode abgeschrieben. Ganz schlaue Steuerfüchse ermitteln deshalb für die bilanzielle Abschreibung den optimalen Zeitpunkt für einen Wechsel zur linearen Methode. In unserem Fall lohnt der Wechsel von der degressiven zur linearen Abschreibung bereits im dritten Jahr.

Die degressive Methode wird in der Kostenrechnungspraxis kaum angewendet, da sie für viel administrativen Aufwand sorgt.

Die progressive Abschreibung

Im Gegensatz zur degressiven Abschreibung steigen bei der progressiven Abschreibung die Abschreibungsbeträge jedes Jahr an. Diese Methode ist also das Spiegelbild der degressiven Abschreibung. Die Anwendung ist nur bei den wenigen Sonderfällen sinnvoll, bei denen der Wertverlust gegen Ende der Nutzungsdauer am größten ist. Das könnte zum Beispiel bei einer Diamantenmine der Fall sein. In den ersten Jahren erbringt sie hohe Erträge, gegen Ende wird sie jedoch immer unwirtschaftlicher.

Die leistungsabhängige Abschreibung

Bei der leistungsabhängigen Abschreibung steht statt der Nutzungsdauer die mögliche Gesamtleistung des Gegenstands im Mittelpunkt. Die Abschreibung richtet sich hier nach der Nutzung.

Für das E-Bike muss noch die maßgebliche Einflussgröße des Werteverzehrs ermittelt werden. Die Anzahl der gefahrenen Kilometer wäre hier eine gute Wahl. Das Elektrofahrrad kann maximal 50.000 Kilometer gefahren werden. Danach ist es Schrott. Somit kann der Abschreibungssatz wie folgt ermittelt werden:

Abschreibungssatz: $10.500 / 50.000 = 0,21\,€\,/\,Kilometer$

Der voraussichtliche Abschreibungsverlauf des E-Bikes kann nun in einer schlichten Tabelle abgebildet werden. Die jährlichen Kilometer wurden abgeschätzt. Der Unternehmensberater packt auch ein paar verregnete Jahre mit wenig Geschäft in seine Beispieltabelle. Später schreibt man natürlich mithilfe der tatsächlichen Kilometer ab. Tabelle 29.9 zeigt die leistungsabhängige Abschreibung.

Jahr	Buchwert 01.01.	geplante Kilometer p.a.	Abschreibung	Buchwert 31.12.
1	10.500 €	20.000	4.200 €	6.300 €
2	6.300 €	10.000	2.100 €	4.200 €
3	4.200 €	14.000	2.940 €	1.260 €
4	1.260 €	0	0 €	1.260 €
5	1.260 €	5.000	1.050 €	21 €
6	210 €	0	0 €	210 €
7	210 €	1.000	210 €	0 €

Tabelle 29.9: Leistungsabhängige Abschreibung

Nach 50.000 Kilometern ist das Rennrad komplett abgeschrieben. Der riesige Vorteil diese Methode ist, dass Sie entsprechend dem tatsächlichen Werteverzehr abschreiben können. Zwei Nachteile gibt es aber auch:

- ✔ Gegenüber der linearen Methode haben Sie mehr Arbeit, da der Werteverzehr immer genau erfasst werden muss.

- ✔ Ein zeitabhängiger Wertverlust wird bei dieser Methode nicht berücksichtigt. Würde das Rad fünf Jahre ungenutzt im Keller stehen, verliert es ja trotzdem an Wert.

> **Die Idee bei fallenden Preisen:
> Die ökonomische Abschreibung**
>
> Da viele Produkte aufgrund schneller technologischer Entwicklungen starken Preissenkungen unterworfen sind, wurde die Idee der ökonomischen Abschreibung geboren. Ein klassisches Anwendungsbeispiel wäre zum Beispiel ein IT-Server. Aber auch Elektrofahrräder unterliegen einem technologischen Fortschritt. Bei der ökonomischen Abschreibung wird jedes Jahr die Differenz zwischen den aktuellen Gebrauchtwerten abgeschrieben. Dabei werden der jeweils aktuelle Marktpreis und das Alter des Abschreibungsobjekts berücksichtigt. Es wird nicht vom Wiederbeschaffungsneuwert abgeschrieben; man beginnt bei dieser Methode mit den Anschaffungskosten. Am Ende stimmt die Summe der Abschreibungsbeträge mit den Anschaffungskosten überein. Da man zu Beginn nie genau weiß, wie sich die Preise entwickeln werden, arbeitet man bei dieser Methode gern mit den sogenannten *offenen Abschreibungsplänen*. Jedes Jahr werden hierbei die aktuellen Gebrauchtpreise überprüft. Der Abschreibungsplan muss dann gegebenenfalls daraufhin angepasst werden. Im Beispiel mit dem E-Bike würde man im ersten Jahr die Differenz zwischen den Anschaffungskosten in Höhe von 9.000 Euro und dem aktuellen Gebrauchtwert von hier einfach mal angenommenen 7.300 Euro also 1.700 Euro abschreiben. Im nächsten Jahr wird der Gebrauchtwert wieder überprüft und die Differenz zwischen den beiden Gebrauchtwerten abgeschrieben.

Die kalkulatorischen Zinsen ermitteln und erfassen

Im externen Rechnungswesen dürfen nur die tatsächlich aufgewendeten Zinszahlungen berücksichtigt werden, also nur gezahlte Zinsen für Fremdkapital. In der Kostenrechnung werden dagegen die Zinsen für das gesamte betriebsnotwendige Kapital berücksichtigt. Also auch das von den Eigentümern eingebrachte Eigenkapital. Immerhin hätten diese ihr Kapital ja auch woanders anlegen und dafür Zinsen kassieren können.

Die *kalkulatorischen Zinsen* stellen die Kosten des gesamten eingesetzten, betriebsnotwendigen Kapitals dar. Das betriebsnotwendige Kapital mal dem kalkulatorischen Zinssatz ergibt die kalkulatorischen Zinsen.

Damit stellen sich zwei Fragen:

- ✔ Wie ermittelt man das betriebsnotwendige Kapital?
- ✔ Welchen Zinssatz veranschlagt man?

Ermittlung des betriebsnotwendigen Kapitals

Zur Ermittlung des betriebsnotwendigen Kapitals müssen Sie einen Ausflug in die Welt der Bilanzierung unternehmen. Die wichtigsten Punkte Ihres Ausflugs sind:

1. Der Aktivseite der Bilanz entnehmen Sie das Anlagevermögen. Sollten sich unter dem Anlagevermögen nicht betriebsnotwendige Vermögenswerte befinden, müssen Sie diese rausfiltern. Das können Wertpapiere, privat genutzte Immobilien oder Privatfahrzeuge sein. Abschließend müssen Sie nicht in der Bilanz aufgeführte betriebsnotwendige Vermögensgegenstände noch aufnehmen. Das können Gegenstände sein, die im externen Rechnungswesen schon voll abgeschrieben wurden, in der Kostenrechnung jedoch noch von Bedeutung sind.

2. Im zweiten Schritt dürfen Sie die festgestellten Vermögenswerte nach kostenrechnerischen Grundsätzen bewerten; wenn Sie etwa in der Kostenrechnung anders als im externen Rechnungswesen abschreiben. Dieser Punkt kann bei vollständiger Übereinstimmung des internen und externen Rechnungswesens entfallen.

Ermittlung des Zinssatzes

Früher wurde gern der marktgängige Zinssatz auch als kalkulatorischer Zinssatz verwendet. Das ist heute aber eher unüblich. Nutzen Sie doch die schier unbegrenzten Möglichkeiten Ihrer Kostenrechnung und bilden Sie hier Ihre ganz persönliche Erwartungshaltung, sprich Renditeerwartung ab – vorausgesetzt, Sie sind der Eigentümer oder dürfen das bestimmen.

Die kalkulatorischen Wagnisse

Manchmal geht auch wirklich alles schief. Die fast neue Maschine hat gerade die Garantiezeit hinter sich, als sie sich in der Frühschicht mit einem Totalschaden aus dem Produktionsprozess verabschiedet. Ein unversichertes unternehmerisches Wagnis wurde Realität. Im externen Rechnungswesen wird auf solche Vorkommnisse mit außerplanmäßigen Abschreibungen reagiert. In der Kostenrechnung werden solche zufälligen Schwankungen dagegen mithilfe von kalkulatorischen Wagnissen berücksichtigt.

 Alle nicht durch Versicherungen abgedeckten, unvorhergesehenen Fälle werden in der Kostenrechnung durch die *kalkulatorischen Wagnisse* abgedeckt. Das können technische Schäden, Brand-, Unfall- oder Diebstahlschäden sein. Das allgemeine unternehmerische Risiko, wie etwa die Auswirkungen von Konjunkturkrisen, hat hier aber nichts zu suchen.

Sinn und Zweck der kalkulatorischen Wagnisse ist die Glättung zufälliger Ereignisse, damit mit der Kostenrechnung zum Beispiel vernünftig Preise kalkuliert werden können. Auf lange Sicht sollten die kalkulatorischen Wagnisse den tatsächlich eingetretenen Schäden deshalb entsprechen. Die vier großen Teilgebiete sind:

- ✔ **Beständewagnis:** Lagerbestände können veralten oder verschwinden.

- ✔ **Anlagenwagnis:** Anlagegüter nutzen sich schneller als geplant ab oder werden vorzeitig durch außerordentliche Ereignisse geschädigt.

- ✔ **Produktions- und Prozesswagnis:** In der Produktion wird mehr Ausschuss als gedacht verursacht oder es werden kostspielige Nacharbeiten erforderlich. Geplante Prozesse funktionieren nicht wie geplant, der Output ist geringer oder die Entwicklung teurer.

✓ **Forderungswagnis:** Die Kunden können oder wollen nicht bezahlen. Oder sie zahlen mit einer zwischenzeitlich abgewerteten Währung. Ein Wechselkursrisiko.

Die kalkulatorische Miete

Werden Immobilien für Betriebszwecke unentgeltlich genutzt, sollte eine kalkulatorische Miete angesetzt werden. Diese sollte sich an der ortsüblichen Miete für ähnliche Objekte orientieren.

Der Fall der unentgeltlichen Überlassung dürfte in aller Regel nur bei kleinen Personengesellschaften oder Einzelunternehmen vorkommen.

Dabei müssen Sie aber immer darauf achten, dass Sie die Kosten nicht doppelt erfassen. Erhaltungsaufwand, eventuelle Abschreibungen und Gebäudeversicherungen etc. dürfen dann nicht auch noch aufgenommen werden. Diese Kosten sollten in der kalkulatorischen Miete enthalten sein.

Der kalkulatorische Unternehmerlohn

Der kalkulatorische Unternehmerlohn ist ein Sonderfall bei Personengesellschaften und Einzelunternehmen. Nur hier kann es den Fall geben, dass Eigentümer unentgeltlich für ihr Unternehmen arbeiten. Der Gewinn ist das Entgelt. Bei allen anderen Rechtsformen werden die mitarbeitenden Eigentümer hoffentlich offiziell entlohnt.

Der kalkulatorische Unternehmerlohn sollte sich immer am Entgelt für vergleichbare Tätigkeiten in vergleichbaren Unternehmen orientieren. Also hier bitte Bodenhaftung bewahren.

Mithilfe des kalkulatorischen Unternehmerlohns können die Kosten von verschiedenen Unternehmen unterschiedlicher Rechtsformen vergleichbar gemacht werden. Das ist zum Beispiel bei der Preiskalkulation auf Basis von Selbstkosten für öffentliche Aufträge sehr wichtig.

Auch das noch: Leistungen erfassen

Wie bei der Erfassung der Kosten können Sie auch bei der Erfassung von Leistungen auf unterschiedliche Vorsysteme zurückgreifen. So erhalten Sie zum Beispiel die Informationen zu Bestandsveränderungen im Lager aus der Lagerbuchhaltung. Informationen über verkaufte Produkte erhalten Sie ganz einfach aus der Finanzbuchhaltung.

Aufgepasst: Erfassen Sie immer nur das tatsächlich bezahlte Entgelt nach Abzug aller Erlösminderungen wie zum Beispiel Mengenrabatte.

Bei der Bewertung der verkauften Leistungen kann es oftmals ganz schön knifflig werden. Wann handelt es sich um eine Erlösschmälerung und wann um Kosten? Gab es beim

Verkauf noch eine kostenlose Schulung obendrauf, dann handelt es sich um Kosten. Wurde ein Rabatt gewährt, handelt es sich um eine Erlösschmälerung.

Manchmal fallen die Erlösschmälerungen erst lange Zeit später an. Das ist zum Beispiel bei Boni oftmals der Fall. Erreicht ein Kunde gegen Jahresende eine bestimmte Mengenstaffel, gibt es rückwirkend Boni auf den gesamten Jahreseinkauf. Hier sollten Sie bei der Erfassung mit Schätzwerten arbeiten, damit Sie nicht erst am Jahresende die Leistungen erfassen können.

Innerbetriebliche Leistungen können je nach Zweck der Kostenrechnung unterschiedlich bewertet werden; dazu mehr in Kapitel 31.

Aufgabe 29

Strike hat im abgelaufenen Geschäftsjahr drei Akkulieferungen enthalten: Im Januar 1.000 Stück zu 200 Euro, im Juni 750 Akkus zu 220 Euro das Stück sowie im November weitere 1.000 Batterien zu jeweils 180 Euro. Insgesamt wurden 1.550 Akkus verbaut. Bewerten Sie den gesamten Verbrauch nach der Durchschnittsmethode, der FIFO-Methode, der LIFO-Methode und der HIFO-Methode.

> **IN DIESEM KAPITEL**
>
> Die Aufgaben der Kostenstellenrechnung kennenlernen
>
> Den Aufbau eines Betriebsabrechnungsbogens, BAB, verstehen
>
> Die Verfahren zur innerbetrieblichen Leistungsverrechnung mithilfe des BAB kennenlernen

Kapitel 30
Verteilen – die Kostenstellenrechnung

Die Kostenstellenrechnung beschäftigt sich eigentlich nur mit einer Aufgabe: mit der Verteilung der Gemeinkosten auf die Kostenstellen, der innerbetrieblichen Leistungsverrechnung. Dies geschieht mithilfe ein- und mehrstufiger Betriebsabrechnungsbögen, kurz BAB.

Die Einzelkosten werden in der Theorie immer sofort direkt in die Kostenträgerrechnung auf die Endprodukte übernommen und spielen deshalb im BAB keine Rolle. Trotzdem kommen in der Praxis Einzelkosten, die Kostenstelleneinzelkosten, im BAB vor. Alle Kosten, also sowohl Einzel- als auch Gemeinkosten, werden zu Informationszwecken im BAB erst einmal einer Kostenstelle zugeordnet. So findet man nicht nur den Kostenstellenverantwortlichen leichter, mit dem man sich bei einer Tasse Kaffee nett über Themen wie Produktkalkulation oder Kostenkontrolle unterhalten kann, sondern hat auch gleich die Bezugsgrößen für die Zuschlagskalkulation zur Hand.

Aufgaben der Kostenstellenrechnung

In der Kostenartenrechnung ging es um die Frage, welche Kosten entstanden sind. Hier in der Kostenstellenrechnung geht es nun um die Frage, wo die Kosten verursacht wurden. Deshalb werden hier nicht nur Primärkosten, sondern auch die sekundären Kosten erfasst. Das sind die abgeleiteten Kosten, die durch die innerbetriebliche Weiterverrechnung der Primärkosten entstehen. Die auf der Kostenstelle Betriebsstoffe angefallenen

Heizölkosten werden zum Beispiel entsprechend der Flächennutzung auf die verschiedenen Kostenstellen verteilt.

Dank der Kostenstellenrechnung kann man nun genau analysieren, welche Kostenstelle welche Kosten verursacht hat. Innerbetriebliche Kostenvergleiche oder Zeitreihenanalysen können so einigermaßen problemlos durchgeführt werden. Wenn es Sie also schon immer brennend interessiert hat, ob der Abteilungsleiter nebenan höhere Kosten für den Dienstwagen hat und mehr oder weniger Raumkosten tragen muss als Sie, könnten Sie die Antwort in der Kostenstellenrechnung finden. Nun ja, meist dürften Sie mit dieser Begründung keinen Einblick in die Zahlen der anderen Kostenstelle erhalten. Dieses Vergnügen bleibt in der Regel den höheren Chargen und den Kostenrechnern und Controllern vorbehalten.

Die schlechte Nachricht zuerst: In diesem Buch werden Sie vergeblich Beispiele aus einem SAP-Handbuch oder anderen IT-Handbüchern für Ihre Kostenstellenrechnung suchen, denn wir wissen ja nicht, welche Software Sie für Ihre Kostenrechnung gerade verwenden. Die gute Nachricht: Hier erfahren Sie alles über die Kostenstellenrechnung, damit Sie unabhängig vom eingesetzten System immer wissen, worauf es ankommt. Im besten Falle können Sie am Ende sogar bei der Anpassung laufender Systeme oder bei der Einführung neuer Systeme Ihre Anforderungen formulieren.

Bevor es weitergeht, hier kurz und knapp alle Aufgaben der Kostenstellenrechnung im Überblick:

- ✓ **Informations- und Kontrollfunktion:** Sie erfahren, wo welche Kosten angefallen sind, und können damit Vergleiche ohne Ende anstellen. So können Sie auch entscheiden, ob Sie eine Leistung innerbetrieblich erstellen lassen oder lieber extern einkaufen wollen.

- ✓ **Grundlage für die Betriebsergebnisrechnung:** Indem Sie die Kosten und Leistungen pro Kostenstelle oder übergeordnetem Bereich gegenüberstellen, können Sie hochinteressante Ergebnisrechnungen anstellen.

- ✓ **Grundlage für die Kostenplanung:** Die Kostenstellenrechnung bildet das Fundament für die Kostenplanung, da Sie in jeder Kostenstelle kompetente Verantwortliche antreffen, die vernünftige Aussagen über künftige Kostenverläufe treffen können. Scherz beiseite: Diese Aussagen können vielen Einflüssen unterliegen: Ängsten, Karriereinteressen, Verschleierungsversuchen, Naivität. Aber es gibt natürlich auch das seriöse Interesse einer möglichst guten Prognose.

- ✓ **Informationslieferant für die Preiskalkulation:** In der Kostenstellenrechnung werden die Gemeinkosten zur Vorbereitung der Kostenträgerrechnung auf die Kostenstellen verteilt. So können später Produktpreise kalkuliert werden. Hierbei werden in der Kostenstellenrechnung auch Zuschlagssätze für die Material-, Fertigungs-, Verwaltungs- und Vertriebsgemeinkosten ermittelt.

Ordnung muss sein – Kostenstellenpläne

Jedes Unternehmen, das etwas auf sich hält, besitzt einen Kostenstellenplan. Irgendwo in der Verwaltung sitzt bestimmt ein Mitarbeiter, der mit der verantwortungsvollen Aufgabe der Pflege des Kostenstellenplans betraut worden ist. Da sich ein Unternehmen beständig weiterentwickelt, können auch Kostenstellen kommen und gehen. Große DAX-Konzerne können schnell über mehrere Tausend Kostenstellen verfügen. Mit einem Kostenstellenplan behält man dann den Überblick.

Der Erdbeertortenfabrikant Willi Sahnig hat mächtig expandiert. Mittlerweile beschäftigt er mehrere Tausend Mitarbeiter und stellt neben Erdbeertorten viele weitere Torten, Kuchen und Kekse her. Herr Sahnig ist nicht nur auf seine Erdbeertorten, sondern auch auf seinen grandiosen Kostenstellenplan besonders stolz. In Abbildung 30.1 können Sie einen Blick auf einen Auszug aus dem Kostenstellenplan werfen.

1. Raumkostenstellen
1010 Gebäude
1020 Werkstatt
1030 Betriebswohnungen

2. Energiekostenstellen
2110 Strom
2210 Gas
2310 Wasser
2320 Abwasser
2410 Kühlung

3. Materialkostenstellen
3110 Rohstoffannahme
3210 Verpackungslager
3310 Hauptlager
3410 Abfallbeseitigung

4. Fertigungskostenstellen
4110 Forschung und Entwicklung
4210 Erdbeertortenproduktion
4220 Sahnetortenproduktion
4310 Pflaumenkuchenproduktion
4320 Schokokuchenproduktion

5. Vertriebskostenstellen
5110 Verkaufsabrechnung
5210 Lkw 1
5220 Lkw 2
5320 Fremdtransport

6. Verwaltungskostenstellen
6010 Vorstand
6020 Dienstwagen Vorstand
6030 Verwaltung allgemein
6040 Controlling
6050 Buchhaltung
6060 IT

Abbildung 30.1: Kostenstellenplan der Willi Sahnig AG

Kostenstellen klassifizieren leicht gemacht

Kostenstelle ist nicht gleich Kostenstelle. Häufig werden die Kostenstellen dem Produktionsprozess folgend in

- ✔ Hauptkostenstellen und
- ✔ Hilfskostenstellen

unterteilt. Eine Hauptkostenstelle erkennen Sie daran, dass dort für ein Endprodukt beziehungsweise eine Dienstleistung gearbeitet wird. In der Hauptkostenstelle 4210 »Erdbeertortenproduktion« wird die Erdbeertorte hergestellt. Hilfskostenstellen kümmern sich um das Drumherum wie etwa die Abfallentsorgung oder die Energieversorgung.

Kostenstellen können auch nach dem Kriterium der Verrechnung unterteilt werden. Und zwar in:

✔ Vorkostenstellen und

✔ Endkostenstellen.

Sie ahnen es sicher schon, Hilfskostenstellen sind gleichzeitig meist auch Vorkostenstellen; Hauptkostenstellen entsprechend Endkostenstellen. In der Kostenstellenrechnung verrechnen die Hilfs- beziehungsweise Vorkostenstellen ihre innerbetrieblichen Leistungen an die Haupt- beziehungsweise Endkostenstellen.

Sollten Sie eines Tages mit dem Begriff *Verrechnungskostenstelle* konfrontiert werden: Damit ist ein Kostensammler gemeint. Verrechnungskostenstellen werden immer dann gerne eingesetzt, wenn man bestimmte Kosten gesondert ausweisen möchte. Wenn Sie also unbedingt wissen möchten, wie viel das Unternehmen Jahr für Jahr für Büroklammern ausgibt, können Sie entweder alle Kostenstellen im Hinblick auf die Kostenart Büromaterial durchforsten, jeweils den Anteil für Büroklammern abschätzen und dann fleißig addieren. Oder Sie geben eine Anweisung heraus, in der Sie alle Mitarbeiter freundlich darum bitten, die angefallenen Büroklammerkosten doch bitte immer sofort auf die neue Verrechnungskostenstelle »Büroklammerkostensammler« zu verrechnen. So sind diese Kosten jederzeit schnell ersichtlich. Verrechnungskostenstellen werden übrigens gerne für interne Produkte, Sonderprojekte oder Forschungsthemen verwendet.

Falls Sie einmal eine neue Kostenstelle benötigen, müssen Sie darauf achten, dass die Kostenstelle in der Kostenstellenhierarchie in allen verwendeten IT-Systemen auch gleichartig einsortiert wird. Wie so eine Kostenstellenhierarchie beziehungsweise ein Organigramm aussehen kann und wie eine neue Kostenstelle einsortiert wird, sehen Sie in Abbildung 30.2 am Beispiel der Willi Sahnig AG.

Sie können sehen, dass Kostenstellen immer einer übergeordneten Einheit zugeordnet werden. Natürlich kann man diese Untergliederung noch viel feiner betreiben, indem man unterhalb der Bereiche Abteilungen einfügt oder gar Hauptabteilungen und Abteilungen. Und so weiter und so weiter.

Jede Kostenstelle, die Leistungen für den Markt erbringt, ist gleichzeitig auch eine Erlösstelle. Ein Bereich, der aus solchen Kostenstellen besteht, wird manchmal auch als *Profit-Center* bezeichnet. Unternehmensbereiche, die aus Kostenstellen bestehen, die nur innerbetriebliche Leistungen erbringen und keine Gewinnerzielungsabsicht haben, werden als *Cost-Center* bezeichnet. Achten Sie darauf, dass jede neu angelegte Kostenstelle immer innerhalb der Hierarchie einsortiert wird.

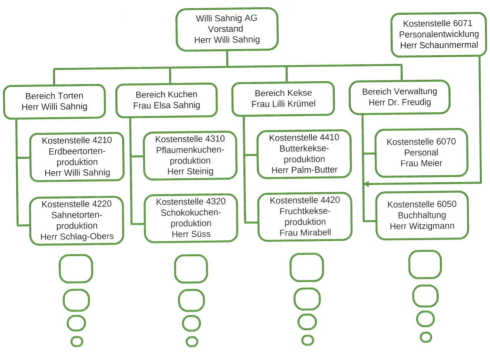

Abbildung 30.2: Auszug aus einem Organigramm und Einfügung einer neuen Kostenstelle

BAB-Routenplaner – der Aufbau des Betriebsabrechnungsbogens

Der Betriebsabrechnungsbogen, kurz BAB, ist das Herz der Kostenstellenrechnung, der große Kostenumschlagbahnhof der innerbetrieblichen Leistungsverrechnung. Er dient der möglichst genauen Verteilung der Gemeinkosten auf die verursachenden Kostenstellen und der Ermittlung der Zuschlagssätze, mit denen die Gemeinkosten später auf die Kostenträger verteilt werden sollen.

 Es gibt einstufige und mehrstufige BAB. Im *einstufigen BAB* gibt es nur Endkostenstellen, es findet keine innerbetriebliche Verrechnung statt. Hier werden lediglich die Gemeinkosten der Endkostenstellen erfasst und die Zuschlagskalkulation durchgeführt. In der Praxis spielt eigentlich nur der *mehrstufige BAB* eine Rolle. Er enthält Vor- und Endkostenstellen. Hier wird zusätzlich auch die innerbetriebliche Leistungsverrechnung durchgeführt.

So ein mehrstufiger BAB besteht aus zwei Blöcken:

✓ Im ersten Block werden die Kostenarten der Kostenstellen, die sogenannten Primärkosten, eingetragen. Diese erhalten Sie aus der Kostenartenrechnung. Hier sollten Sie nicht nur die Gemeinkosten, sondern auch die Kostenstelleneinzelkosten eintragen, wenn Sie alle Kosten einer Kostenstelle für Zwecke wie der Kontrolle oder Produktkalkulation auf einen Blick sehen möchten.

- Im zweiten Block erfolgt die Umlage der Kosten, die innerbetriebliche Leistungsverrechnung, entsprechend der innerbetrieblichen Leistungsverflechtung. Dabei werden die Gemeinkosten nach bestimmten Kriterien auf andere Kostenstellen umverteilt.

Nach der Umverteilung sollte die Gesamtsumme der Kosten natürlich gleich bleiben, sie wurden ja lediglich umverteilt. Wenn dies nicht der Fall sein sollte, müssen Sie wohl oder übel mit mitleiderregender Mine auf die Fehlersuche gehen.

Tabelle 30.1 zeigt den grundsätzlichen Aufbau eines mehrstufigen BAB.

Kostenarten \ Kostenstellen	Vorkostenstellen		Endkostenstellen			
	V1	V2	E1 Material	E2 Fertigung	E3 Verwaltung	E4 Vertrieb
KOA 1						
KOA 2						
KOA 3						
KOA 4						
KOA 5						
Summe primäre Kosten						
Verteilung der sekundären Kostenstellenkosten:						
Umlage V1						
Umlage V2						
Summe primäre und sekundäre Kosten						

Tabelle 30.1: Der Betriebsabrechnungsbogen, kurz BAB

So ein traditioneller BAB beginnt immer mit den Vorkostenstellen, danach folgen die Kostenstellen

- des Materialbereichs wie etwa das Lager oder die Materialausgabe,
- des Fertigungsbereichs mit den verschiedenen Fertigungsstellen wie etwa die Blechstanzerei oder Endmontage,
- des Verwaltungsbereichs mit dem Rechnungswesen, dem Marketing oder der Personalabteilung,
- des Vertriebsbereichs mit den unterschiedlichen Vertriebsstellen.

Beliebte Abkürzungen in der Kostenrechnung: Die Abkürzung *KOA* steht für Kostenarten, die Abkürzung *KST* für Kostenstellen. Beide Abkürzungen dürften Ihnen in der Kostenrechnung recht oft begegnen.

Ein BAB wird mit folgenden Schritten erstellt:

1. **Kostenübernahme:** Übernahme der Einzelkosten und der Gemeinkosten aus der Kostenartenrechnung und Verteilung auf die Kostenstellen (Primärkosten) entsprechend ihrem Entstehungsort
2. **Innerbetriebliche Leistungsverrechnung:** Verteilung der Kosten auf die empfangenden Kostenstellen entsprechend den innerbetrieblichen Leistungsverflechtungen (Sekundärkosten)
3. **Zuschlagssätze ermitteln:** Ermittlung der Zuschlagssätze für die Gemeinkosten

Schritt 1: Die Kostenübernahme

Der erste Schritt der Kostenübernahme wurde durch die Kostenartenrechnung bereits gut vorbereitet. Jetzt ist nur noch Fleißarbeit angesagt, bei der die Primärkosten auf die Orte ihrer Entstehung verteilt werden müssen. Dabei werden Sie mit zwei Arten von Primärkosten konfrontiert:

- ✔ Kostenstelleneinzelkosten
- ✔ Kostenstellengemeinkosten

Die Kostenstelleneinzelkosten machen kaum Arbeit, da sie aufgrund von Belegen immer sofort und eindeutig einer Kostenstelle zugeordnet werden können. Ein schönes Beispiel dafür sind die Mitarbeiterentgelte. Auf dem Gehaltszettel steht bei gut organisierten Unternehmen immer die Kostenstelle drauf. Schauen Sie doch mal bei Ihrer letzten Abrechnung nach, ob das bei Ihnen auch der Fall ist. Der Grund dafür: Ein Mitarbeiter kann immer nur einer Kostenstelle zugeordnet sein.

Die Kostenstellengemeinkosten sind dagegen etwas kniffliger in der Handhabung. Beispiele dafür sind Strom, Gas, Wasser oder Mietkosten. Mithilfe geeignet erscheinender Schlüssel wie etwa dem Verbrauch oder der Raumnutzung müssen diese Kosten den Kostenstellen zugeordnet werden.

Schritt 2: Die innerbetriebliche Leistungsverrechnung

Im zweiten Schritt werden die Kosten der innerbetrieblichen Leistungen verrechnet, die sekundären Gemeinkosten. Dafür gibt es eine ganze Menge an möglichen Verfahren. Die gängigsten erkläre ich gleich. Unabhängig vom verwendeten Verfahren muss immer ein geeigneter Schlüssel zur Verteilung der Kosten gefunden werden. Grundsätzlich können das Mengenschlüssel wie etwa genutzte Flächen oder in Anspruch genommene Stunden sein. Alternativ können Sie auch Wertschlüssel wie etwa Verrechnungspreise oder Materialkosten verwenden.

Schritt 3: Zuschläge ermitteln

Im dritten und letzten Schritt können die Gemeinkostenzuschläge ermittelt werden. Im Anschluss an die Verfahren zur Verrechnung innerbetrieblicher Leistungen können Sie Ihren Wissensdurst über dieses Thema stillen.

Verwirrende Vielfalt – Verfahren zur Verrechnung innerbetrieblicher Leistungen

Nun stellt sich die entscheidende Frage, wie die Gemeinkosten auf die Haupt- beziehungsweise Endkostenstellen einigermaßen sinnvoll verteilt werden können. Dazu wurden im Laufe der Zeit einige mehr oder minder nützliche Verfahren entwickelt. Die einzelnen Verfahren kann man jedoch leider nicht pauschal auf ihre Nützlichkeit hin beurteilen. Es kommt immer darauf an, welche Leistungsverflechtungen im jeweiligen Unternehmen vorhanden sind. Aber keine Sorge, für alle jetzt vorgestellten Verfahren zur innerbetrieblichen Leistungsverrechnung erfahren Sie immer alle Vor- und Nachteile und auch die Einsatzbedingungen. Die Verfahren im Überblick:

- **Anbauverfahren:** Das einfachste Verfahren. Keine Leistungsbeziehungen zwischen Vorkostenstellen abbildbar.

- **Stufenleiterverfahren:** Eine Verrechnung zwischen den Vorkostenstellen ist möglich, aber nur in eine Richtung. Gegenseitige Leistungsverflechtungen sind nicht abbildbar.

- **Gleichungsverfahren:** Das genaueste Verfahren; alle möglichen Leistungsbeziehungen können abgebildet werden; das ist aber mit etwas Rechenarbeit verbunden.

- **Iterative Verfahren:** Wie beim Gleichungsverfahren kann auch hier alles abgebildet werden. Sogar ohne hohe Rechenkünste; dafür muss man aber etwas Geduld mitbringen.

- **Gutschrift-Lastschrift-Verfahren:** Die Alternative zum Gleichungsverfahren und zum iterativen Verfahren. Bei Abweichungen muss aber mithilfe von Deckungsumlagen nachjustiert werden.

- **Kostenträgerverfahren:** Der Einsatz ist nur bei Großaufträgen sinnvoll.

Unter *innerbetrieblichen Leistungen* versteht man jene Leistungen, die von anderen Kostenstellen innerhalb des Unternehmens in Anspruch genommen werden. Dabei unterscheidet man zwischen nicht aktivierbaren und aktivierbaren innerbetrieblichen Leistungen. Beispiele für nicht aktivierbare innerbetriebliche Leistungen sind Wartungs- und Reparaturarbeiten, Strom-, Wasser- oder IT-Kosten. Beispiele für aktivierbare innerbetriebliche Leistungen sind selbst erstellte Maschinen und Software.

Grob und schnell – Kosten mit dem Anbauverfahren verteilen

Das einfachste Verfahren zur innerbetrieblichen Leistungsverrechnung ist das Anbauverfahren. Es gehört zur Gruppe der Kostenstellenumlageverfahren.

Manchmal wird das *Anbauverfahren* auch als *Blockverfahren* oder *Blockumlage* bezeichnet.

Die notwendigen Einsatzbedingungen für das Anbauverfahren

Beim Anbauverfahren kann nur in eine Richtung verrechnet werden: von einer Vorkostenstelle zu einer Endkostenstelle. Leistungsbeziehungen zwischen den Vorkostenstellen oder gar von einer End- zu einer Vorkostenstelle können nicht berücksichtigt werden.

So funktioniert das Anbauverfahren

Im ersten Schritt werden die Primärkosten der Kostenstellen im BAB eingetragen. In Tabelle 30.2 finden Sie die eingetragenen Werte.

Kostenstellen Kostenarten	Vorkostenstellen		Endkostenstellen			
	V1	V2	E1 Material	E2 Fertigung	E3 Verwaltung	E4 Vertrieb
KOA 1	10	15	100	150	80	200
KOA 2	5	0	50	60	30	40
KOA 3	20	10	20	10	20	10
KOA 4	5	10	250	150	50	10
KOA 5	30	20	10	300	10	500
Summe primäre Kosten	70	55	430	670	190	760
Verteilung der sekundären Kostenstellenkosten:						
Umlage V1						
Umlage V2						
Summe primäre und sekundäre Kosten						

Tabelle 30.2: BAB mit Primärkosten in Tausend Euro

Im zweiten Schritt wird die bestehende Leistungsverflechtung ermittelt und am besten in eine übersichtliche Tabelle eingetragen, sofern gerade kein passendes IT-System zur Hand sein sollte. Die Vorkostenstelle V 1 erbringt Leistungen für die Vorkostenstelle V 2 und für die Endkostenstellen E 1 und E 2. Die Vorkostenstelle V 2 erbringt Leistungen für die Vorkostenstelle V 1 und die Endkostenstellen E 1 und E 3. In Tabelle 30.3 sehen Sie die Leistungsverflechtung – alle Angaben in Mengeneinheiten, kurz ME.

von/an	An V 1	An V 2	An E 1	An E 2	An E 3	An E 4
Von V 1	–	30 ME	20 ME	50 ME	0 ME	0 ME
Von V 2	20 ME	–	50 ME	0 ME	50 ME	0 ME

Tabelle 30.3: Abbildung der Leistungsverflechtung

Beim Anbauverfahren fallen die von der Vorkostenstelle V 1 an die Vorkostenstelle V 2 erbrachten Leistungen in Höhe von 30 ME ebenso unter den Tisch wie die von der Vorkostenstelle V 2 an die Vorkostenstelle V 1 erbrachten 20 Mengeneinheiten. Pech gehabt. In Tabelle 30.3 sind diese Werte daher kursiv dargestellt.

Nun werden die Verrechnungssätze der beiden Vorkostenstellen ermittelt, indem die Primärkosten der Kostenstelle durch die an die Endkostenstellen abgegebenen Mengeneinheiten geteilt werden. Für die Vorkostenstelle V 1 sieht das wie folgt aus:

$$\text{Verrechnungssatz V 1} = \frac{70.000 \text{ €}}{70 \text{ ME}} = 1.000 \text{ €} \quad \text{je ME}$$

Und für die Vorkostenstelle V 2 sieht das so aus:

$$\text{Verrechnungssatz V 2} = \frac{55.000 \text{ €}}{100 \text{ ME}} = 550 \text{ €} \quad \text{je ME}$$

Nachdem die beiden Verrechnungssätze ermittelt wurden, können die Kosten umgelegt werden. Die Endkostenstelle E 1 hat von V 1 insgesamt 20 Mengeneinheiten erhalten und wird deshalb von V 1 mit 20 ME × 1.000 Euro = 20.000 Euro belastet. Der Endkostenstelle E2 werden die restlichen Primärkosten zubelastet (50 ME × 1.000 Euro = 50.000 Euro). Von V 2 wird die Endkostenstelle E 1 entsprechend mit 50 ME × 550 Euro = 27.500 Euro belastet; die Endkostenstelle E 3 erhält die restlichen 27.500 Euro, da sie ebenfalls 50 Mengeneinheiten von V 2 bezogen hat. In Tabelle 30.4 finden Sie diese Werte im ausgefüllten BAB.

Kostenarten \ Kostenstellen	Vorkostenstellen		Endkostenstellen			
	V1	V2	E1 Material	E2 Fertigung	E3 Verwaltung	E4 Vertrieb
KOA 1	10	15	100	150	80	200
KOA 2	5	0	50	60	30	40
KOA 3	20	10	20	10	20	10
KOA 4	5	10	250	150	50	10
KOA 5	30	20	10	300	10	500
Summe primäre Kosten	70	55	430	670	190	760
Verteilung der sekundären Kostenstellenkosten:						
Umlage V1			20	50		
Umlage V2			27,5		27,5	
Summe primäre und sekundäre Kosten	0	0	477,5	720	217,5	760

Tabelle 30.4: BAB mit dem Anbauverfahren

Die Summe der primären Kosten beträgt 217,5 Tausend Euro. Auch nach der Umverteilung hat sich an der Gesamtsumme nichts geändert.

Die Vor- und Nachteile des Anbauverfahrens

Der Vorteil des Anbauverfahrens ist schnell erzählt: Das Verfahren ist in der Handhabung ziemlich einfach. Wenn keine nennenswerten Leistungsbeziehungen zwischen den Vorkostenstellen bestehen, können Sie Ihre Kosten mit diesem Verfahren schnell und ohne großen Aufwand verteilen. Der Nachteil des Verfahrens ist damit auch gleich genannt: Alle anderen Leistungsbeziehungen fallen einfach unter den Tisch. Das kann zu starken Verzerrungen in der Kalkulation führen. Zudem müssen Sie Ihre Kostenstellen immer eindeutig zwischen Vor- und Endkostenstellen unterscheiden. In der Realität ist dies nicht immer so klar. Das Verfahren sollte also nur angewendet werden, wenn es wenige innerbetriebliche Leistungsverflechtungen gibt, die zudem im Wesentlichen von den Vorkostenstellen an die Endkostenstellen erbracht werden.

Einbahnstraße – das Stufenleiterverfahren

Das Stufenleiterverfahren gehört ebenfalls zur Gruppe der Kostenstellenumlageverfahren.

Manchmal wird das *Stufenleiterverfahren* auch *Treppenumlage* genannt.

Die Einsatzbedingungen für das Stufenleiterverfahren

Beim Stufenleiterverfahren kann immer nur in eine Richtung verrechnet werden. Im Unterschied zum Anbauverfahren ist hier aber eine Verrechnung zwischen den Vorkostenstellen möglich. Die Einschränkung dabei: Die Verrechnung ist immer nur in eine Richtung möglich.

So funktioniert das Stufenleiterverfahren

Da nur in eine Richtung verrechnet werden kann, sollten die Kostenstellen entsprechend dem wesentlichsten Leistungsstrom sortiert werden. In Tabelle 30.3 leistet die Vorkostenstelle 1 an die nachgelagerte Vorkostenstelle 2 insgesamt 30 Mengeneinheiten. Diese können im Gegensatz zum Anbauverfahren berücksichtigt werden. Dummerweise liefert die Vorkostenstelle 2 auch an die Vorkostenstelle 1 etwas: 20 Mengeneinheiten. Diese fallen beim Stufenleiterverfahren wie auch bereits beim Anbauverfahren unter den Tisch. Gegenseitige Leistungsbeziehungen können nicht abgebildet werden.

Die Verrechnungssätze der beiden Vorkostenstellen verändern sich im Vergleich zum Anbauverfahren ein wenig, da jetzt auch teilweise sekundäre Kosten berücksichtigt werden können. Der Verrechnungssatz wird so ermittelt:

$$\text{Verrechnungssatz} = \frac{\text{Primärkosten} + \text{Sekundärkosten von vorgelagerter KST}}{\text{abgegebene Mengeneinheiten}}$$

Für die Vorkostenstelle V 1 ändert sich im Zähler nichts, da es keine vorgelagerte Kostenstelle gibt. Hier werden weiterhin lediglich die Primärkosten in Höhe von 70.000 Euro erfasst. Im Nenner verändert sich jedoch etwas: Alle geleisteten Mengeneinheiten können nun berücksichtigt werden, auch die an V 2 geleisteten 30 Mengeneinheiten. Da sich die Basis vergrößert, reduziert sich der Verrechnungssatz dieser Kostenstelle auf 700 Euro.

$$\text{Verrechnungssatz V 1} = \frac{70.000\ \text{€}}{100\ \text{ME}} = 700\ \text{€ je ME}$$

Bei der Vorkostenstelle V 2 verändert sich dagegen der Zähler: Die von V 1 zubelasteten Sekundärkosten in Höhe von 21.000 Euro (30 ME × 700 Euro) werden jetzt berücksichtigt. Im Nenner bleibt dagegen alles beim Alten, da die 20 an V 1 geleisteten Mengeneinheiten weiterhin unberücksichtigt bleiben. Der Verrechnungssatz erhöht sich deshalb im Vergleich zum Anbauverfahren:

$$\text{Verrechnungssatz V 2} = \frac{55.000\ \text{€} + 21.000\ \text{€}}{100\ \text{ME}} = 760\ \text{€ je ME}$$

Im BAB sieht die Umlage der Kosten nun wie in Tabelle 30.5 gezeigt aus.

Kostenstellen / Kostenarten	Vorkostenstellen		Endkostenstellen			
	V1	V2	E1 Material	E2 Fertigung	E3 Verwaltung	E4 Vertrieb
KOA 1	10	15	100	150	80	200
KOA 2	5	0	50	60	30	40
KOA 3	20	10	20	10	20	10
KOA 4	5	10	250	150	50	10
KOA 5	30	20	10	300	10	500
Summe primäre Kosten	70	55	430	670	190	760
Verteilung der sekundären Kostenstellenkosten:						
Umlage V1		21	14	35		
Umlage V2			38		38	
Summe primäre und sekundäre Kosten	0	0	482	705	228	760

Tabelle 30.5: BAB mit dem Stufenleiterverfahren

Die Gesamtkosten bleiben weiterhin unverändert, die Verteilung auf die Endkostenstellen hat sich jedoch ein wenig verändert.

Die Vor- und Nachteile des Stufenleiterverfahrens

Im Gegensatz zum Anbauverfahren können im Stufenleiterverfahren die Leistungsverflechtungen wesentlich besser abgebildet werden. Dabei ist das Verfahren immer noch recht einfach. So weit die Vorteile. Der große Nachteil des Verfahrens ist die fehlende Berücksichtigung gegenseitiger Leistungsbeziehungen. So können innerbetriebliche Leistungen unberücksichtigt bleiben. Kalkulationen werden weiterhin verzerrt, wenn auch nicht in so hohem Maße wie beim Anbauverfahren. Verändern sich im Zeitablauf zudem die Leistungsströme, muss bei diesem Verfahren die Rangfolge der Kostenstellen verändert werden, was ganz schön aufwendig sein kann.

Ganz genau und komplexer – das Gleichungsverfahren

Das Gleichungsverfahren berücksichtigt die gegenseitigen Leistungsverflechtungen weitaus besser als das Anbau- und das Stufenleiterverfahren. Dafür ist es leider nicht ganz so einfach in der Handhabung.

Die Einsatzbedingungen für das Gleichungsverfahren

Bestehen zwischen den verschiedenen Kostenstellen wechselseitige Leistungsbeziehungen, kann das Gleichungsverfahren getrost eingesetzt werden. Dieses Verfahren löst das Problem, dass der Verrechnungssatz der ersten Kostenstelle erst dann festgelegt werden kann, nachdem der Verrechnungssatz der zweiten Kostenstelle festgelegt wurde, indem die beiden Verrechnungssätze gleichzeitig, sprich simultan, ermittelt werden.

Das *Gleichungsverfahren* wird deshalb auch gerne als *simultanes Gleichungsverfahren* oder *mathematisches Verfahren* bezeichnet.

So funktioniert das Gleichungsverfahren

Für jede Kostenstelle, die innerbetriebliche Leistungen erstellt oder empfängt, wird eine Gleichung aufgestellt. Die Kosten einer an der innerbetrieblichen Leistungsverflechtung beteiligten Kostenstelle setzen sich immer aus den primären und den sekundären Kosten zusammen. Das ist der Input der Kostenstelle. Dem Input steht der gesamte Output der Kostenstelle gegenüber. Da es trotz gegenteilig lautender Märchen keine wundersame Geldvermehrung gibt, muss der Output immer gleich dem Input sein. Damit kennen Sie bereits die erste Gleichung dieses Verfahrens:

Input = Output

Damit Sie nicht ständig hin und her blättern müssen, zeigt Tabelle 30.6 die Leistungsverflechtung.

von/an	An V 1	An V 2	An E 1	An E 2	An E 3	An E 4
Von V 1	–	30 ME	20 ME	50 ME	0 ME	0 ME
Von V 2	20 ME	–	50 ME	0 ME	50 ME	0 ME

Tabelle 30.6: Abbildung der Leistungsverflechtung

Im Beispiel hat die Vorkostenstelle V 1 an die Vorkostenstelle V 2 etwas geleistet und andersherum. Deshalb müssen für diese beiden Kostenstellen nun die »Input = Output« -Gleichungen ermittelt werden. Bei V 1 setzt sich der Input aus den Primärkosten von 70.000 Euro und den sekundären Kosten von V 2 zusammen, die jetzt noch nicht in Euro bewertet werden können: V 2 hat 20 Mengeneinheiten an V 1 geleistet. Der Output von V 1 beträgt insgesamt 100 Mengeneinheiten.

Die Gleichung für V 1 sieht damit wie folgt aus:

$$V1: 70.000\ € + 20\ ME_{V2} = 100\ ME_{V1}$$

Nun zur Gleichung für V 2. Diese Kostenstelle hat Primärkosten von 55.000 Euro und ebenfalls noch nicht in Euro bewertbare 30 Mengeneinheiten von V 1 bezogen. Der gesamte Output von V 2 beträgt 120 Mengeneinheiten. Die Formel lautet:

$$V2: 55.000\ € + 30\ ME_{V1} = 120\ ME_{V2}$$

Jetzt wird ein wenig gerechnet. Da es hier im Beispiel geschickterweise nur zwei Vorkostenstellen und damit nur zwei Gleichungen gibt, kann man sich die lineare Algebra schenken und durch einfaches Einsetzen der ersten in die zweite Gleichung die Aufgabe lösen. Dazu muss dennoch ein wenig gerechnet werden. Zuerst wird die erste Gleichung ein wenig umgeformt. Im ersten Schritt teilt man alles durch 100, damit man auf der rechten Seite eine Mengeneinheit stehen hat.

 In aller Regel besteht zwischen mehr als zwei Kostenstellen eine Leistungsbeziehung. Dann kommt die lineare Algebra mit ihrer Matrizenrechnung zum Einsatz oder eine passende Software hilft.

$$\frac{70.000\ € + 20\ ME_{V2}}{100} = 1\ ME_{V1}$$

Damit Sie einfach nur mitlesen können, ohne dass Sie dazu einen Taschenrechner und ein altes Mathebuch benötigen, folgen alle Rechenschritte ganz langsam Schritt für Schritt. Jetzt wird gerechnet:

$$700\ € + 0,2\ ME_{V2} = 1\ ME_{V1}$$

Danach wird diese Gleichung in die Gleichung V 2 eingesetzt:

$$55.000\ € + 30 \cdot \left(700\ € + 0,2\ ME_{V2}\right) = 120\ ME_{V2}$$

Und ehe man sichs versieht, erhält man eine Gleichung mit einer Unbekannten, was bekanntlich lösbar ist. Zunächst wird die Klammer ausmultipliziert:

$$55.000\ € + 30 \cdot 700\ € + 30 \cdot 0,2\ ME_{V2} = 120\ ME_{V2}$$

Das ergibt:

$76.000\ € + 6\ ME_{V2} = 120\ ME_{V2}$

Nun beamt man die 6 ME_{V2} noch auf die rechte Seite, indem man von beiden Seiten 6 ME_{V2} abzieht:

$76.000\ € = 114\ ME_{V2}$

Da man ja wissen möchte, was eine Mengeneinheit von V 2 kostet, müssen zuletzt noch die 76.000 Euro durch die 114 geteilt werden.

$666{,}67\ € = 1\ ME_{V2}$

Jetzt können Sie diesen Wert in die erste Gleichung einsetzen, damit Sie wissen, was eine Mengeneinheit von V 1 kostet:

$700\ € + 0{,}2 \cdot 666{,}67\ € = 1\ ME_{V1}$

Eine Mengeneinheit V 1 kostet demnach 833,34 Euro.

Diese mühsam ermittelte Erkenntnis kann nun in den BAB eingetragen werden. In Tabelle 30.7 sehen Sie das Ergebnis.

Kostenstellen / Kostenarten	Vorkostenstellen		Endkostenstellen			
	V1	V2	E1 Material	E2 Fertigung	E3 Verwaltung	E4 Vertrieb
KOA 1	10	15	100	150	80	200
KOA 2	5	0	50	60	30	40
KOA 3	20	10	20	10	20	10
KOA 4	5	10	250	150	50	10
KOA 5	30	20	10	300	10	500
Summe primäre Kosten	**70**	**55**	**430**	**670**	**190**	**760**

Verteilung der sekundären Kostenstellenkosten:						
Umlage V1		25	17	42		
Umlage V2	13		33		33	
Summe primäre und sekundäre Kosten	**0**	**0**	**480**	**712**	**223**	**760**

Tabelle 30.7: BAB mit dem Gleichungsverfahren

Die Vor- und Nachteile des Gleichungsverfahrens

Das Gleichungsverfahren besitzt einige Vorteile. Hiermit können

- ✓ exakte Verrechnungssätze ermittelt werden und damit genaue Aussagen über die Wirtschaftlichkeit von innerbetrieblichen Leistungen gemacht werden.
- ✓ die tatsächlichen Kosten in der darauf aufbauenden Kalkulation widergespiegelt werden.

Der Nachteil dieses Verfahrens ist die etwas aufwendige Ermittlung der Verrechnungssätze, sofern keine geeignete Software vorhanden ist, die diese Arbeit erledigt.

Wiederholung ist angesagt – das iterative Verfahren

All jene, die vor den Matheaufgaben des Gleichungsverfahrens zurückschrecken, finden beim iterativen Verfahren eine Alternative.

Die Einsatzbedingungen für das iterative Verfahren

Bestehen zwischen den verschiedenen Kostenstellen wechselseitige Leistungsbeziehungen, kann statt des Gleichungsverfahrens auch das iterative Verfahren eingesetzt werden, sofern man die nötige Portion Geduld mitbringt.

Mit der Iteration, der ständigen Wiederholung, versucht man, ein Rechenproblem schrittweise zu lösen.

So funktioniert das iterative Verfahren

Das iterative Verfahren ist ein bisschen so etwas wie die Erweiterung des Stufenleiterverfahrens, indem es versucht, ohne komplexe Rechnerei die gegenseitigen Leistungsbeziehungen zu berücksichtigen. Bei diesem Verfahren beginnen Sie bei der Vorkostenstelle Ihrer Wahl und verteilen die Kosten. Danach folgt die nächste Vorkostenstelle. Da die erste Vorkostenstelle danach wieder Kosten erhalten hat, müssen Sie diese nun wieder verteilen und so weiter und so weiter.

Damit Sie nicht bis zum Jüngsten Tag Kosten nach dem iterativen Verfahren verteilen, sollten Sie eine Grenze bei den noch zu verteilenden Restbeträgen festlegen. Die Grenze können Sie bei einem Euro oder bei tausend Euro festlegen. So wie es in Ihrem Unternehmen sinnvoll erscheint.

In Tabelle 30.8 können Sie sehen, wie die Kosten aus dem Beispiel gemäß dem iterativen Verfahren verteilt werden.

Im ersten Schritt werden die Primärkosten von V 1 entsprechend der bekannten Leistungsverflechtung auf die anderen Kostenstellen verteilt. Der Verrechnungssatz beträgt hier noch 700 Euro.

KAPITEL 30 Verteilen – die Kostenstellenrechnung

	V1	V2	E1	E2	E3	E4	Summencheck
Primärkosten	70	55	430	670	190	760	2.175
Verteilung V1	↳		21	14	35		
1. Zwischensumme	0	76	444	705	190	760	2.175
Verteilung V2	12,6	↤↦	31,7		31,7		
2. Zwischensumme	12,6	0	475,7	705	221,7	760	2.175
Verteilung V1 die Zwote	↳		3,8	2,5	6,3		
3. Zwischensumme	0	3,8	478,2	711,3	221,7	760	2.175
Verteilung V2 die Zwote	0,6	↤↦	1,6		1,6		
4. Zwischensumme	0,6	0	479,8	711,3	223,3	760	2.175

Tabelle 30.8: Iteratives Verfahren

$$\text{Verrechnungssatz } V\,1 = \frac{70.000\ \text{€}}{100\ \text{ME}} = 700\ \text{€ je ME}$$

In der Zeile mit der ersten Zwischensumme sehen Sie, dass sich die Kostenstelle V 1 komplett entlastet hat. Nun beginnt die Kostenstelle V 2 mit ihrer Entlastung. Der Verrechnungssatz beträgt dabei 633 Euro:

$$\text{Verrechnungssatz } V\,2 = \frac{55.000\ \text{€} + 21.000\ \text{€}}{120\ \text{ME}} = 633\ \text{€ je ME}$$

In allen Beispielen wird übrigens immer wieder großzügig auf- oder abgerundet, damit Sie vor lauter krummen Zahlen und Nachkommastellen nicht den Überblick verlieren.

In der Zeile mit der zweiten Zwischensumme können Sie das Dilemma des iterativen Verfahrens sehen: Die Kostenstelle V 2 hat sich zulasten der Endkostenstellen und der Kostenstelle V 1 komplett entlastet. Sie können nun wieder die Kostenstelle V 1 entlasten; die Sisyphusarbeit geht weiter. 12.600 Euro gilt es an die anderen Kostenstellen zu belasten. Der Verrechnungssatz beträgt damit:

$$\text{Verrechnungssatz } V\,1 = \frac{12.600\ \text{€}}{100\ \text{ME}} = 126\ \text{€ je ME}$$

Nun geht es wieder mit der Kostenstelle V 2 weiter. Stolze 3.800 Euro müssen verteilt werden. Und so weiter und so fort. Bei der vereinbarten Untergrenze hören Sie dann mit der Verteilung auf.

Die Vor- und Nachteile des iterativen Verfahrens

Ein Vorteil: Das iterative Verfahren berücksichtigt wie das Gleichungsverfahren wechselseitige Leistungsbeziehung. Ein weiterer Vorteil: Wer sich nicht mit Mathegleichungen herumschlagen möchte, kommt mit diesem Verfahren zu einem ähnlichen Ergebnis. Bei manueller

Anwendung und vielen Kostenstellen dürfte dieser Weg aber kein einfacher sein. Bevor Sie das iterative Verfahren aber wieder aus Ihrem Gedächtnis verdrängen wollen: In der einen oder anderen bekannten Software wird gerade dieses Verfahren angewendet. Sollte das bei Ihnen der Fall sein, wissen Sie jetzt, wie Ihre Software so tickt.

Mit festen Verrechnungspreisen – das Gutschrift-Lastschrift-Verfahren

Beim Gutschrift-Lastschrift-Verfahren werden die unterschiedlichen Leistungen einer Kostenstelle bepreist. Verrechnet wird dann entsprechend der in Anspruch genommenen Menge.

Das *Gutschrift-Lastschrift-Verfahren* kann Ihnen auch unter dem Namen *Verrechnungspreisverfahren* über den Weg laufen.

Im Gegensatz zum Gleichungsverfahren und zum iterativen Verfahren soll das Gutschrift-Lastschrift-Verfahren eine Menge Zeit sparen. Ob dem immer so ist, sei erst einmal dahingestellt.

Die Einsatzbedingungen für das Gutschrift-Lastschrift-Verfahren

Bestehen zwischen den verschiedenen Kostenstellen wechselseitige Leistungsbeziehungen, kann statt des Gleichungsverfahrens oder des iterativen Verfahrens auch das Gutschrift-Lastschrift-Verfahren eingesetzt werden.

So funktioniert das Gutschrift-Lastschrift-Verfahren

Beim Gutschrift-Lastschrift-Verfahren der festen Verrechnungspreise wird davon ausgegangen, dass für die innerbetrieblichen Leistungen Verrechnungspreise bekannt sind. Diese werden in aller Regel einmal jährlich ermittelt, zum Beispiel auf Basis der Istwerte des letzten Jahres.

Bei diesem Verfahren werden die in Anspruch genommenen Mengen mit den festen Verrechnungspreisen bewertet und den empfangenden Kostenstellen zubelastet. Gleichzeitig erfolgt in selber Höhe die Entlastung der leistenden Kostenstelle.

Decken die verrechneten Leistungen dann die entstandenen Kosten genau ab, ist alles prima. Kommt es jedoch zu Kostenunter- oder Kostenüberdeckungen zum Beispiel aufgrund von Mengen- oder Kostenabweichungen, folgt noch ein zweiter Schritt. Alle Differenzen müssen abschließend per Deckungsumlage ausgeglichen werden. Dazu ein Beispiel.

Die beiden Vorkostenstellen erbringen jeweils nur eine einzige Leistung. Mittels Gleichungsverfahren wurden in der Vergangenheit mühsam folgende Verrechnungspreise ermittelt:

- ✔ Verrechnungspreis V 1: 833,34 Euro
- ✔ Verrechnungspreis V 2: 666,67 Euro

KAPITEL 30 Verteilen – die Kostenstellenrechnung

Die Vorkostenstellen verrechnen nun entsprechend den aktuellen Leistungsabnahmen. In Tabelle 30.9 können Sie die Sollleistungsverflechtung sehen, auf deren Basis damals die Verrechnungspreise ermittelt wurden. Zudem finden Sie in den beiden unteren Zeilen die tatsächlich abgenommenen Mengen. Diese Istmengen liegen im Beispiel stets über den Sollmengen.

von/an	An V 1	An V 2	An E 1	An E 2	An E 3	An E 4
Soll: Von V 1	–	30 ME	20 ME	50 ME	0 ME	0 ME
Soll: Von V 2	20 ME	–	50 ME	0 ME	50 ME	0 ME
Ist: Von V 1	–	40 ME	30 ME	60 ME	0 ME	0 ME
Ist: Von V 2	30 ME	–	50 ME	0 ME	60 ME	0 ME

Tabelle 30.9: Abbildung der Soll- und Istleistungsverflechtung

Die Gesamtkosten der beiden Vorkostenstellen blieben im Beispiel trotz der erhöhten Mengen ärgerlicherweise unverändert. Dies führt bei beiden Vorkostenstellen zu einer Kostenüberdeckung in Höhe der mit den Festpreisen bewerteten Übermenge, die am Ende des Jahres mittels Umlage wieder ausgeglichen werden muss. In Tabelle 30.10 können Sie der Umlage bei der Arbeit zusehen.

Kostenstellen \ Kostenarten	Vorkostenstellen		Endkostenstellen			
	V1	V2	E1 Material	E2 Fertigung	E3 Verwaltung	E4 Vertrieb
KOA 1	10	15	100	150	80	200
KOA 2	5	0	50	60	30	40
KOA 3	20	10	20	10	20	10
KOA 4	5	10	250	150	50	10
KOA 5	30	20	10	300	10	500
Summe primäre Kosten	70	55	430	670	190	760
Verteilung der sekundären Kostenstellenkosten: (40 · 833,34 statt 30 · 833,34 etc.)						
Umlage V1		33,3	25	50		
Umlage V2	20		40		40	
Summe primäre und sekundäre Kosten	–18,3	–11,7	495	720	230	760
Deckungsumlage	+18,3	+11,7	–6,7	–9,8	–3,2	–10,3
Summe primäre und sekundäre Kosten	0	0	488,3	710,2	226,8	749,7

Tabelle 30.10: Deckungsumlage bei der Arbeit

Da die beiden Vorkostenstellen aufgrund nicht angepasster Verrechnungspreise zu viel verrechnet haben, weisen beide einen Gewinn aus. Die Vorkostenstelle V 1 hat insgesamt 30 Mengeneinheiten zu je 833,34 Euro mehr als geplant verrechnet: 25.000 Euro zu viel. V 2 hat 30 Mengeneinheiten zu je 666,67 Euro zu viel verrechnet: 20.000 Euro. Ergibt in Summe 45.000 Euro zu viel. Da die beiden Vorkostenstellen sich auch gegenseitig belastet haben, steigen aber auch die verrechenbaren Kosten. Tabelle 30.11 zeigt, wie das für V 1 aussieht.

Primärkosten V 1	70,0
Sekundärkosten V 1 (von V 2 zubelastet bekommen)	20,0
Zu verrechnende Gesamtkosten V1	90,0
Verrechnete Kosten V 1	108,3
Kostenstellenergebnis V 1	**–18,3**

Tabelle 30.11: Kostenstellenergebnis für V 1

Bei V2 (siehe Tabelle 30.12) ergibt sich in der Tendenz ein ähnliches Bild.

Primärkosten V 2	55,0
Sekundärkosten V 2 (von V 1 zubelastet bekommen)	33,3
Zu verrechnende Gesamtkosten V2	88,3
Verrechnete Kosten V 2	100,0
Kostenstellenergebnis V 2	**–11,7**

Tabelle 30.12: Kostenstellenergebnis für V 2

Mithilfe der Deckungsumlage werden die beiden Vorkostenstellen wieder auf null ausgesteuert. Gleichzeitig wurde dabei auch die überhöhte Zubelastung an die Endkostenstellen nach unten korrigiert. Die Höhe der Deckungsumlage erhält man aus den Ergebnissen der beiden Vorkostenstellen:

Deckungsumlage: $-18,3 - 11,7 = -30,0$

Diese wird nun entsprechend den aktuell verteilten Kosten auf die Endkostenstellen verteilt:

E 1: $-30,0 \times (495/2205) = -6,7$

E 2: $-30,0 \times (720/2205) = -9,8$

E 3: $-30,0 \times (230/2205) = -3,2$

E 4: $-30,0 \times (760/2205) = -10,3$

Die Endkostenstellen erhalten also Gutschriften, die Vorkostenstellen werden belastet.

Die Vor- und Nachteile des Gutschrift-Lastschrift-Verfahrens

Die beim Gutschrift-Lastschrift-Verfahren möglichen Kostenabweichungen, die am Ende mithilfe der Deckungsumlage bereinigt werden müssen, können zahlreiche Ursachen haben. Die Primärkosten der Vorkostenstellen können sich aufgrund von veränderten Einkaufspreisen oder Entgeltanpassungen verändern. Ebenso können die Mengen der abgenommenen innerbetrieblichen Leistungen stark schwanken. Das kann am Ende für einen hohen Aussteuerungsaufwand sorgen, sodass Sie Ihrer jeweiligen Situation entsprechend abwägen müssen, ob nicht doch das Gleichungsverfahren oder gar das iterative Verfahren geeigneter ist.

Achten Sie bei Gutschriften oder Belastungen immer darauf, dass Sie hier nur innerhalb einer Rechtseinheit beliebig schalten und walten können, so wie Sie lustig sind. Wenn Sie anderen Rechtseinheiten, die womöglich in anderen Ländern beheimatet sind, etwas gutschreiben oder belasten, muss dies vor den Steuerbehörden auch immer begründbar sein.

Knallhart wie auf dem Markt – das Kostenträgerverfahren

Beim Kostenträgerverfahren werden innerbetriebliche Leistungen wie die für den Absatz bestimmten Endprodukte als Kostenträger behandelt.

Die Einsatzbedingungen für das Kostenträgerverfahren

Da beim Kostenträgerverfahren für jede innerbetriebliche Leistung eine gesonderte Kostenstelle eröffnet wird, lohnt sich das Verfahren nur bei größeren Sachen wie etwa einer selbst erstellten Maschine.

So funktioniert das Kostenträgerverfahren

Alle primären und sekundären Kosten der betreffenden innerbetrieblichen Leistung werden auf einer sogenannten Ausgliederungskostenstelle gesammelt. Die dort gesammelten Kosten werden dann den empfangenden Kostenstellen entsprechend der Inanspruchnahme zubelastet.

Vor- und Nachteile des Kostenträgerverfahrens

Das Kostenträgerverfahren sollte nur bei größeren Innenaufträgen wie etwa bei selbst erstellten Anlagen und Maschinen angewendet werden, da Sie sonst irgendwann viel zu viele Ausgliederungskostenstellen besitzen.

Die Gemeinkostenzuschlagssätze ermitteln

Vorhang auf für den letzten Akt der Kostenstellenrechnung, die Ermittlung der Zuschlagssätze. Nachdem Sie mehr oder minder erfolgreich alle Gemeinkosten sauber auf die Kostenstellen verteilt haben, können Sie jetzt die Gemeinkostenzuschlagssätze ermitteln, sodass die Gemeinkosten auf die Kostenträger verteilt werden können.

Bei der Berechnung der Zuschlagssätze verwendet man normalerweise immer die Einzelkosten als Basis – getreu dem Motto »Verursacht ein Kostenträger viele Einzelkosten, soll er auch im entsprechenden Verhältnis mit Gemeinkosten belastet werden«. Sie werden schnell erkennen, dass dies mit einer inhaltlich begründeten Verteilung von Gemeinkosten auf die Produkte manchmal nichts zu tun hat. Oftmals kann man aber leider keinen besseren Bezug finden. Die Berechnung erfolgt mithilfe einer einfachen Formel:

$$\text{Zuschlagssatz} = \frac{\text{Gemeinkosten der Kostenstelle}}{\text{Einzelkosten der Kostenstelle}}$$

Sie sollten vor der pauschalen Verwendung der Einzelkosten als Bezugsbasis stets prüfen, ob es nicht doch eine verursachungsgerechtere Bezugsgröße gibt.

Angenommen, auf der Endkostenstelle E 1, der Kostenstelle Erdbeertortenproduktion, fallen insgesamt 480.000 Euro an Kosten an. Davon sind 400.000 Euro Einzelkosten und 80.000 Euro Gemeinkosten. Der Gemeinkostenzuschlagssatz für die Erdbeertorten beträgt demnach 0,2 oder 20 Prozent. So wird für jede weitere Endkostenstelle ein Zuschlagssatz ermittelt.

In manchen Unternehmen wird nicht für jedes Produkt ein Zuschlagssatz ermittelt, sondern etwas grober gearbeitet. Dort begnügt man sich damit, nur die vier folgenden Zuschlagssätze zu ermitteln:

$$\text{Materialgemeinkostenzuschlagssatz} = \frac{\text{Materialgemeinkosten}}{\text{Materialeinzelkosten}}$$

$$\text{Fertigungsgemeinkostenzuschlagssatz} = \frac{\text{Fertigungsgemeinkosten}}{\text{Fertigungseinzelkosten}}$$

$$\text{Verwaltungsgemeinkostenzuschlagssatz} = \frac{\text{Verwaltungsgemeinkosten}}{\text{Herstellkosten}}$$

$$\text{Vertriebsgemeinkostenzuschlagssatz} = \frac{\text{Vertriebsgemeinkosten}}{\text{Herstellkosten}}$$

Aufgabe 30

Nennen Sie sechs Verfahren zur Verrechnung innerbetrieblicher Leistungen.

> **IN DIESEM KAPITEL**
>
> Ziele und Aufgaben der Verrechnungspreise verstehen
>
> Die unterschiedlichen Arten von Verrechnungspreisen kennenlernen
>
> Die komplexen Auswirkungen von Verrechnungspreisen überblicken

Kapitel 31
Interne Hochspannung – die Verrechnungspreise

Mithilfe von Verrechnungspreisen können innerbetriebliche Leistungen an andere Unternehmensbereiche oder gar an andere, rechtlich selbstständige Konzerngesellschaften im In- und Ausland verrechnet werden. So weit, so gut und einfach. Wie so ein Verrechnungspreis genau ermittelt werden kann und auf was man dabei aufpassen muss, erfahren Sie in diesem Kapitel.

Die *Verrechnungspreise* werden manchmal auch als *Transferpreise* oder *Lenkpreise* bezeichnet.

Der Begriff Preis lässt einen vermuten, dass es einen Markt gibt, auf dem interne Güter und Dienstleistungen gehandelt werden und auf dem sich entsprechend der Nachfrage und dem Angebot Preise herausbilden. Bereits auf dem externen Markt gibt es jedoch zahlreiche Einflüsse auf die Preise wie etwa die Marktstellung von Anbietern oder staatliche Regulierungen. Innerhalb eines Unternehmens können niemals marktähnliche Bedingungen herrschen. Zu groß sind die internen Interessen und Einflüsse. Zudem sollen die internen Verrechnungspreise viele Aufgaben erfüllen, was manchmal sogar zu Zielkonflikten führt.

Die Aufgaben der Verrechnungspreise

Verrechnungspreise erfüllen vor allem folgende Zwecke:

✓ Koordination und Steuerung der internen Leistungsbeziehungen

- ✓ Grundlage für die interne Ergebnisermittlung bei Kostenstellen, Unternehmensbereichen oder Unternehmensgesellschaften
- ✓ Vermeidung unnötiger Steuerbelastungen
- ✓ Kalkulationsbasis für Produkte und Dienstleistungen

Koordinations- und Steuerungsaufgabe

Jeder Abteilungs- oder Bereichsleiter kocht gerne auch mal sein eigenes Süppchen. Das meist auch aus gutem Grund: Er soll für seinen Verantwortungsbereich ein optimales Ergebnis erzielen. Dummerweise entfällt hierbei die Klammer um das große Ganze, der sogenannte Blick über den Tellerrand. Mithilfe von Verrechnungspreisen sollen die Teilinteressen optimal aufeinander abgestimmt werden, der große Konzerntanker in die richtige Richtung gelenkt werden. Wird der Lenkpreis zum Beispiel erhöht, sinkt die interne Nachfrage, sofern beim erhöhten Preis auf die Leistung verzichtet werden kann und sollte.

Ergebnisermittlung mithilfe von Verrechnungspreisen

Verrechnungserlöse minus Gesamtkosten ergeben das Kostenstellenergebnis. Ein paar Ebenen höher gilt dasselbe für das Bereichsergebnis oder das Profit-Center-Ergebnis. Soll ein Kostenstellenverantwortlicher am Jahresende ein ausgeglichenes Ergebnis erzielen, besitzt er dank der Verrechnungspreise zwei Stellschrauben: eine auf der Kostenseite und eine auf der Verrechnungsseite. Damit er keinen Verlust erzielt, kann er die Menge an bezogenen innerbetrieblichen Leistungen vermindern, sofern er ohne sie auskommen kann. Helfen alle Maßnahmen zur Kostenreduzierung nicht, muss er wohl oder übel seine Verrechnungspreise erhöhen, um ein ausgeglichenes Ergebnis erzielen zu können.

Steuerminimierung – Vermeidung unnötiger Steuerbelastungen

Sobald an andere rechtlich selbstständige Unternehmenseinheiten im In- und Ausland verrechnet wird, entscheiden die Verrechnungspreise mit über die steuerliche Bemessungsgrundlage. Mit jeder Verrechnung werden Kosten und damit auch Gewinne verschoben. Bei jeder Verrechnung steigen beim Empfänger die Kosten und entsprechend sinkt die steuerliche Bemessungsgrundlage.

> Stellen Sie sich vor, Sie hätten Gewinne in ein Niedrigsteuerland verschieben wollen, indem Sie mit etwas überhöhten Verrechnungspreisen Leistungen an eine ausländische Tochtergesellschaft verrechnet haben. Der dortige Fiskus kommt bei einer Betriebsprüfung dahinter und erkennt diese Verrechnung nicht an. Damit steigt der ausweisbare Gewinn in der Auslandsgesellschaft, entsprechend höhere Steuern müssen nun abgeführt werden. Und im Inland haben Sie ebenfalls bereits Steuern auf Ihre Verrechnungserlöse abgeführt. Diese Konsequenz blinder Gier trägt den Namen Doppelbesteuerung.

Kalkulationsbasis für Produkte und Dienstleistungen

Bis ein Produkt oder eine Dienstleistung erstellt werden kann, müssen oftmals mehrere Unternehmensbereiche als Zulieferer tätig werden. Jeder interne Lieferant stellt seinen Beitrag für die Produktionskette der nachfolgenden Einheit in Rechnung. Bei der empfangenden Einheit fließen diese internen Leistungen in die Kalkulation der eigenen Verrechnungspreise mit ein. Und so weiter und so weiter, bis ans Ende der Produktionskette. Mithilfe von Verrechnungspreisen kann so am Ende der Produktpreis kalkuliert werden.

Verrechnungspreise unterstützen auch bei der Entscheidung, ob man eine Leistung von extern oder intern beziehen soll.

Immer wieder auftretende Zielkonflikte

Die Verrechnungspreise haben viele unternehmensinterne und externe Aufgaben. Zwischen den verschiedenen Aufgaben entsteht immer wieder gerne ein Zielkonflikt. Die beiden Klassiker:

- ✔ Der empfangende Bereich fordert Verrechnungspreise auf Basis von Grenzkosten, also auf Basis nur jener Kosten, die bei der Produktion einer zusätzlichen Mengeneinheit entstehen. So will sich der empfangende Bereich auf Kosten der leistenden Einheit optimieren. Der leistende Bereich würde dann jedoch seinen Fixkostenblock nicht mehr verrechnen können und Verluste erzielen. Die jeweiligen Bereichsergebnisse würden verzerrt werden.

- ✔ Es werden steuerrechtlich motivierte Verrechnungspreise verwendet, die für die optimale interne Steuerung nicht sinnvoll sind. Es besteht die Gefahr von Fehlentwicklungen bei den innerbetrieblichen Leistungsbeziehungen.

Zur Lösung dieses Zielkonflikts gibt es zwei Möglichkeiten:

- ✔ Sie akzeptieren, dass es gewisse Zielkonflikte gibt, und bleiben beim sogenannten Ein-Kreis-System. Das bedeutet: ein Verrechnungspreis für eine Leistung. So halten Sie die Aufwendungen für die interne Hin-und-her-Verrechnerei auch in Grenzen.

- ✔ Sie hassen Kompromisse und wollen gleichzeitig sowohl eine optimale betriebswirtschaftliche Steuerung als auch die bestmögliche legale Ausnutzung von steuerrechtlichen Vorteilen. Dann müssen Sie ein sogenanntes Zwei- oder Mehr-Kreis-Verrechnungssystem einführen. Für jeden Zweck gibt es dann einen gesonderten Verrechnungspreis – für ein und dieselbe Leistung. Die internen administrativen Aufwendungen steigen damit natürlich an, da zum Beispiel jeder Bereich einmal auf Basis des steuerrechtlich orientierten Verrechnungssystems seine Bereichsergebnisse ermitteln muss und einmal auf Basis des für interne betriebswirtschaftliche Zwecke optimierten Verrechnungssystems. Solange der Nutzen den administrativen Aufwand übersteigt, kann man sich natürlich so etwas antun.

Vor der Einführung eines Mehr-Kreis-Systems sollten Sie neben der reinen Kosten-Nutzen-Abschätzung immer auch die Faktoren Mensch und Maschine mit überprüfen. Kommt es mit einem solchen System sicher nicht zu Verständigungsproblemen und Verwechslungen? Sind die Entscheider damit auch nicht zeitlich überfordert? Kann ein solches System auch IT-seitig problemlos betrieben werden oder sind damit gar betriebliche Abläufe gefährdet?

Die verschiedenen Arten von Verrechnungspreisen

Verrechnungspreise können grundsätzlich auf drei verschiedene Arten ermittelt werden; auf Basis von

- Marktpreisen,
- Verhandlungen,
- Kosten.

Bei den kostenbasierten Verrechnungspreisen gibt es mehrere Variationsmöglichkeiten. In Abbildung 31.1 finden Sie die gebräuchlichsten Arten im Überblick.

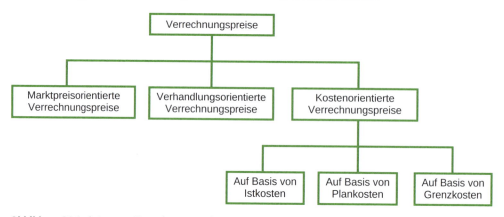

Abbildung 31.1: Arten von Verrechnungspreisen

Nicht immer möglich – marktorientierte Verrechnungspreise

Stellen Sie sich vor, beim Tortenfabrikanten Willi Sahnig AG soll die Vorkostenstelle »3111 Sahnevorbereitung« die Kostenstelle »4210 Erdbeertortenproduktion« mit fertiger Sahne beliefern. Herr Willi Sahnig persönlich ist zugleich Vorstand der Willi Sahnig AG und Tortenbereichsleiter und will ein Verrechnungssystem aufbauen. Das Unternehmen muss sich deshalb über die Art der Ermittlung des Verrechnungspreises für die fertige Sahne Gedanken machen.

KAPITEL 31 Interne Hochspannung – die Verrechnungspreise

Herr Sahnig scheut sich vor internen Preisverhandlungen und auch vor tiefschürfenden Kostenermittlungen. Getreu dem Motto »Warum kompliziert, wenn es auch einfach geht« schlägt er vor, dass der Verrechnungspreis einfach anhand von Marktpreisen ermittelt werden soll.

Herr Schlag-Obers ist neben der Sahnetortenproduktion auch für die Vorkostenstelle »3111 Sahnevorbereitung« verantwortlich und erhält den Auftrag zur Verrechnungspreisermittlung. Er wälzt ein paar Discounter-Prospekte und ermittelt so einen durchschnittlichen Marktpreis von 0,39 Euro für 100 Gramm Sahne. Problematisch wird es mit der internen Dienstleistung der Sahnevorbereitung. Keiner der angerufenen Anbieter war bereit, täglich 1.000 Liter frische Sahne fertig geschlagen und exakt nach Geheimrezept temperiert anzuliefern, geschweige denn hierfür einen Preis zu nennen.

Für die Ermittlung eines marktorientierten Verrechnungspreises muss somit eine Voraussetzung erfüllt sein:

- ✔ Es muss ein vollkommener Markt für die benötigte Leistung existieren.

Oftmals ist es so, dass Unternehmen spezialisierte Leistungen benötigen, die am Markt so gar nicht frei gehandelt werden. Dann kann auch kein Marktpreis ermittelt werden.

Weitere Einschränkungen und Nachteile der marktorientierten Verrechnungspreise:

- ✔ Wenn das Unternehmen den Marktpreis durch seine Nachfrage beeinflussen kann, besteht kein vollkommener Markt mehr, der Preis ist nicht mehr marktorientiert.
- ✔ Marktpreise liegen oft deutlich über den Einkaufskonditionen der Unternehmen, sofern diese eine entsprechende Marktmacht besitzen. Die Verwendung von Marktpreisen führt dann zu überhöhten Verrechnungspreisen.

Sind all diese Einschränkungen ausnahmsweise nicht gegeben, kann getrost der Marktpreis verwendet werden. Dann kommen Sie in den Genuss von ein paar nicht ganz unwesentlichen Vorteilen:

- ✔ Sie besitzen eine objektive Grundlage, die keinen Raum für Machtspielchen und Beeinflussungen lässt.
- ✔ Marktorientierte Verrechnungspreise werden von den Steuerbehörden anerkannt, sofern sie auch gerechtfertigt sind.

Auf dem Basar – verhandlungsorientierte Verrechnungspreise

Herr Willi Sahnig musste im Falle der Sahnevorbereitung einsehen, dass er nicht marktorientierte Verrechnungspreise aufgrund eines fehlenden vollkommenen Marktes verwenden kann. Nun setzt er selbstbewusst auf verhandlungsbasierte Verrechnungspreise. Immerhin ist er der Chef. Herr Schlag-Obers ist jedoch ein knallharter Verhandlungspartner. Ergebnisoffen gehen die beiden auseinander, bevor das Betriebsklima nachhaltigen Schaden nimmt.

Im Gegensatz zu marktorientierten und kostenorientierten Verrechnungspreisen überlässt es die Unternehmenszentrale bei verhandlungsorientierten Verrechnungspreisen den beteiligten Bereichen selbst, den Preis auszuhandeln. Die Preisbildung ist dann von der Verhandlungsmacht und dem Verhandlungsgeschick der Beteiligten abhängig.

Verhandlungsorientierte Preise sind bei mehr als einem Leistungsempfänger eher ungeeignet. Der Grund: Der Leistungserbringer muss entweder mit jedem einzelnen Abnehmer einen gesonderten Preis verhandeln oder in einer großen Verhandlungsrunde mit allen Abnehmern einen einheitlichen Preis verhandeln. Bei der ersten Variante darf sich der Leistungserbringer mit zahlreichen unterschiedlichen Preisen herumschlagen. Ständig drohen Nachverhandlungen, zudem können Preisinformationen durchsickern. Bei der zweiten Variante kann es passieren, dass nicht alle Verhandlungspartner sofort einverstanden sind und sich die Verhandlungen über Monate hinziehen können.

So verlockend die Vorteile der hohen Selbstständigkeit für die beteiligten Bereiche auch sein mögen, für die betriebswirtschaftliche Steuerung und Koordination und die steuerrechtlichen Anforderungen sind verhandlungsorientierte Verrechnungspreise nur in seltenen Fällen geeignet.

Beliebt – kostenorientierte Verrechnungspreise

Am häufigsten kommen kostenorientierte Verrechnungspreise zum Einsatz. Kosten sind bekanntlich nicht gleich Kosten; hier können Sie wählen zwischen kostenorientierten Verrechnungspreisen auf Basis von

- ✔ Istkosten,
- ✔ Plankosten,
- ✔ Grenzkosten.

Kostenorientierte Verrechnungspreise auf Basis von Istkosten

Für den leistenden Bereich ist das die ideale Lösung, da für ihn damit die Kostendeckung gewährt wird. Für den abnehmenden Bereich ist diese Variante weniger erquicklich, da er erst am Ende der Abrechnungsperiode genau weiß, mit wie viel Kosten er rechnen muss. Hier können jedoch Isterwartungen abhelfen.

Das Risiko von Kostenschwankungen muss der abnehmende Bereich bei dieser Variante allein tragen.

Schlägt man auf die Kosten auch noch einen Gewinnanteil drauf, wird dies als *Kostenaufschlagsmethode* oder *Cost Plus Method* bezeichnet. Das Problem bei dieser Methode: Der Gewinnaufschlag ist oft willkürlich gewählt, da vergleichbare Margen nur selten seriös ermittelbar sind.

Kostenorientierte Verrechnungspreise auf Basis von Plankosten

Bei dieser Variante wird der schwarze Peter dem leistenden Bereich zugeschoben. Er trägt nun das volle Risiko bei Kostenabweichungen. Der abnehmende Bereich besitzt dagegen eine hohe Planungssicherheit, da er meist über den Zeitraum eines ganzen Jahres mit stabilen Preisen rechnen kann. Bei dieser Variante steht der leistende Bereich unter Druck, die geplanten Kosten auch einzuhalten.

Kann der abnehmende Bereich starken Einfluss auf die abgenommene Menge nehmen, ist diese Variante eher ungeeignet. Dann sollte auf der Grundlage von Istkosten verrechnet werden.

Kostenorientierte Verrechnungspreise auf Basis von Grenzkosten

Diese Variante wird in der Praxis nur sehr selten angewendet, aber von den abnehmenden Bereichen umso häufiger eingefordert, da sie hier nur mit einem Teil der von ihnen verursachten Kosten belastet werden. Der leistende Bereich bleibt auf seinen Fixkosten sitzen, da er nur die variablen Kosten weiterverrechnen kann.

Da die innerbetrieblichen Leistungsverflechtungen meist längerfristiger Natur sind, sollten auch die Fixkosten in den Verrechnungspreisen berücksichtigt werden. Verrechnungspreise auf Basis von Grenzkosten verzerren zudem die Bereichsergebnisse. Fehlerhafte Managemententscheidungen können die Folge sein.

Die Alternative – geteilte Verrechnungspreise

Ein Kompromiss kann hier die Splittung in zwei Verrechnungspreise sein: in einen Fixkostenblock und in einen variablen Verrechnungsteil. Der leistende Bereich bekommt so seine Fixkosten rausverrechnet und muss bei schwankender Nachfrage nicht ständig über Über- oder Unterdeckungen grübeln. Der abnehmende Bereich besitzt weiterhin Planungssicherheit. Im Beispiel mit der Sahnevorbereitung könnte dies wie folgt aussehen.

Die Vorkostenstelle »3111 Sahnevorbereitung« beliefert die Kostenstellen »4210 Erdbeertortenproduktion« und »4220 Sahnetortenproduktion« mit frisch geschlagener Sahne. Unabhängig von der Kapazitätsauslastung fallen auf der Vorkostenstelle im aktuellen Jahr zum Beispiel für Gehälter und Abschreibungen 100.000 Euro Fixkosten an. Das soll zugleich der Verrechnungspreis für die interne Leistung Sahnefertigschlagfixkosten, kurz SFSFK, sein. Da die beiden abnehmenden Kostenstellen in der Vergangenheit etwa im Verhältnis 70:30 Sahne abgenommen haben, bekommt die Kostenstelle Erdbeertortenproduktion davon in diesem Jahr, komme was wolle, 0,7 Mengeneinheiten berechnet, die Kostenstelle Sahnetortenproduktion die restlichen 0,3 Mengeneinheiten. Der Verrechnungspreis und die Mengenaufteilung werden einmal jährlich überprüft.

Zusätzlich bekommen die beiden Abnehmer natürlich auch die variablen Kosten verrechnet. Pro geliefertem Liter fertig geschlagener Sahne, kurz FGS, entstehen variable Kosten von 2,50 Euro. Die setzen sich zum Beispiel aus den Material- Strom- und Wasserkosten

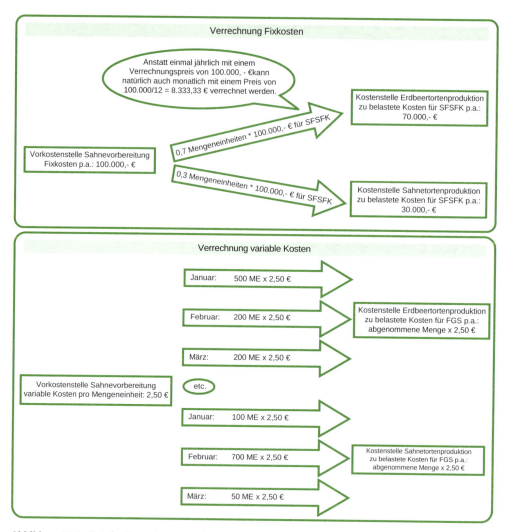

Abbildung 31.2: Geteilte Verrechnungspreise

zusammen. Die monatlichen Abnahmemengen schwanken stark, was sowohl den leistenden als auch den abnehmenden Bereich in puncto Verrechnungspreishöhe kein Kopfzerbrechen bereitet. Der Preis bleibt ja für ein Jahr konstant. Solange sich die Rahmenbedingungen wie etwa die Einkaufskonditionen unterjährig nicht deutlich verändern, sorgt diese Methode für eine vollständige Verrechnung der Kosten und zugleich für konstante Verrechnungspreise. Die Verrechnung würde dann wie in Abbildung 31.2 gezeigt aussehen.

Aufgabe 31

Weshalb ist es in der Praxis häufig schwierig, marktorientierte Verrechnungspreise zu ermitteln?

IN DIESEM KAPITEL

Prinzipien der Kostenverteilung kennenlernen

Durchführung der Divisions- und Äquivalenzziffernkalkulation

Durchführung der Zuschlags- und Maschinensatzkalkulation

Die Kalkulation von Kuppelprodukten kennenlernen

Kapitel 32
Knallhart kalkuliert – die Kostenträgerstückrechnung

In der Kostenartenrechnung ging es um die Frage, welche Kosten entstanden sind, in der Kostenstellenrechnung darum, wo die Kosten verursacht wurden. Hier in der Kostenträgerrechnung geht es nun um die Frage, wofür diese Kosten angefallen sind.

Die Kostenträgerrechnung unterteilt man in die Kostenträgerstückrechnung und die Kostenträgerzeitrechnung. In der Kostenträgerstückrechnung werden Kosten pro Mengeneinheit eines Produkts ermittelt. In der Kostenträgerzeitrechnung werden die Kosten pro Abrechnungsperiode, zum Beispiel pro Monat oder Jahr, ermittelt.

Da das Wort *Kostenträgerstückrechnung* nicht zu den kürzeren Kreationen zählt, haben sich weitere Bezeichnungen etabliert: *Kalkulation*, *Selbstkostenrechnung* oder *Produktrechnung*.

Die Kalkulation ist eine ziemlich praktische Sache, da sie gleichzeitig mehrere Zwecke erfüllt. Man kann mit ihr

- ✔ Preise für Endprodukte oder innerbetriebliche Leistungen kalkulieren;
- ✔ Produktmargen berechnen, indem man auch die Erlöse pro Produkteinheit ermittelt;
- ✔ Preisuntergrenzen festlegen, da man dank der Kalkulation auch stets die fixen und variablen Kostenbestandteile der Produktkosten kennt;
- ✔ Entscheidungen über das bestmögliche Produktionsprogramm treffen, indem man Produkte mit höheren Margen bevorzugt;

- ✔ Entscheidungen über Eigen- oder Fremdfertigungen treffen;
- ✔ Lagerbestände bewerten.

 Kostenträger sind die erstellten Güter und Dienstleistungen einer Unternehmung. Das können Endprodukte, aber auch Zwischenprodukte sein.

Es gibt viele verschiedene Kalkulationsverfahren, die abhängig von der Art des Produkts und des Produktionsverfahrens unterschiedlich gut geeignet sind. In diesem Kapitel werden alle Verfahren gezeigt. Bevor jedoch munter Kosten auf die Produkte verteilt werden, sollte man sich innerhalb eines Unternehmens auch immer darauf einigen, nach welchen grundlegenden Prinzipien Kosten verteilt werden sollen.

Prinzipien der Kostenverteilung

Sie können die Kosten entweder ganz nach Lust und Laune auf die Kostenträger verteilen, was jedoch irgendwann verwirrend und desaströs werden kann, oder Sie verteilen die Kosten nach ganz bestimmten Prinzipien. Sie können wählen zwischen

- ✔ dem Verursachungsprinzip,
- ✔ dem Proportionalitätsprinzip,
- ✔ dem Durchschnittsprinzip,
- ✔ dem Tragfähigkeitsprinzip und
- ✔ dem Identitätsprinzip.

Das Verursachungsprinzip

Nach dem Verursachungsprinzip werden die Kosten den Kostenträgern zugeordnet, die sie auch verursacht haben. Es muss also ein kausaler, ein ursächlicher, Zusammenhang zwischen den Kosten und dem Kostenträger bestehen.

Das Proportionalitätsprinzip

Beim Proportionalitätsprinzip verteilt man die Kosten auf Basis bestimmter Maßgrößen auf die Kostenträger. Das Prinzip ist bei verursachungsgerechter Wahl der Bezugsgröße eng mit dem Verursachungsprinzip verwandt. Als Bezugsgröße kann alles Mögliche herhalten: Produktionszeiten, Stromverbrauch oder genutzte Flächen. Weniger geeignet sind Bezugsgrößen wie die Fensterfläche oder die Größe der Mitarbeiter.

Das Durchschnittsprinzip

Wenn man nicht mehr weiterweiß, hilft das Durchschnittsprinzip. Die Kosten werden einfach zu gleichen Teilen auf die Kostenträger verteilt. Das kann manchmal ganz schön ungerecht sein.

Das Tragfähigkeitsprinzip

Ebenfalls nicht verursachungsgerecht, aber in Notfällen manchmal doch der letzte Rettungsring ist das Tragfähigkeitsprinzip. Demnach werden die Kosten entsprechend der Tragfähigkeit auf die Kostenträger verteilt. Die Tragfähigkeit bemisst sich nach dem Bruttogewinn der einzelnen Kostenträger. Kostenträger mit hohen Gewinnen bekommen mehr Kosten zugeordnet als Kostenträger mit niedrigen Gewinnen.

Das Identitätsprinzip

Beim Identitätsprinzip dürfen die Kosten nur dann einem Kostenträger zugeordnet werden, wenn sowohl Kosten als auch die Entstehung der Kostenträger auf ein und dieselbe Entscheidung zurückführbar sind. Wenn Sie sich dafür entscheiden, ein bestimmtes Produkt herzustellen, werden hierfür auch Kosten entstehen. Das Identitätsprinzip ist damit eng mit dem Verursachungsprinzip verwandt.

Ganz einfach – die Divisionskalkulation

Bei der Divisionskalkulation werden alle Kosten, die in einer Abrechnungsperiode angefallen sind, durch die erstellten Kostenträger geteilt. Deshalb eignet sie sich am besten bei der Massen- und Sortenfertigung eines oder weniger gleichartiger Produkte.

Wird von einem Unternehmen nur ein Produkt hergestellt, spricht man von einer *Massenproduktion*. Das ist zum Beispiel bei einem Energieversorger der Fall. Stellt ein Unternehmen eine begrenzte Anzahl von eng verwandten Produkten her, wie zum Beispiel ein Mineralwasseranbieter, spricht man von einer *Sortenfertigung*.

Je nach Anzahl der Produktionsstufen kann man ein- oder mehrstufige Divisionskalkulationen durchführen.

Einfach aufteilen – die einstufige Divisionskalkulation

Die einfachste aller Kalkulationen. Man nehme die Gesamtkosten und dividiere sie durch die produzierte Menge an Produkten und ehe man sich versieht, hat man schon die Stückkosten ermittelt. Dieses Kalkulationsverfahren sollte wirklich nur dann angewendet werden, wenn nur ein Produkt per einstufiger Fertigung hergestellt wird und keine Lagerhaltung besteht.

Dazu ein Beispiel: Herr Wallander malt immer gleiche Bilder auf Bestellung: Herbstlandschaften. Die Gesamtkosten betrugen im letzten Jahr 3.000 Euro. Auf Bestellung hat er 100 Bilder gemalt und verkauft. Die einstufige Divisionskalkulation sieht damit wie folgt aus:

$$\text{Stückkosten} = \frac{3.000\ \text{€}}{100} = 30\ \text{€}$$

Sollten diese Bedingungen bei Ihnen zutreffen, können Sie sich eigentlich die gesamte Kostenstellenrechnung sparen, da es hier nicht auf eine Unterscheidung von Einzel- und Gemeinkosten ankommt. Es sei denn, Sie wollen die Stellenrechnung zur Kostenkontrolle nutzen.

Next Step – die zweistufige Divisionskalkulation

Wird nicht immer sofort die gesamte Produktionsmenge verkauft, sondern teilweise auch zwischengelagert, kann man die einstufige Divisionskalkulation nicht mehr verwenden. Die Kosten müssen nun auf die produzierten und die verkauften Mengen aufgeteilt werden. Ganz genau gesagt wird unterschieden zwischen

✔ Herstellkosten,

✔ Verwaltungskosten und

✔ Vertriebskosten.

Die Herstellkosten werden durch die hergestellte Menge geteilt, die Vertriebskosten durch die verkaufte Menge. Mit den Verwaltungskosten weiß man nie so genau wohin, meist teilt man sie deshalb kurzerhand auch durch die verkaufte Menge. Die Berechnung sieht wie folgt aus:

$$\text{Stückkosten} = \frac{\text{Herstellkosten}}{\text{produzierte Menge}} + \frac{\text{Verwaltungs- und Vertriebskosten}}{\text{verkaufte Menge}}$$

Dazu wieder das Beispiel von Herrn Wallander. In diesem Jahr hat er 100 Bilder gemalt, aufgrund von Stornierungen aber nur 90 Stück verkauft. Seine Gesamtkosten teilt er wie folgt auf:

✔ Herstellkosten: 2.800 Euro

✔ Verwaltungs- und Vertriebskosten: 200 Euro

Mit der zweistufigen Divisionskalkulation ergeben sich folgende Stückkosten:

$$\text{Stückkosten} = \frac{2.800\ \text{€}}{100} + \frac{200\ \text{€}}{90} = 30{,}22\ \text{€}$$

Die Stückkosten betragen 30,22 Euro. Herr Wallander kann mithilfe der zweistufigen Divisionskalkulation auch seinen Lagerbestand bewerten. Die Herstellkosten betragen pro Bild 28 Euro, zehn Bilder auf Lager ergibt 280 Euro.

Schon komplexer – die mehrstufige Divisionskalkulation

Besteht der Produktionsprozess aus mehreren Stufen, der auch die Zwischenlagerung von Halbfertigprodukten erfordert, reicht auch die zweistufige Divisionskalkulation nicht mehr aus. Dann muss die nächste Evolutionsstufe, die mehrstufige Divisionskalkulation, erklommen werden.

Die *mehrstufige Divisionskalkulation* wird manchmal etwas salopp auch *Stufenkalkulation* genannt.

Weiterhin möglich: Mit der mehrstufigen Divisionskalkulation können Sie wie bei der zweistufigen Divisionskalkulation Lagerbestände an fertigen Endprodukten haben.

Bei diesem Verfahren werden bei jeder Produktionsstufe die Stückkosten ermittelt. Die allumfassende Formel der mehrstufigen Divisionskalkulation sieht wie folgt aus:

$$\text{Stückkosten der aktuellen Produktionsstufe} = \frac{\text{Kosten der eingesetzten Zwischenprodukte} + \text{Kosten der aktuellen Stufe}}{\text{produzierte Menge der aktuellen Stufe}}$$

Herr Wallander steht vor folgendem Problem. Er stellt seine Bilder in drei Stufen her. In Stufe 1 setzt er den Spannrahmen mit Leinwand zusammen. In Stufe 2 malt er die Herbstlandschaft und in Stufe 3 kommt ein Firnis drauf.

Die Kalkulation sieht nun so aus: In der ersten Stufe setzt er 100 Rahmen mit Leinwänden zusammen. Hierfür entstehen Kosten in Höhe von 1.000 Euro. Fünf der gerahmten Leinwände bleiben unbemalt auf Lager liegen. Für die 95 Bilder, die er in der zweiten Stufe gemalt hat, entstanden Kosten in Höhe von 1.600 Euro. Mit Firnis versehen hat er 92 Bilder. Dafür entstanden Kosten in Höhe von 200 Euro. Verkauft hat er 90 Bilder. Die Verwaltungs- und Vertriebskosten betragen 200 Euro. Die Stückkosten betragen damit:

$$\text{Stückkosten} = \frac{1.000\ €}{100} + \frac{1.600\ €}{95} + \frac{200\ €}{92} + \frac{200\ €}{90} = 10 + 16,84 + 2,17 + 2,22 = 31,23\ €$$

Die auf Lager liegenden halb fertigen und fertigen Bilder kann Herr Wallander jetzt ganz einfach bewerten (siehe Tabelle 32.1).

Produktionsstufe	Menge	Stückkosten	Gesamtwert
Stufe 1: Unbemalte Leinwände	5	10	50,00 €
Stufe 2: Gemalte Bilder	3	10 + 16,84 = 26,84	80,52 €
Stufe 3: Mit Firnis versehen	2	10 + 16,84 + 2,17 = 29,01	58,02 €

Tabelle 32.1: Bewertung der Lagerbestände bei der mehrstufigen Divisionskalkulation

Der gesamte Lagerbestand hat damit einen Wert von 188,02 Euro.

Bei Mehrproduktfertigung geeignet – die Äquivalenzziffernkalkulation

Soll nicht nur ein Produkt, sondern sollen mehrere gleichartige Produkte hergestellt und verkauft werden, können die bisher gezeigten Verfahren nicht mehr angewendet werden. Dann kommt die Äquivalenzziffernkalkulation zum Einsatz.

Die *Äquivalenzziffernkalkulation* gehört zur Familie der *Divisionskalkulation* und kann bei der Sortenfertigung angewendet werden. Eine *Äquivalenzziffer* ist ein Gewichtungsfaktor, der angibt, in welchem Verhältnis etwas zueinander steht.

Bei der Herstellung unterschiedlicher Produkte fallen aufgrund unterschiedlicher Rohstoffbedarfe und Produktionsarten unterschiedlich hohe Kosten an. Bei der Äquivalenzziffernkalkulation wird davon ausgegangen, dass diese Kostenunterschiede im immer gleichen, festen Verhältnis zueinander stehen, da es sich ja um eng verwandte Produkte handelt. Die Kostenunterschiede werden per Äquivalenzziffer angegeben. Dazu muss zuerst das zentrale Produkt bestimmt werden. Es erhält die Äquivalenzziffer 1,0. Alle anderen Produkte erhalten dann Äquivalenzziffern im Verhältnis zum zentralen Produkt, dem Einheitsprodukt.

Die Ermittlung der passenden Äquivalenzziffern ist der Knackpunkt der Äquivalenzziffernkalkulation. Hier muss die richtige Bezugsgröße erst einmal gefunden werden. Das kann der eingesetzte Rohstoff oder die Fertigungszeit sein. Schenken Sie der Suche nach der richtigen Bezugsgröße ausreichend Beachtung, damit Ihre Kalkulationsergebnisse einigermaßen stimmig sind.

Dann kann es mit der Kalkulation losgehen. Am besten wieder mit Herrn Wallander und seiner florierenden Bilderproduktion. Die Kalkulation erfolgt in vier Schritten.

Erster Schritt: Äquivalenzziffern berechnen

Herr Wallander hat aufgrund des reißenden Erfolgs sein Produktportfolio erweitert. Neben dem Bild »Herbstlandschaft« bietet er nun auch das kleinere Bild »Elchporträt« an. Im ersten Schritt wird die Äquivalenzziffer berechnet, indem die Bezugsgröße des neuen Produkts durch die Bezugsgröße des Einheitsprodukts geteilt wird. Als Bezugsgröße wählt Herr Wallander die Größe der Bilder. Das Bild »Elchporträt« ist etwa halb so groß wie das Bild »Herbstlandschaft«, verbraucht bei der Produktion also nur etwa die Hälfte der Rohstoffe und der Fertigungszeit und erhält deshalb die Äquivalenzziffer 0,5. Für alle Matheliebhaber gibt es auch die passende Formel dazu:

$$\text{Äquivalenzziffer} = \frac{\text{Bezugsgröße weiteres Produkt}}{\text{Bezugsgröße Einheitsprodukt}} = \frac{50}{100} = 0{,}5$$

Zweiter Schritt: Einheitsmengen berechnen

Im zweiten Schritt wird die sogenannte Einheitsmenge ermittelt, indem die jeweiligen Produktionsmengen mit den zugehörigen Äquivalenzziffern multipliziert werden. Damit sollen die jeweiligen Produktionsmengen auf die normierte Menge des Einheitsprodukts umgerechnet werden.

Herr Wallander hat 100 Herbstlandschaften und 30 Elchporträts hergestellt. Die Einheitsmenge für die Herbstlandschaft beträgt 100, für die Elchporträts wird sie wie folgt berechnet:

$$\text{Einheitsmenge Elchporträt} = 30 \cdot 0{,}5 = 15$$

Dritter Schritt: Einheitsstückkosten berechnen

Es geht auf die Zielgerade. Nun werden die Stückkosten der Einheitsmengen berechnet. Dazu nimmt man die Gesamtkosten und teilt sie durch die gesamte Einheitsmenge. Herr Wallander hat Gesamtkosten in Höhe von 4.000 Euro zu beklagen. Die Einheitsmenge beträgt 115. Nun muss nur noch dividiert werden:

$$\text{Einheitsstückkosten} = \frac{\text{Gesamtkosten}}{\text{gesamte Einheitsmenge}} = \frac{4.000\ \text{€}}{115} = 34{,}78\ \text{€}$$

Vierter Schritt: Stückkosten ermitteln

Endlich ist es geschafft. Die Stückkosten können nun ermittelt werden. Die Berechnung ist kinderleicht. Man nehme die Einheitsstückkosten und multipliziere sie mit der Äquivalenzziffer des gewünschten Produkts. Herr Wallander weiß nun, welche Stückkosten sein neues Produkt »Elchporträt« hat:

$$\text{Stückkosten Elchporträt} = 34{,}78 \cdot 0{,}5 = 17{,}39\ \text{€}$$

Das Produkt »Herbstlandschaft« wurde ja im Zuge der Einheitsstückkosten bereits kalkuliert. Hier fallen pro Stück 34,78 Euro an Kosten an.

Da Herr Wallander gerade keine Bilder malen möchte, sondern lieber etwas zeichnen mag, stellt er die vier Schritte noch einmal übersichtlich in Tabelle 32.2 dar.

Sorte	Produktions-menge	Äquivalenz-ziffer	Einheitsmenge	Einheitsstück-kosten	Stückkosten
Herbstlandschaft	100	1,0	100	4.000/115 = 34,78	34,78
Elchporträt	30	0,5	15	4.000/115 = 34,78	34,78 × 0,5 = 17,39

Tabelle 32.2: Äquivalenzziffernproduktion im Überblick

Wie die Divisionskalkulation kann natürlich auch die Äquivalenzziffernkalkulation mehrstufig gestaltet werden. Auf Basis der Äquivalenzziffern können dann für jede Produktionsstufe die Herstellkosten berechnet werden. Es wird dann wie bei der mehrstufigen Divisionskalkulation vorgegangen. Nur muss nun für jede Produktionsstufe eine Äquivalenzziffer ermittelt werden. Diese kann bei einfacheren Produktionsverfahren jedoch auch über alle Stufen gleich sein.

In Serie gehen mit der Zuschlagskalkulation

Hat ein Unternehmen zahlreiche unterschiedliche Produkte in ihrem Portfolio, kann es die Divisionskalkulation nicht mehr verwenden. Dann muss die Zuschlagskalkulation ran.

Unternehmen mit Massen- und Serienfertigung können zwischen der Divisions- und der Zuschlagskalkulation wählen. Sie können beides verwenden, da die Zuschlagskalkulation bei jeder Fertigungsart verwendet werden kann.

Bei der Zuschlagskalkulation kommt es auf die Unterscheidung der Kosten in Einzel- und Gemeinkosten an. Die Einzelkosten werden den Kostenträgern direkt, die Gemeinkosten werden mithilfe von Zuschlagssätzen den Kostenträgern zugeordnet. Die Zuschlagssätze basieren dabei auf den Einzelkosten.

Die Einzelkosten erhalten Sie aus der Kostenartenrechnung, die Gemeinkosten aus der Kostenstellenrechnung. Dort wurden die Gemeinkosten ja bereits den Endkostenstellen zugeordnet. Die Zuschlagssätze erhalten Sie ebenfalls aus der Kostenstellenrechnung; sie wurden im letzten Arbeitsschritt im Betriebsabrechnungsbogen (BAB) ermittelt.

Je nachdem, wie genau kalkuliert werden soll, also mit wie vielen verschiedenen Zuschlagssätzen die Gemeinkosten auf die Kostenträger verteilt werden, können unterschiedliche Arten von Zuschlagskalkulationen angewendet werden. Die beiden gängigsten Verfahren sind die summarische und die differenzierende Zuschlagskalkulation.

 Bei der summarischen Zuschlagskalkulation benötigt man keine Kostenstellenrechnung, da alle Gemeinkosten in Summe den Kostenträgern zugeordnet werden.

Auf einen Schlag Kosten zuordnen mit der summarischen Zuschlagskalkulation

Bei der summarischen Zuschlagskalkulation werden die gesamten Gemeinkosten auf einen Schlag mit einem einzigen Zuschlagssatz den Kostenträgern zugeordnet. Indem man die Gemeinkosten ins Verhältnis zu den Einzelkosten setzt, erhält man seinen Zuschlagssatz:

$$\text{Zuschlagssatz} = \frac{\text{Gemeinkosten}}{\text{Einzelkosten}} \cdot 100$$

Herr Wallander möchte sein Produkt »Herbstlandschaften« mithilfe der Zuschlagskalkulation kalkulieren. Er hatte im letzten Jahr insgesamt Einzelkosten in Höhe von 8.000 Euro und Gemeinkosten in Höhe von 3.000 Euro. Daraus ergibt sich ein Zuschlagssatz von 37,5 Prozent:

$$\text{Zuschlagssatz} = \frac{3.000\ \text{€}}{8.000\ \text{€}} \cdot 100 = 37,5\%$$

Für 160 Bilder der Serie »Herbstlandschaften« rechnet er in diesem Jahr mit Einzelkosten von 4.000 Euro. Pro Bild fallen damit Stückkosten von 34,38 Euro an. So hat Herr Wallander dies berechnet:

$$\text{Stückkosten Herbstlandschaften} = \frac{4.000\ \text{€} + (4.000 \cdot 37,5\%)}{160} = 34,38\ \text{€}$$

Herr Wallander erhält eine einmalige Anfrage für 100 Bilder mit dem Motiv »Schäreninsel« und soll hierfür ein Angebot abgeben. Das hat er schnell kalkuliert: Die Bilder sollen etwa halb so groß wie sein Standardmotiv sein; bei diesem fallen pro Bild Einzelkosten von 25 Euro an. Bei einem halb so großen Bild rechnet er mit 12,50 Euro pro Bild. Nun schlägt er noch die Gemeinkosten drauf und fertig ist die Zuschlagskalkulation:

$$\text{Stückkosten Schäreninsel} = 12,50 + (12,50 \cdot 37,5\%) = 17,19$$

Herr Wallander verlangt für die 100 Bilder also 1.719 Euro.

Die summarische Zuschlagskalkulation ist zwar sehr einfach, dafür aber nur selten verursachungsgerecht. Es ist nicht immer gesagt, dass sich die Gemeinkosten proportional zu den Einzelkosten verhalten. Bei hohen Gemeinkostenanteilen sollte diese Kalkulationsmethode nicht angewendet werden.

Genauer rechnen mit der differenzierenden Zuschlagskalkulation

Die differenzierende Zuschlagskalkulation ist schon etwas genauer als die summarische Zuschlagskalkulation. Dort bekommt jede Gemeinkostenart einen eigenen Zuschlagssatz.

Für die differenzierende Zuschlagskalkulation benötigen Sie eine Kostenstellenrechnung mit einem zünftigen Betriebsabrechnungsbogen.

In der Kostenstellenrechnung wurde im letzten Schritt pro Endkostenstelle ein Zuschlagssatz ermittelt. Sie erinnern sich: Bei der Berechnung der Zuschlagssätze verwendet man normalerweise immer die Einzelkosten als Basis – getreu dem Motto »Verursacht ein Kostenträger viele Einzelkosten, soll er auch im entsprechenden Verhältnis mit Gemeinkosten belastet werden«, was nicht immer verursachungsgerecht ist. Deshalb sollten Sie vor der pauschalen Berechnung immer prüfen, ob es nicht doch eine bessere Bezugsgröße gibt.

Steigen die Entgelte der Mitarbeiter, also die Fertigungseinzelkosten, aufgrund normaler Tarifsteigerungen an, wirkt dieses Kalkulationsverfahren wie ein Multiplikator: Es werden auch absolut mehr Fertigungsgemeinkosten aufgeschlagen. Dasselbe gilt natürlich auch bei Kostensteigerungen im Materialbereich. Nicht immer müssen aber die Gemeinkosten proportional mit den Einzelkosten ansteigen. Prüfen Sie deshalb stets, ob Sie die richtige Bezugsgröße verwenden.

Die vier klassischen Zuschlagssätze sind:

$$\text{Materialgemeinkostenzuschlagssatz} = \frac{\text{Materialgemeinkosten}}{\text{Materialeinzelkosten}}$$

$$\text{Fertigungsgemeinkostenzuschlagssatz} = \frac{\text{Fertigungsgemeinkosten}}{\text{Fertigungseinzelkosten}}$$

Alternativ können Sie statt einer wertmäßigen Bezugsgröße wie den Fertigungsgemeinkosten auch eine mengenmäßige Bezugsgröße verwenden. Im Falle des Fertigungsgemeinkostenzuschlagssatzes kann dies die Fertigungszeit sein. Dann erhalten Sie einen Zuschlagssatz pro Zeiteinheit, zum Beispiel pro Fertigungsstunde und nicht pro 1 Euro angefallene Einzelkosten.

$$\text{Verwaltungsgemeinkostenzuschlagssatz} = \frac{\text{Verwaltungsgemeinkosten}}{\text{Herstellkosten}}$$

$$\text{Vertriebsgemeinkostenzuschlagssatz} = \frac{\text{Vertriebsgemeinkosten}}{\text{Herstellkosten}}$$

Die Verwaltungs- und Vertriebsgemeinkosten werden manchmal auch in einen Zuschlagstopf geworfen, sodass nur drei verschiedene Zuschlagssätze zur Anwendung kommen.

Natürlich können und sollten Sie weiter differenzieren; für jede Ihrer Endkostenstellen können Sie einen gesonderten Zuschlagssatz ermitteln. Aber bitte dabei nicht übertreiben. Das Grundschema der klassischen differenzierenden Zuschlagskalkulation zeigt Tabelle 32.3.

(1)		Materialeinzelkosten
(2)		+ Materialgemeinkosten
(3)	**(3) = (1) + (2)**	**= Materialkosten**
(4)		Fertigungseinzelkosten
(5)		+ Fertigungsgemeinkosten
(6)		+ Sondereinzelkosten der Fertigung
(7)	**(7) = (4) + (5) + (6)**	**= Fertigungskosten**
(8)	**(8) = (3) + (7)**	**Herstellkosten**
(9)		Verwaltungsgemeinkosten
(10)		Vertriebsgemeinkosten
(11)		Sondereinzelkosten des Vertriebs
(12)	**(12) = (8) + (9) + (10) + (11)**	**Selbstkosten**

Tabelle 32.3: Kalkulationsschema für die differenzierende Zuschlagskalkulation

✔ **Materialkosten:** Die Materialeinzel- und Materialgemeinkosten ergeben zusammen die Materialkosten.

Materialeinzelkosten sind in aller Regel das verbrauchte Material, die direkt in die Herstellung eines Produkts einfließen. *Materialgemeinkosten* können Kosten des Materialeingangs oder des Einkaufs sein.

✔ **Fertigungskosten:** Die Fertigungseinzel- und Fertigungsgemeinkosten ergeben zusammen mit den eventuell anfallenden Sondereinzelkosten der Fertigung die Fertigungskosten.

Sondereinzelkosten der Fertigung können Spezialwerkzeuge sein, die extra für die Fertigung eines Produkts benötigt werden. *Fertigungseinzelkosten* sind die direkt der Herstellung eines Produkts zurechenbaren Entgelte. *Fertigungsgemeinkosten* können Kosten der Produktionsvorbereitung, Strom- oder Heizungskosten sein.

✔ **Herstellkosten:** Die Material- und Fertigungskosten ergeben zusammen die Herstellkosten.

Die Herstellkosten bitte niemals mit dem bilanziellen Begriff der Herstellungskosten verwechseln. Letztere sind ganz anders als in der Kostenrechnung definiert; sie werden im Handelsrecht sehr genau vorgeschrieben. Danach zählen die Materialeinzelkosten, Fertigungseinzelkosten, Sondereinzelkosten der Fertigung, notwendige Material- und Fertigungsgemeinkosten, der Werteverzehr des Anlagevermögens und auf Wunsch auch die Kosten der allgemeinen Verwaltung, Aufwendungen für soziale Leistungen und fertigungsbezogene Fremdkapitalzinsen zu den Herstellungskosten.

✔ **Selbstkosten:** Die Selbstkosten setzen sich aus den Herstellkosten, den Verwaltungs- und Vertriebsgemeinkosten und den Sondereinzelkosten des Vertriebs zusammen.

Zu den *Verwaltungsgemeinkosten* zählen die Kosten der Personalabteilung, zu den *Vertriebsgemeinkosten* die Entgelte der Vertriebsmitarbeiter. *Sondereinzelkosten des Vertriebs* können Kosten für den Versand oder für Verpackungen sein. *Selbstkosten* können bei öffentlichen Ausschreibungen eine Rolle spielen, wenn Marktpreise nicht vorhanden oder gefragt sind. Dann kommen die Selbstkosten ins Spiel.

Herr Wallander will nicht nur aus seiner Sicht anspruchsvolle Kunst herstellen, sondern sich auch in den Kalkulationsmethoden ein wenig weiterentwickeln. Anlass ist ein neuer Großauftrag für 200 Bilder mit dem Produktnamen »Zeichnafrühlinga« für ein großes Möbelhaus.

Für den Auftrag fallen voraussichtlich folgende Einzelkosten an:

✔ Materialeinzelkosten: 5.000 Euro

✔ Fertigungseinzelkosten: 700 Euro

Sondereinzelkosten der Fertigung sind ebenfalls angefallen, da Herr Wallander sich nicht mit handelsüblichen Pinseln begnügt. Für die Borsten und das Holz hat er 25 Euro bezahlt.

In der Kostenstellenrechnung hatte er die in Tabelle 32.4 gezeigten Zuschlagssätze ermittelt.

Materialgemeinkostenzuschlagssatz	20%
Fertigungsgemeinkostenzuschlagssatz	40%
Verwaltungs- und Vertriebsgemeinkostenzuschlagssatz	10%

Tabelle 32.4: Zuschlagssätze

Sondereinzelkosten des Vertriebs sind auch noch angefallen: sage und schreibe 200 Euro. Jetzt hat Herr Wallander alle erforderlichen Daten beisammen und kann die Selbstkosten für diesen Auftrag wie in Tabelle 32.5 ermitteln.

(1)		Materialeinzelkosten	5.000 €
(2)		+ Materialgemeinkosten (20%)	1.000 €
(3)	(3) = (1) + (2)	= **Materialkosten**	**6.000 €**
(4)		Fertigungseinzelkosten	700 €
(5)		+ Fertigungsgemeinkosten	280 €
(6)		+ Sondereinzelkosten der Fertigung	25 €
(7)	(7) = (4) + (5) + (6)	= **Fertigungskosten**	**1.005 €**
(8)	(8) = (3) + (7)	**Herstellkosten**	**7.005 €**
(10)		Verwaltungs- und Vertriebsgemeinkosten	700,50 €
(11)		Sondereinzelkosten des Vertriebs	200 €
(12)	(12) = (8) + (9) + (10) + (11)	**Selbstkosten**	**7.905,50 €**

Tabelle 32.5: Kalkulationsbeispiel für eine differenzierende Zuschlagskalkulation

Abschließend muss sich Herr Wallander noch überlegen, ob er auf die Selbstkosten einen Gewinnzuschlag aufschlagen möchte. Bei dieser Überlegung sollten etwaige Rabatt- und Skontoforderungen der Kunden berücksichtigt werden, damit er am Ende nicht unterhalb seiner Selbstkosten verkauft.

Bei Automatisierung gefragt – die Maschinensatzkalkulation

Wenn noch feiner kalkuliert werden soll und die Fertigung zudem stark automatisiert ist, bietet sich die Maschinensatzkalkulation an. Werden in einer Kostenstelle mehrere Produkte auf unterschiedlichen Maschinen hergestellt, kann ein einheitlicher Zuschlagssatz pro Kostenstelle das Kalkulationsergebnis stark verzerren, da jede Maschine völlig unterschiedliche Kosten verursachen kann. Zudem kann jedes Produkt bei seiner Herstellung den Kostentreiber Maschine unterschiedlich stark beanspruchen. Hier empfiehlt sich eine Kalkulation auf Maschinenebene.

Das bedeutet, dass bereits in der Kostenstellenrechnung zwischen maschinenabhängigen und maschinenunabhängigen Gemeinkosten unterschieden werden muss. Und dies oft nicht nur kostenstellenweise, sondern pro Maschine oder Fertigungslinie.

Die maschinenabhängigen Gemeinkosten sind schnell identifiziert. Die Abschreibung, kalkulatorische Zinsen, Wartungs- und Reparaturkosten können leicht einzelnen Maschinen zugeordnet werden. Sofern gewollt und maßgeblich kann man auch die Raumkosten berücksichtigen und sofern messbar auch die Energiekosten der Maschine. Nun addiert man alle maschinenabhängigen Gemeinkosten der Maschine und teilt diesen Betrag durch die Laufzeit der Maschine.

Die Laufzeit der Maschine kann auf durchschnittlichen Vergangenheitswerten beruhen oder auch ein geplanter Wert sein. Aber immer realistisch bleiben.

Für jede Maschine erhält man dann einen eigenen Maschinenstundensatz, der angibt, wie viel Gemeinkosten pro Maschinenstunde anfallen. Für die Kalkulation eines Produkts müssen Sie dann nur noch wissen, wie viel Fertigungszeit pro Maschine für die Herstellung benötigt wird.

 Alle weiteren nicht maschinenabhängigen Gemeinkosten wie die Materialgemeinkosten werden wie bisher in der Zuschlagskalkulation mit ihren gesonderten Zuschlagssätzen kalkuliert.

Wieder einmal höchste Zeit für ein Beispiel. Herr Wallander wollte die Bilder und Skulpturen nicht mehr von Hand herstellen und hat die Fertigung stark automatisiert. Seine wertvolle Zeit und kreative Handarbeit nutzt er nur noch für Prototypen. Die laufende Produktion wird nun von drei Maschinen erledigt. Jedes Produkt nimmt die einzelnen Maschinen unterschiedlich in Anspruch. Herr Wallander kalkuliert jetzt einmal das Bild »Zeichnafrühlinga«.

Für 200 Bilder fallen voraussichtlich folgende Einzelkosten an:

- Materialeinzelkosten: 5.000 Euro
- Fertigungseinzelkosten: 700 Euro

Sondereinzelkosten der Fertigung sind keine angefallen.

In der Kostenstellenrechnung hatte Herr Wallander die maschinenunabhängigen Zuschlagssätze, wie in Tabelle 32.6 gezeigt, ermittelt.

Materialgemeinkostenzuschlagssatz	20%
Maschinenunabhängiger Fertigungsgemeinkostenzuschlagssatz	5%
Verwaltungs- und Vertriebsgemeinkostenzuschlagssatz	10%

Tabelle 32.6: Maschinenunabhängige Zuschlagssätze

Einen pauschalen Fertigungsgemeinkostenzuschlagssatz wie vorher in der Zuschlagskalkulation gibt es hier nicht mehr. Nun muss Herr Wallander für jede der drei Maschinen einen Maschinenstundensatz berechnen. Er beginnt mit der Ermittlung der maschinenabhängigen Gemeinkosten der drei Maschinen.

Maschine Nummer 1, die Rahmenmontiermaschine, hat 5.000 Euro gekostet und soll 20 Jahre genutzt werden. Bei einer linearen Abschreibung macht das 250 Euro pro Jahr. Auf kalkulatorische Zinsen und ähnlichen Schnickschnack verzichtet Herr Wallander. Er veranschlagt noch Strom- und Wartungskosten in Höhe von 150 Euro pro Jahr. Die 400 Euro Gemeinkosten werden nun durch die geschätzte Laufzeit der Maschine geteilt:

$$\text{Maschinenstundensatz Rahmenmontiermaschine} = \frac{400\ \text{€}}{100\ \text{Stunden}} = 4\ \text{€}$$

Für die beiden anderen Maschinen berechnet Herr Wallander auf gleiche Art und Weise die Maschinenstundensätze. Die Bilddruckmaschine, die die Farben wie von Hand gemalt auf die Leinwand bringt, kommt auf einen Stundensatz von 6 Euro, die Firnismaschine auf einen Satz von 2 Euro. Sondereinzelkosten des Vertriebs sind auch wieder angefallen: 200 Euro.

Für die Fertigung der 200 Bilder »Zeichnafrühlinga« schätzt Herr Wallander, dass er folgende Maschinenstunden benötigen wird:

✔ Rahmenmontiermaschine: 10 Stunden

✔ Bilddruckmaschine: 25 Stunden

✔ Firnismaschine: 10 Stunden

Jetzt hat Herr Wallander alle Daten beisammen und kann die Selbstkosten für die Bilder auf Basis der Maschinenstundensatzkalkulation ermitteln (siehe Tabelle 32.7).

(1)		Materialeinzelkosten	5.000 €
(2)		+ Materialgemeinkosten (20%)	1.000 €
(3)	(3) = (1) + (2)	= **Materialkosten**	**6.000 €**
(4)		Fertigungseinzelkosten	700 €
(5.1)		+ maschinenunabhängige Fertigungsgemeinkosten (5%)	35 €
(5.2)		+ Maschinenstunden Rahmenmontiermaschine (4 € × 10)	40 €
(5.3)		+ Maschinenstunden Bilddruckmaschine (6 € × 25)	180 €
(5.4)		+ Maschinenstunden Firnismaschine (2 € × 10)	20 €
(6)		+ Sondereinzelkosten der Fertigung	0 €
(7)	(7) = (4) + (5) + (6)	= **Fertigungskosten**	**975 €**
(8)	(8) = (3) + (7)	**Herstellkosten**	**6.975 €**
(10)		Verwaltungs- und Vertriebsgemeinkosten	697,50 €
(11)		Sondereinzelkosten des Vertriebs	200 €
(12)	(12) = (8) + (9) + (10) + (11)	**Selbstkosten**	**7.872,50 €**

Tabelle 32.7: Kalkulationsbeispiel für eine Maschinensatzkalkulation

Herr Wallander ist nicht nur von den Maschinen, sondern auch vom Kalkulationsergebnis fasziniert. Er kann nun viel genauer kalkulieren.

Abschließend muss sich Herr Wallander auch bei dieser Kalkulationsmethode noch überlegen, ob er auf die Selbstkosten einen Gewinnzuschlag aufschlagen möchte, damit er etwaige Rabatt- und Skontoforderungen der Kunden abfedern kann.

Bei arbeitsintensiven Tätigkeiten können Sie Ihre Kalkulation jederzeit mit Mitarbeiterstundensätzen verändern oder erweitern. Eine Kostenstelle, deren Mitarbeiter eine Dienstleistung erbringt, kann sich so entsprechend ihren Einsatzstunden verrechnen. Die Kalkulation dieser Stundensätze funktioniert wie die Kalkulation der Maschinenstundensätze: Gemeinkosten der entsprechenden Kostenstelle oder gar nur der betreffenden Mitarbeiter geteilt durch die geschätzten Einsatzstunden.

Würde Herr Wallander die Bilder gar nicht mehr selbst herstellen, sondern in China von einer Fremdfirma fertigen lassen, entfällt der gesamte Material- und Fertigungsteil in seiner Kalkulation. Er kann dann eventuell noch anfallende Mitarbeiterstundensätze für Verwaltungs- und Vertriebsarbeit differenziert nach der jeweiligen Tätigkeit und Inanspruchnahme durch die einzelnen Produkte aufschlagen, anstatt diese Kosten pauschal mit einem Verwaltungsgemeinkostenzuschlagssatz auf die Einkaufspreise aufzuschlagen.

Die Kalkulation von Kuppelprodukten

Wenn bei einem Herstellungsprozess zwangsläufig mehrere Produkte entstehen, spricht man von einer *Kuppelproduktion*. Bei der Verarbeitung von Rohöl entsteht zum Beispiel Diesel, Benzin und Schweröl. Bei der Stromerzeugung in einem Kraftwerk entsteht neben Strom viel Wärme.

Bei der Kuppelproduktion können die Kosten den einzelnen Produkten nicht verursachungsgerecht zugeordnet werden, weil man nicht weiß, welches einzelne Produkt nun welche Kosten genau verursacht hat. Deshalb wird bei der Kostenverteilung oft auf das Tragfähigkeitsprinzip zurückgegriffen. Dies ist zwar nicht verursachungsgerecht, aber immer noch besser als gar keine Kostenverteilung. Für die Kalkulation von Kuppelprodukten gibt es zwei Methoden:

- ✔ die Restwertmethode und
- ✔ die Verteilmethode.

Kalkulation mit der Restwertmethode

Immer dann, wenn man zwischen Haupt- und Nebenprodukten unterscheiden kann, wird die Restwertmethode angewendet. Bei dieser Kalkulationsmethode geht man davon aus, dass die Nebenprodukte weniger bedeutend sind und deren direkt zuordenbare Erlöse und Kosten nur aus der Kalkulation der Hauptprodukte entfernt werden müssen. Dazu wird der Restwert wie folgt ermittelt:

$$\begin{aligned}&\text{Gesamtkosten}\\&-\text{ Deckungsbeitrag Nebenprodukt}\left(=\text{Erlöse}-\text{Kosten Nebenprodukt}\right)\\&=\text{Restwert}\end{aligned}$$

Der Deckungsbeitrag der Nebenprodukte sollte immer positiv sein. Falls nicht, können Sie sich die Aufbereitung und den Verkauf der Nebenprodukte schenken; es sei denn, dass dies aus anderen Gründen, wie etwa aus ökologischen oder rechtlichen Gründen, sinnvoll ist.

Der Restwert wird abschließend durch die produzierte Stückzahl des Hauptprodukts geteilt und fertig ist die Kalkulation mit der Restwertmethode.

Dazu nun ein kleines Zahlenbeispiel aus der Welt der Herbstlandschaftenbilderproduktion. Für die benutzten bunten Farbpaletten von Herrn Wallander interessiert sich ein Dekoladen und möchte sie gerne aufkaufen. Herr Wallander findet das toll, da er die alten Farbpaletten dann nicht mehr in den Müll werfen muss. Pro benutzte Farbpalette erhält er 5 Euro. Das ist natürlich nur seine Nebeneinnahmequelle. Er stellt als Hauptprodukt jedes Jahr 100 Bilder mit dem Titel »Herbstlandschaften« her. Die Gesamtkosten hierfür betragen 4.000 Euro. Pro Jahr verbraucht er 20 Farbpaletten, die er nun ja nicht mehr wegschmeißen muss, sondern verkaufen kann. Der Abnehmer wünscht, dass Herr Wallander die benutzten Farbpaletten vor der Abholung verpackt, damit das Auto keine Farbe abbekommt. Pro Farbpalette fallen 0,50 Euro Verpackungskosten an. Die Kalkulation sieht so aus:

$$\text{Gesamtkosten Kuppelproduktion} = 4.000\ \text{€}$$
$$-\ \text{Deckungsbeitrag Nebenprodukt} \left(= \text{Erlöse} - \text{Kosten Nebenprodukt}\right)$$
$$= (5\ \text{€} \cdot 20) - (0,50\ \text{€} \cdot 20) = 90$$
$$= \text{Restwert} = 3.910\ \text{€}$$

Die Stückkosten des Hauptprodukts erhält man, indem man den Restwert durch die Stückzahl teilt. Im Beispiel sind das 3.910 Euro geteilt durch 100; ergibt 39,10 Euro Stückkosten pro Bild.

Die Kalkulation kann natürlich noch viel differenzierter vorgenommen werden. Verwenden Sie hierzu einfach eine der in diesem Kapitel gezeigten Kalkulationsmethoden, die auf Ihren Anwendungsfall passt. Die Ermittlung des Restwerts erfolgt dann in der passenden Kalkulationsstufe.

Kalkulation mit der Verteilmethode

Die Kalkulation mit der Verteilmethode ist dann empfehlenswert, wenn es mehrere Hauptprodukte gibt. Sie ist eng mit der Äquivalenzziffernkalkulation verwandt. Als Bezugsgröße, sprich Äquivalenzziffer, zur Kostenverteilung können Mengeneinheiten oder Marktpreise verwendet werden.

Mengeneinheiten können Sie nur dann als Bezugsgröße verwenden, wenn alle Produkte auch mit demselben Maßstab erfasst werden können.

Werden 100 Einheiten vom Hauptprodukt und 20 Einheiten vom Nebenprodukt hergestellt, teilt man bei der Bezugsgröße Mengeneinheit die Gesamtkosten durch 120 und schon hat man die Kostenanteile an der Kuppelproduktion auf Stückebene ermittelt. Dann müssen nur noch die direkt zuordenbaren Stückkosten bei den jeweiligen Produkten hinzuaddiert werden und fertig ist die Kalkulation. Diese Methode entspricht in etwa der einstufigen Divisionskalkulation.

Verteilt man die Kosten auf Basis von Marktpreisen, wendet man automatisch das Tragfähigkeitsprinzip an. In Tabelle 32.8 finden Sie ein Beispiel mit zwei Haupt- und einem Nebenprodukt. Der Schlüssel wurde dazu vorher so berechnet:

$$\text{Schlüssel} = \frac{\text{Gesamtkosten}}{\text{Gesamterlöse}} = \frac{10.010\ \text{€}}{30.100\ \text{€}} = 0{,}332558\ \text{€}$$

Produkt	Menge	Preise pro Stück	Gesamterlös	Gesamtkosten (= Gesamterlös × Schlüssel)	Stückkosten
Haupt 1	100	200 €	20.000 €	6.651 €	66,51 €
Haupt 2	100	100 €	10.000 €	3.326 €	33,26 €
Neben 1	20	5 €	100 €	33 €	1,65 €
Summen	220		30.100 €	10.010 €	

Tabelle 32.8: Kalkulation mit der Verteilmethode

Für das Hauptprodukt werden mit dieser Methode Stückkosten von 66,51 Euro ermittelt, indem der Gesamterlös mit dem ermittelten Schlüssel von etwa 0,33 multipliziert wurde und dieser Betrag anschließend durch die Stückzahl dieses Produkts geteilt wurde.

Es gibt keine kaufmännische Begründung für diese Art der Stückkostenermittlung. Bei mehreren Hauptprodukten gibt es leider keine seriöse Möglichkeit der verursachungsgerechten Kalkulation. Achten Sie in einer solchen Situation deshalb besser schwerpunktmäßig darauf, dass die Kuppelprodukte in Summe ein positives Ergebnis erwirtschaften. Zur Bestandsbewertung können Sie im Anschluss immer noch eine Kalkulation der Kuppelprodukte wie gezeigt durchführen.

Aufgabe 32

Herr Bergmann beginnt ebenfalls damit, künstlerisch tätig zu werden. Er hat 20 Bilder gemalt und 17 davon verkauft. Die Herstellungskosten betrugen 500 Euro, an Verwaltungs- und Vertriebskosten fielen 100 Euro an. Berechnen Sie die Stückkosten gemäß der zweistufigen Divisionskalkulation und bewerten Sie seinen Lagerbestand.

> **IN DIESEM KAPITEL**
>
> Eine sachliche Abgrenzung durchführen
>
> Das Betriebsergebnis mit dem Gesamtkostenverfahren ermitteln
>
> Mit dem Umsatzkostenverfahren die kurzfristige Erfolgsrechnung durchführen

Kapitel 33
Die Kostenträgerzeitrechnung oder Betriebsergebnisrechnung

In der Kostenträgerstückrechnung, der Kalkulation, wurden die Kosten je Stück mithilfe unterschiedlicher Methoden ermittelt. Die Kostenträgerzeitrechnung alias »kurzfristige Erfolgsrechnung« stellt dagegen periodenbezogene Kosten und Leistungen gegenüber, damit der kurzfristige Erfolg ermittelt werden kann. Dies geschieht meist monatlich, manchmal auch nur quartalsweise. Idealerweise sollte die monatliche Erfolgsrechnung innerhalb weniger Tage nach Monatsende erstellt sein, da damit ein Unternehmen kontrolliert und gesteuert wird. Wie das funktioniert, erfahren Sie in diesem Kapitel.

Wie Sie sich sicher noch erinnern, gibt es im externen Rechnungswesen ebenfalls eine Erfolgsrechnung: die GuV. Der große Unterschied zwischen der kurzfristigen Erfolgsrechnung und der GuV ist die Verwendung von Kosten und Leistungen statt von Aufwendungen und Erträgen. Gesetzliche Vorgaben und bilanzpolitische Spielchen bleiben hier daher außen vor.

Ganz genau genommen versteht man unter der *Kostenträgerzeitrechnung* die Ermittlung aller Kosten einer Abrechnungsperiode. Stellt man diesen Kosten die Erlöse gegenüber, wird sie zur *kurzfristigen Erfolgsrechnung*. Diese wird gerne auch als *Betriebsergebnisrechnung* bezeichnet.

Die in einer Abrechnungsperiode hergestellten und verkauften Mengen sind nur sehr selten identisch. Wird weniger verkauft als hergestellt, kommt es zu einer Bestandserhöhung. Wird mehr verkauft als hergestellt, werden Lagerbestände abgebaut. Die Kosten beziehen sich dann auf eine andere Menge als die Erlöse.

Die beiden unterschiedlichen Verfahren der Erfolgsrechnung, die versuchen, mit dieser unangenehmen Tatsache umzugehen, kennen Sie ebenfalls:

✓ Das **Gesamtkostenverfahren** betrachtet alle Kosten, daher der Name Gesamtkosten. Und dies unabhängig davon, ob alle in einer Periode hergestellten Produkte bereits verkauft wurden oder nicht. Diesen werden die Erlöse und die Bestandsveränderungen gegenübergestellt. Bei diesem Verfahren benötigen Sie eigentlich nur die Kostenartenrechnung, sofern keine unfertigen und fertigen Produkte auf Lager liegen, die mit den Herstellkosten bewertet werden sollen. Dann ist doch das ganze Programm mit Kostenstellen- und Kostenträgerrechnung angesagt.

✓ Beim **Umsatzkostenverfahren** werden von den Erlösen nur die dafür entstandenen Kosten abgezogen, das heißt, die Kosten der bereits hergestellten, aber noch nicht verkauften Produkte bleiben unberücksichtigt. Bei diesem Verfahren stehen die Kostenträger im Mittelpunkt. Die gesamte Kostenrechnung mit Kostenarten-, Kostenstellen- und Kostenträgerrechnung wird benötigt.

Das *Unternehmensergebnis* ist das Endergebnis der Gewinn-und-Verlust-Rechnung. Es misst den Gesamterfolg des Unternehmens. Das entsprechende Gegenstück aus der Kostenrechnung schimpft sich hingegen *Betriebsergebnis*. Es ermittelt das Ergebnis der reinen Geschäftstätigkeit frei von Nebenschauplätzen wie etwa Finanztransaktionen und einmaligen Einflüssen.

Abgrenzung – der erste Schritt vom Unternehmens- zum Betriebsergebnis

Im ersten Schritt zur Ermittlung des Betriebsergebnisses besorgen Sie sich die aktuellen Aufwendungen und Erträge aus dem externen Rechnungswesen und ermitteln daraus Ihre Kosten und Leistungen. Damit nehmen Sie nichts Geringeres als die sachliche Abgrenzung vor. Damit diese für Sie kein Buch mit sieben Siegeln bleibt, sondern zum Sonntagsspaziergang wird, folgt jetzt Schritt für Schritt deren Durchführung.

Auf dem Weg der sachlichen Abgrenzung und damit vom Unternehmensergebnis zum Betriebsergebnis müssen die neutralen Aufwendungen und Erträge aus dem externen Rechnungswesen herausgerechnet und im Gegenzug Zusatzkosten und Zusatzerlöse berücksichtigt werden. Anderskosten und Andersleistungen werden außerdem mit von der Finanzbuchhaltung abweichenden Beträgen angesetzt. So weit, so leicht gesagt; jetzt wird richtig abgegrenzt. Um das Ganze übersichtlich darzustellen, empfiehlt sich eine tabellarische Form. Abbildung 33.1 zeigt einige Kostenarten und das Abgrenzungsschema.

Auf der linken Seite werden die Werte aus dem externen Rechnungswesen eingetragen. In der Mitte werden die Abgrenzungen durchgeführt. Rechts wird aus diesen beiden Datenquellen dann die Kostenrechnung erstellt, aus der dann das Betriebsergebnis ermittelt wird. In der Regel wird die Kostenrechnung monatlich im Rahmen des Monatsabschlusses durchgeführt.

KAPITEL 33 Die Kostenträgerzeitrechnung oder Betriebsergebnisrechnung

Rechnungskreis I			Rechnungskreis II								
Gewinn-und-Verlust-Rechnung			Abgrenzungen							Kosten- und Leistungsrechnung	
			Betriebsfremder Erfolg		Außerordentlicher Erfolg		Kostenrechnerische Korrekturen				
	Aufwendungen	Erträge	Neutrale Aufwendungen	Neutrale Erträge	Neutrale Aufwendungen	Neutrale Erträge	Aufwand lt. GuV	Verrechnete Kosten	Kosten	Leistungen
Umsatzerlöse										
Mieterträge										
Zinserträge										
Erträge aus Anlagenverkauf										
Materialaufwand										
Entgelte										
Sozialabgaben										
Abschreibungen										
Mietaufwendungen										
Außerordentlicher Aufwand										
Spenden										
Steuern										
Kalkulatorischer Unternehmerlohn										
Summe										
Ergebnis										

Abbildung 33.1: Abgrenzungsschema

Und so sieht das am Beispiel des Zuckerrübensirupfabrikanten Rudi Rübe aus: Er trägt zuerst die Ergebnisse aus der Finanzbuchhaltung, das heißt die Daten für die Gewinn-und-Verlust-Rechnung, ein. Diese erhält er, wenn er die entsprechenden Erfolgskonten in seinem Buchhaltungssystem nach Kostenarten abfragt. Alle Daten des letzten Monats zeigt Tabelle 33.1.

Umsatzerlöse aus dem Verkauf von Zuckerrübensirup	50.000 €
Mieterträge aus der Vermietung von nicht mehr für den Betrieb benötigten Gebäuden	2.000 €
Zinserträge vom Tagesgeldkonto	500 €
Materialaufwand: Rohstoff Zuckerrüben und Sonstiges	10.000 €
Entgelte für die vier Mitarbeiter	15.000 €
Sozialabgaben	3.000 €
Abschreibungen für Maschinen und Gebäude	2.000 €
Mietaufwendungen für eine angemietete Halle	500 €
Spenden an das Kinderheim	50 €
Steuern, davon 200 € Grundsteuer für das vermietete Gebäude	4.000 €

Tabelle 33.1: Aufwendungen und Erträge von Rudi Rübe im Monat August

Wie das dann im Abgrenzungsschema im Rechnungskreis I ausgefüllt aussieht, zeigt Tabelle 33.2.

Rechnungskreis I: Externes Rechnungswesen		
Gewinn-und-Verlust-Rechnung		
	Aufwendungen	Erträge
Umsatzerlöse		50.000 €
Mieterträge		2.000 €
Zinserträge		500 €
Erträge aus Anlagenverkauf		3.000 €
Materialaufwand	10.000 €	
Entgelte	15.000 €	
Sozialabgaben	3.000 €	
Abschreibungen	2.000 €	
Mietaufwendungen	500 €	
Außerordentlicher Aufwand	2.000 €	
Spenden	50 €	
Steuern	4.000 €	
Kalkulatorischer Unternehmerlohn		
Summe	36.550 €	55.500 €
Ergebnis		18.950 €

Tabelle 33.2: Werte aus dem externen Rechnungswesen

Der Zuckerrübensiruphersteller erwirtschaftete im betrachteten Zeitraum also ein Unternehmensergebnis von 18.950 Euro.

Im nächsten Schritt trägt er für die jeweiligen Kostenarten die unternehmensbezogenen Abgrenzungen ein. Diese findet er in seinem Buchhaltungssystem. Wenn er beispielsweise den Industriekontenrahmen verwendet in den 90er -Konten.

Zunächst geht es den neutralen Aufwendungen und den neutralen Erträgen an den Kragen. Er beginnt mit dem betriebsfremden Erfolg:

✓ Der Zuckerrübenhersteller hatte im Monat August Mieterträge in Höhe von 2.000 Euro. Außerdem wurden noch Zinserträge von 500 Euro erwirtschaftet. Diese Erträge haben aber nichts mit dem Betriebszweck des Unternehmens zu tun. Folglich werden sie beim betriebsfremden Erfolg in der Spalte »Neutrale Erträge« der jeweiligen Kostenart eingetragen.

✓ Da das Spenden zwar eine wichtige und schöne Sache ist, jedoch nicht unbedingt dem Betriebszweck entspricht, kommen die 50 Euro in der Rubrik »Betriebsfremder Erfolg« in die Spalte mit den *neutralen Aufwendungen*. Ebenso der Teil der gezahlten Steuern, die nicht betrieblich bedingt sind: die gezahlte Grundsteuer für das Vermietungsobjekt in Höhe von 200 Euro.

Im Abgrenzungsschema sieht das nach diesem Schritt im Rechnungskreis II beim betriebsfremden Erfolg wie in Tabelle 33.3 aus.

	Rechnungskreis II: Kosten- und Leistungsrechnung	
	Abgrenzungen	
	Betriebsfremder Erfolg	
	Neutrale Aufwendungen	Neutrale Erträge
Umsatzerlöse		
Mieterträge		2.000 €
Zinserträge		500 €
Erträge aus Anlagenverkauf		
Materialaufwand		
Entgelte		
Sozialabgaben		
Abschreibungen		
Mietaufwendungen		
Außerordentlicher Aufwand		
Spenden	50 €	
Steuern	200 €	
Kalkulatorischer Unternehmerlohn		
Summe	250 €	2.500 €
Ergebnis		2.250 €

Tabelle 33.3: Betriebsfremder Erfolg

Rudi Rübe hat im letzten Monat also einen betriebsfremden Erfolg von 2.250 Euro erwirtschaftet.

Nun werden die außerordentlichen Erträge und Aufwendungen herausgefiltert:

✓ Der Zuckerrübenhersteller hatte im Monat August durch den Verkauf alter Maschinen Erträge in Höhe von 3.000 Euro. Diese Erträge sind nicht alltäglich und haben ebenfalls nichts mit dem Betriebszweck des Unternehmens zu tun. Folglich werden sie beim außerordentlichen Erfolg in der Spalte »Neutrale Erträge« der jeweiligen Kostenart eingetragen.

✓ Im letzten Monat wurde eine komplette Ladung Rüben vom Hof geklaut. Rudi Rübe fehlen über Nacht 2.000 Euro. Das zählt zu den neutralen Aufwendungen.

✓ Das Abrechnungsschema füllt sich damit weiter mit Zahlen an. Den außerordentlichen Erfolg von 1.000 Euro zeigt Tabelle 33.4.

	Rechnungskreis II: Kosten- und Leistungsrechnung	
	Abgrenzungen	
	Außerordentlicher Erfolg	
	Neutrale Aufwendungen	Neutrale Erträge
Umsatzerlöse		
Mieterträge		
Zinserträge		
Erträge aus Anlagenverkauf		3.000 €
Materialaufwand		
Entgelte		
Sozialabgaben		
Abschreibungen		
Mietaufwendungen		
Außerordentlicher Aufwand	2.000 €	
Spenden		
Steuern		
Kalkulatorischer Unternehmerlohn		
Summe	2.000 €	3.000 €
Ergebnis		1.000 €

Tabelle 33.4: Außerordentlicher Erfolg

Jetzt sind die Korrekturen dran:

✓ Wir nehmen einmal an, dass eine Maschine teurer geworden ist und schreiben einen höheren Betrag ab, als die Gesetzgebung in Bilanz und Gewinn-und-Verlust-Rechnung erlaubt. In der Kostenrechnung haben Sie diese Freiheit durch die Anderskosten. Statt der rechtlich zulässigen 2.000 Euro schreiben wir realistischere 2.500 Euro ab.

KAPITEL 33 Die Kostenträgerzeitrechnung oder Betriebsergebnisrechnung

✓ Während bei Kapitalgesellschaften der Unternehmerlohn als Posten in die Gewinn- und-Verlust-Rechnung mit einfließt, wird bei Personengesellschaften dieser Lohn aus dem Gewinn entnommen. Im Beispiel von Herrn Rübe handelt es sich um eine Personengesellschaft und der Unternehmer möchte für seine täglichen Mühen einen kalkulatorischen Unternehmerlohn von 5.000 Euro pro Monat ansetzen.

Tabelle 33.5 zeigt die kostenrechnerischen Korrekturen.

	Rechnungskreis II: Kosten- und Leistungsrechnung	
	Abgrenzungen	
	Kostenrechnerische Korrekturen	
	Aufwand laut GuV	Verrechnete Kosten
Umsatzerlöse		
Mieterträge		
Zinserträge		
Erträge aus Anlagenverkauf		
Materialaufwand		
Entgelte		
Sozialabgaben		
Abschreibungen	2.000 €	2.500 €
Mietaufwendungen		
Außerordentlicher Aufwand		
Spenden		
Steuern		
Kalkulatorischer Unternehmerlohn		5.000 €
Summe	2.000 €	7.500 €
Ergebnis		5.500 €

Tabelle 33.5: Kostenrechnerische Korrekturen

Im letzten Schritt werden die Daten für die Kostenrechnung aus den bisherigen Werten errechnet:

✓ Alle neutralen Aufwendungen und neutralen Erträge werden von den ursprünglichen Werten aus dem Rechnungskreis I abgezogen.

✓ Positionen mit kostenrechnerischen Korrekturen werden statt mit den Werten aus dem Rechnungskreis I mit den Werten der Spalte »Verrechnete Kosten« angesetzt.

Abbildung 33.2 zeigt schlussendlich die komplette Abgrenzung inklusive der Kostenrechnung und des einfachen Betriebsergebnisses. Einfach deshalb, weil hierbei noch keine Bestandsveränderungen von fertigen und unfertigen Produkten berücksichtigt wurden. Sofern es bei Ihnen tatsächlich keine Bestandsveränderungen gibt, sind Sie hier bereits fertig. Falls nicht, dürfen Sie sich jetzt weiter mit dem Gesamt- und Umsatzkostenverfahren vergnügen.

TEIL VI Im Ist ganz traditionell: Die Kosten- und Leistungsrechnung

Rechnungskreis I			Rechnungskreis II							
Gewinn-und-Verlust-Rechnung			Abgrenzungen						Kosten- und Leistungsrechnung	
			Betriebsfremder Erfolg		Außerordentlicher Erfolg		Kostenrechnerische Korrekturen			
	Aufwendungen	Erträge	Neutrale Aufwendungen	Neutrale Erträge	Neutrale Aufwendungen	Neutrale Erträge	Aufwand lt. GuV	Verrechnete Kosten	Kosten	Leistungen
Umsatzerlöse		50.000 €								50.000 €
Mieterträge		2.000 €		2.000 €						0 €
Zinserträge		500 €		500 €						0 €
Erträge aus Anlagenverkauf		3.000 €				3.000 €				0 €
Materialaufwand	10.000 €								10.000 €	
Entgelte	15.000 €								15.000 €	
Sozialabgaben	3.000 €								3.000 €	
Abschreibungen	2.000 €						2.000 €	2.500 €	2.500 €	
Mietaufwendungen	500 €								500 €	
Außerordentlicher Aufwand	2.000 €				2.000 €				0 €	
Spenden	50 €		50 €						0 €	
Steuern	4.000 €		200 €						3.800 €	
Kalkulatorischer Unternehmerlohn								5.000 €	5.000 €	
Summe	36.550 €	55.500 €	250 €	2.500 €	2.000 €	3.000 €	2.000 €	7.500 €	39.800 €	50.000 €
Ergebnis	18.950 €		2.250 €		1.000 €		5.500 €		10.200 €	

Abbildung 33.2: Fertige Abgrenzung

Das Betriebsergebnis ist somit niedriger als das Unternehmensergebnis. Dafür ergibt es ein realistischeres und ehrlicheres Bild hinsichtlich des eigentlichen Betriebszwecks – abseits der geltenden rechtlichen Konventionen für die Finanzbuchhaltung.

Erfolgsrechnung mit dem Gesamtkostenverfahren

Nachdem man erfolgreich eine sachliche Abgrenzung durchgeführt hat, kann man endlich mit dem Gesamtkostenverfahren starten. Bei diesem Verfahren werden von den erzielten Erlösen die mit Herstellkosten bewerteten Bestandsveränderungen abgezogen oder hinzugezählt; je nachdem, ob ein Lagerabbau oder Lageraufbau stattgefunden hat.

Aktivierte Eigenleistungen müssen genauso wie die Bestandserhöhungen zu den Erlösen addiert werden.

Abschließend werden noch die Gesamtkosten abgezogen und fertig ist die Ermittlung des Betriebsergebnisses wie in Tabelle 33.6 gezeigt.

Erlöse
+ Herstellkosten für Bestandserhöhungen fertige und unfertige Produkte
+ aktivierte Eigenleistungen
– Gesamtkosten nach Kostenarten
– Herstellkosten für Bestandsminderungen fertige und unfertige Produkte
= Betriebsergebnis

Tabelle 33.6: Gesamtkostenverfahren

Rudi Rübe kann den Zuckerrübensirup leider immer noch nicht komplett just in time für den Handel bereitstellen, da unter anderem der nachwachsende Rohstoff zeitlich recht unflexibel abgeerntet werden muss. Deshalb muss er sich mit Bestandsveränderungen und, was noch viel schlimmer für ihn ist, wahlweise mit dem Gesamtkosten- und dem Umsatzkostenverfahren herumschlagen. Rudi Rübe testet zuerst einmal das Gesamtkostenverfahren (siehe Tabelle 33.7).

Erlöse	50.000 €
+ Herstellkosten für Bestandserhöhungen fertige Produkte	4.000 €
+ aktivierte Eigenleistungen (selbst erstellte Etikettiermaschine)	2.000 €
– Materialkosten	10.000 €
– Fertigungskosten	24.000 €
– Verwaltungs- und Vertriebsgemeinkosten	5.800 €
– Herstellkosten für Bestandsminderungen unfertige Produkte	2.000 €
= **Betriebsergebnis**	**14.200 €**

Tabelle 33.7: Beispiel Gesamtkostenverfahren

Da Rudi Rübe mit diesem Verfahren nicht erkennen kann, welches Produkt wie viel zum Ergebnis beiträgt, kann er weder eine großartige Erfolgsanalyse noch eine in die Zukunft gerichtete Planung erstellen. Er muss deshalb auch noch das Umsatzkostenverfahren ausprobieren.

Das Gesamtkostenverfahren empfiehlt sich nur bei Ein-Produkt-Unternehmen mit unbedeutenden Lagerbeständen.

Erfolgsrechnung mit dem Umsatzkostenverfahren

Beim Umsatzkostenverfahren stellt man den Erlösen aus den verkauften Produkten die dafür entstandenen Selbstkosten gegenüber. Dies setzt eine komplette Kostenstellen- und Kostenträgerstückrechnung, sprich Kalkulation, voraus, da Sie die Selbstkosten aus der Kostenträgerstückrechnung, der Kalkulation, erhalten. Tabelle 33.8 zeigt das Verfahren im groben Überblick.

Erlöse
– Selbstkosten der verkauften Produkte
= Betriebsergebnis

Tabelle 33.8: Umsatzkostenverfahren

Die Selbstkosten der verkauften Produkte setzen sich aus den Herstellkosten der verkauften Produkte und den gesamten Verwaltungs- und Vertriebsgemeinkosten zusammen.

Wie werden aber nun die Bestandsveränderungen beim Umsatzkostenverfahren berücksichtigt? Nichts leichter als das. Bei Bestandsminderungen, wenn also mehr verkauft als hergestellt wurde, wird die Bestandsminderung zu den Herstellkosten der betrachteten Abrechnungsperiode hinzugezählt. Andersherum müssen bei einem Lageraufbau Bestandserhöhungen von den Herstellkosten abgezogen werden.

Beim Umsatzkostenverfahren können die Ergebnisse einzelner Produkte oder Produktgruppen ermittelt werden.

Das Umsatzkostenverfahren für Sie nun in einem Beispiel mit zwei verschiedenen Produkten: Einige Monate später verkauft Rudi Rübe neben Zuckerrübensirup auch Himbeergetränkesirup. Für die Ermittlung des Betriebsergebnisses sammelt Herr Rübe zuerst einmal alle benötigten Daten des letzten Monats ein: Er hat mit dem Zuckerrübensirup 57.400 Euro Umsatzerlöse erzielt, indem er 71.750 Gläser Zuckerrübensirup zu je 0,80 Euro verkauft hat. Produziert hat er im vergangenen Monat aber nur 65.000 Gläser Zuckerrübensirup. Somit hat er seinen Lagerbestand um 6.750 Gläser Zuckerrübensirup abgebaut. Mit dem zweiten Produkt, dem Himbeersirup, lief es letzten Monat nicht so gut. Da Rudi Rübe in diesem Monat weniger verkaufen konnte, als er produziert hat, haben sich die Lagerbestände erhöht.

Bei einem Lageraufbau wird die Bestandserhöhung, bewertet mit den Herstellkosten, von den ermittelten Herstellkosten der produzierten Produkte abgezogen.

Rudi Rübe hat mit dem Himbeergetränkesirup einen Umsatz von 60.000 Euro erzielt, indem er 50.000 Flaschen Getränkesirup zu je 1,20 Euro verkauft hat. Produziert hat er im vergangenen Monat aber 65.000 Flaschen Getränkesirup. Somit hat er seinen Lagerbestand um 15.000 Flaschen Getränkesirup aufgebaut. Herr Rübe ermittelt das Betriebsergebnis in Tabelle 33.9.

	Kostenart	Zuckerrübensirup	Himbeersirup	Gesamt
1	**Erlöse**	57.400 €	60.000 €	117.400 €
2	Materialeinzelkosten	8.000 €	10.000 €	18.000 €
3	Materialgemeinkosten	2.000 €	3.000 €	5.000 €
4	Fertigungseinzelkosten	20.000 €	24.000 €	44.000 €
5	Fertigungsgemeinkosten	4.000 €	6.000 €	10.000 €
6	**(2) bis (5) = Herstellkosten**	34.000 €	43.000 €	77.000 €
7	+ Herstellkosten für die Bestandsminderung	3.510 €		3.510 €
8	– Herstellkosten für die Bestandserhöhung		9.900 €	9.900 €
9	**(6) + (7) + (8) = Herstellkosten des Umsatzes**	37.510 €	33.100 €	70.610 €
10	Verwaltungs- und Vertriebsgemeinkosten	5.800 €	8.000 €	13.800 €
11	**(9) + (10) Selbstkosten**	43.310 €	41.100 €	84410 €
12	**(1) – (11) = Betriebsergebnis**	14.090 €	18.900 €	32.990 €

Tabelle 33.9: Umsatzkostenverfahren

Die Herstellkosten für die Bestandsminderung ermitteln Sie, indem Sie im ersten Schritt die Herstellkosten durch die produzierte Stückzahl teilen: 34.000 Euro geteilt durch 65.000 Stück ergibt 0,52 Euro Herstellkosten pro Glas Zuckerrübensirup. Diese 0,52 Euro multiplizieren Sie nun mit der Bestandsminderung von 6.750 Gläsern. Die Herstellkosten für die Bestandserhöhung ermitteln Sie genauso: 43.000 Euro geteilt durch 65.000 Flaschen ergibt 0,66 Euro; multipliziert mit 15.000 Flaschen ergibt das 9.900 Euro.

Bisher wurden die Kosten auf Basis von Vollkosten ermittelt. Im Betriebsergebnis sind damit stets auch Fixkosten enthalten, die bekanntlich nicht auf unterschiedliche Produktionsmengen reagieren. In der Teilkostenrechnung werden deshalb die variablen und die fixen Kosten getrennt erfasst. Ebenso kann man auch seinen Blick von den Istwerten der Vergangenheit lösen und in die Zukunft blicken und Kosten planen. Dazu benötigen Sie aber neben den Istwerten auch zukünftige Werte. Mehr dazu in Teil VII dieses Buches.

Aufgabe 33

Worin unterscheidet sich das Unternehmensergebnis vom Betriebsergebnis?

Teil VII
Glaskugel: Plankosten- und Planleistungsrechnung

IN DIESEM TEIL ...

Hier erfahren Sie, dass es unterschiedliche Planungshorizonte gibt und wie die Kostenrechnung der Planung unter die Arme greifen kann.

Sie lernen die starre und die flexible Plankostenrechnung kennen und machen Bekanntschaft mit dem Direct Costing.

Und dann überschreiten Sie die Grenzen der klassischen Kostenrechnung mit der relativen Einzelkostenrechnung und dem Activity Based Costing, auch bekannt als Prozesskostenrechnung.

> **IN DIESEM KAPITEL**
>
> Warum man sich Ziele setzen sollte
>
> Welche unterschiedlichen Planungshorizonte es gibt
>
> Wie die Kosten- und Leistungsrechnung die Planung unterstützt

Kapitel 34
Warum überhaupt geplant wird

In den Kapiteln 29 bis 33 zum internen Rechnungswesen spielen Vergangenheitswerte, die sogenannten Istwerte, die Hauptrolle. Mit ihnen kann man zwar sehr gut die Vergangenheit abbilden, relevante Informationen für zukünftige Entscheidungen liefern sie jedoch nur sehr bedingt. Was in der Vergangenheit richtig war, kann in der Zukunft völlig falsch sein. Zudem kann in der Vergangenheit nicht immer alles optimal gelaufen sein, sodass diese nicht unbedingt eine vernünftige Basis für die Zukunft bilden muss.

Unternehmen setzen sich Ziele für die Zukunft, sie planen. Das Management setzt für das nächste Jahr neue Gewinn- und Marktanteilsziele. Und wie soll das umgesetzt werden? Nichts leichter als das. Als Allererstes brauchen Sie einen Plan, der Ihnen zeigt, wie das Ganze in die Realität umgesetzt werden kann.

Ohne Ziel nix los

Kein Navi dieser Welt kann den Weg berechnen, wenn ihm vorher nicht gesagt wird, wohin man überhaupt will. Je genauer ein Ziel beschrieben wird, umso detaillierter lässt sich die Strecke planen. Dazu benötigen Sie

- ✔ **den Zielinhalt:** Was wollen Sie? Geht es um Inhalte wie Umsatz, Kosten oder Gewinn? Man kann sich aber auch qualitative Inhalte ausdenken. Zum Beispiel eine höhere Produktqualität oder eine qualifizierte Weiterbildung der Mitarbeiter. Bei solchen Zielen später den Erfolg zu messen erfordert aber schon ein wenig mehr Hirnschmalz.

- ✔ **das Zielausmaß:** Soll im nächsten Jahr der Gewinn gesteigert oder der Umsatz erhöht werden? Und um wie viel genau?

- ✓ **den Zeitbezug:** Wann wollen Sie das Ziel erreichen? In zwei Tagen? In acht Monaten? Oder erst in drei Jahren?

- ✓ **den sachlichen Geltungsbereich:** Wo soll das Ziel gelten? Muss sich das ganze Unternehmen danach richten oder nur einzelne Bereiche?

Dumm ist nur, dass ein Unternehmen meist mehrere Ziele gleichzeitig verfolgt, die sich manchmal auch gegenseitig behindern. Dann muss die Unternehmensleitung entscheiden, welche Ziele sie priorisiert.

Ist diese Priorisierung der Ziele geschafft, können Sie mit der Planung beginnen. Denn: Aus der Notwendigkeit, Ziele zu haben, ergibt sich zwangsläufig auch die Notwendigkeit zur Planung. Was nutzt das schönste Ziel, wenn Sie sich keine Gedanken darüber machen, wie Sie es am besten erreichen können.

Unterschiedliche Planungshorizonte

Sie können über mehrere Jahre planen oder nur über einige Monate.

- ✓ **Strategische Planung:** Je weiter Sie in die Zukunft schauen, desto strategischer wird die Planung. Mitunter benötigen Sie hierbei die Glaskugel, denn Sie schauen etwa fünf Jahre in die Zukunft.

- ✓ **Taktische Planung:** Wenn Sie die nächsten zwei bis vier Jahre gleich grob mitplanen, haben Sie auch immer die mittelfristige Planung parat. Das nennt man dann taktische Planung.

- ✓ **Operative Planung:** Planen Sie nur das kommende Jahr, spricht man von einer operativen Planung. Für diese alljährlich fällige Planung sollten Sie sich spätestens im Oktober oder November hinsetzen und für das kommende Jahr planen.

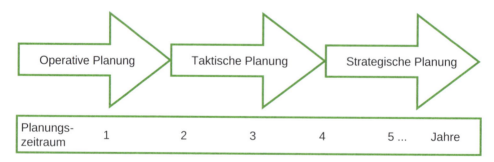

Abbildung 34.1: Die drei Planungshorizonte

Sie sollten stets darauf achten, dass die Planung flexibel und aktuell ist. Sieht man nach einiger Zeit, dass die Planung aus dem Ruder läuft, muss sie angepasst werden.

Unterjährige Planung – die Isterwartung

Wenige Wochen nachdem der operative Plan für das kommende Jahr erstellt wurde, begeistert ein Ereignis die Menschen: Silvester. Kaum ist die Party vorbei, befindet man sich schon mitten drin im neuen Jahr. Und da war doch letztes Jahr so ein Plan für dieses Jahr, der laut Aussage vieler Kollegen bereits hoffnungslos veraltet sei. Trotzdem wird dieser Plan nicht weggeschmissen, er bekommt lediglich ein Schwesterchen an die Seite gestellt: die Isterwartung. Für das laufende Jahr wird der Plan mittels dieser Isterwartung auf dem Laufenden gehalten.

Das geht so: Nachdem das erste Quartal vorüber ist, werden die Planungsdaten von Januar bis März mit den Istdaten dieser Monate überschrieben und anschließend überlegt, ob die ursprüngliche Planung der folgenden drei Zukunftsquartale noch passt. Ansonsten korrigieren Sie diese Planwerte. Dasselbe findet jeweils nochmals am Ende des zweiten und dritten Quartals statt. Dadurch gibt die Isterwartung stets die bestmögliche Vorhersage für das laufende Jahr. Wie das aussieht, können Sie Abbildung 34.2 entnehmen.

Im Rahmen der in Abbildung 34.2 gezeigten Isterwartung würden Sie also unterjährig drei Planungsrunden veranstalten.

Viele Unternehmen erstellen gern auch zwölf Isterwartungen pro Jahr. Obendrein wird der Vorjahresplan auch noch ein paar Mal revidiert. Dabei kann man schnell den Überblick verlieren. Bei der Planung gilt deshalb: Weniger ist mehr!

Wo überall im Unternehmen geplant wird

Jeder Bereich, der die Ziele beeinflussen kann, muss beplant werden. In der Regel sind die Bereiche so miteinander verflochten, dass die jährliche Planungsrunde das ganze Unternehmen umfasst. Sie haben zum Beispiel den Gewinn und den Marktanteil im Visier, müssen sich also überlegen, wer diese Größen in der Firma beeinflusst. Letztlich sind das alle Abteilungen – Sie planen also im kompletten Unternehmen.

Manchmal kann daneben auch eine gesonderte Planung durchgeführt werden, die nur einen Bereich betrachtet. Dies ist allerdings eher die Ausnahme und geschieht meist nur bei »außerplanmäßigen« Anlässen.

Wie die Kosten- und Leistungsrechnung die Planung unterstützt

Das wichtigste Planungswerkzeug im Unternehmen ist die Kosten- und Leistungsrechnung. Mit deren Hilfe können Entscheidungen getroffen, geplant, das Unternehmen gesteuert und kontrolliert werden. Eine wirksame Kostenkontrolle kann dabei nur im Vergleich der Ist- oder Normalkosten mit den Plankosten erfolgen.

Stand: Planung Vorjahr

	I. Quartal: Planwerte			II. Quartal: Planwerte			III. Quartal: Planwerte			IV. Quartal: Planwerte			Gesamt
Monat	Januar	Februar	März	April	Mai	Juni	Juli	August	September	Oktober	November	Dezember	
Kosten	100	100	100	110	110	110	110	140	140	100	80	50	1.250

Stand: 1. Ist-Erwartung im April

	I. Quartal: Ist-Werte			II. Quartal: 1. IE			III. Quartal: 1. IE			IV. Quartal: 1. IE			Gesamt
Monat	Januar	Februar	März	April	Mai	Juni	Juli	August	September	Oktober	November	Dezember	
Kosten	108	109	101	100	105	110	115	135	140	100	80	50	1.253

Stand: 2. Ist-Erwartung im Juli

	I. Quartal: Ist-Werte			II. Quartal: Ist-Werte			III. Quartal: 2. IE			IV. Quartal: 2. IE			Gesamt
Monat	Januar	Februar	März	April	Mai	Juni	Juli	August	September	Oktober	November	Dezember	
Kosten	108	109	101	112	108	123	120	130	140	100	80	60	1.291

Stand: 3. Ist-Erwartung im Oktober

	I. Quartal: Ist-Werte			II. Quartal: Ist-Werte			III. Quartal: Ist-Werte			IV. Quartal: 3. IE			Gesamt
Monat	Januar	Februar	März	April	Mai	Juni	Juli	August	September	Oktober	November	Dezember	
Kosten	108	109	101	112	108	123	124	136	144	110	100	80	1.355

Abbildung 34.2: Die Isterwartung: dreimal geplant

Zur Erinnerung: Bei den *Istkosten* handelt es sich um bereits entstandene Kosten. Sie setzen sich aus der Istmenge und dem Istpreis zusammen. Die Istkosten können im Jahresverlauf stark schwanken. Darauf aufbauende Auswertungen können deshalb verzerrte Ergebnisse liefern, sodass man die sogenannten *Normalkosten* erfunden hat. Diese werden aus den durchschnittlichen Istkosten der Vergangenheit abgeleitet. Bei den *Plankosten* werden Kosten für zukünftige Sachverhalte geplant. Dazu werden Planmengen und Planpreise verwendet.

Planen mit Prognose- und Standardkosten

Im Laufe der Jahre wurden nicht nur zahlreiche Plankostenrechnungen entwickelt, es wurde auch viel Kreativität für die Entwicklung von Bezeichnungen aufgebracht. Neben dem Begriff der Plankosten gibt es auch die sogenannten

- ✔ Prognosekosten und
- ✔ Standardkosten.

Der Vergleich von Plan- mit Istwerten wird gern auch als *Soll-Ist-Vergleich* bezeichnet.

Sie können die Plankosten in Prognose- und Standardkosten unterscheiden. Plankostenrechnungen können Sie damit entweder als Prognose- oder Standardkostenrechnung durchführen, so wie Sie gerade Lust haben und wie es Ihren Zielen besser entspricht.

Was werden wird – Prognosekostenrechnung

Prognosekosten sind erwartete Kosten, sprich Wirdkosten. Ziel der Prognosekostenrechnung ist die Vorhersage von prognostizierten Kosten und Leistungen. Dabei können für einen bestehenden Sachverhalt wie bei einer bereits bestehenden Produktion von Vogelfutter Zukunftswerte prognostiziert werden. Das ist für bereits bestehende Sachverhalte meist recht einfach, da die Daten allesamt in etwa bekannt sind.

Daneben können aber auch Zukunftswerte für geplante, noch nicht bestehende Szenarien prognostiziert werden; zum Beispiel eine Prognose für ein neues Produkt wie einen neuen Vogelfuttermix aus Salatgurke und Kolbenhirse. Wie viel wird die Produktion des neuen Produkts »Gurkenhirse« kosten, wie viel wird zu welchem Preis verkauft werden und so weiter.

In die Zukunft zu blicken bereitet einen Höllenspaß – solange man sich nicht mit so kleinlichen Details wie etwa den Gesetzmäßigkeiten zwischen den betrachteten Werten kümmern muss. Klimaforscher zum Beispiel dürfen sich mit dieser Problematik ständig beschäftigen. In der Kostenrechnung bezeichnet man die Beziehung zwischen den Kosten und deren Einflussgrößen als *Kostenfunktion*. Ohne sie geht in der Plankostenrechnung gar nichts.

Für das neue Produkt »Gurkenhirse« müssen Sie als Kostenrechner in Erfahrung bringen, wie viele Einheiten der Rohstoffe Salatgurke und Kolbenhirse pro Einheit fertiges Produkt benötigt werden; die Preise pro Einheit inbegriffen. Des Weiteren müssen Sie herausfinden, welche zusätzlichen variablen Kosten, wie zum Beispiel für die Verpackung, pro produzierte Einheit anfallen. Und last, but not least müssen Sie unbedingt noch herausfinden, wie viel Fixkosten die Herstellung des neuen Produkts – mit den geplanten Mengen plus minus x – verursachen wird. Wenn alles gut läuft, sind Sie am Ende stolzer Besitzer einer Kostenfunktion. Fragen der Kollegen zu aktuellen Themen der Kostentheorie werden Sie dann nicht mehr so schnell beunruhigen. Eine einfache lineare Kostenfunktion sieht so aus:

$$K = K_{fix} + K_{var}$$

Fallen für die Produktion von 1.000 Packungen »Gurkenhirse« 500 Euro Fixkosten und 1.000 Euro variable Kosten an, sieht das in der Formel wie folgt aus:

$$K = 500 + 1.000 = 1.500$$

Sollte Ihnen eine solche Formel nicht mit großem K, sondern mit kleinem k über den Weg laufen, werden darin nicht die Gesamtkosten, sondern die Kosten pro Stück beschrieben.

Die Prognosekostenrechnung ermittelt die Kosten, die bei der Umsetzung der Ziele und Pläne erwartet werden. Dafür wird immer eine komplette Unternehmensplanung, also inklusive aller Bereiche wie der Produktion, des Einkaufs und des Vertriebs, benötigt. Betrachtungsgegenstand können aber bei bestimmten Fragestellungen auch einzelne Produkte, die Kostenträger, sein. Die Kostenträgerrechnung ist somit Voraussetzung für eine Prognosekostenrechnung.

Wünsch dir was – die Standardkosten

Bei der Standardkostenrechnung geht es nicht um erwartete, sondern um die optimalen, angestrebten Kosten. Inhalt ist hier die Planung der Einzel- und Gemeinkosten auf Kostenstellenebene und der anschließende Vergleich der Istkosten mit den geplanten Kosten je Kostenstelle. Sie dient hauptsächlich der Verhaltenssteuerung der Kostenstellenleiter, daher werden externe Einflüsse wie nicht verantwortbare Preisschwankungen meist durch die Verwendung von Festpreisen ausgeschlossen. Mengenabweichungen stehen im Mittelpunkt. Der meistgenutzte Klassiker also.

In den letzten Jahren bekam dieser Klassiker jedoch einige Beulen und Kratzer ab, da der Anteil der Fixkosten stetig steigt und damit die kurzfristigen Möglichkeiten der Einflussnahme auf die Kosten durch die Kostenstellenleiter sinken. Entscheidungen beeinflussen die wesentlichen Kostenstrukturen zunehmend über mehrere Jahre. Im entscheidenden Moment Vorhersagen über die Kosten und Erlöse verschiedener Handlungsalternativen machen und damit Entscheidungshilfe geben – das ist Aufgabe der Prognosekostenrechnung, nicht der Standardkostenrechnung. Letztere läuft der Kostenentwicklung im zunehmenden Maße oftmals nur noch hinterher.

Die Kosten planen

Bevor es mit der Planung losgeht, sollten Sie den Planungsumfang klären. In der Regel planen Sie alle Kosten pro Kostenart und Kostenstelle für das kommende Jahr.

 Natürlich können Sie die Kostenplanung auch für die nächsten zwei oder drei Jahre erstellen, sofern Sie für die Planung über genügend Zeit und vernünftige Zahlen verfügen.

Dasselbe gilt für die Leistungen und Kostenträger. Preise müssen kalkuliert werden. Wenn Sie richtig mit der Planung loslegen, werden Sie schnell auf eine manchmal gar nicht so einfache Frage stoßen: Mit welcher Kapazitätsauslastung, sprich Beschäftigung, planen Sie? Je nachdem mit welcher Beschäftigung Sie planen, werden Sie völlig unterschiedliche Kosten und Leistungen erhalten. Mehr darüber in den folgenden Kapiteln.

Wenn die Planung abgeschlossen ist, können Sie später die laufenden Istwerte mit den ursprünglich geplanten Werten vergleichen. Bei Abweichungen müssen Sie die Ursache herausfinden, also eine Abweichungsanalyse erstellen. Die Planung umfasst damit jedes Jahr aufs Neue drei Schritte:

- ✔ Planung
- ✔ Kontrolle: Plan-Ist-Vergleich
- ✔ Abweichungsanalyse

Aufgabe 34

Welche Angaben benötigen Sie, um ein Unternehmensziel zu beschreiben?

> **IN DIESEM KAPITEL**
>
> Plankosten ermitteln
>
> Planen mit der starren Plankostenrechnung
>
> Planen mit der flexiblen Plankostenrechnung
>
> Schwächen der Plankostenrechnung

Kapitel 35
Starr oder flexibel? Die Plankostenrechnung

Was würden Sie tun, wenn Sie die Möglichkeit hätten, in die Zukunft zu reisen? Wahrscheinlich würden Sie einen Blick auf die Lottozahlen der kommenden Woche erhaschen, um diese nach Ihrer Rückkehr ins Hier und Jetzt zu spielen. Ganz so lukrativ ist die Plankostenrechnung zugegebenermaßen nicht. Dennoch ist sie ein nettes Instrument, um einen kostenrechnerischen Blick in die Zukunft eines Unternehmens zu werfen, um somit Planungs- und Kontrollaufgaben besser lösen zu können. Leider haben wir auf den kommenden Seiten trotzdem nicht die Lottozahlen der nächsten Woche versteckt. Bleiben Sie aber dennoch am Ball.

So funktioniert die starre Plankostenrechnung

Bei der starren Plankostenrechnung könnte man glatt meinen, dass die Erfinder bei der Namensgebung kein glückliches Händchen bewiesen haben. Das Wort starr sorgt nicht unbedingt für hohe Sympathiewerte. Dabei ist die starre Plankostenrechnung die einfachste Plankostenrechnung. Und die älteste obendrein.

 Die *starre Plankostenrechnung* hat ihren Namen erhalten, weil sie die Kosten mit nur einem festen, also starren, Beschäftigungsgrad ermittelt.

Die wichtigsten Eigenschaften der starren Plankostenrechnung vorab im Überblick:

- ✔ alle Einflussgrößen sind starr, auch die Beschäftigung
- ✔ feste Verrechnungspreise

- ✔ Vollkostenrechnung
- ✔ keine Unterscheidung zwischen fixen und variablen Kosten

 Kosteneinflussgrößen: Die Kosten werden von verschiedenen Einflussgrößen bestimmt, zum Beispiel von den Einkaufspreisen, den wertmäßigen Einflussgrößen, und zum Beispiel von den produzierten Mengen, den mengenmäßigen Einflussgrößen.

Kostenplanung: Planmenge mal Planpreis

Bei der starren Plankostenrechnung können Sie ganz normal auf die Werte der Kostenarten-, Kostenstellen- und Kostenträgerrechnung zurückgreifen. Die dort ermittelten Istwerte dienen später der Kontrolle und Abweichungsanalyse. Nun müssen Sie nur noch die Planwerte ermitteln. Dabei sollten Sie am besten diese Reihenfolge einhalten:

1. **Absatzplanung**

Da nicht zum Spaß, sondern für den Verkauf produziert wird, sollten Sie mit der Absatzplanung beginnen. So erhalten Sie Ihre Mengenbasis und damit Ihre Planbeschäftigung. Anhand dieser Mengen können die Produktion und der Einkauf überhaupt erst geplant werden.

2. **Produktionsplanung**

In der Produktionsplanung werden auf Basis der geplanten Absatzmengen die benötigten Mengen der Einsatzfaktoren wie etwa die Mitarbeiterstunden und Rohstoffe ermittelt. Hierbei werden die maximal mögliche Kapazität und etwaige Engpässe berücksichtigt.

3. **Preis- und Plankostenermittlung**

Mit den nun bekannten Mengen kann der Einkauf eine Prognose der erwarteten Einkaufspreise oder wahlweise eine Aussage über die von ihm erhofften optimalen Preise treffen. Für die anderen Einsatzfaktoren und für die internen Verrechnungspreise müssen die Kostenrechner und Controller die Planpreise ermitteln. Danach können Sie die Plankosten ermitteln.

Die Ermittlung verläuft bei vielen Kostenarten eigentlich immer wieder nach dem gleichen Muster ab. Wie bei den Energiekosten: Sie prüfen, welche Energiearten in welchen Mengen benötigt werden – Strom, Gas, Öl. Anhand der Istwerte der letzten Jahre dürfte das recht einfach sein. Dann berücksichtigen Sie absehbare Veränderungen wie etwa die Anschaffung weiterer stromfressender Maschinen und die künftige Preisentwicklung. Bei den Reparaturkosten gehen Sie wieder nach diesem Muster vor. Wie war der bisherige Bedarf und gibt es wesentliche Änderungen, die diese Kostenart beeinflussen könnten? Bei den Abschreibungen ermitteln Sie die Planwerte aus den vorhandenen Abschreibungsplänen; dazu kommen dann noch die Abschreibungen aus geplanten Käufen.

Beim Entgelt wird die nächste Tarifsteigerung und die Entwicklung der Sozialabgaben abgeschätzt, bei der Planung der Verwaltungs- und Vertriebsgemeinkosten werden alle bekannten Einflussfaktoren berücksichtigt: Soll der Vorstand um drei Posten erweitert werden oder doch eher wieder verkleinert werden? Wird beim Vertrieb weiter Personal abgebaut werden oder nicht? Alle Informationen müssen Sie bei der Planung berücksichtigen. Stehen keine brauchbaren Informationen zur Verfügung, können Sie Planwerte auch ermitteln, indem Sie die

✔ Werte schätzen oder

✔ Vergangenheitswerte einfach hochrechnen.

Planung mit der starren Plankostenrechnung

Die Planung mit der starren Plankostenrechnung erfolgt ganz lean in drei Schritten:

Die Planbeschäftigung festlegen

Im ersten Schritt wird die Planbeschäftigung für jede einzelne Kostenstelle festgelegt. In jeder Kostenstelle muss dazu nun die Planbeschäftigung auf deren Bezugsgrößen übersetzt werden. Bezugsgrößen können hierbei Fertigungsstunden, Maschinenstunden oder Stückzahlen sein.

In aller Regel wird von einer hundertprozentigen Kapazitätsauslastung ausgegangen.

Für diese geplante Beschäftigung können Sie nun die erforderlichen Mengen der Einsatzgüter wie etwa Material oder Personalkapazitäten ermitteln.

Die Plankosten ermitteln

Im zweiten Schritt werden die Plankosten ermittelt. Ebenfalls je Kostenstelle. Die ermittelten Planmengen werden dazu mit den ermittelten Planpreisen multipliziert.

Den Plankostensatz ermitteln

Im dritten Schritt wird der jeweilige Plankostensatz ermittelt. Sie erhalten den Plankostensatz je Kostenstelle, indem Sie die Plankosten durch die Planbeschäftigung teilen.

$$\text{Plankostensatz} = \frac{\text{Plankosten}}{\text{Planbeschäftigung}}$$

Fertig ist die Planung. Nun können Sie die Sektkorken knallen lassen und Silvester feiern. Im neuen Jahr geht es dann an die Verrechnung der Plankosten.

Verrechnung und Abweichungsanalyse bei der starren Plankostenrechnung

Januar, die Tage sind kurz und kalt und die erste Verrechnung mit dem ermittelten Plankostensatz steht an. Die einzelnen Kostenstellen verrechnen sich mit dem Plankostensatz mal der Istbeschäftigung. Hoppla, das riecht nach Arbeit, denken sich der Kostenrechner und der

Kostenstellenleiter. Warum? Leider will sich die Istbeschäftigung nie nach der Planbeschäftigung richten. Es kommt immer wieder zu Beschäftigungsabweichungen. Trotzdem wird munter weiter mit dem Plankostensatz verrechnet.

$$\text{Verrechnete Plankosten} = \text{Plankostensatz} \cdot \text{Istbeschäftigung}$$

Auch ohne Beschäftigungsabweichungen können sich die Istkosten anders als geplant entwickeln. Und im schlimmsten Fall dürfen Sie sich mit einer Kombination aus beiden Ursachen herumschlagen. Es gibt also drei mögliche Ursachen für eine Kostenabweichung:

✔ Beschäftigungsabweichung

✔ Kostenabweichung

✔ Mix aus Beschäftigungs- und Kostenabweichung

Dazu nun ein kleines Beispiel aus der Welt der Kuckucksuhrenherstellung.

Frau Schönwalder aus Furtwangen stellt Kuckucksuhren her und trennt sich schweren Herzens ab und an gegen einen bestimmten Obolus von dem einen oder anderen wunderschönen Exemplar. Traditionsbewusst verwendet sie natürlich die starre Plankostenrechnung. Für die Kostenstelle Uhrwerk legt sie aufgrund ihrer reichhaltigen Erfahrung eine Planbeschäftigung von 1.000 Uhrwerken fest. Die Plankosten dieser Kostenstelle betragen 50.000 Euro. Daraus ergibt sich ein Plankostensatz von 50 Euro.

$$\text{Plankostensatz} = \frac{50.000\ \text{€}}{1.000} = 50\ \text{€}$$

Im beplanten Jahr gibt es eine Istbeschäftigung von 900 Uhrwerken. Die Istkosten der Kostenstelle betragen dabei 47.000 Euro. Somit verrechnet die Kostenstelle Uhrwerk folgende Plankosten:

$$\text{Verrechnete Plankosten} = 50\ \text{€} \cdot 900 = 45.000\ \text{€}$$

Damit kommt es zu einer Kostenabweichung von 2.000 Euro:

$$\text{Kostenabweichung} = \text{Istkosten} - \text{verrechnete Kosten} = 47.000 - 45.000 = 2.000$$

Da ein Bild oftmals mehr als tausend Worte sagt, der ganze Schlamassel in Abbildung 35.1.

Frau Schönwalder beginnt jetzt mit der Abweichungsanalyse. Warum kam es zu einer Kostenabweichung? Da die starre Plankostenrechnung einen linearen Kostenverlauf unterstellt – darum hat der Pfeil mit den Plankosten in der Abbildung auch einen 45-Grad-Winkel –, sollen die Fixkosten bei Beschäftigungsänderungen ein proportionales Verhalten an den Tag legen. Dies ist bei den Fixkosten aber eigentlich nie der Fall. Sinkt die hergestellte Stückzahl, steigen normalerweise die anteiligen Fixkosten je Stück. Im umgekehrten Fall sinken die Fixkosten je Stück.

Angenommen, in der Kostenstelle Uhrwerk setzen sich die Plankosten aus 20.000 Euro Fixkosten und 30.000 Euro variable Kosten zusammen, ergibt das bei geplanten 1.000 Uhrwerken fixe Stückkosten von 20 Euro und variable Stückkosten von 30 Euro. Sinkt

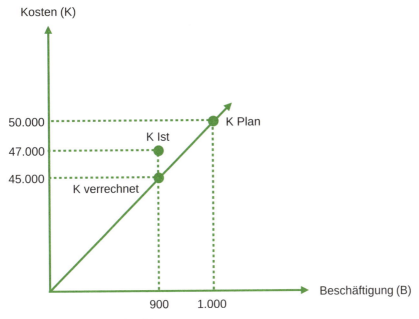

Abbildung 35.1: Kostenabweichung

die Beschäftigung auf 900 Uhrwerke ab, bleiben die Fixkosten trotzdem unverändert bei 20.000 Euro. Die variablen Kosten sinken proportional mit der Stückzahl: 30 Euro mal 900 Uhrwerke ergibt 27.000 Euro. Die Istkosten betragen deshalb 47.000 Euro und nicht wie geplant 45.000 Euro. Hätte die Istbeschäftigung die geplanten 1.000 Uhrwerke überstiegen, wären die Istkosten pro Stück niedriger als geplant.

Aus diesem Dilemma lassen sich zwei Empfehlungen ableiten:

- Wenden Sie die starre Plankostenrechnung nur an, wenn bei Ihnen die Beschäftigung in etwa immer gleich bleibt
- oder wenn Sie keine nennenswerten Fixkosten haben.

Ansonsten können Sie nie herausfinden, ob die Abweichung durch die Fixkosten oder durch unwirtschaftliches Verhalten verursacht wurde. Aber es geht natürlich auch noch ein bisschen geschmeidiger – und zwar mit der flexiblen Plankostenrechnung.

Die flexible Plankostenrechnung auf Vollkostenbasis

Bei der flexiblen Plankostenrechnung auf Vollkostenbasis können Sie die Kosten selbst bei Beschäftigungsschwankungen kontrollieren. Die Kostenabweichungen können Sie hier bei jedem Beschäftigungsgrad analysieren, da Sie das Kostenverhalten bestens kennen und die Kosten vorher in ihre fixen und variablen Teile aufgetrennt haben.

Im Gegensatz zur flexiblen Plankostenrechnung kann die starre Plankostenrechnung nur bei einem gleich bleibenden Beschäftigungsgrad, sprich Kapazitätsauslastung, verwendet werden.

Die wichtigsten Eigenschaften der flexiblen Plankostenrechnung im Überblick:

- ✔ Die Beschäftigung darf ruhig schwanken.
- ✔ Feste Verrechnungspreise bei der Variante Standardkostenrechnung; bei der Variante Prognosekostenrechnung arbeiten Sie mit den erwarteten Preisen.
- ✔ Vollkostenrechnung
- ✔ Unterscheidung zwischen fixen und variablen Kosten

Planen mit der flexiblen Plankostenrechnung

Nun geht es an die Kostenplanung mit der flexiblen Plankostenrechnung. Zunächst ein wenig über die wichtigsten Grundlagen. Dann geht es an die Bestimmung der Planwerte und anschließend an die Kostenkontrolle, dem Abgleich der Plankosten mit den Istkosten, und zum Schluss an die Abweichungsanalyse, um den Grund der Abweichung herauszufinden.

Die Grundlagen der flexiblen Plankostenrechnung

Sie können die flexible Plankostenrechnung entweder als Prognosekostenrechnung oder als Standardkostenrechnung durchführen.

 Sie sollten niemals ganz streng nur eine Standardkostenrechnung oder nur eine Prognosekostenrechnung anwenden, da Sie mit Sicherheit immer wieder aus beiden Rechnungen nützliche Elemente benötigen werden. Ziehen Sie deshalb aus beiden Rechnungen Nutzen und verwenden Sie die für Sie sinnvollen Elemente.

Ziel der Prognosekostenrechnung ist die Unterstützung der Unternehmenssteuerung, indem sie die Kosten infolge von Unternehmensplanungen und -entscheidungen prognostiziert. Die Standardkostenrechnung dient der Verhaltenssteuerung, indem die hiermit geplanten Kosten als Vorgabe dienen. Wer diese nicht einhalten kann, gerät in einen etwas unangenehmen Erklärungszwang.

 Bei der Standardkostenrechnung arbeiten Sie mit Festpreisen. Marktpreisschwankungen bleiben damit außen vor, da die Kostenstellenverantwortlichen in aller Regel dafür nicht verantwortlich sind. Die Festpreise (sie werden manchmal auch als *Standardpreise* bezeichnet) werden in der Regel jährlich überprüft und angepasst.

Die flexible Plankostenrechnung arbeitet mit verschiedenen Beschäftigungsgraden. In der Standardkostenrechnung wird wahlweise die Optimalbeschäftigung oder die Normalbeschäftigung als Planbeschäftigung angenommen. In der Prognosekostenrechnung wird die wahrscheinlichste Beschäftigung geplant.

KAPITEL 35 Starr oder flexibel? Die Plankostenrechnung

Die *Optimalbeschäftigung* ist die kostengünstigste Beschäftigung; sie entspricht nicht unbedingt der maximalen Kapazitätsauslastung, da es dort zu überproportionalen Kostensteigerungen kommen kann. Die *Normalbeschäftigung* ist die durchschnittliche Kapazitätsauslastung.

Da es nun einmal wahrscheinlich ist, dass es mehrere unterschiedliche Beschäftigungsgrade geben kann, müssen die Plankosten für mehrere Szenarien, also Beschäftigungsgrade, geplant werden.

Der Einfluss der Beschäftigungsänderung auf die Kostenhöhe muss zwingend ermittelt werden, damit Sie für unterschiedliche Beschäftigungsgrade eine Kostenvorhersage abgeben können. Dazu erstellen Sie eine Kostenfunktion.

Mithilfe von Kostenfunktionen können Sie bei der flexiblen Plankostenrechnung die Sollkosten ermitteln und einen Soll-Ist-Kostenvergleich durchführen.

Die *Sollkosten* entsprechen den Plankosten, solange die Istbeschäftigung gleich der Planbeschäftigung ist. Weicht die Istbeschäftigung von der geplanten Beschäftigung ab, weichen auch die Sollkosten von den Plankosten ab. Sie sind dann die Plankosten der Istbeschäftigung.

Die Kosten zerlegen – Kostenauflösung

Damit Sie eine Kostenfunktion aufstellen können, müssen Sie die Kosten in variable und fixe Kosten trennen; die Guten ins Töpfchen, die Schlechten ins Kröpfchen. Und das für jede Kostenstelle. Das können Sie mit den drei folgenden Methoden durchführen:

- ✔ buchtechnische Kostenauflösung
- ✔ mathematische Kostenauflösung
- ✔ planmäßige Kostenauflösung

Alle drei Methoden finden Sie ausführlich in Kapitel 27 bei der Auflösung von Mischkosten beschrieben. Hier für Sie die Methoden noch einmal kurz im Schnelldurchlauf, damit Sie nicht hektisch hin und her blättern müssen.

Die buchtechnische Kostenauflösung

Beim buchtechnischen Verfahren werden die Istkosten über einen bestimmten Zeitraum auf ihr Verhalten bei Beschäftigungsschwankungen hin beobachtet. Alle Kosten, die sich von Beschäftigungsschwankungen unbeeindruckt zeigen, sind fixe Kosten.

Die mathematische Kostenauflösung

Bei der mathematischen Methode werden zwei Beschäftigungspunkte herausgegriffen und analysiert. Wenn sich die Kosten bei einem Produktionszuwachs von zehn Einheiten um

100 Euro erhöhen, betragen die proportionalen Kosten pro Einheit 10 Euro. Anschließend wenden Sie Ihren Blick den Gesamtkosten zu. Von diesen ziehen Sie die variablen Kosten ab und schon haben Sie die fixen Kosten ermittelt. In Zahlen gesprochen:

- ✔ Gesamtkosten bei 100 Einheiten: 7.000 Euro
- ✔ abzüglich variable Kosten (100 × 10 €) ergibt 1.000 Euro
- ✔ verbleiben fixe Kosten in Höhe von 6.000 Euro

Die planmäßige Kostenauflösung

Hier planen Sie auf der grünen Wiese. Dabei achten Sie darauf, wie sich die geplanten Kosten bei Beschäftigungsänderungen verhalten würden. Kosten, die sich dabei nicht verändern, sind fixe Kosten, beim Rest handelt es sich um variable Kosten.

Die Planung der Beschäftigung und der Kosten

Auch bei der flexiblen Plankostenrechnung wird wie bei der starren Plankostenrechnung ganz normal auf die Werte der Kostenarten-, Kostenstellen- und Kostenträgerrechnung zurückgegriffen. Die dort ermittelten Istwerte dienen später der Kontrolle und Abweichungsanalyse. Nun müssen Sie nur noch die jeweiligen Planwerte ermitteln. Am Anfang werden für jede Kostenart die Plankosten ermittelt. Da sich die Plankosten nun mal aus den Planmengen und Planpreisen zusammensetzen, müssen Sie in jeder Kostenstelle für jede Kostenart den Mengenbedarf und die dazugehörigen Preise ermitteln.

Beschäftigt – die Planbeschäftigung ermitteln

Der Mengenbedarf hängt natürlich vom geplanten Beschäftigungsgrad ab. Sie können die Beschäftigung wahlweise ermitteln mit

- ✔ der Kapazitätsplanung,
- ✔ der Engpassplanung oder
- ✔ der Absatzplanung.

Bei der Kapazitätsplanung schauen Sie, wie viele Mengeneinheiten in der gerade betrachteten Kostenstelle maximal hergestellt werden können. Bei dieser Art der Festlegung der Planbeschäftigung berücksichtigen Sie auch Leerlaufzeiten aufgrund von Schichtwechseln oder Maschinenrüstzeiten.

Bei der Engpassplanung wagen Sie zusammen mit dem Kostenstellenleiter zur Abwechslung mal einen Blick über den Tellerrand. Gibt es Engpässe in der Prozesskette, die Auswirkungen auf die eigene Kostenstelle haben, also die eigene Herstellmenge begrenzen? Wenn dies der Fall ist, ergibt sich die Planbeschäftigung aus der eigenen Kapazität unter Berücksichtigung möglicher Engpässe bei anderen im Prozess vor- oder nachgelagerten Kostenstellen.

Bei der Absatzplanung legen Sie die Planbeschäftigung nachfrageorientiert fest. Wie viel muss produziert werden, damit die voraussichtliche Nachfrage befriedigt werden kann?

Bei dieser Ermittlungsart müssen Sie natürlich auch die Kapazitäts- und Engpassplanung berücksichtigen. Damit ist die Absatzplanung in den meisten Fällen die sinnvollste Variante.

Nachdem Sie sich für eine Variante entschieden haben, können Sie die Planbeschäftigung für jede einzelne Kostenstelle festlegen. In jeder Kostenstelle muss anschließend die Planbeschäftigung auf deren Bezugsgrößen übersetzt werden. Bezugsgrößen können hierbei Fertigungsstunden, Maschinenstunden oder Stückzahlen sein.

Für diese geplante Beschäftigung können Sie nun die erforderlichen Mengen der Einsatzgüter wie etwa Material oder Personalkapazitäten ermitteln.

Die Materialkosten planen

Die Materialkosten planen Sie wie gewohnt, indem Sie die benötigten Mengen von den herstellenden Bereichen erfragen; die Informationen über die zugehörigen Einkaufspreise erhalten Sie vom Einkauf.

In der Produktion wird gern mit sogenannten *Stücklisten* gearbeitet. In einer solchen Stückliste steht bis ins letzte Detail, wie viele Schrauben, Bleche, Kabel und so weiter Sie für die Herstellung eines Toasters benötigen.

Die benötigten Materialmengen werden Ihnen die herstellenden Bereiche anhand von Stücklisten oder Rezepturen mitteilen können. Falls dies jemals nicht der Fall sein sollte, müssen diese notfalls eine Schätzung abgeben.

Die Personalkosten planen

Die wesentlichen Informationen für die Personalkostenplanung erhalten Sie ebenfalls vom betreffenden Kostenstellenleiter. Er muss wissen, wie viele Mitarbeiterstunden im Plan benötigt werden.

Zu dieser Information packen Sie abschließend noch die Abschätzungen über die nächsten Tarifsteigerungen und die Entwicklung der Sozialabgaben.

Die Planung weiterer Sachkosten

Die jährliche Planung bietet Ihnen die Gelegenheit, sich wieder mit der Vielfalt der Kostenarten vertraut zu machen. Da gibt es zum Beispiel die Raum- und Energiekosten, die Instandhaltungskosten oder die Weiterbildungskosten.

Bei der Planung gehen Sie immer nach dem gleichen Schema vor: Prüfen Sie, ob Sie die Istkosten einfach fortschreiben können oder ob es maßgebliche Veränderungen gibt. Bei den Raumkosten kann es ja sein, dass Büro- oder Produktionsfläche eingespart wurde, der Mietvertrag für das Nebengebäude deshalb zum Jahresende gekündigt wird und die Raumkosten im nächsten Jahr niedriger ausfallen werden. Bei den Energiekosten sollten Sie ein besonderes Augenmerk auf die Großverbraucher legen: Gibt es hier Veränderungen durch Zu- oder Abgänge von Maschinen? Last, but not least müssen auch die Abschreibungen und die kalkulatorischen Zinsen geplant werden. Bei den Abschreibungen ermitteln Sie die Planwerte aus den vorhandenen Abschreibungsplänen; dazu kommen dann noch die Abschreibungen aus zukünftig geplanten Käufen.

Den Plankostensatz ermitteln

Abschließend können Sie nun den jeweiligen Plankostensatz ermitteln. Sie erhalten den Plankostensatz je Kostenstelle, indem Sie die gesamten Plankosten einer Kostenstelle durch deren Planbeschäftigung teilen – aber das kennen Sie ja bereits aus der starren Plankostenrechnung.

 Stellt die Kostenstelle nicht nur ein Produkt her oder stellt sie nicht nur eine Leistung bereit, müssen Sie notfalls mehrere Plankostensätze ermitteln – für jedes Produkt oder jede Leistung einen.

Verhaltensforschung – das Kostenverhalten bei Beschäftigungsänderung

Bei der flexiblen Plankostenrechnung müssen Sie das Kostenverhalten bei Beschäftigungsschwankungen kennen. Nur so können Sie die Sollkosten für die unterschiedlichen Beschäftigungsgrade herausfinden. Sie können das Kostenverhalten grundsätzlich auf zwei unterschiedliche Arten untersuchen: mithilfe der Variatormethode oder durch Stufenpläne.

Ermittlung der Sollkosten mit der Variatormethode

Sofern Sie eine lineare Kostenfunktion haben, können Sie die Variatormethode anwenden.

 Die *Variatormethode* ist eine Hilfsrechnung, damit Sie die Beschäftigungsschwankungen bei der Ermittlung von Sollkosten berücksichtigen können. Der *Variator* gibt an, um wie viel Prozent sich die Gesamtkosten bei einer zehnprozentigen Änderung des Beschäftigungsgrades verändern. Dann und wann wird der Variator auch als *Kostenänderungsfaktor* bezeichnet.

Der Variator verrät Ihnen also, welchen Anteil die variablen Kosten an den Gesamtkosten bei einer Planbeschäftigung von 100 Prozent haben. Frei nach einem chinesischen Sprichwort »Einmal sehen ist besser als hundertmal lesen« hier für Sie ganz exklusiv die Berechnung des Variators in einer schnöden Formel:

$$\text{Variator V} = \frac{K_{variabel} \text{ bei Planbeschäftigung}}{K_{Gesamt} \text{ bei Planbeschäftigung}} \cdot 10$$

Die Limonadenfabrik Blubberlutsch AG stellt reichlich süße Limonade mit Erdbeergeschmack her. In der Kostenstelle Etikettenkleben sollen bei einem Beschäftigungsgrad von 100 Prozent Plankosten von 10.000 Euro entstehen, die sich aus 7.000 Euro variablen Kosten und 3.000 Euro fixen Kosten zusammensetzen. Das ergibt einen Variator von 7. Bei einem um 10 Prozent niedrigeren Beschäftigungsgrad, also 90 Prozent, reduzieren sich die Sollkosten um 7 Prozent auf dann 9.300 Euro. Steht die Produktion komplett still, fallen nur noch die Fixkosten von 3.000 Euro an. Der Beweis: Bei einer einhundertprozentigen

Beschäftigungsänderung verringern sich die Sollkosten laut Variator um 70 Prozent, macht nach Adam Riese 3.000 Euro.

Sollte es keine fixen Kosten geben, ist der Variator gleich 10. Gibt es keine variablen Kosten, ist er gleich 0.

Ermittlung der Sollkosten mit Stufenplänen

Kann die Variatormethode nicht angewendet werden, helfen Stufenpläne weiter. Hier planen Sie für mehrere Beschäftigungsgrade. Sie beginnen mit der von Ihnen gewünschten Planbeschäftigung. Anschließend variieren Sie den Beschäftigungsgrad zum Beispiel um 10 Prozent nach unten und ermitteln hierfür die Kosten. Im nächsten Schritt reduzieren Sie den Beschäftigungsgrad um weitere 10 Prozent und so weiter. In die andere Richtung führen Sie dieselben Schritte aus und erhöhen jeweils um 10 Prozent.

Die ständige Wiederholung der Kostenplanung für unterschiedliche Beschäftigungsgrade bezeichnet man als *Stufenplanung*. Es findet eine mehrstufige Kostenplanung statt. Beim Stufenplan beginnt man mit dem *Basisplan* (oder *Grundplan*) mit einem Beschäftigungsgrad, bei dem die Plankosten zuerst ermittelt werden – wie bei der starren Plankostenrechnung. Danach wird der Beschäftigungsgrad zum Beispiel in 10-Prozent-Schritten ab- und aufgestuft und dafür die jeweiligen Plankosten ermittelt.

Liegt die tatsächliche Beschäftigung später einmal dummerweise nicht genau auf einem solchen 10-Prozent-Intervall, können Sie mithilfe einfacher Interpolation die Sollkosten ermitteln.

Jetzt werden die Sollkosten der Blubberlutsch AG mithilfe eines Stufenplans ermittelt. Also auch in der Kostenstelle Etikettenkleben. Dort gab es diesmal einen Beschäftigungsgrad von 93 Prozent. Die weiteren Daten:

✔ Plankosten bei einem Beschäftigungsgrad von 100 Prozent: 10.000 Euro

✔ Plankosten bei einem Beschäftigungsgrad von 90 Prozent: 9.300 Euro

✔ Bei einem Beschäftigungsgrad von 100 Prozent müssen 60.000 Etiketten geklebt werden.

✔ Bei einem Beschäftigungsgrad von 90 Prozent müssen 54.000 Etiketten geklebt werden.

Nun geht es mithilfe der linearen Interpolation an die Ermittlung der Sollkosten bei einem Beschäftigungsgrad von 93 Prozent, das entspricht übrigens 55.800 geklebten Etiketten. Die Formel sieht dann so aus:

$$\text{Sollkosten} = \text{Plankosten}_{BG\,90} + \frac{\text{Plankosten}_{BG\,100} - \text{Plankosten}_{BG\,90}}{\text{Menge BG 100} - \text{Menge BG 90}} \cdot \left(\text{Menge BG 93} - \text{Menge BG 90}\right)$$

Mit BG ist übrigens der Beschäftigungsgrad gemeint.

Nun werden die Zahlen der Kostenstelle Etikettenkleben in die Formel eingesetzt und schon haben Sie die Sollkosten für den aktuellen Beschäftigungsgrad ermittelt:

$$\text{Sollkosten} = 9.300 + \frac{10.000 - 9.300}{60.000 - 54.000} \cdot (55.800 - 54.000) = 9.510 \ €$$

Die Kostenkontrolle bei der flexiblen Plankostenrechnung

Wenn am Anfang des Jahres die ersten Istkosten gegen die geplanten Kosten auflaufen, wird es schnell unübersichtlich. Von einigen Seiten werden Sie mit Nebelbomben unterschiedlicher Bauart beworfen:

- ✔ Beim Plan wurden im Nachhinein irgendwelche Strukturbrüche von sage und schreibe 2,43 Euro nicht berücksichtigt, die Planwerte sind daher so was von nicht aussagekräftig.

- ✔ Die Istwerte können gar nicht stimmen, da das System fehlerhaft ist oder wahlweise Istkosten ganz, ganz sicher mal wieder falschen Kostenstellen zugebucht wurden. Beliebter Ausspruch dabei: »Diese Werte kenne ich nicht, die können nicht stimmen.«

Als verantwortlicher Kostenrechner versuchen Sie natürlich die Einwände ernsthaft zu prüfen und dabei trotzdem den Überblick zu bewahren. Sie prüfen, ob es Planungsfehler gibt, und versuchen diese zu beheben.

Nachdem Sie die echten Fehler von den unwesentlichen Einwänden getrennt und Erstere beseitigt haben, beginnen Sie mit der Kostenkontrolle. So eine Kostenkontrolle besteht aus zwei Teilen:

- ✔ dem Abgleich der Istkosten mit den Sollkosten und

- ✔ der Ursachenerforschung einer eventuellen, aber meist sehr wahrscheinlichen Abweichung.

 Beschränken Sie sich beim Abgleich der Istkosten mit den Sollkosten auf die wesentlichen Kostenarten, damit Sie mit Ihrer Kostenkontrolle den Betriebsablauf nicht mehr als nötig stören. Auch für die Kostenkontrolle selbst gilt der Grundsatz der Wirtschaftlichkeit. Selbstverständlich macht Kleinvieh auch Mist, nur muss dies nicht jeden Monat mit derselben Intensität wie die großen Kostenblöcke untersucht werden.

Mehrere Abweichungsarten – Preis- und Mengenabweichungen

Grundsätzlich kann es Mengen- und Preisabweichungen geben. Entweder wurden mehr oder weniger Mengeneinheiten benötigt als geplant oder die Preise waren höher oder niedriger als geplant.

Da man bei der Standardkostenrechnung mit Festpreisen arbeitet, kann es dort keine Preisabweichungen geben.

Die Preisabweichung

Weicht der tatsächliche Preis vom ursprünglich geplanten Einkaufspreis ab, spricht man von einer Preisabweichung. Da die Einsatzgüter nicht immer auf einen Schlag, sondern in mehreren Tranchen eingekauft werden, passt die Ermittlung der Preisabweichung leider nicht immer auf einen Bierdeckel, da Sie zuerst einen durchschnittlichen Isteinkaufspreis ermitteln müssen. Erst danach können Sie diesen dann mit dem geplanten Preis vergleichen.

Die Blubberlutsch AG hat im laufenden Jahr für die Etikettenfertigung viermal Papier einkaufen müssen. Geplant wurde mal ein Einkaufspreis von 14,20 Euro pro Kilogramm Papier. In Tabelle 35.1 sehen Sie die Einkaufs- und Lagerdaten.

Vorgang	Menge	Gesamtwert	Preis je kg
Anfangsbestand	50 Kilogramm Papier	890 €	17,80 €
Kauf am 14. März	120 Kilogramm Papier	1.848 €	15,40 €
Kauf am 14. Juni	70 Kilogramm Papier	1.036 €	14,80 €
Kauf am 30. Juli	220 Kilogramm Papier	3.014 €	13,70 €

Tabelle 35.1: Den Istpreis ermitteln

Der durchschnittliche Istpreis für das Papier ist mithilfe der Werte aus Tabelle 35.1 schnell ermittelt:

$$\text{Durchschnittlicher Preis} = \frac{890 + 1.848 + 1.036 + 3.014}{50 + 120 + 70 + 220} = 14,76$$

Pro verbrauchtem Kilogramm Papier entstand somit eine Preisabweichung von 0,56 Euro (14,76 Euro − 14,20 Euro). Diese Preisabweichung muss der Einkauf erklären.

Die Mengenabweichung

Bei der Mengenabweichung können Sie zwischen zwei weiteren Abweichungsarten unterscheiden:

- ✔ der Beschäftigungsabweichung und
- ✔ der Verbrauchsabweichung.

Der Beschäftigungsabweichung wird in der flexiblen Plankostenrechnung mithilfe der Sollkosten für die unterschiedlichen Beschäftigungsgrade bereits begegnet. Bei einer Verbrauchsabweichung müssen Sie den Grund für den Mehr- oder Minderverbrauch bei gleichbleibender Beschäftigung herausfinden.

 Eine Verbrauchsabweichung liegt vor, wenn die Istkosten von den Sollkosten abweichen und Preisabweichungen bereits ausgeschlossen werden können.

Die Abweichungsanalyse

Die Etikettenabteilung der Blubberlutsch AG hat eine einfache lineare Kostenfunktion. Es fallen 3.000 Euro fixe Kosten und pro Etikett 0,1167 Euro variable Kosten an:

$$K = 3.000 \text{ €} \; K_{fix} + 0{,}1167 \text{ €} \; k_{var}$$

Bei einem Beschäftigungsgrad von 100 Prozent werden 60.000 Etiketten geklebt, die Kostenfunktion sieht dann wie folgt aus:

$$K = 3.000 \text{ €} \; K_{fix} + 7.000 \text{ €} \; K_{var}$$

Der Plankostensatz der Etikettenkostenstelle wird auf Basis eines Beschäftigungsgrades von 100 Prozent ermittelt. Dann fallen 10.000 Euro Gesamtkosten für 60.000 Etiketten an:

$$\text{Plankostensatz} = \frac{\text{Plankosten } 10.000 \text{ €}}{\text{Planbeschäftigung } 60.000 \text{ Stück}} = 0{,}167 \text{ €}$$

Mit diesem Plankostensatz wird später auch bei einer abweichenden Istbeschäftigung weiterverrechnet. In Abbildung 35.2 sehen Sie die Linie der verrechneten Plankosten, die im Nullpunkt startet und je verrechnete Einheit um 0,167 Euro wächst. Bei 60.000 Etiketten erreicht die Linie 10.000 Euro. Über dieser Linie finden Sie die Sollkostenlinie. Diese startet nicht im Nullpunkt, sondern erst bei 3.000 Euro, da ja bei einem Output von null bereits 3.000 Euro Fixkosten anfallen. Dafür steigt die Sollkostenlinie pro Mengeneinheit nur um 0,1167 Euro an; entsprechend den variablen Kosten pro Stück. Bei 60.000 Etiketten schneidet die Sollkostenlinie die Linie der verrechneten Plankosten: Hier weisen beide Linien Gesamtkosten von 10.000 Euro aus.

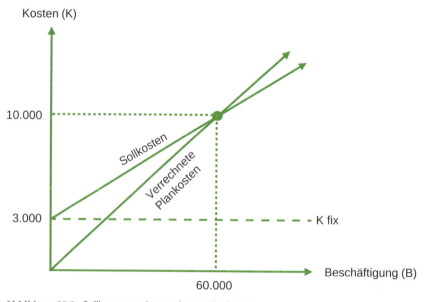

Abbildung 35.2: Sollkosten und verrechnete Plankosten

Wird bei Einhaltung der Sollkosten im Ist ein Beschäftigungsgrad von weniger als 100 Prozent erreicht, im Beispiel also weniger als 60.000 Etiketten, würde die Kostenstelle einen Verrechnungsverlust einfahren, da zu wenig Fixkosten verrechnet werden. Ab 100 Prozent aufwärts würde sie einen Verrechnungsgewinn ausweisen, da der Plankostensatz ab hier zu hoch ist.

Der Grund für diese Abweichung ist die Proportionalisierung der Fixkosten beim Plankostensatz. Die Abweichung ist immer gleich der Differenz zwischen den verrechneten und den geplanten Fixkosten. Diese Differenz wird dann und wann auch als *Leerkosten* bezeichnet. Das Gegenteil der Leerkosten sind übrigens die *Nutzkosten*.

Bei dieser Abweichung handelt es sich um die Beschäftigungsabweichung. Unabhängig davon kann es aber auch zu Verbrauchsabweichungen kommen. Verbrauchsabweichungen kann es geben durch

- ✓ mangelhaftes Material: Das Etikettenpapier klebt nicht richtig.
- ✓ Maschinenfehler: Die Etikettiermaschine klebt die Etiketten doppelt und dreifach auf die Flaschen.
- ✓ menschliche Fehler: Der Hilfsetikettierer Herr Bapp ist infolge der beiden ersten Fehler vor Schreck bei der Arbeit eingeschlafen, sodass die Maschine am Ende alle Etiketten auf eine einzige Flasche geklebt hat.

Abbildung 35.3 zeigt die Folgen der hier aufgezählten Missstände als Verbrauchs- und Beschäftigungsabweichung. Dank der drei Fehlerursachen konnten nur 14.000 Etiketten erfolgreich verklebt werden; das entspricht einem Beschäftigungsgrad von etwa 23 Prozent. Die Sollkosten können Sie für diesen Beschäftigungsgrad mithilfe der Kostenfunktion leicht berechnen:

$$K = 3.000\ \text{€}\ K_{fix} + 0{,}1167\ \text{€}\ k_{var} = 3.000 + (0{,}1167 \cdot 14.000) = 4.633{,}33\ \text{€}$$

Tatsächlich gab es aber Istkosten in Höhe von 7.400 Euro. In Abbildung 35.3 können Sie die beiden Abweichungsarten gut erkennen.

Die Gesamtabweichung beläuft sich auf 4.400 Euro, davon sind 1.633 Euro der Beschäftigungsabweichung zuzuordnen und der stolze Rest von 2.767 Euro der Verbrauchsabweichung.

Der Kostenstellenleiter ist zuerst einmal für die Verbrauchsabweichung verantwortlich. Warum hat er statt 4.633,33 Euro stolze 7.400 Euro benötigt? Nachdem die Wahrheit Stück für Stück ans Tageslicht gerät, muss der Kostenstellenleiter ausnahmsweise auch für die Beschäftigungsabweichung verantwortlich gemacht werden.

Auch spaßig – die Kostenkontrolle bei nicht linearen Kostenfunktionen

Das Kapitel könnte jetzt eigentlich mit einem netten kleinen Fazit enden, wenn es da nicht noch ein total spannendes Problem in Form von nicht linearen Kostenfunktionen gäbe, das

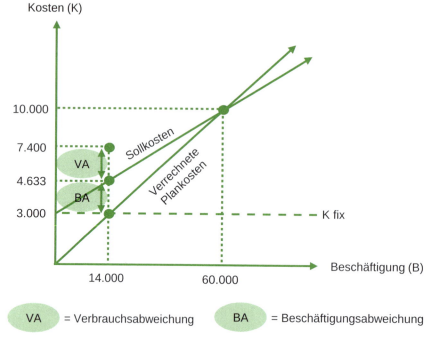

Abbildung 35.3: Verbrauchs- und Beschäftigungsabweichung

wir Ihnen natürlich nicht vorenthalten dürfen. Die Kostenfunktion muss nicht immer völlig geradlinig, sprich proportional oder linear, verlaufen. Sie kann auch progressiv oder degressiv verlaufen. Damit nicht genug, können auch sprungfixe Kosten auftreten. Zur Erinnerung für Sie hier die Kurzbeschreibungen der einzelnen Kostenverläufe:

- ✔ Beim proportionalen Kostenverlauf verändern sich die variablen Kosten im gleichen Maße wie die Beschäftigung. Pro Flasche entstehen knapp 0,12 Euro an Kosten für das Etikettieren.

- ✔ Beim degressiven Kostenverlauf sinken die variablen Kosten mit steigender Menge. Die Blubberlutsch AG erhält von der Papierfabrik bessere Einkaufskonditionen in Form von Mengenrabatten, je mehr Papier sie abnimmt.

- ✔ Beim progressiven Kostenverlauf steigen die Kosten bei zunehmender Beschäftigung stärker als die produzierte Menge. Der Hilfsetikettierer Herr Bapp soll aufgrund der erhöhten Nachfrage in den Sommermonaten länger als die tariflich vorgeschriebenen sieben Stunden arbeiten. Dafür erhält er einen Überstundenzuschlag von 10 Prozent für die erste Überstunde und ab der zweiten Überstunde einen Zuschlag von 20 Prozent.

Das Elend endet mit diesen drei Kostenverläufen leider immer noch nicht. Manchmal werden der Kostenstellenverantwortliche und der Kostenrechner auch von sprungfixen Kosten überrollt. Der Beschäftigungsgrad in der Etikettierkostenstelle erreicht einen kritischen Punkt. Darüber hinaus geht trotz Überstunden nichts mehr; eine zweite Maschine muss her. Dies hat einen sprunghaften Anstieg der Fixkosten zur Folge. Nach der seitenlangen und trostlosen Schilderung nicht linearer Kostenverläufe hoffen Sie nun vielleicht, dass

Sie eine Lösung auf dem Silbertablett präsentiert bekommen. Nichts leichter als das – hier kommt Ihr Silbertablett:

Aufteilung des Kostenverlaufs in appetitliche Häppchen

Bei einem degressiven oder progressiven Kostenverlauf können Sie die Kostenfunktion einfach stückweise linearisieren. Bei sprungfixen Kosten gehen Sie im Prinzip genauso vor. Sie erstellen jeweils Teilkostenfunktionen. Für jeden Teilbereich gibt es dann einen eigenen Variator. Abbildung 35.4 zeigt die Linearisierung.

Die durchgezogenen Linien rechts stellen die linearen Teilkostenfunktionen der ehemals progressiven Kostenfunktion dar. Wie fein Sie die Kurve unterteilen, hängt natürlich ganz von Ihrem Sachverhalt ab. Die gestrichelte Treppe zeigt die sprungfixen Kosten. Hier müssen Sie für jede Treppe einen eigenen Plan erstellen.

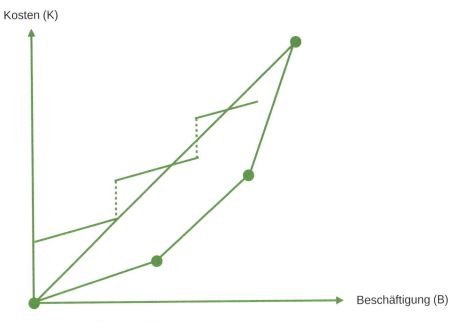

Abbildung 35.4: Teilkostenfunktionen

Das Problem mit den Vollkostenrechnungen

Bei der flexiblen Plankostenrechnung auf Vollkostenbasis können Sie auch bei verschiedenen Beschäftigungsgraden eine wirksame Kostenkontrolle durchführen, da bei der Mengenabweichung mithilfe der Sollkosten zwischen der Beschäftigungs- und der Verbrauchsabweichung unterschieden werden kann. Die eigentliche Ursache der Verbrauchsabweichung kann sie Ihnen aber nicht aufzeigen.

Dasselbe gilt teilweise auch für die Beschäftigungsabweichung. Auch hier erkennt man durch die flexible Plankostenrechnung nur die Beschäftigungsabweichung. Den Grund dafür muss man aber noch suchen. Womöglich hat sich auch das Produktionsprogramm verändert, sodass die Maschinen ständig umgerüstet werden müssen. Die Folge: Der Beschäftigungsgrad sinkt aufgrund der geringeren Maschinenlaufzeiten. Nicht immer müssen also externe Einflüsse wie etwa ein mangelnder Absatz oder kostenstelleninterne Ursachen wie etwa menschliche Fehler die Ursache für Beschäftigungsabweichungen sein. Ebenso versagt die flexible Plankostenrechnung auf Vollkostenbasis bei Programmentscheidungen. Dies liegt an der Einbeziehung der proportionalisierten fixen Kosten.

 Die Fixkosten müssen nicht immer durch die Entscheidung des Kostenstellenleiters oder des Produktverantwortlichen entstanden sein. Wenn sich der Vorstand einen eigenen neuen Bürokomplex gönnt, erhöht das nun mal die fixen Kosten im ganzen Unternehmen.

Aufgabe 35

Was verrät Ihnen der Variator?

> **IN DIESEM KAPITEL**
>
> Die Besonderheiten der Teilkostenrechnung kennenlernen
>
> Die einstufige Deckungsbeitragsrechnung beherrschen
>
> Portfolioentscheidungen treffen und Preisuntergrenzen ermitteln
>
> Break-even-Analysen durchführen

Kapitel 36
Teilsicht – Direct Costing oder die Grenzplankostenrechnung

Da Vollkostenrechnungen aus einem leicht übersteigerten Gerechtigkeitssinn heraus alle Fixkosten anteilig auf die Kostenträger verrechnen, stehen sie massiv in der Kritik. Der Grund dafür: Bei sinkenden Stückzahlen steigen die Fixkosten pro Stück, bei steigenden Stückzahlen sinken die anteiligen Fixkosten. Die fatale Folge bei einer kostenbasierten Preisbildung auf Vollkostenbasis: Bei hoher Nachfrage bieten Sie mit niedrigen Preisen an, bei sinkender Nachfrage müssten Sie die Preise eigentlich erhöhen. Fehlentscheidungen im Verkauf und Vertrieb sind die Folge.

Die hier gezeigte Teilkostenrechnung will die beiden Fehler der Vollkostenrechnung, nämlich die

- ✔ oftmals willkürliche Zuordnung der Fixkosten auf die Kostenträger per Schlüsselung und
- ✔ die Proportionalisierung der Fixkosten

vermeiden, indem sie strikt zwischen fixen und variablen Kosten trennt und nur die variablen Kosten, also nur einen Teil der Kosten, den Kostenträgern zurechnet. Los geht's ...

Garantiert proportional – die Grenzplankostenrechnung

Ein gewisser Herr Hans-Georg Plaut ärgerte sich immer wieder darüber, dass ihm die Vollkostenrechnung bei kurzfristigen Entscheidungen keine sinnvollen Informationen bereitstellen konnte. Deshalb forschte und entwickelte er, bis er 1953 der Öffentlichkeit eine Plankostenrechnung auf Teilkostenbasis vorstellen konnte: die Grenzplankostenrechnung.

Die Hauptaufgabe der Grenzplankostenrechnung ist neben der Kostenplanung und -kontrolle die Unterstützung bei der kurzfristigen Unternehmenssteuerung. Kurzfristig sind nur die variablen Kosten beeinflussbar, nicht die Fixkosten.

Die flexible Plankostenrechnung auf Teilkostenbasis alias Grenzplankostenrechnung verrechnet nur die variablen Kosten auf die Kostenträger. Nur diese entsprechen dem Prinzip der Verursachungsgerechtigkeit.

Fixe Kosten fallen dagegen an, egal ob produziert wird oder nicht. Interne Verrechnungspreise und Kalkulationen basieren bei der Grenzplankostenrechnung daher nur auf den variablen Kosten. Deshalb kann es im Unterschied zur Vollkostenrechnung keine Beschäftigungsabweichungen geben. Es finden somit nur Soll-Ist-Vergleiche zur Ermittlung von Verbrauchsabweichungen statt. Die fixen Kosten werden aber nicht völlig vergessen. Sie werden später in der Erfolgsrechnung vom Deckungsbeitrag, das ist die Differenz zwischen den Erlösen und den Grenzkosten der einzelnen Produkte, abgezogen.

Bei der *Grenzplankostenrechnung* werden nur die variablen Kosten auf die Kostenträger verrechnet, also nur jene Kosten, die bei der Produktion einer zusätzlichen Mengeneinheit entstehen: die *Grenzkosten*. Dabei wird der Einfachheit halber unterstellt, dass sich die variablen Kosten *proportional* zur Beschäftigung verhalten. Es werden also *lineare Kostenverläufe* unterstellt. Die Differenz zwischen Erlös und Grenzkosten ist der *Deckungsbeitrag*. Mit dem Deckungsbeitrag müssen die Fixkosten abgedeckt und darüber hinaus Gewinn erzielt werden.

Die Grenzplankostenrechnung verfügt wie die anderen Plankostenrechnungen über

- ✓ eine Kostenartenrechnung,
- ✓ eine Kostenstellenrechnung und
- ✓ eine Kostenträgerrechnung.

In der Kostenartenrechnung werden Kosten und Leistungen geplant und eine Kostenauflösung in fixe und variable Kosten durchgeführt. Die Kosten werden dabei für jede Kostenstelle gesondert geplant. Anschließend werden in der Kostenstellenrechnung die Plankostensätze wie in der Vollkostenrechnung ermittelt. Natürlich werden hier in der Grenzplankostenrechnung aber nur die proportionalen Kosten in der Berechnung berücksichtigt. Dann werden die proportionalen Gemeinkosten von den Vorkostenstellen an die Endkostenstellen weiterverrechnet. Nun geht es weiter mit der Kostenträgerstückrechnung: Hier erfolgt wie in den anderen Kostenrechnungen ebenfalls die Kalkulation. In der Trägerzeitrechnung können Sie das Gesamt- oder das Umsatzkostenverfahren anwenden.

In der Trägerzeitrechnung alias Erfolgsrechnung können Sie entweder ganz einfach die gesamten Fixkosten en bloc von der Summe aller Deckungsbeiträge abziehen. Dies entspricht dem Direct Costing. Streben Sie nach mehr Differenzierung, können Sie die Fixkosten auch entsprechend ihrer Zurechenbarkeit hierarchisch gestuft von den Produktdeckungsbeiträgen, Produktgruppendeckungsbeiträgen und Bereichsdeckungsbeiträgen abziehen. Dann spricht man von der mehrstufigen Deckungsbeitragsrechnung beziehungsweise Fixkostendeckungsrechnung.

Die Kostenplanung in der Grenzplankostenrechnung

Wie bei der Kostenrechnung auf Vollkostenbasis werden auch bei der Grenzplankostenrechnung alle Kosten kostenartenweise geplant. Sie planen auch hier die Personal- und Materialkosten und alle weiteren Sachkosten. Am besten planen Sie auch hier kostenstellenweise, damit Sie stets einen Ansprechpartner für aus dem Ruder laufende Kosten finden.

Da in einer Teilkostenrechnung nur die variablen Kosten auf die Kostenträger verrechnet werden, stellt sich Ihnen während der Kostenartenplanung eher früher als später die unliebsame Aufgabe der Kostenauflösung in den Weg. Sie müssen die fixen von den variablen Kosten trennen. Mit dieser Trennung in beschäftigungsabhängige und beschäftigungsunabhängige Kosten und der ausschließlichen Verrechnung von beschäftigungsabhängigen Kosten auf die Kostenträger können Sie später immer die Sollkosten der jeweiligen Istbeschäftigung ermitteln.

Die Kostenauflösung in der Grenzplankostenrechnung

Für die Kostenauflösung stehen Ihnen dieselben Methoden wie in der Vollkostenrechnung zur Verfügung:

- ✔ buchtechnische Kostenauflösung
- ✔ mathematische Kostenauflösung
- ✔ planmäßige Kostenauflösung

Das buchtechnische und das mathematische Verfahren bauen auf Istkosten auf. Damit besteht die Gefahr, Fehler der Vergangenheit bei der Kostenplanung fortzuschreiben. Ideal ist deshalb die Verwendung der planmäßigen beziehungsweise analytischen Kostenauflösung. Da die Welt nun mal nicht ideal ist, muss dann und wann auch auf die beiden anderen Verfahren zurückgegriffen werden. Deshalb hier alle drei Methoden noch mal kurz im Schnelldurchlauf, damit Sie nicht hektisch hin und her blättern müssen.

Die buchtechnische Kostenauflösung

Beim buchtechnischen Verfahren werden alle Istkosten auf ihr Verhalten bei Beschäftigungsschwankungen hin beobachtet. Alle Kosten, die sich von Beschäftigungsschwankungen unbeeindruckt zeigen, sind fixe Kosten.

Die mathematische Kostenauflösung

Bei der mathematischen Methode werden zwei unterschiedliche Beschäftigungspunkte herausgegriffen und analysiert. Wenn sich die Kosten bei einem Produktionszuwachs von einer Einheit um 10 Euro erhöhen, betragen die proportionalen Kosten pro Einheit 10 Euro. Anschließend wenden Sie Ihren Blick den Gesamtkosten zu. Von diesen ziehen Sie die variablen Kosten ab und schon haben Sie die fixen Kosten, die sogenannten Residualkosten, ermittelt.

Die planmäßige, analytische Kostenauflösung

Hier planen und analysieren Sie auf der grünen Wiese. Dabei achten Sie darauf, wie sich die geplanten Kosten bei Beschäftigungsänderungen verhalten würden. Kosten, die sich dabei nicht verändern, sind fixe Kosten. Kosten die sich entsprechend der Beschäftigung verändern, sind variable, also proportionale Kosten.

Bei der Kostenauflösung sollten Sie den Tipp einer berühmten Persönlichkeit stets bei sich tragen: Ein gewisser Albert E. konstatierte einmal: »Alles ist relativ,« Und das gilt selbstverständlich auch für die Kostenauflösung. Je nach Betrachtungszeitraum und Blickwinkel kann eine Kostenart fix oder variabel sein. Es ist eben alles relativ. Die Entgelte oder die Hallenmiete erscheinen auf den ersten Blick als Fixkosten. Zieht man den Betrachtungszeitraum ausreichend in die Länge, werden diese beiden Kostenarten ganz schnell variabel. Mit steigendem Mitarbeiterbedarf oder Platzbedarf steigen beide Kostenarten an. Bei zurückgehender Beschäftigung sinken beide Kostenarten – sofern Anpassungen vonnöten sind und durchgeführt werden.

Die Kosten- und Erlösplanung

Ohne Kostenplanung später keine Kostenkontrolle, kein Soll-Ist-Vergleich. Die Kosten planen Sie genau so wie bei der Vollkostenrechnung kostenartenweise und natürlich je Kostenstelle. Auch in der Teilkostenrechnung bestehen die Kosten weiterhin aus zwei Komponenten, dem Preis und der Menge. Die Beschäftigung ist dabei weiterhin die wichtigste Einflussgröße der Preise und Mengen. Die Plankosten sollten, wo es geht, immer analytisch ermittelt werden, damit keine unwirtschaftlichen Vergangenheitswerte in die Zukunft fortgeschrieben werden.

Idealerweise finden Sie bei der Kostenplanung für jede Kostenstelle eine Bezugsgröße, die die geplante Beschäftigung darstellt. Das kann die Fertigungszeit oder produzierte Stückzahl sein. Manchmal kann es aber auch vorkommen, dass Sie mehrere Bezugsgrößen verwenden müssen. Dies ist zum Beispiel der Fall, wenn verschiedene Produkte hergestellt werden oder die Kostenzusammensetzung auftragsbedingt schwankt. Dann kann es sein, dass Sie zum Beispiel die Bezugsgröße Mitarbeiterstunden und die Bezugsgröße Maschinenlaufzeit oder Systemauslastungen parallel verwenden müssen.

Das hört sich alles schlimmer an, als es tatsächlich ist: Sie analysieren, indem Sie mithilfe einfacher Berechnungen den Energieverbrauch und den Verschleiß von Maschinen und Fahrzeugen entsprechend der geplanten Beschäftigung ermitteln. Und wenn Sie nicht mehr weiterwissen, können Sie zur Not auch schätzen. Hier wäre es natürlich schön, wenn Sie Ihre persönliche Abschätzung mit fachkundigen Kollegen diskutieren können.

KAPITEL 36 Teilsicht – Direct Costing oder die Grenzplankostenrechnung

In der Literatur wird sehr oft streng zwischen der Einzelkostenplanung und der Gemeinkostenplanung unterschieden. Die Planung der Einzelkosten erfolgt dabei kostenträgerorientiert in der Kostenartenrechnung. Die Gemeinkosten werden anschließend in der Kostenstellenrechnung geplant, da diese nur den Kostenstellen, nicht aber den Kostenträgern direkt zugeordnet werden können. In der Praxis werden die Einzelkosten trotzdem oftmals kostenstellenweise geplant, damit bei der späteren Kostenkontrolle Verantwortliche, also die Kostenstellenverantwortlichen, greifbar sind.

✔ **Die Materialkosten planen:** Zwei Elemente wollen hier geplant werden, die Mengen und die Preise. Die Mengen erfragen Sie bei den herstellenden Bereichen, die zugehörigen Einkaufspreise erhalten Sie vom Einkauf. Wie in der Vollkostenrechnung können Sie zur Vermeidung von Preisabweichungen ebenfalls mit festen Preisen rechnen. Das Argument hierfür lautet: Der Kostenstellenverantwortliche kann ja nichts für die Preisschwankungen beim eingesetzten Material. Wenn dies bei Ihnen tatsächlich so sein sollte und Sie deshalb mit Festpreisen arbeiten wollen, müssen Sie die Preisdifferenzen, das ist die Differenz zwischen Festpreis und tatsächlichem Preis, gesondert verfolgen und in Ihrer Kostenrechnung ausweisen.

Wenn Sie Festpreise verwenden, sollten Sie diese einmal jährlich überprüfen und anpassen.

✔ **Die Personalkosten planen:** Die Zahl der offenen und besetzten Planstellen ergibt pro Kostenstelle das maximale Kapazitätsangebot. Die Kostenstellenverantwortlichen wissen, wie viel dieser Kapazität für die Bereitstellung von Leistungen und die Herstellung einer Produkteinheit benötigt wird. Sie wissen dagegen, wie viel Kosten pro Mitarbeiter anfallen. Abschließend schätzen Sie noch die nächsten Tarifsteigerungen und die Entwicklung der Sozialabgaben. Alternativ können Sie auch hier bei den Personalkosten mit Festpreisen arbeiten. Die Abweichung zwischen dem für das nächste Jahr festgelegten Festpreis für die Entgelte und die tatsächliche Entgeltentwicklung bezeichnet man als Tarifabweichung. Diese muss bei Verwendung von Festpreisen ebenfalls gesondert ausgewiesen werden.

✔ **Die Planung weiterer Sachkosten:** Jede Kostenart will geplant sein. Die besten Planwerte erhalten Sie, indem Sie sich einen guten Überblick über die Rahmendaten verschaffen und zusätzlich einen Blick auf die Vergangenheitswerte werfen. Wenn Sie beispielsweise für die Kostenstelle Einkauf gerade die Kostenart Telefonkosten planen, prüfen Sie, ob die Mitarbeiteranzahl konstant bleibt, und erfragen zusätzlich beim Einkaufsleiter, ob grundlegende Änderungen beim Telefonierverhalten aufgrund der neuen Vertragspartner in Kabul und Pjöngjang zu erwarten sind. Umsichtig wie Sie nun einmal sind, werfen Sie auch noch einen Blick über den Tellerrand und prüfen, ob der technologische Fortschritt Einfluss auf diese Kostenart haben könnte, zum Beispiel durch den Einsatz von IP-Telefonen. Am Schluss überprüfen Sie anhand von Vergangenheitswerten, ob Ihre Planwerte halbwegs plausibel sind.

✔ **Die Erlösplanung:** Was sind die Einflussgrößen für die Absatzmengen und die Verkaufspreise? Dazu müssen Sie neben Ihrer Preispolitik auch die allgemeine Marktentwicklung berücksichtigen. Zusätzlich müssen Sie natürlich auch alle Informationen über Ihre

Vertriebswege und Ihre Absatzpolitik berücksichtigen. Das können unterschiedliche Verkaufspreise und Rabattstaffeln sein. Und wenn Sie eine neue Vertriebslinie gewinnen konnten, werden Ihre Absatzmengen steigen. Diese strukturelle Veränderung muss planerisch ebenfalls mitberücksichtigt werden. Der umgekehrte Fall: Ihre Absatzmengen werden wahrscheinlich sinken, wenn sich eine wichtige Vertriebslinie gerade in der geordneten Insolvenz befindet und die Kunden diese Läden seitdem meiden wie der Teufel das Weihwasser.

Beziehen Sie die Kostenstellenverantwortlichen immer bei der Planung ein. Diese müssen die Planwerte mittragen, ansonsten haben Sie später bei der Kostenkontrolle und bei allen möglichen Entscheidungsfragen ein massives Akzeptanzproblem.

Die gesamte Kostenplanung mündet schließlich in Kostenstellenplänen. Dort werden alle Kostenarten der Kostenstelle getrennt nach fixen und variablen Kosten untereinander aufgelistet.

Die Kostenträgerrechnung mit Teilkosten

Auch in der Grenzplankostenrechnung gibt es selbstverständlich eine Kostenträgerstückrechnung, gerne auch als Kalkulation bezeichnet, und eine Kostenträgerzeitrechnung, besser bekannt als Erfolgsrechnung.

Stückdeckungsbeiträge kalkulieren – die Kostenträgerstückrechnung

In der Kostenträgerstückrechnung beziehungsweise Kalkulation werden die proportionalen Stückkosten der einzelnen Kostenträger kalkuliert. In manchen Unternehmen soll die Erlösseite auch interessieren. In solchen, tendenziell eher langlebigeren Unternehmen werden vom Erlös die proportionalen Kosten abgezogen. Das Ergebnis nennt sich bei stückweiser Betrachtung sinnigerweise Stückdeckungsbeitrag. Die proportionalen Kosten können Sie mit allen bekannten Kalkulationsverfahren ermitteln.

Ihnen stehen wie in der Vollkostenrechnung prinzipiell folgende Kalkulationsverfahren zur Verfügung:

- ✔ Divisionskalkulation
- ✔ Äquivalenzziffernkalkulation
- ✔ Zuschlagskalkulation
- ✔ Maschinensatzkalkulation
- ✔ Kalkulation von Kuppelprodukten mit der Restwertmethode und der Verteilmethode

Im Unterschied zur Kalkulation in der Vollkostenrechnung werden hier natürlich immer nur die proportionalen beziehungsweise variablen Kosten verkalkuliert.

Die Willi Sahnig AG stellt drei Produkte her: Sahnetorten, Erdbeertorten und Butterkekse. Für die drei Produkte wurde kalkuliert. Das Ergebnis sehen Sie in Tabelle 36.1.

Stückkosten	Sahnetorte	Erdbeertorte	Butterkekse
Variable Materialeinzelkosten	1,80 €	2,20 €	0,60 €
Variable Materialgemeinkosten	0,10 €	0,15 €	0,03 €
Variable Fertigungseinzelkosten	0,90 €	0,90 €	0,45 €
Variable Fertigungsgemeinkosten	0,10 €	0,10 €	0,05 €
Variable Herstellkosten	**2,90 €**	**3,35 €**	**1,13 €**
Variable Verwaltungsgemeinkosten	0,05 €	0,05 €	0,03 €
Variable Vertriebsgemeinkosten	0,05 €	0,05 €	0,07 €
Variable Stückkosten	**3,00 €**	**3,45 €**	**1,23 €**

Tabelle 36.1: Ermittlung der variablen Stückkosten

Den variablen Stückkosten können Sie nun noch die Stückerlöse gegenüberstellen und schon haben Sie die Stückdeckungsbeiträge ermittelt. In Tabelle 36.2 können Sie diesen unspektakulären Schritt besichtigen.

Stückkosten	Sahnetorte	Erdbeertorte	Butterkekse
Variable Stückkosten	3,00 €	3,45 €	1,23 €
Erlöse	4,50 €	3,90 €	1,59 €
Stückdeckungsbeitrag	**1,50 €**	**0,45 €**	**0,36 €**

Tabelle 36.2: Ermittlung des Stückdeckungsbeitrags

Die Stückdeckungsbeiträge sind alle positiv. Damit kann jedes Produkt seine variablen Kosten und auch einen Teil der Fixkosten abdecken. Mit dem Deckungsbeitrag trägt das jeweilige Produkt dazu bei, dass die Miete, die Gehälter und alle weiteren Fixkosten bezahlt werden können. Bei einem negativen Deckungsbeitrag heißt es: Finger weg! Das Produkt erwirtschaftet nicht einmal die variablen Kosten.

Erfolg gehabt – die Kostenträgerzeitrechnung

Die Erfolgsrechnung in der Grenzplankostenrechnung unterscheidet sich von der Erfolgsrechnung in der Vollkostenrechnung durch zwei Punkte: Die fixen Kosten werden gesondert behandelt und die Bestandsveränderungen werden nur mit den proportionalen Kosten bewertet. Folglich erhalten Sie beim Vorhandensein von Bestandsveränderungen mit der Teilkostenrechnung stets ein anderes Ergebnis, als wenn Sie den Erfolg mit der Vollkostenrechnung ermittelt hätten. So weit zunächst die Unterschiede.

Jetzt zu den Gemeinsamkeiten. Wie in der Vollkostenrechnung können Sie auch hier in der Grenzplankostenrechnung die Kostenträgerzeitrechnung entweder mit dem Gesamtkostenverfahren oder mit dem Umsatzkostenverfahren durchführen.

Da dieses Kapitel nicht ganz ohne Absicht die Überschrift »Teilsicht – Direct Costing oder die Grenzplankostenrechnung« trägt, darf jetzt das Direct Costing die Bühne betreten. Beim Direct Costing ziehen Sie alle Fixkosten en bloc von allen Deckungsbeiträgen der jeweilgen Produkte ab. So sehen Sie, wie das Unternehmensergebnis ausfällt, ob Gewinn oder Verlust gemacht wurde.

Das besondere Kennzeichen der *einstufigen Deckungsbeitragsrechnung* ist der Abzug der Fixkosten in einem einzigen Block. In den USA wird dies als *Direct Costing* bezeichnet.

Und genau das wird jetzt in Tabelle 36.3 im Beispiel durchgeführt. Dazu werden die Stückdeckungsbeiträge mit den jeweiligen Stückzahlen multipliziert. Anschließend werden die Fixkosten des Unternehmens von den Deckungsbeiträgen abgezogen.

Stückkosten	Sahnetorte	Erdbeertorte	Butterkekse
Variable Stückkosten	3,00 €	3,45 €	1,23 €
Erlöse	4,50 €	3,90 €	1,59 €
Stückdeckungsbeitrag	1,50 €	0,45 €	0,36 €
Stückzahlen	100.000	400.000	600.000
Deckungsbeiträge	150.000 €	180.000 €	216.000 €
Fixkosten		300.000 €	
Gewinn/Verlust		246.000 €	

Tabelle 36.3: Ermittlung des Betriebsergebnisses ohne Bestandsveränderungen

Die Willi Sahnig AG erzielt im Plan ein positives Ergebnis. Stellt ein Unternehmen, wie hier im Beispiel gezeigt, mehrere Produkte her, muss die Summe aller Deckungsbeiträge die Fixkosten übersteigen, damit das Unternehmen einen Gewinn erwirtschaftet. Stellt Ihr Unternehmen nur ein Produkt her, das zwar einen positiven Deckungsbeitrag hat, die Fixkosten aber nicht ganz abdeckt, hagelt es selbstredend Verluste. Das hoffentlich nicht allzu sehr appetitanregende Tortenbeispiel wird nun um ein paar lästige Bestandsveränderungen erweitert, damit Sie das Gesamt- und das Umsatzkostenverfahren in der Grenzplankostenrechnung in voller Aktion sehen können.

Das Gesamtkostenverfahren in der Grenzplankostenrechnung

Beim Gesamtkostenverfahren ziehen Sie von den erzielten Erlösen die mit den Herstellkosten bewerteten Bestandsveränderungen ab oder zählen sie hinzu; je nachdem, ob ein Lagerabbau oder Lageraufbau stattgefunden hat. Abschließend werden noch die proportionalen Gesamtkosten der gesamten hergestellten Menge und die Fixkosten abgezogen und schon haben Sie das Betriebsergebnis wie in Tabelle 36.4 ermittelt.

Nun das Ganze mit einem Zahlenbeispiel. Die Willi Sahnig AG produziert die empfindlichen Sahne- und Erdbeertorten dank eines ausgeklügelten Logistiksystems bedarfsgenau, sodass es hier keine Lagerbestände und damit auch keine Bestandsveränderungen gibt. Lediglich bei den Butterkeksen gibt es ein Auf und Ab bei den Lagerbeständen, da der zuständige

KAPITEL 36 Teilsicht – Direct Costing oder die Grenzplankostenrechnung

Erlöse der verkauften Mengen
+ variable Herstellkosten für Bestandserhöhungen
– variable Herstellkosten für Bestandsminderungen
– variable Herstellkosten für die gesamte produzierte Menge
– variable Verwaltungs- und Vertriebsgemeinkosten für die verkaufte Menge
– Fixkosten
= Betriebsergebnis

Tabelle 36.4: Gesamtkostenverfahren in der Grenzplankostenrechnung

Kostenstellenleiter Herr Palm-Butter saisonale Schwankungen mithilfe von Lagerbestandsveränderungen abfedern darf. Am Ende der Abrechnungsperiode verzeichnet er diesmal eine Bestandserhöhung von 5.000 Packungen Butterkekse.

Erlöse Sahnetorte	100.000 × 4,50 €	450.000 €
Erlöse Erdbeertorte	400.000 × 3,90 €	1.560.000 €
Erlöse Butterkekse	595.000 × 1,59 €	946.050 €
+ variable HK für Bestandserhöhungen	5.000 × 1,13 €	5.650 €
– variable Herstellkosten Sahnetorten	100.000 × 2,90 €	– 290.000 €
– variable Herstellkosten Erdbeertorten	400.000 × 3,35 €	– 1.340.000 €
– variable Herstellkosten Butterkekse	600.000 × 1,13 €	– 678.000 €
– variable VVGK	1.095.000 × 0,10 €	– 109.500 €
– Fixkosten		– 300.000 €
Betriebsergebnis (Gewinn)		= 244.200 €

Tabelle 36.5: Gesamtkostenverfahren bei der Willi Sahnig AG

Das Umsatzkostenverfahren in der Grenzplankostenrechnung

Nun dasselbe Beispiel mit dem Umsatzkostenverfahren. Beim Umsatzkostenverfahren stellt man den Erlösen aus den verkauften Produkten die dafür entstandenen variablen Selbstkosten gegenüber.

Die variablen Selbstkosten der verkauften Produkte setzen sich aus den variablen Herstellkosten und den variablen Verwaltungs- und Vertriebsgemeinkosten der verkauften Produkte zusammen.

Table 36.6 zeigt das Verfahren im Überblick.

Erlöse
– variable Selbstkosten der verkauften Produkte
– Fixkosten
= Betriebsergebnis

Tabelle 36.6: Umsatzkostenverfahren in der Grenzplankostenrechnung

504 TEIL VII Glaskugel: Plankosten- und Planleistungsrechnung

Den Beweis, dass beide Verfahren zum gleichen Ergebnis führen, liefert Tabelle 36.7.

Erlöse Sahnetorte	100.000 × 4,50 €	450.000 €
Erlöse Erdbeertorte	400.000 × 3,90 €	1.560.000 €
Erlöse Butterkekse	595.000 × 1,59 €	946.050 €
– variable Selbstkosten Sahnetorten	100.000 × 3,00 €	– 300.000 €
– variable Selbstkosten Erdbeertorten	400.000 × 3,45 €	– 1.380.000 €
– variable Selbstkosten Butterkekse	595.000 × 1,23 €	– 731.850 €
– Fixkosten		– 300.000 €
Betriebsergebnis (Gewinn)		= 244.200 €

Tabelle 36.7: Umsatzkostenverfahren bei der Willi Sahnig AG

Kosten- und Erlöskontrolle und Abweichungsanalyse

Die Jahreszeiten kommen und gehen, die letzte Planung ist Geschichte, echte Istkosten und -erlöse fallen im ehemals beplanten Jahr an. Zeit für die Kosten- und Erlöskontrolle.

Diplomatie und Bestimmtheit – die Kostenkontrolle

Da die Grenzplankostenrechnung die Fixkosten nicht wie die Vollkostenrechnung proportionalisiert, sondern einfach erst einmal weglässt, entsprechen die Sollkosten immer den Plankosten, egal welche Istbeschäftigung gerade herrscht. Bei der Kostenkontrolle und Abweichungsanalyse bleibt Ihnen die Beschäftigungsabweichung deshalb erspart. Hoch motiviert gehen Sie deshalb an die Kostenkontrolle und Abweichungsanalyse. Zuerst suchen Sie nach dem vor einigen Monaten ermittelten Plankostensatz der Kostenstelle »Sahnetortenproduktion«. Für den Plankostensatz dieser Kostenstelle wurde in Abstimmung mit dem Kostenstellenverantwortlichen Herrn Schlag-Obers ja 3 Euro ermittelt. Im zweiten Schritt ermitteln Sie die verrechneten Plankosten.

$$\text{Verrechnete Plankosten} = \text{Plankostensatz} \cdot \text{Istbeschäftigung} = 3\ € \cdot 1.200 = 3.600\ €$$

Geplant waren 1.000 Sahnetorten, tatsächlich hergestellt wurden aber 1.200 Sahnetorten. Im folgenden dritten Schritt ermitteln Sie die Sollkosten.

$$\text{Sollkosten} = \text{Plankostensatz} \cdot \text{Istbeschäftigung} = 3\ € \cdot 1.200 = 3.600\ €$$

Eine Beschäftigungsabweichung gibt es bei der Grenzplankostenrechnung bekanntlich nicht. Die Sollkosten stimmen deshalb mit den verrechneten Plankosten stets überein. Auch wenn die tatsächliche Menge größer oder kleiner als die geplante Menge ist.

Vielfältige Erklärungen – die Verbrauchsabweichung

Im vierten Schritt folgt die Ermittlung der Verbrauchsabweichung. Herr Schlag-Obers freut sich, Ihnen mitteilen zu dürfen, dass seine proportionalen Kosten trotz 20 Prozent Mengenwachstum nur 10 Prozent über dem Plan liegen und bietet Ihnen dabei lächelnd ein Stück Torte an. Dem erfahrenen Teilkostenrechner platzt bei einer solchen Aussage der Kragen, er bleibt aber dennoch äußerlich gelassen und dokumentiert zur Beruhigung erst einmal die Verbrauchsabweichung:

$$\text{Verbrauchsabweichung} = \text{Istkosten} - \text{Sollkosten} = 3.950\ \text{€} - 3.600 = 360\ \text{€}$$

Für jede hergestellte Sahnetorte wurden statt 3 Euro proportionale Kosten von 3,30 Euro benötigt. Nun müssen Sie die Ursache herausfinden. Dazu für Sie eine kleine Checkliste:

- ✔ Preisabweichung?
- ✔ Verfahrensabweichung?
- ✔ Unwirtschaftlichkeit?

Die Preisabweichung

Sie beginnen mit der Preisabweichung. Der erste Treffer. Herr Schlag-Obers berichtet Ihnen, dass sich der Einkaufspreis für die Sahne ständig verändert hat. Zuerst wollte der Großhändler pro Liter Sahne noch stolze 2 Euro, kurze Zeit später fiel der Preis erfreulicherweise auf 1,80 Euro je Liter. Die Preisabweichung kann also keine Ursache für die Erhöhung der proportionalen Kosten sein. Im Gegenteil, würden die Sahnetorten nur aus Sahne bestehen, hätten die proportionalen Kosten nicht um 10 Prozent steigen, sondern sinken müssen. Da die Sahne die Hälfte der proportionalen Kosten ausmacht, hätten die proportionalen Kosten je Torte um 5 Prozent sinken müssen. Leider sind sie aber um 10 Prozent gestiegen. Das bedeutet, dass Sie mittlerweile 15 Prozent Verbrauchsabweichung erklären müssen. Herrn Schlag-Obers bekümmert dies wenig, er findet die Torten gelungen und bietet Ihnen ein weiteres Stück zur Stärkung an.

Die Verfahrensabweichung

Beim zweiten Stück Torte fragen Sie Ihren Gastgeber, wie verflixt noch einmal die proportionalen Kosten über dem Planwert liegen können, obwohl die leckere Sahne billiger denn je ist. Herr Schlag-Obers schenkt Ihnen eine Tasse Kaffee ein und erzählt ein paar Geschichten aus der Sahnetortenproduktion. In der ursprünglichen Kostenplanung wurde vom Stellenvorgänger viel zu wenig Sahne pro Torte veranschlagt. Dieser hätte nur den kurzfristigen Profit, aber nicht die Qualität und den guten Ruf der Willi Sahnig AG im Blick gehabt. Glücklicherweise folgte der Stellenvorgänger vor Kurzem dem Ruf einer großen Bäckereikette; die Konditoren atmeten auf. Unter 3,30 Euro pro Torte sei deshalb nichts zu machen.

Unwirtschaftlichkeiten aufdecken

Sie nicken verständnisvoll und bedanken sich für das dritte Stück Sahnetorte. Auch wenn das Sprechen inzwischen schwerfällt, stellen Sie zur Abrundung des Meetings trotzdem noch ein paar abschließende Fragen. Wird wirklich optimal gearbeitet, verkommt auch kein Sahnebecher im Kühlschrank, verschüttet kein schusseliger Mitarbeiter jeden Tag zehn Liter Sahne auf dem Boden?

Herr Schlag-Obers will da nicht so sein und gibt ein paar kleinere Fehler zu. Die Sahnebecher werden in der Hektik nicht ganz ausgeleert. Ein kleiner Rest landet deshalb immer im Müll. Würde man die Sahnebecher noch ein paar Sekunden auf dem Kopf stehen lassen, könnte man locker noch 5 Prozent des Inhalts rausholen. Sahnetortentrunken vereinbaren Sie mit Herrn Schlag-Obers eine bessere Sahnebecherausbeute.

Nicht immer einfach – die Erlöskontrolle

Vor lauter Kosten dürfen Sie natürlich nicht die Erlösseite vergessen. Auch hier gibt es wie bei den Kosten zwei Komponenten, die beobachtet werden müssen: die Menge und der Preis. Wenn sich die Erlöse mal wieder unterhalb der Planung bewegen, kann dies viele Ursachen haben. Werden mehrere Produkte oder Leistungen vertrieben, wird sich die Istsituation bei jedem Produkt und bei jeder Leistung individuell entwickeln. Ein Produkt läuft besser als geplant, ein anderes vielleicht etwas schlechter als geplant. Die Preisabweichung muss aber nicht immer vom Unternehmen selbst verursacht worden sein. Wenn sich der Preis für ein Produkt am Gesamtmarkt anders als geplant entwickelt, muss das Unternehmen sich dieser Entwicklung nun mal anpassen. Dasselbe gilt für die Mengenentwicklung. Wächst der Markt stärker als geplant, könnten auch Ihre Istmengen über den Planmengen liegen.

Break-even-Analysen, Preispolitik und Portfolioentscheidungen

Im Unternehmensalltag müssen ständig operative Entscheidungen getroffen werden. Hier erfahren Sie, wie Ihnen die Grenzplankostenrechnung bei Ihren Portfolioentscheidungen, bei der Preispolitik und bei Break-even-Analysen helfen kann. Wunderheilungen werden Ihnen hier jedoch nicht versprochen, hierfür wenden Sie sich bitte an den nächsten Scharlatan Ihres Vertrauens. Die Grenzplankostenrechnung kann immer nur bei den gerade beeinflussbaren Kosten, den sogenannten relevanten Kosten, Entscheidungshilfe geben.

Das optimale Produktportfolio suchen und finden

Jeden Tag aufs Neue diese lästigen Entscheidungen. Was tun, was lassen? Das beginnt bei der Auswahl des optimalen Produktprogramms und geht weiter bei der Frage, welche Aufträge angenommen werden sollen und welche besser nicht. In einer Welt ohne Kapazitätsengpässe und mit unendlichen Ressourcen stellen sich diese Fragen nicht. Aber bis zum Eintritt ins Paradies haben Sie hoffentlich noch sehr viel Zeit und deshalb auch noch viele schwierige Entscheidungen zu treffen. Der einfachste und zugleich häufigste aller Engpässe ist der Absatzengpass. Sie werden von jedem Produkt immer nur eine bestimmte Anzahl verkaufen können. Sofern jedes Ihrer Produkte einen positiven Stückdeckungsbeitrag hat, sollten Sie diese Grenzen allesamt austesten. Der etwas schwierigere und zugleich leider auch recht häufige Engpass ist der Fertigungsengpass. Irgendwo klemmt es bekanntlich ja immer. Mal sind zu wenig Mitarbeiter vorhanden, mal zu wenig Maschinen oder Lagerkapazitäten oder mal sind die Rohstoffe knapp. Mithilfe des relativen Stückdeckungsbeitrags lässt sich eine solche Situation stets bequem lösen.

Der Leiter des Rechnungswesens der Willi Sahnig AG, Herr Dr. F. zeigt Ihnen nun anhand der drei Produkte Sahnetorte, Erdbeertorte und Butterkekse, wie dies funktioniert. Der Engpass besteht hier im Beispiel bei den verwendeten Eiern. Willi Sahnig verarbeitet ausschließlich Eier von Hühnern der bekannten Hühnerfarmbetreiberin Frau Bibberle, da deren Hühner ausgewogen ernährt werden und genügend Auslauf auf sattem Grün haben. Nur mit diesen Eiern erzielt er den typischen, unvergleichlichen Geschmack seiner Torten und Kekse. Der Haken dabei: Die Farmerin kann nur eine begrenzte Anzahl an Eiern liefern: 1,5 Million Eier pro Jahr. In Tabelle 36.8 sehen Sie die bereits bekannten Stückdeckungsbeiträge und die maximalen Absatzmengen, die der Markt aufnehmen kann. Zusätzlich finden Sie in der dritten Zeile die Information über die benötigten Eier pro Torte beziehungsweise pro Packung Butterkekse, den sogenannten Produktionskoeffizienten.

Produkt	Sahnetorte	Erdbeertorte	Butterkekse
Stückdeckungsbeitrag	1,50 €	0,45 €	0,36 €
Absatzhöchstmenge	100.000	400.000	600.000
Benötigte Eier pro Torte beziehungsweise Packung Butterkekse	6	3	1
Deckungsbeitrag je Ei	0,25 €	0,15 €	0,36 €
Rangfolge	**2**	**3**	**1**

Tabelle 36.8: Portfoliorangfolge ermitteln

Der *Produktionskoeffizient* besagt, wie viele Mengeneinheiten eines Einsatzgutes für die Herstellung eines Produkts benötigt werden. Anders ausgedrückt gibt er das Verhältnis von Einsatzmenge zu Ausbringungsmenge an.

Wenn Sie die Stückdeckungsbeiträge durch den Produktionskoeffizienten teilen, erhalten Sie den Deckungsbeitrag je Ei. Dieser legt die Rangfolge für Ihr Produktionsprogramm fest. Mit 1,5 Million Eiern pro Jahr können alle 600.000 Packungen Butterkekse und alle 100.000 Sahnetorten produziert werden. Bei der Erdbeertorte werden die Eier knapp. Von den 1,5 Million Eiern sind nur noch 300.000 übrig, dies reicht nur noch für 100.000 Erdbeertorten. Den Gesamtdeckungsbeitrag, den die Willi Sahnig AG mit diesem gewählten Mix erzielt, zeigt Tabelle 36.9.

Produkt	Sahnetorte	Erdbeertorte	Butterkekse
Stückdeckungsbeitrag	1,50 €	0,45 €	0,36 €
Mögliche Menge	100.000	100.000	600.000
Deckungsbeitrag	150.000 €	45.000 €	216.000 €
Gesamter Deckungsbeitrag		411.000 €	

Tabelle 36.9: Optimaler Deckungsbeitrag

Hätte man die Produktrangfolge einfach entsprechend der Stückdeckungsbeiträge vergeben, würde ein viel niedrigerer Deckungsbeitrag erzielt werden. In Tabelle 36.10 können Sie dies schön sehen.

Produkt	Sahnetorte	Erdbeertorte	Butterkekse
Stückdeckungsbeitrag	1,50 €	0,45 €	0,36 €
Absatzhöchstmenge	100.000	400.000	600.000
Benötigte Eier pro Torte beziehungsweise Packung Butterkekse	6	3	1
Rangfolge	**1**	**2**	**3**
Mögliche Menge	100.000	300.000	0
Deckungsbeitrag	150.000 €	135.000 €	0 €
Gesamter Deckungsbeitrag		285.000 €	

Tabelle 36.10: Kein optimaler Deckungsbeitrag

Von der Sahnetorte kann wieder die maximale Menge produziert werden. Die restlichen 900.000 Eier reichen dann noch für 300.000 Erdbeertorten. Butterkekse gibt es keine. Der mit dieser Methode erzielbare Deckungsbeitrag liegt mit 285.000 Euro deutlich unter dem mithilfe des Produktionskoeffizienten ermittelten Deckungsbeitrags in Höhe von 411.000 Euro. Die richtige Programmwahl kann über Gewinn und Verlust entscheiden. Zieht man vom Deckungsbeitrag noch die fixen Kosten in Höhe von 300.000 Euro ab, bleibt mit der ersten Methode ein Gewinn übrig, mit der zweiten, falschen, Methode würde man Verluste machen.

Preispolitik – Preisuntergrenzen ermitteln

Mithilfe der Grenzplankostenrechnung können Sie Preisuntergrenzen bestimmen. Deckt das Produkt gerade noch die variablen Kosten, ist stets die absolute Preisuntergrenze erreicht. Sie können aber auch ganz bequem Preisuntergrenzen bei Fertigungsengpässen bestimmen. Dazu wieder ein Beispiel aus der Welt der Kalorienbomben.

Die Vertriebsleiterin der Willi Sahnig AG, Frau Lilli Krümel, erhält von einem Discounter eine Anfrage über 10.000 Schokokuchen. Der Discounter bietet einen Preis von 2,90 Euro pro Schokokuchen. Frau Krümel ist begeistert, weiß sie doch, dass die variablen Stückkosten bei 2,40 Euro liegen und somit ein positiver Stückdeckungsbeitrag möglich ist. Vor Abschluss fragt sie dennoch pro forma beim Controlling um Erlaubnis an. Die zuständige Controllerin Elsa Knickrig ist von diesem Zusatzauftrag gar nicht begeistert und fordert die Vertriebsleiterin vehement auf, zum Wohle der Willi Sahnig AG den Auftrag abzulehnen. Die Begründung ist ganz einfach. Dazu zuerst einmal die benötigten Daten:

- ✓ Zusatzauftrag für 10.000 Schokokuchen zum Verkaufspreis von 2,90 Euro
- ✓ variable Stückkosten pro Schokokuchen: 2,40 Euro
- ✓ benötigte Eier pro Schokokuchen: vier

Für die 10.000 Schokokuchen würden also 40.000 Eier benötigt. Somit könnten 13.333 Erdbeertorten weniger produziert werden: 40.000 Eier geteilt durch drei benötigte Eier pro Erdbeertorte ergibt eben 13.333. Der Stückdeckungsbeitrag einer Erdbeertorte beträgt 0,45 Euro. Die Preisuntergrenze, kurz PUG, für die Schokokuchen wird mit der folgenden Formel ermittelt:

$$\text{PUG} = \text{var. Stückkosten} + \frac{\text{Stück} - \text{DB verdrängtes Produkt} \cdot \text{verdrängte Menge}}{\text{Menge Zusatzauftrag}}$$

Mit den Zahlen versehen sieht das so aus:

$$\text{PUG} = 2{,}40 + \frac{0{,}45 \cdot 13.333}{10.000} = 3{,}00$$

Dies bedeutet, dass mit einem Verkaufspreis von 3 Euro ein Stückdeckungsbeitrag von 0,60 Euro erzielt werden könnte. Und 0,60 Euro geteilt durch vier benötigte Eier macht 0,15 Euro Deckungsbeitrag pro benötigtes Ei, was exakt dem Deckungsbeitrag je Ei der Erdbeertorte entspricht. Ab hier wird der Zusatzauftrag erst interessant. Da der Discounter beim Preis nicht mit sich reden lassen will, kommt der Zusatzauftrag nicht zustande.

Break-even-Analyse durchführen

In der Break-even-Analyse wird genau der Beschäftigungsgrad gesucht und hoffentlich auch immer gefunden, bei dem das Betriebsergebnis gleich null ist. Diesen Punkt nennt man Break-even-Point. Hier sind die Erlöse gleich den Kosten, der Deckungsbeitrag deckt dann exakt die Fixkosten. Dank der Break-even-Analyse können Sie erkennen, wie sich Beschäftigungsschwankungen auf das Ergebnis auswirken. Sie sehen damit, ab welchem Umsatzniveau das Unternehmen in die roten Zahlen rutschen würde. Oder positiv formuliert: ab welchem Umsatzniveau Gewinn erwirtschaftet würde.

 Den Punkt, ab dem die Gewinnzone erreicht wird, nennt man *Break-even-Point* oder *Gewinnschwelle*.

Bei der Ermittlung des Break-even-Points müssen Sie zwischen Ein-Produkt-Unternehmen und Unternehmen mit mehreren Produkten unterscheiden. Sie ahnen es sicherlich schon: Die Ermittlung ist bei einem Ein-Produkt-Unternehmen einfacher als bei einem Unternehmen mit mehreren Produkten. Aber auch dies ist kein Hexenwerk.

Break-even-Analyse mit einem Produkt

Bei einem Ein-Produkt-Unternehmen errechnet sich der Erlös ganz einfach aus Preis mal Menge. Die Formel:

$$E = p \cdot x$$

Jetzt müssen die Kosten noch formeltechnisch in fix und variabel getrennt werden. Die variablen Kosten sind ebenso wie der Erlös mengenabhängig. Deshalb besitzt dieser Formelteil starke Ähnlichkeiten mit der Erlösberechnung. Der Fixkostenblock wird anschließend noch hinzuaddiert:

$$K = K_{var} \cdot x + K_{fix}$$

Der Break-even-Point liegt genau bei jener Absatzmenge, bei der die Erlöse gleich den Kosten sind.

$$E = K$$

Etwas ausführlicher sieht dies dann so aus:

$$p \cdot x = K_{var} \cdot x + K_{fix}$$

Unnötigerweise befindet sich die Mengenangabe x ganze zwei Mal in dieser Formel. Das kann man getrost herauskürzen. Heraus kommt dabei die Formel zur Berechnung des Break-even-Points, kurz BEP:

$$x(BEP) = \frac{K_{fix}}{p - K_{var}}$$

Diese Formel gibt an, ab welcher Menge Gewinn erwirtschaftet wird. Jetzt füllen wir diese Formel mit Leben. Genauer gesagt mit produzierten und verkauften Sahnetorten der Willi Sahnig AG.

Die Willi Sahnig AG verkauft nur noch Sahnetorten zu 4,50 Euro. Im Vorjahr konnte die Willi Sahnig AG 100.000 Sahnetorten verkaufen. Die variablen Kosten pro Torte betragen 3 Euro. Fixkosten gab es leider auch: 100.000 Euro. Damit hat die Willi Sahnig AG im Vorjahr folgendes Betriebsergebnis, kurz BE, erwirtschaftet:

$$BE = p \cdot x - K_{var} \cdot x - K_{fix}$$
$$BE = 4,50 \cdot 100.000 - 3 \cdot 100.000 - 100.000 = 50.000$$

Die spannende Frage lautet: Wo lag im Vorjahr die Gewinnschwelle? Die Ermittlung stellt für Sie mit der kleinen Formel gar kein Problem dar:

$$x(BEP) = \frac{K_{fix}}{p - K_{var}}$$
$$x(BEP) = \frac{100.000}{4,50 - 3,00} = 66.667$$

Der Break-even-Point lag bei 66.667 Torten. Mit 100.000 verkauften Torten lag die Willi Sahnig AG weit von der kritischen Gewinnschwelle entfernt. Würden die Fixkosten steigen und der Absatz sinken, würde der Tortenproduzent aber unruhiger schlafen. Angenommen, die Fixkosten würden um 25 Prozent auf 125.000 Euro steigen und die abgesetzte Menge auf 80.000 Torten sinken, wäre Willi Sahnig um den Schlaf gebracht:

$$BE = p \cdot x - Kvar \cdot x - Kfix$$
$$BE = 4{,}50 \cdot 80.000 - 3 \cdot 80.000 - 125.000 = -5.000$$

Wie viele Sahnetorten muss die Willi Sahnig AG bei dieser Kostenstruktur unbedingt noch verkaufen, um wieder aus der Verlustzone zu kommen? Das sagt Ihnen wieder die Formel zur Berechnung des Break-even-Points:

$$x = \frac{Kfix}{p - Kvar}$$
$$x = \frac{125.000}{4{,}50 - 3{,}00} = 83.334$$

Wie Sie sehen, ist bei einem Ein-Produkt-Unternehmen die Berechnung wirklich kein Hexenwerk.

Break-even-Analyse mit mehreren Produkten

Verkauft ein Unternehmen mehrere Produkte, was ja die Regel sein dürfte, können Sie leider keine eindeutigen Mengen mehr ermitteln, ab denen die Gewinnschwelle erreicht wird. Sie wissen ja nie, welche Produkte wann genau verkauft werden.

Einmal angenommen, die Willi Sahnig AG würde wieder drei verschiedene Produkte verkaufen. Die Sahnetorte kostet bekanntlich 4,50 Euro, die Erdbeertorte 3,90 Euro und die Packung Butterkekse 1,59 Euro. Jedes Produkt erwirtschaftet zu allem kostenrechnerischen Unglück andere Deckungsbeiträge. In Tabelle 36.11 finden Sie die Situation übersichtlich dargestellt.

	Sahnetorte	Erdbeertorte	Butterkekse	Summe
Absatzmenge	100.000	400.000	600.000	
Preis in Euro	4,50 €	3,90 €	1,59 €	
K var	3,00 €	3,45 €	1,23 €	
Deckungsbeitrag	1,50 €	0,45 €	0,36 €	
Erlöse	450.000 €	1.560.000 €	954.000 €	2.964.000 €
abzüglich K var	300.000 €	1.380.000 €	738.000 €	2.418.000 €
= Deckungsbeitrag	150.000 €	180.000 €	216.000 €	546.000 €
abzüglich K fix				300.000 €
Ergebnis				**246.000 €**

Tabelle 36.11: Unterschiedliche Deckungsbeiträge

Die drei Produkte haben völlig unterschiedliche Deckungsbeiträge. Abhängig davon, welches Produkt Sie zuerst in Ihre Berechnung einbeziehen, erreichen Sie jeweils früher oder später die Gewinnschwelle.

Da Sie in der Regel nie wissen, welcher Produktmix in welcher zeitlichen Reihenfolge abverkauft wird, ermittelt man bei Mehrproduktunternehmen nicht die Stückzahl. Stattdessen wird jener Erlös ermittelt, der benötigt wird, um die Fixkosten zu decken. Dazu gibt es nachfolgende Formel. E(BEP) steht hier übrigens für Erlös des Break-even-Points.

$$E(BEP) = \frac{K_{fix}}{1 - \frac{K_{var}}{E}}$$

Bei der Willi Sahnig AG liegt der Break-even-Point damit bei folgendem Erlös:

$$E(BEP) = \frac{300.000}{1 - \frac{2.418.000}{2.964.000}} = 1.628.572$$

Die Willi Sahnig AG muss somit mindestens 1.628.572 Euro Erlöse erzielen, um mit den bestehenden Strukturen die Gewinnschwelle überschreiten zu können. Mit Erlösen in Höhe von 2.964.000 Euro lag sie beruhigend weit vom kritischen Punkt entfernt. Ein sehr positives Break-even-Analyseergebnis.

Aufgabe 36

Was versteht man unter einem Break-even-Point?

> **IN DIESEM KAPITEL**
>
> Erfolgsrechnung: Fixkosten nach dem Verursachungsprinzip zuordnen
>
> Den Stückerfolg rückwärtsgewandt mit dem Tragfähigkeitsprinzip kalkulieren
>
> Progressiv mit dem Tragfähigkeitsprinzip kalkulieren

Kapitel 37
Mehrstufig – die Fixkostendeckungsrechnung

Die Fixkostendeckungsrechnung alias Deckungsbeitragsrechnung ist eine Erweiterung der Grenzplankostenrechnung. Anstatt alle Fixkosten in einem Block zu betrachten, kann es sinnvoll sein, Fixkostengruppen zu bilden und diese nacheinander vom Deckungsbeitrag abzuziehen. Hier erfahren Sie, wie Sie die Grenzplankostenrechnung um ein paar Fixkosten erweitern können.

 Je geringer der Anteil der variablen Kosten an den Gesamtkosten, desto größer der Bedarf, die Fixkosten differenzierter zu verteilen.

Dies ist vor allem dann sinnvoll, wenn bestimmte Kosten zwar Fixkosten sind, sie aber nur durch ein bestimmtes Produkt oder eine bestimmte Leistung verursacht werden.

Aufteilung der Fixkosten nach der Zurechenbarkeit

Der Fixkostenblock wird nach der Zurechenbarkeit aufgegliedert. Gliederungskriterien sind in der Regel:

- ✔ Produktartfixkosten
- ✔ Produktgruppenfixkosten
- ✔ Bereichsfixkosten
- ✔ Unternehmensfixkosten

Produktartfixkosten können eindeutig Produkten zugeordnet werden. Das können Lizenzen oder Patente oder besondere Werkzeuge und Maschinen sein, die nur für diese Produktart verwendet werden. Produktgruppenfixkosten fallen für eine Produktgruppe an. Das können besondere Maschinen sein oder Forschungs- und Entwicklungskosten, die für die gesamte Produktgruppe anfallen. Zu den Bereichsfixkosten zählt die Verwaltung oder auch die Werkstatt eines Bereichs. An der Spitze dieser Pyramide stehen die Unternehmensfixkosten. Sie liegen richtig, wenn Sie dabei zum Beispiel an die Vorstandsvergütungen denken.

Man geht bei der Zuordnung der Fixkosten immer hierarchisch vor. Es wird danach geschaut, dass die Fixkosten immer der kleinsten möglichen Einheit zugeordnet werden. Das ist in etwa so wie das Subsidiaritätsprinzip der Europäischen Union, nach dem idealerweise immer zuerst die untersten Verwaltungsebenen, also die Kommunen, das regeln sollen, was sie ohne die nächsthöhere Ebene auch selbstständig lösen können. Ist dies nicht der Fall, muss die nächsthöhere Ebene ran. Damit soll in der mehrstufigen Deckungsbeitragsrechnung das Verursachungsprinzip gewahrt bleiben.

So kann der Tortenproduzent Willi Sahnig die Fixkosten für das Erdbeergewächshaus gleich auf der untersten Ebene dem Produkt Erdbeersahnetorte zuordnen, solange es kein weiteres erdbeerhaltiges Produkt gibt. Wenn dies der Fall ist, kann er die Fixkosten für das Erdbeergewächshaus gleich nur noch der nächsthöheren Ebene, also der Produktgruppe Erdbeertorten und -kuchen zuordnen.

Mithilfe der mehrstufigen Deckungsbeitragsrechnung können Sie herausfinden, welche Fixkosten entfallen, wenn ein Produkt oder gar eine Produktgruppe eingestellt wird.

Erfolgsrechnung in der mehrstufigen Deckungsbeitragsrechnung

Da dieses Kapitel sehr eng mit dem Kapitel zur Grenzplankostenrechnung verwandt ist, dürfen Sie noch weiter in die Welt der Torten- und Kuchenproduktion eintauchen. Das Controlling der Willi Sahnig AG will den riesigen Fixkostenblock etwas genauer unter die Lupe nehmen. Dazu wird die mehrstufige Deckungsbeitragsrechnung eingeführt. Die Controllerin Elsa Knickrig konnte in Zusammenarbeit mit den Kostenstellenverantwortlichen den Fixkostenblock in Höhe von 300.000 Euro ziemlich gut aufteilen. Den Produkten konnte sie die folgenden Fixkosten zuordnen:

- ✔ Sahnetorten: 20.000 Euro Produktartfixkosten
- ✔ Erdbeertorten: 20.000 Euro Produktartfixkosten
- ✔ Butterkekse: 60.000 Euro Produktartfixkosten

Danach wurde es bereits ein wenig kniffliger. Das Unternehmen besitzt zwei Produktgruppen:

- ✔ Torten: 70.000 Euro Produktgruppenfixkosten
- ✔ Kekse: 100.000 Euro Produktgruppenfixkosten

Natürlich könnte man die Keks-Produktgruppenfixkosten gleich den Produktartfixkosten zuschlagen, da aber weitere Keksvariationen geplant sind, sollen sie trotzdem auf der Ebene der Produktgruppenfixkosten liegen bleiben.

Die restlichen 30.000 Euro konnten nicht eindeutig zugeordnet werden und landen deshalb im Topf Unternehmensfixkosten. Die Deckungsbeitragsrechnung der Willi Sahnig AG besitzt damit vier Deckungsbeiträge:

✔ DB I: Produktartdeckungsbeitrag, entspricht dem Stückdeckungsbeitrag mit Teilkosten

✔ DB II: Produktartdeckungsbeitrag mit zugeordneten Produktartfixkosten

✔ DB III: Produktgruppenbeitrag mit zugeordneten Produktgruppenfixkosten

✔ DB IV: Betriebsergebnis

In Tabelle 37.1 wird das Betriebsergebnis mit der mehrstufigen Deckungsbeitragsrechnung ermittelt.

Produktgruppe	Torten		Kekse
Produkte	Sahnetorte	Erdbeertorte	Butterkekse
Erlöse	450.000 €	1.560.000 €	954.000 €
abzüglich K var	300.000 €	1.380.000 €	738.000 €
= DB I	150.000 €	180.000 €	216.000 €
abzüglich Produktartfixkosten	20.000 €	20.000 €	60.000 €
= DB II	130.000 €	160.000 €	156.000 €
abzüglich Produktgruppenfixkosten	70.000 €		100.000 €
= DB III	220.000 €		56.000 €
abzüglich Unternehmensfixkosten	30.000 €		
Betriebsergebnis	246.000 €		

Tabelle 37.1: Ermittlung Betriebsergebnis mit mehrstufiger Deckungsbeitragsrechnung

Der Arbeitsaufwand ist bei der mehrstufigen Deckungsbeitragsrechnung zwar höher als beim Direct Costing, dafür erhalten Sie aber wertvolle Informationen darüber, ob ein Produkt oder eine Produktgruppe zumindest seine eigenen Fixkosten tragen kann. Dies ist hier bei allen Produkten der Fall. Der Deckungsbeitrag der Produktgruppe Kekse lässt jedoch etwas zu wünschen übrig. Hier muss die Willi Sahnig AG dringend die Produktpalette wie geplant schnell erweitern oder die dafür angefallenen Fixkosten wieder abbauen.

Retrograd und progressiv kalkulieren

Mit der Fixkostendeckungsrechnung können Sie nicht nur eine Erfolgsrechnung erstellen, sondern sogar Kostenträgerstückrechnungen mit Fixkosten durchführen. Leider hat die Sache einen mittelgroßen Haken: Sie müssen hierbei das Verursachungsprinzip aufgeben und auf das Tragfähigkeitsprinzip zurückgreifen.

In der Fixkostendeckungsrechnung gibt es zwei Arten der Kalkulation:

- ✔ Die rückwärtsgewandte, beziehungsweise retrograde, Kalkulation: Damit ermitteln Sie den Stückerfolg eines Produkts.
- ✔ Die vorwärtsgewandte, beziehungsweise progressive, Kalkulation zur Ermittlung der Stückkosten.

Nachkalkulation – die retrograde Kalkulation

Ausgehend von den Erlösen, ermitteln Sie bei der retrograden Kalkulation durch einen stufenweisen Abzug der Fixkosten den Stückerfolg. Die Fixkosten werden dabei entsprechend der Tragfähigkeit zugeordnet. Tabelle 37.2 zeigt das Kalkulationsschema.

Stückerlös
– Variable beziehungsweise proportionale Stückkosten
= Stückdeckungsbeitrag I
– Produktartfixkosten in Prozent vom DB I des Produkts
= Stückdeckungsbeitrag II
– Produktgruppenfixkosten in Prozent von allen DB II der Produktgruppe
= Stückdeckungsbeitrag III
– Unternehmensfixkosten in Prozent von allen DB III
= Stückerfolg des Produkts

Tabelle 37.2: Retrograde Ermittlung des Stückerfolgs

Vom Stückerlös ziehen Sie zuerst einmal die variablen Stückkosten ab und schon haben Sie den DB I ermittelt. Hiervon ziehen Sie nun die Produktartfixkosten mithilfe eines Zuschlagssatzes ab. Die Daten erhalten Sie aus Ihrer Erfolgsrechnung. Die schlichte Formel sieht wie folgt aus:

$$\text{Zuschlagssatz Produktartfixkosten} = \frac{\text{Produktartfixkosten}}{\text{DB I}}$$

Für die Sahnetorte der Willi Sahnig AG errechnet sich folgender Zuschlagssatz:

$$\text{Zuschlagssatz Produktartfixkosten} = \frac{\text{Produktartfixkosten}}{\text{DB I}} = \frac{20.000}{150.000} = 13,3\%$$

Die Formel für den zweiten Zuschlagssatz sieht ganz ähnlich aus:

$$\text{Zuschlagssatz Produktgruppenfixkosten} = \frac{\text{Produktgruppenfixkosten}}{\text{DB II}}$$

KAPITEL 37 Mehrstufig – die Fixkostendeckungsrechnung

Bei der Willi Sahnig AG ergibt sich für die Produktgruppe »Torten« damit ein Zuschlagssatz von 24,1 Prozent. Dieser wurde wie folgt ermittelt:

$$\text{Zuschlagssatz Produktgruppenfixkosten} = \frac{\text{Produktgruppenfixkosten}}{\text{DB II}}$$
$$= \frac{70.000}{(130.000 + 160.000)} = 24,1\%$$

Es folgt der letzte Zuschlagssatz für die Unternehmensfixkosten.

$$\text{Zuschlagssatz Unternehmensfixkosten} = \frac{\text{Unternehmensfixkosten}}{\text{DB III}}$$

Bei der Willi Sahnig AG werden deshalb die 30.000 Euro Unternehmensfixkosten durch die Summe der beiden Produktgruppendeckungsbeiträge DB III in Höhe von insgesamt 276.000 Euro geteilt. So erhält man einen Zuschlagssatz von 10,9 Prozent. Nachdem Sie alle Zuschlagssätze ermittelt haben, können Sie den Stückerfolg berechnen. Für die Sahnetorte wird der Stückerfolg in Tabelle 37.3 ermittelt.

Stückerlös	4,50 €
– variable beziehungsweise proportionale Stückkosten	3,00 €
= Stückdeckungsbeitrag I	1,50 €
– Produktartfixkosten in Prozent vom DB I des Produkts: 13,3%	0,20 €
= Stückdeckungsbeitrag II	1,30 €
– Produktgruppenfixkosten in Prozent von allen DB II der Produktgruppe: 24,1%	0,31 €
= Stückdeckungsbeitrag III	0,99 €
– Unternehmensfixkosten in Prozent von allen DB III: 10,9%	0,11 €
= Stückerfolg des Produkts	0,88 €

Tabelle 37.3: Sahnetorten-Stückerfolg

Der hier ausgewiesene Stückerfolg ist natürlich nicht gerade verursachungsgerecht ermittelt worden. Sie erfahren damit also nicht, wie viel dieses Produkt tatsächlich zum Erfolg beiträgt. Wenn Sie also eines Tages beschließen, auf Basis der retrograden Kalkulation ein Produkt einzustellen, dürfen Sie sich überraschen lassen, wie der Betriebserfolg danach ausfallen wird. Weiteres Lamentieren hilft aber nicht weiter, manchmal ist dies eben die bestmögliche Methode.

Stückkosten ermitteln mit der progressiven Kalkulation

Bei der progressiven Kalkulation gibt es ebenfalls keine Verursachungsgerechtigkeit. Die Vollkostenrechnung lässt grüßen. Hier werden die Fixkosten entsprechend der Tragfähigkeit verteilt. Bei allen Unzulänglichkeiten bleibt Ihnen bei der Teilkostenrechnung keine nennenswerte Alternative zur Ermittlung der Stückkosten. Diese Methode können Sie sogar zur Ermittlung der Selbstkosten bei öffentlichen Aufträgen anwenden. Genug der Vorrede, Vorhang auf für die progressive Kalkulation. Tabelle 37.4 zeigt, wie die progressive Kalkulation erfolgt.

Variable beziehungsweise proportionale Stückkosten
+ Produktartfixkosten in % der proportionalen Kosten des Produkts
+ Produktgruppenfixkosten in % der proportionalen Kosten der Produktgruppe
+ Unternehmensfixkosten in % der proportionalen Kosten des Unternehmens
= Selbstkosten

Tabelle 37.4: Progressive Ermittlung der Stückselbstkosten

Bevor die Selbstkosten für die Sahnetorten ermittelt werden, hier für Sie alle Formeln zur Berechnung der Zuschlagssätze auf einen Schlag.

Der Zuschlagssatz für die Produktartfixkosten:

$$\text{Zuschlagssatz Produktartfixkosten} = \frac{\text{Produktartfixkosten}}{\text{proportionale Kosten Produkt}}$$

Der Zuschlagssatz für die Produktgruppenfixkosten:

$$\text{Zuschlagssatz Produktgruppenfixkosten} = \frac{\text{Produktgruppenfixkosten}}{\text{proportionale Kosten Produktgruppe}}$$

Und zuletzt der Zuschlagssatz für die Unternehmensfixkosten:

$$\text{Zuschlagssatz Unternehmensfixkosten} = \frac{\text{Unternehmensfixkosten}}{\text{proportionale Kosten Unternehmen}}$$

Table 37.5 zeigt, wie die Selbstkosten der Sahnetorte ermittelt werden.

Variable beziehungsweise proportionale Stückkosten	3,00 €
+ Produktartfixkosten in % der proportionalen Kosten des Produkts: 20.000/300.000 = 6,7%	0,20 €
+ Produktgruppenfixkosten in % der proportionalen Kosten der Produktgruppe: 70.000/(300.000 + 1.380.000) = 4,2%	0,13 €
+ Unternehmensfixkosten in % der proportionalen Kosten des Unternehmens: 30.000/(300.000 + 1.380.000 + 738.000) = 1,2%	0,04 €
= Selbstkosten	3,37 €

Tabelle 37.5: Sahnetorten-Selbstkosten

Aufgabe 37

Die Controllerin der Willi Sahnig AG möchte das neue Produkt Wurstkuchen genauer unter die Lupe nehmen. Es fielen bei besagter Leckerei Erlöse in Höhe von 10.000 Euro an. Die variablen Kosten betrugen 7.000 Euro. Ermitteln Sie den Deckungsbeitrag I.

> **IN DIESEM KAPITEL**
>
> Warum es die Prozesskostenrechnung gibt
>
> Prozesse als Kostenverursacher
>
> Verteilung von Prozesskosten auf Produkte

Kapitel 38
ABC ganz anders – die Prozesskostenrechnung

Bei der Entwicklung der ersten Kostenrechnungssysteme hatte man den klassischen Industriebetrieb im Blick. Dieser fertigt ein paar wenige Produkte und alle Jubeljahre verändert sich das Produktionsprogramm. Ein schönes Beispiel hierfür ist die Tin Lizzy von Ford. Von 1908 bis 1927 baute Ford dieses Auto 15 Millionen Mal und entwickelte es dabei stets ein klein wenig weiter.

Genug der Vorrede, Vorhang auf für die Prozesskostenrechnung.

Der Zeitpuls fliegt, die Kostenrechnung rennt hinterher

Heute ist es undenkbar, ein Automodell 20 Jahre lang nahezu unverändert anzubieten. Ganz zu schweigen vom Smartphone-Markt oder der Musikbranche. Diese Branchen takten in einem ganz anderen Tempo. Die Produktlebenszyklen werden immer kürzer. Daneben steigt auch die Produktvielfalt immer stärker an. Den Anstieg der Produktvarianten können Sie in fast allen Bereichen beobachten, beispielsweise auch bei Schokoladensorten oder Weichspülern. Außerdem verteilt sich die Prozesskette zur Erstellung eines Produkts oder einer Dienstleistung auf immer mehr beteiligte Unternehmen – weltweit. In Industriebetrieben verringert sich die Fertigungstiefe beständig, bestimmte Tätigkeiten und die Herstellung von Produktteilen werden fremdvergeben, es findet Outtasking und Outsourcing statt.

Kürzere Produktlebenszyklen, eine höhere Anzahl an Produkten und Produktvarianten und eine immer komplexere Prozesskette führen zum Boom der sogenannten indirekten Bereiche. Die Forschung und Entwicklung muss immer schneller immer mehr neue Produkte und Ideen entwickeln, die Logistik, der Einkauf und der Vertrieb müssen wegen der immer komplexer werdenden Prozesse ausgebaut werden. Der Dienstleistungsbereich wächst entsprechend. Und so steigen die Gemeinkosten in den Unternehmen. Ein weiterer Treiber der Gemeinkosten ist natürlich auch der technische Fortschritt; in der Produktion und in den indirekten Bereichen wird immer mehr Technik eingesetzt, die aus kostenrechnerischer Sicht Fixkosten und damit in aller Regel Gemeinkosten verursacht. Die meisten Kostenrechnungssysteme sind aufgrund der hohen Gemeinkostenanteile nicht mehr sinnvoll anwendbar. Viele Menschen machten sich deshalb Gedanken, wie man die Kostenrechnung an die veränderten Verhältnisse anpassen könnte.

Die Beschäftigung kann nicht mehr als einzige Bezugsgröße verwendet werden, da die Gemeinkosten heute nicht mehr allein durch die Produktionsmenge, sondern viel eher durch eine Vielzahl von unterschiedlichen Aktivitäten beziehungsweise Prozessen verursacht werden.

Auf die Suche nach einer aktivitätsorientierten Kostenrechnung machten sich viele bekannte Professoren. Diese Suche mündete zunächst in der Entwicklung des Activity Based Costing, kurz ABC. Der Stuttgarter Professor Péter Horváth und Dr. Reinhold Mayer entwickelten das System weiter zur heute bekannten Prozesskostenrechnung.

Dienstleistungsunternehmen

Die Glücksei AG beschließt, ihre Produktion einzustellen. Die Hühner und deren Hallen werden verkauft, ebenso das Freilandgelände der Hühner. Nur der Verwaltungstrakt bleibt bestehen. Eine Handvoll Mitarbeiter darf bleiben. Sie agieren fortan als Consultants für Hühnerfarmen und federverarbeitende Betriebe. Was macht man nun mit den Kosten? Während früher der Großteil der Kosten aus Einzelkosten bestand und der Rest anhand der Einzelkosten für Futter verteilt wurde, hat der Controller jetzt so gut wie keine Einzelkosten mehr, sondern fast nur noch die gemeinen Personalkosten.

Kurzer Prozess

Die klassische Kostenrechnung verteilt die Gemeinkosten anhand der angefallenen Einzelkosten in den jeweiligen Kostenstellen. Das ist aber nur dann wirklich sinnvoll, wenn die Einzelkosten den Großteil ausmachen und wenn es sich bei dem, was am Schluss noch zu verteilen ist, lediglich um Peanuts handelt. In vielen Branchen gibt es heute aber kaum noch Einzelkosten und wo es nichts gibt, kann man bekanntlich auch nichts verteilen. Außerdem sind die Kostenstellen meist so verzahnt, dass die isolierte Betrachtung nicht mehr viel bringt.

Wenn nun die Gemeinkosten überwiegen, muss sich der Kostenrechner etwas anderes einfallen lassen. Was bringt das Unternehmen nach vorn und verursacht eigentlich die Gemeinkosten? Es ist nicht mehr die Produktion, jetzt sind es eher andere Aktivitäten, die das Unternehmen auszeichnen. Diese finden dummerweise oftmals auch noch in unterschiedlichen Kostenstellen statt. Folglich müssen jetzt diese Aktivitäten für die Kostenverrechnung herhalten. Jetzt muss man sie nur noch Prozesse nennen und fertig ist die Prozesskostenrechnung.

Die Prozesskostenrechnung kann Ihnen auch unter dem Decknamen *ABC (Activity Based Costing)* oder *Cost Driver Costing* über den Weg laufen. Gemeint ist immer dasselbe.

Die Prozesskostenrechnung ist im Gegensatz zur klassischen Kostenrechnung nach folgenden Bausteinen gegliedert:

✔ **Kostenartenrechnung:** Hier ändert sich nix. Kostenart bleibt Kostenart, egal ob Prozess oder nicht.

✔ **Kostenprozessrechnung:** Für die Kostenverrechnung auf Produkte ist eine Kostenstellenrechnung in der Prozesskostenrechnung unpassend. Die Kosten für das einzelne Produkt entstehen nicht in Kostenstellen, sondern in den übergreifenden Prozessen. Deshalb gibt es hierfür statt der Kostenstellenrechnung die Kostenprozessrechnung.

✔ **Kostenträgerrechnung:** Wenn es auf Produktebene keine Kostenstellenrechnung mehr gibt, ändert sich die Kostenträgerrechnung hierdurch auch.

Wie auch in der klassischen Kostenrechnung werden die Einzelkosten direkt den beschuldigten Produkten zugeordnet und spielen im Weiteren in der Kostenprozessrechnung keine Rolle mehr. Man sieht sich dann erst in der Kostenträgerrechnung wieder.

Die Kostenprozessrechnung

Zuerst müssen Prozesse gebildet werden. Danach erfolgt die Kostenzuordnung und die Ermittlung der Prozesskostensätze. Wie dies funktioniert, erfahren Sie jetzt.

Prozesse suchen und bilden

Wenn die Kosten auf Prozesse verrechnet werden sollen, brauchen Sie erst einmal Prozesse, sonst wird das Ganze reichlich sinnlos. Ein Prozess besteht aus den immer wiederkehrenden Handgriffen, auch Tätigkeiten genannt, die dazu beitragen, dass das Unternehmen einen tollen Job macht. Und täglich grüßt das Murmeltier ... Wenn Sie auf die Suche nach Prozessen gehen, sollten Sie zunächst einmal in den Kostenstellen anfangen.

Die Prozesse innerhalb einer einzigen Kostenstelle heißen Teilprozesse. In der Kostenstelle »Einkauf« kann es zum Beispiel folgende Teilprozesse geben:

✔ Rohstoffeinkauf

✔ Verpackungsmaterialeinkauf

✔ Büromaterialeinkauf

✔ Maschineneinkauf

Je nachdem, was eingekauft wird, gestaltet sich der Einkaufsprozess anders. Folglich lassen sich hier vier Teilprozesse bilden: jeweils einer für Rohstoffe, Verpackungsmaterialien, Büromaterial und Maschinen. Haben Sie (und unzählige Nervenstrapazen später) alle Kostenstellenverantwortlichen erfolgreich dazu ermutigt, Ihnen die jeweiligen Teilprozesse mitzuteilen, geht's weiter. Sie werden nun zum einen überrascht sein, was in Ihrem Unternehmen alles gemacht wird, und sich andererseits fragen, was Sie nun mit einer solchen Vielzahl von Prozessen anstellen.

Jetzt kommt der eigentliche Clou der Prozesskostenrechnung: Die Teilprozesse werden zu Hauptprozessen zusammengefasst. Diese Hauptprozesse wiederum können Teilprozesse aus unterschiedlichen Kostenstellen beinhalten. Wichtig ist, dass sich die Teilprozesse innerhalb eines Hauptprozesses auf dieselben Anzahlen beziehungsweise Volumina beziehen. Am Beispiel »Rohstoffbeschaffung« zeigt Abbildung 38.1, wie das genau funktioniert. Alle Elemente des Hauptprozesses beziehen sich also auf dieselben eingekauften Mengen.

 Nehmen Sie sich die Aufstellungen aller Prozesse, die Sie von den einzelnen Kostenstellen erhalten haben, vor und fassen Sie zusammen, was zusammengehört. Natürlich holen Sie sich hierfür die einzelnen Kostenstellenverantwortlichen mit ins Boot. Bilden Sie sachliche Teilprozessgruppen und somit Hauptprozesse. Bei der Vielzahl von Tätigkeiten gilt: Immer schön den Überblick behalten.

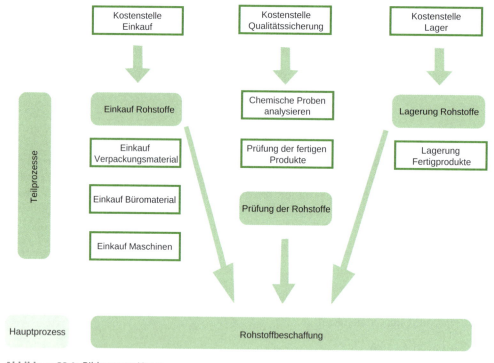

Abbildung 38.1: Bildung von Hauptprozessen

Beispiele für weitere Hauptprozesse sind:

- ✔ Produktentwicklung
- ✔ Kundenbetreuung
- ✔ Lieferantenbetreuung
- ✔ Personalbetreuung
- ✔ Kostenplanung und -steuerung
- ✔ Überwachung der Produktion

Teilen Sie die gefundenen Teil- beziehungsweise Hauptprozesse der Buchhaltung mit und bitten Sie sie, die Informationen bei den jeweiligen Buchungen mitzuliefern. Das erspart Ihnen eine Menge Arbeit und steigert Ihre Chancen, auch mal ab und zu im Hellen Feierabend machen zu können.

Auf der Suche nach den Kostentreibern

Jetzt kommen wieder die Kosten ins Spiel. Sie haben eine ganze Reihe von Prozessen und in jedem entstehen Gemeinkosten. Es gilt nun, die Kosten zusammenzutragen. Hier können Sie sich in der Regel auf die Buchhaltung verlassen, da in den gängigen Buchhaltungssystemen die Information über die Zugehörigkeit zu einem bestimmten Prozess je Buchung mitgeliefert wird. Am besten betrachten Sie alles monatsweise.

Nun geht's auf die Suche nach den Sachverhalten, auf die die Kosten je Prozess heruntergebrochen werden können. Diese heißen in der Prozesskostenrechnung *Kostentreiber*.

Kostentreiber sind die Schuldigen für die Kostenverursachung im jeweiligen Prozess. Im Beispiel Rohstoffbeschaffung wären das etwa die getätigten Bestellungen, auf die die Kosten heruntergebrochen werden können. Das heißt, eine Bestellung von Rohstoffen ist schuld für die Entstehung von so und so viel Euro Kosten im Prozess Rohstoffbeschaffung.

Weitere Beispiele für Prozesse mit den jeweiligen Kostentreibern zeigt Tabelle 38.1.

Prozess	Kostentreiber
Neue Produkte einführen	Anzahl Produkte
Betreuung von Lieferanten	Anzahl Lieferanten
Materialbeschaffung	Anzahl Bestellungen
Produktion	Produzierte Stückzahl
Kundenbetreuung	Anzahl Kunden
Auftragsabwicklung	Anzahl Aufträge
Betreuung des Personals	Anzahl Mitarbeiter
Entgeltabrechnungen	Anzahl Abrechnungen
Kostenplanung	Anzahl Kostenstellen

Tabelle 38.1: Kostentreiber

Et voilà: Sie wissen hiermit, was Ihre Kosten so vorantreibt. Aber was kostet die einmalige Ausführung eines bestimmten Prozesses? Um dies zu bestimmen, fehlt noch die Prozessmenge, das heißt die Angabe, wie oft ein bestimmter Prozess pro Monat ausgeführt wurde. Für diese Angabe wenden Sie sich am besten an den jeweiligen Kostenstellen- beziehungsweise Prozessverantwortlichen.

Jetzt wird es einmal ganz kurz mathematisch:

$$\text{Kosten je Kostentreiber} = \frac{\text{monatliche Kosten eines Prozesses}}{\text{Prozessmenge}}$$

Dies nennt man auch Prozesskostensatz. So viel kostet also eine einmalige Durchführung.

Jetzt wird's aber mal Zeit, Ihnen das Ganze an einem schönen Beispiel zu zeigen und vorzurechnen. Wie das alles genau abläuft, steht in Tabelle 38.2.

Hauptprozess	Kostentreiber	Prozessmenge	Kosten in €	Prozesskostensatz in €
Einführung neuer Produkte	Anzahl Produkte	5	350.000	70.000
Rohstoffbeschaffung	Anzahl Bestellungen	70	35.000	500
Beschaffung Verpackungen	Anzahl Bestellungen	30	12.000	400
Beschaffung von sonstigem Material	Anzahl Bestellungen	17	4.760	280
Produktion	Produzierte Bauteile	15.000	720.000	48
Auftragsabwicklung	Anzahl Aufträge	3.000	45.000	15
Buchhaltung	Anzahl Buchungen	2.800	5.600	2
Kundenbetreuung	Anzahl Kunden	500	7.000	14
Personalbetreuung	Anzahl Mitarbeiter	250	12.500	50

Tabelle 38.2: Prozesskostensätze

Auswirkungen auf die Kostenträgerrechnung

Mit den Prozesskostensätzen gehen Sie nun in der Kostenträgerrechnung auf die Produkte los. Die Einzelkosten sind ja bereits ohne lästige Umwege dort angekommen. Das alles verdeutlicht Abbildung 38.2.

Durch die Kostenprozessrechnung wissen Sie, wie viel die Durchführung eines Prozesses kostet. Jetzt es ist noch spannend zu wissen, wie oft der Prozess ablaufen muss, bis ein Produkt fertig ist. Etwa:

✔ Wie viele Bestellungen mussten für ein Produkt getätigt werden?

✔ Wie viele Teile mussten gebaut werden?

✔ Wie viele Mitarbeiter sind dafür zu betreuen?

✔ Wie viele Buchungen müssen von Anfang bis Ende für ein Produkt gemacht werden?

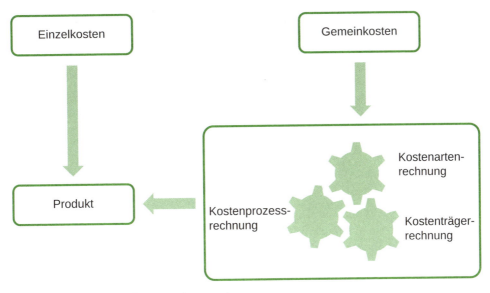

Abbildung 38.2: Schema der Prozesskostenrechnung

Die Anzahl der jeweils notwendigen Durchführungen der Prozesse für ein fertiges Produkt nennt man auch Verbrauchskoeffizient.

Je Produkt müssen Sie nun ermitteln, wie oft welcher Prozess zur Erstellung eines Produkts nötig ist. Die Anzahl der Prozesse multipliziert mit dem jeweiligen Prozesskostensatz ergibt somit die dem Produkt zurechenbaren Gemeinkosten. Diese plus die Einzelkosten ergeben die Gesamtkosten in der Prozesskostenrechnung.

Jetzt haben Sie alle Angaben, um einem jeweiligen Produkt die Kosten zuzuweisen:

- ✔ die Einzelkosten des Produkts
- ✔ die Prozesskostensätze, das heißt, was es kostet, den Prozess einmal auszuführen
- ✔ die Verbrauchskoeffizienten, die besagen, wie oft ein Prozess für die Erstellung eines Produkts ausgeführt werden muss

Die Einzelkosten plus die Prozesskostensätze multipliziert mit dem Verbrauchskoeffizienten ergeben zu guter Letzt die dem Produkt zuzurechnenden Kosten. Tabelle 38.3 bringt Licht ins noch eventuell vorhandene Dunkel.

 Die Prozesskostenrechnung ist ein Ersatz für die klassische Vollkostenrechnung bei Unternehmen mit einem hohen Gemeinkostenanteil. Aber Vorsicht: Sie steht und fällt mit der sauberen Prozessbildung. Nehmen Sie sich also Zeit, alles genau zu analysieren und die Kostenstellenverantwortlichen mit ins Boot zu holen. Zur Not gibt es noch externes Know-how zur Einführung einer vernünftigen Prozesskostenrechnung. Da freut sich jede Unternehmensberatung ...

Um nicht zu viel Euphorie aufkommen zu lassen, am Schluss noch ein paar Kritikpunkte. Die Prozesskostenrechnung ist eine Vollkostenrechnung und schlüsselt die Gemeinkosten

Kostenkategorie	Prozesskostensatz in €	Verbrauchskoeffizient je Produkt	Produktkosten in €
Rohstoffeinzelkosten	–	–	0,50
Rohstoffgemeinkosten	500	0,0005	0,25
Verpackungseinzelkosten	–	–	0,05
Verpackungsgemeinkosten	400	0,0003	0,15
Fertigungseinzelkosten	–	–	0,80
Fertigungsgemeinkosten	48	0,005	0,24
Kosten je Produkt			**1,99**

Tabelle 38.3: Kostenträgerrechnung

auf Prozesse. Je größer und komplexer ein Unternehmen ist, desto schwieriger wird es, die Kosten der Vielzahl an Prozessen zuzuordnen. Bereits bei der Definition der Prozesse wird es viele Überschneidungen geben, sodass am Ende mit vereinfachenden Annahmen gearbeitet werden muss. In der Heimat des Activity Based Costing, den USA, kann die Prozesskostenrechnung nicht unbedingt als Publikumsliebling bezeichnet werden. Gründe hierfür sind

- ✔ die hohe Komplexität und
- ✔ dass die Softwareintegration ziemlich umständlich ist.

Bemerkenswert ist dagegen die Beliebtheit des »German Cost Accounting« – in den USA. Gemeint ist damit die Grenzplankostenrechnung und die Fixkostendeckungsrechnung.

Aufgabe 38

Was versteht man unter einem Prozesskostensatz und wie lautet die Formel zu dessen Ermittlung?

Teil VIII
Der Top-Ten-Teil

 Besuchen Sie uns auf www.facebook.de/fuerdummies.

> **IN DIESEM TEIL ...**
>
> Hier finden Sie zehn praktische Websites rund um das Thema Rechnungswesen und lernen im Schnelldurchlauf zehn wichtige Begriffe kennen, die Ihnen hier und da über den Weg laufen können.

> **IN DIESEM KAPITEL**
>
> Hilfe bei Problemen
>
> Foren
>
> Downloads

Kapitel 39
Zehn praktische Internetsites

Sollten Sie nach der Lektüre dieses Buches noch immer nicht genug vom Thema Rechnungswesen haben – kein Problem: Weitere Informationen finden Sie natürlich auch im Internet. Wir haben zehn Websites für Sie ausgesucht. Auf einigen gibt es auch Foren, in denen Sie zu speziellen Problemen Antwort erhalten können. Und vielleicht können Sie dort auch anderen bei deren Fragen weiterhelfen. Einige Websites bieten auch kleinere Tools zum kostenlosen Download an.

Glauben Sie nicht sofort alles, was Sie im Internet finden. Prüfen Sie die Inhalte, indem Sie zumindest noch weitere Websites zu dem betreffenden Thema absuchen.

Controlling & Management

www.zfcm.de

Die im Jahr 1957 gegründete Zeitschrift Kostenrechnungspraxis, kurz krp, nennt sich heute Controlling & Management. Hier gibt es viele Informationen rund um das Thema Kosten- und Leistungsrechnung.

ControllerSpielwiese

www.controllerspielwiese.de

Hier handelt es sich eindeutig um die Website mit dem schönsten Namen. Die Startseite ist übersichtlich in verschiedene Themengebiete gegliedert. In der Toolbox finden Sie zum Beispiel Kennzahlen, Reports, diverse Berechnungen und Excel-Tools. Unter den Links NEWS, WÖRTERBUCH und THEMENSPEICHER gibt es kurze Erläuterungen zu den wichtigsten

Themen. Besonders erwähnenswert ist die Kontaktecke. Sollten Sie sich für die kostenlose Mitgliedschaft auf der ControllerSpielwiese entscheiden, können Sie diese Plattform zum Erfahrungsaustausch nutzen. Im Forum können Sie zudem Ihre Fragen loswerden und mit ein bisschen Glück auch Antworten bekommen. Das Forum verfügt auch über eine Suchfunktion. Ergänzt wird das Angebot dieser Site durch einen kleinen Stellenmarkt und eine Linksammlung.

Controller Verein

www.icv-controlling.com

Die übersichtlich gestaltete Website ist unter anderem in die Bereiche VEREIN, ARBEITSKREISE, CONTROLLING-WISSEN, VERANSTALTUNGEN und KARRIERE gegliedert. Unter VEREIN finden Sie allgemeine Informationen rund um die Kosten- und Leistungsrechnung sowie Informationen über den Verein. Beim Link CONTROLLING-WISSEN gibt es eine Werkzeugkiste mit ein paar Tools zum Download sowie ein kleines Forum.

Competence Site

www.competence-site.de

Auf der Competence Site finden Sie jede Menge Beiträge aus der Welt des Managements. Darunter natürlich auch Artikel zum Thema Kostenrechnung. Wenn Sie sich für die kostenlose Mitgliedschaft auf dieser Site entschieden haben sollten, dürfen Sie dort sogar eigene Artikel verfassen. Eine Redaktion wacht darüber, dass kein Unsinn auf die Site gestellt wird. Das Angebot dieser Website wird durch ein Forum und den Bezug von Newslettern abgerundet.

Business-Wissen

www.business-wissen.de

Die Rubrik »Kosten- und Leistungsrechnung« versteckt sich im Bereich SCHLAGWÖRTER. Dort können Sie ein paar Artikel zu Kostenrechnungsthemen ansehen.

Rechnungswesen-Portal

www.rechnungswesen-portal.de

Das Rechnungswesen-Portal glänzt durch ein relativ gut frequentiertes Forum, das zudem mit einer Suchfunktion ausgestattet ist. Außerdem finden Sie auf dieser Website viele Excel-Vorlagen für das Rechnungswesen sowie eine Übersicht über die gängigsten Buchhaltungsprogramme. Sollten Sie auf Jobsuche sein, hilft Ihnen womöglich der Stellenmarkt auf diesem Portal weiter.

Handelsblatt

www.handelsblatt.com

Diese Website bietet aktuelle Unternehmensmeldungen. Wenn Sie die Site nach dem Stichwort Kostenrechnung durchsuchen, werden Sie immer wieder interessante Artikel finden, die sich mit der Praxis und der Theorie der Kostenrechnung beschäftigen.

Wikipedia

www.wikipedia.de

Wikipedia ist eine riesige Online-Enzyklopädie mit freien Inhalten. Hier finden Sie zu nahezu jedem Schlagwort Informationen und auf fast jede Frage eine Antwort. Der Clou: Hier kann jeder Anwender bestehende Artikel ergänzen oder neue Texte anlegen. Diese Artikel werden mittlerweile vor ihrer endgültigen Veröffentlichung sehr genau geprüft, um die Verbreitung von Schwachsinn zu vermeiden. Das Prinzip der Site ist es, das Wissen von möglichst vielen Nutzern zu bündeln, um es anderen Nutzern zur Verfügung zu stellen. Auch das Thema Kosten- und Leistungsrechnung ist hier mit sehr vielen Fachbegriffen vertreten. Probieren Sie es einfach mal aus und falls Sie auf einen Fehler stoßen sollten, beheben Sie ihn doch gleich – nach der Lektüre dieses Buches kann Ihnen nämlich keiner mehr so schnell etwas vormachen.

Gruenderlexikon

www.gruenderlexikon.de

Die Hauptadressaten dieser Website sind, wie der Name schon sagt, Existenzgründer. Allerdings bietet diese Site auch Nichtexistenzgründern ein umfangreiches Lexikon, in dem unter anderem viele Begriffe aus der Kostenrechnungswelt nochmals anschaulich erklärt werden. Und falls Sie mit dem Gedanken spielen, sich selbstständig zu machen, oder Sie das womöglich bereits sind, sei Ihnen die Site umso mehr ans Herz gelegt.

Wirtschaftslexikon24

www.wirtschaftslexikon24.net

Auf Wirtschaftslexikon24 finden Sie ein recht umfassendes Online-Wirtschaftslexikon. Hier erhalten Sie sehr schnell erste Informationen zu Ihrem Suchwort.

Betrieben wird diese Site von einem Team von Freiwilligen. Spenden sind jederzeit herzlich willkommen, damit die Informationen weiterhin kostenlos zur Verfügung gestellt werden können.

> **IN DIESEM KAPITEL**
>
> Die richtige Nase haben
>
> Hübsch aussehen

Kapitel 40
Zehn Begriffe, die Sie zumindest einmal gehört haben sollten

Wir haben Ihnen bisher ja schon einige Fachbegriffe um die Ohren gehauen, doch einige moderne Fachbegriffe blieben leider noch auf der Strecke. Das holen wir nun für Sie nach. Damit Sie immer und überall mitreden können: zehn Begriffe, die Ihnen auf dem Weg zwischen Schreibtisch und Kaffeeküche über den Weg laufen könnten. Und nicht nur dort …

Sale-and-Lease-Back

Sale-and-Lease-Back, auch Rückmietverkauf genannt, ist ein Modell, bei dem Vermögensgegenstände einerseits verkauft und gleichzeitig jedoch zur weiteren Nutzung »zurückgeleast« werden. Meist wird das bei Grundstücken und Fahrzeugen praktiziert.

Das Ganze hört sich erst einmal ein klein wenig sinnlos an, hat jedoch einige Vorteile:

- ✔ Sie können Erbschaft- oder Schenkungsteuer umgehen, indem Sie beispielsweise ein Grundstück an den potenziellen Erben verkaufen und gleichzeitig zur weiteren Nutzung zurückleasen.

- ✔ Die Liquidität des Unternehmens kann trotz weiterer Nutzung des Vermögensgegenstands kurzfristig erhöht werden, da der Verkauf ordentlich Geld in die Kassen spült. Jedoch wirken sich die Leasingzahlungen in den Folgeperioden dann negativ auf die Liquidität aus.

- ✔ Sie können durch den Verkauf eventuell vorhandene stille Reserven aufdecken, ohne die Nutzung des Gegenstands aufgeben zu müssen.

Der Nachteil ist jedoch, dass Sie bei Anwendung dieses Modells nicht mehr der Eigentümer des Vermögensgegenstands sind. Sollte sich dessen Wert beispielsweise erhöhen, schauen Sie in die Röhre.

Factoring

Factoring ist derzeit in manchen Bereichen sehr beliebt. Wie so viele Modetrends hat auch das Factoring seine Ursprünge in den USA. Allerdings sollen auch bereits die Babylonier und die Fugger Vorläufer des Factorings praktiziert haben. Im Grunde ist Factoring nichts anderes als der Verkauf von Forderungen eines Unternehmens an ein anderes Unternehmen. Dieses andere Unternehmen, auch »Factor« genannt, zieht die Forderungen dann letztendlich von den Schuldnern – den sogenannten »Debitoren« – ein. Der Kaufpreis für diese Forderung ist dabei geringer als deren eigentlicher Nennbetrag.

Der Factor möchte durch diesen geringeren Kaufpreis in Kombination mit einer hohen Zahlungsquote möglichst viel Gewinn machen – und sei es durch den Einsatz von ungeliebten Inkassomitarbeitern. Der Vorteil für den Factoring-Kunden, also den Verkäufer der Forderung, liegt darin, dass das Forderungsausfallrisiko nicht mehr bei ihm liegt und er das Geld schneller in der Kasse hat. Somit ist Factoring eine Art der kurzfristigen Unternehmensfinanzierung.

Segmentberichterstattung

Viele Unternehmen dröseln ihre Berichterstattung mittlerweile noch weiter auf und weisen gesonderte Zahlen für ihre jeweiligen Kundensegmente oder Tätigkeitsfelder aus. Hierbei erhofft man sich Informationen darüber, mit welchen Tätigkeiten oder Kundengruppen man Gewinne und mit welchen man Verluste einfährt. Haben bestimmte Abteilungen oder Bereiche als eigenständige Unternehmenseinheit ein eigenes Budget sowie fest definierte Ziele zu erreichen, dann nennt man diese auch »Cost-Center«. Wird von diesen Teilbereichen auch noch Gewinn erwartet, heißen sie »Profit-Center«.

Working Capital Management

Manche Themen müssen erst in schicke Begriffe gepackt werden, um die nötige Beachtung zu finden, obwohl sie eigentlich selbstverständlich sein sollten. Dies ist zum Beispiel hier der Fall.

Nehmen Sie einmal an, Ihr privater Haushalt sei ein Unternehmen und stünde vor folgendem Problem: Die laufenden Einnahmen reichen gerade so für die anfallenden Ausgaben. Ihr Ziel ist es jedoch, am Monatsende immer etwas auf die hohe Kante legen zu können. Da Sie in Ihrem Unternehmen niemanden mal eben so entlassen können, um Kosten zu senken, müssen Sie sich etwas Schlaueres einfallen lassen. Ihr Ziel ist es, das Working Capital auf das Nötigste zu reduzieren, damit am Monatsende etwas Geld übrig bleibt.

Das Ganze geht so:

- ✔ **Vorräte:** Sie analysieren Ihre privaten Lagerbestände und stellen fest, dass Sie eigentlich die nächsten acht Wochen gar nicht mehr einkaufen gehen müssten, wenn Sie sich komplett aus den Vorräten ernähren würden. Nachdem Sie alle abgelaufenen Produkte in den Abfalleimer geschmissen haben, bleiben immer noch Vorräte für mindestens sechs Wochen. Sie werden somit künftig Ihre Lagerhaltung optimieren.

✓ **Forderungen:** Sie sind in zwei Vereinen aktiv und managen dort ein wenig die Vereinsfeste und so weiter. Das Geld für solche Einkäufe strecken Sie regelmäßig vor, obwohl eigentlich genug Geld in der Vereinskasse wäre. Sie nehmen sich ab sofort vor, nur noch in Notfällen mit Ihrem eigenen Geld auszuhelfen. Das Geld, das Ihnen nun wieder privat zur Verfügung steht, können Sie sofort auf ein Tagesgeldkonto schieben und Zinsen kassieren.

✓ **Verbindlichkeiten:** Bisher handelten Sie getreu dem Motto »Nur Bares ist Wahres« und haben Ihre gesamten Einkäufe stets bar bezahlt. Kreditkarten und Kundenkarten mit zinsfreien sechsmonatigen Zahlungszielen hielten Sie bislang für unnötigen Schnickschnack. Ab sofort nutzen Sie solche Vorteile radikal aus, ohne deshalb jedoch in einen Konsumrausch zu verfallen. Bis die Rechnungen fällig werden, legen Sie das Geld gut an und kassieren schon wieder Zinsen.

Diese Maßnahmen werden Ihre finanzielle Situation sicherlich nicht grundsätzlich verändern, aber zumindest ein wenig aufhellen.

Das *Working Capital Management* ist also nicht mehr und nicht weniger als die Optimierung des operativen Umlaufvermögens, das sich aus den Forderungen, Vorräten und Verbindlichkeiten zusammensetzt:

✓ **Vorräte:** Der Lagerbestand hat dann die optimale Höhe, wenn möglichst wenig Kapital gebunden wird und die Produktion mit ausreichend Material versorgt werden kann.

✓ **Forderungen:** Sie müssen die Zahlungsziele so gestalten, dass Ihre Kunden möglichst schnell bezahlen. Das erreichen Sie, indem Sie zum Beispiel Skonto gewähren.

✓ **Verbindlichkeiten:** Hier kommt es auf Ihr Verhandlungsgeschick und Ihre Marktmacht an. Ihr Ziel müssen möglichst lange Zahlungsziele sein.

Buchhalternase

Es war einmal ein Buchhalter, der kreative Buchführung betrieben hatte. Als Strafe wurde er eines schönen Tages mit einem Fluch belegt: Für jede falsche Buchung sollte seine Nase fortan um einen Millimeter wachsen. Da der Buchhalter sich nicht beirren ließ, schönte er weiterhin das Ergebnis mittels falscher Buchungen. Glaubt man der Legende, so soll seine Nase beim auf den Fluch folgenden Jahresabschluss eine stattliche Länge von rund zwei Metern gehabt haben. Daher kommt der Begriff Buchhalternase ... natürlich nicht! Vielmehr handelt es sich bei der *Buchhalternase* um drei Striche, die dazu da sind, dass Freiräume in T-Konten nicht mehr beschrieben werden können. Nicht ganz so spannend wie die erste Erklärung, dafür aber umso nützlicher.

Stehen auf einer Seite eines T-Kontos weniger Positionen als auf der anderen, so entsteht nach dem Saldieren ein Freiraum. Damit Sie einerseits sehen können, dass Sie das Konto bereits saldiert haben, und andererseits verhindern wollen, dass ein böser Kollege Sie verwirren will und in diesen Freiraum noch etwas hineinschreibt, gibt es die sogenannte Buchhalternase.

Windowdressing

Als *Windowdressing* werden sämtliche Maßnahmen bezeichnet, mit denen die Bilanz kurz vor dem Bilanzstichtag temporär aufgehübscht wird. Dadurch soll vor allem die finanzielle Lage im Jahresabschluss etwas besser dargestellt werden, als sie eigentlich ist. Diese Aufhübschungen bewegen sich aber oftmals im Grenzbereich zwischen Erlaubtem und Verbotenem. Man nennt so etwas auch *kreative Buchführung*.

Folgende Windowdressing-Maßnahmen werden in der Praxis zum Beispiel gerne angewendet:

- ✔ Kurz vor dem Bilanzstichtag werden Vermögensgegenstände verkauft. Jedoch mit der Absicht, sie nach dem Bilanzstichtag wieder zurückzukaufen. Dadurch steigt zum Jahresabschluss die Liquidität und das Unternehmen steht auf dem Papier besser da. Dies ist gesetzlich übrigens zulässig.

- ✔ Ihr Unternehmen besitzt Aktien der xy AG. Dann könnten Sie eventuell auf die Idee kommen, wenige Tage vor dem Bilanzstichtag nochmals kräftig xy-Aktien einzukaufen. Dadurch würde nämlich der Preis der Aktien an den Börsen steigen und Sie dürften Ihr Aktienpaket dadurch auch zu einem höheren Preis bewerten. Diese Maßnahme wird vom Gesetzgeber jedoch eher ungern gesehen.

Fast Close

Zeit ist Geld. Das gilt auch in der Buchhaltung. Als *Fast Close* bezeichnet man deshalb alle Maßnahmen, die dazu führen, dass der Jahresabschluss schneller fertig wird.

Hierzu zählen zum Beispiel:

- ✔ die Vorverlegung von Abschlussterminen
- ✔ die Optimierung der Arbeitsprozesse für den Abschluss
- ✔ die Automatisierung von Prozessen

Und das Ganze möglichst noch ohne Verluste bei der Datenqualität.

Dadurch können sich die Bilanzadressaten schneller über die Vermögenslage eines Unternehmens informieren. Denn auch für sie gilt: Zeit ist Geld.

Leverage-Effekt

Mal angenommen, Sie haben eine Idee für eine Investition. Diese würde Ihnen eine hohe Rendite bescheren. Eine Rendite, die sogar um einiges höher ist als die Zinsen, die Sie für das dafür benötigte Fremdkapital berappen müssten. Die Differenz aus der Rendite des eingesetzten Fremdkapitals und dem Zins schimpft sich *Leverage-Effekt*.

Ein Beispiel: Sie vereinfachen mit einer neuen Maschine Ihre Prozesse so, dass Ihnen diese Maschine eine Rendite von 20 Prozent auf das eingesetzte Kapital bescheren wird. Kosten soll das gute Stück 200.000 Euro. Sie haben allerdings nur 100.000 Euro in der Kasse und finanzieren die restlichen 100.000 Euro mit einem Zinssatz von 5 Prozent. Das Fremdkapital beschert Ihnen dann eine Rendite von 20.000 Euro, also 20 Prozent aus 100.000 Euro. An Zins zahlen Sie jedoch nur 5.000 Euro. Der Leverage-Effekt beträgt in diesem Beispiel also 15.000 Euro. Auf Deutsch wird er übrigens auch ab und an »Hebeleffekt« genannt.

Business Case

In einem *Business Case* werden Erlöse und Kosten von neuen Produkten auf Basis von Annahmen ermittelt. Diese angenommenen Erlöse abzüglich der voraussichtlichen Kosten ergeben dann das Ergebnis, das ein neues Produkt wahrscheinlich erwirtschaften wird. Ist das Ergebnis negativ, sollte das Produkt besser erst gar nicht eingeführt werden. Solche Entscheidungen führen meist zu langen Diskussionen zwischen dem Controlling und dem Produktmanagement in Bezug auf die unterstellten Kosten.

Opportunitätskosten

Manchmal müssen Sie im Leben Entscheidungen treffen: Tun Sie das eine oder das andere. Mal angenommen, Sie entscheiden sich für das eine und merken im Nachhinein, dass Sie durch die andere Wahlmöglichkeit höhere Erlöse erzielt hätten, so nennt man diese höheren Erlöse *Opportunitätskosten*.

Opportunitätskosten entstehen also, wenn Sie bestimmte Möglichkeiten, auch Opportunitäten genannt, nicht wahrnehmen. Ab und zu werden die Opportunitätskosten auch als *Kosten der Reue* oder *Kosten entgangener Gewinne* bezeichnet.

Der Begriff *Kosten* ist in diesem Zusammenhang zugegebenermaßen etwas irritierend. Opportunitätskosten haben nämlich nichts mit der Kostenrechnung zu tun. Sie beschreiben lediglich, wie hoch die Gewinne entgangener Alternativen gewesen wären.

Anhang
Lösungen zu den Aufgaben

Lösung 1

Da sich Ihr Reinvermögen nicht verändert hat, handelt es sich nicht um Erträge. Das Anlagevermögen schrumpft um 750.000 Euro, Ihr Geldvermögen erhöht sich um diesen Betrag.

Lösung 2

Mithilfe der Daten aus der Buchführung wird das Unternehmensergebnis ermittelt. Dieses Unternehmensergebnis bildet die Basis für eventuelle Gewinnausschüttungen und ist zugleich die Steuerbemessungsgrundlage für den Fiskus.

Lösung 3

Der Buchungssatz lautet:

Bank		500,00	
	an Kasse		500,00

In diesem Geschäftsfall werden zwei aktive Bestandskonten angesprochen: »Bank« und »Kasse«. Das Bankkonto nimmt zu, der Kassenbestand schwindet. Da bei aktiven Bestandskonten Zugänge stets auf der Soll-Seite verbucht werden, steht das Konto »Bank« in diesem Fall auf der Soll-Seite. Für das Konto »Kasse« bleibt somit nicht mehr viel Auswahl: Es landet auf der Haben-Seite. Dies ist auch richtig so, da Abgänge bei aktiven Bestandskonten auf die Haben-Seite gehören.

Lösung 4

Die Verwendung eines Kontenrahmens vereinfacht die Einführung der doppelten Buchführung in einem Unternehmen. Zusätzlich wird die Verbuchung vereinheitlicht, was wiederum für eine bessere Vergleichbarkeit zwischen unterschiedlichen Firmen sorgt – zumindest, wenn diese denselben oder einen ähnlichen Kontenrahmen im Einsatz haben.

Lösung 5

Das abnutzbare Anlagevermögen verliert durch Nutzung, Alterung oder andere Einflüsse an Wert. Diese Wertminderung ist für das Unternehmen ein Aufwand, der buchhalterisch durch die Abschreibung erfasst wird. Die Abschreibung vermindert den Gewinn und damit auch die Steuer, die Sie auf den Gewinn bezahlen müssen.

Lösung 6

Im IFRS-Standard IAS 17 finden Sie die beiden möglichen Leasingarten Finanzierungsleasing und Operate-Leasing. Ein Leasingverhältnis wird dort als Finanzierungsleasing klassifiziert, wenn es im Wesentlichen alle Risiken und Chancen, die mit dem Eigentum verbunden sind, überträgt. Ein Leasingverhältnis wird dagegen dann als Operate-Leasing-Verhältnis klassifiziert, wenn es nicht im Wesentlichen alle Risiken und Chancen, die mit dem Eigentum verbunden sind, überträgt.

Lösung 7

Für die Verbuchung der Umsatzsteuer benötigen Sie mindestens zwei Konten: das Vorsteuer- und das Umsatzsteuerkonto. Wenn Sie es mit unterschiedlichen Umsatzsteuersätzen zu tun haben, müssen Sie die Steuer auf getrennten Unterkonten erfassen, also ein Konto für 7 Prozent Vorsteuer, ein Konto für 19 Prozent Vorsteuer und so weiter.

Lösung 8

Privatentnahmen und Privateinlagen haben immer Auswirkungen auf das Eigenkapital. Privatentnahmen mindern das Eigenkapital, Privateinlagen erhöhen das Eigenkapital.

Lösung 9

Da der Vorschuss in bar ausbezahlt wurde, sieht die Buchung bei Auszahlung damit wie folgt aus:

2650 Forderungen an Mitarbeiter	200,00	
an 2880 Kasse		200,00

Lösung 10

Wenn die Plombenzieher GmbH die Aktien als langfristige Wertpapiere hält, sieht der Buchungssatz so aus:

1500 Wertpapiere des Anlagevermögens	500.000,00	
an 2800 Bank		500.000,00

Plant die Plombenzieher GmbH hingegen, die Aktien bald schon wieder abzustoßen, wird wie folgt gebucht.

2700 Wertpapiere des Umlaufvermögens	500.000,00	
an 2800 Bank		500.000,00

Lösung 11

Das bewegliche Anlagevermögen, das Vorratsvermögen sowie Kassenbestände werden körperlich, das heißt mengenmäßig erfasst. Bei dieser mengenmäßigen Erfassung werden die Vermögensgegenstände gezählt, gewogen, gemessen oder im Notfall auch geschätzt, beispielsweise die Büroklammern im Büro oder die Schrauben im Lager. So etwas müssen Sie nicht einzeln zählen. Das unbewegliche Anlagevermögen sowie Forderungen, Guthaben und Schulden werden dagegen *wertmäßig*, das heißt in harten Franken oder Euro erfasst.

Lösung 12

Da die Zahlung erst im nächsten Jahr erfolgt, die wirtschaftliche Ursache aber im aktuellen Jahr liegt, handelt es sich um eine vorwegnehmende, also antizipative Abgrenzung.

Lösung 13

Das Betriebsvermögen nahm um 4.000 Euro zu. Hier muss er seine Privatentnahmen in Höhe von 36.000 Euro dazuzählen. Privateinlagen, die davon abzuziehen wären, gab es nicht. Somit beträgt der Gewinn des letzten Jahres 40.000 Euro.

Lösung 14

Bei selbst erstellten immateriellen Vermögensgegenständen besitzen Sie ein Wahlrecht nach HGB. Sie können aktivieren, müssen es aber nicht.

Lösung 15

In der Handelsbilanz besitzen Sie ein Wahlrecht, die selbst erstellte Software zu aktivieren oder gleich als Aufwand zu verbuchen. Das Steuerrecht verbietet weiterhin die Aktivierung selbst erstellter immaterieller Vermögenswerte. Sie verzichten auf die handelsrechtliche Aktivierung, wenn Sie einen identischen Wertansatz anstreben.

Lösung 16

Das Anlagevermögen umfasst:

- ✔ Sachanlagen wie Grund und Boden, Gebäude oder Maschinen
- ✔ langfristige Finanzanlagen
- ✔ immaterielle Vermögensgegenstände

Bewertet wird das Anlagevermögen mit den Anschaffungskosten zuzüglich der Anschaffungsnebenkosten. Wird Anlagevermögen selbst produziert, wird es mit den Herstellungskosten angesetzt. Abnutzbares Anlagevermögen wird zudem über die geplante Nutzungsdauer abgeschrieben.

Lösung 17

Im Wesentlichen sind Rückstellungen durch die folgenden drei Merkmale gekennzeichnet:

✔ Der Rückstellungsgrund ist ungewiss, aber wahrscheinlich.

✔ Die Höhe ist ungewiss.

✔ Der Zeitpunkt ist ungewiss.

Lösung 18

Da das Umsatzverfahren auf der internationalen Ebene üblicher ist als das Gesamtkostenverfahren, sollten Sie das Umsatzkostenverfahren verwenden. Die Antwort auf die Zusatzfrage lautet: Bei beiden Verfahren muss das ermittelte Ergebnis gleich sein.

Lösung 19

Das Auktionshaus muss keinen Lagebericht erstellen, da es nach § 264 HGB die dort genannten Kriterien erfüllt und damit als kleine Kapitalgesellschaft gilt, die davon befreit ist.

Lösung 20

Eine formelle Bilanzanalyse prüft immerhin, ob alle gesetzlichen Bestimmungen zur äußerlichen Form beim Jahresabschluss eingehalten wurden. So wissen Sie, ob das betreffende Unternehmen wenigstens dies hinbekommt. Ob das Unternehmen deshalb künftig Rendite abwirft, ist damit jedoch nicht gesagt. Dazu hätte eine materielle Bilanzanalyse durchgeführt werden müssen. Und selbst danach gibt es keine hundertprozentige Sicherheit.

Lösung 21

Ins neutrale Ergebnis gehören alle betriebs-, periodenfremden und außerordentlichen Sachverhalte.

Lösung 22

Die F&E-Quote gibt lediglich darüber Auskunft, dass ein Unternehmen hierfür Geld ausgibt und zumindest versucht, in die Zukunft des Unternehmens zu investieren. Ob die F&E-Aufwendungen eines Tages Nutzen bringen, ist jedoch offen. Im schlimmsten Fall können sich hinter den F&E-Aufwendungen Dinge verstecken, die rein gar nichts mit F&E zu tun haben. Im weniger schlimmen Fall hat es schon etwas mit F&E zu tun, wird jedoch nie Nutzen bringen. Im besten Fall bilden die F&E-Aufwendungen die Grundlage für tolle neue Produkte und sprudelnde Gewinne.

Lösung 23

Der Free Cashflow ist negativ. Er beläuft sich auf −597.500 Euro. Damit ist das Unternehmen nicht in der Lage, eventuelle Kredite zu bedienen. Wenn es in den nächsten Jahren so weitergeht, droht die Insolvenz.

Lösung 24

Das Unternehmen macht Verluste und hat somit ein negatives ordentliches Betriebsergebnis. Der Anteil des ordentlichen Betriebsergebnisses am positiven Gesamtergebnis ist damit definitiv kleiner als 100. Es ist sogar kleiner als null.

Lösung 25

Die Konvergenz erleichtert die Kommunikation der Ergebnisse an das Management, da man nicht großartig erläutern muss, wieso das Unternehmensergebnis und das Betriebsergebnis stark voneinander abweichen. Zudem erspart man sich dadurch komplexe Überleitungsrechnungen sowie doppelte Buchungen. Allerdings wird dadurch auf kalkulatorische Größen und unterschiedliche Abschreibungszeiträume verzichtet. Damit entfallen ein paar wesentliche interne Steuerungsmöglichkeiten.

Lösung 26

Betriebsfremde Aufwendungen haben nichts mit dem eigentlichen Betriebszweck zu tun (zum Beispiel Spenden oder Aktiengeschäfte). Außerordentliche Aufwendungen hingegen werden schon durch den normalen Betrieb verursacht, sind aber hoffentlich nicht die Regel. Ein Beispiel hierfür sind Forderungsausfälle.

Lösung 27

- ✔ Proportionaler Kostenverlauf: Die Kosten verändern sich in gleichem Maße wie die Beschäftigung.
- ✔ Degressiver Kostenverlauf: Die variablen Kosten steigen nicht in gleichem Maße wie die Beschäftigung.
- ✔ Progressiver Kostenverlauf: Die Kosten steigen bei zunehmender Beschäftigung stärker an als die produzierte Menge.

Lösung 28

Für die Kostenstellenbildung haben Sie die Wahl zwischen folgenden Kriterien:

- ✔ Raum
- ✔ Verantwortungsbereich
- ✔ Funktion
- ✔ Verrechnung und Kostenträger

Lösung 29

Nach der Durchschnittsmethode wird der Verbrauch der Akkus mit 307.182 Euro bewertet. Bei FIFO-Verfahren sind es 321.000 Euro und beim LIFO-Verfahren 301.000 Euro. Am höchsten bewertet wird der Verbrauch naturgemäß mit dem HIFO-Verfahren. Da sind es stattliche 325.000 Euro.

Lösung 30

Die Verfahren zur Verrechnung innerbetrieblicher Leistungen schimpfen sich:

- ✔ Anbauverfahren
- ✔ Stufenleiterverfahren
- ✔ Gleichungsverfahren
- ✔ iterative Verfahren
- ✔ Gutschrift-Lastschrift-Verfahren
- ✔ Kostenträgerverfahren

Lösung 31

Für die Ermittlung marktorientierter Verrechnungspreise muss ein vollkommener Markt für die benötigte Leistung existieren. Häufig ist es aber so, dass Unternehmen spezialisierte Leistungen benötigen, die am Markt so gar nicht frei gehandelt werden. Dann kann logischerweise auch kein Marktpreis ermittelt werden.

Lösung 32

Mit der zweistufigen Divisionskalkulation ergeben sich folgende Stückkosten: 500 Euro / 20 + 100 Euro / 17 = 30,88 Euro. Die Herstellungskosten pro Bild betragen 25 Euro. Somit werden die drei noch auf Halde liegenden Kunstwerke mit 75 Euro bewertet.

Lösung 33

Das Unternehmensergebnis ist das Endergebnis der Gewinn-und-Verlust-Rechnung und gibt den Gesamterfolg des Unternehmens wider. Das Gegenstück aus der Kostenrechnung nennt sich Betriebsergebnis. Das ermittelt das Ergebnis der reinen Geschäftstätigkeit frei von Nebenschauplätzen wie etwa Finanztransaktionen und einmaligen Einflüssen.

Lösung 34

Um ein Unternehmensziel zu beschreiben, brauchen Sie

- ✔ den Zielinhalt,
- ✔ das Zielausmaß,
- ✔ den Zeitbezug sowie
- ✔ den sachlichen Geltungsbereich.

Lösung 35

Der Variator gibt an, um wie viel Prozent sich die Gesamtkosten bei einer zehnprozentigen Änderung des Beschäftigungsgrades verändern.

Lösung 36

Der Break-even-Point ist der Punkt, ab dem die Gewinnzone erreicht wird. Man nennt ihn deshalb auch Gewinnschwelle.

Lösung 37

Beim Deckungsbeitrag I müssen Sie die variablen Kosten (7.000 Euro) von den Erlösen (10.000 Euro) abziehen. Macht nach Adam Riese 3.000 Euro.

Lösung 38

Der Prozesskostensatz besagt, wie viel die einmalige Durchführung eines Prozesses kostet. Sie ermitteln ihn, indem Sie die monatlichen Kosten eines Prozesses durch die Prozessmenge – sprich: wie oft wurde der Prozess ausgeführt – dividieren.

Stichwortverzeichnis

A

Abgabe 394
Abgeltungsteuer 149
Abgrenzung 36, 456, 461
  antizipative 178, 179
  transitorische 179, 180, 181
  zeitliche 176, 177, 345, 393
Abgrenzungsschema 456, 458, 459
Abrechnungsperiode 349
Abrechnungsschema 460
Absatzplanung 478, 484
Abschlussgliederungsprinzip 71
Abschreibung 33, 82, 85, 86, 257, 260, 395
  außerordentliche 221
  außerplanmäßige 92
  Betriebsergebnis 284
  degressive 89, 399
  direkte 90, 173
  gesetzliche Grundlagen 87
  indirekte 90, 173
  kalkulatorische 354, 395
  kumulierte 91
  leistungsabhängige 88, 401
  lineare 89, 398
  Methoden 88
  nutzungsabhängige 398
  ökonomische 402
  planmäßige 86, 90
  progressive 400
  zeitabhängige 398
Abschreibungsmethode 398
Abschreibungsplan, offener 402
Abschreibungsquote 295, 326, 327
Abschreibungssumme 397
Absetzung für Abnutzung (Afa), 86
Abweichungsanalyse 479, 480, 490, 504
Activity Based Costing 523
AfA-Tabelle 86
AICPA (American Institute of Certified Public Accountants), 216
AktG (Aktiengesetz), 194
Aktiengesellschaft (AG), 199

Aktiengesetz (AktG), 194
Aktiva 61
Aktivierungsquote 292
Aktivierungswahlrecht 208
Aktivseite 195, 196, 197, 198
Analyse
  Cashflow-Analyse 303
  Ergebnisanalyse 315, 321
  Finanzierungsanalyse 289, 298
  Finanzierungsanalyse, horizontale 299
  Investitionsanalyse 289, 290
  Investitionstätigkeit 292
  Kapitalflussrechnung 307
  Liquiditätsanalyse 301
  Rentabilitätsanalyse 327
  Vermögensstruktur 290
Anbauverfahren 414, 415, 416, 417
Anderskosten 33, 355, 456
Andersleistung 34, 358, 456
Anfangsbestand
  verbuchen 61
Anhang 41, 265, 266, 267, 268, 269, 273
  rechtliche Grundlagen 265, 266
Anlagegut
  Arten 74
  kaufen 74
Anlagenabgang 293
Anlagenabnutzungsgrad 294
Anlagenbindung 296
Anlagenintensität 290
Anlagenkauf
  verbuchen 74
Anlagenkonto 74
Anlagenwagnis 403
Anlagequote 290
Anlagespiegel 84, 85
  Anlagenabnutzungsgrad 294
  Investitionen 293
Anlagevermögen 73, 74, 195, 291, 395, 396, 397
  abnutzbares 82
  bewerten 220, 221, 222, 223
  bilanzieren 220, 221, 222, 223

Buchungen 75, 76, 77, 80, 81, 82, 84, 91, 92, 93
  nicht abnutzbares 82
  verkaufen 92
Anleihe 239
Anschaffungskosten 74, 75, 110, 396
  fortgeführte 222
  nachträgliche 197
Anschaffungsnebenkosten 110
Anteil
  Finanzergebnis 322
  neutrales Ergebnis 323
  ordentliches Betriebsergebnis 322
Anzahlung
  erhaltene auf Bestellungen 240
  verbuchen 76, 151, 152
APB (Accounting Principles Board), 216
Äquivalenzziffer 442
Äquivalenzziffernkalkulation 441, 442, 443, 500
ARB (Accounting Research Bulletin), 216
Arbeitsintensität 291
Arbeitslosenversicherung 134
Arbeitsproduktivität 325
Aufbereitung, periodengerechte 393
Aufbewahrungsfrist 45, 46, 48, 49
Aufwand 30, 32, 33, 348, 349, 350, 351, 354, 355, 356, 456
  Aufwandsausgaben 350
  ausgabewirksamer 350
  außerordentlicher 33, 284, 349, 356
  betriebsfremder 33, 284, 349, 356
  bezogene Leistungen 260
  für soziale Leistungen 253
  neutraler 33, 349, 354, 459
  periodenfremder 33, 284, 349, 356
  Personal 260
  Roh-, Hilfs- und Betriebsstoffe 260

sonstiger betrieblicher 255, 261, 284
sonstiger neutraler 33
Zweckaufwendungen 349
Aufwandskonto 53, 54, 55
Aufwandsrückstellung 202
Aufzeichnungspflicht 189
Ausgabe 347, 350, 351
Auszahlung 344, 345, 347, 348

B

BAB (Betriebsabrechnungsbogen), 407, 411
Barliquidität 302
Basisplan 487
Befundrechnung 386
Beitragsbemessungsgrenze 133
Beleg 57, 58, 59
Benchmarking 342
Bereichsdeckungsbeitrag 497
Bereichsfixkosten 514
Bereitschaftskosten 362
Berichte 41
Beschäftigung 362
Beschäftigungsabweichung 480
Beschäftigungsgrad 362, 488, 509
Beständewagnis 403
Bestandsaufnahme 160
Bestandsdifferenzrechnung 386
Bestandserhöhung 167, 168
Bestandskonto 35, 53, 56
  abschließen 62, 219, 220
  aktives 53, 54
  eröffnen 59
  passives 54
Bestandsminderung 166, 167
Bestandsveränderung 109, 165, 166, 324
  verbuchen 166, 167, 168
Bestandsvergleich 185
Beteiligung 144, 145
Betriebsabrechnungsbogen 407, 411, 412, 413, 445
  einstufiger 411
  mehrstufiger 411
Betriebsbuchhaltung *siehe* Kostenrechnung
Betriebsergebnis 255, 337, 357, 456, 509
  Abschreibungen 284
  Materialaufwand 283
  ordentliches 281, 282, 322, 323

Personalaufwand 283
Betriebsergebnisrechnung 455
Betriebsstatistik 31
Betriebssteuer
  abzugsfähige 153, 154, 155
  aktivierungspflichtige 153
  nicht abzugsfähige 153, 155, 156
Betriebsstoffe 115, 385
Betriebsvermögen
  ermitteln 185
  vergleichen 186, 187
Betriebszweck 30, 349, 357
Bewegungsbilanz 307
Bezugsgröße 442
Bilanz 30, 40, 203, 204, 335
  Adressaten 193, 273
  Aktivseite 195, 196, 197, 198
  Arten 191
  Aufbau 53, 195
  außerordentliche 192
  Begriff 59, 191
  Dokumentationsfunktion 193
  Passivseite 199, 200, 201, 202, 203
  Rechenschaftsfunktion 193
  rechtliche Grundlagen 194
  Zahlungsbemessungsfunktion 194
  Zweck 192, 193, 194
Bilanzanalyse 273
  erfolgswirtschaftliche 276
  externe 274, 275
  finanzwirtschaftliche 276, 277
  formelle 275
  Instrumente 277
  interne 274
  materielle 275
  strategische 276, 278
Bilanzieren
  Anlagevermögen 220, 221, 222, 223
  Eigenkapital 229, 230, 231, 232, 233, 234, 235, 236, 237
  Rückstellungen 237, 238
  Umlaufvermögen 223, 224, 225, 226, 227, 228
  Verbindlichkeiten 239, 240, 241
Bilanzregel, goldene 300
Bilanzstichtag 161
Blockumlage 414
Blockverfahren 414
Bonus 112, 113, 115

Break-even-Analyse 277, 509, 510, 511, 512
Break-even-Point 509
Bruttogehalt 130
Bruttoprinzip 50, 244
Buchführung 51
  Aufgaben 40
  doppelte 39, 40, 51, 52, 53, 54, 55, 56
  einfache 51
  gesetzliche Grundlagen 43, 44, 45, 46, 47, 48, 49, 50
  ordnungsgemäße 49, 50
  Werkzeuge 40, 41
Buchführungspflicht 44, 45, 47, 48
Buchhalternase 537
Buchhaltung 39, 51
Buchungsbeleg *siehe* Beleg
Buchungssatz 40, 52, 56, 57
Buchwert 92
Buchwertmethode 90
Business Case 539

C

Cash Burn Rate 313
Cashflow 304
  aus betrieblicher Tätigkeit 307, 308
  aus Finanzierungstätigkeit 307, 311
  aus Investitionstätigkeit 307, 310
  direkte Ermittlung 305
  Ermittlung 304
  Finanzierungs-Cashflow 304
  Finanzkraft beurteilen 306
  indirekte Ermittlung 304
  Investitions-Cashflow 304
  Kapitalflussrechnung 307
  operativer 304
Cashflow-Analyse 303
Cashflow-Umsatzrate 306
Cost Driver Costing 523
Cost Plus Method 434
Cost-Center 410
Cost-Plus-Vertrag, IFRS 213

D

Days Sales Outstanding (DSO), 297
Debitor 297
Debitorenlaufzeit 297
Deckungsbeitrag 496

Deckungsbeitragsrechnung
  einstufige 502
  mehrstufige 513, 514, 515
Deckungsgrad 300
Delkrederekonto 173
Devisen verbuchen 150
Direct Costing 497, 502
Disagio 208
Diversifikation 315
Dividende 148
  verbuchen 148, 149
Divisionskalkulation 439, 500
  einstufige 439
  mehrstufige 440, 441
  zweistufige 440
Dokumentationsfunktion 40, 193
Doppik 52
Durchschnittskosten 363
Durchschnittsmethode 225, 388
Durchschnittspreisbildung
  gleitende 388
  nachträgliche 389
Durchschnittsprinzip 438

E

E-Bilanz 207
EBIT 255, 319, 320, 329
Eigenkapital 163, 199, 348
  bilanzieren 229, 230, 231, 232, 233, 234, 235, 236, 237
Eigenkapitalkonto abschließen 230, 232, 233
Eigenkapitalquote 298
Eigenkapitalrentabilität 327, 328
Eigenkapitalvergleich 163
Eigenleistung, andere aktivierte 259, 283
Einfuhrumsatzsteuer 108
Einheitsbilanz 206
Einheitsmenge 442
Einheitsstückkosten 443
Einkommensteuer-Durchführungsverordnung 205
Einkommensteuergesetz 205, 206
Ein-Kreis-System 431
Einnahme 345, 346, 347, 352
  ertragsgleiche 352
Einnahmenüberschussrechnung 188, 189, 206
  Bestandteile 188
Einzahlung 344, 346, 347
Einzelabschluss 211
Einzelbeleg 58

Einzelbilanz 192
Einzelkosten 370
Einzelkostenplanung 499
Einzelunternehmen 118, 230
Endkostenstellen 410
Engpassplanung 484
Entgeltabrechnung 134
Entgeltarten 129, 130
Entgeltbuchung 129, 134, 135, 136, 137, 138, 139, 140, 141
Entgeltrahmenabkommen (ERA), 129
Erfolg
  außerordentlicher 460
  betriebsfremder 459
Erfolgskonto 35, 53, 54, 55
Erfolgsrechnung 243, 348, 497, 500, 501
  Gesamtkostenverfahren 463
  kurzfristige 455
  Umsatzkostenverfahren 464, 465
  Verfahren 456
Erfolgsspaltung, Gesamtkostenverfahren 282
Ergebnis
  neutrales 281, 285, 316
  ordentliches 318
Ergebnis je Aktie, IFRS 215
Ergebnisanalyse 315, 321
Ergebnisaufteilung 277
Ergebnisstruktur 321, 323
Erlös 356, 357
Erlöskontrolle 504, 506
Erlösminderung 114
Erlösplanung 498, 499
Erlösträger 378
Ermittlungsfunktion 40
Eröffnungsbilanz 59, 60
Eröffnungsbilanzkonto 60, 61
  Buchungen 61
Ertrag 30, 32, 33, 348, 351, 352, 357, 358, 456
  aus Beteiligungen 256
  außerordentlicher 34, 283, 351, 358
  betrieblicher 351
  betriebsfremder 34, 283, 351, 358
  neutraler 34, 459
  periodenfremder 34, 283, 351, 359
  sonstiger betrieblicher 255, 260, 283
  sonstiger neutraler 34
  Wertpapiere 256

Zinsen 256
Zweckertrag 357
Ertragskonto 53, 54, 55
Ertragskraft 277
Ertragsteuer, IFRS 213
Europäische Union 210
Eventualforderung, IFRS 215
Eventualschulden, IFRS 215

F

F&E-Quote 294
Factoring 536
FASB (Financial Accounting Standards Board), 211, 216
Fast Close 538
Fertigproduktintensität 296
Fertigungsauftrag, IFRS 213
Fertigungseinzelkosten 251, 447
Fertigungsgemeinkosten 253, 371, 447
Fertigungsgemeinkostenzuschlagssatz 445
Festbewertung 228, 392
Festpreis 482
Festpreisvertrag, IFRS 213
FiBu 35
FIFO-Methode 213, 226, 390
Finance-Leasing 96, 97, 98, 99
  IFRS 214
Finanzanlage 82, 197, 396
  Erträge aus 148, 149, 150
  kurzfristige, spekulative 143
  langfristige, strategische 143
Finanzbereich, Buchungen 143
Finanzbuchhaltung 30, 31, 32, 35, 39
Finanzergebnis 257, 284, 322
Finanzflussrechnung 307
Finanzierungsanalyse 277, 289, 298
  horizontale 299
  Kennzahlen 298
Finanzierungs-Cashflow 304
Finanzierungsleasing 311
Finanzierungsrechnung 307
Finanzkraft mit Cashflow beurteilen 306
Finanzüberschuss 304
Fixkostenblock 513
Fixkostendeckungsrechnung 513, 514, 515, 528
Fixkostensprung 363

Forderung 169, 198, 239, 302
  abschreiben, direkt 170, 171, 173
  abschreiben, indirekt 173
  einwandfreie 169
  Pauschalwertberichtigung 175, 176
  uneinbringliche 169, 170
  verbuchen 169, 170, 171, 172, 173, 174, 175, 176
  zweifelhafte 169, 170, 171, 172, 173, 174
Forderungswagnis 404
Form 20-F 212
Forschungskosten 251
Fortschreibungsmethode 387
Free Cashflow 314
Fremdkapital 348
  kurzfristiges 302
Fremdkapitalkosten, IFRS 214
Fremdkapitalquote 299
Fremdkapitalzins, fertigungsbezogener 253
Fremdleistungskosten 394
Fristenkongruenz, Grundsatz der 299
Fusionsbilanz 192

G

GAAP (Generally Accepted Accounting Principles), 211
Gebühr 394
Gehalt, Abzüge 130
Geldeinlage 126
Geldentnahme 121
Geldwerter Vorteil 139
Gemeinerlös 378
Gemeinkosten 370
  unechte 370
Gemeinkostenplanung 499
Gemeinkostenzuschlag 413
Gemeinkostenzuschlagssatz 428
Gemeinschaftskontenrahmen (GKR), 70
Generally Accepted Accounting Principles (GAAP), 211
GenG (Genossenschaftsgesetz), 194
Genossenschaft 120
Genossenschaftsgesetz (GenG), 194
German Cost Accounting 528
Gesamtergebnis
  Anteil des Finanzergebnisses 322
  Anteil des neutralen Ergebnisses 323
  Anteil des ordentlichen Betriebsergebnisses 322
Gesamtkapital 329
Gesamtkapitalrentabilität 327, 329
Gesamtkostenverfahren 244, 246, 247, 249, 258, 281, 456, 463, 464, 501, 502
  Erfolgsspaltung 282
  Umstellung auf Umsatzkostenverfahren 261
  Unterschied zu Umsatzkostenverfahren 247
Gesamtleistung 324, 326
Geschäftsbuchhaltung *siehe* Finanzbuchhaltung
Geschäftswert 196
  IFRS 216
Gesellschaft bürgerlichen Rechts (GbR), 118
Gesellschaft mit beschränkter Haftung (GmbH), 119
  gemeinnützige 120
Gewinn, steuerpflichtiger 206
Gewinnermittlung
  per Bestandsvergleich 185, 186, 187
  per Überschussrechnung 187, 188
  Wechsel der Gewinnermittlungsart 190
Gewinnrücklage 200, 235, 236
Gewinnschwelle 509
Gewinn-und-Verlust-Rechnung 30, 32, 40, 243, 281, 335
  Gesamtkostenverfahren 246
  Kapitalgesellschaften 244
  saldieren 245
  Struktur-GuV 286, 316
  Umsatzkostenverfahren 246
  Vorschriften 244, 245, 246
Gewinnverwendung, Kapitalgesellschaft 234, 235
Gewinnvortrag 200
GKR (Gemeinschaftskontenrahmen), 70
Gleichungsverfahren 414, 419, 420, 421, 422
  simultanes 419
GmbHG (Gesetz betreffend die Gesellschaften mit beschränkter Haftung), 194
Goodwill, IFRS 216
Grenzkosten 363, 496
Grenzplankostenrechnung 496, 497, 498, 499, 501, 502, 503, 528
Grundbuch 59
Grundkapital 200
Grundkosten 33, 354
Grundleistung 34
Grundplan 487
Grundsätze der ordnungsgemäßen Buchführung 49, 50
Gründungsbilanz 192
Gruppenbewertung 228
Gutschrift 111, 114
Gutschrift-Lastschrift-Verfahren 414, 424, 425, 426, 427
GWG (Wirtschaftsgüter, geringwertige), 82

H

Haben 51, 55
Habensaldo 220
Handelsbilanz 191, 206
  abgeleitete 207
Handelsgesetzbuch (HGB), 44, 194
Handelsgewerbe 44
Hauptbuch 59
Hauptkostenstelle 409
Hauptprozess 524
Herstellkosten 440, 447
Herstellungskosten 77, 250, 253, 397, 447
  Gewinn-und-Verlust-Rechnung 250
  nach HGB 251
  Übersicht 251
HGB (Handelsgesetzbuch), 194
HIFO-Methode 227, 391
Hilfskostenstelle 409
Hilfsstoffe 115, 385

I

IAS 212
IASB 210
Identitätsprinzip 439
IFRS 194, 209, 210, 212
  Kapitalflussrechnung 307
  Vorschriften 212
IKR (Industriekontenrahmen), 71
Immaterieller Vermögenswert 78, 79
  entgeltlich erworbener 81
  selbst erstellter 79, 80, 81
Imparitätsprinzip 49, 219
Income Statement 243

Stichwortverzeichnis

Indikator 368
Industriekontenrahmen (IKR), 68, 71
Informationsinstrument 40
Innenauftrag 378
Intensität immaterieller Vermögensgegenstände 291
International Accounting Standards Board (IASB), 210
International Financial Reporting Interpretations Committee (IFRIC), 212
International Financial Reporting Standards (IFRS), 210
Inventar 40, 159, 162, 163, 386
Inventarbuch 59
Inventur 40, 159, 160, 386
    permanente 160, 162
    Schulden 162
    Stichprobeninventur 160, 162
    Stichtagsinventur 160, 161
    Verfahren 160
    Vermögen 162
    zeitversetzte 160, 161
Inventurmethode 385, 386
Investitionsanalyse 277, 289, 290
Investitionsanteil am Umsatz 294
Investitions-Cashflow 304
Investitionsdeckung 306
Investitionsquote 293
    bei Sachanlagen 294
Investitionstätigkeit 292
    Analyse 292
Istbeschäftigung 479
Isterwartung 471
Istkaufmann 44
Istkosten 372, 473
Istkostenrechnung 373
Iteratives Verfahren 414, 422, 423
IterativesVerfahren 422

J

Jahresabschluss 191
    Buchungen, vorbereitende 165
Jahresfehlbetrag 201, 258
Jahresüberschuss 201, 258
Juristische Person 119

K

Kalkulation 437, 500
    progressive 516, 517
    retrograde 516

Kapazitätsauslastung 367
Kapazitätsengpass 506
Kapazitätsplanung 484
Kapital
    Aufteilung 288
    betriebsnotwendiges 402
    gezeichnetes 199
Kapitalbindung 290
Kapitalerhöhung 237
Kapitalertragsteuer 149
Kapitalflussrechnung 41, 307
    Cashflow 307
    IFRS 213, 307
Kapitalgesellschaft 119, 120, 234, 265
    Gewinn-und-Verlust-Rechnung 244
Kapitalrücklage 199
Kapitalstruktur 277
Kapitalumschlag 330
Kassenüberschuss 304
Kennzahl 273
    Aktivierungsquote 292
    Anlagenabnutzungsgrad 294
    Anlagenbindung 296
    Anlagequote 290
    Arbeitsintensität 291
    Arbeitsproduktivität 325
    Cashflow 304
    Eigenkapitalquote 298
    Ergebnisstruktur 321
    Fertigproduktintensität 296
    Finanzierungsanalyse 298
    Fremdkapitalquote 299
    Intensität immaterieller Vermögensgegenstände 291
    Investitionstätigkeit 292
    Liquidität 301
    Materialintensität 326
    Personal 324
    Rentabilität 327
    Sachanlagenintensität 292
    Selbstfinanzierungsgrad 299
    Umsatzrelation 295
    Umsatzrentabilität 330
    Umschlagshäufigkeit 295, 296
    Vermögensintensität 291
    Vermögensstruktur 290
    Verschuldungsquote 299
Kennzahlenanalyse 275
Kennzahlensystem 273
Kommanditgesellschaft 119
Konkursbilanz 192
Kontengruppe 68
Kontenklasse 68

Kontenplan 67, 72, 375
Kontenrahmen 40, 67, 68, 69, 70, 71, 72, 375
Kontieren 52
Konto 69
    Kontenarten 53
    T-Form 51
Kontoform 244
Kontrollfunktion 40
Konvergenz 336
Konzernabschluss 215
Konzernbilanz 192
Korrektur, kostenrechnerische 460
Kosten 30, 32, 33, 352, 353, 354, 355, 356
    abzugrenzende 37
    Anderskosten 33
    aufwandsgleiche 354
    aufwandslose 356
    aufwandsungleiche 355
    beschäftigungsabhängige 362
    der Betriebsbereitschaft 362
    erfassen 384, 385, 386, 387, 388, 389, 390, 391, 392, 393, 394, 395, 396, 397, 398, 399, 400, 401, 402, 403, 404
    Fertigungseinzelkosten 251
    Fertigungsgemeinkosten 253
    fixe 362, 363
    Forschungskosten 251
    Grundkosten 33
    Herstellungskosten 250, 253
    kalkulatorische 37, 337, 355, 356
    Materialeinzelkosten 251
    Materialgemeinkosten 252
    proportionale 501
    sprungfixe 363, 493
    variable 364
    Vertriebskosten 251, 254
    zeitabhängige 362
    Zusatzkosten 33
Kosten- und Leistungsartenrechnung 383
Kosten- und Leistungsrechnung 36, 336, 337, 471
    Aufgaben 338, 339, 340, 341, 342
Kosten- und Leistungsartenrechnung 383
Kostenstellenrechnung 407
    Systeme 372

Kostenabweichung 480
Kostenänderungsfaktor 486
Kostenarten 384
Kostenartenrechnung 30, 496, 523
Kostenauflösung 483, 497
　analytische 498
　buchtechnische 367, 483, 497
　buchtechnisch-statistische 367
　mathematische 369, 483, 498
　planmäßige 370, 484
Kostenaufschlagsmethode 434
Kostenbegriff 361
　pagatorischer 353
　wertmäßiger 353
Kosteneinflussgröße 478
Kostenfunktion 473
　lineare 474
　nichtlineare 491
Kostenkontrolle 488, 504
Kostenplanung 478, 497, 498, 499
Kostenprozessrechnung 523
Kostenrechnung 30, 31, 32, 36
Kostenstelle 376, 377, 409, 410
Kostenstelleneinzelkosten 413
Kostenstellengemeinkosten 413
Kostenstellenplan 376, 408, 409, 410
Kostenstellenrechnung 30, 407, 408, 496
Kostenträger 370, 378, 379, 438
Kostenträgereinzelkosten 370
Kostenträgergemeinkosten 370
Kostenträgerplan 379
Kostenträgerrechnung 30, 437, 523
Kostenträgerstückrechnung 437, 496, 500, 501
Kostenträgerverfahren 414, 427
Kostenträgerzeitrechnung 437, 455, 496, 500, 501, 502
Kostentreiber 525
Kostenübernahme 413
Kostenverlauf
　degressiver 364, 492
　linearer 496
　progressiver 364, 492
　proportionaler 364, 492
Kostenverteilung 438, 439
Krankenversicherung 133
Kreditor 297
Kreditorenlaufzeit 297
Kundenziel 297
Kupon 146
Kuppelproduktion 451, 452, 453, 500

L

Lagebericht 41, 269, 270, 273
　rechtliche Grundlagen 265, 269, 270
Leasing 95, 96, 97, 98, 99, 100
　Buchungen 97, 98, 99, 100
Leasingarten 96
Leerkosten 364, 491
Leistung 30, 32, 33, 356, 357, 358
　Andersleistung 34
　erfassen 384, 404, 405
　Grundleistung 34
　Grundleistungen 357
　innerbetriebliche 413, 414, 415, 416, 417, 418, 419, 420, 421, 422, 423, 424, 425, 426, 427
　kalkulatorische 358
　vermögenswirksame 138
　Zusatzleistung 34
　Zusatzleistungen 358
Leistungsentnahme 125
Leistungsverrechnung, innerbetriebliche 411, 413
Lenkpreis 429
Leverage-Effekt 328, 538
LIFO-Methode 227, 391
Linearisierung 493
Liquidationsbilanz 192
Liquide Mittel 150, 198
　verbuchen 150
Liquidität 291, 301
　1. Grades 302
　2. Grades 302
　3. Grades 303
　Zahlungsziel 303
Liquiditätsanalyse 277, 301
Liquiditätsgrad 301
Lohn- und Gehaltsbuchhaltung 129
Lohnsteuer 132

M

Maschinensatzkalkulation 448, 449, 450, 500
Massenproduktion 439

Maßgeblichkeit, umgekehrte 207
Maßgeblichkeitsprinzip 207
　durchbrochenes 208
Materialaufwand 260
　Betriebsergebnis 283
Materialeinzelkosten 251, 446
Materialgemeinkosten 252, 371, 446
Materialgemeinkostenzuschlagssatz 445
Materialintensität 326
Materialkosten 385, 386, 387, 388, 389, 390, 391, 392, 499
Materialwirtschaft 385
Mathematisches Verfahren 419
Mehr-Kreis-Verrechnungssystem 431
Mehr-Weniger-Rechnung 206
Mehrwertsteuer 101
Mengenabweichung 489
Miete, kalkulatorische 355, 356, 404
Mischkosten 366
Mittel, flüssige 302
Monatsabgrenzung 393
Monatsbilanz 192

N

Nettofremdkapital 306
Nettogehalt 130
Nettoinvestition 293
Nettoprinzip 244
Niederstwertprinzip 49, 196, 219, 221, 222, 224
　gemildertes 145
　strenges 147, 224
Normalbeschäftigung 483
Normalkosten 372, 473
Normalkostenrechnung 373
Null-Kupon-Anleihe 145
Nutzkosten 364, 491
Nutzungsdauer 86, 397
Nutzungsentnahme 124

O

Obligationenrecht (OR), 48
OECD 210
Offene Handelsgesellschaft (OHG), 118
Operate-Leasing 96, 99, 100
　IFRS 214
Opportunitätskosten 356, 539
Optimalbeschäftigung 483

Organisation für wirtschaftliche Zusammenarbeit und Entwicklung (OECD), 210

P

Passiva 61
Passivierungswahlrecht, handelsrechtliches 208
Passivseite 195, 199, 200, 201, 202, 203
Pauschalwertberichtigung 175
Periodenerfolg 337
Periodengerechtigkeit 32, 348
Person, juristische 119
Personalaufwand 260
 Betriebsergebnis 283
Personalbuchungen 129
Personalintensität 324
Personalkosten 392, 393, 499
Personengesellschaft 118, 231
Pflegeversicherung 134
Planbeschäftigung 479, 484
Plankosten 372, 473, 479
 verrechnen 479, 480
Plankostenrechnung 373, 477
 flexible 481, 482, 483, 484, 485, 486, 487, 488, 489, 490, 491, 493
 starre 477, 478, 479, 480
Plankostensatz 479, 486, 490
Planmenge 478
Planpreis 478
Planung
 operative 470
 strategische 470
 taktische 470
Planungsfunktion 40
Planungsrechnung 31
Preisabweichung 489, 505
Preisuntergrenze 508
Primärkosten 371
Privateinlage 120, 121
 verbuchen 126
Privatentnahme 120, 121
 verbuchen 121, 122, 123, 124, 125
Privatkonto 117, 121
 abschließen 230, 232, 233
 Buchungen 120, 121, 122, 123, 124, 125, 126
Privatsteuer 153, 156
Produktartfixkosten 514
Produktdeckungsbeitrag 497

Produktgruppendeckungsbeitrag 497
Produktgruppenfixkosten 514
Produktionskoeffizient 507
Produktionsmenge 367
Produktionsplanung 478
Produktionswagnis 403
Produktportfolio, optimales 506
Produktprogramm, optimales 506
Produktrechnung 437
Profit and Loss Account 243
Profit-Center 410
Prognosekosten 473
Prognosekostenrechnung 473, 474, 482
Pro-Kopf-Personalaufwand 325
Proportionalitätsprinzip 438
Prozess, betrieblicher 337
Prozesskostenrechnung 523, 524, 525, 526, 527
Prozesskostensatz 526
Prozesswagnis 403
PublG (Publizitätsgesetz), 194
Publizitätsgesetz (PublG), 194

Q

Quartalsbilanz 192

R

Rabatt 111, 114
Rating 279
Reagibilitätsgrad 369
Realisationsprinzip 49, 219, 222, 250
Rechenschaftsfunktion 193
Rechnungsabgrenzung, transitorische 178
Rechnungsabgrenzungsposten
 aktiver 198
 passiver 203
Rechnungskreis 375
Rechnungskreis I 35
 Überleitung zu Rechnungskreis II 36
Rechnungskreis II 36
 Überleitung aus Rechnungskreis I 36
Rechnungslegungsstandard, internationaler 209, 212, 213
Rechnungslegungsvorschrift 194

Rechnungswesen
 betriebliches 34
 externes 30, 31, 32, 335
 internes 30, 31, 36, 336
Rechtsform, Unternehmen 117, 118, 119, 120
Reinvermögen 163, 348
Remanenzkosten 363
Rentabilität 327, 330
 Eigenkapitalrentabilität 327
Rentabilitätsanalyse 277, 327
Rentenversicherung 133
Reserve, stille 285
 Anlagequote 291
Residualkosten 369
Restwertmethode 451
Retrograde Methode 385, 387
Return on Investment (ROI), 327, 329
Rohergebnis 258
Rohstoffe 115, 385
ROI (Return on Investment), 329
Rücklage
 für eigene Anteile 200
 gesetzliche 200
 satzungsmäßige 200
Rückmietverkauf 535
Rückrechnung 387
Rückstellung 181, 182, 201, 239, 350
 Arten 202
 bilanzieren 237, 238
 für drohende Verluste 182, 183, 184, 320
 für ungewisse Verpflichtungen 182, 183
 für unterlassene Aufwendungen 182
 verbuchen 182, 183, 184

S

Sachanlage 81, 196, 396
Sachanlagenintensität 292
Sacheinlage 126
Sachentnahme 122
Sachleistung 139, 140, 141
Sale-and-Lease-Back 535
Sammelbeleg 58
Sammelbewertung 225, 226, 227, 228, 392
Sanierungsbilanz 192
Schlussbestand
 verbuchen 62
Schlussbilanz 63
Schlussbilanzkonto 62, 219
 Buchungen 62

Schulden 162
Schuldentilgungsdauer 306
SEC (US-amerikanische Börsenaufsichtsbehörde), 211
Segmentberichterstattung 536
Sekundärkosten 371
Selbstfinanzierungsgrad 299
Selbstkosten 447
Selbstkostenrechnung 437
Skonto 111, 114
Skontrationsmethode 385, 386
SKR (Standardkontenrahmen), 71
Soll 51, 55
Soll-Ist-Vergleich 473, 496
Sollkosten 483, 487
Sollsaldo 220
Sondereinzelkosten
　der Fertigung 252, 447
　des Vertriebs 447
Sondervergütung 135
　lohnsteuerfreie 136
　lohnsteuerpflichtige 136, 137
　verbuchen 136, 137
Sortenfertigung 439
Sozialversicherungsbeiträge 132, 133, 134
Staffelform 244
Stakeholder 274
Stammkapital 200
Standardkontenrahmen (SKR), 71
Standardkosten 474
Standardkostenrechnung 474, 475, 482
Standardpreis 482
Standing Interpretations Committee (SIC), 212
statement of cashflows 307
Steuer 153, 257, 394
　direkte 101
　indirekte 101
　latente 204, 207
　verbuchen 153, 154, 155, 156
Steuerbilanz 192, 205, 206
　abgeleitete 206, 207
　originäre 206
Steuerklasse 131
Steuerschuldner 101
Steuerträger 101
Stichprobeninventur 160, 162
Stichtagsinventur 160, 161
Stiftung 120
Struktur-GuV 286, 316, 318
Stückdeckungsbeitrag 500

Stückkosten 363, 443
　proportionale 500
Stückliste 485
Stufenkalkulation 441
Stufenleiterverfahren 414, 417, 419
Stufenplanung 487
Substanzanalyse 275
Subvention 316

T

Tafelpapier 150
Taxonomie 207
Teilkosten 373
Teilkostenrechnung 373, 495, 501
Teilprozess 523
Tilgungsdauer 306
Tragfähigkeitsprinzip 439
Transferpreis 429
Treppenumlage 417

U

Überschussrechnung 187, 188
Umlaufintensität 291
Umlaufvermögen 195, 197, 291
　bilanzieren 223, 224, 225, 226, 227, 228
　Buchungen 105, 106, 107, 108, 109, 110, 111, 112, 113, 114, 115, 116
Umsatzerlös 259, 282, 324
　bereinigter 318
　Gewinn-und-Verlust-Rechnung 249
Umsatzkostenverfahren 244, 246, 247, 248, 249, 281, 456, 464, 465, 501, 503
　Unterschied zu Gesamtkostenverfahren 247
Umsatzrelation 295
Umsatzrentabilität 327, 330
Umsatzsteuer 101, 102, 103
　Handel innerhalb des EU-Binnenmarktes 108, 109
　Handel mit Nicht-EU-Staaten 107, 108
　Kleinunternehmerregelung 103
　verbuchen 105
Umsatzsteuersatz 103, 104
Umsatzsteuervoranmeldung 106
Umsatzsteuervorauszahlung 106
Umsatzsteuerzahllast 102

Umschlagshäufigkeit 295, 296
　Vermögen 296
　Vorräte 296
Umwandlungsbilanz 192
Unfallversicherung 133
Unkosten 353
Unkostenbeitrag 353
Unternehmen
　kapitalmarktorientiertes 211
　Rechtsform 117, 118, 119, 120
Unternehmensergebnis 35, 337, 456
Unternehmensfixkosten 514
Unternehmensgesetzbuch (UGB), 46
Unternehmerlohn, kalkulatorischer 356, 404
US-GAAP 211, 216

V

Variator 486, 493
Variatormethode 486
Verbindlichkeit 202, 239
　Anleihe 239
　Anzahlung, erhaltene 240
　aus Lieferungen und Leistungen 240
　bilanzieren 239, 240, 241
　gegenüber Kreditinstitut 240
　sonstige 241
Verbindlichkeitsrückstellung 202
Verbrauchsabweichung 505
Verbrauchskoeffizient 527
Verfahrensabweichung 505
Verlustvortrag 200
Vermögen 162
Vermögensgegenstand, immaterielle 396
Vermögensgegenstand, immaterieller 196
Vermögensintensität 291
Vermögensstruktur 277
　Analyse 290
　Kennzahlen 290
Vermögenswert
　immaterieller 78, 79
　immaterieller, entgeltlich erworbener 81
　immaterieller, IFRS 215
　immaterieller, selbst erstellter 79, 80, 81
Verrechnungskostenstelle 410
Verrechnungspreis 429, 430, 431, 432

geteilter 435
kostenorientierter 434, 435
marktorientierter 432, 433
verhandlungsorientierter 433, 434
Verrechnungspreisverfahren 424
Verrechnungssatz 417, 422
Verschuldungsquote 299
Verteilmethode 452
Vertriebsgemeinkosten 371, 447
Vertriebsgemeinkostenzuschlagssatz 445
Vertriebskosten 251, 254, 440
Verursachungsprinzip 438
Verwaltungsgemeinkosten 371, 447
Verwaltungsgemeinkostenzuschlagssatz 445
Verwaltungskosten 440
allgemeine 253, 254
fertigungsbezogene 253
Vollkosten 373
Vollkostenrechnung 373, 501
Vorkontieren 58
Vorkostenstellen 410
Vorrat 198, 303
bewerten 223, 224, 225, 226, 227, 228
Vorratsintensität 295
Vorschuss 138, 139
Vorsteuer 101

Vorsteuerabzug 76
Vorsteuerüberhang 106

W

Wachstumsquote 293
Wagnis, kalkulatorisches 355, 403
Wandelschuldverschreibung 239
Wareneinkauf verbuchen 110
Warenverkauf verbuchen 113
Warenwirtschaftssystem (WWS), 162
Wechselkursänderung, IFRS 214
Wertaufholung 145, 221
Wertberichtigungskonto 91
Werteverzehr, sachzielbezogener 354
Wertminderung, kurzfristige 221
Wertpapier 144
Buchungen 143, 144, 145, 146, 147, 148
des Umlaufvermögens 198
kurzfristiges 146, 147, 148
langfristiges 144, 145, 146
Wertschöpfungsrechnung 277
Windowdressing 538
Wirtschaftsgut, geringwertiges 82, 83, 84
Working Capital Management 536
WWS (Warenwirtschaftssystem), 162

Z

Zahlungsbemessungsfunktion 194
Zahlungsmittel, Berichtsperiode 312
Zahlungsmitteläquivalent 307
Berichtsperiode 312
Zero-Bond 145
Zielbonus 112
Zieleinkauf 111
Zins 257
kalkulatorischer 336, 356, 402
Zinsertrag verbuchen 149, 150
Zinssatz 403
Zinsschein 144, 146
Zinsstaffelmethode 98
Zusatzerlös 456
Zusatzkosten 33, 355, 356, 456
Zusatzleistung 34
Zuschlagskalkulation 443, 444, 500
differenzierende 445, 446, 447, 448
summarische 444, 445
Zuschlagssatz 413, 429, 444
Zuschreibung 221
Zweikreissystem 35
Zwischenberichterstattung, IFRS 215
Zwischenbilanz 192
Zwischenprodukt 378

Gewinn- und Verlustrechnung nach § 275 HGB

Nach dem Gesamtkostenverfahren:	Nach dem Umsatzkostenverfahren:
1. Umsatzerlöse	1. Umsatzerlöse
2. Erhöhung oder Minderung des Bestands an (un-)fertigen Erzeugnissen	2. Herstellungskosten der zur Erzielung der Umsatzerlöse erbrachten Leistungen
3. andere aktivierte Eigenleistungen	3. Bruttoergebnis vom Umsatz
4. sonstige betriebliche Erträge	4. Vertriebskosten
5. Materialaufwand: a) Aufwendungen für Roh-, Hilfs- und Betriebsstoffe und für bezogene Waren b) Aufwendungen für bezogene Leistungen	5. allgemeine Verwaltungskosten
6. Personalaufwand: a) Löhne und Gehälter b) soziale Abgaben und Aufwendungen für Altersversorgung und für Unterstützung, davon für Altersversorgung	6. sonstige betriebliche Erträge
	7. sonstige betriebliche Aufwendungen
	8. Erträge aus Beteiligungen, davon aus verbundenen Unternehmen
7. Abschreibungen: a) auf immaterielle Vermögensgegenstände und Sachanlagen b) auf Vermögensgegenstände des Umlaufvermögens, soweit diese die in der Kapitalgesellschaft üblichen Abschreibungen überschreiten	9. Erträge aus anderen Wertpapieren und Ausleihungen des Finanzanlagevermögens, davon aus verbundenen Unternehmen
8. sonstige betriebliche Aufwendungen	10. sonstige Zinsen und ähnliche Erträge, davon aus verbundenen Unternehmen
9. Erträge aus Beteiligungen, davon aus verbundenen Unternehmen	11. Abschreibungen auf Finanzanlagen und auf Wertpapiere des Umlaufvermögens
10. Erträge aus Wertpapieren und Ausleihungen des Finanzanlagevermögens, davon aus verbundenen Unternehmen	12. Zinsen und ähnliche Aufwendungen, davon aus verbundenen Unternehmen
11. sonstige Zinsen und ähnliche Erträge, davon aus verbundenen Unternehmen	13. Steuern vom Einkommen und vom Ertrag
12. Abschreibungen auf Finanzanlagen und auf Wertpapiere des Umlaufvermögens	14. Ergebnis nach Steuern
13. Zinsen und ähnliche Aufwendungen, davon an verbundene Unternehmen	15. sonstige Steuern
14. Steuern vom Einkommen und vom Ertrag	16. Jahresüberschuss/Jahresfehlbetrag
15. Ergebnis nach Steuern	
16. sonstige Steuern	
17. Jahresüberschuss/Jahresfehlbetrag	

Kleinstkapitalgesellschaften gemäß § 267a HGB können die Gewinn- und Verlustrechnung auch in vereinfachter Form erstellen. Und zwar so:

1. Umsatzerlöse
2. sonstige Erträge
3. Materialaufwand
4. Personalaufwand
5. Abschreibungen
6. sonstige Aufwendungen
7. Steuern
8. Jahresüberschuss/Jahresfehlbetrag